江 苏 省 一 流 学 科 建 设 经 费 支 持 项 目

南京大学民国文献珍本图录

南京大学图书馆 编

程章灿 史梅 主编

南京大学出版社

编委名单

主　编

程章灿　史　梅

副主编

刘舒曼　李　佳

编　委

戴　月　许巧敏　时文甲

李　娜　张　敏　黄　静

编　务

刘松建　陈　婧　张百慧

李轶伦　王庆乐　张　薇

慎月梅　张小青　殷　军

任　轲　吴文亮　陈彩霞

姜　好　张　聪　谢葆瑭

序

　　民国时期（1911—1949）是一个重要历史时期。这一时期政治风云变幻，思想文化激荡，内忧外患迭起，整个社会发生了天翻地覆的变化。由于新文化、新思想、新技术在中国的广泛传播，这一时期产生了大量的文献资料，其形式主要为图书、期刊、报纸、手稿等，内容涵盖了哲学、历史、文学、教育、科技、艺术等各个领域。这些文献不仅记录了西学东渐的过程，也记录了民族自立的进程。尤其是马克思列宁主义思想的翻译与传播，深刻影响了人们的思想意识，直接推动新民主主义革命爆发和社会巨变。

　　肇始于1902年的南京大学，其前身三江师范学堂是近代中国最早创办的现代高等学府之一。此后历经两江师范学堂、南京高等师范学校、国立东南大学、国立第四中山大学、国立中央大学、国立南京大学等历史时期，于1950年更名为南京大学。1952年，在全国高校院系调整中，南京大学调整出工学、农学、师范等部分院系后与创办于1888年的金陵大学文、理学院等合并，仍名南京大学。

　　一个多世纪的办学历程中，南京大学积累了丰富的文献资源。在南京大学所藏历史文献中，除古籍外，民国文献的收藏也十分丰富。据统计，南京大学图书馆合订本民国期刊有20000余册，单本期刊4600多册，馆藏民国报纸合订本5400多本，民国图书数量更是惊人。这些民国文献与古籍一样，与学校一起历经战乱、兵燹，幸得图书馆前辈不畏艰辛，冒死守护，才得以完整留存。民国时期是中国机器造纸的初级阶段，纸张酸性强，不易保存，现存民国文献大多破损严重。2012年，仙林校区新图书馆专设民国文献书库，安装恒温恒湿设备，将民国书刊、报纸集中存放。2015年，又成立了民国文献整理中心，规范整理馆藏民国文献，并在工作中有针对性地专门整理与南京大学发展历史相关的重要文献。

　　今年，是南京大学建校120周年，我们精选民国珍本文献，以图录的形式出版。由于民国文献数量庞大、种类繁多，目前没有一个通行的选择标准，因此《南京大学民国文献珍本图录》依照突出南大办学特色，兼顾历史文献性、稀见性与艺术性的原则，共收录民国文献257种，分成四个部分：革命文献、南大校史、南大学术和稀见期刊。

　　革命文献指辛亥革命至中华人民共和国成立这段革命历程中形成的图书、报刊、文件、图片等各种文献资料,包括民国时期马列主义经典著作的早期译本以及宣传马列主义的文献资料,共产党在国统区和解放区出版发行的文献资料,辛亥革命及五四运动期间的革命进步书刊等。除此之外,我们还收录了一些进步团体及个人出版物。

本图录选择了53种革命文献。如中国共产党的一大代表李汉俊翻译的《马格斯资本论入门》,"马格斯"即"马克思",这本书是共产党早期组织出版的第一本系统介绍马克思《资本论》的译著,被毛泽东列为"书之重要者"。1938年出版的由郭大力、王亚南翻译的《资本论》三卷本,是中国最早的《资本论》中文全译本,由已故南京大学法学院王毓骅教授捐赠,他在三册书的题名页上都写着"王毓骅一九三九年购于麦伦中学""曾躲过日军搜检",由此可知该书不平凡的收藏经历。王老一生珍爱此书,在二十世纪九十年代末捐赠给南京大学法学院,继而在时任南京大学校长蒋树声教授的协调下,转赠图书馆。1938年6月出版的《鲁迅全集》,是第一部收录鲁迅著译较完整的全集,包括著作、翻译和辑校古籍三部分。

在革命文献中,还有两种刊物非常特殊:《反日特刊》和《国难特刊》。东北沦陷后,金陵大学师生创办了这两种抗战期刊,其中《国难特刊》由国学大师胡小石题写刊名。这两种期刊旨在揭露日军暴行,主张抗日救亡,体现了金陵大学师生们强烈的爱国情怀。

南京大学的前身中央大学和金陵大学,在民国时期均为人文荟萃、声誉显赫的一流学府,研究成果累累,学术出版繁荣。据不完全统计,仅中央大学、金陵大学自行出版的学术文献就达800余种。本图录选择重点即为校史文献和南大学人的学术著作。校史文献包括学校概况、大学章程、院系概览、学生社团刊物、同学录、毕业纪念册等,大部分是内部资料,流布不广,较为稀见。如创刊于1909年的《金陵光》,是金陵大学第一种全校性刊物;创办于1918年的《南京高等师范日刊》,也是南京大学早期珍贵的期刊。这两种刊物记录了学校初创时期的办学理念、校园生活等。《国立东南大学南京高师暑期学校概况》和《东南大学南京高师暑校日刊》是对在国内首开的暑期学校的详细记载,史料价值颇高。罗家伦的《中央大学之回顾与前瞻》,收录了他执掌中央大学十年中最重要的四篇演讲稿,集中体现了这位杰出教育家的治校理念、方针和举措。

南大学术著作方面,我们选取的多为学科创建者的代表性著作。如1927年胡先骕、陈焕镛编纂的《中国植物图谱》两卷,共收录100种植物,是我国第一部现代植物图谱;陈鹤琴的《儿童心理之研究》是我国第一部儿童心理学专著;倪尚达的《无线电学》是我国最早的无线电学专著;柯象峰的《社会救济》为中国第一部系统研究社会救济的专著;《中国农书目录汇编》是我国首部对古代农书进行系统编目分类的著作,编者毛雝为金陵大学图书馆与美国国会图书馆合作部副主任。在学术期刊方面,《南京高等师范学校工艺研究会第一期会刊》开中国高等师范学校设立工科之先河;《电影与播音》是我国电影事业发展过程中最早的高校学术刊物;《农林新报》是民国时期发行时间最长、期数最多的农林刊物;而东南大学创办的《学衡》、金陵大学中国文化研究所主持的《金陵学报》,都是当时引领中国学术方向的重要刊物。另外，我们还特别收录了胡小石的《中国文学批评史》、汪东的《梦秋词》、商承祚的《十家彝器图录考释》、唐圭璋的《〈三百篇〉倒文述例》四部珍贵的手稿本，透过他们的翰墨手泽，可以感受到这些文史大家的治学风范。本图录还收录了有"民国第一善本"之称的《校注项氏历代名瓷图谱》，郭葆昌校注，金陵大学的创始人福开森参订。这部书内容颇多争论，但印制极为精美讲究，纸色斑斓，令人赏心悦目。

南京大学民国期刊收藏丰富，对照《1833—1949全国中文期刊联合目录》及增订本，我们从中选取了一批较为罕见的珍贵期刊。

此次出版的《南京大学民国文献珍本图录》，是我们系统整理南京大学所藏民国文献的开始。今后我们还将陆续推出珍稀民国文献的影印本，方便学界使用。

天开教泽，道启南雍。我们在编纂《南京大学民国文献珍本图录》的过程中，深深地被南京大学的前辈开疆拓土、坚守学术的精神所感动，被他们不畏强权、坚守初心的行为所打动。无论是初创时期的筚路蓝缕，还是战火硝烟下的颠沛流离，南大先贤始终坚持真理，弦歌不辍。他们与时代同呼吸、与民族共命运，谋国家之强盛、求科学之进步，为国家的富强和民族的振兴做出了开创性贡献。他们的精神将激励一代又一代南大人，薪火相传，砥砺前行。

南京大学图书馆
2022.5.20

凡 例

1. 本图录收录南京大学藏民国文献，文献主体为南京大学图书馆馆藏。均为民国时期产生的原始纸质文献，不包含1949年以后影印出版的民国文献。

2. 本图录分为革命文献、南大校史、南大学术、稀见期刊四个部分。

3. 革命文献主要包括南京大学藏民国时期马列主义经典著作的译本以及宣传马列主义的文献资料、共产党在国统区和解放区出版发行的文献资料、各个历史时期的革命进步书刊。先书后刊，再以出版时间排序。部分需要集中揭示的文献，予以特殊处理，如马克思、恩格斯、列宁及毛泽东所著文献集中编排在目录最前。

4. 南京大学藏民国文献主要源于原中央大学图书馆和金陵大学图书馆，校史文献是其重要组成部分。民国时期南大校史包括中央大学（包含中央大学前身南京高等师范学校、东南大学、第四中山大学、江苏大学）和金陵大学两部分。文献内容含校务、教学科研管理、学校概况、学生社团、同学录、毕业纪念册等。先书后刊，再以出版时间排序。

5. 南京大学的前身中央大学和金陵大学均为民国时期人文荟萃的一流学府，学术研究硕果累累，学术类文献在南京大学藏民国文献中占有重要比例，此次选取的多为学科创建者的代表性著作。南大学术分中央大学（包括南京高等师范学校、东南大学、第四中山大学、江苏大学）和金陵大学两部分。先书后刊，以《中国图书馆分类法》排序，个别文献视具体情况调整。

6. 对照《1833—1949全国中文期刊联合目录》及增订本，南京大学民国期刊收藏不乏珍本、稀见本。以《中国图书馆分类法》排序。

7. 书中设有人物小传，内容包括传主姓名、生卒年、字号、籍贯、履历等。多次出现者，小传安排在首次出现处。

8. 每种文献配置多幅书影，优选封面页、版权页、目录页，酌选正文或插图。

9. 文献介绍一般包括题名、责任者、出版地、出版者、出版时间、正文页数、开本、文献内容、存藏等。

10. 由于民国时期图书页码标注无固定标准，故根据书刊具体情况酌情标注。图书注明页数，期刊从略。

11. 为方便读者，每种文献均进行编号。如《反杜林论》，编号为"1-5"，"1"代表本书第一部分，"5"为该种文献在本部分的序号。

12. 书末附有《书名索引》和《人名机构索引》，以汉语拼音排序，与文献编号对应，便于检索。

13. 涉及纪年全部以公元纪年（阿拉伯数字）表示，文献标注具体尺寸，高×宽，单位为厘米（cm）。

14. 限于编者水平，书中错漏难免。敬请批评指正。

目 录

一、革命文献

1-1 共产党宣言 ………………………………………………………… 2
1-2 资本论 ……………………………………………………………… 4
1-3 马格斯资本论入门 ………………………………………………… 6
1-4 马恩通讯选集 ……………………………………………………… 8
1-5 反杜林论 …………………………………………………………… 10
1-6 两个策略 …………………………………………………………… 12
1-7 国家与革命 ………………………………………………………… 13
1-8 列宁文选(第一卷) ………………………………………………… 14
1-9 论持久战 …………………………………………………………… 16
1-10 新民主主义论 ……………………………………………………… 18
1-11 广州三月二十九革命史 …………………………………………… 20
1-12 五卅事件 …………………………………………………………… 22
1-13 现代社会学 ………………………………………………………… 23
1-14 虹 …………………………………………………………………… 24
1-15 丰收 ………………………………………………………………… 26
1-16 抗战与觉悟 ………………………………………………………… 27
1-17 抗战到底 …………………………………………………………… 28
1-18 七人之狱 …………………………………………………………… 29
1-19 新华日报社论(第一—三集) ……………………………………… 30
1-20 鲁迅全集 …………………………………………………………… 32
1-21 晋察冀边区印象记 ………………………………………………… 34
1-22 抗战建国论 ………………………………………………………… 35
1-23 韬奋时事论文集 …………………………………………………… 36
1-24 中日关系及其现状 ………………………………………………… 37
1-25 抗日军队中的政治工作 …………………………………………… 38
1-26 哲学选辑 …………………………………………………………… 40
1-27 延安归来 …………………………………………………………… 41
1-28 从战争到和平：一九四五年的世界政治 ………………………… 42
1-29 环行东北 …………………………………………………………… 43
1-30 中国民族解放运动史(第一卷) …………………………………… 44
1-31 中国人民爱国自卫战争华东战场第一年画刊 …………………… 45
1-32 青年杂志 …………………………………………………………… 46
1-33 新潮 ………………………………………………………………… 48
1-34 少年中国 …………………………………………………………… 50

1-35	少年世界	51
1-36	反日特刊	52
1-37	大众文艺	53
1-38	朝花周刊	54
1-39	南国月刊	55
1-40	拓荒者	56
1-41	国难特刊	58
1-42	韩声	60
1-43	大众生活	61
1-44	解放	62
1-45	抗战半月刊	63
1-46	群众	64
1-47	乡村与抗战	65
1-48	唐大呼声	66
1-49	抗战文艺	67
1-50	战地文化	68
1-51	文艺生活	69
1-52	文萃	70
1-53	文学战线	71

二、南大校史

2-1	国立南京高等师范学校数理化部概况	74
2-2	国立东南大学南京高师暑期学校概况/东南大学南京高师暑校日刊	75
2-3	南高八周年毕业同学一览	77
2-4	国立东南大学组织大纲草案	78
2-5	国立东南大学一览	79
2-6	国立东南大学农科六年间概况	80
2-7	国立东南大学概况	82
2-8	国立东南大学文理科一览	84
2-9	国立东南大学分设上海商科大学第一届毕业纪念册	85
2-10	国立东南大学农科概况	86
2-11	江苏大学农学院作物门十六年度总报告书	87
2-12	国立中央大学第一届毕业纪念册	88
2-13	国立中央大学概况	90
2-14	国立中央大学沿革史	91
2-15	国立中央大学一览	92
2-16	国立中央大学图书馆概况	93
2-17	中央大学二二级毕业纪念刊	94
2-18	国立中央大学工学院二二级毕业纪念刊	96
2-19	国立南高东大中大毕业同学录	97

2-20 国立中央大学历届毕业学生名册 　98
2-21 国立中央大学章则一览 　99
2-22 中央大学之回顾与前瞻 　100
2-23 国立中央大学三十年度各学院各系必修选修科目表及课程纲要目录 　101
2-24 国立中央大学三六级毕业纪念册 　102
2-25 Report of the President for the Year 1914: To the Board of Trustees 　103
2-26 金陵大学毕业典礼秩序单 　104
2-27 The Students' Handbook of the University of Nanking Y.M.C.A. 　106
2-28 金陵大学校同学录 　107
2-29 私立金陵大学学生通则(民国二十一年至二十二年) 　108
2-30 金陵年刊 　109
2-31 金陵大学一九三七级毕业纪念册 　110
2-32 金陵大学六十周年纪念册 　112
2-33 私立金陵大学六十周年纪念典礼秩序单 　113
2-34 一九四九年春季毕业纪念刊 　114
2-35 南京高等师范日刊 　115
2-36 南京高等师范学校校友会杂志 　116
2-37 国立南高东大中大毕业同学总会会刊 　118
2-38 国立中央大学日刊 　120
2-39 国立中央大学学生会刊 　121
2-40 科学生活 　122
2-41 国立中央大学校刊(复刊) 　123
2-42 中大电声 　124
2-43 中大周刊 　125
2-44 国立中央大学医学院毕业同学会会讯 　126
2-45 国立中央大学艺术学系系讯 　127
2-46 中央大学森林系系友会会刊 　128
2-47 金陵光 　129
2-48 农林科通讯 　131
2-49 金陵大学学生会刊物 　132
2-50 金陵大学校刊 　135
2-51 金陵留美通讯 　136
2-52 金大学生 　137
2-53 学校生活 　138
2-54 金陵大学砥柱文艺社社刊 　139
2-55 校友通讯 　140

三、南大学术

3-1 近代西洋哲学史大纲 　142
3-2 美棉栽培浅说 　143

3-3　植棉简法 …… 144
3-4　改良鸡脚棉浅说 …… 145
3-5　国立第四中山大学农学院作物研究报告(第乙册) …… 146
3-6　风景树之修枝要诀 …… 147
3-7　中国文化史(上、下册) …… 148
3-8　杨朱哲学 …… 149
3-9　儿童心理学 …… 150
3-10　广西凌云猺人调查报告 …… 151
3-11　经济地理 …… 152
3-12　通货新论 …… 153
3-13　现代教育行政 …… 154
3-14　国立中央大学图书馆图书目录 …… 155
3-15　国立中央大学图书馆中文图书编目规则 …… 157
3-16　目录学研究 …… 158
3-17　初中国文成绩之实验研究 …… 159
3-18　本国地理(上、下册) …… 160
3-19　青康藏新西人考察史略 …… 162
3-20　中国文学批评史(全四册)（罗根泽编著） …… 163
3-21　冬饮庐遗诗　两晋宋齐梁陈会要目录 …… 164
3-22　中国通史纲要(全三册) …… 165
3-23　天文学论丛 …… 167
3-24　气象学 …… 168
3-25　中国植物图谱(第一、二卷) …… 169
3-26　中国藓类植物标本(第一辑) …… 171
3-27　普通昆虫学 …… 172
3-28　儿童心理之研究(上、下册) …… 174
3-29　河西走廊 …… 176
3-30　无线电学 …… 178
3-31　中国家庭状况调查表 …… 180
3-32　雷波小凉山之倮民 …… 181
3-33　社会救济 …… 182
3-34　中华民国二十年水灾区域之经济调查 …… 183
3-35　江都县地方自治之实况与研究 …… 185
3-36　经济学原理(上、下册) …… 186
3-37　中国土地制度 …… 187
3-38　适用农场簿记法 …… 188
3-39　中国农村社会经济学 …… 189
3-40　中国土地利用 …… 190
3-41　中国田制史(上册) …… 191
3-42　如何利用金大影音部门 …… 192
3-43　小学研究 …… 193

3-44	中国文学批评史（胡小石著）	194
3-45	《三百篇》倒文述例	196
3-46	少陵先生文心论	197
3-47	梦秋词	198
3-48	读王度古镜记	199
3-49	校注项氏历代名瓷图谱	200
3-50	十家彝器图录考释	202
3-51	中国戏曲概论	203
3-52	中国近代史	204
3-53	五朝门第附高门世系婚姻表（上、下册）	205
3-54	*The Effect of the Japanese Invasion on Higher Education in China*	207
3-55	*The Nanking Population: Employment, Earnings and Expenditures*	208
3-56	欧洲近代史（上、下册）	209
3-57	南京金陵大学农林科农林浅说（丛书）	211
3-58	我国战后农业建设计划纲要	212
3-59	大麦条纹病（*Helminthosporium gramineum* Rabh.）之研究	213
3-60	柑橘	214
3-61	造林学概要	216
3-62	中国木材之硬度研究	217
3-63	发展我国蚕业刍议	218
3-64	云南书目	219
3-65	农业论文索引/农业论文索引续编	220
3-66	金陵大学图书馆丛刊	222
3-67	哲学会刊	225
3-68	文哲学报	227
3-69	教育汇刊	228
3-70	南京高等师范学校国文会刊	230
3-71	南京高等师范学校工艺研究会第一期会刊	231
3-72	史地学报	233
3-73	农学	234
3-74	幼稚教育	235
3-75	南京气象月报	236
3-76	农业丛刊	237
3-77	国立东南大学农科通讯	238
3-78	学衡	239
3-79	国学丛刊	240
3-80	厉学	241
3-81	东南论衡	242
3-82	建筑	243
3-83	国立中央大学心理半年刊	245
3-84	国立中央大学半月刊	246

3-85 国立中央大学法学院季刊	247
3-86 中国边疆建设集刊	248
3-87 国立中央大学农业经济集刊	249
3-88 国立中央大学教育丛刊	250
3-89 教育汇刊	251
3-90 体育杂志	253
3-91 国立中央大学文艺丛刊	254
3-92 学林月刊	255
3-93 现实版画	256
3-94 史学述林	258
3-95 史学	259
3-96 地理杂志	260
3-97 国立中央大学农学丛刊	261
3-98 农业浅说丛书	262
3-99 农学杂志	263
3-100 畜牧兽医季刊	264
3-101 机工	265
3-102 中大化工	266
3-103 航工季刊	267
3-104 国风	268
3-105 国立中央大学社会科学丛刊	269
3-106 国立中央大学文史哲季刊	270
3-107 国立中央大学社会科学季刊	271
3-108 国立中央大学科学季刊	272
3-109 斯文	273
3-110 边疆研究论丛	274
3-111 政治学刊	275
3-112 金声	276
3-113 金陵大学中国文学会季刊	277
3-114 金陵大学中国文学研究会会刊	278
3-115 电影与播音	279
3-116 史学论丛	281
3-117 农林新报	282
3-118 金大农专	283
3-119 咫闻	284
3-120 金陵学报	285

四、稀见期刊

4-1 协大农经资料	288
4-2 晋江合作	289

4-3　工合活路	290
4-4　市桥民众	291
4-5　南京教育	292
4-6　垂虹半月刊	293
4-7　教育之路	294
4-8　河南教育款产旬刊	295
4-9　乡教丛讯	296
4-10　无锡农民	297
4-11　体育汇刊	298
4-12　官话注音字母报	299
4-13　华仁季报	300
4-14　蜀华	302
4-15　草原旬刊	303
4-16　电影报	304
4-17　新农周刊	305
4-18　川农行情汇报	306
4-19　西大园艺	307
4-20　江苏省立宿迁玻璃科职业学校校刊	308
4-21　鹤岗专刊	309
4-22　工作半月刊	310
4-23　学术汇刊	311
4-24　国立中山大学女生励进会半月刊	312
4-25　皖讯	313
4-26　成都启明月刊（盲文）	314
4-27　聋哑青年	316
4-28　南京市师校刊	317
4-29　社教新闻	318
书名索引	319
人名机构索引	328

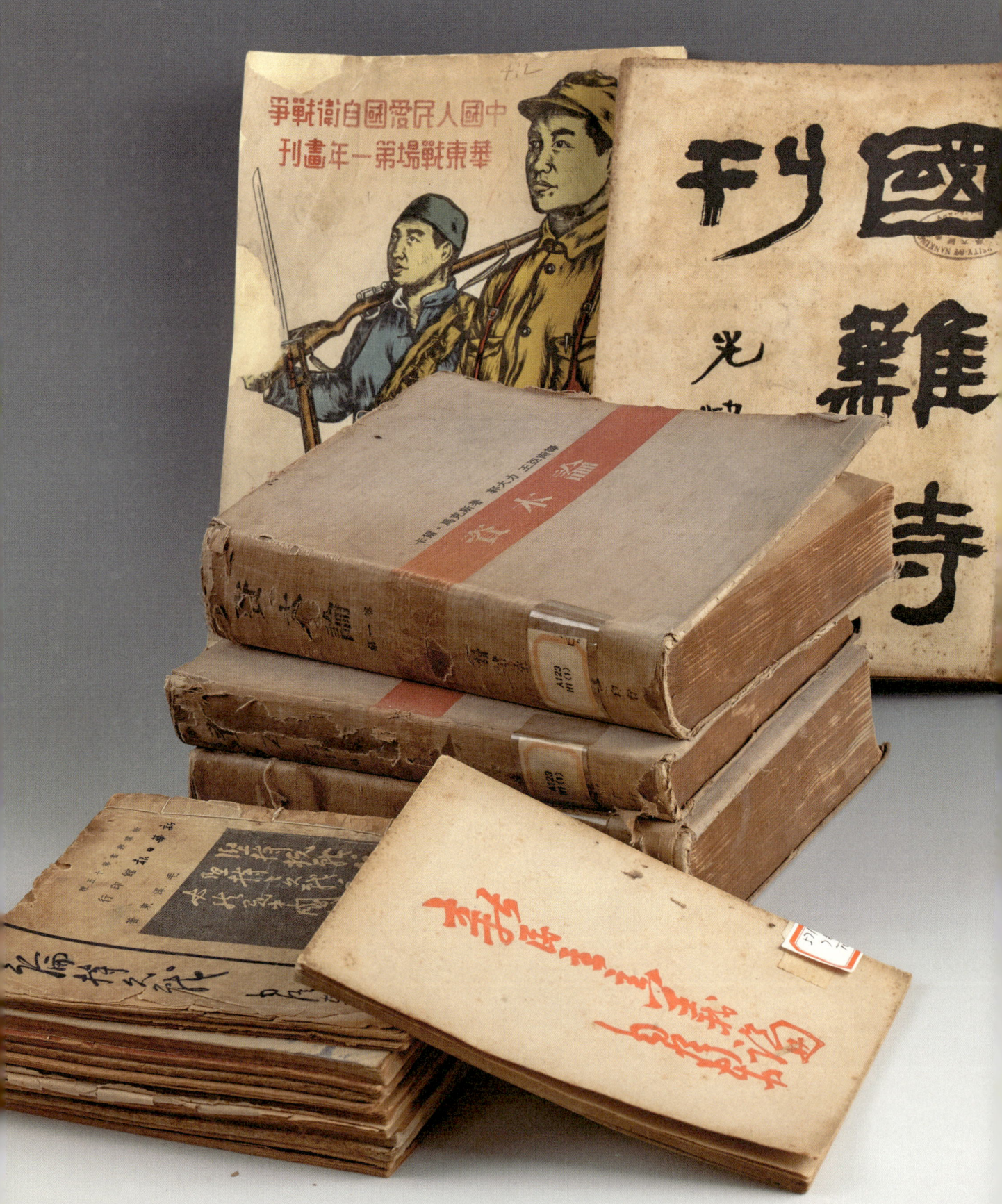

一、革命文献

　　本部分选取革命历史文献共计53种。有中国共产党早期组织出版的第一本系统介绍马克思《资本论》的《马格斯资本论入门》(李汉俊译版);有国内最早的《资本论》中文全译本(全三册,读书生活出版社,1938年);有毛泽东著《论持久战》(新华日报馆,1938年初版)和朱德著《抗战到底》(救亡出版社,1937年初版);有中共中央1937年在延安创刊的机关刊物《解放》;有抗日战争和解放战争时期中国共产党在国民党统治区和香港地区公开出版的唯一理论刊物《群众》;有大众日报社和华东新华社1947年编印的《中国人民爱国自卫战争华东战场第一年画刊》,印刷工艺精良,是解放区出版物中难得的精品;有反映解放区情况的文学作品,如《晋察冀边区印象记》(读书生活出版社,1938年初版)、《延安归来》(国讯书店,1945年)等。

　　此外,本部分还收录了五四运动前后的代表性进步刊物《青年杂志》《新潮》《少年世界》等,贯穿全面抗战时期始终的全国性文艺刊物《抗战文艺》,左翼作家联盟机关刊物《大众文艺》《拓荒者》和第一部《鲁迅全集》(鲁迅全集出版社,1938年初版)。

　　东北沦陷后,在南京大学前身之一的金陵大学校园内,师生创办了《反日特刊》和《国难特刊》两种抗战期刊,彰显出金陵大学师生们强烈的爱国主义情怀。

1-1 共产党宣言　　[马恩丛书·第四种]

[德]卡尔·马克思、[德]弗里德里希·恩格斯著，成仿吾、徐冰译，中国出版社，1938年8月。正文60页，18.4cm×13cm。

成仿吾(1897—1984)，原名昌恁，又名灏，笔名芳坞、澄实、石厚生，湖南新化人。无产阶级革命家、教育家。五四时期参与发起成立创造社。1928年加入中国共产党。曾任鄂豫皖革命根据地省委宣传部部长，兼省苏维埃文化委员会主席等职。后参加长征，到陕北后任中共中央党校教务主任、陕北公学校长等职。中华人民共和国成立后，历任中国人民大学、东北师范大学、山东大学校长等职。

徐冰(1903—1972)，原名邢西萍，直隶南宫(今属河北)人。1923年赴德国格廷根大学学习。1924年3月在德国加入中国共产党。1928年回国后，从事党的地下工作。曾任中共中央翻译、中共中央党报委员会秘书长、中共中央南方局文化组组长、北平市副市长等职。中华人民共和国成立后，历任全国人大常委、中共中央统战部副部长、部长等职。

1938年，时任陕北公学校长的成仿吾与解放社编辑徐冰受中共中央宣传部委托，首次根据德文原文翻译了《共产党宣言》。由延安解放社作为"马恩丛书"第四种首次出版，同年由中国出版社印行该版。

《共产党宣言》是国际共产主义运动第一个纲领性文献，标志着马克思主义的诞生。第一次全面系统阐述了科学社会主义理论，运用辩证唯物主义和历史唯物主义原理论证了资本主义必然灭亡，社会主义必然胜利的客观规律，号召全世界无产阶级联合起来，推翻资产阶级统治，消灭私有制，实现共产主义。主要内容有：一、有产者和无产者；二、无产者与共产党人；三、社会主义的与共产主义的文献；四、共产党人对于各反对党派的态度。书前附有三篇德文版序言。

目錄

一八七二年德文版序言 ……………… 3—4
一八八三年德文版序言 ……………… 5—6
一八九〇年德文版序言 ……………… 7—12
共產黨宣言 ………………………… 13—60
　一　有產者與無產者 ……………… 16
　二　無產者與共產黨人 …………… 32
　三　社會主義的與共產主義的文獻 … 45
　　　反動的社會主義
　　　保守的或資產階級社會主義
　　　批判的空想的社會主義與共產主義
　四　共產黨人對於各反對黨派的態度 … 58

馬恩叢書・第四種
共產黨宣言
著者　馬克斯、恩格斯
譯者　成仿吾、徐冰
一九三八年八月出版
實價一角五分

 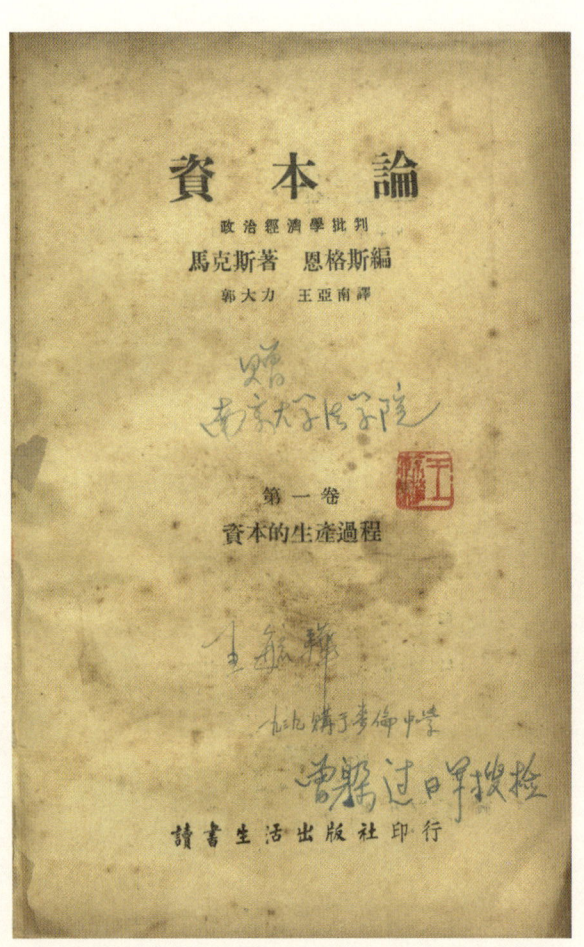

1-2 资本论

[德]卡尔·马克思著,[德]弗里德里希·恩格斯编,郭大力、王亚南译,读书生活出版社,1938年8月出版第一卷,1938年9月出版第二、三卷,全三册。第一卷正文661页,第二卷正文430页,第三卷正文761页,22cm×15cm。

郭大力(1905—1976),江西南康(今赣州市南康区)人。经济学家。1957年加入中国共产党。毕生主要从事《资本论》的翻译和马克思主义理论的宣传工作。中华人民共和国成立后,历任中共中央党校政治经济学教研室主任、全国政协委员、中国科学院哲学社会科学部委员等职。

王亚南(1901—1969),原名直淮、际主,字渔邨,笔名王真、碧辉,湖北黄冈人。经济学家、教育学家。1957年加入中国共产党。曾任中山大学经济系主任、厦门大学法学院院长、清华大学教授等职。中华人民共和国成立后,历任厦门大学校长、中国科学院哲学社会科学部委员、常委等职。

中国最早的《资本论》中文全译本。每卷题名页均有"赠南大法学院""王毓骅一九三九年购于麦伦中学""曾躲过日军搜检"字样。

王毓骅(1923—2021),上海人。法学家。高中就读于上海麦伦中学,沪江大学政治系和东吴大学法学院毕业。后赴美留学,获法学博士学位。中华人民共和国成立后回国,先后任教于沪江大学、南京四中、南京大学法学院。

《资本论》是马克思主义政治经济学的重要经典,也是马克思最主要的一部著作。马克思在唯物史观的指导下,阐述了资本和劳动的关系,揭示了资本主义社会的发展规律,是马克思主义的百科全书。《资本论》在马克思生前只出版了第一卷,第二卷和第三卷在马克思逝世后,由恩格斯整理出版。

一、革命文献

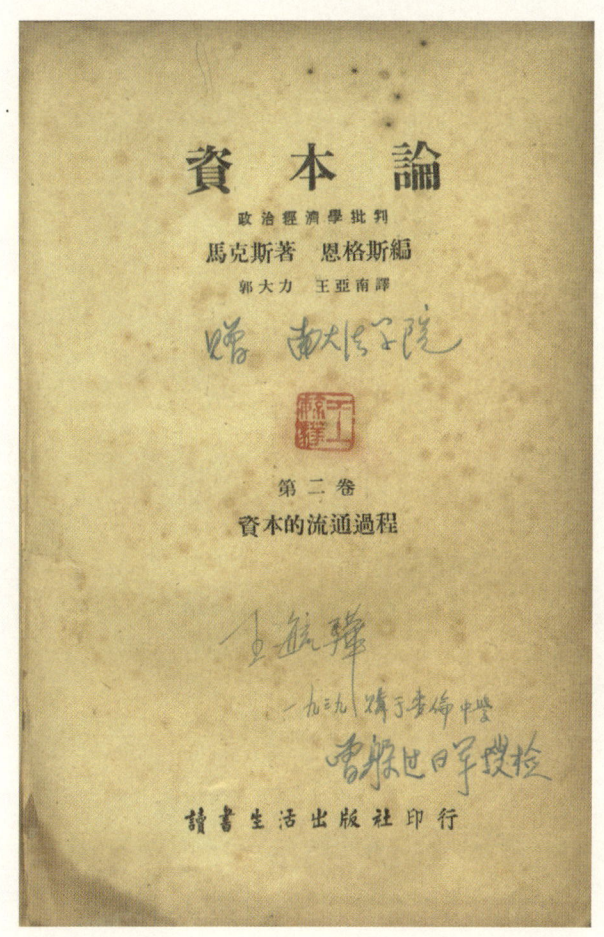

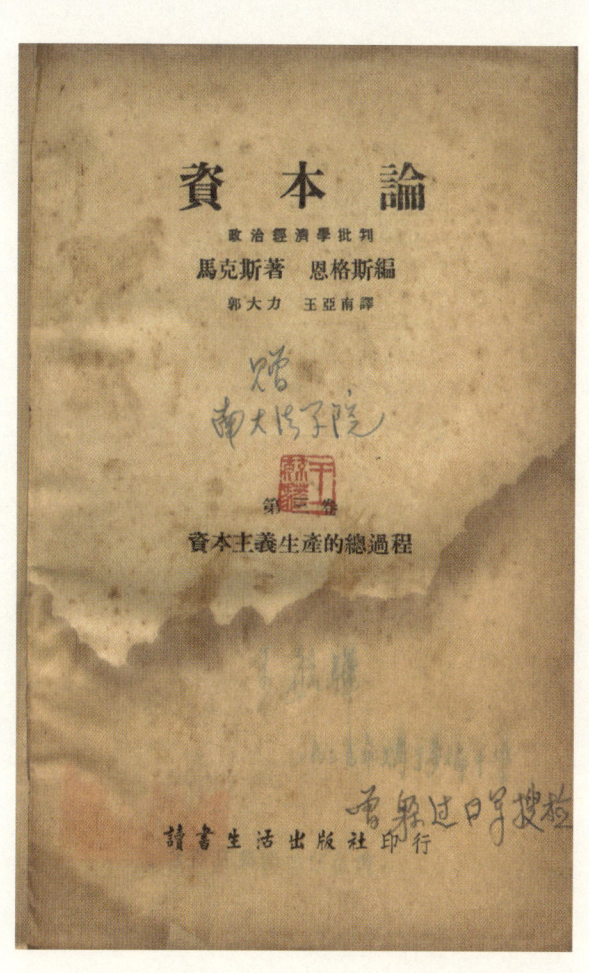

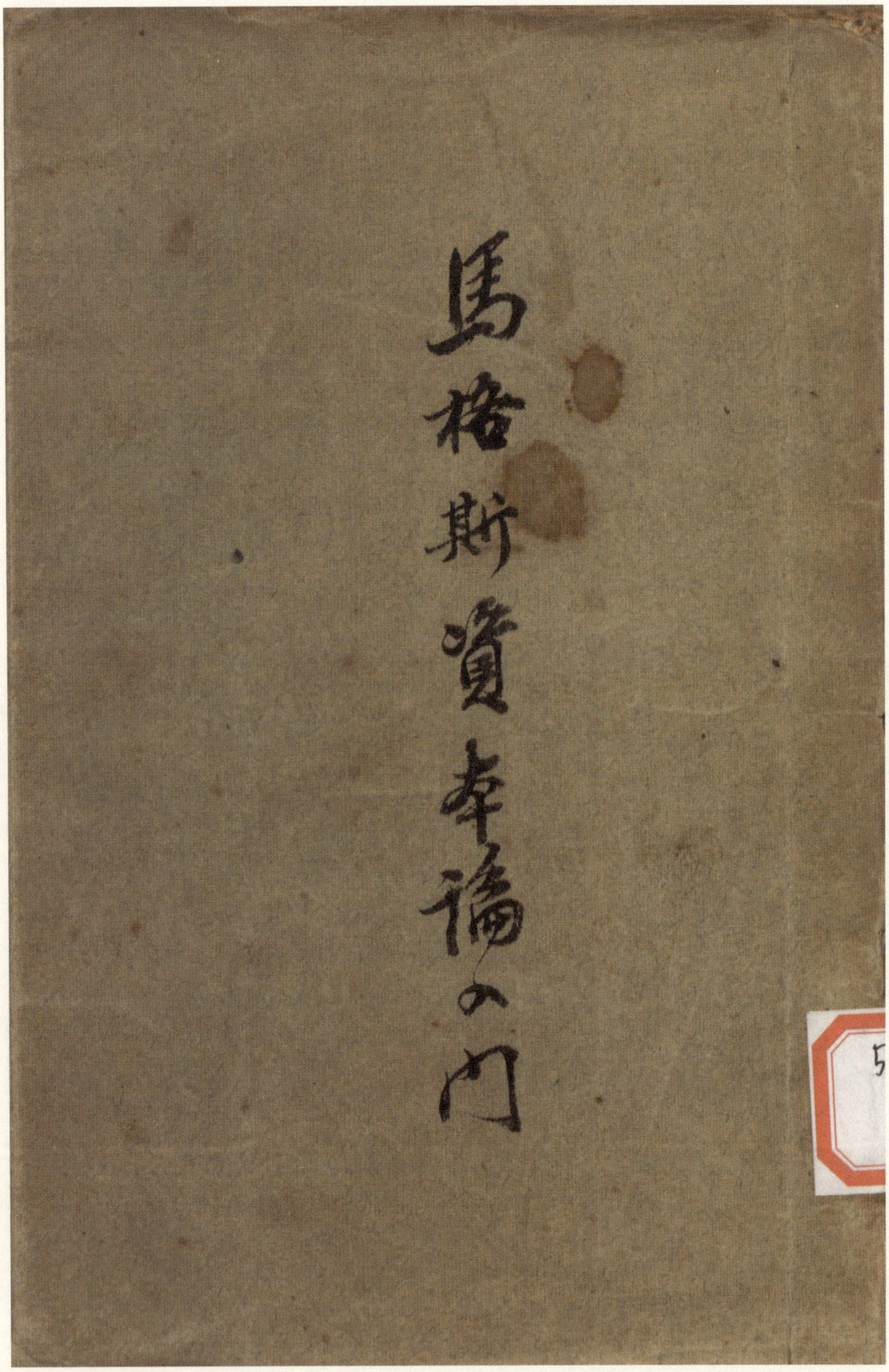

1-3　马格斯资本论入门

[德]米里·伊·马尔西著,李汉俊译。正文54页,18.5cm×12.4cm。

马尔西,德国人。马克思主义者,《万国社会党评论》联合编辑之一。

李汉俊(1890—1927),原名书诗,又名人杰,笔名汗、先进、均等,湖北潜江人。早期马克思主义宣传家,中国共产党创始人之一。早年留学日本,受到日本马克思主义传播的影响,开始信仰马克思主义。回国后积极宣传马克思主义,发起成立中共上海早期组织,为中国共产党第一次全国代表大会代表。

本书根据日译本(原名 Shop Talks on Economics,日译本题称《通俗马格斯资本论》,[日]远藤无水译)译出,为中国共产党早期组织出版的第一本系统介绍马克思《资本论》的译著。曾得到李大钊和陈独秀的大力推荐,成为大革命时期重要的革命畅销书之一。全书分八小节,内容包括:一、劳动者将甚么东西卖给资本家;二、商品底价值;三、物价(价格);四、利润是怎样得的;五、便宜的物价与多的利益;六、贵的物价与专卖物价;七、工银;八、缩短劳动时间。

馬格斯資本論入門

目錄

第一 勞動者將甚麽東西賣給資本家
第二 商品底價值
第三 物價…(價格)
第四 利潤是怎樣得的
第五 便宜的物價與多的利益

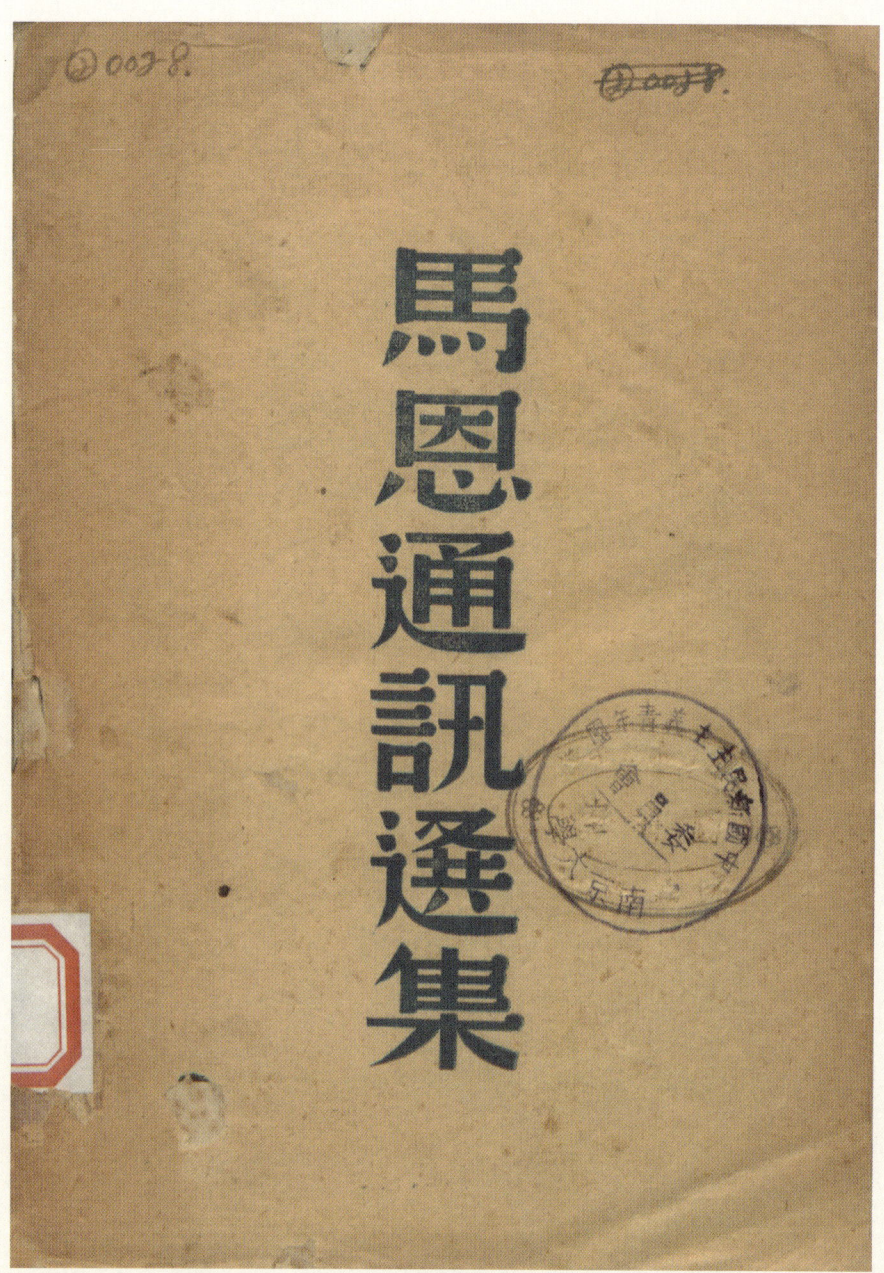
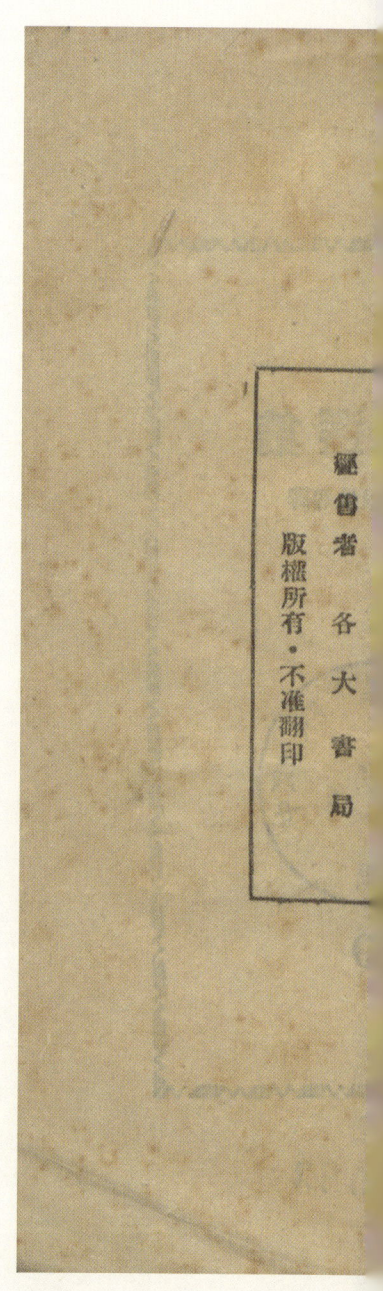

1-4 马恩通讯选集

柯柏年、艾思奇等译,1939年3月。正文131页,18cm×12.8cm。

柯柏年(1904—1985),广东潮州人。1924年加入中国共产党。抗日战争期间,曾任延安马列学院教员、中央研究院国际问题研究室主任。中华人民共和国成立后,历任外交部美澳司司长、国际关系研究所副所长及驻外大使等职。

艾思奇(1910—1966),原名李生萱,蒙古族,云南腾冲人。马克思主义哲学家、教育家、革命家。1935年加入中国共产党。曾任抗日军政大学主任教员、中共中央文委秘书长、延安《解放日报》副总编辑等职。中华人民共和国成立后,历任中共中央高级党校副校长、中国哲学学会副会长、中国科学院哲学社会科学部委员等职。

全书内容分四部分:一、为无产阶级政党而斗争的书信;二、马克思恩格斯关于唯物史观的书信;三、论爱尔兰问题;四、马恩论俄国。

目 錄

為無產階級政黨而鬥爭的書信……… 1——56

一　馬克思致恩格斯的信……………………… 3
二　馬克思致顧格曼的信………………………… 9
三　馬克思致顧格曼的信…………………………16
四　馬克思致恩格斯的信…………………………19
五　馬克思致恩格斯的信…………………………21
六　馬克思致波爾德的信…………………………23
七　恩格斯致顓諾的信……………………………27
八　恩格斯致倍倍爾的信…………………………30
九　恩格斯致左爾格的信…………………………33
一〇　馬克思致左爾格的信………………………35
一一　馬克思致柏克爾的信………………………37
一二　馬恩致倍倍爾、李卜克內西、
　　　勃拉克等的信（傳規的信）………………39
一三　恩格斯致倍倍爾的信………………………48
一四　恩格斯致伯因斯坦的信……………………50

馬恩通訊選集

一九三九年三月出版

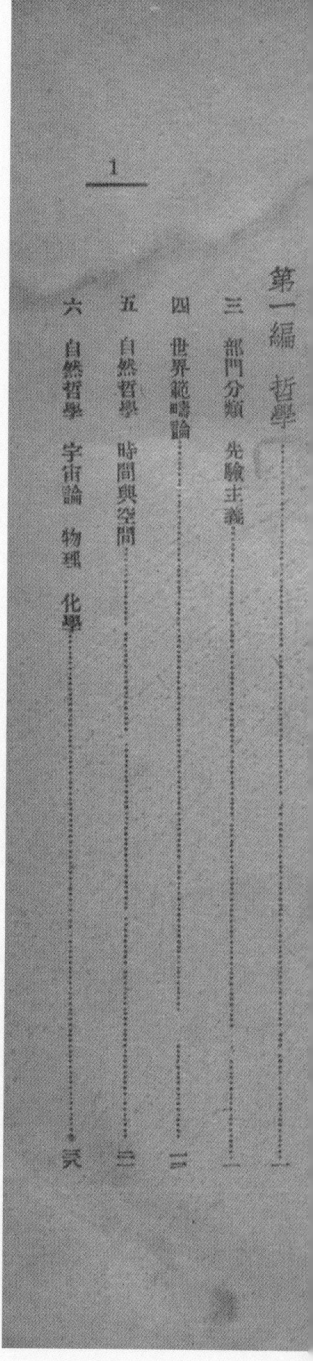

1-5 反杜林论　[世界名著译丛之三]

[德]弗里德里希·恩格斯著,吴理屏译,生活书店,1938年9月。正文449页,18.6cm×12.9cm。

吴理屏(1908—1986),即吴亮平,笔名吴黎平,曾用名理屏、良平、亮萍等,浙江奉化人。1925年参加五卅运动,1927年加入中国共产党。曾任红军学校政治部宣传部长兼政治总教员,后参加长征。到达陕北后,历任中共中央宣传部副部长、《解放》周刊编辑、中共中央晋绥分局委员等职。中华人民共和国成立后,历任中共上海沪西区委书记、华东局城市工作委员会副书记、中央财政经济委员会组长等职。

恩格斯在书中批判了杜林的错误观点,总结了马克思主义诞生后的无产阶级革命的经验和自然科学发展的成就,系统阐述了马克思主义的三个组成部分(哲学、政治经济学、科学社会主义)及其内在联系。

一、革命文献　11

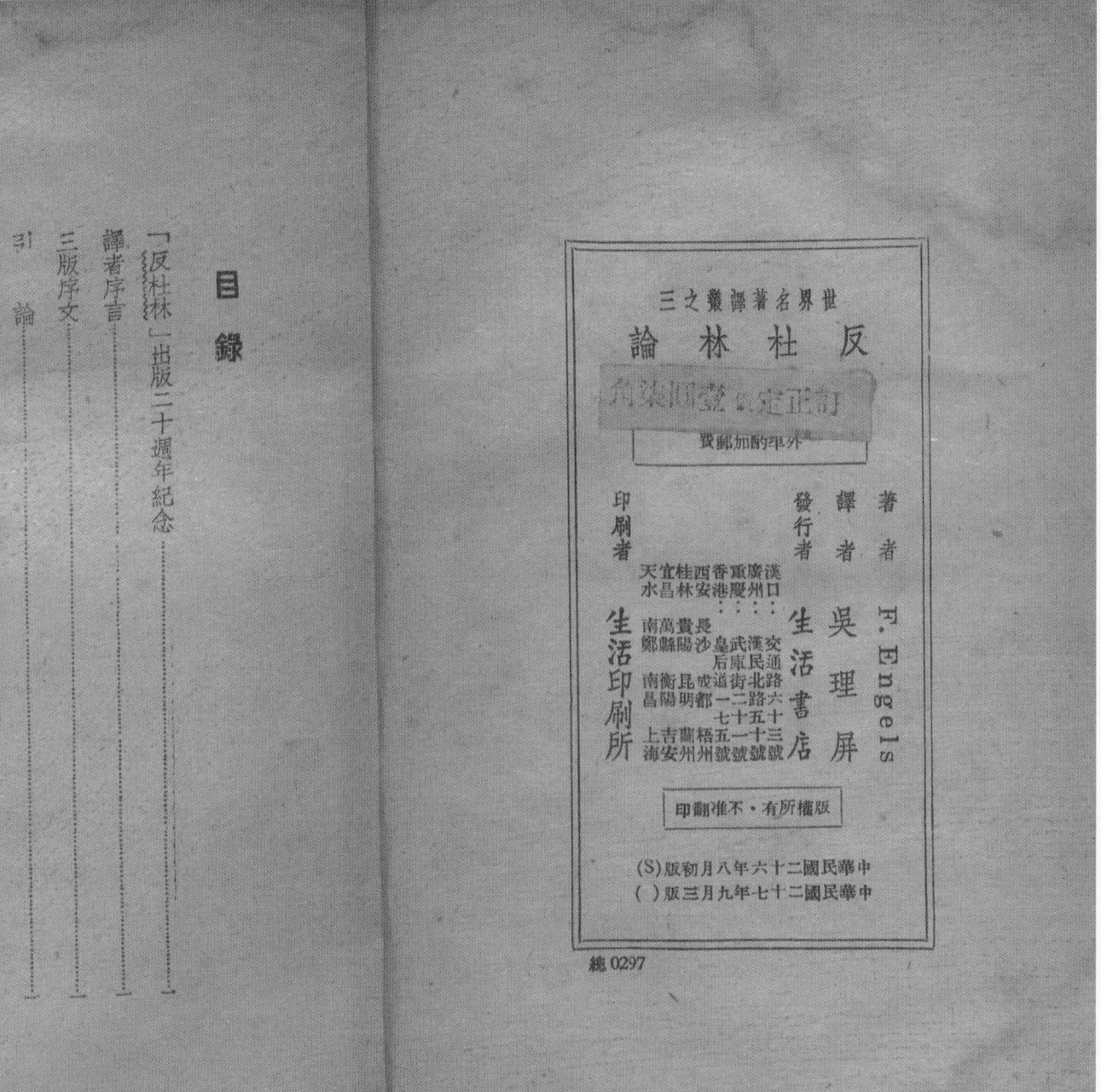

目錄

「反杜林」出版二十週年紀念

譯者序言

三版序文

引論

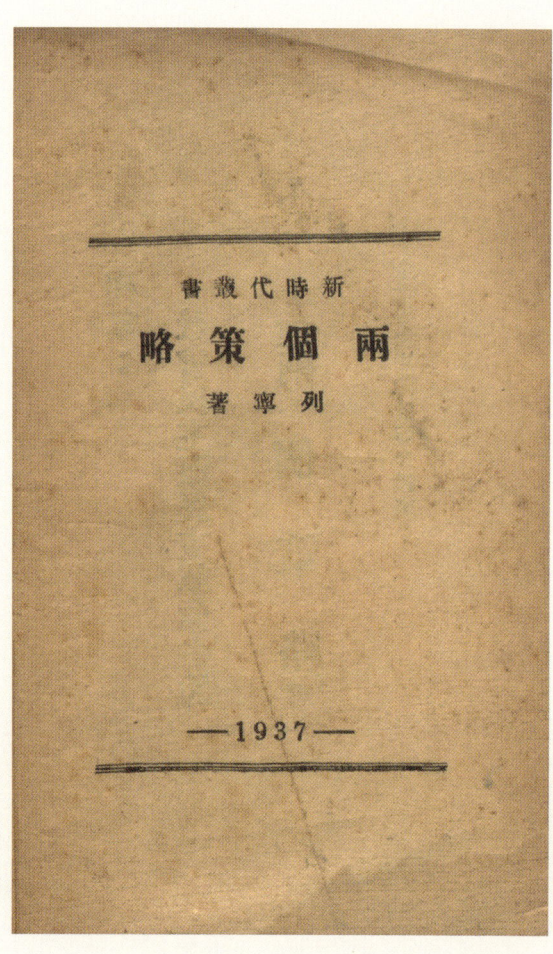
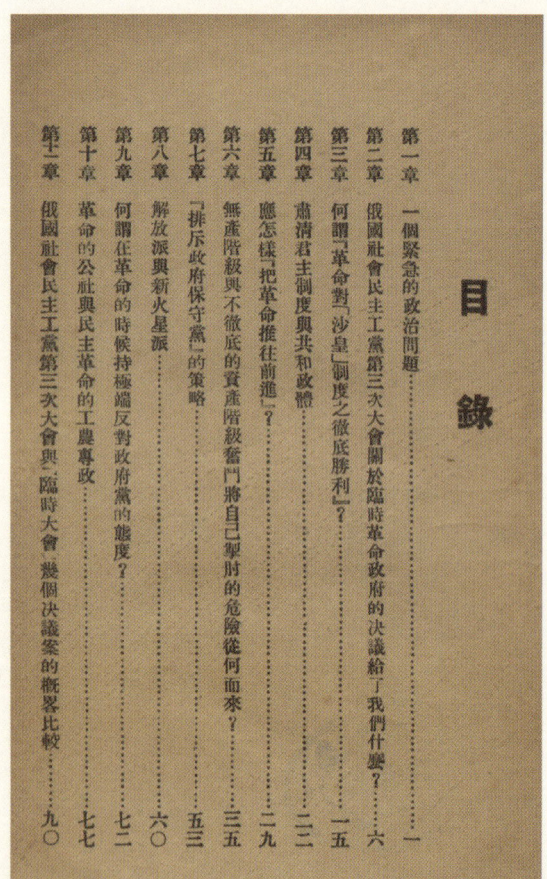

1-6 两个策略 [新时代丛书之一]

[苏]列宁著,1937年。正文124页,18.8cm×13cm。

该书阐明了布尔什维克的马克思主义革命策略路线,批判了孟什维克机会主义策略路线。主要内容有:一、无产阶级政党在民主革命中必须掌握领导权,这是党的政治策略的核心内容;二、无产阶级政党在民主革命中必须同农民结成联盟,以实现无产阶级的领导权;三、举行人民武装起义和建立工农民主专政是争取民主革命胜利的重要手段;四、无产阶级政党必须及时地将资产阶级民主革命转变为社会主义革命。

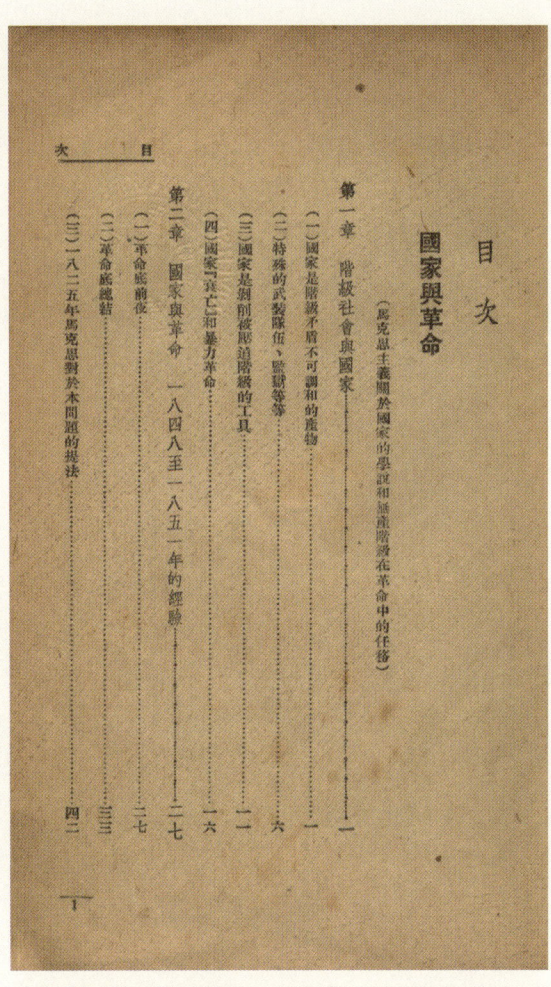
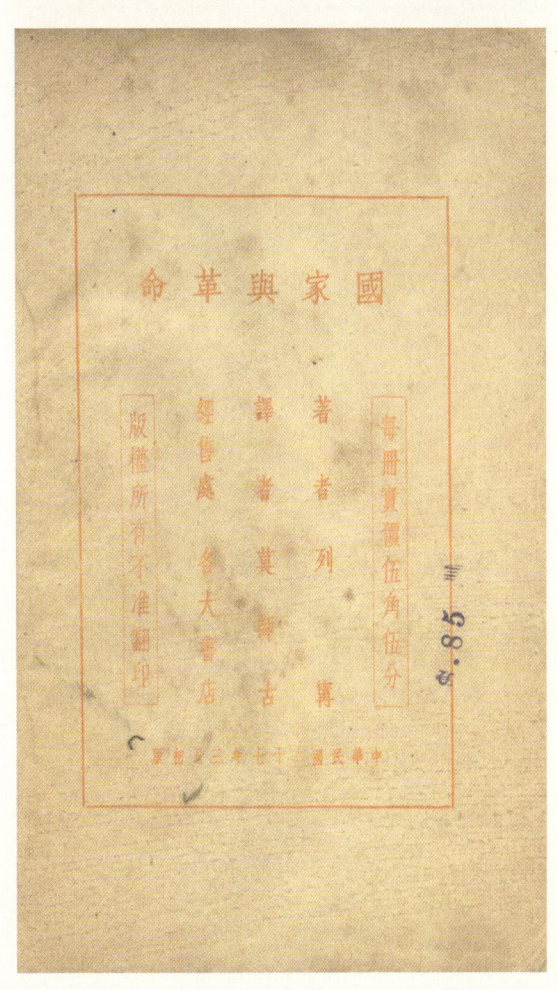

1-7 国家与革命

[苏]列宁著，莫师古译，1938年3月初版。正文483页，18.3cm×12.8cm。

该书在全面总结国际无产阶级革命斗争历史经验基础上，系统阐述了马克思主义关于国家的学说以及无产阶级革命、无产阶级专政的理论，创造性地发展了马克思主义的国家学说，是列宁全面论述马克思主义国家学说的重要论著。全书分为阶级社会与国家、国家与革命等六章。本书另收录有列宁著《无产阶级革命与叛徒考茨基》《论"民主"和专政》《共产国际第一次世界大会上关于资产阶级和无产阶级专政的提纲与报告》《论专政问题底历史》。

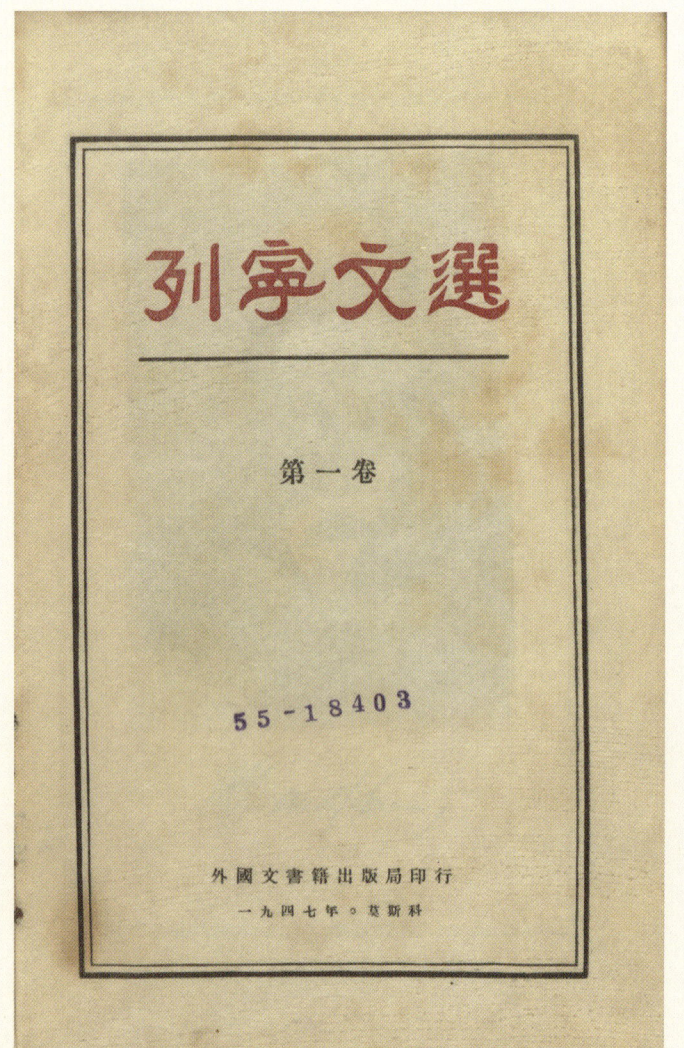
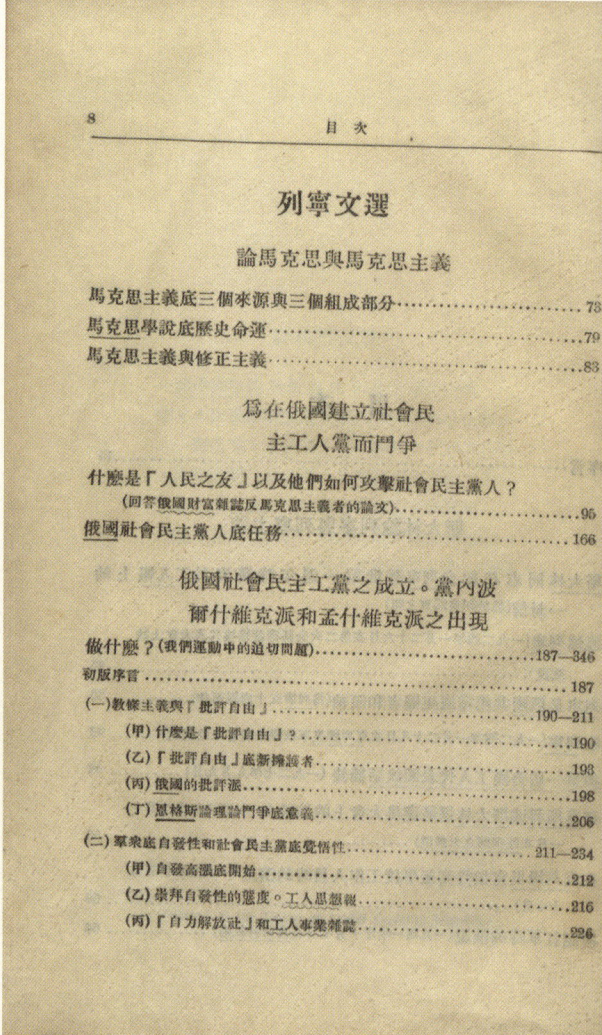

1-8 列宁文选(第一卷)

[苏]列宁著,莫斯科:外国文书籍出版局,1947年。正文989页,21.4cm×13.7cm。

该书为马恩列学院1943年俄版《列宁文选》的中文译本,收录列宁从1894年至1917年间的著作,包括《俄国社会民主党人底任务》《社会民主党在民主革命中的两个策略》《无产阶级革命底军事纲领》《论无产阶级在这次革命中的任务》等。

| 目　次 | 9 |

(三) 工聯主義的政治和社會民主主義的政治 .... 235—273
　　(甲) 政治鼓動以及經濟派縮小政治鼓動的觀點 235
　　(乙) 馬爾丁諾夫究竟是怎樣加深了普列漢諾夫底意見呢 244
　　(丙) 政治的揭露和「培養革命積極性」 247
　　(丁) 經濟主義與恐怖主義有什麼共同點呢？ 252
　　(戊) 工人階級是爭取民主制的先進戰士 256
　　(己) 又是「誹謗者」，又是「捏造者」 271
(四) 經濟派底手工業方式與革命家底組織 .... 273—323
　　(甲) 什麼是手工業方式呢？ 274
　　(乙) 手工業方式與經濟主義 278
　　(丙) 工人組織與革命家組織 283
　　(丁) 組織工作底規模 298
　　(戊) 「陰謀」組織與「民主主義」 305
　　(己) 地方工作和全俄工作 313
(五) 全俄政治報「計劃」 .... 323—342
　　(乙) 報紙能否成為集體的組織者呢？ 324
　　(丙) 我們究竟需要何種樣式的組織？ 336
結束語 343

進一步，退兩步(我們黨內的危機) .... 347—445
初版序言 347
　(一) 代表大會之準備 351
　(二) 代表大會上派別分立底意義 351
　(三) 代表大會底開始。——組委事件 352
　(四) 解散「南方工人」社 357
　(五) 因語言平等問題而發生的事件 360
　(六) 土地綱領 364
　(七) 黨章 371
　(八) 火星派內部發生分裂以前關於集中制問題的討論 .. 378

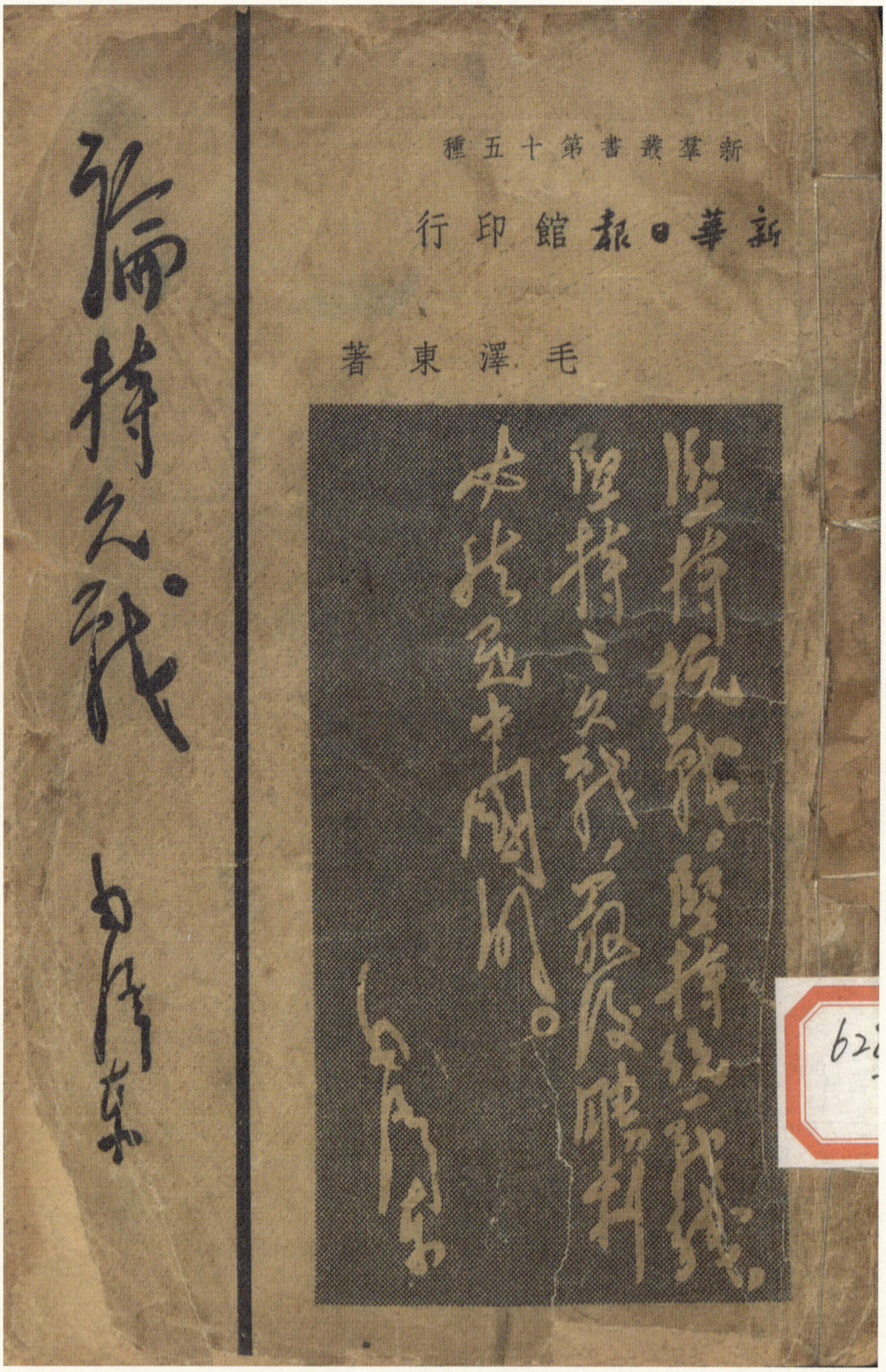

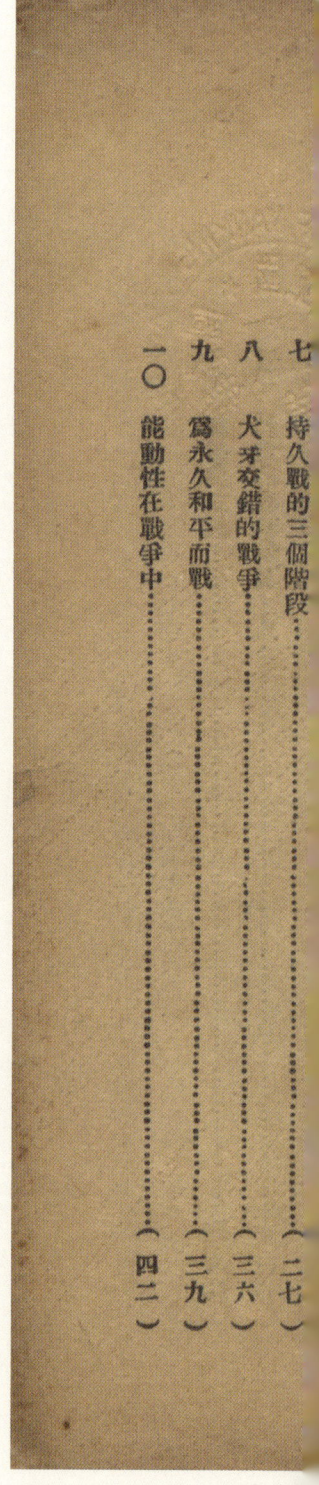

1-9 论持久战 [新群丛书·第十五种]

毛泽东著,汉口:新华日报馆,1938年7月25日初版。正文82页,18.5cm×12.6cm。

中国共产党领导抗日战争的纲领性文献。全面分析了中日战争的特点和发展规律,驳斥了"亡国论"和"速胜论",阐明持久抗战的总方针、游击战争的战略地位和人民战争的战略思想,科学地预见了抗日战争的全部发展过程。

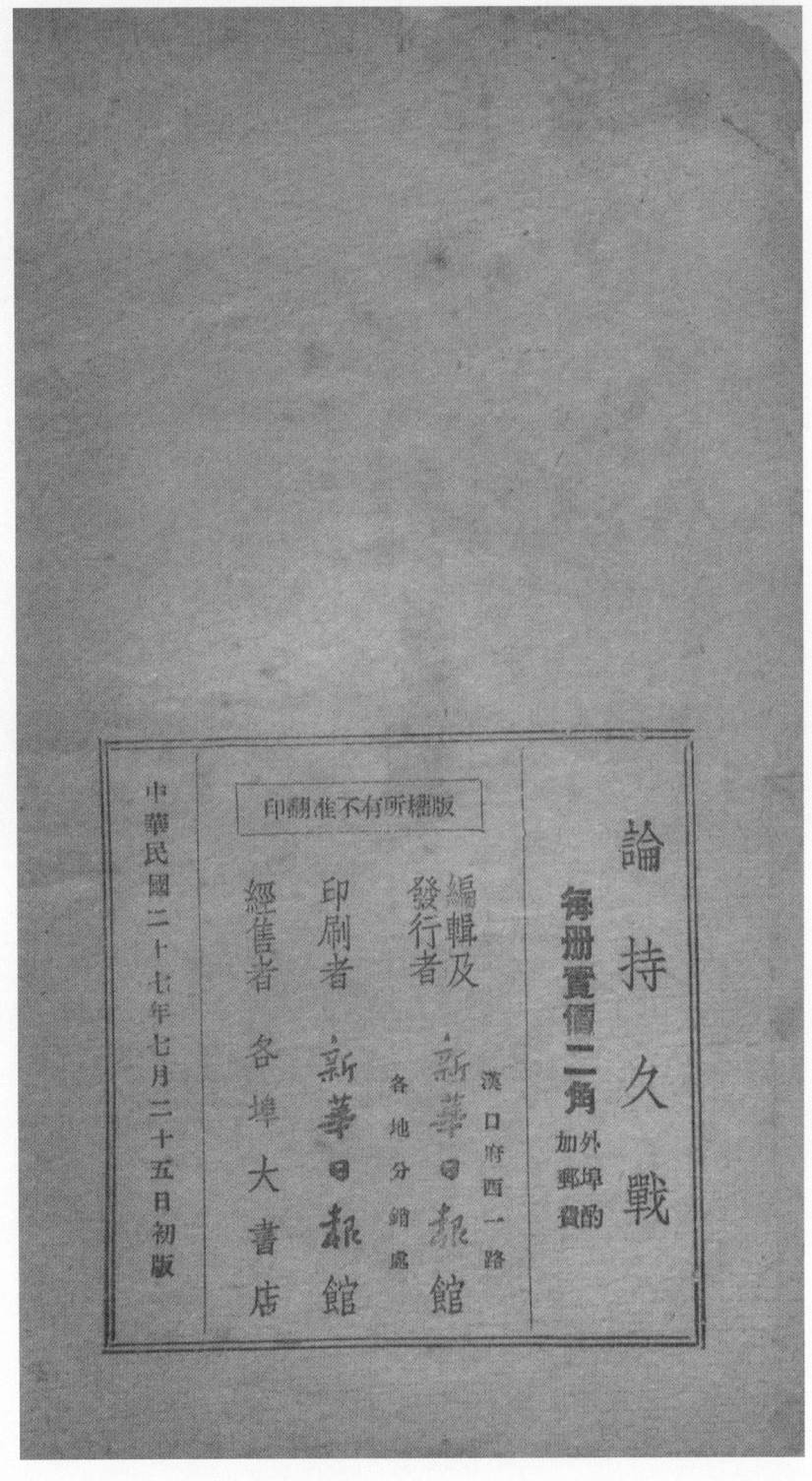

論持久戰目錄

一 問題的提起……………………（一）
二 問題的根據……………………（一一）
三 駁亡國論………………………（一二）
四 妥協還是抗戰？腐敗還是進步？……（一八）
五 亡國論是不對的，速勝論也是不對的……（二二）

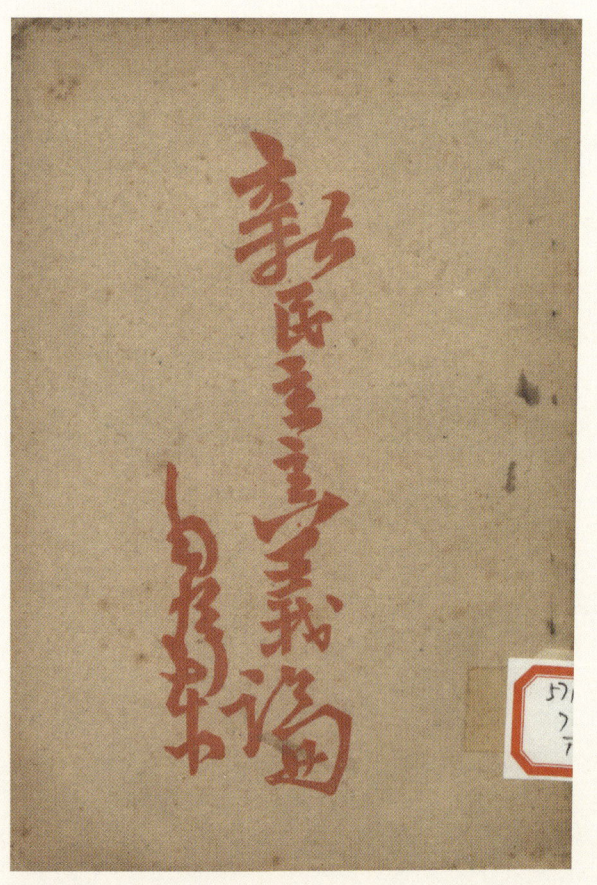

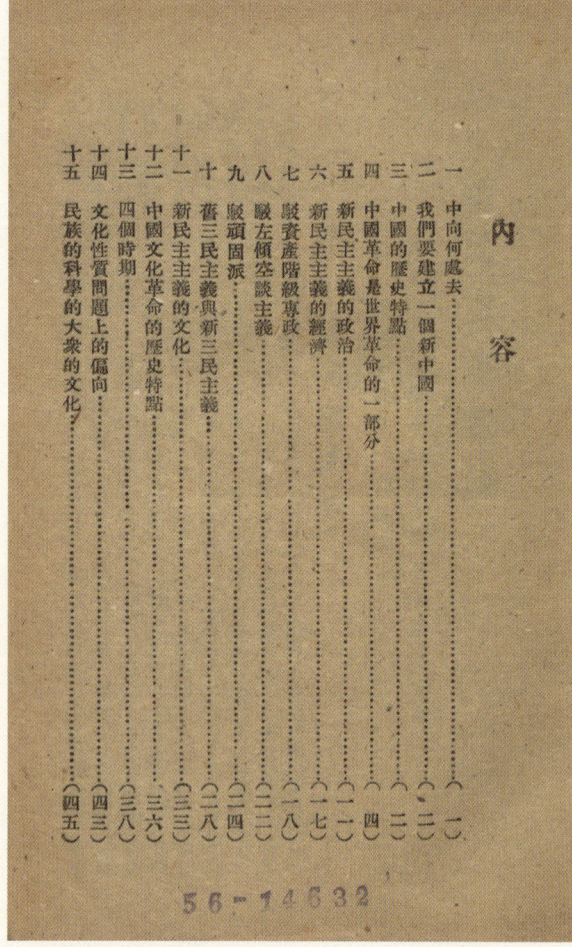

1-10 新民主主义论

毛泽东著，旅顺：民众报社，1946年2月10日。正文48页，18cm×12.5cm。

本书为1940年1月9日毛泽东在陕甘宁边区文化协会第一次代表大会上的讲演稿，原题《新民主主义的政治与新民主主义的文化》，是毛泽东论述中国新民主主义革命的政治、经济、文化、方法政策的重要理论著作。主要内容包括中国向何处去、我们要建立一个新中国、中国的历史特点、中国革命是世界革命的一部分、新民主主义的政治等十五个问题。

本馆还藏有多个版本的《新民主主义论》。

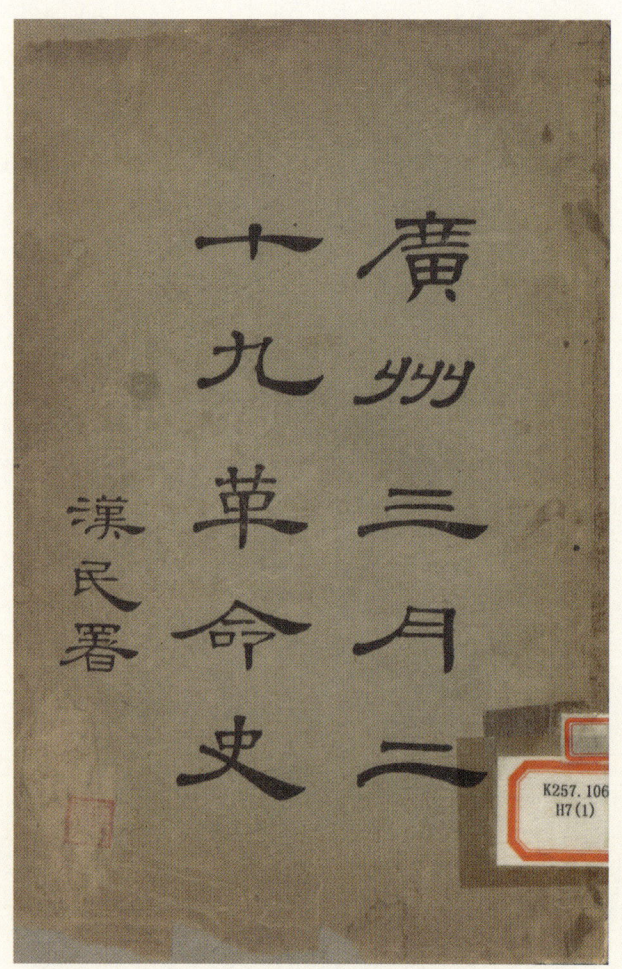
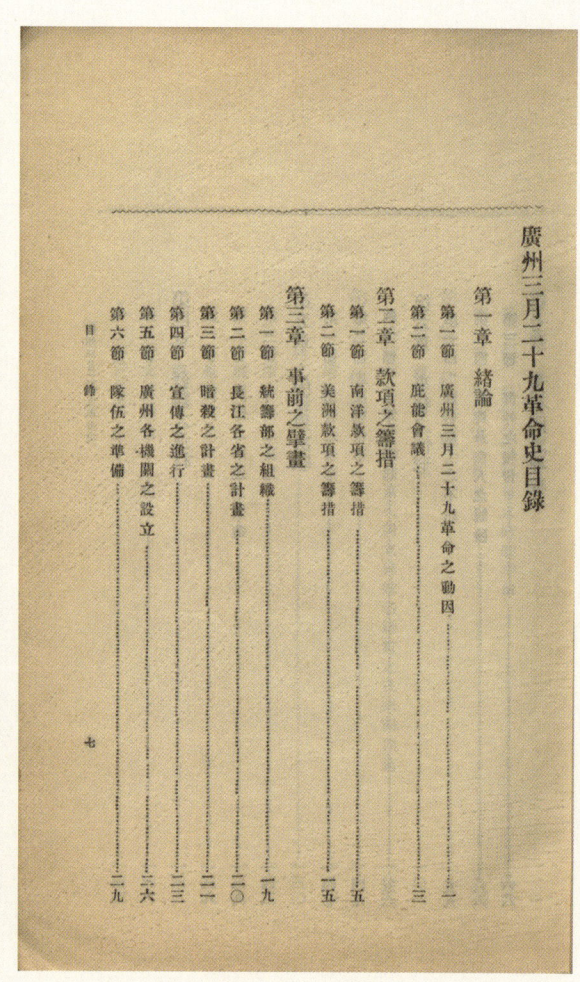
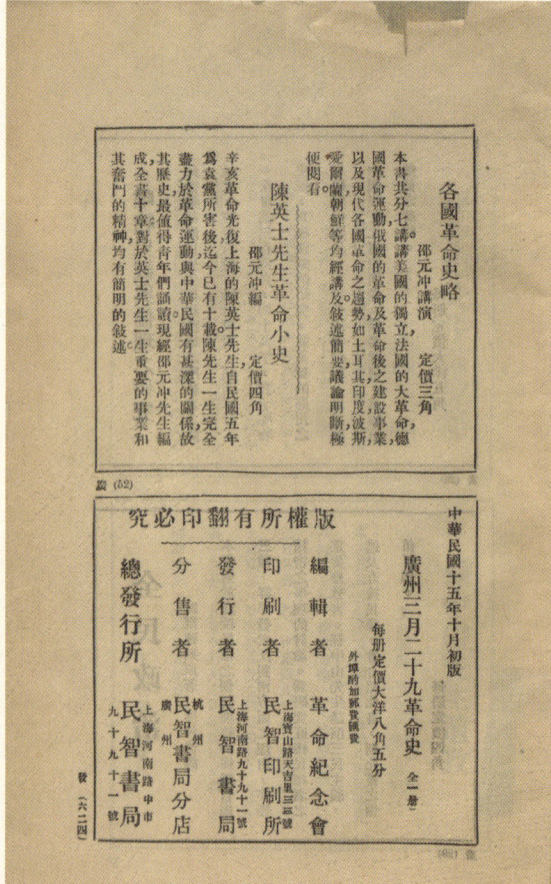

1-11 广州三月二十九革命史

革命纪念会编,上海:民智书局,1926年10月初版。正文186页,22.3cm×15cm。

本书实际编者为邹鲁。

邹鲁(1885—1954),原名澄生,字海滨,广东大埔人。早年加入同盟会。1924年筹办广东大学(即中山大学前身),并担任首任校长。历任国民党中央执委会常委、国防最高委员会常委等职。后赴台湾,任"总统府"资政。

1911年4月27日(农历三月二十九日),革命党人在广州起义,史称"三二九"起义,又称黄花岗起义。全书分为图像与革命史两部分。主要内容包括多幅珍贵历史照片、事件过程及烈士小传。

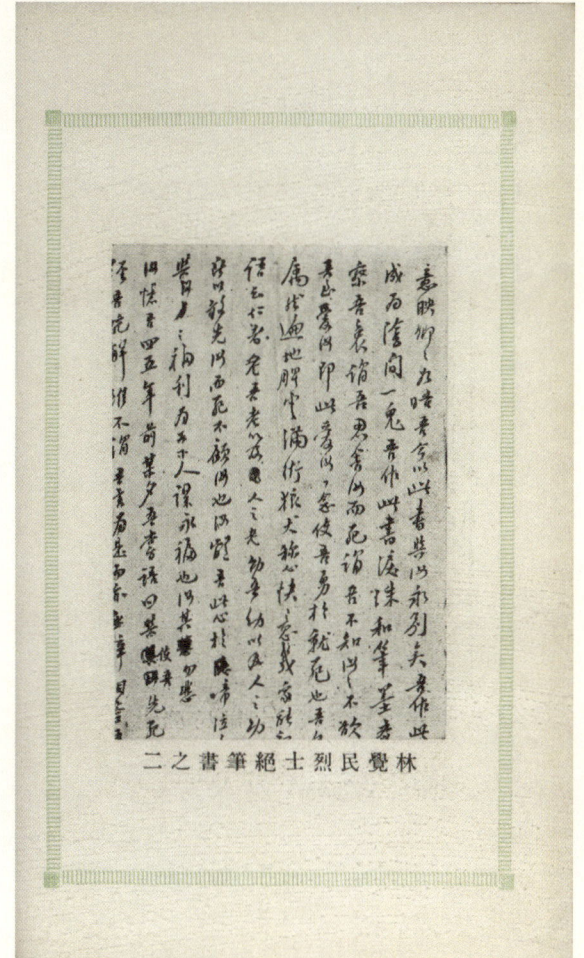

林覺民烈士絕筆書之二

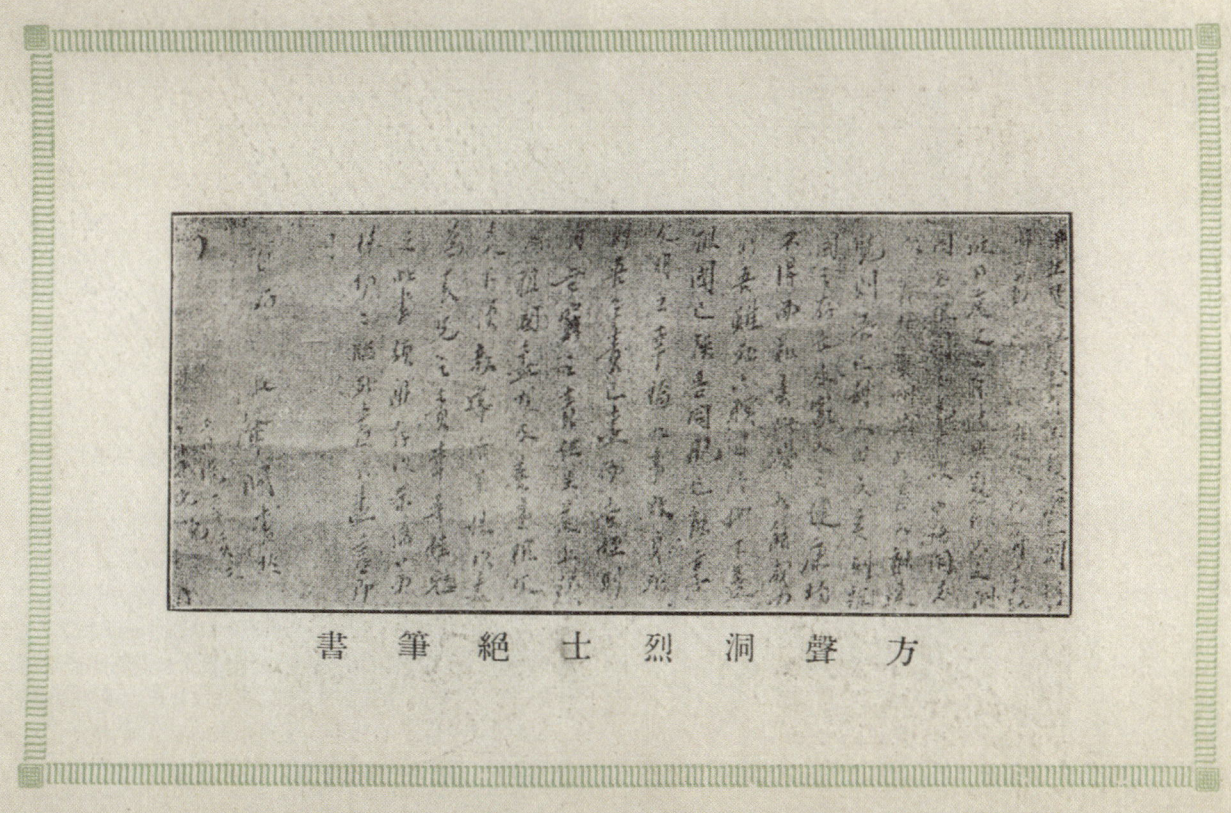

方聲洞烈士絕筆書

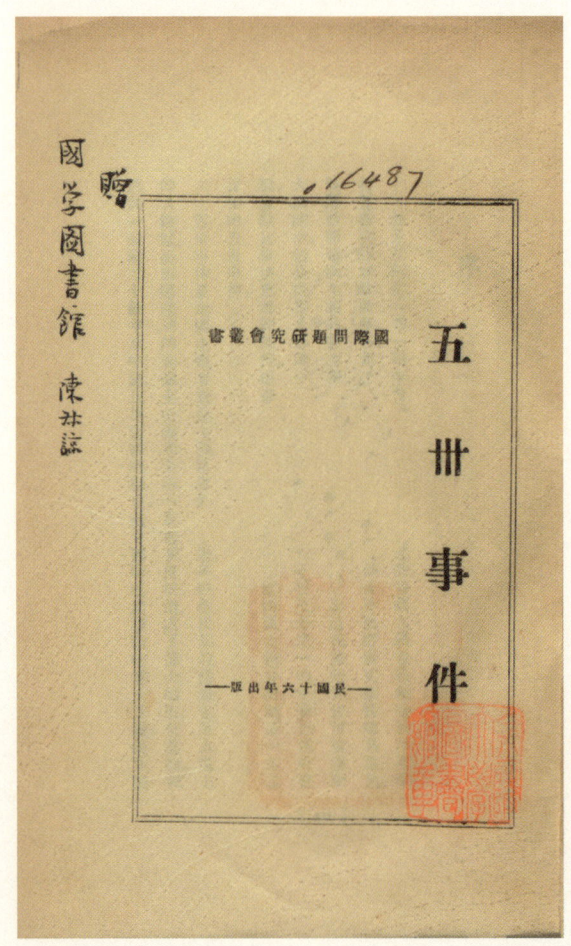
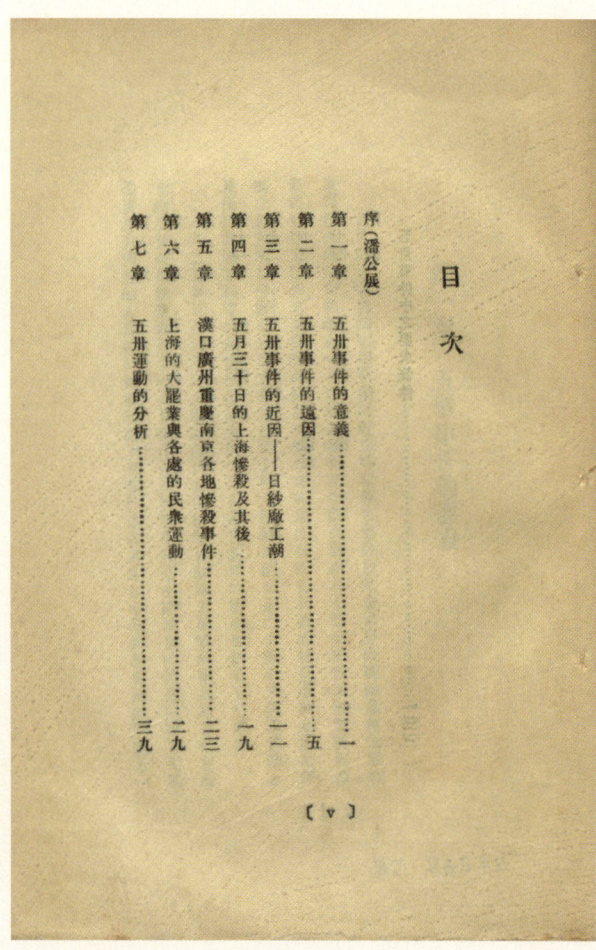
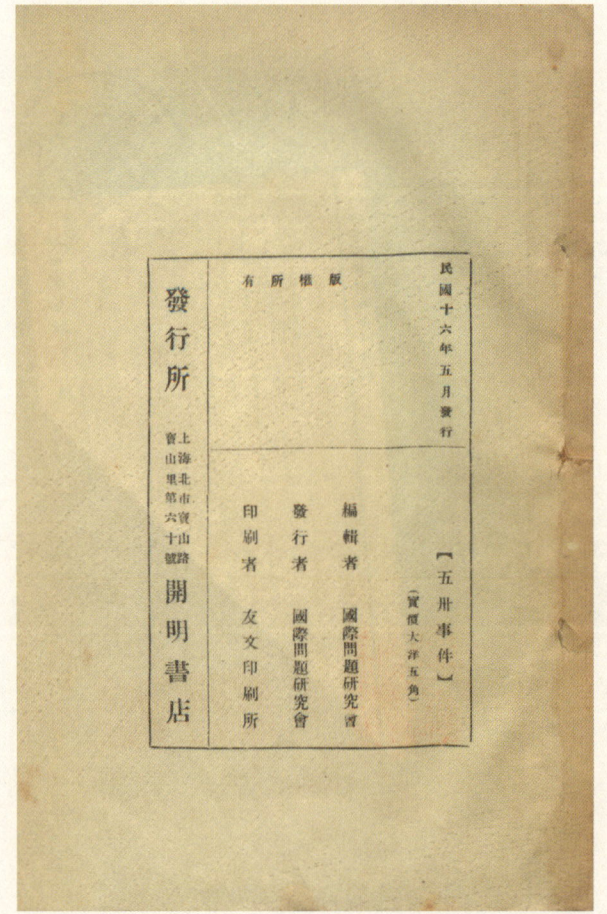

1-12 五卅事件　　[国际问题研究会丛书]

上海：国际问题研究会，1927年5月。正文140页，19.8cm×14cm。题名页有"赠国学图书馆 陈叔谅"字样。

本书为纪念五卅事件两周年而编，主要编者为陈叔谅。

陈叔谅（1901—1991），名训慈，字叔谅，浙江慈溪人。文史学家。东南大学史学系毕业。曾任上海商务印书馆编译所编辑、中央大学史学系讲师、浙江大学史地系教授、浙江省立图书馆馆长。中华人民共和国成立后，历任浙江省政协委员、民盟浙江省委顾问、浙江省博物馆顾问等职。

全书共十四章，分析了五卅事件的意义，远因和近因，经过和交涉，以及各地惨杀事件和民众运动等。

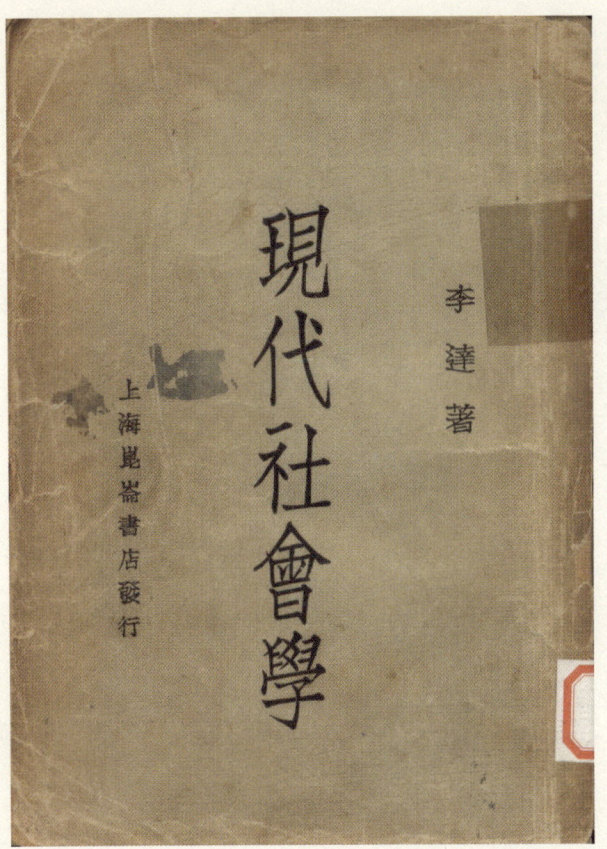
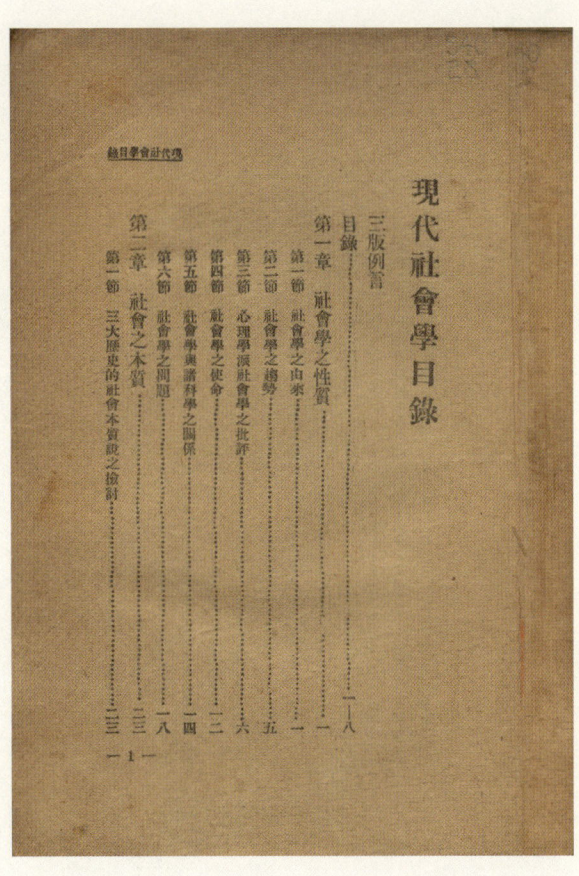
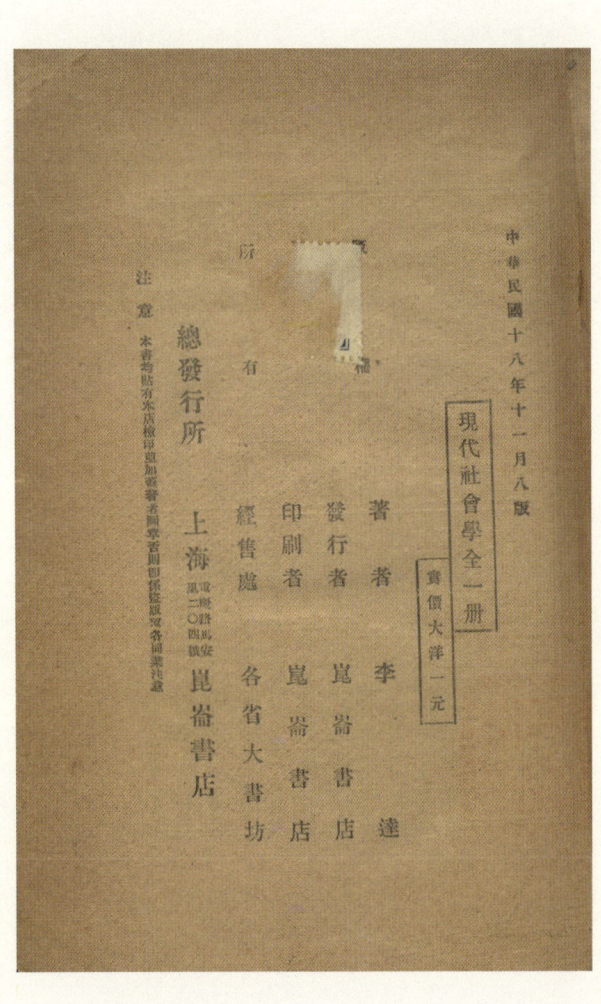

1-13 现代社会学

李达著，上海：昆仑书店，1929年11月。正文328页，20.7cm×15.3cm。

李达（1890—1966），字永锡，号鹤鸣，湖南零陵（今永州）人。马克思主义理论家、教育家和社会学家，中国共产党创始人之一。1919年五四运动后，致力于研究、宣传马克思主义。中华人民共和国成立后，历任湖南大学校长、武汉大学校长、中国科学院哲学社会科学部委员、中国哲学学会会长等职。

本书是作者于20世纪20年代初担任湖南大学法科教授时编写的讲义，系统阐述了历史唯物主义和科学社会主义原理。全书用文言文写成，共分十八章，前十三章专论历史唯物主义，后五章讲解科学社会主义。

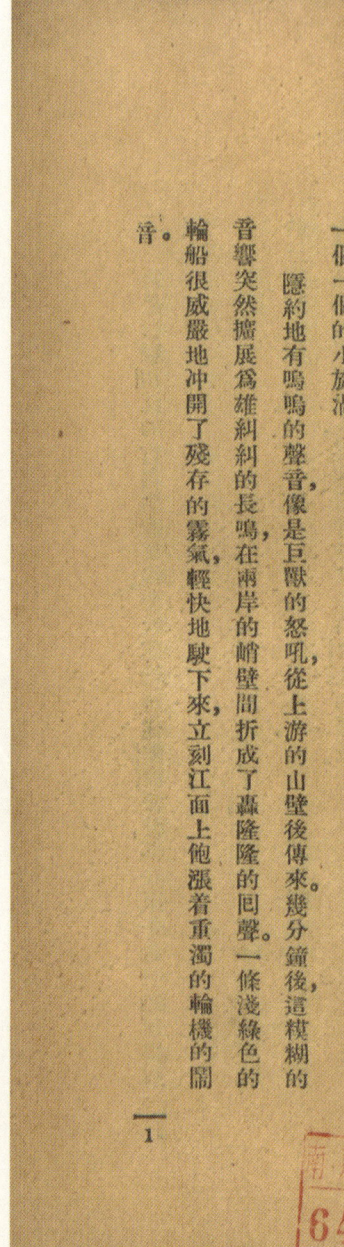

1-14 虹

茅盾著,上海:开明书店,1933年5月。正文391页,18.9cm×13.2cm。

茅盾(1896—1981),原名沈德鸿,字雁冰,浙江桐乡人。作家、社会活动家。曾任《小说月报》主编,并发起成立文学研究会。1921年加入中国共产党,1930年加入左翼作家联盟。中华人民共和国成立后,曾任中国文联副主席、中国作协主席、文化部部长等职。

《虹》讲述了知识女性梅行素,在五四新思潮的冲击下,追求新生活和自我价值,来到上海后,又在马克思主义教育下觉醒的故事,表现了从"五四"到"五卅"中国社会的转换。

一、革命文献

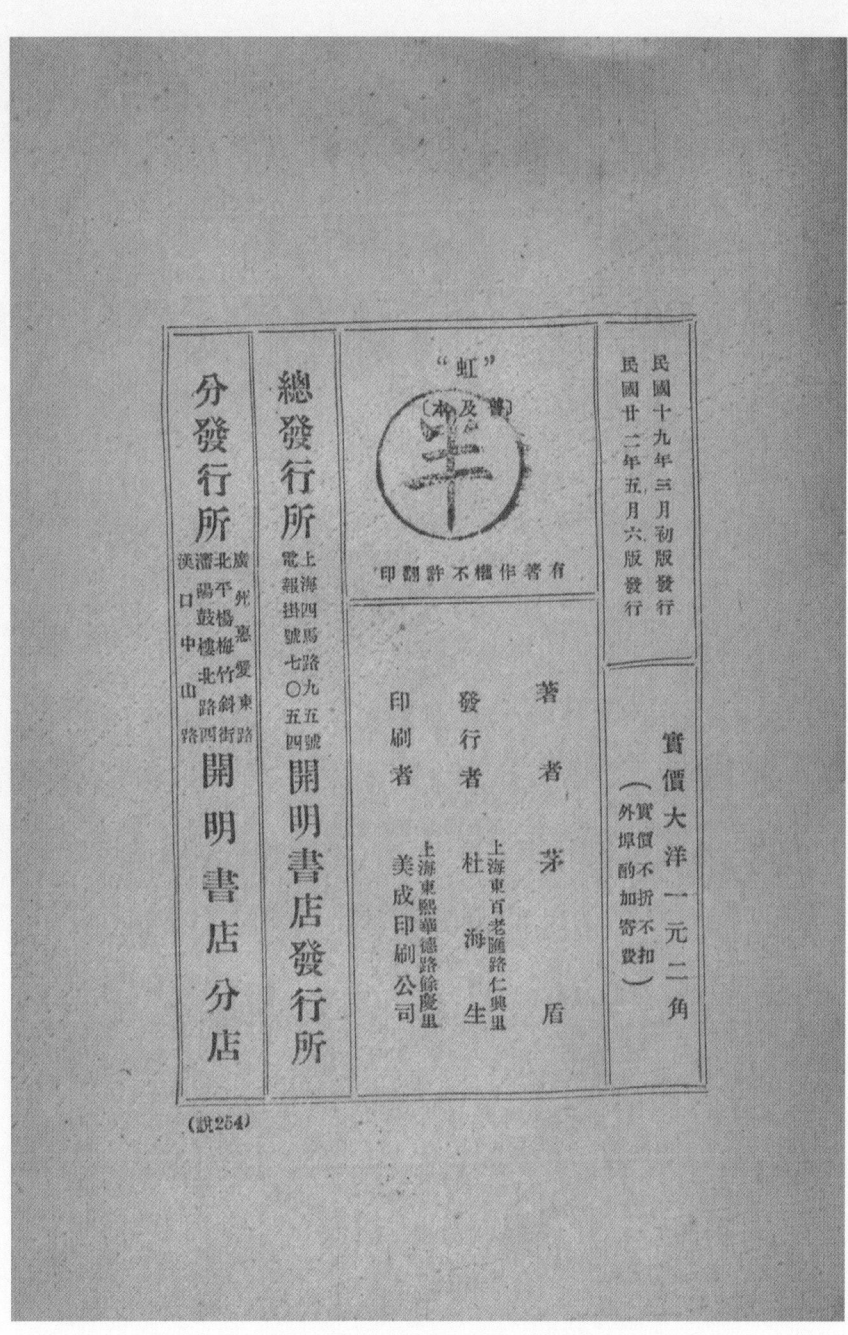

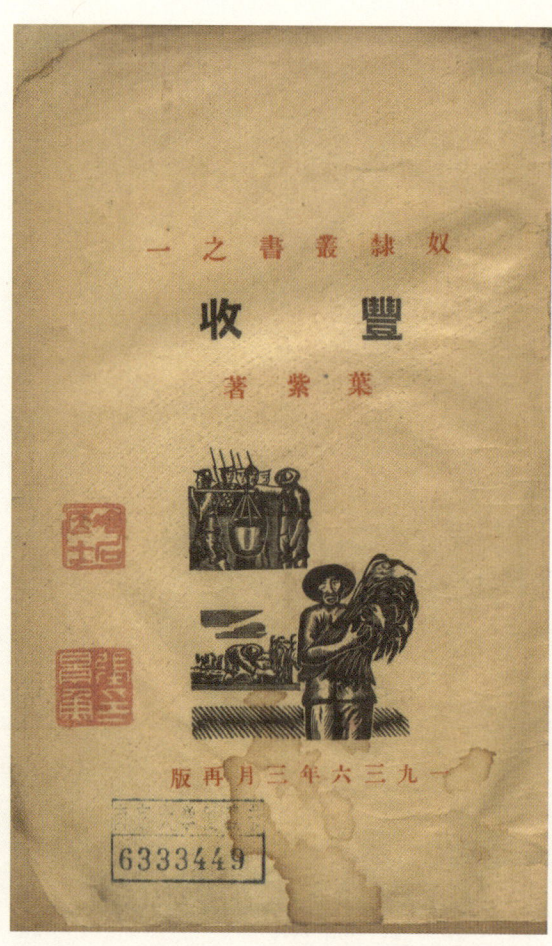
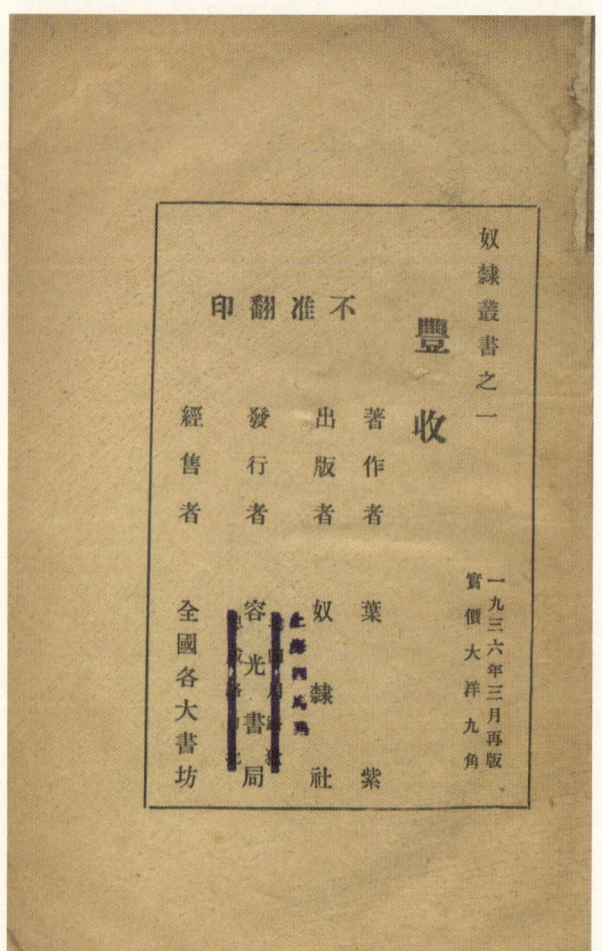

1-15 丰收 [奴隶丛书之一]

叶紫著，上海：奴隶社，1936年3月。正文323页，19.8cm×13.2cm。

叶紫（1912—1939），原名余昭明，又名余鹤林，湖南益阳人。作家。1933年加入中国共产党，同年加入左翼作家联盟，并第一次以叶紫为笔名发表短篇小说《丰收》。

本书为叶紫短篇小说集。鲁迅把《丰收》收入他主编的《奴隶丛书》，并在序文中做了很高评价。作品以大革命时期的农村为背景，反映现实的阶级斗争。

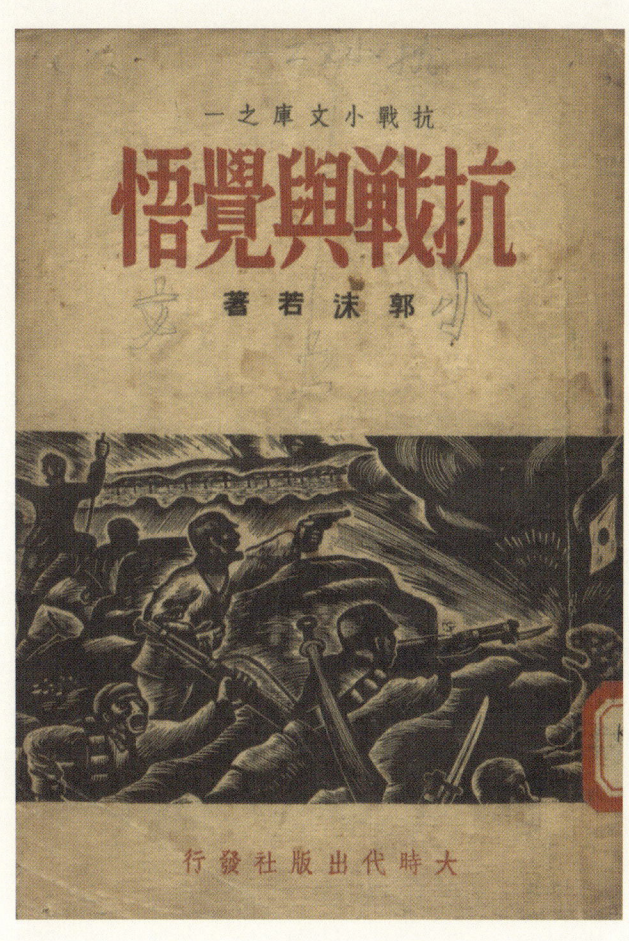

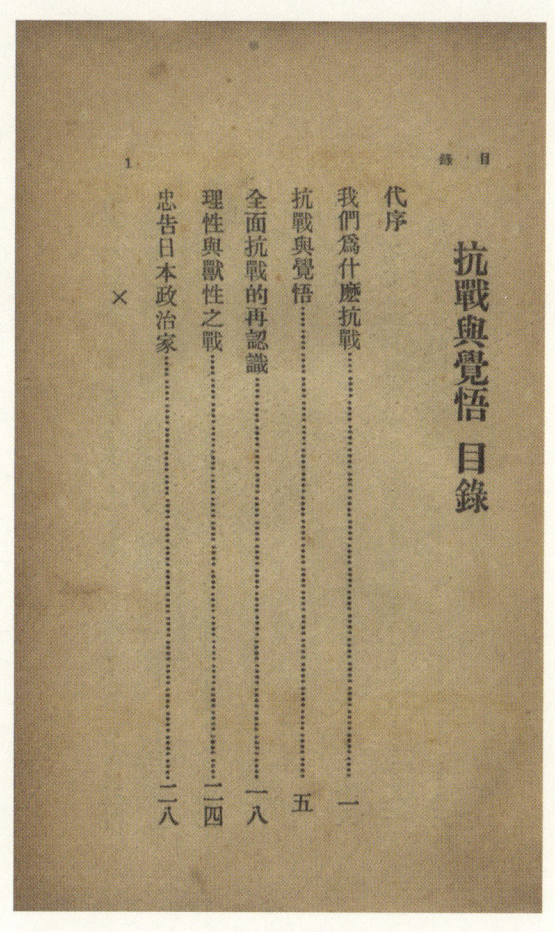

1-16 抗战与觉悟 [抗战小文库之一]

郭沫若著,上海:大时代出版社,1937年10月初版。正文84页,18.3cm×12.9cm。

郭沫若(1892—1978),原名郭开贞,字鼎堂,号尚武,笔名沫若,四川乐山人。作家、诗人、历史学家、考古学家、古文字学家、社会活动家。曾留学日本,1923年回国,在上海创办《创造》季刊。参加过北伐、南昌起义,1927年加入中国共产党。中华人民共和国成立后,历任政务院副总理、中国科学院院长、全国文学艺术家联合会主席、中共中央委员、全国人大常委会副委员长、全国政协副主席等职。

本书为郭沫若抗战题材的杂文、散文集,收录《我们为什么抗战》《抗战与觉悟》《全面抗战的再认识》等有关抗战时局的论文及通讯报道十二篇。

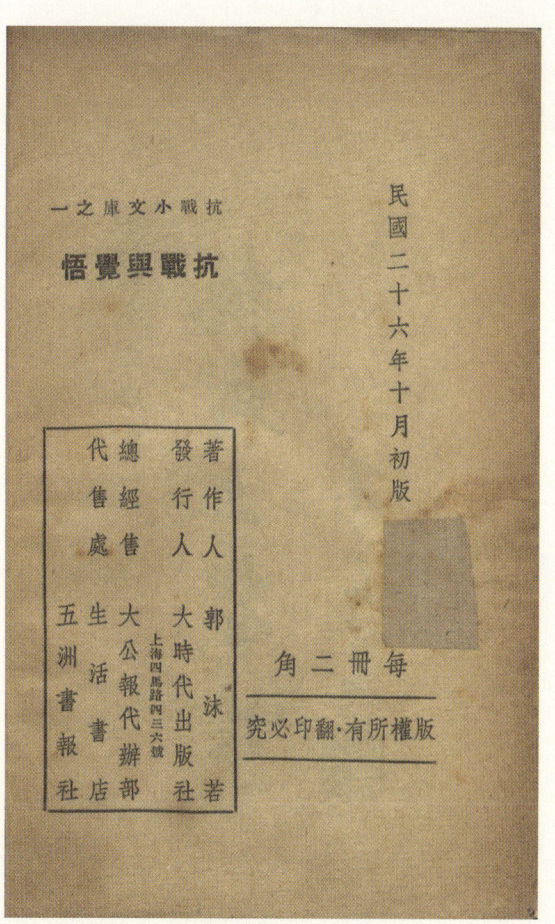

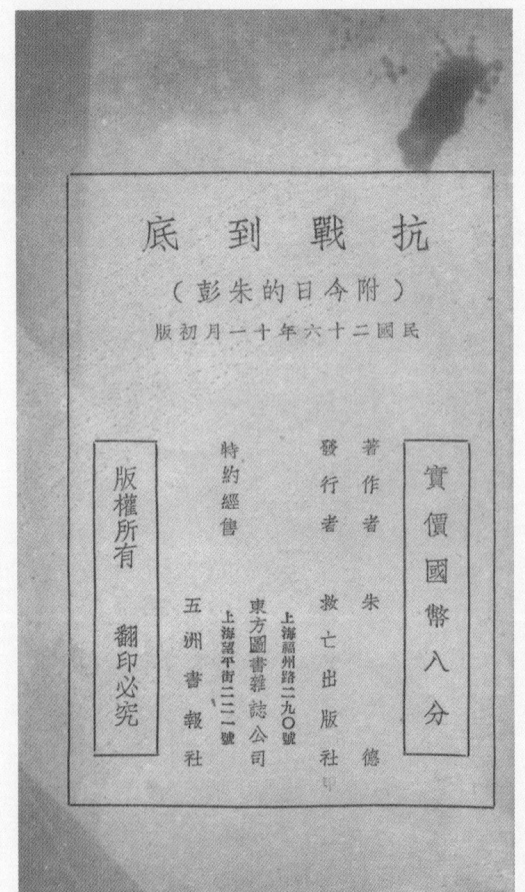

1-17 抗战到底

朱德著，上海：救亡出版社，1937年11月初版。正文32页，18.4cm×13.1cm。

朱德在书中号召全国人民奋起抗日，抗战到底。主要内容有：一、第二个"九一八"的号炮又响了；二、日本并不是那么可怕的魔鬼；三、抗战是唯一的出路；四、最后的胜利是我们中国的。附录朱德和彭德怀率领八路军在前线英勇抗战的战况战绩。

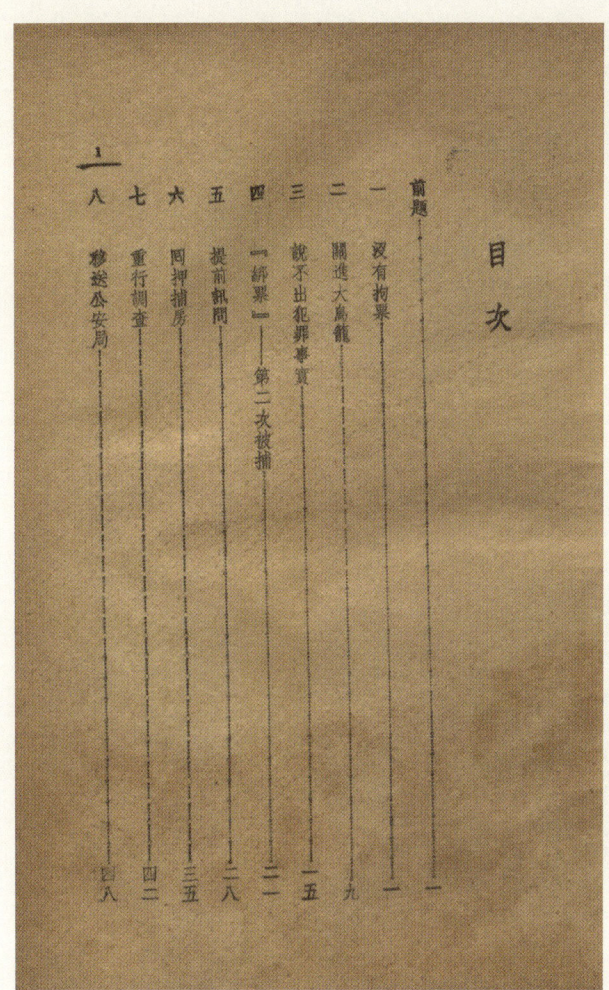 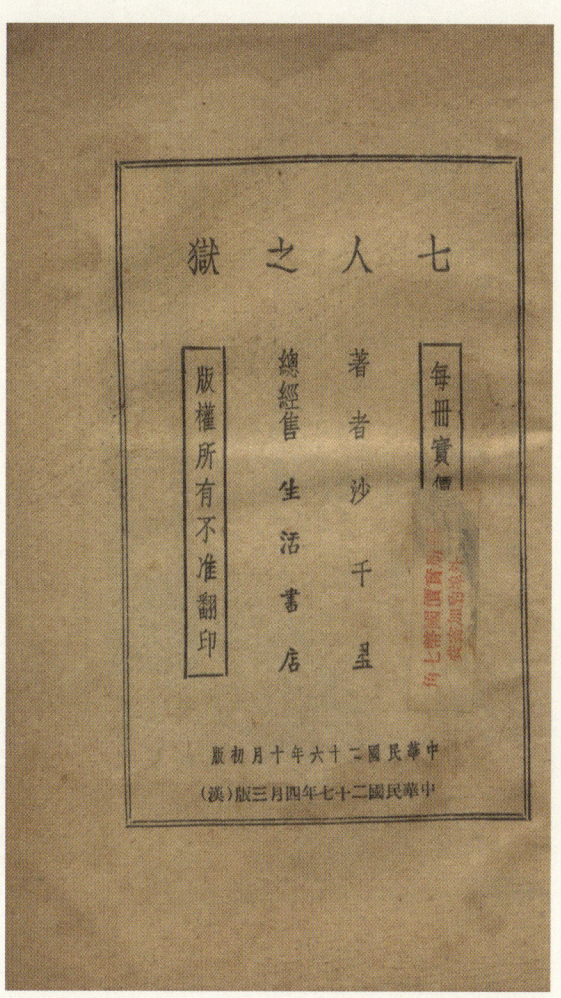

1-18 七人之狱

沙千里著,汉口:生活书店,1938年4月。正文191页,18cm×12.5cm。

沙千里(1901—1982),原名重远,曾用名仲渊,江苏苏州人。1938年加入中国共产党。曾任全国各界救国联合会常务理事、中国人民救国会常委等职。中华人民共和国成立后,历任上海市人民政府副秘书长、第一届全国政协委员、国家轻工业部部长、民盟中央委员、全国政协副主席等职。

1936年11月23日,国民党政府以"危害民国"罪,将全国各界救国联合会领导人沈钧儒、章乃器、邹韬奋、李公朴、沙千里、史良、王造时逮捕入狱,是为"七君子事件"。本书为七君子之一的沙千里对狱中生活的记述。

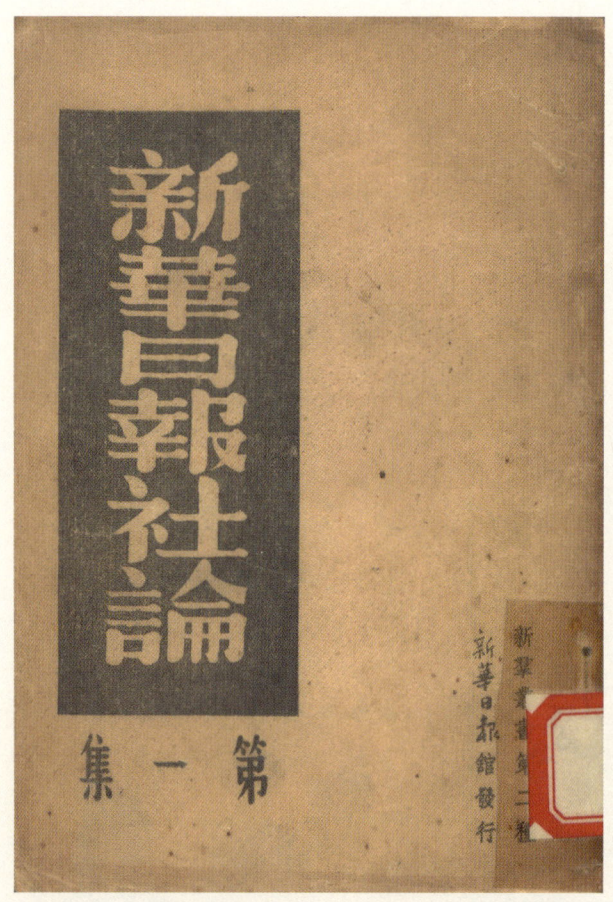
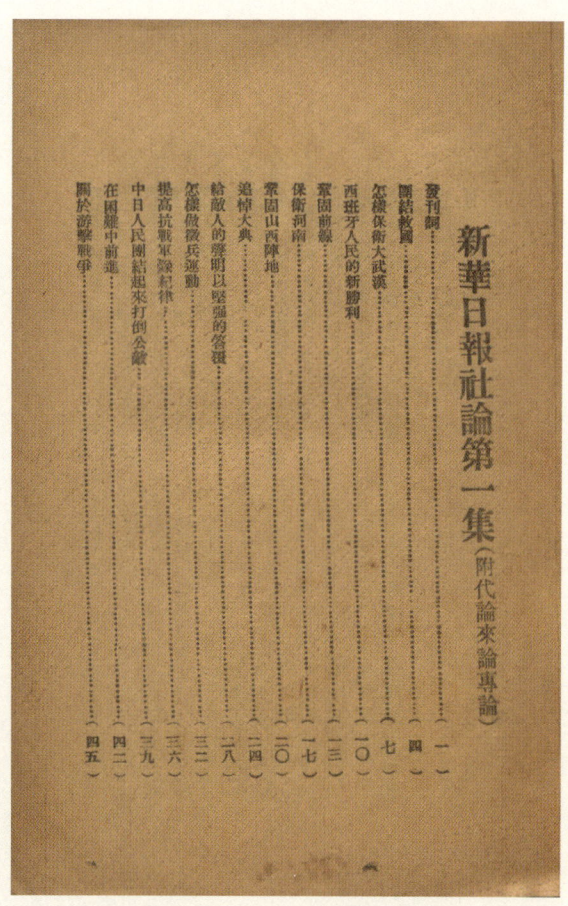
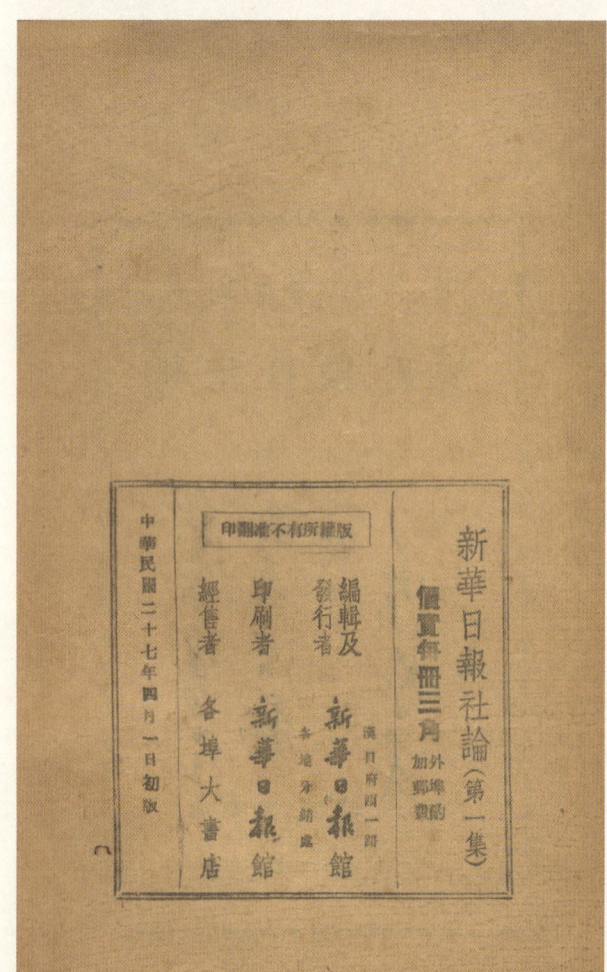

1-19 新华日报社论（第一—三集）
[新群丛书·第二—四种]

新华日报馆编辑，汉口：新华日报馆，1938年4月第一、二集，1938年5月第三集。第一集正文125页，第二集正文116页，第三集正文122页，18.5cm×13cm。

《新华日报》是中国共产党在全国公开发行的第一份报纸。本书收录了《新华日报》自1938年1月11日创刊至1938年3月31日期间发表的发刊词、社论、代论、来论和专论。每月一集。

一、革命文献　31

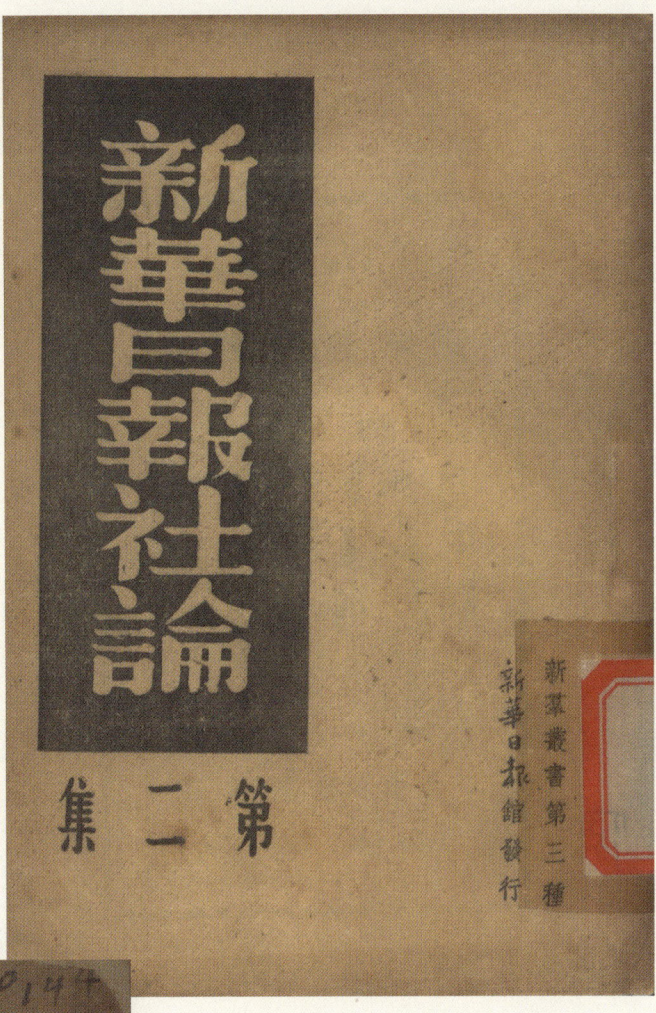

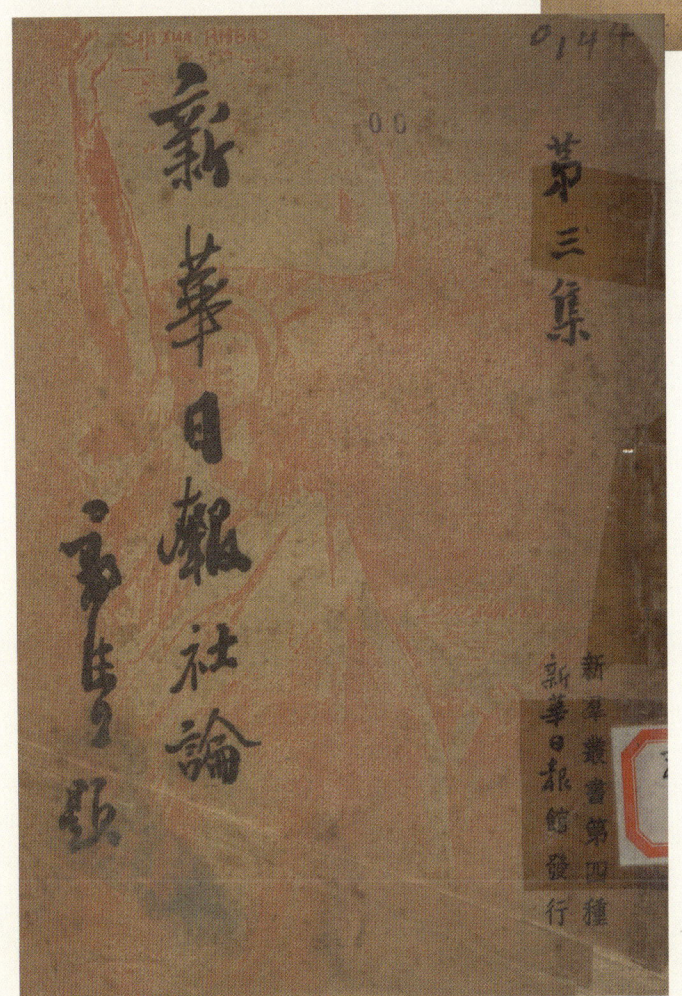

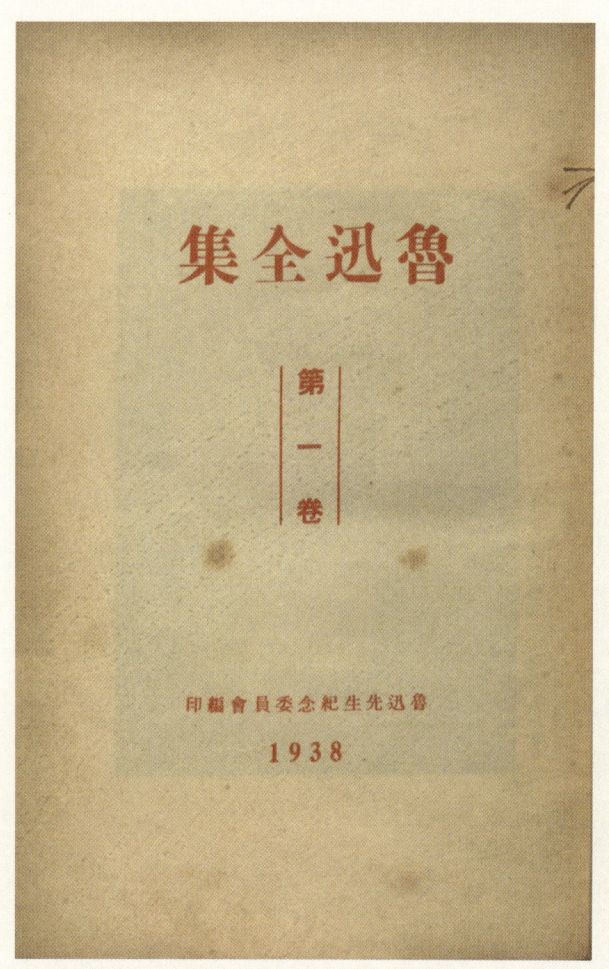
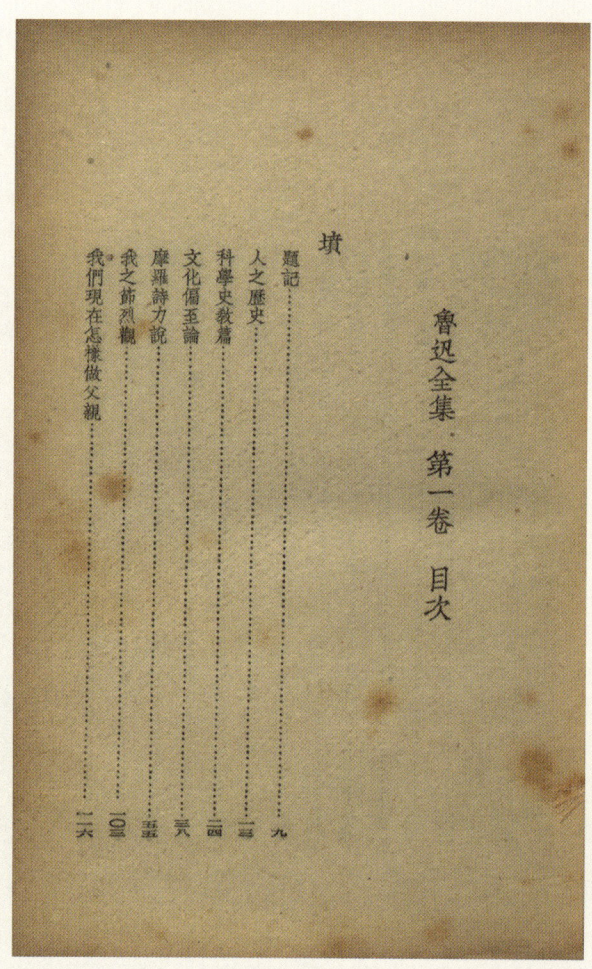

1-20 鲁迅全集

鲁迅著,鲁迅先生纪念委员会编纂,上海:鲁迅全集出版社,1938年6月15日初版。18.5cm×12.5cm。

鲁迅(1881—1936),原名周樟寿,后改名周树人,字豫山,又字豫才,浙江绍兴人。曾用过一百多个笔名,"鲁迅"为其1918年发表《狂人日记》时所用笔名,也是影响最大的笔名。文学家、思想家、革命家、中国现代文学的奠基人。在文学创作、文学批评、翻译、美术理论引进和古籍校勘等多个领域均有重大贡献。

《鲁迅全集》共二十卷,收录鲁迅各类著译约六百万字。

第一卷:坟、呐喊、野草;

第二卷:热风、彷徨、朝花夕拾、故事新编;

第三卷:华盖集、华盖集续编、而已集;

第四卷:三闲集、二心集、伪自由书;

第五卷:南腔北调集、准风月谈、花边文学;

第六卷:且介亭杂文、且介亭杂文二集、且介亭杂文末编;

第七卷:两地书、集外集、集外集拾遗;

第八卷:会稽郡故书杂集、古小说钩沉;

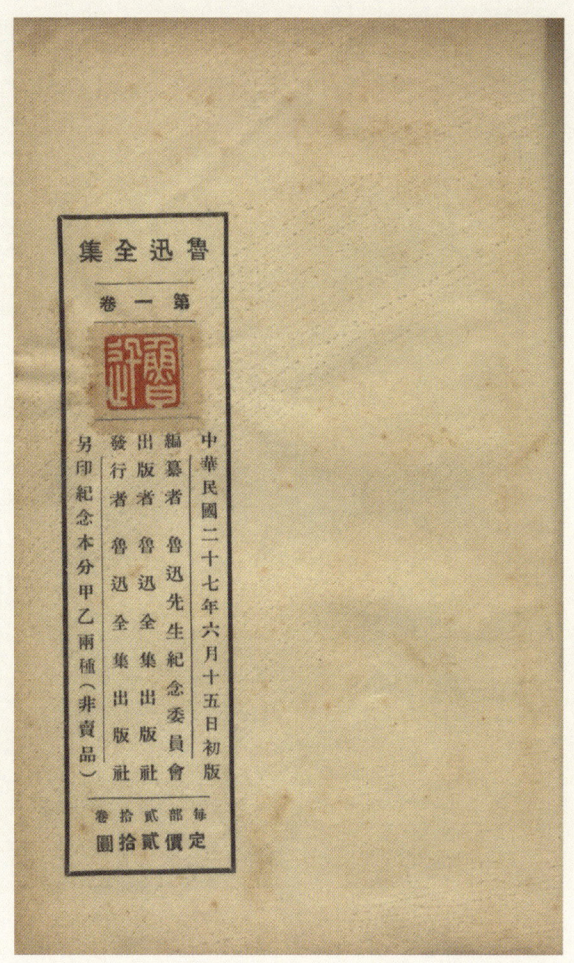

第九卷：嵇康集、中国小说史略；
第十卷：小说旧闻钞、唐宋传奇集、汉文学史纲要；
第十一卷：月界旅行、地底旅行、域外小说集、现代小说译丛、现代日本小说集、工人绥惠略夫；
第十二卷：一个青年的梦、爱罗先珂童话集、桃色的云；
第十三卷：苦闷的象征、出了象牙之塔、思想·山水·人物；
第十四卷：小约翰、小彼得、表、俄罗斯的童话；
第十五卷：近代美术思潮论、艺术论；
第十六卷：壁下译丛、译丛补；
第十七卷：艺术论、现代新兴文学的诸问题、文艺与批评、文艺政策；
第十八卷：十月、毁灭、山民牧唱、坏孩子和别的奇闻；
第十九卷：竖琴、一天的工作；
第二十卷：死魂灵、附录。

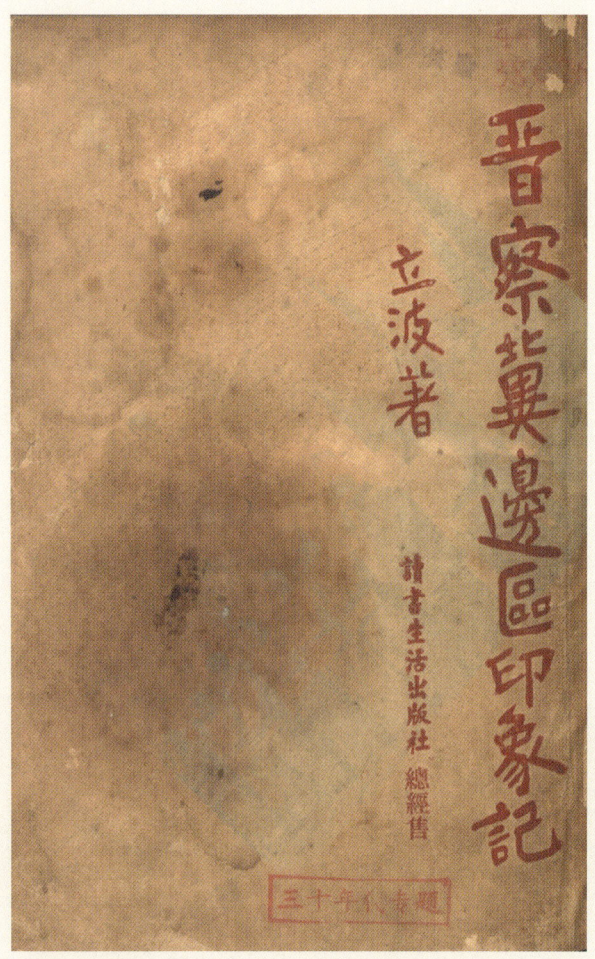
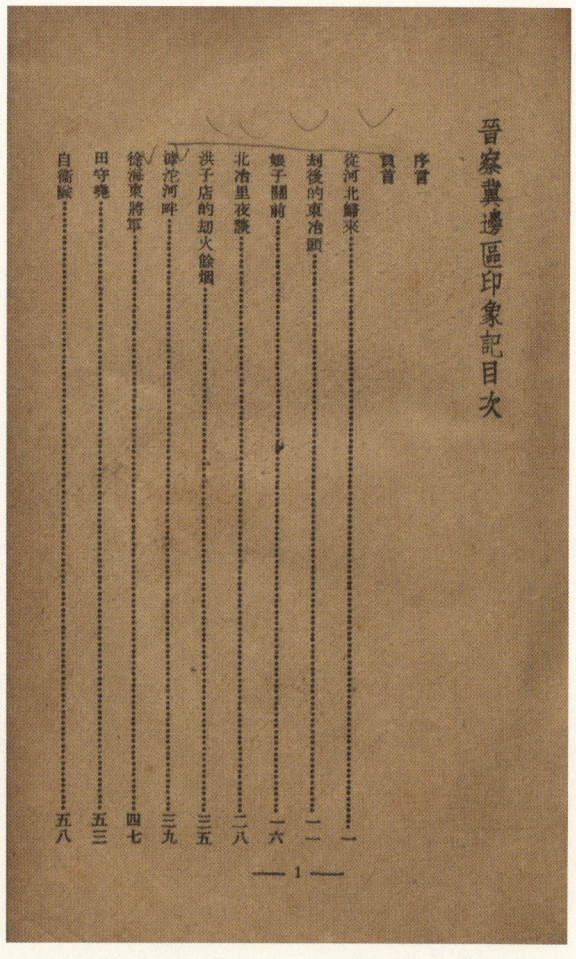
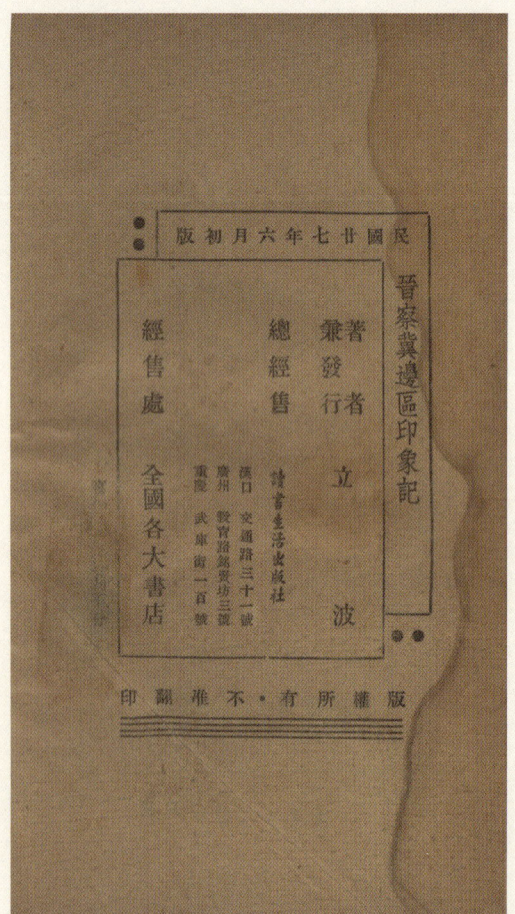

1-21 晋察冀边区印象记

立波著，汉口：读书生活出版社，1938年6月初版。正文205页，18cm×12cm。

立波（1908—1979），即周立波，原名周绍仪，湖南益阳人。作家。1934年参加左翼作家联盟，同年加入中国共产党，曾任《解放日报》文艺副刊副主编、《中原日报》副社长、中共松江省委宣传部宣传处长。中华人民共和国成立后，历任全国文联委员、湖南省文联主席、中国作协湖南分会主席等职。

该书为报告文学集，记录了1937年12月底至1938年2月作者作为战地记者对晋察冀边区的采访，报道了八路军的英勇抗战和边区军民对边区的建设。是抗日战争时期有重要影响力的报告文学作品。

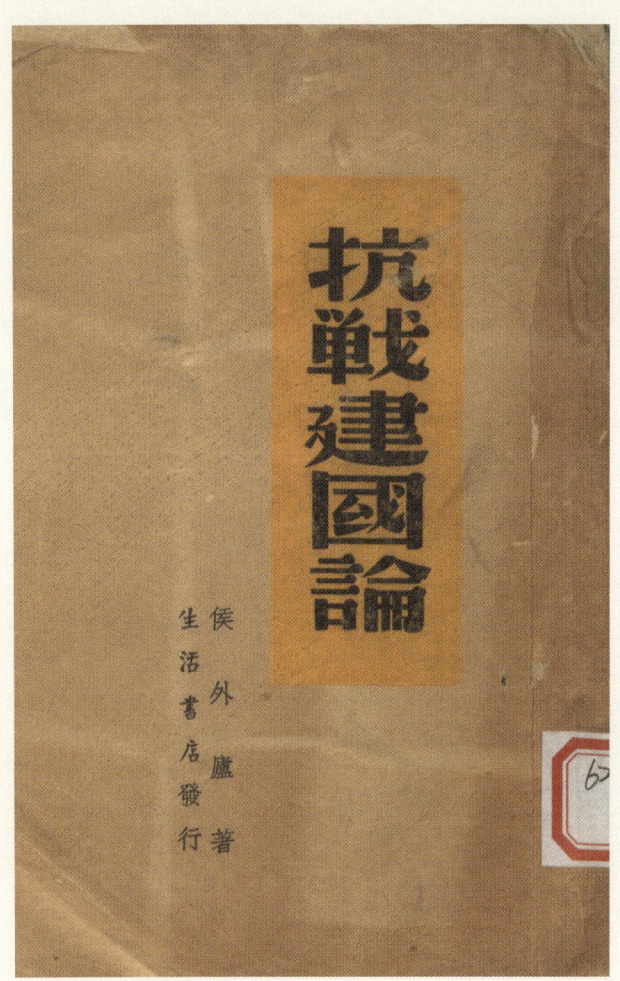
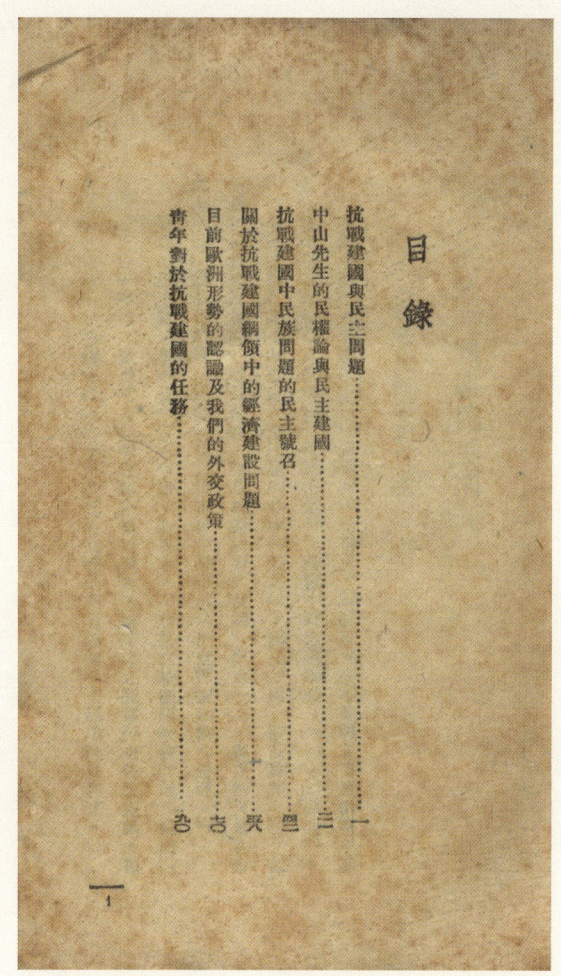

1-22 抗战建国论

侯外庐著，重庆：生活书店，1938年9月初版。正文98页，18.7cm×12.8cm。

侯外庐（1903—1987），又名兆凤、玉枢，山西平遥人。史学家、思想家、教育家。1925年结识李大钊，开始学习马克思主义，并参加爱国学生运动。1928年在巴黎加入中国共产党。曾执教于哈尔滨法政大学、北平大学、北平师范大学。中华人民共和国成立后，历任西北大学校长、北京师范大学历史系主任、中国科学院哲学社会科学部委员和历史研究所所长等职。

该书主要内容有：一、抗战建国与民主问题；二、中山先生的民权论与民主建国；三、抗战建国中民族问题的民主号召；四、关于抗战建国纲领中的经济建设问题；五、目前欧洲形势的认识及我们的外交政策；六、青年对于抗战建国的任务。

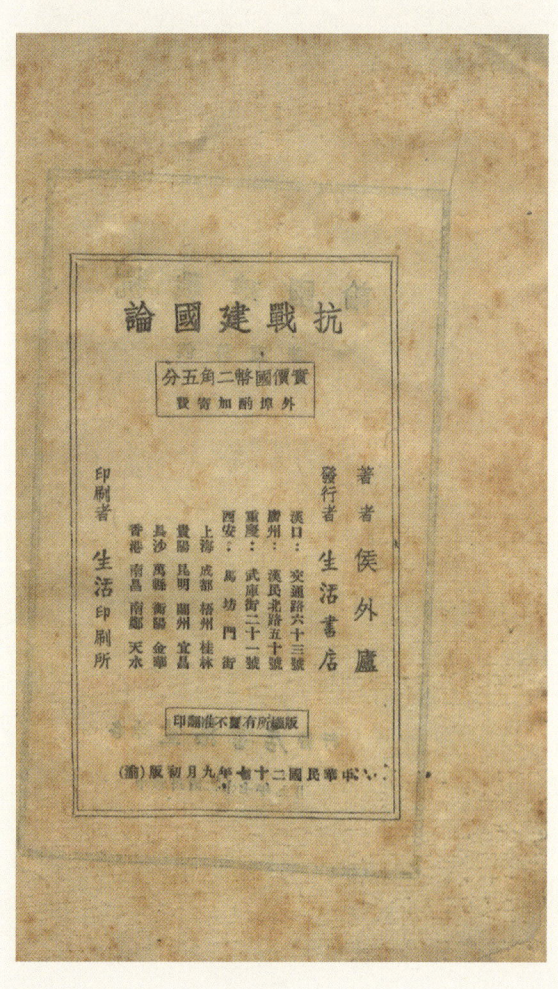

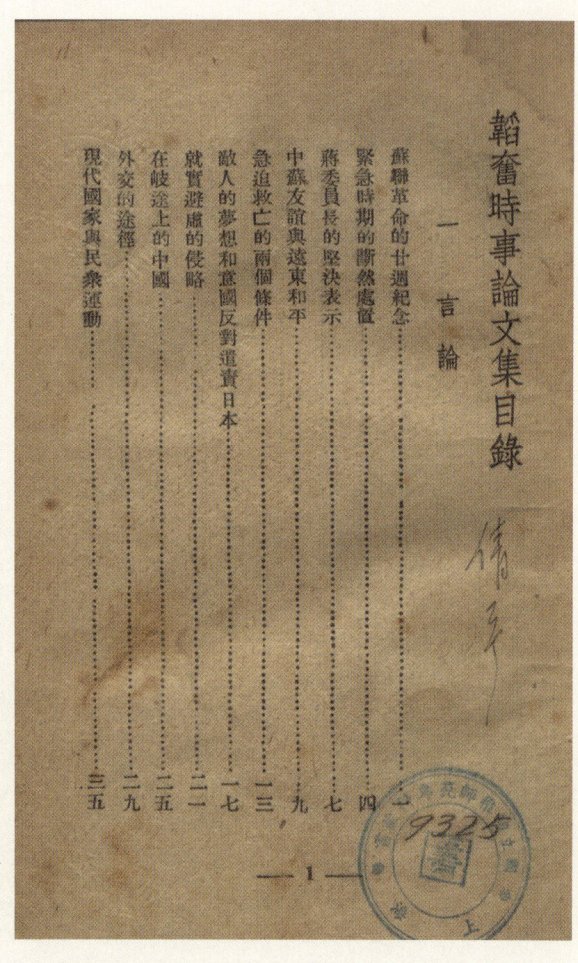
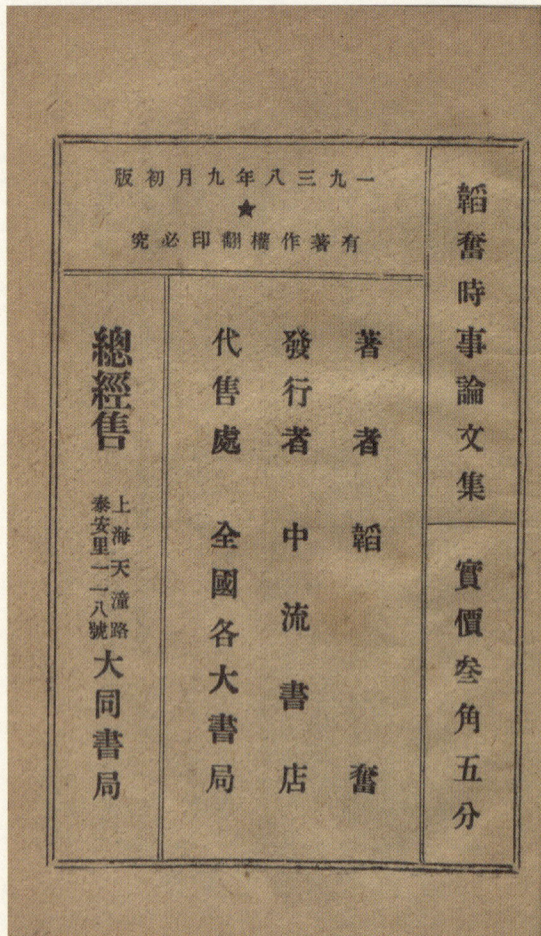

1-23 韬奋时事论文集

韬奋著，上海：中流书店，1938年9月初版。正文200页，16.5cm×12cm。

韬奋(1895—1944)，即邹韬奋，原名邹恩润，笔名韬奋，祖籍江西余江(今鹰潭市余江区)，生于福建永安。新闻记者、政治家、出版家。抗战爆发后，积极从事抗日救亡运动，曾任《生活》周刊主编，后参加中国民权保障同盟并任执行委员，担任上海各界救国联合会和全国各界救国联合会的领导工作，期间创办生活书店和一批进步报刊。1944年病逝后，中共中央追认他为中国共产党党员并予以高度评价。

该书收录作者1935—1937年发表在《大众生活》《生活星期刊》等报刊上的时事评论文章共四十五篇，皆以抗日救国为主题，分为言论、漫笔、笔谈、附录四个部分。

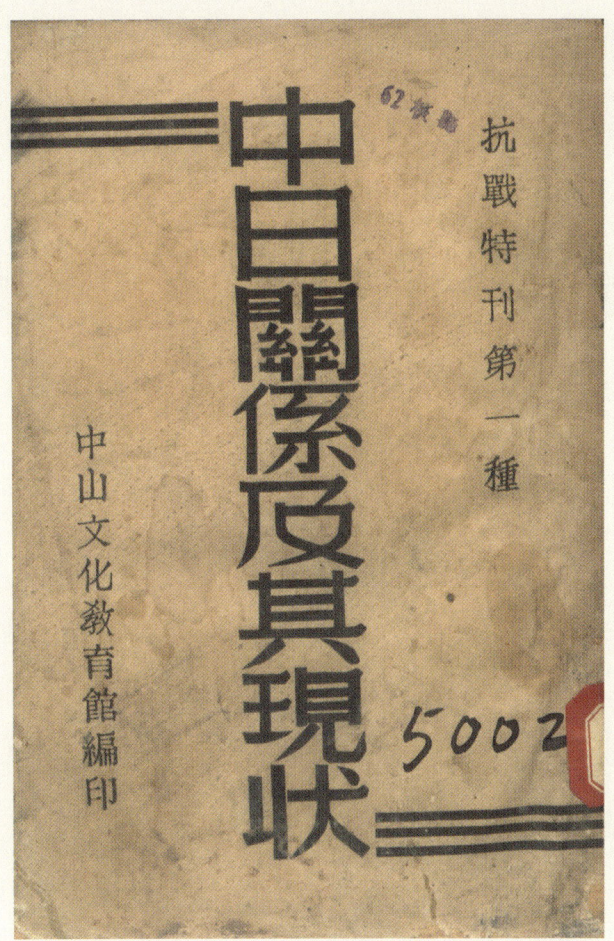
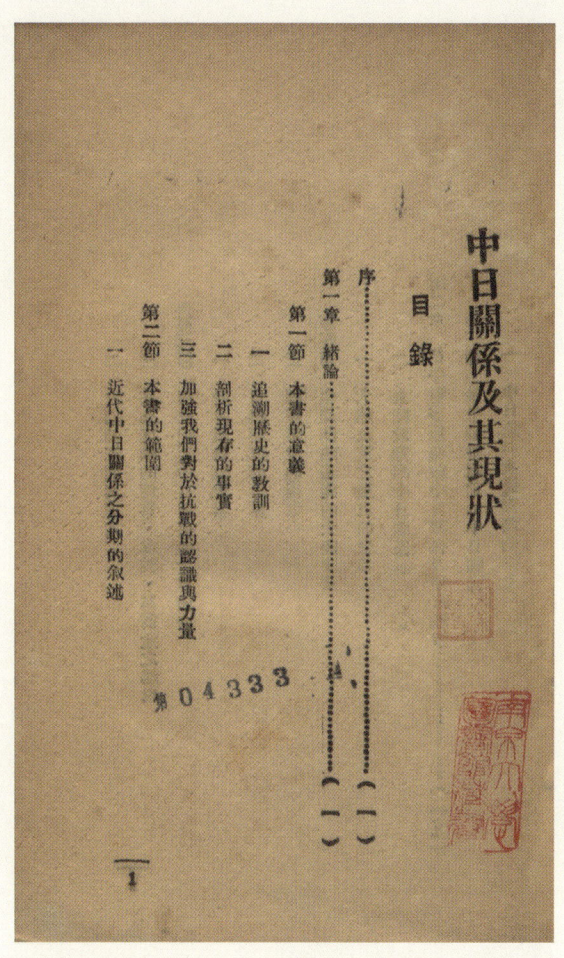

1-24 中日关系及其现状　　[抗战特刊·第一种]

许德珩著，重庆：中山文化教育馆，1939年1月。正文222页，18.2cm×12.4cm。

许德珩(1890—1990)，字楚生、楚僧，江西九江人。政治活动家、社会学家。早年加入同盟会，参加辛亥革命，1915年考入北京大学，参加李大钊等组织的少年中国学会，为五四运动学生领袖。曾任黄埔军校教官，中山大学、北京大学等校教授。抗日战争期间，任江西抗敌后援会主任，在重庆发起创建九三学社。中华人民共和国成立后，历任全国政协副主席、全国人大常委会副委员长等职。

本书根据著者1938年在南昌政治讲习院任教时的课程讲义整理而成，旨在培训干部，宣传抗战。全书共六章，从甲午战争前开始，探析中日关系及现状。

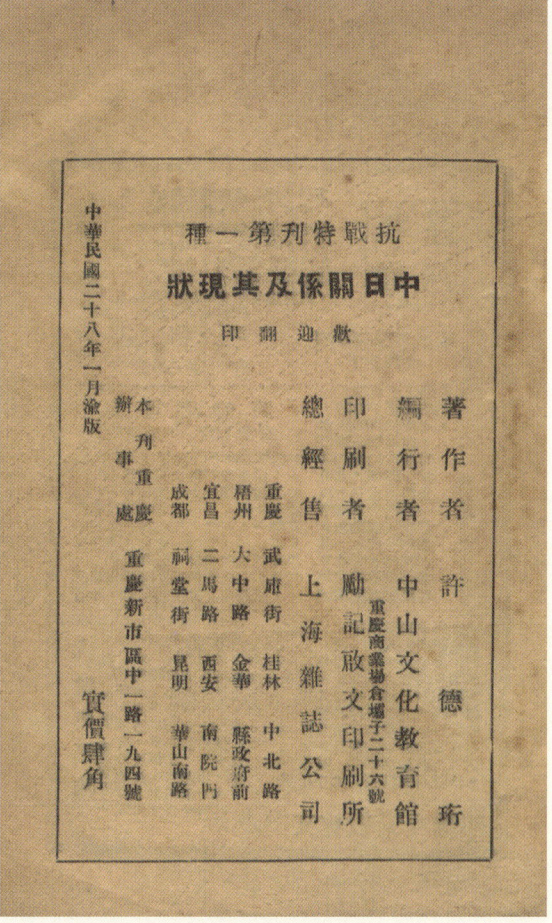

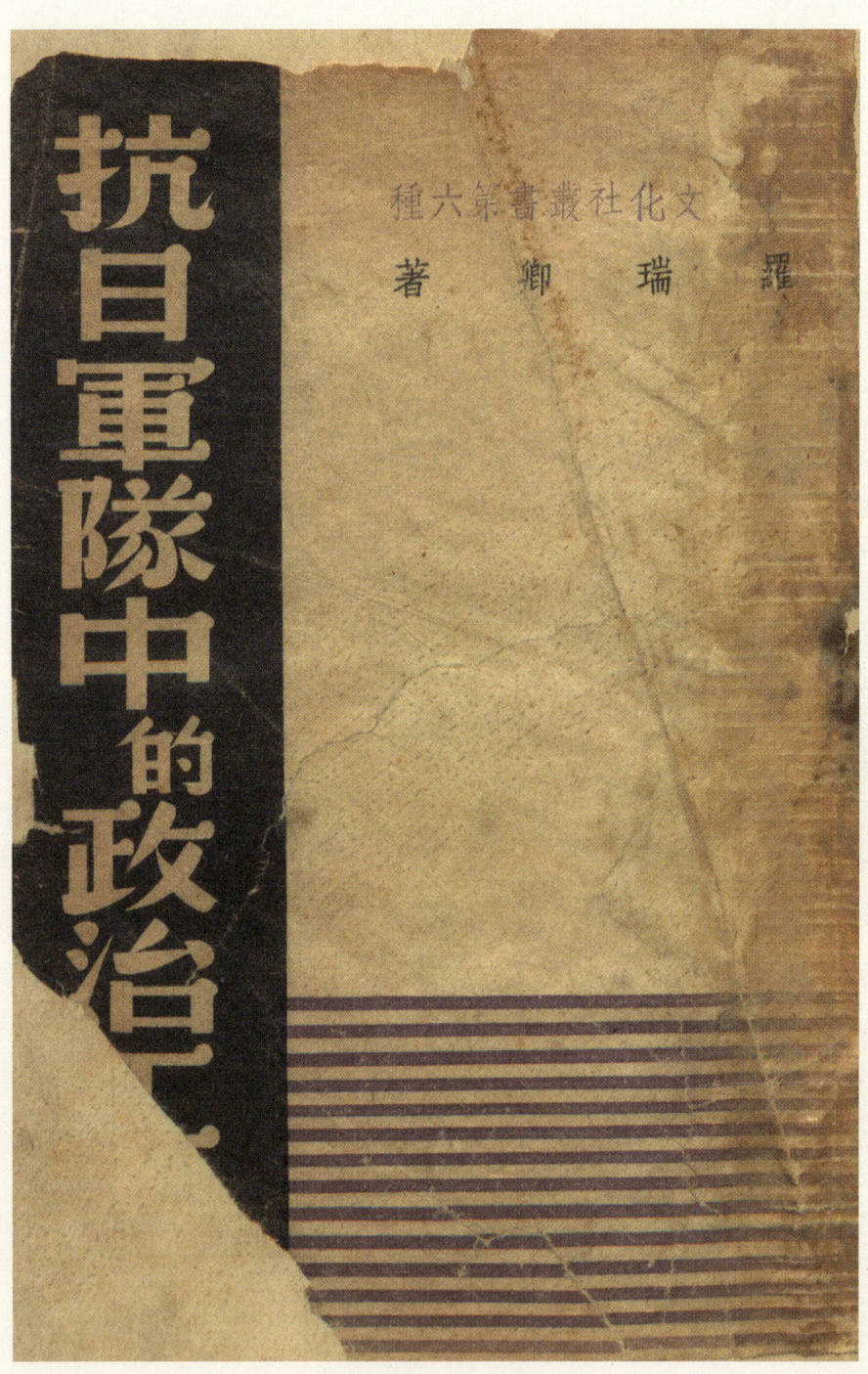

1-25 抗日军队中的政治工作 [中国文化社丛书·第六种]

罗瑞卿著,中国文化社,1939年4月初版。正文370页,18cm×12.5cm。

罗瑞卿(1906—1978),四川南充人。无产阶级革命家、军事家。1928年加入中国共产党。历任中国工农红军政治委员、抗日军政大学副校长、八路军野战政治部主任、晋察冀军区副政治委员、华北军区政治部主任等职。中华人民共和国成立后,历任公安部部长、国务院副总理、中共中央军委秘书长、解放军总参谋长、中央书记处书记、国防委员会副主席等职。1955年被授予大将军衔。

罗瑞卿1937年任延安抗日军政大学教育长、副校长,主持抗大工作,1938年在毛泽东的指导下写成此书。全书共分八章:一、政治工作的任务;二、动员时的政治工作;三、政治教育与文化教育;四、巩固部队的政治工作;五、战时政治工作;六、对居民的政治工作;七、对敌军的政治工作;八、政治工作的组织问题。该书系统总结了人民军队的政治工作经验,是我军政治工作方面的重要历史文献。

一、革命文献

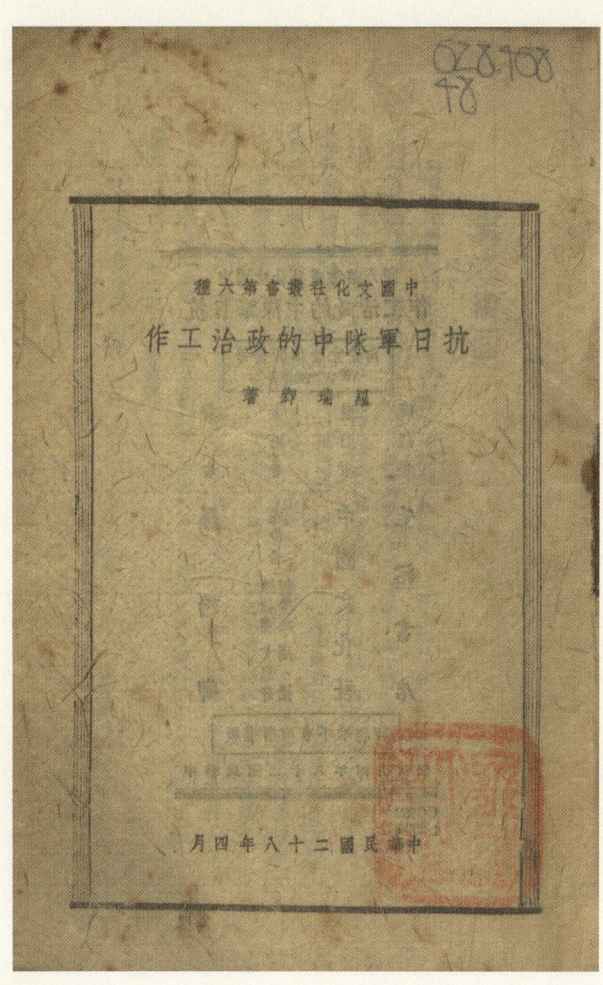

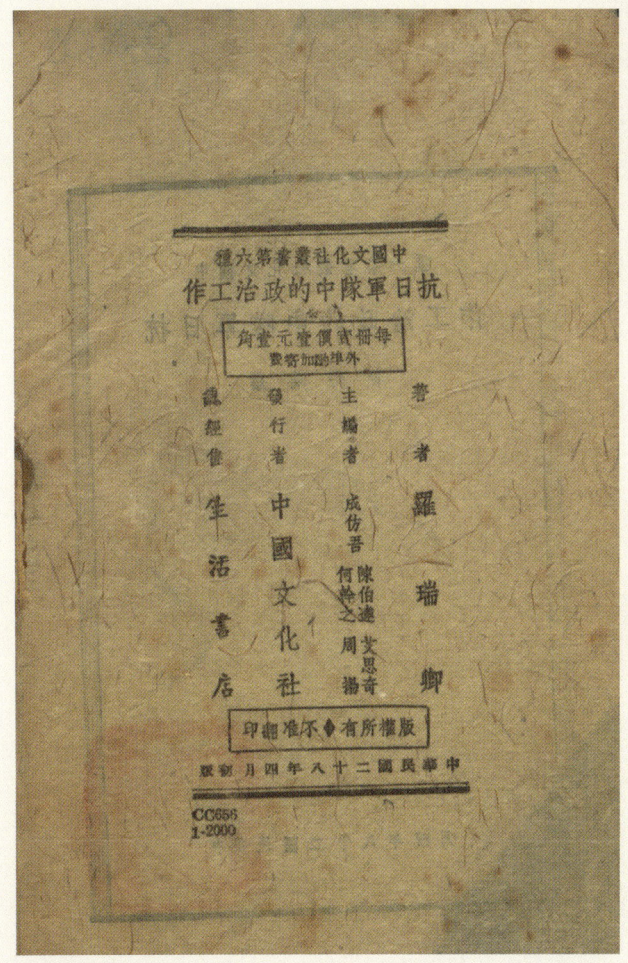

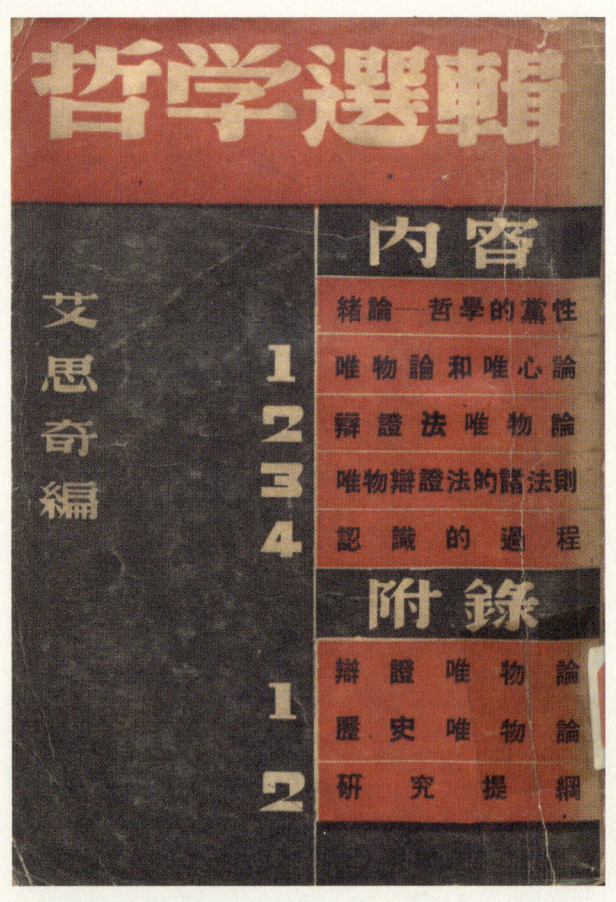
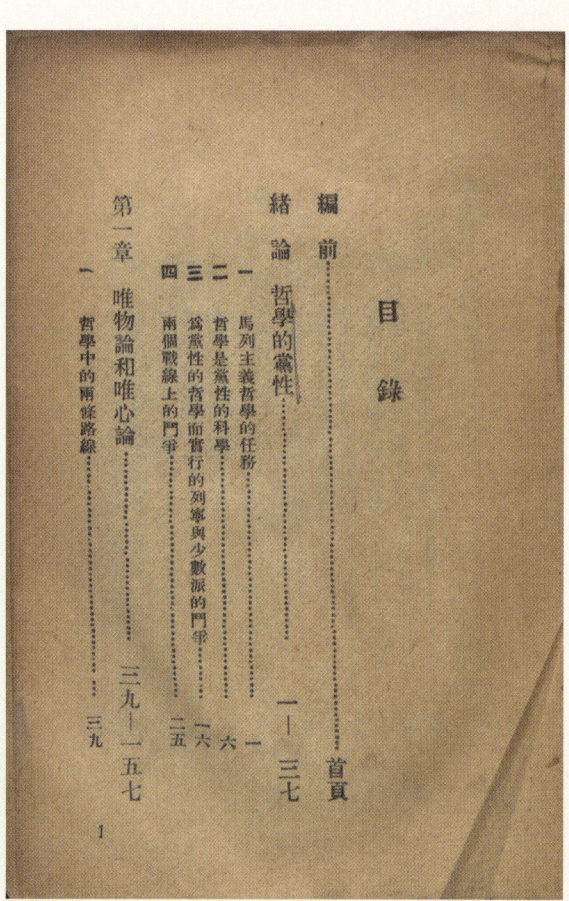
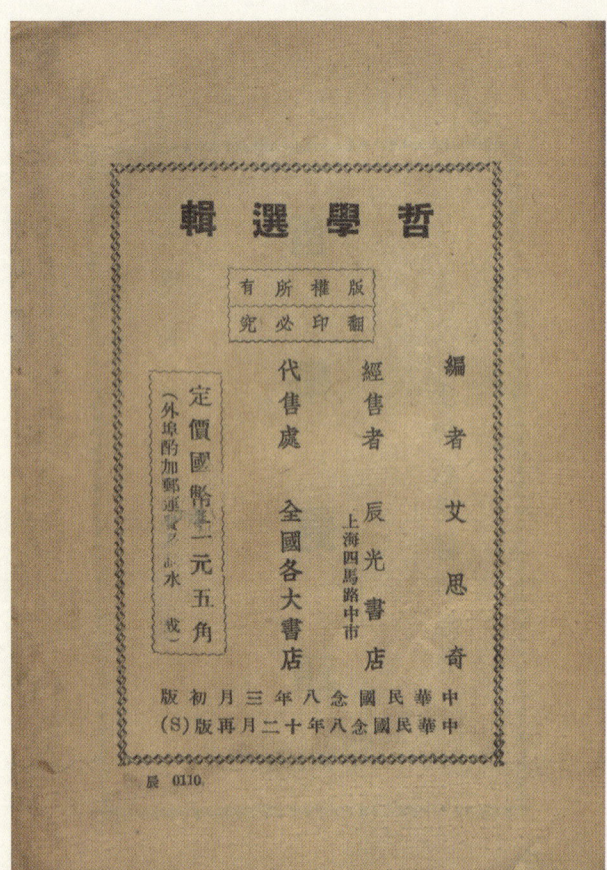

1-26 哲学选辑

艾思奇编,上海:辰光书店,1939年12月。正文543页,18cm×13cm。

艾思奇,见1—4。

该书系统介绍了马克思主义哲学的辩证唯物论与历史唯物论。主要内容有:一、哲学的党性;二、唯物论和唯心论;三、辩证法唯物论;四、唯物辩证法的诸法则;五、认识的过程;六、辩证唯物论与历史唯物论等。

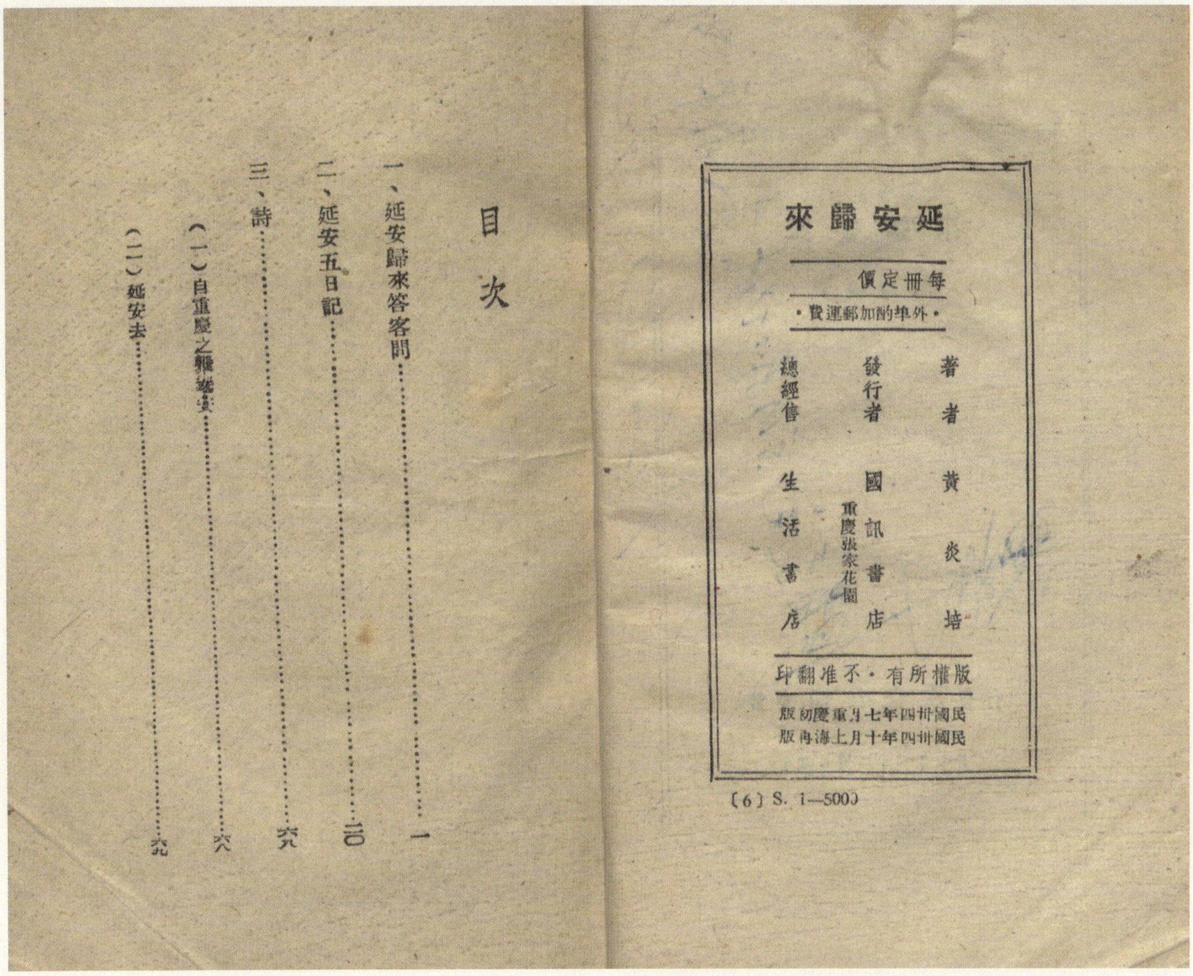

1-27 延安归来

黄炎培著,上海:国讯书店,1945年10月。正文74页,16cm×11.6cm。

黄炎培(1878—1965),字韧之、任之,号楚南,笔名抱一,江苏川沙(今属上海浦东新区)人。民主革命家、教育家。1905年由蔡元培介绍加入中国同盟会。曾任江苏省教育司司长、江苏省教育会副会长。1917年创办中华职业教育社。曾参与筹建南京高等师范学校、东南大学、厦门大学等。中华人民共和国成立后,历任中央人民政府委员、政务院副总理兼轻工业部部长、全国政协副主席等职。

1945年7月1日,黄炎培等国民党参政员应毛泽东邀请赴延安考察。本书根据黄炎培在延安的所见所闻编写而成,向大后方宣传中国共产党的政策和解放区的情况,并记录了黄炎培与毛泽东的延安窑洞对话。

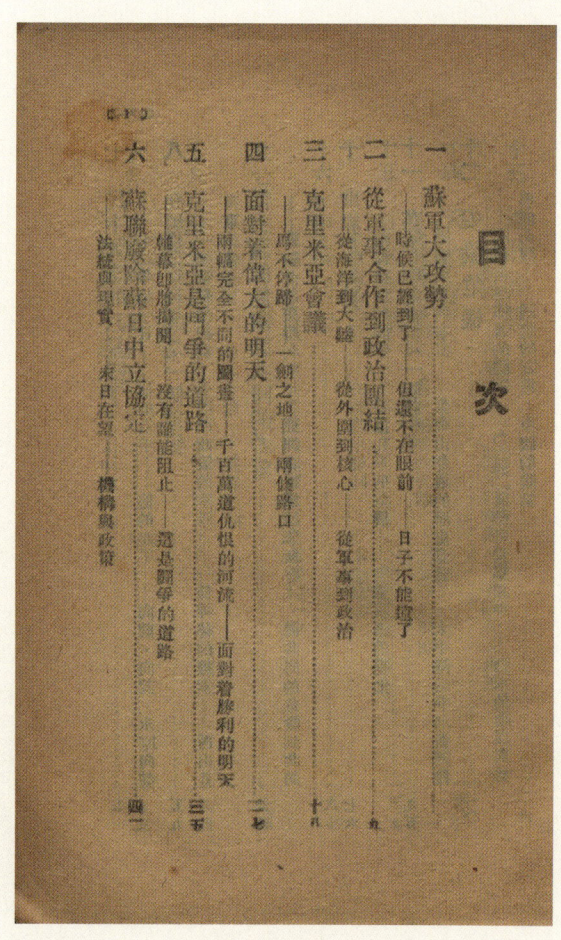
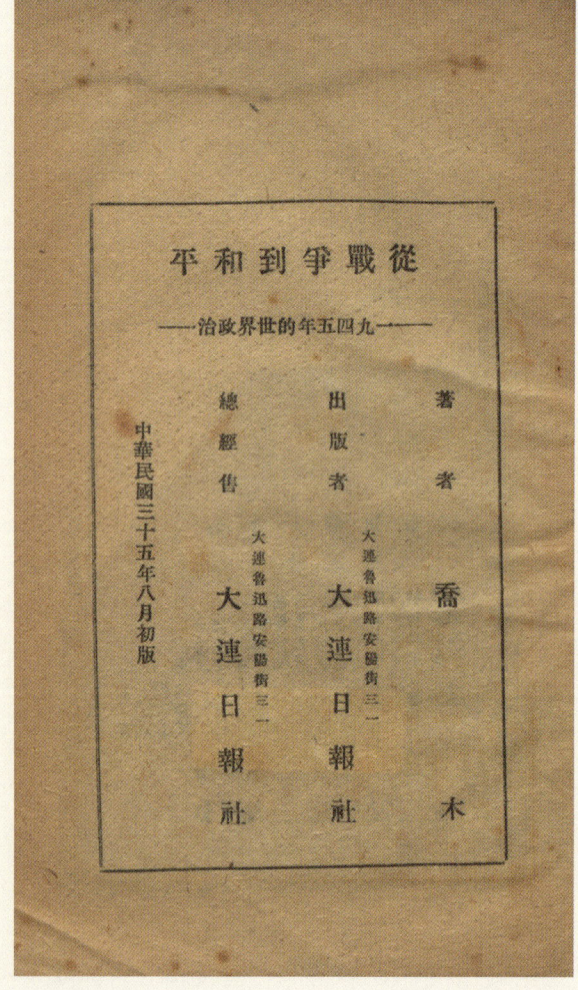

1-28 从战争到和平：一九四五年的世界政治

乔木著，大连：大连日报社，1946年8月初版。正文291页，18cm×13cm。

乔木（1912—1992），即胡乔木，本名胡鼎新，笔名乔木，江苏盐城人。马克思主义理论家、政论家、社会科学家。1932年加入中国共产党。曾任中国社会科学家联盟书记、中国左翼文化界总同盟书记、中共中央政治局秘书、新华通讯社社长等职。中华人民共和国成立后，历任新华社社长、《人民日报》首任社长、中共中央宣传部副部长、中共中央副秘书长、中共中央书记处书记等职。曾长期担任毛泽东秘书（1941—1966）。

本书收录作者1945年间有关国际政局变革、大国政治、国际关系等论述文章二十三篇，并附有联合国宪章、波茨坦宣言、柏林会议报告、中苏同盟条约与附件。

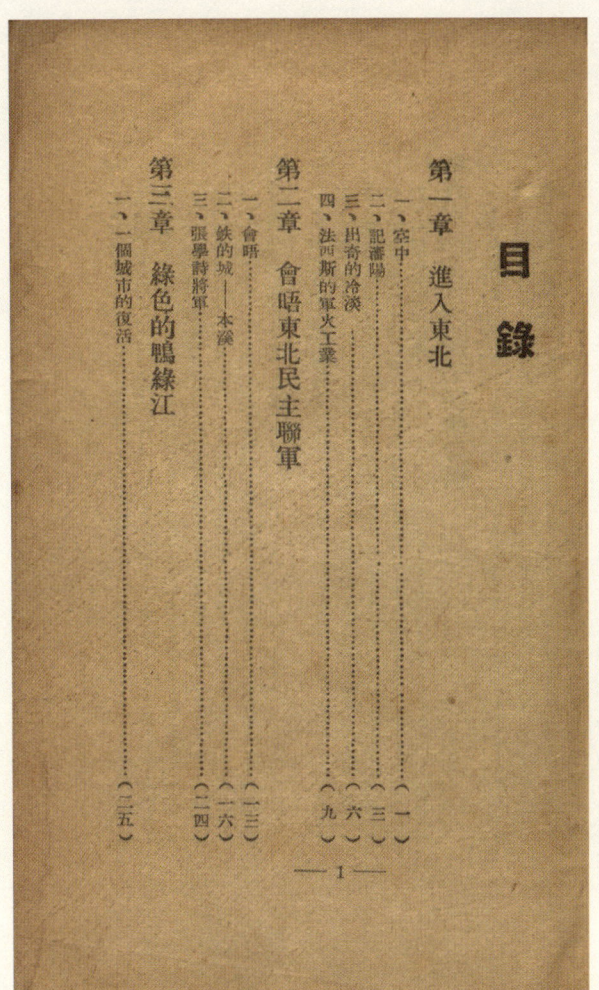
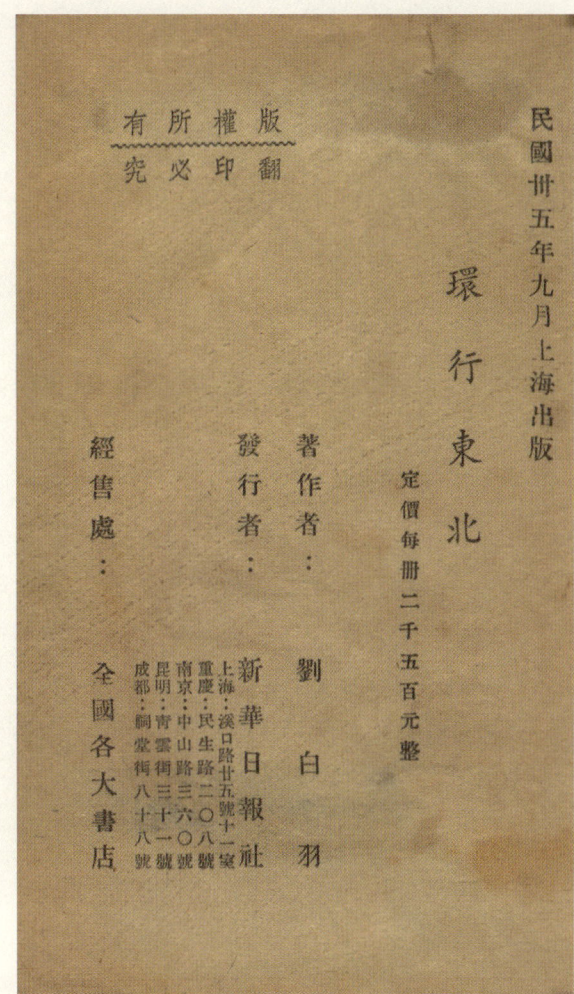

1-29 环行东北

刘白羽著,上海:新华日报社,1946年9月。正文198页,18.2cm×13.1cm。

刘白羽(1916—2005),北京通州人。散文家、小说家。1938年赴延安参加革命,同年加入中国共产党。曾任中华全国文艺界抗敌协会延安分会党支部书记、《新华日报》副刊部主任、北平军事调处执行部记者等职。中华人民共和国成立后,历任中国人民解放军总政治部文化部部长、中国作家协会党组书记、文化部副部长等职。

1946年4月,刘白羽以《新华日报》随军记者身份去东北采访,历时三个月,环行东北,写成长篇报告文学。全书十三章,介绍了东北解放区与东北内战的真相,将东北人民的声音带向世界,再现了"九一八"事变之后,东北人民在中国共产党领导下进行艰苦卓绝斗争的历史。

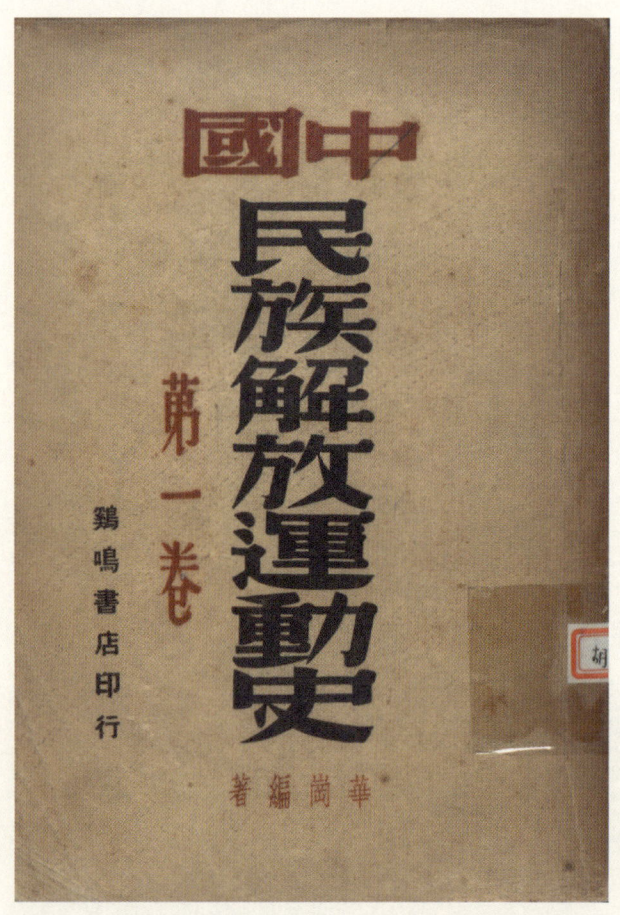

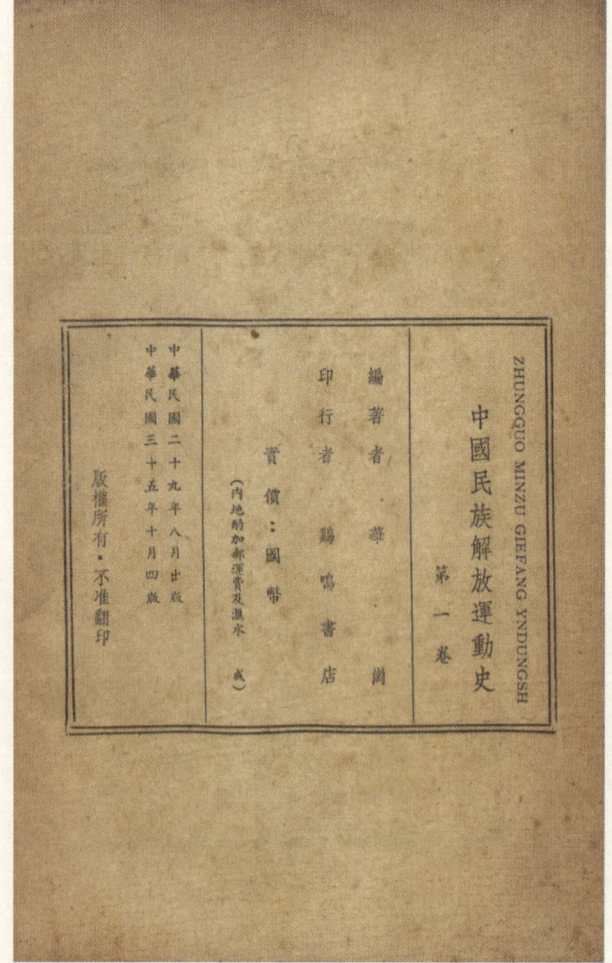

1-30 中国民族解放运动史(第一卷)

华岗编著,上海:鸡鸣书店,1946年10月。正文255页,18cm×13cm。

华岗(1903—1972),又名延年、少峰,字西园,浙江龙游人。马克思主义理论家、教育家、史学家。1925年加入中国共产党,历任中共江苏省委秘书长、共青团江苏省委书记、中共中央组织局宣传部长、《新华日报》总编辑、中共中央南方局宣传部长等职。中华人民共和国成立后,任山东大学校长兼党委书记。

作者作为第一次国内革命战争的参加者,在全面总结大革命的历史经验和教训的基础上写成此书。本书运用马克思主义的观点"对鸦片战争以来的民族解放史史实给以忠实的记载和扼要的分析,指出这些运动的根源、特征和教训",是当时解放区通行的中国近现代史教科书。

题名页钤有:"历史系胡允恭教授捐赠"。

胡允恭(1902—1991),原名胡萍舟,安徽寿县人。1923年加入中国共产党,长期从事党的地下工作,曾任中共青岛市委宣传部长、济南市委书记、山东省委宣传部部长、中共山东省委书记等职。中华人民共和国成立后,历任福建师范学院院长、南京大学历史系教授。

1-31　中国人民爱国自卫战争华东战场第一年画刊

　　大众日报社、华东新华社编印，1947年10月。正文39页，26.4cm×19.1cm。

　　主要内容有：一、毛泽东、朱德、陈毅、粟裕照片、题词；二、为反对卖国独裁内战，保卫和平独立民主而战；三、蒋匪军暴行；四、人民军队，人民战争，为了人民，依靠人民；五、拥军；六、人民支前画页；七、来自群众，回到群众；八、人民的功臣，人民的光荣；九、华东野战军部队生活之一角；十、野战医院；等等。本刊在动荡的战时条件下编辑，在农村极端匮乏的物质条件下出版，是解放区印刷品中难得的精品。

 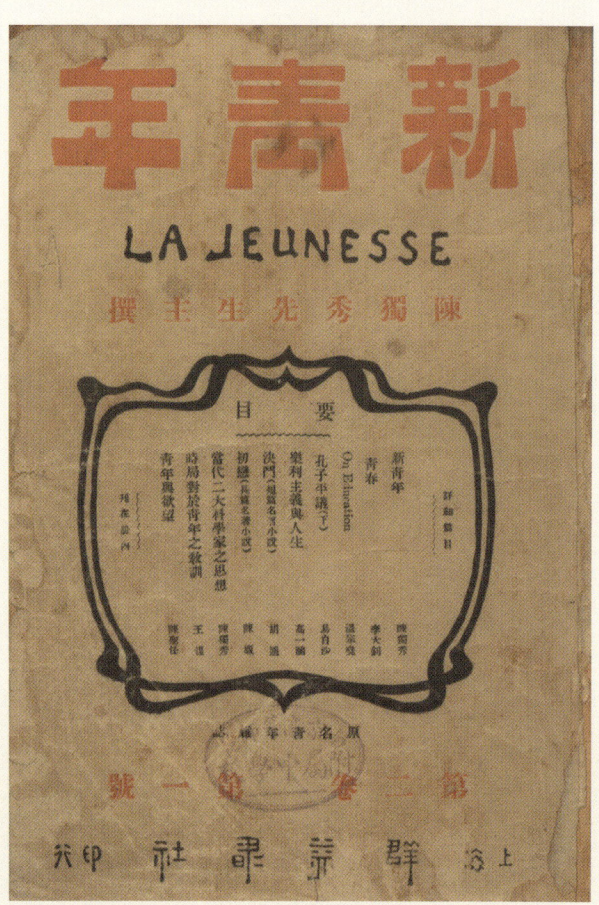

1-32 青年杂志

陈独秀主编,上海:群益书社,1915年9月15日创刊。月刊,24cm×17.2cm。

社会科学综合性刊物。办刊宗旨为"呼唤新青年,传播新思想",该刊是新文化运动的发祥地和主要阵地。早期提倡民主和科学,后逐步成为宣传科学社会主义、马克思主义的刊物。是20世纪早期中国最有影响力的革命刊物之一。

第2卷第1号起更名为《新青年》,第6卷起改由陈独秀、钱玄同、李大钊、高一涵、胡适、沈尹默轮流主编。1917年编辑部迁至北京,印刷地仍在上海。1920年编辑部迁回上海,次年迁至广州。1922年7月停刊,次年6月复刊,改为季刊,出版4期后停刊。1925年4月再次复刊,改为不定期刊,次年7月终刊。1920年9月成为中国共产党上海发起小组的机关刊物。1923年6月后为中共中央机关刊物。

本馆藏第1卷1号至第9卷6号。(1915—1922)

一、革命文献

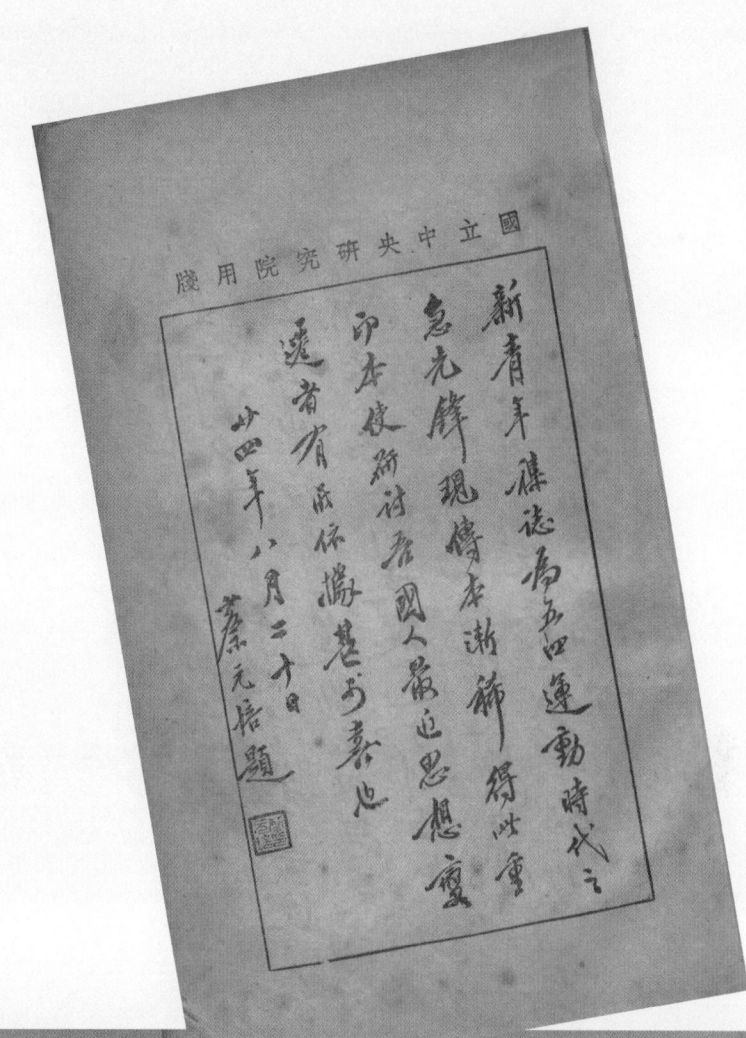

青年雜誌 第一卷第一號目次
(民國四年九月十五日發行)

敬告青年 ………………………… 陳獨秀
法蘭西人與近代文明 …………… 陳獨秀
共和國家與青年之自覺 ………… 高一涵
新舊問題 ………………………… 汪叔潛
婦人觀 …………………………… 陳獨秀
小說 春潮 ………………………… 陳嘏
現代文明史 ……………………… 陳獨秀
英漢對譯 青年論 ………………… 一青年
艱苦力行之成功者 卡內基傳 …… 彭德尊
國外大事記 ……………………… 記者
　■日本大隈內閣之改造　■德國政變
　■俾斯麥特之予書　■沙之夜
國內大事記 ……………………… 記者
　■國體問題　■青島敵僑變沙之結果
　■憲法起草之通行
通信 ……………………………… 記者
世界說苑 ………………………… 李亦民

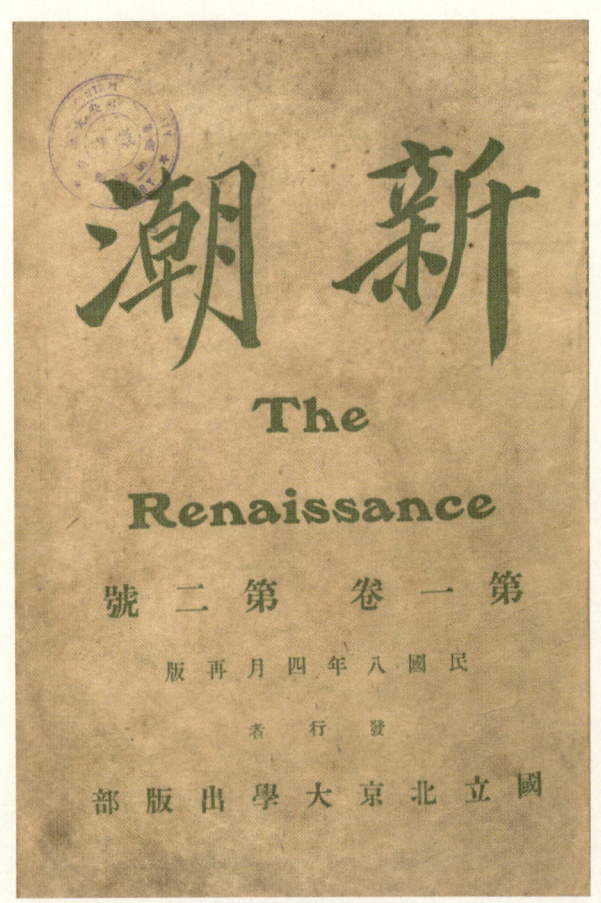 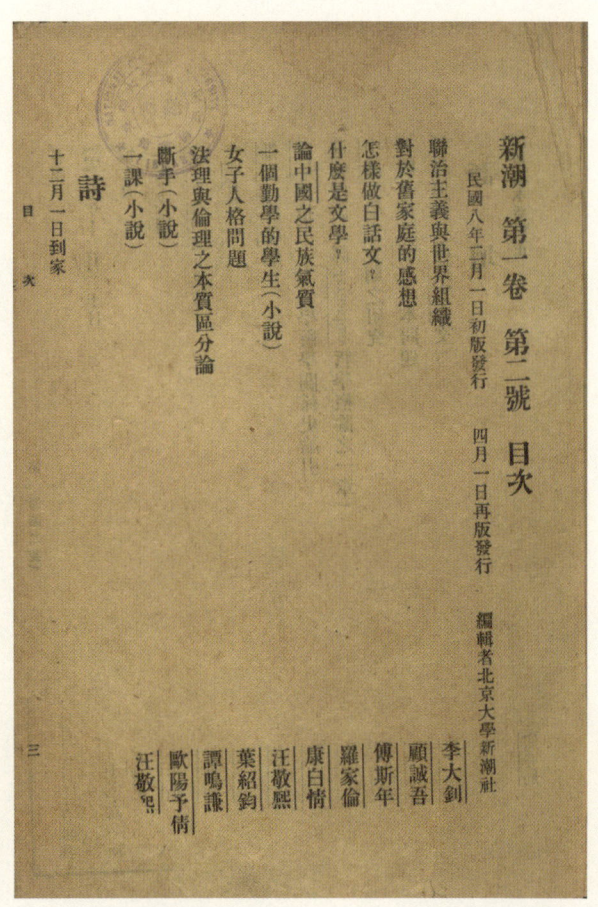

1-33 新潮

北京大学新潮社编,北京:国立北京大学出版部,1919年创刊。月刊,24cm×17cm。

1918年10月在李大钊、蔡元培、陈独秀、胡适等人的支持和指导下,北京大学进步学生社团新潮社成立。次年1月1日,《新潮》创刊,傅斯年、罗家伦先后任主任编辑。

该刊发表文章体裁多为论著、评论、诗歌、通信等,积极倡导新文化,提倡伦理革命、文学革命和思想革命,在当时的先进知识分子中具有广泛影响,对新文化运动的发展起到了积极作用。

1922年3月停刊。

本馆藏第1卷1—5号,第2卷1—5号,第3卷1—2号。(1919—1920)

新潮 第一卷 第一號 目次

（第一卷第一號）

民國八年一月一日初版發行　四月一日再版發行

編輯者北京大學新潮社

新潮發刊旨趣書

人生問題發端 … 傅斯年
今日之世界新潮 … 羅家倫
去兵 … 傅斯年
「新」 … 陳家藹
哲學對於科學宗教之關係論 … 譚鳴謙
雪夜 … 汪敬熙
邏輯者哲學之精 … 徐彥之
對於小學作文教授之意見 … 王錫鈞 葉紹鈞
誰使爲之？ … 汪敬熙

評壇

（一）今日中國之小說界 … 志希
（二）今日中國之新聞界 … 志希
（三）萬惡之原 … 孟眞
（四）社會革命——俄國式的革命 … 孟眞

出版界評

（一）王國維之宋元戲曲史 … 孟眞
（二）馬敍倫之莊子札記 … 孟眞
（三）蔣維喬之論理學講義 … 孟眞

故書新評

（一）清梁玉繩之史記志疑 … 孟眞
（二）宋郭茂倩之樂府詩集 … 孟眞
（三）英國耶芳斯之科學原理 … 孟眞

附錄

蔡孑民先生在國際研究社演講大戰與哲學之原稿

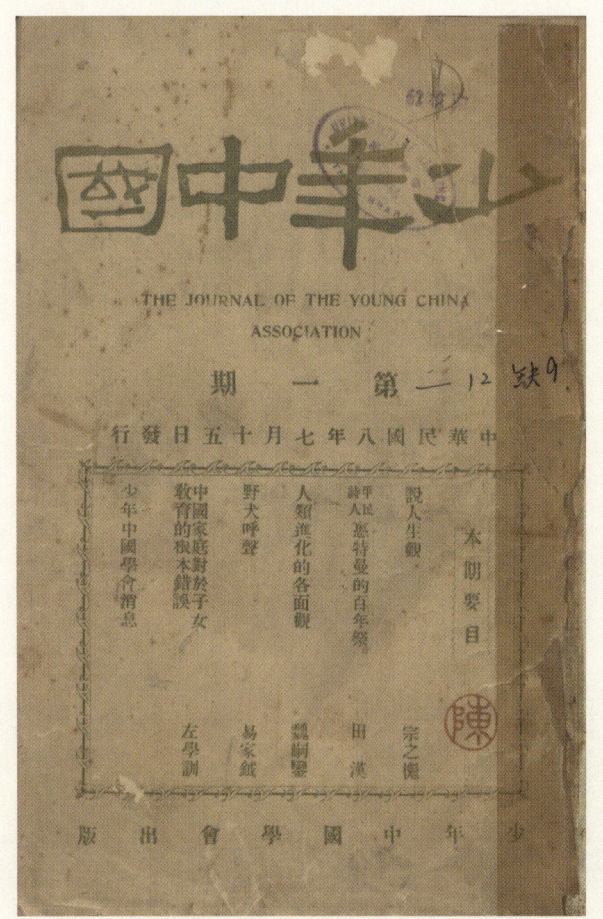
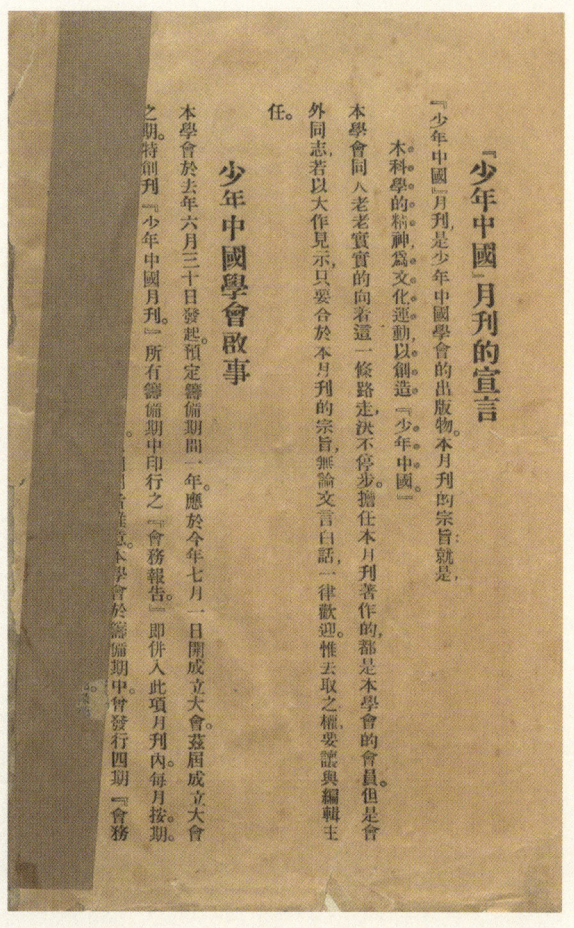

1-34 少年中国

北京：少年中国学会总会，1919年7月创刊。月刊，24.1cm×17cm。

五四时期著名新文化团体少年中国学会会刊。办刊宗旨为"本科学的精神，为文化运动，以创造'少年中国'"，在宣传新文化思潮方面，具有重要地位，与《新青年》《新潮》鼎足而三。该刊"注重文化运动，阐发学理，纯粹科学"，刊登自然科学、文学、社会科学类论著。主要撰稿人有李大钊、邓中夏、张闻天、田汉等。

第3期起改由上海亚东图书馆发行，1924年5月终刊。

本馆馆藏全。

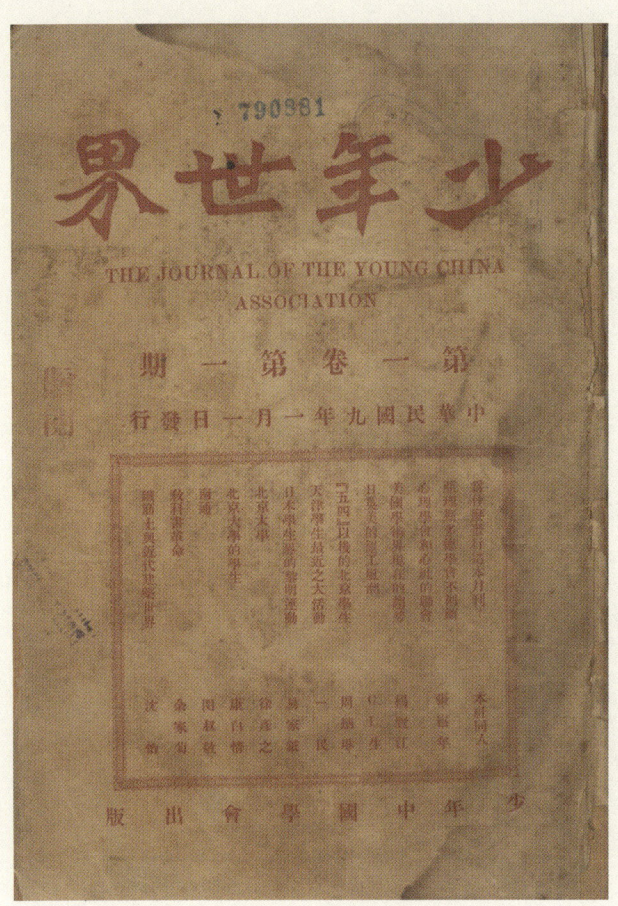
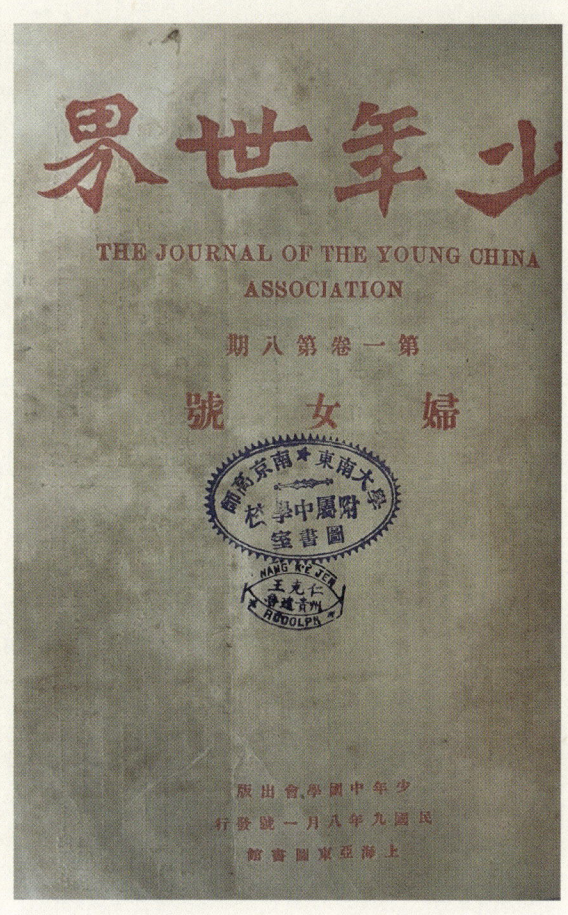

1-35 少年世界

少年中国学会南京分会编,1920年1月创刊。月刊,23.3cm×17cm。

少年中国学会南京分会会刊。本刊"注重实际调查,叙述事实,应用科学",设有"学生世界、学校调查、教育世界、工厂调查、劳动世界、华侨消息"等栏目。主要撰稿人有李大钊、蔡和森、张闻天、王若飞等。与《少年中国》为姊妹刊。

第7、8期为《妇女号》,1921年另设有一期增刊《日本号》。本馆馆藏全。(1920—1921)

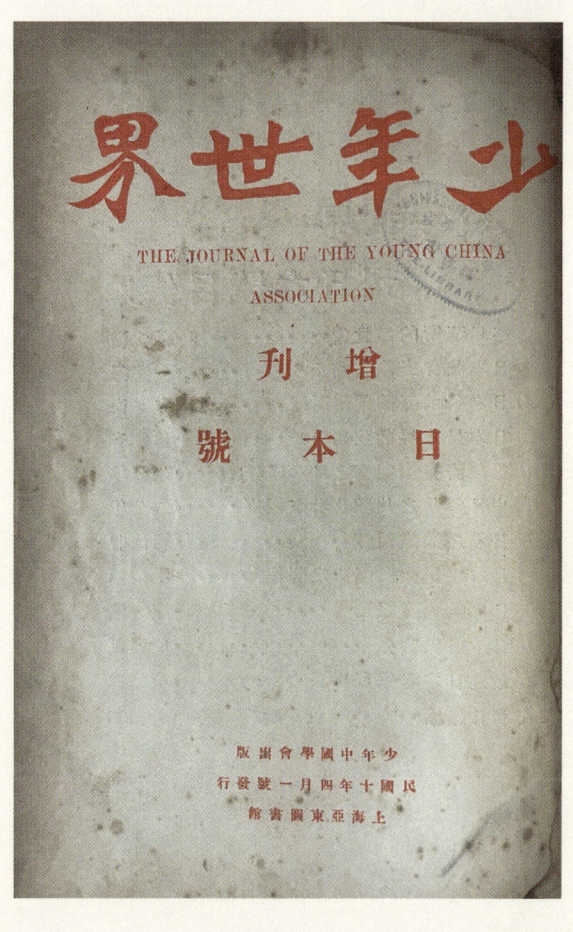

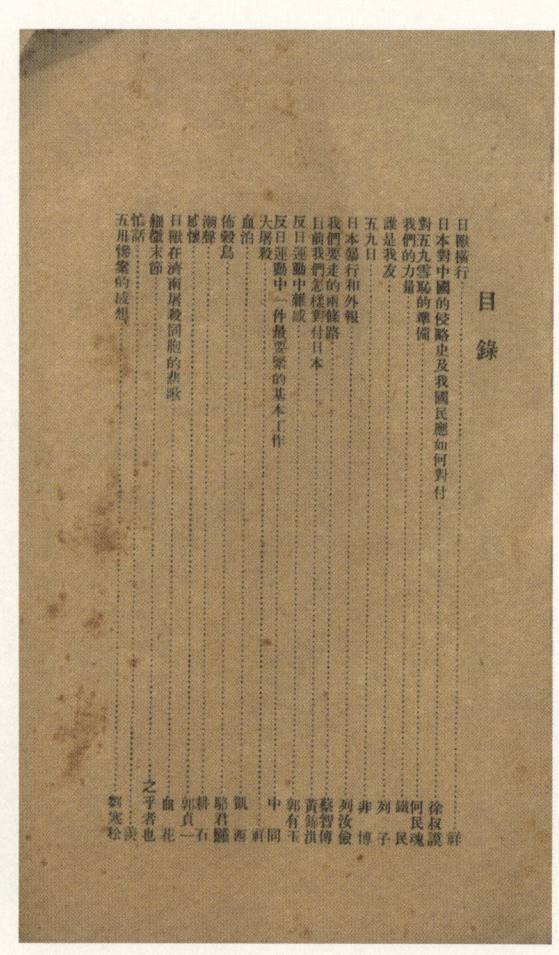
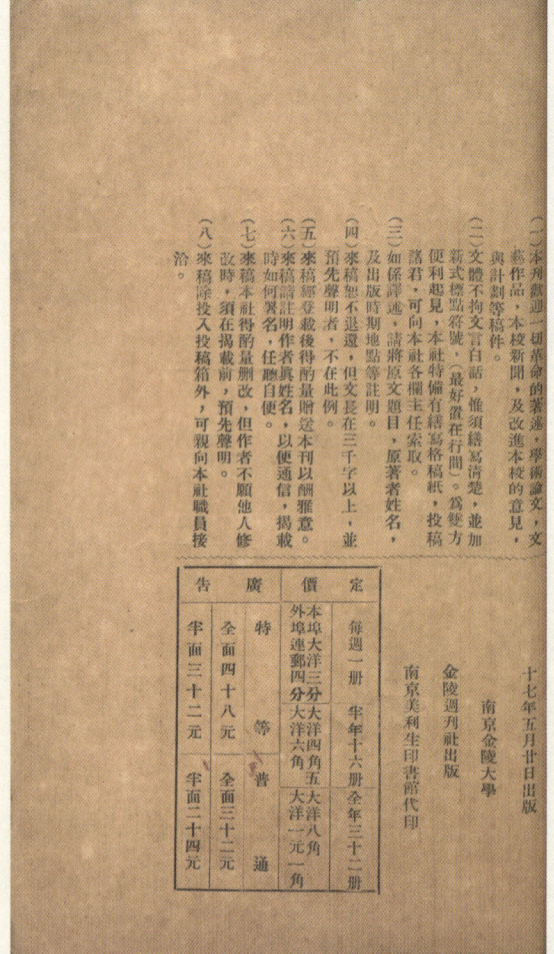

1-36 反日特刊

南京：金陵大学金陵周刊社，1928年创刊。周刊，21.7cm×15cm。

抗日救亡刊物。旨在揭露日军暴行，主张抗日救亡。以发表与抗日相关的演讲稿、政论文、小说、诗歌、杂文等为主要内容。

本馆藏第13期。（1928年5月20日）

 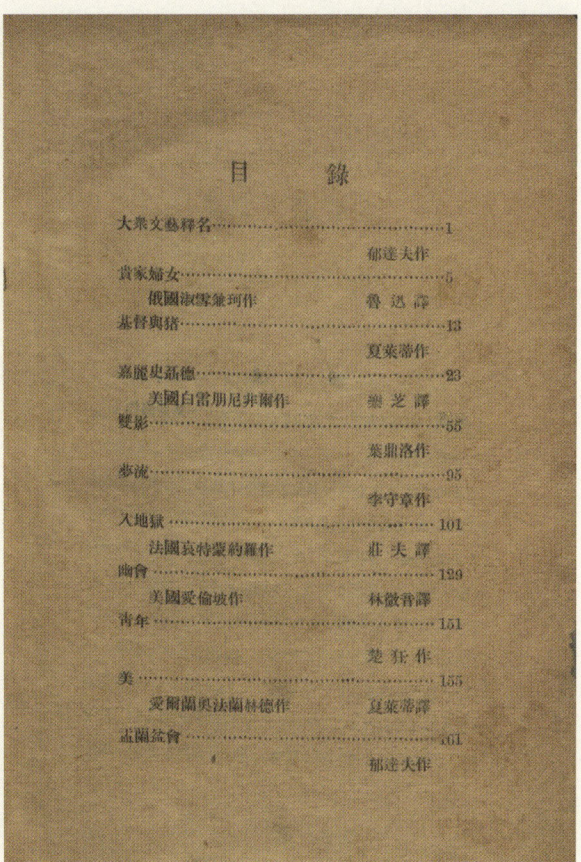

1-37　大众文艺

　　郁达夫等主编,上海:现代书局,1928年9月创刊。月刊,20cm×14.5cm。
　　左翼作家联盟机关刊物之一。内容大多反映下层社会劳动人民的生活,有原创作品,也有国外文学作品的译作。主要栏目有诗歌、小说、戏剧、杂文等。主编有郁达夫、夏莱蒂等。发行至第1卷第6期后停刊。1929年11月由陶晶孙接任主编,续出第2卷第1期,1930年6月停刊。
　　本馆藏第1卷1—6期(1928—1929),1—6期汇刊(1930年再版)。

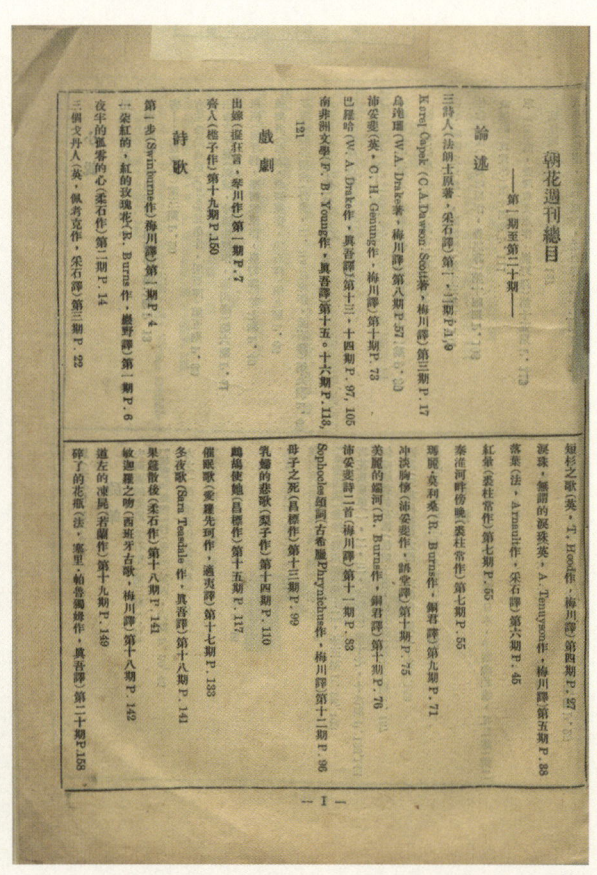

1-38 朝花周刊

上海：朝花社。1928年12月创刊。周刊，26cm×19.5cm。

朝花社，亦作朝华社，鲁迅、柔石发起组织，1928年11月成立于上海，成员还有王方仁、崔真吾、许广平等。

左翼文学刊物。介绍外国文艺作品，尤其是北欧、东欧文学和版画，对推动我国新兴木刻艺术的发展起到重要作用。主要栏目有论述、戏剧、诗歌、小说、随笔、杂撰、图画等。主要撰稿人有鲁迅、柔石、式微、梅川、真吾等。

发行至1929年5月，共20期。出合订本1册。6月1日更名为《朝花旬刊》。

本馆藏第1至20期合订本，《朝花旬刊》第1—11期。
（1929）

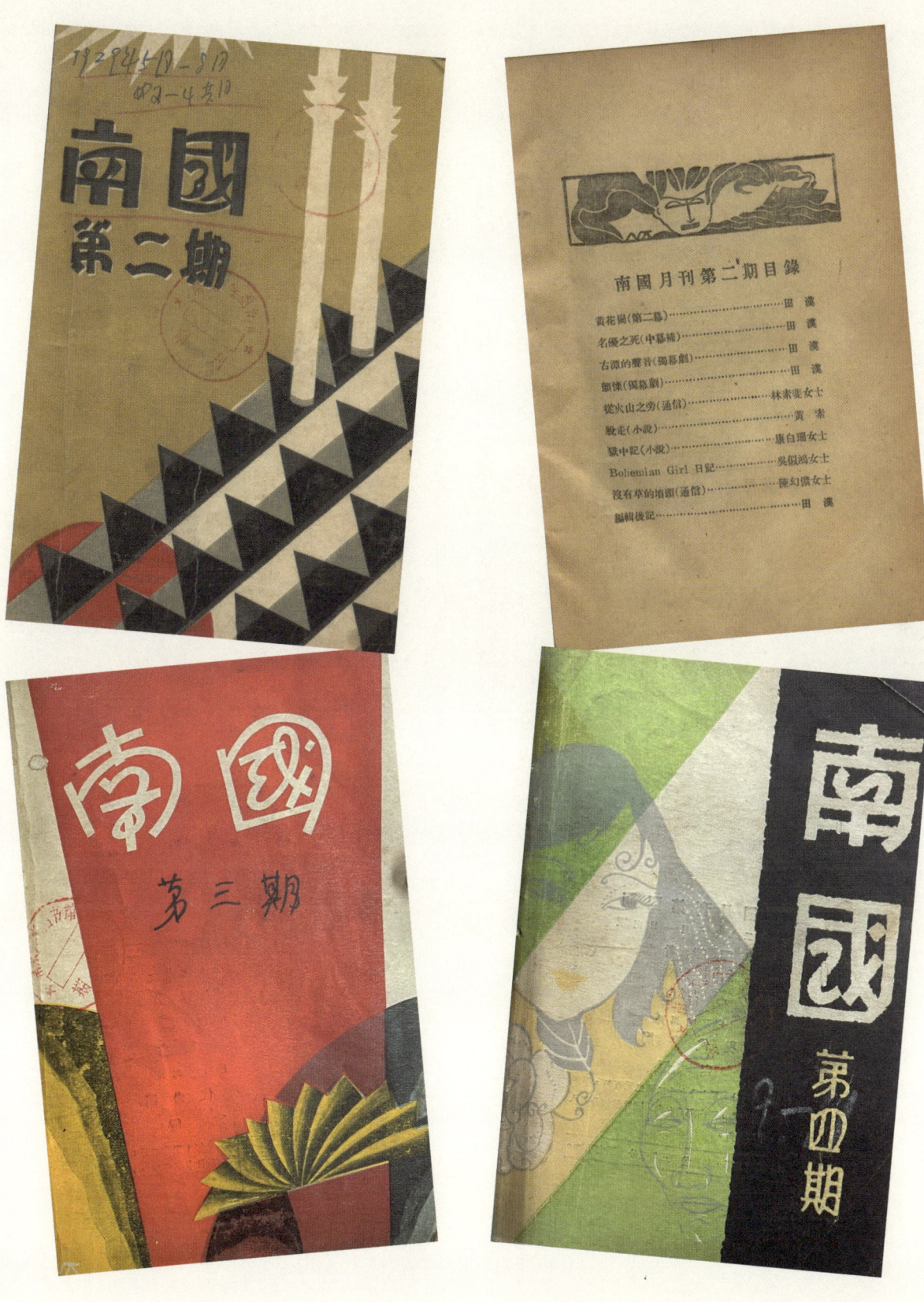

1-39 南国月刊

田汉主编,上海:现代书局,1929年5月创刊。月刊,20.2cm×14.5cm。

左翼戏剧文学艺术团体南国社主办刊物。以推动革命戏剧运动和戏曲改革为宗旨,主要内容有戏剧剧本、小说、戏剧理论等。

1930年7月终刊。

本馆藏第1卷1—3期合刊,第1卷2—6期,第2卷1—4期。(1929—1930)

 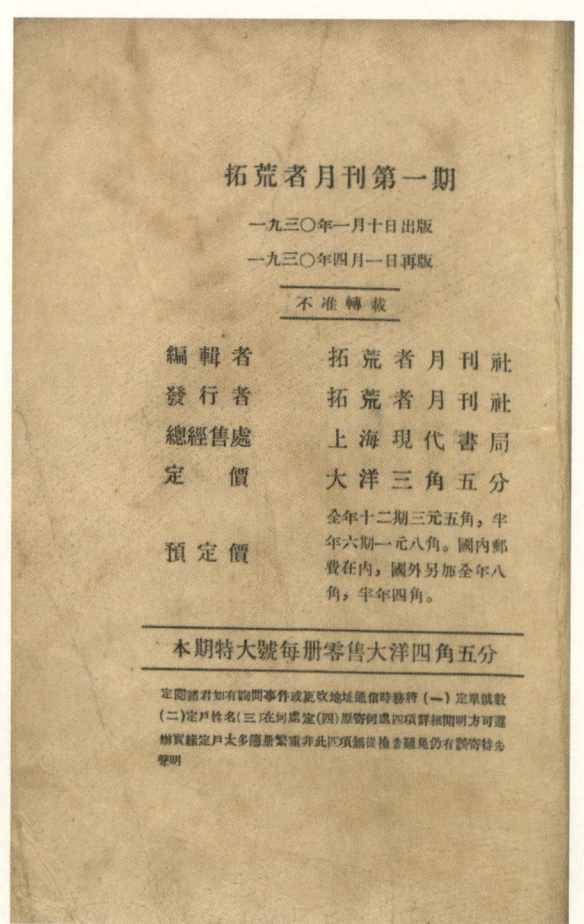

1-40 拓荒者

上海：拓荒者月刊社，1930年1月创刊。月刊，19.6cm×14cm。

左翼作家联盟机关刊物之一。主编为蒋光慈、钱杏邨，发表大量革命文学作品，着重介绍无产阶级革命文学的理论和创作。主要栏目有诗歌、翻译小说、小说、剧本、杂文、论文、批评与介绍、国内外文坛消息等。主要撰稿人有蒋光慈、阳翰笙、洪灵菲、夏衍、郭沫若、冯乃超等。

1930年5月出至第4、5期合刊，遭国民党政府封禁而被迫停刊。

本馆藏第1卷1—3期。(1930)

拓荒者

第一卷第一期特大號目次

詩歌

我們的詩 ……………… 殷 夫（1）
　1. 前燈
　2. Romantik
　3. Pioneer
　4. 靜默的烟囱
　5. 讓死的死去罷
　6. 議決

小說

家信（長篇）……………… 洪靈菲（9）
老太婆與阿三（小小的短篇）蔣光慈（53）
我在懺悔 ……………… 微 塵（63）
愛與仇（中篇）……………… 森 堡（79）
陸阿六 ……………… 戴平萬（173）

翻譯小說

死的列車（新俄NVNV作）……沈端先（195）
不可屈伏的（法國巴比塞作）……洪靈菲（203）
沒有勞動者的船（葉山嘉樹作）馮憲章（211）

劇本

兩個典型的女性 ……………… 楊邨人（231）

雜文

在那遙遠的地方（蘇聯伊滋喬）…建南譯（247）
東京之旅 ……………… 光 慈（259）
由上海到蘇州 ……………… 征 農（279）
編給少年讀者的故事 ……… 若 盧（289）
平凡的印象 ……………… 美 增（301）

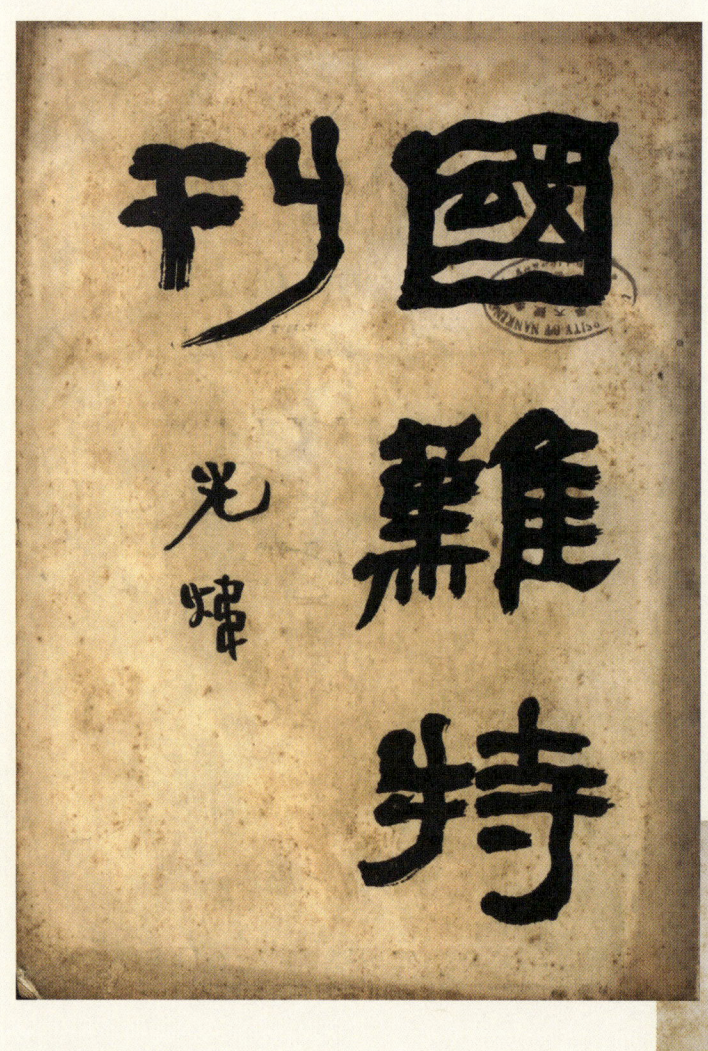
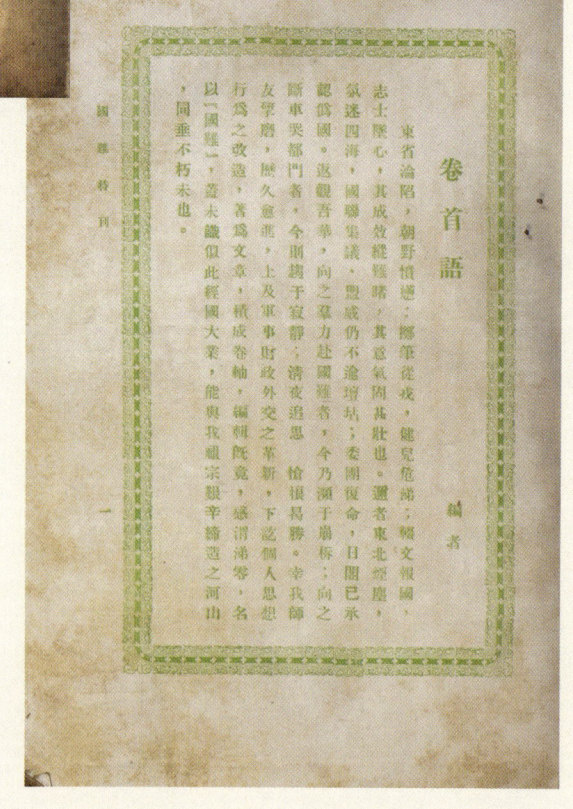

1-41　国难特刊

南京：金陵大学抗日救国会，1932年。正文244页，26.4cm×18.9cm。

东北沦陷后，金陵大学师生成立了教职工抗日救国会和学生抗日救国会。本刊为教职工抗日救国会会刊。主要内容为抗日救亡，"上及军事、财政、外交之革新，下迄个人思想行为之改造"。

國難特刊

顧問

方東美　劉迺敬　劉國鈞　馬文煥　王鐘麟　雍海樓　胡昌熾
戴運軌　吳世瑞　劉纖宣　余光辰　陳宗一　陳恭祿　倪清源

編輯部

總編輯　趙章甫
編輯　張樹德　周蔭棠　錢存訓　潘嘉嶼　韓棻森　梅藉芳
撰述員　張恩溥　姚顗　蘇汝江　李燮晃　郭體乾　丁廷洧
　　　　朱永昌　向映富　杜鴻才　左景瑗　萬國鼎　余乃成
　　　　沈乃森　段天煜　田冠生　吳子鐘　余文豪

經理部

廣告主任　卓螢昌　張銘銓
印刷主任　戴均　錢蝶夢
發行主任　李範　周其恆

目錄

卷首語
能力本位制與國難中之錢幣革命
對日外交失敗及今後應取之方針
滿蒙問題之法律觀與政治觀
必也正名乎
介紹一位領導德意志民衆渡過國難的哲學家費希脫
國難與日本
抗日救國與思想改造
日籍銀行在華之勢力
國聯不能解決中日問題
蘇聯與東鐵
試驗中之國際和平公約
日本國民經濟之鳥瞰

國難特刊目錄

編執者

劉冕　馬博盦　周蔭棠　倪清源　羅鴻韶　余文豪　趙章甫　張樹德　韓棻森　姚樹顗
俊夫淳平著　余文豪譯

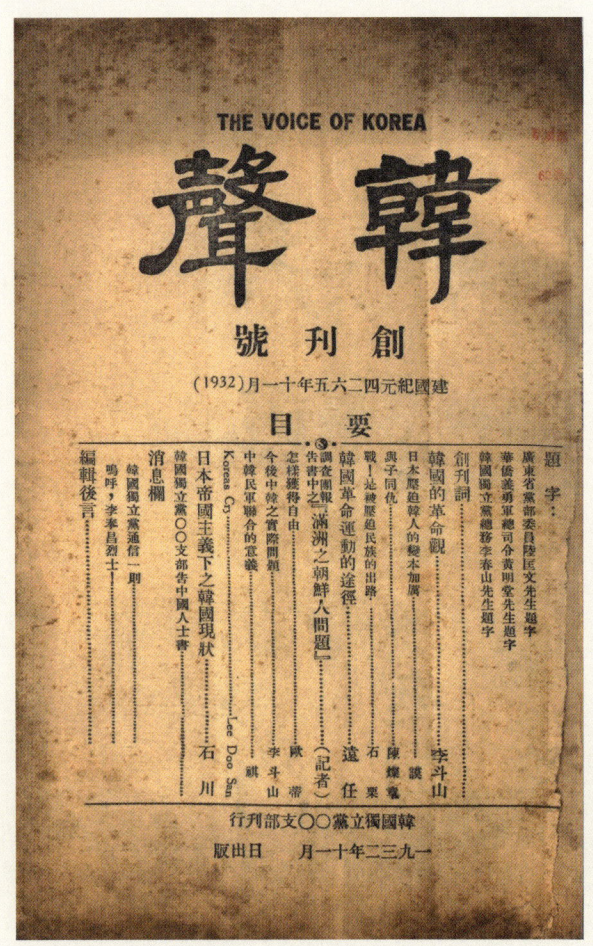 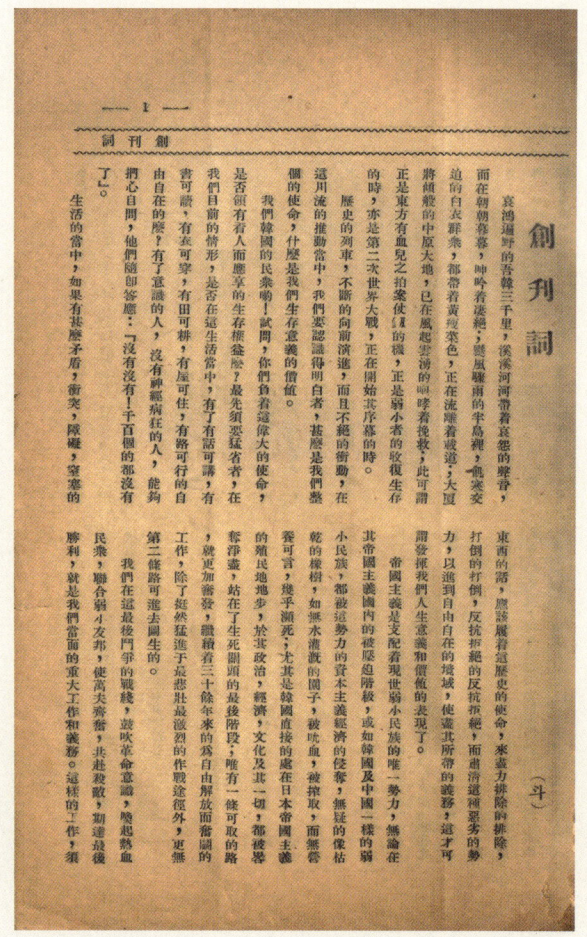

1-42　韩声

韩国独立党○○支部，1932年11月创刊。26cm×18cm。

1930年，朝鲜反日独立政治团体韩国独立党在上海成立。该党的广东支部创办了《韩声》。

朝鲜革命者在中国创办的刊物。办刊宗旨为"唤醒东方弱小民族，与韩国民众切实联合，打倒日本帝国主义，独立自主"。

本馆藏创刊号。

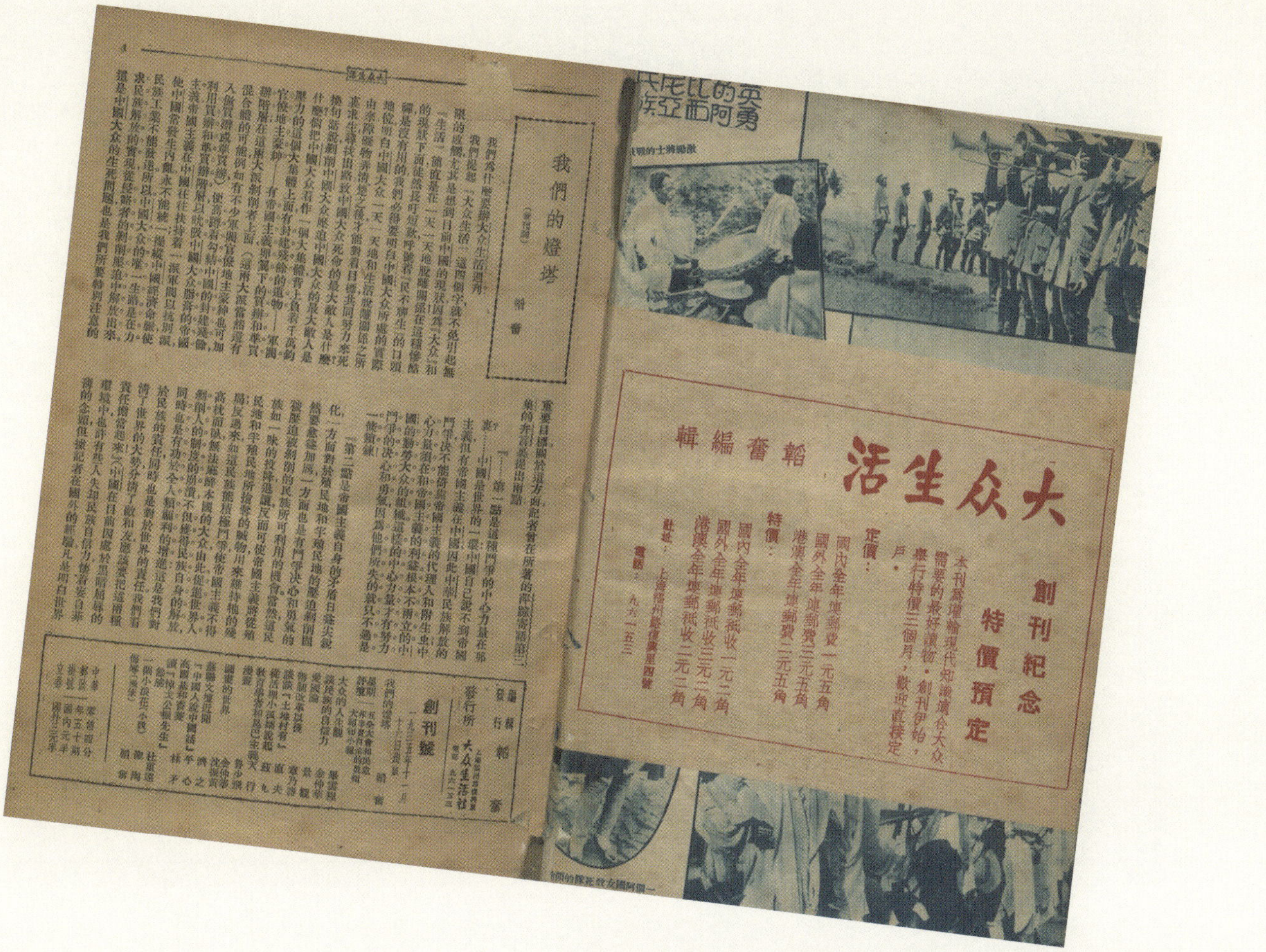

我們的燈塔

韜奮

創刊紀念 特價預定

大众生活

韜奮編輯

本刊爲灌輸現代知識適合大众需要的最好讀物。創刊伊始，舉行特價三個月，歡迎直接定戶。

定價：
國內全年連郵費一元五角
國外全年連郵費三元五角
港澳全年連郵費二元五角

特價：
國內全年連郵祇收一元二角
國外全年連郵祇收三元二角
港澳全年連郵祇收二元二角

社址：上海福州路復興里四號

電話：九六一一五三

1-43　大众生活

韬奋编，上海：大众生活社，1935年11月创刊。周刊，24.7cm×18cm。

抗日救亡宣传刊物。韬奋（即邹韬奋）为主编和主要撰稿人。以宣传、传播民族解放运动思潮，唤醒沉睡中的中华民众，寻求中国大众的出路为宗旨，反对国民党政府妥协投降的政策，支持国际反法西斯统一战线，进步倾向显著。

1936年2月遭国民党政府封禁而被迫停刊，1941年5月17日在香港复刊，同年12月6日停刊。

本馆藏第1卷1—16期。（1935—1936）

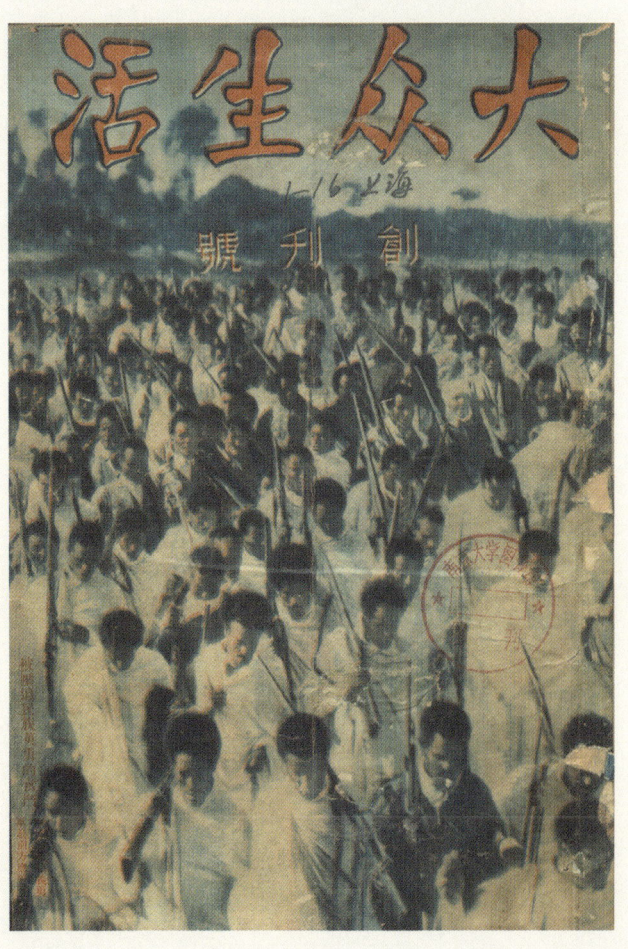

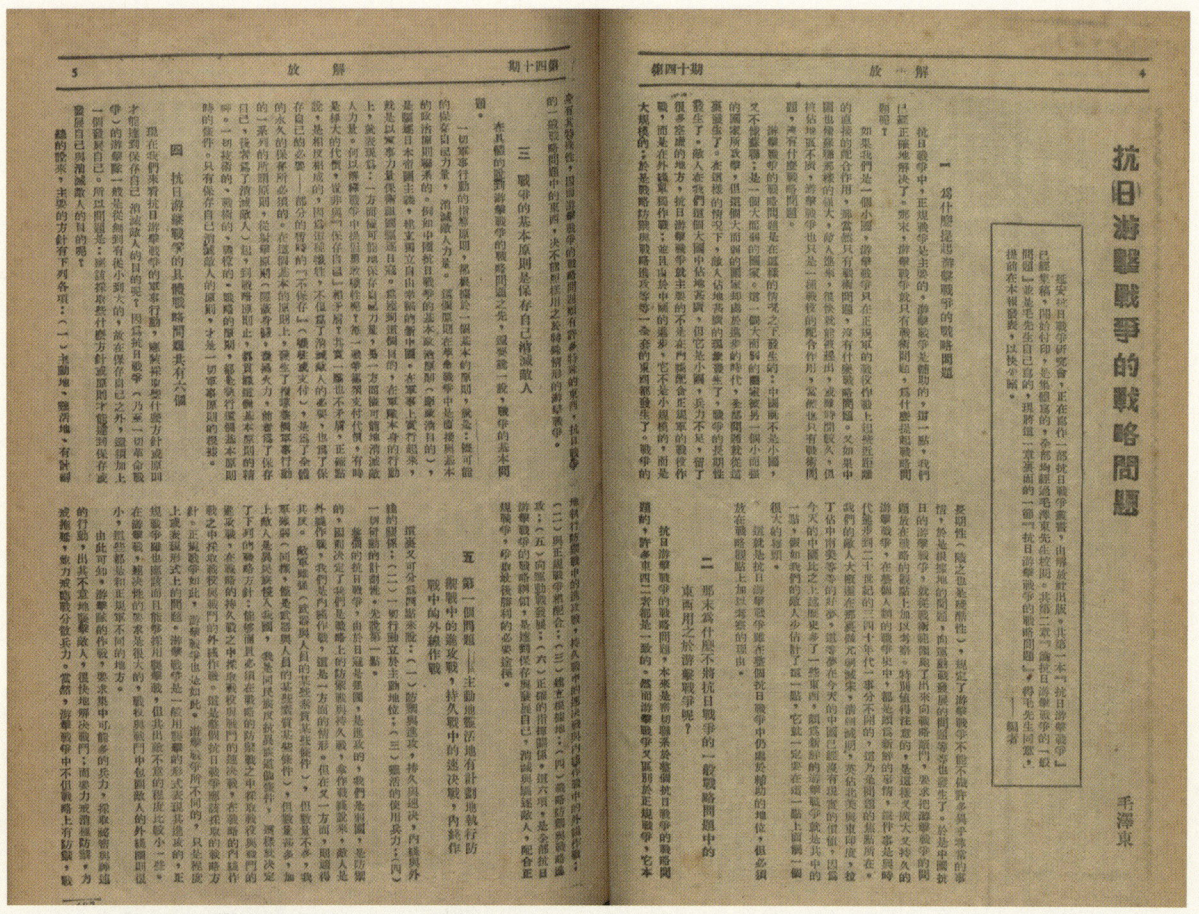

1-44 解放

解放社编,延安:新华书店,1937年4月创刊。初为周刊,后改为半月刊,24.4cm×18cm。

中共中央机关刊物。积极宣传中国共产党抗日民族统一战线的理论和策略,普及马克思列宁主义理论。主要栏目有时评、论著、翻译、通讯、文艺等。

中央领导同志毛泽东、朱德、周恩来等都曾在该刊发表过文章。

1941年停刊。

本馆藏第17—18、21、34、36、38、40—42、45、59—64、66、68—69期。(1937—1939)

1-45 抗战半月刊

广州：战时出版社，1937年10月创刊。半月刊，24.3cm×17.7cm。

抗日宣传刊物。探讨抗战的意义，坚定全民族长期、持久抗战的决心，研究战时经济、教育、文化、工业等问题，讴歌在上海和华北对日作战的英雄将士。主要栏目有评论、特写、杂文、小说等。撰稿人有巴金、茅盾、郭沫若、郑振铎、阿英等。

本馆藏第1卷1—6期合订本。

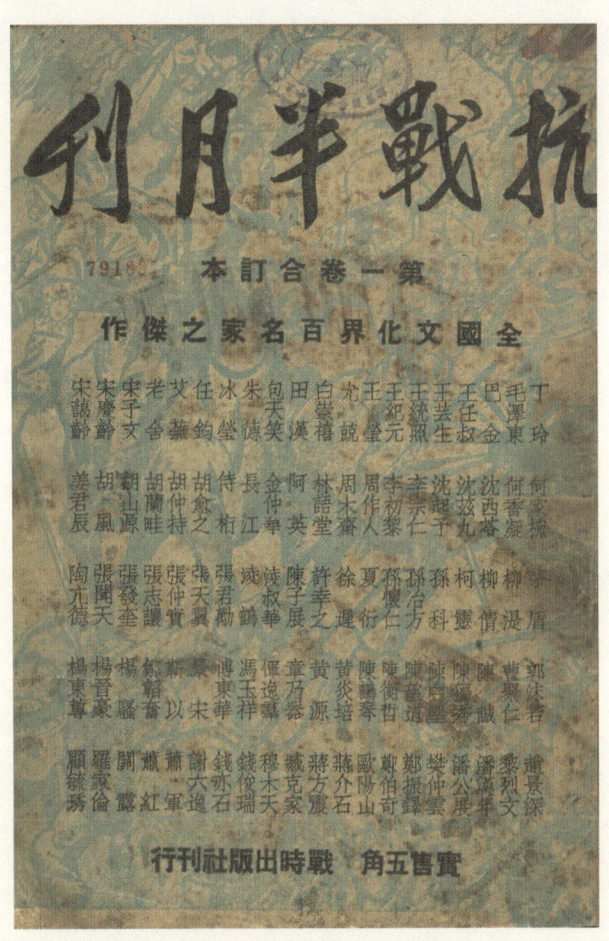

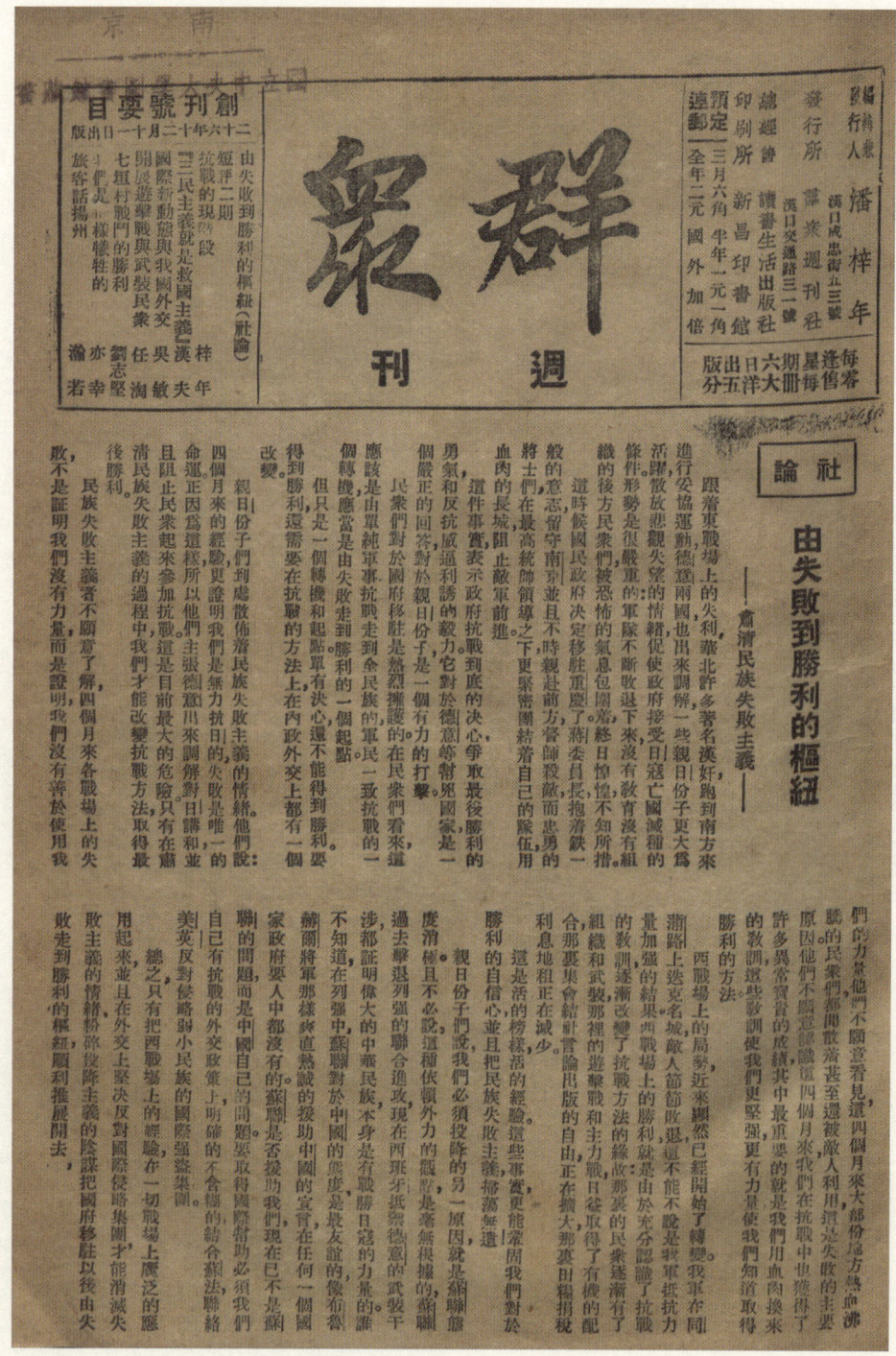

1-46 群众

潘梓年编,汉口:群众周刊社,1937年12月11日创刊。24cm×18cm。

该刊宣传党的方针政策,宣传马克思主义,揭露国民党勾结美帝主义的黑幕、国民党军队腐朽的官僚主义作风等。是抗日战争时期和解放战争时期中国共产党在国民党统治区和香港地区公开出版的唯一理论刊物。

1938年停刊半年,后随《新华日报》总馆迁往重庆,同年12月在重庆复刊,出版第2卷第12期至第11卷第3、4期合刊(1938年12月25日—1946年3月10日)。1943年1月改为半月刊。抗日战争胜利后迁至上海,改为周刊,出版第11卷第5期至第14卷第9期(1946年6月3日—1947年3月2日)。1947年1月30日在香港刊行香港版,出至1949年第3卷42、43期合刊后停刊。1947年3月,沪版被国民党政府查封。

本馆藏第1—14卷,香港版第1—3卷。(1937—1949,部分有缺)

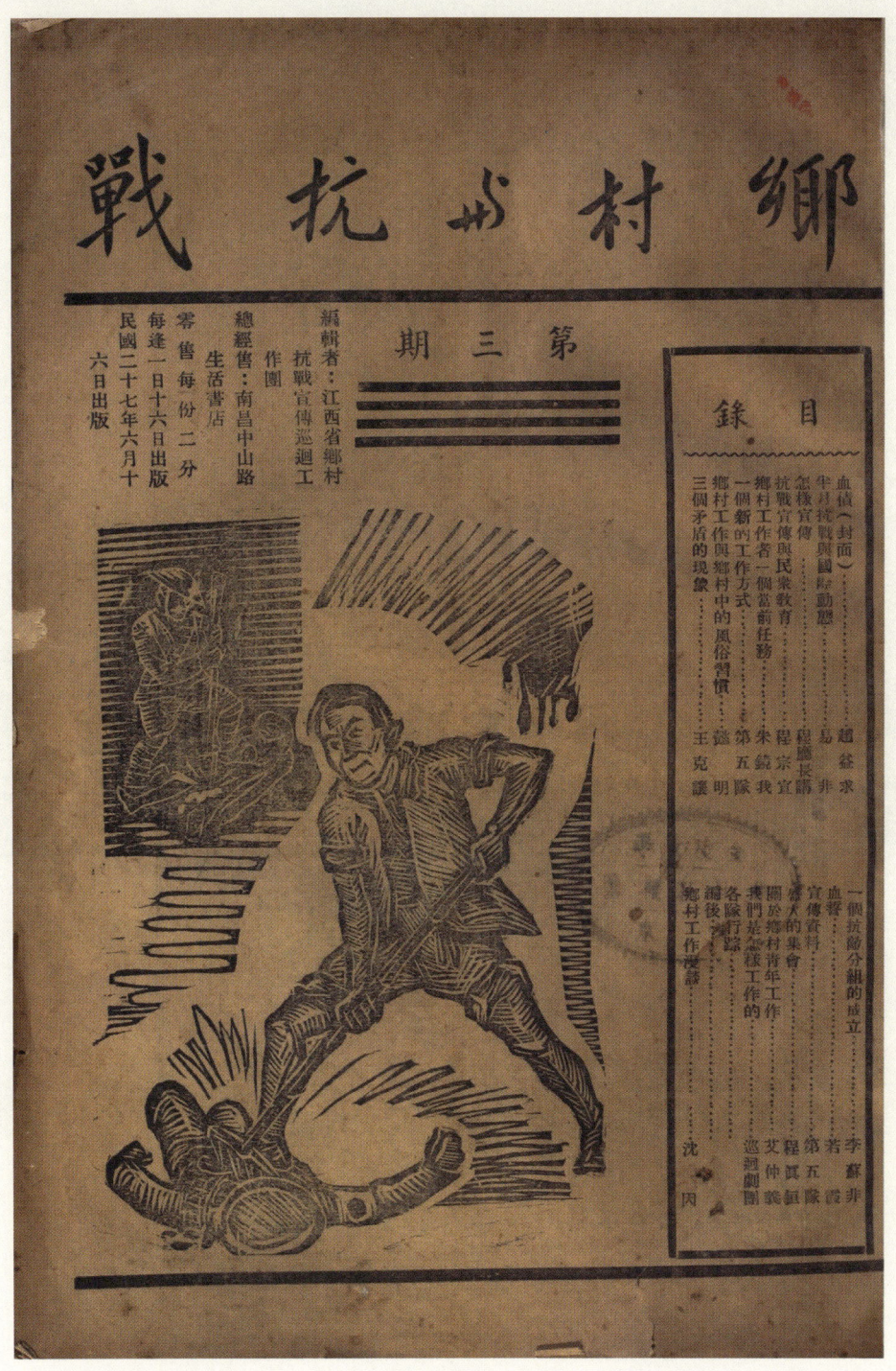

1-47 乡村与抗战

江西省乡村抗战宣传巡回工作团编,1937年12月创刊。半月刊,25.5cm×18cm。

1937年9月江西省第一支由共产党人发起组织的抗战文艺宣传团体——江西省乡村抗战宣传巡回工作团成立,成员以流亡大学生、南昌爱国青年、进步戏剧工作者为主,全团共100多人,分成8个宣传队,赴全省各地宣传抗日。同年12月创办该刊,以宣传抗日救亡和乡村建设为主要内容。

本馆藏第3期。(1938年6月16日)

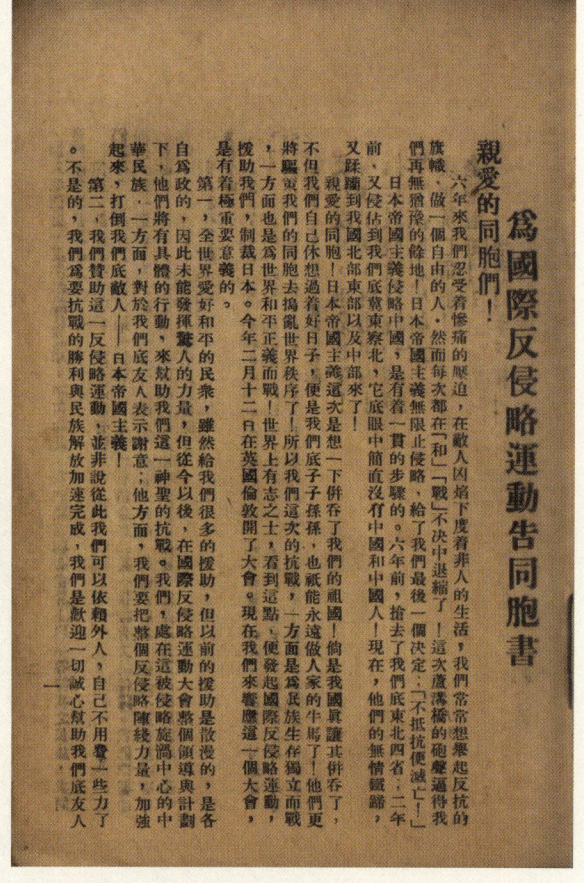

1-48 唐大呼声

湘潭:国立交通大学唐山工程学院学生自治会宣传部,1937年创刊。18.9cm×13.3cm。

1937年抗日战争全面爆发后,交通大学唐山工程学院辗转迁至湖南湘潭复课,推举茅以升为代院长。

抗日进步刊物。第5期内容为抗日救亡宣传。

1938年3月终刊,共出5期。

本馆藏第5期。(1938年3月)

1-49 抗战文艺

中华全国文艺界抗敌协会抗战文艺编辑委员会编,武汉:中华全国文艺界抗敌协会出版部,1938年5月创刊。三日刊,25cm×17.5cm。

抗战文艺刊物。中华全国文艺界抗敌协会会刊。倡导文艺为大众服务,文艺为抗战服务,"以血泪为文章,为正义而呐喊"。作者以革命进步作家为主。主要刊登抗战题材的论文、小说、诗歌、杂文、随笔、前线通讯、木刻以及中华全国文艺界抗敌协会会务报告等。是经历全面抗战全程的唯一全国性文艺刊物。

第1卷第5期起改为周刊,同年10月迁至重庆,第4卷第1期(1939年4月)起改为半月刊,第6卷第1期(1940年3月)起改为月刊。

1946年5月出至第10卷第6期(总第73期)终刊。

本馆藏总第21—35、37—70、73期。(1938—1946)

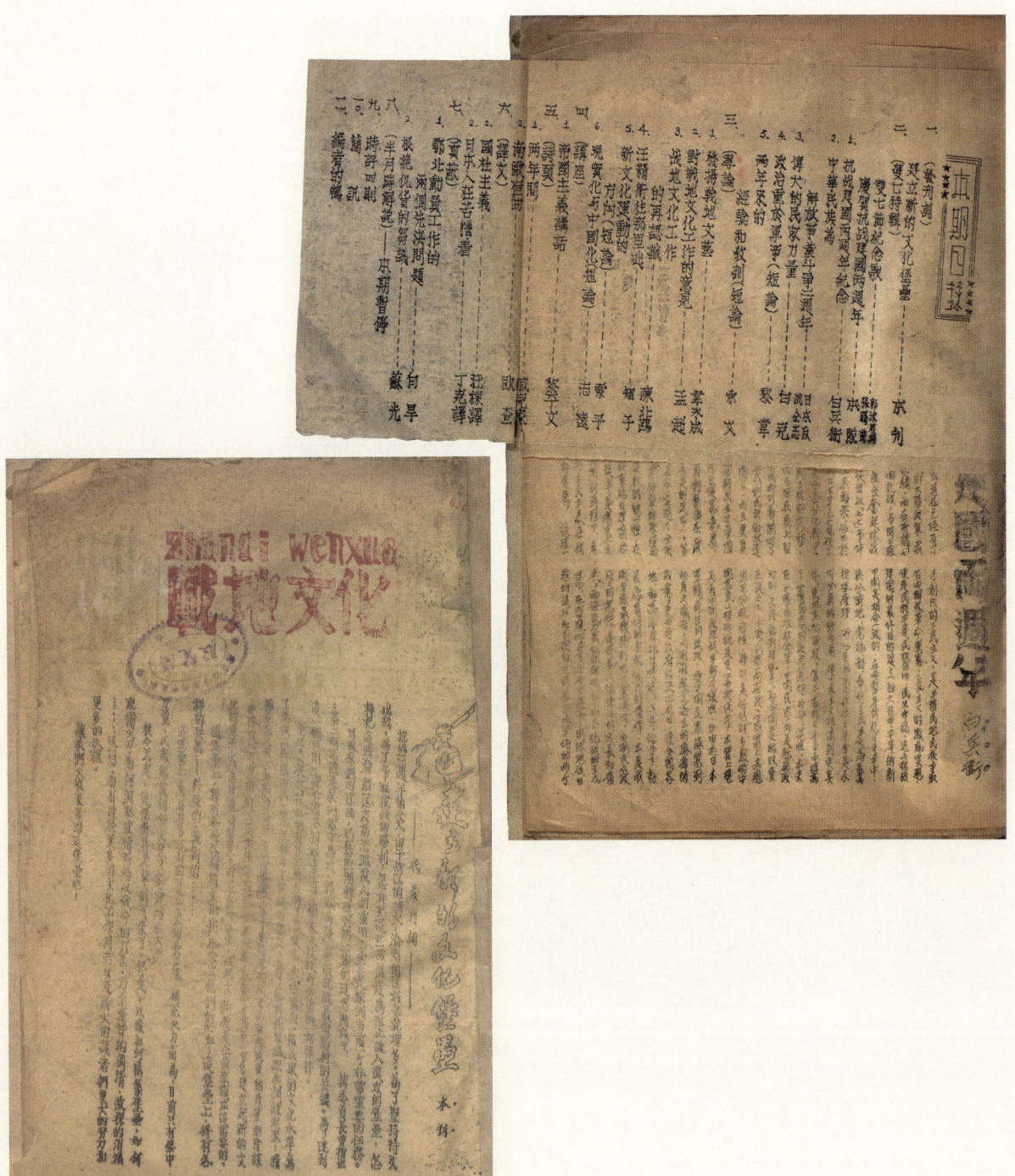

1-50 战地文化

军事委员会政治部抗敌演剧队,1939年7月7日创刊。半月刊,27cm×18.2cm。

军事委员会政治部抗敌演剧队,全称为国民政府军事委员会政治部抗敌演剧队。1938年8月,由5个救亡演剧队和一些进步戏剧团体在武汉改编成立,是抗日战争时期中国共产党实际领导的以演剧方式进行抗日宣传的文艺团队。

抗日宣传刊物。办刊宗旨为"提高民众的民族意识和对于抗战的认识,为了能将民众组织和训练起来,积极参加抗战,而能帮助军事的进展"。主要栏目有短评、时评、译文、专论、讲座、诗页等。创刊号为"抗战二周年纪念专号",创刊后不久因遭遇日军扫荡而停刊。

本馆藏创刊号。

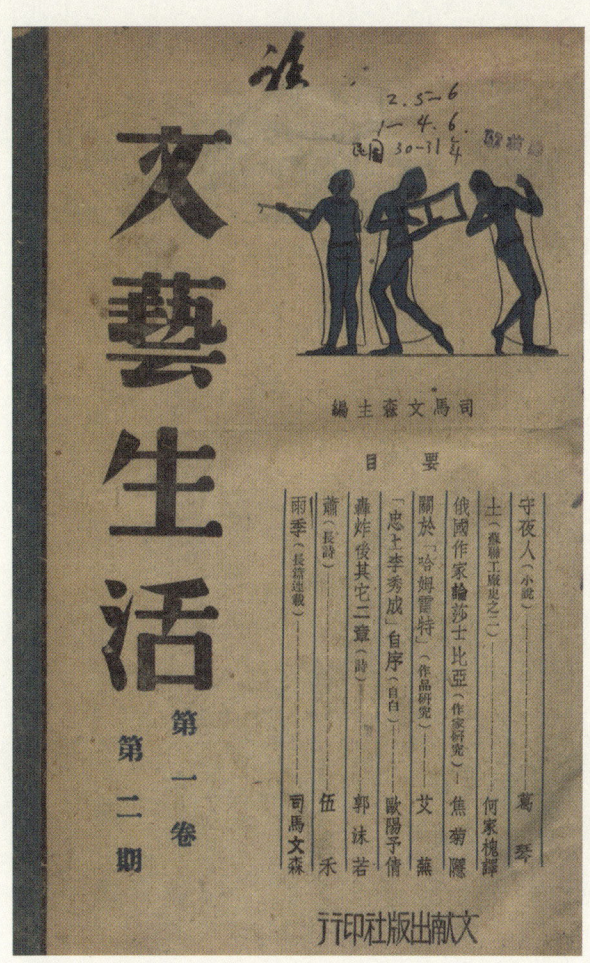
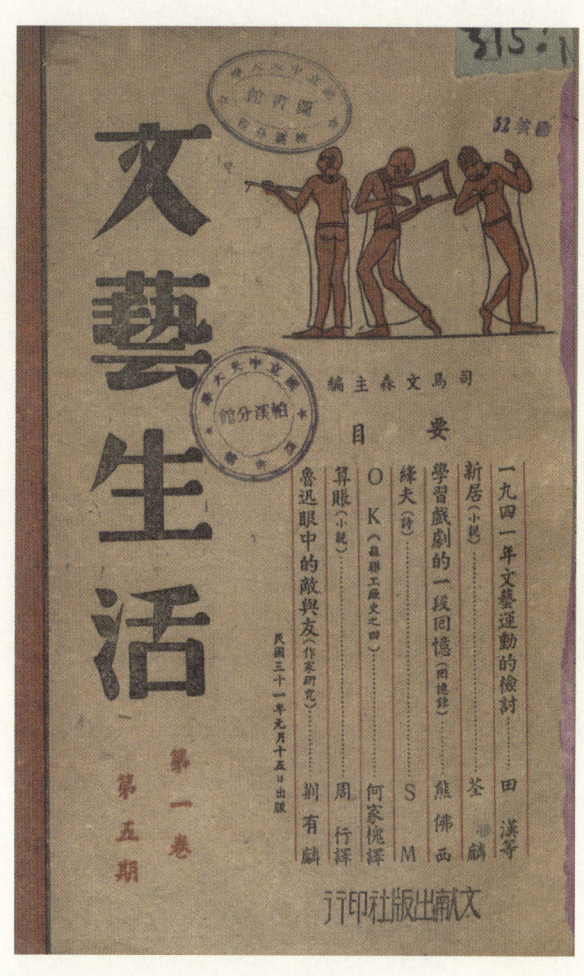

1-51 文艺生活

司马文森主编,桂林:文献出版社,1941年创刊。月刊,24.8cm×18cm。

该刊曾在桂林、香港两地出版,桂林出版期间,司马文森担任主编,陆平之为发行人,香港出版期间,由智源书局发行。

文学刊物,致力于文艺抗战工作,刊载抗战小说、诗歌、散文、杂感、剧本、童话、翻译作品、作家作品研究、文学评论等。主要撰稿人有艾芜、夏衍、田汉、欧阳予倩、沙汀、郭沫若、茅盾等。

1943年出版至第3卷第6期后停刊,1946年复刊,出版至中华人民共和国成立后。

本馆藏桂林版第1卷2—3期、5—10期,第2卷1—4期,第3卷1—6期,光复版第10期。(1941—1946)

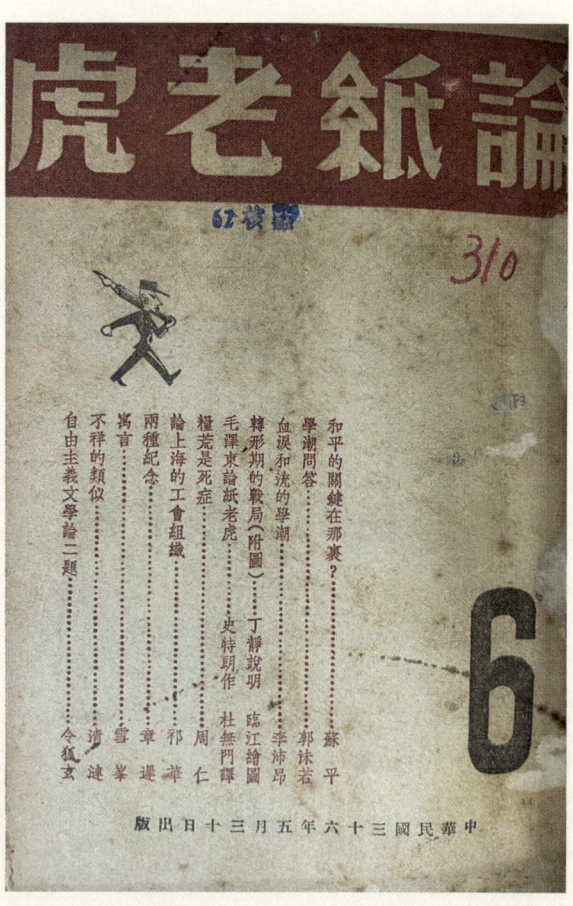

1-52 文萃

上海：文萃社，1945年10月创刊。周刊，每周三出版，25cm×18cm。

中共中央在上海的革命刊物。最初负责人是孟秋江，1946年由黎澍接办并主编，渐改为时事政治性刊物。本刊揭露国民党的内战阴谋及镇压民主力量的罪恶活动，反映民主舆论和民主运动，宣传中共政策与主张。

1947年4月第2卷第2期起更名为《文萃丛刊》，不定期刊，以小册形式出版，版面改为17.7cm×12.5cm，后又易名《文萃出版社丛书》《华萃丛书》，1947年7月终刊。

本馆藏第1卷23、31—50期，第2卷12—22期，1947年2—3期、5—9期。(1946—1947)

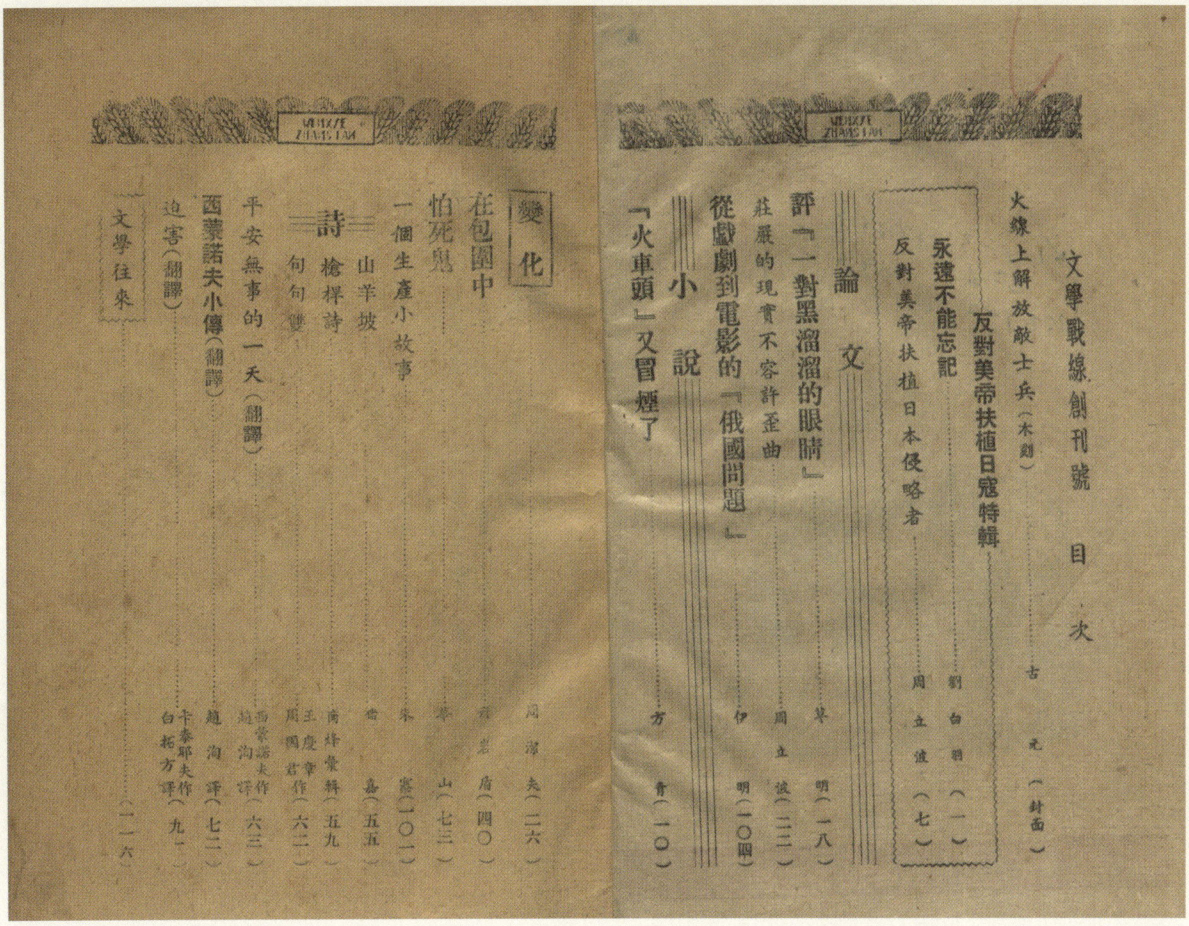

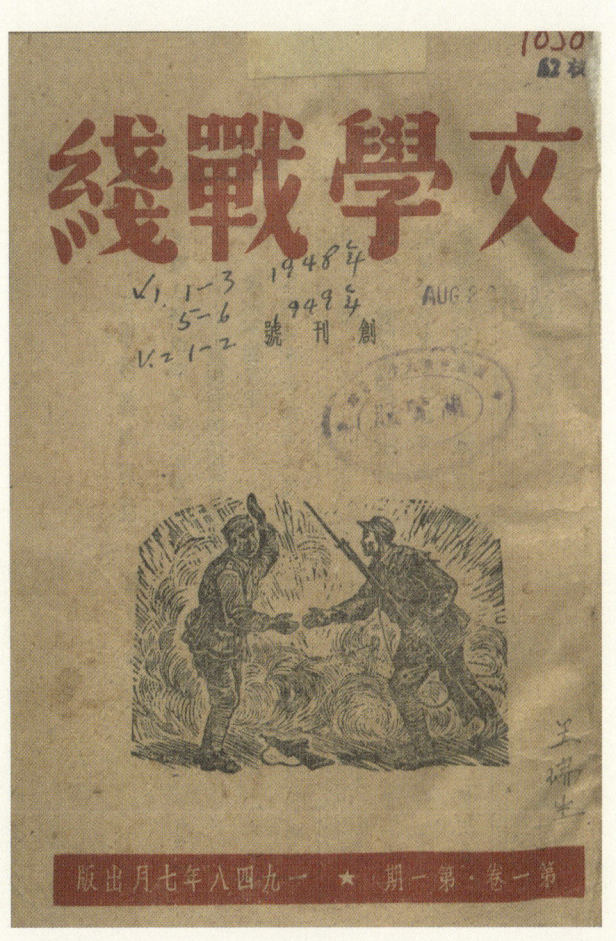

1-53 文学战线

文学战线杂志社编，1948年7月创刊。月刊，19.5cm×14.4cm。

东北解放区的文学月刊。该刊反映东北解放区人民的生活与追求光明的艰苦斗争。周立波、马加先后任刊物主编，丁玲、刘白羽、严文井、萧军、马加、罗烽等均在刊物发表作品。第1卷第3期上首次节选发表了丁玲的长篇小说《太阳照在桑干河上》。

第2卷起迁至沈阳出版，出至1949年8月第2卷第5期停刊。

本馆藏第1卷1—3期、5—6期合刊，第2卷1—2期。（1948—1949）

太陽照在桑乾河上
――長篇小說的一段――
丁 玲

曖水屯的人們都互相傳說着：「嗯，十一家地主的園子都看起來了，貧農會的會員都在那裏放哨呢。」「咳，是哪十一家啊，這怕都是要給清算的吧。」「說是只揀有出租地的，富農的都護他自己賣。」「那不成呀！富農就不清算了麼？」「說不能全清算呀！有的戶要清算的，那時要他交錢就成。」「這也對，要是把全村的都卡起來，農會就只能忙着賣菓子，還開什麼改革，地還得要分嘛？……」

「……」

一會，紅鼻子老吳又打着鑼唱過來了。他報告着壹菓子委員會的名單，和委員會的一些決定。

「濟呀！有任天華那就成呀！這是一個精明人，會替大夥兒打算，你看他把合作社開的多好，哪個莊戶主都能掛賬，不給現錢，可這能賺錢呀！」

「哈，李實堂也是委員了，他成，菓園的地他都清楚，在菓子園裏走來走去一十年了。那一家有多少棵樹，都瞞不過他；哪一棵樹有多少斤，他估也估得出來，好好壞壞全裝在他肚子裏。」

「看來這次全給鄔人賞權着呢。侯全忠他兒子也出頭了，這不給他老頭念壞了麼！」

人們不只在巷子裏和隔壁鄰舍談諸，不只串親戚家去打聽，不只擁在合作社門外偵播消息，他們還到菓子園去流覽，有些人是擅定有工作的，有些婦女娃娃看熱鬧。

最近新書

亂彈及其它
瞿秋白 著

瞿秋白同志不僅是一個革命政治家，而且也是中國的文藝思想家。他會把俄國和西歐的很多著名作品介紹到中國文壇來。本書是一本文藝論文集，上部爲恩格斯、列寧、普列哈諾夫、拉法爾等文藝論文和文藝批評。下部爲高爾基言論文選集，反映着當時蘇聯新社會建設的過程，有着透關的見解和深刻的考察。（二〇〇〇元）

海上述林
瞿秋白 譯 魯迅 編

瞿秋白同志的文藝論文的結集。要面所收輯的主要是關於文藝評論，文學革命、文藝大衆化等問題。這些論文，寫於一九三一至一九三三年之間，那時秋白同志在上海領導左翼文化鬥爭，在極端反動政治之下，他用各種不同的觀點和特別的文章形式，來評論那時文藝問題，這和魯迅先生一樣，是新文學運動的最重要文獻之一。秋白同志除了普通的反駁，引起了普遍的反響，是他的幾本初期作品，又被反動者所毀，所以這會建關於文藝問題的著作，是他的僅存的遺作，這是革命前驅者的豐碑，布面精裝。 每冊一八〇〇〇元

無顏三勇士
（小說）……劉白羽著 一〇〇〇元

長征的故事
蘇聯文學的最高思想原則

各地書店發行 東北

文學戰線 創刊號

編輯者 文學戰線雜誌社
印行者 東北書店
定價 二〇〇〇元

二、南大校史

本部分选取校史文献55种。如创刊于1918年的《南京高等师范日刊》(1921年更名为《国立东南大学南京高师日刊》),记录学校日常管理和教学的方方面面;《国立东南大学南京高师暑期学校概况》和《东南大学南京高师暑校日刊》,则是对在国内首开的暑期学校的详细记载。1930—1931年出版的《国立中央大学一览》全12册,全景式呈现了20世纪30年代初期中央大学的风貌。以《中央大学二二级毕业纪念刊》和《国立中央大学三六级毕业纪念册》为代表的中央大学毕业纪念册类校史文献,印刷精美,装订考究,内容丰富,图文并茂。创刊于1909年的金陵大学综合性校刊《金陵光》,初为英文版,后改为中英文合刊,至1930年5月停刊,共出版17卷。南京大学图书馆还藏有金陵大学各个时期的毕业典礼秩序单,最早的距今已逾百年。这些秩序单制作典雅,装帧精美,亦是十分稀见的历史文献。

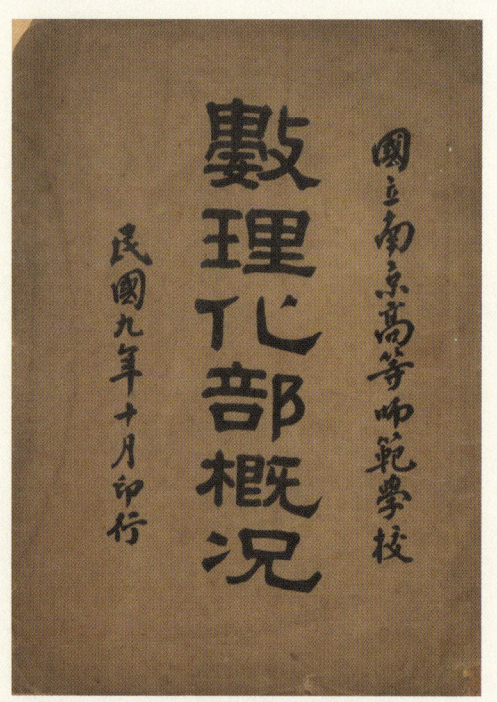
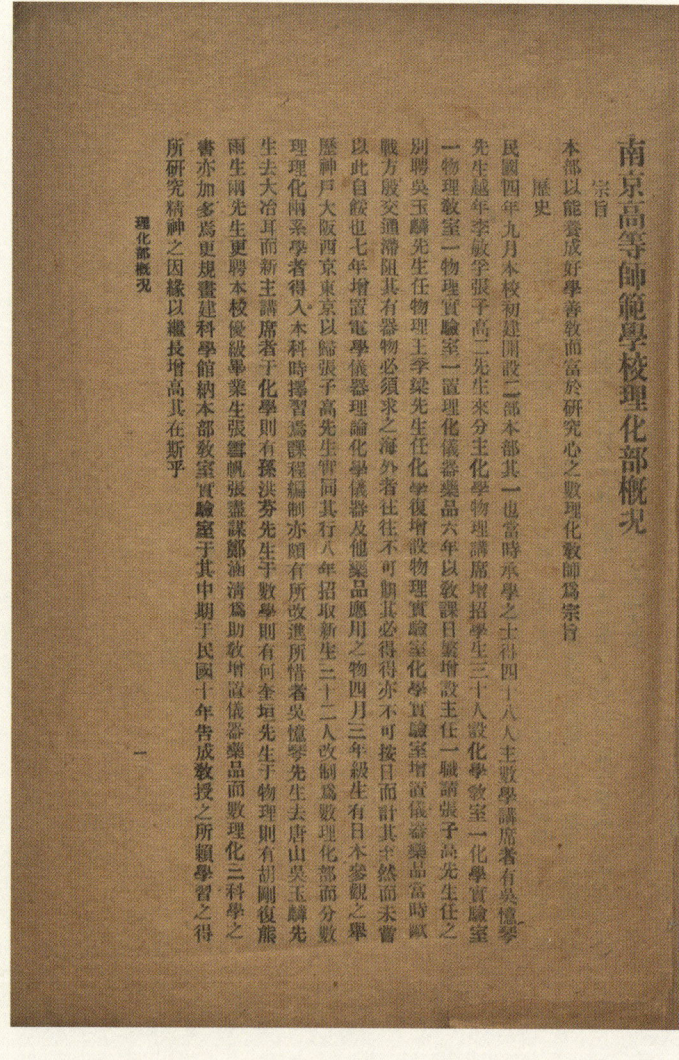

2-1 国立南京高等师范学校数理化部概况

1920年10月。正文18页,25.4cm×19cm。
内容有办学宗旨、历史、课程设置、设备、本部教职员表、一年级学生表及本部预科学生表。

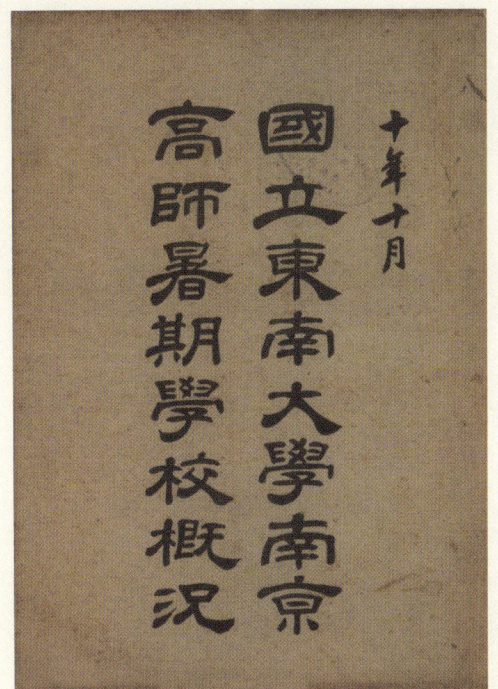
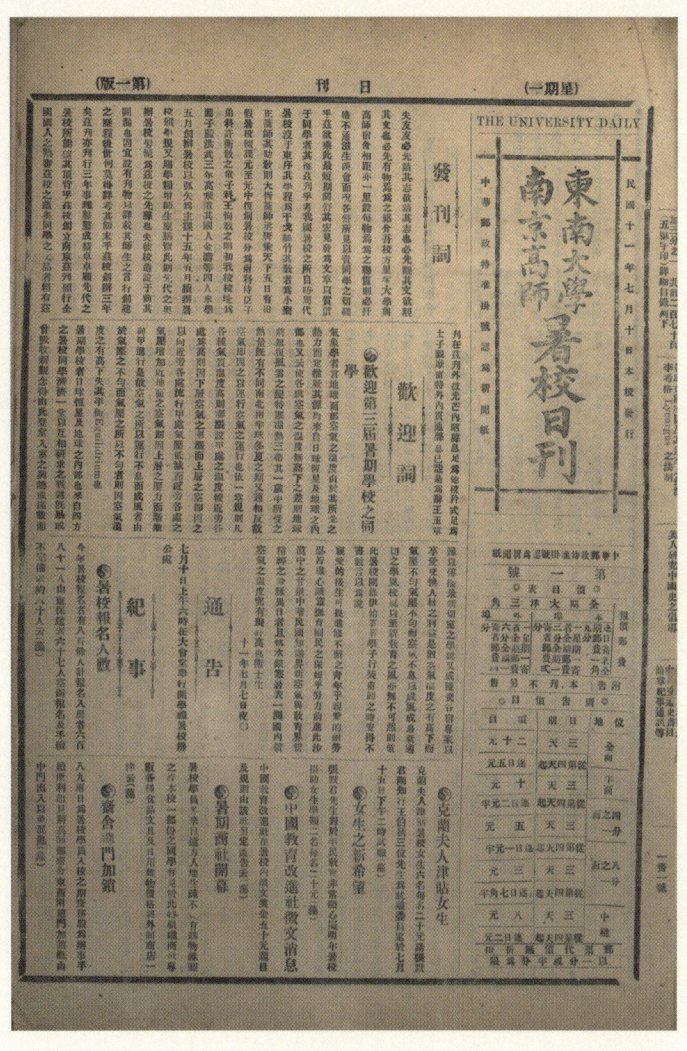

2-2

国立东南大学南京高师暑期学校概况

1921年10月。正文82页，26.3cm×18.9cm。
南京高等师范学校开全国暑期学校之先河，1920年至1923年间共举办4期暑期学校。本书介绍了第二届暑期学校概况，主要内容有组织机构、师资配置、暑校大事记、校友录、学员统计分析等。

东南大学南京高师暑校日刊

1922年7月10日创刊。日刊，每周6期，每期4页，37cm×26.2cm。
主要内容有第三期暑期学校纪事要闻、校务通告、讲座与演说词、师生学术成果等。
本馆藏第1—36期。(1922年7月10日—1922年8月19日)

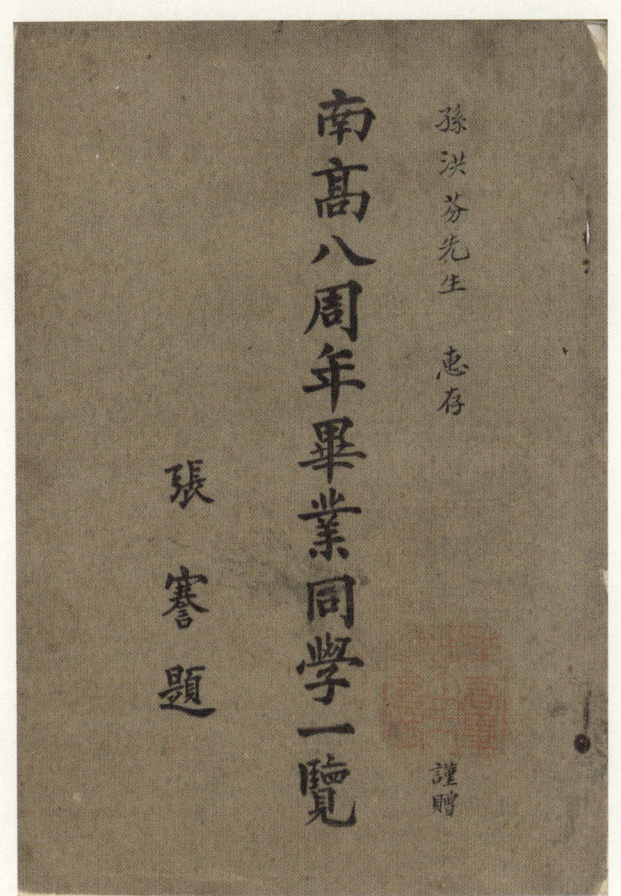
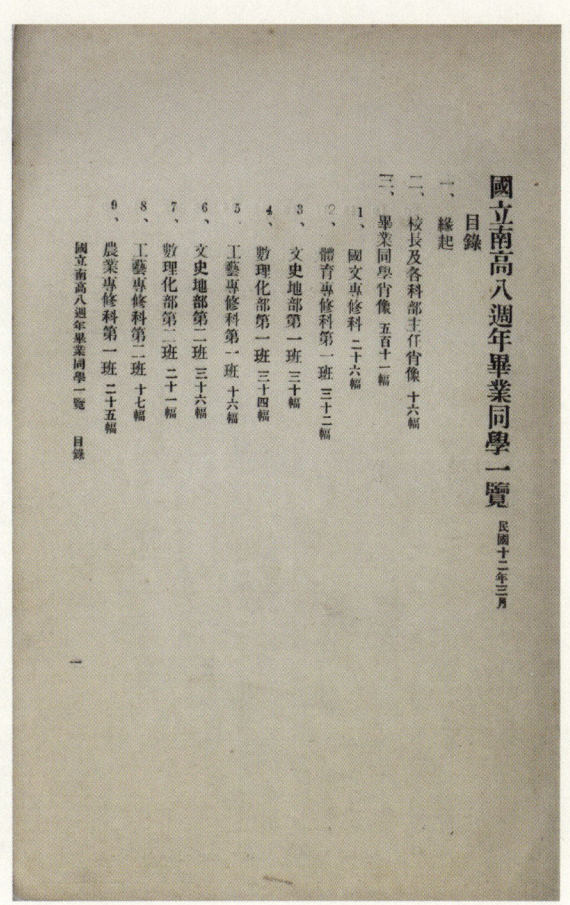
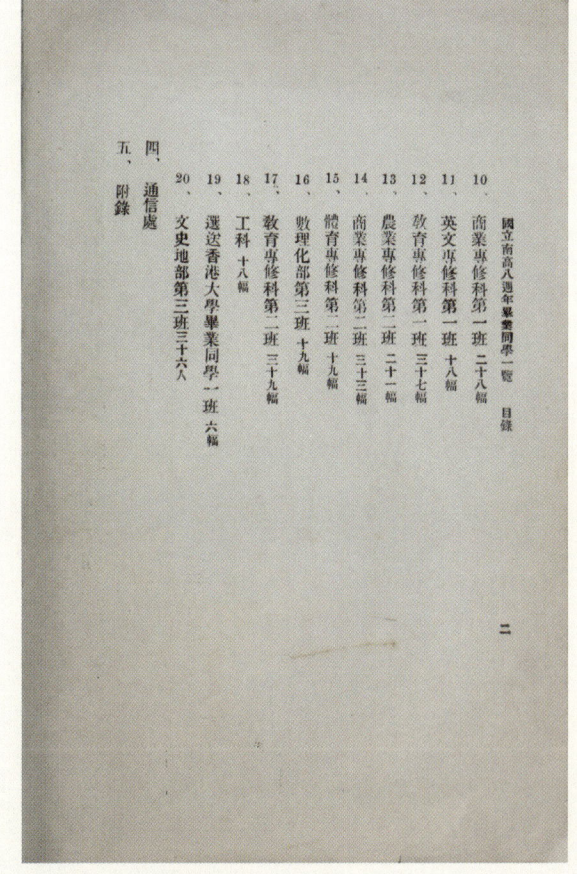

2-3　南高八周年毕业同学一览

1923年3月。正文87页，25.5cm×18cm。

主要内容有缘起、校长及各科部主任肖像16幅、毕业同学肖像511幅、通信处及附录。

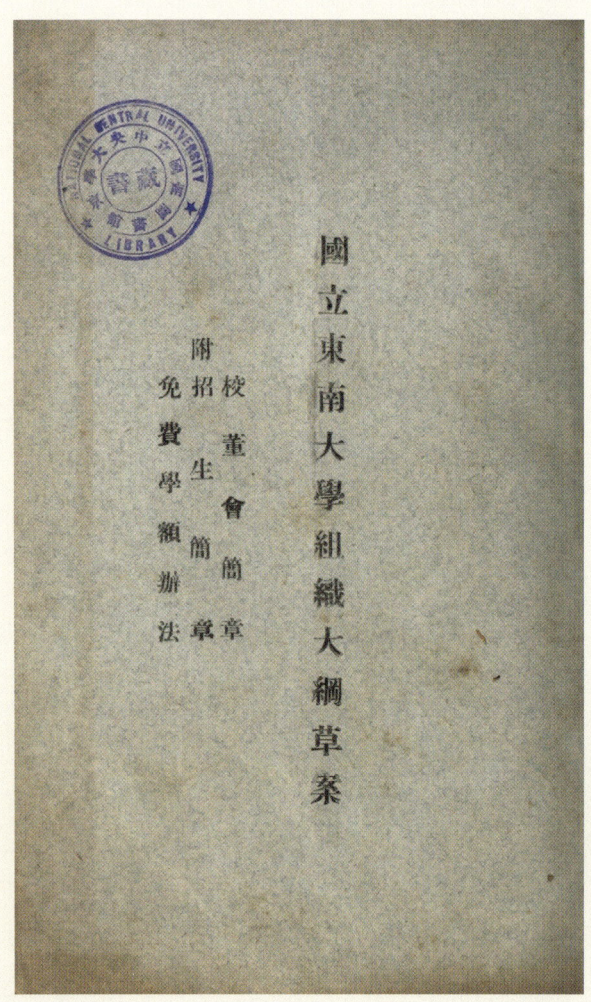
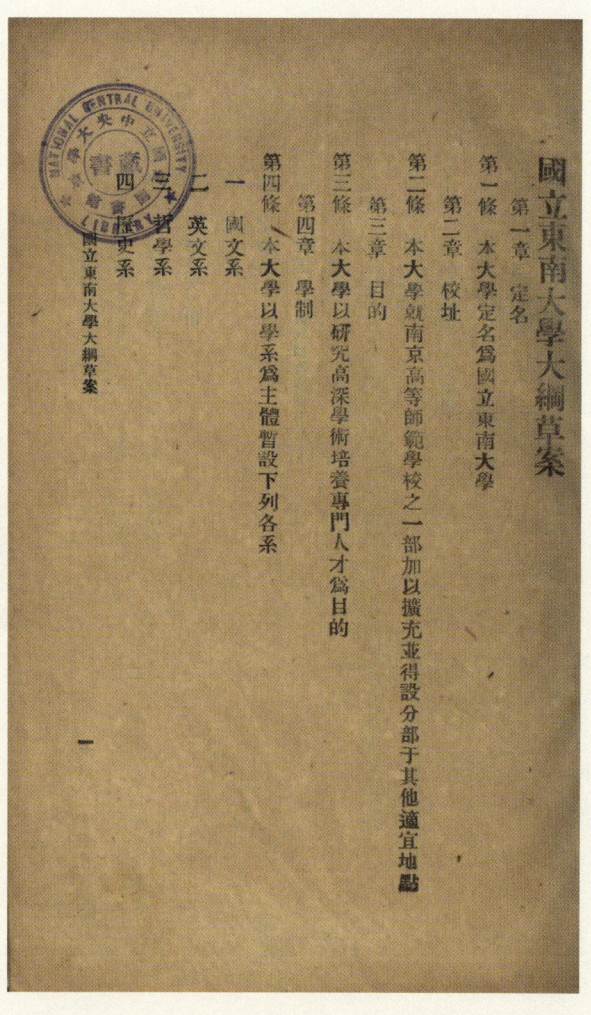

2-4 国立东南大学组织大纲草案

正文20页,23.3cm×15.5cm。

主要内容有定名、校址、办学目的、学制、组织与行政等。另附校董会简章、招生简章、免费学额办法等。

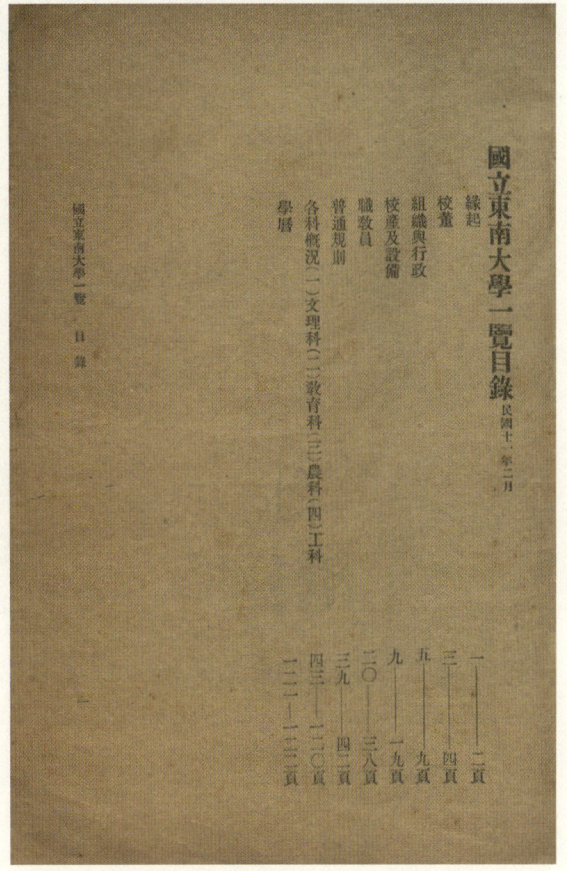

2-5 国立东南大学一览

1922年2月。正文122页,25.1cm×18.3cm。

全书分为八部分:一、缘起;二、校董;三、组织与行政;四、校产及设备;五、职教员;六、普通规则;七、各科概况;八、学历。

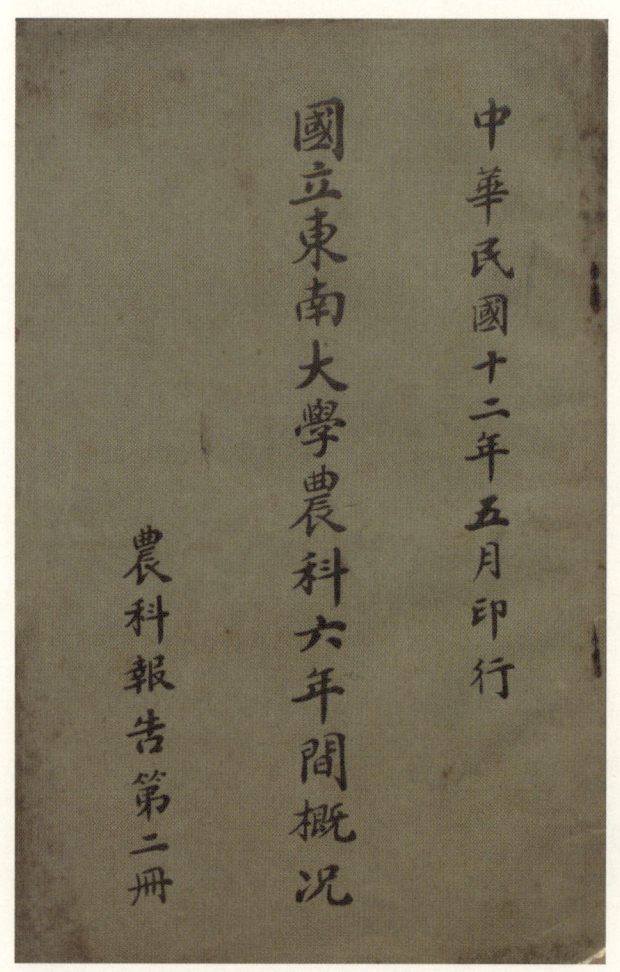

2-6 国立东南大学农科六年间概况 [农科报告·第二册]

1923年5月。正文41页,23cm×15cm。

该书介绍了自1917年2月南京高等师范学校筹备农科至1923年5月东南大学农科的发展历程,主要内容有:六年来之经过事实、本科组织及各系状况、农场概况、翌年新增事业计划、教职员履历表。

東南大學農科教職

農科教職員學

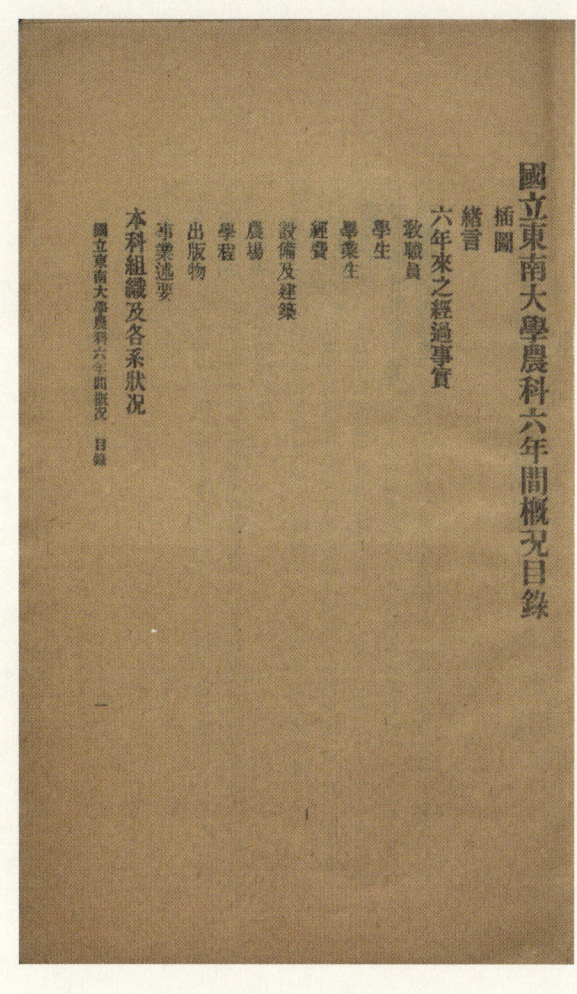

國立東南大學農科六年間概況目錄

插圖
緒言
六年來之經過事實
教職員
學生
畢業生
經費
設備及建築
農場
學程
出版物
畢業述要
本科組織及各系狀況

國立東南大學農科六年間概況　目錄

一

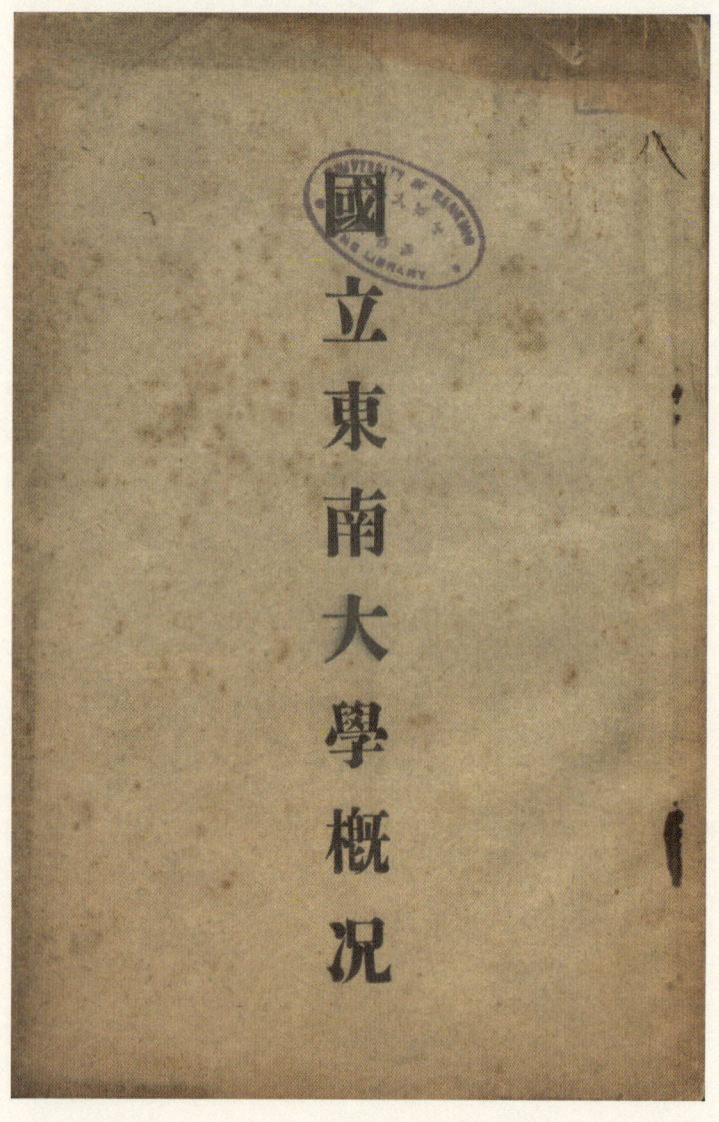

2-7 国立东南大学概况

1924年。正文34页,22cm×15.3cm。
主要内容有本校略史、现行组织与行政、本校教育事业、将来计划等。

國立東南大學概況目錄

本校略史

現行組織與行政
一 教務組織 （一）科與系 （二）文理科 （三）教育科 （四）農科 （五）工科 （六）上海商科大學 （七）附屬中小學
二 行政組織 （一）普通行政 （二）行政委員會 （三）教授會
三 經費
四 建築與校基
五 學生

本校教育事業
一 教授及設備 二 研究及試驗 三 推廣 四 出版

將來計畫
一 文理科之進行計畫 二 教育科之進行計畫 三 農科之進行計畫 四 工科之進行計畫 五 上海商科大學之進行計畫

國立東南大學概況 目錄　一

PHYSICS LABORATORY　文理科物理實驗

GROUP TEST IN CHILD PSYCHOLOGY　教育科兒童心理團體測驗

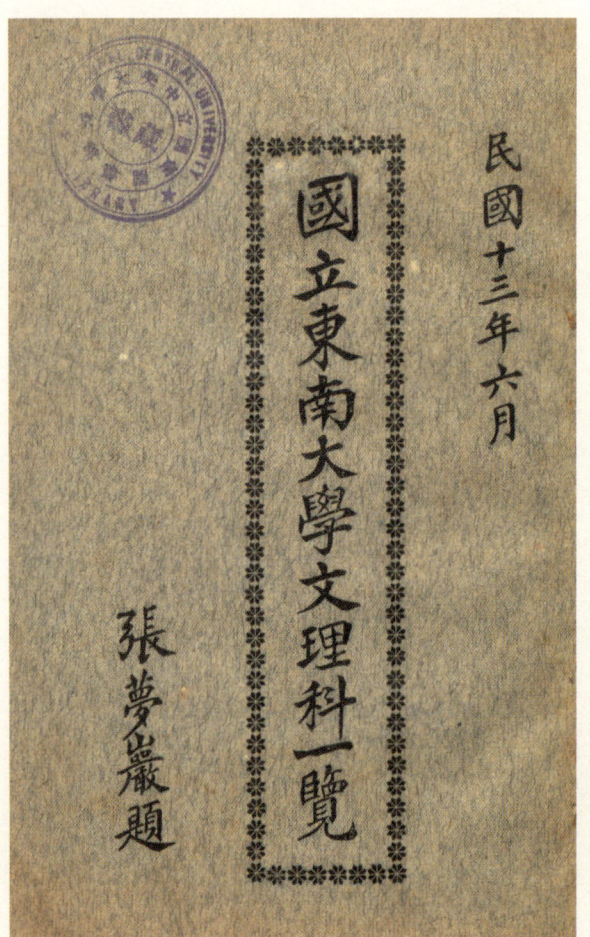 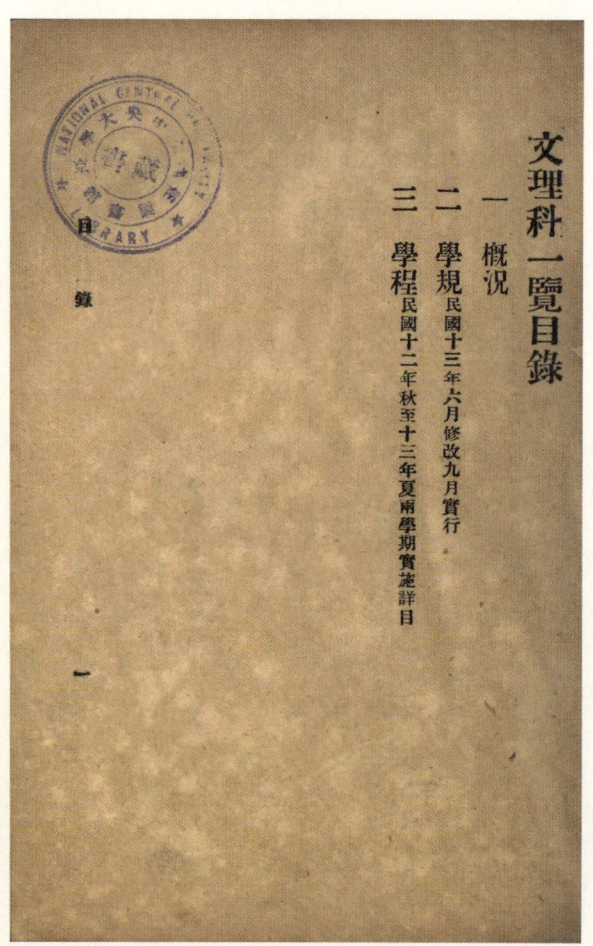

2-8 国立东南大学文理科一览

1924年6月。正文32页,19.7cm×13.5cm。
主要内容有学校概况、学规、学程等。
东南大学文理科由南京高等师范学校的国文、史地、数理、化学、英文诸部扩充而成。

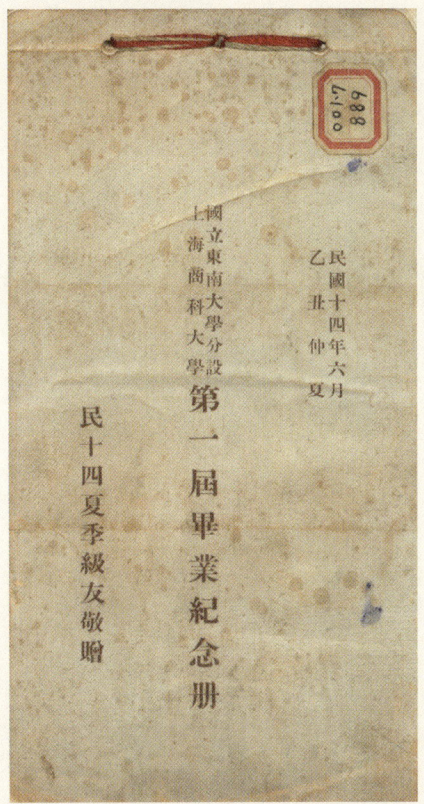
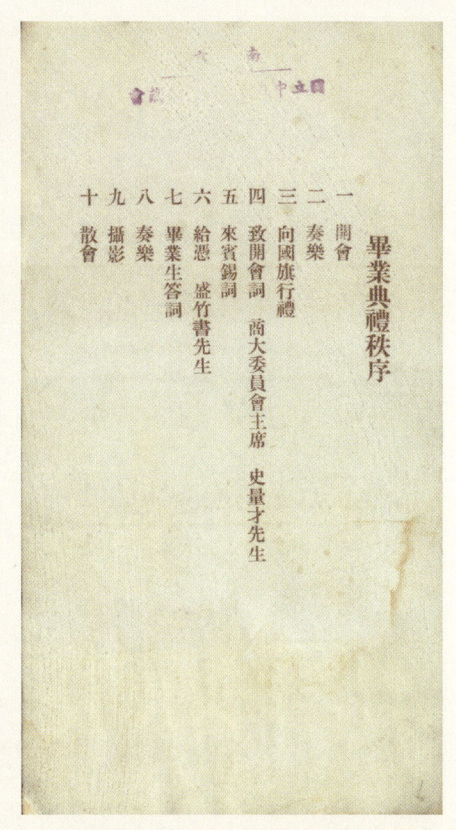

2-9 国立东南大学分设上海商科大学第一届毕业纪念册

1925年6月,正文26页,25.5cm×12.8cm。

内容有毕业典礼秩序、级史、教职员、级友名录、合照。

1917年南京高等师范学校创办商科,因人才与环境的关系,于1921年在上海分设上海商科大学,为中国第一所商科大学。

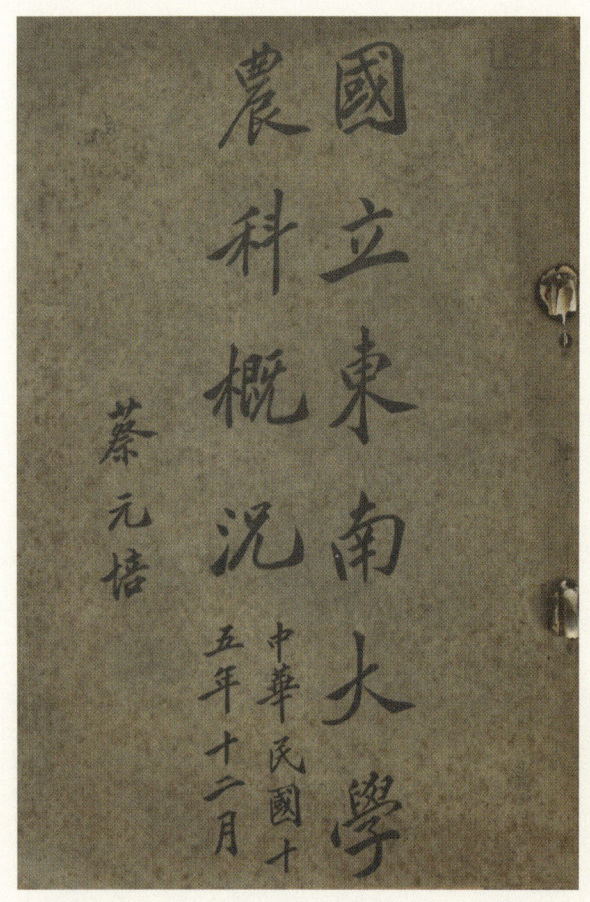
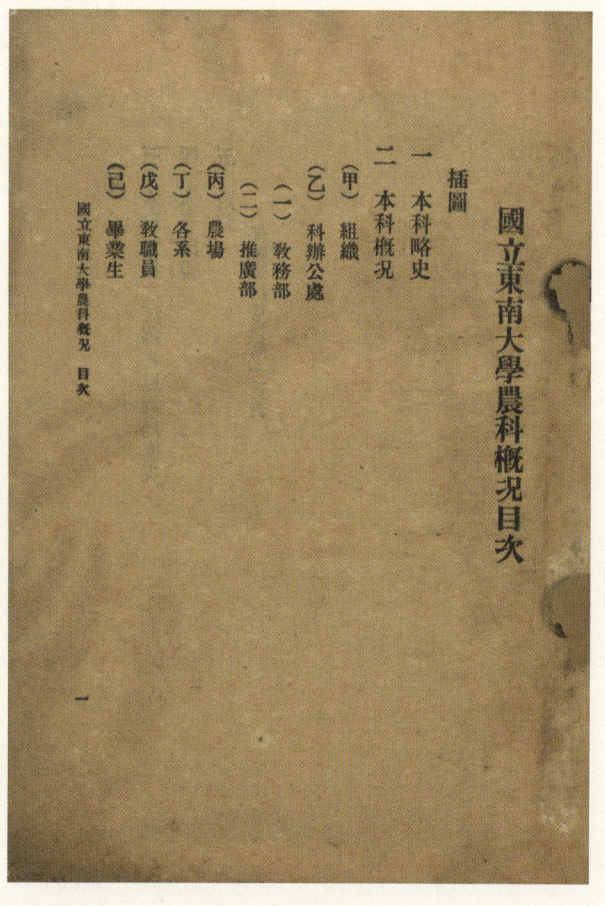

2-10　国立东南大学农科概况

1926年12月。正文67页，22.5cm×15.2cm。
内容包括本科略史、本科概况、本科代办之江苏省昆虫局概况、本科计划及附录。

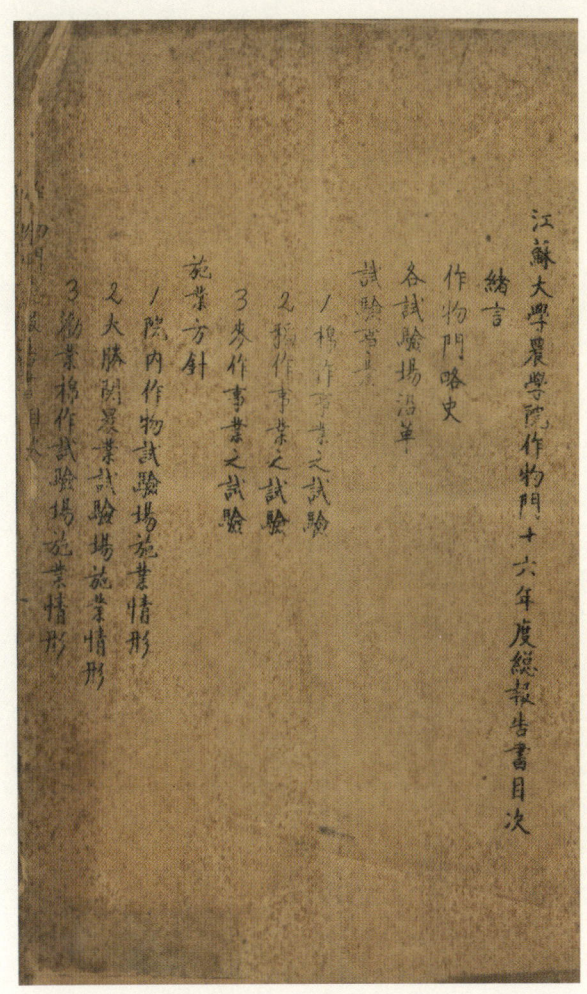

2-11　江苏大学农学院作物门十六年度总报告书

1927年。正文52页，27.5cm×20cm。

主要内容有作物门略史、各试验场沿革、试验事业、研究事业、教职员及学生名录等。

东南大学农科于1927年改称第四中山大学农学院，1928年称江苏大学农学院。

2-12 国立中央大学第一届毕业纪念册

1928年。正文74页,25.5cm×18.5cm。

主要内容有校园摄影图片,校长及各学院院长、各系主任照片,毕业同学照片及小传。附师长通讯录、同学通讯录、国立中央大学第一届毕业典礼摄影。

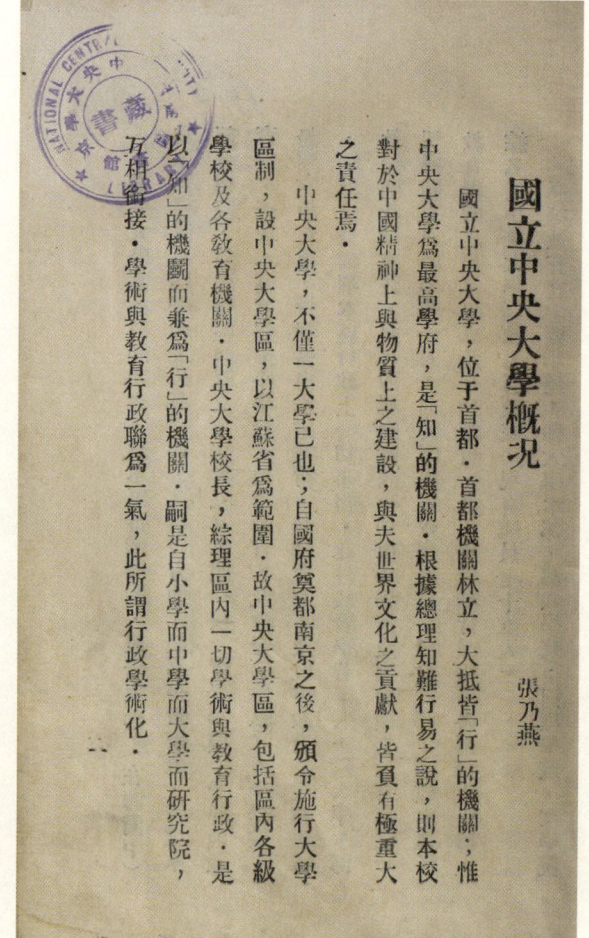

2-13 国立中央大学概况

张乃燕编,1929年。正文12页,19.5cm×13.5cm。

张乃燕(1894—1958),字君谋,号芸庐、芸盦,浙江吴兴(今湖州)人。东吴大学肄业。后留学欧洲,获日内瓦大学理学博士。回国后,历任复旦大学、北京大学教授,第四中山大学校长,中央大学校长,浙江省政府委员等职,1933年出任驻比利时公使,1935年辞任归国,后隐居上海,1958年病逝。

该书介绍了大学区制实行两年来,中央大学院系、机关设置,教职员人数,学生人数,教育经费等方面的概况。

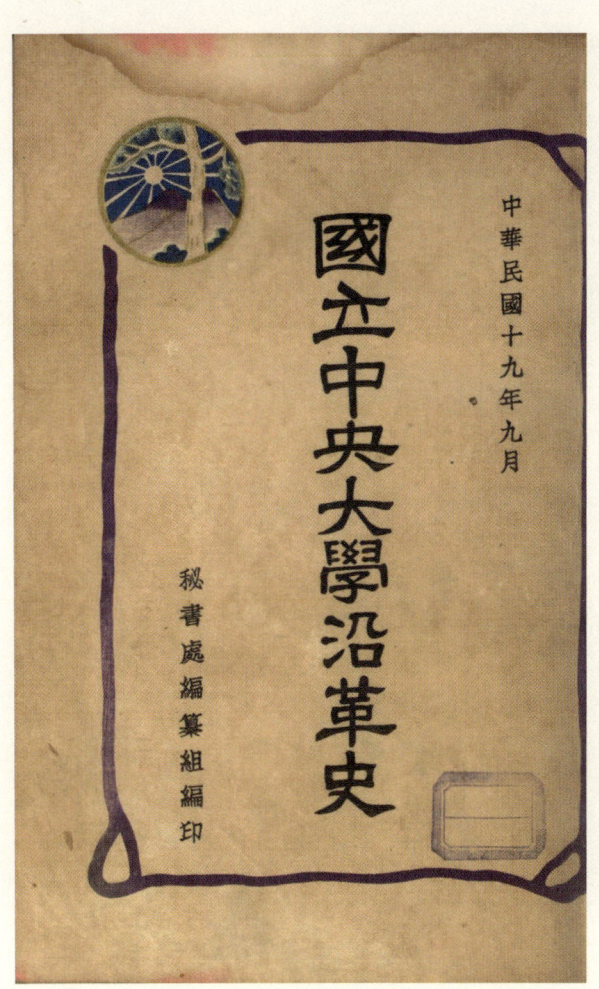
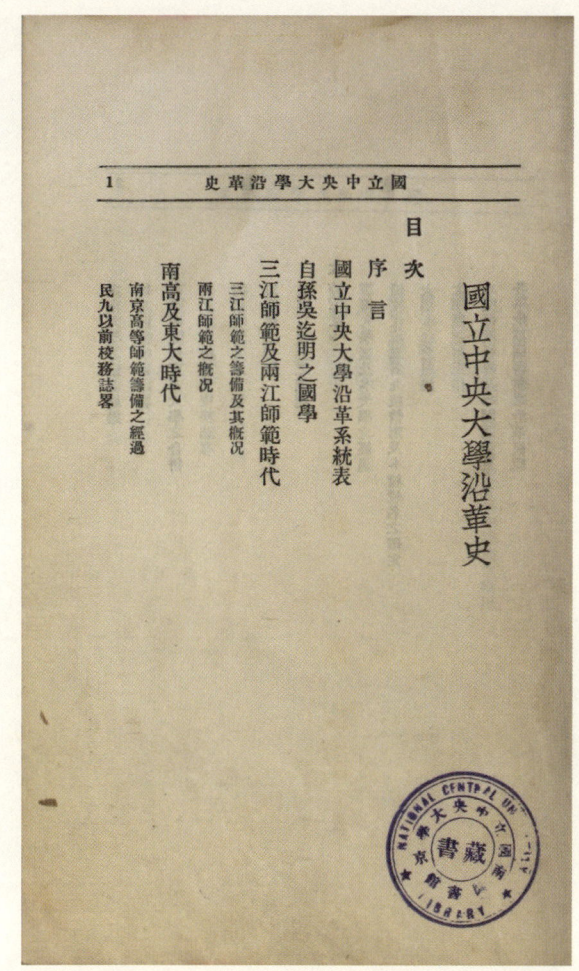
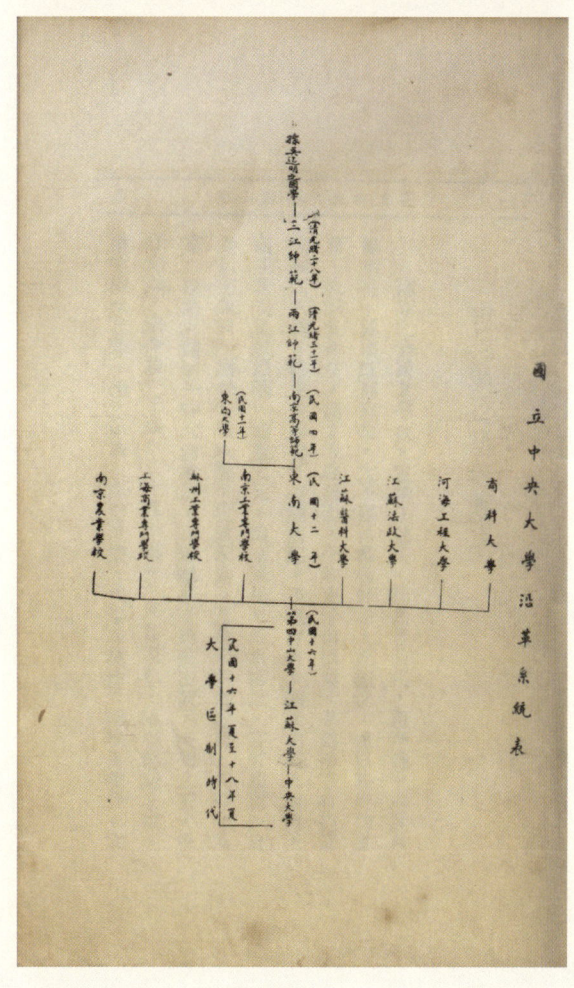

2-14　国立中央大学沿革史

秘书处编纂组编，1930年9月。正文66页，22.5cm×15.5cm。

主要内容有中央大学沿革系统表，自孙吴迄明之国学、三江师范及两江师范时代、南京高等师范学校及东南大学时代、本校时代概况，大事年表，编者余言。

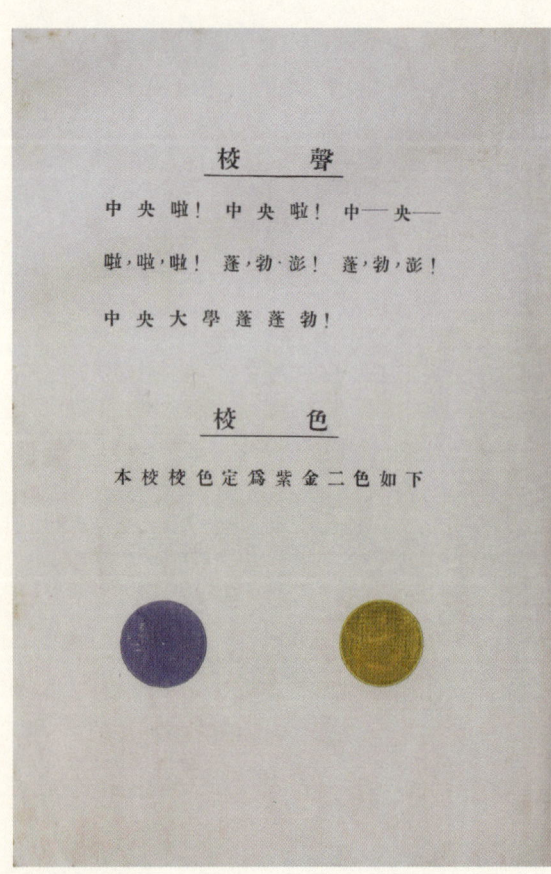

2-15 国立中央大学一览

秘书处编纂组编。26.2cm×18.8cm。
第一种:行政概况,1930年,正文153页;
第二种:文学院概况,1930年,正文86页;
第三种:理学院概况,1930年,正文214页;
第四种:法学院概况,1930年,正文71页;
第五种:教育学院概况,1930年,正文46页;
第六种:农学院概况,1930年,正文96页;
第七种:工学院概况,1930年,正文112页;
第八种:商学院概况,1930年,正文140页;
第九种:医学院概况,1931年,正文138页;
第十种:图书馆概况,1930年,正文54页;
第十一种:教职员录,1931年,正文92页;
第十二种:学生录,1930年,正文132页。
主要内容有学校行政概况、各处办事细则、各院馆沿革、组织章程、设备、教职员名录、课程、出版物、学生通讯录等。

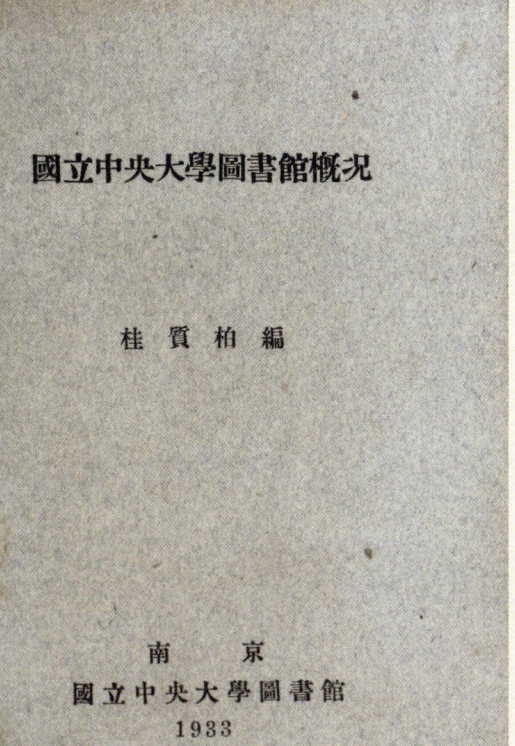
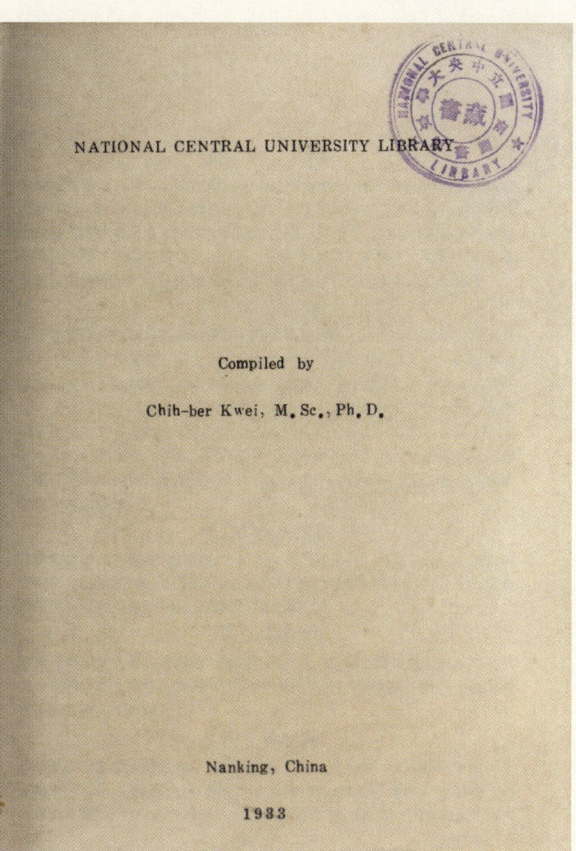

2-16 国立中央大学图书馆概况

桂质柏编,南京:国立中央大学图书馆,1933年。正文11页(中文4页,英文7页),20.5cm×15.5cm。

桂质柏(1900—1979),湖北江夏(今湖北武昌)人。图书馆学家。曾留学美国,获芝加哥大学图书馆学博士学位,是中国首位图书馆学博士。1932年起任中央大学图书馆馆长,此后曾任四川大学、武汉大学教授兼图书馆主任。中华人民共和国成立后,历任武汉大学图书馆馆长、中国科学院武汉分院图书馆馆长、湖北省第三届政协委员等职。

本书中文部分内容有:绪言、沿革、组织、图书、分类、目录、普通规则、本馆杂志排列法。英文部分为桂质柏编 National Central University Library。附首都警察厅管辖区域图。

本书中文部分又刊于《江汉学刊》创刊号(1933年4月)。

2-17 中央大学二二级毕业纪念刊

1933年。正文396页,27cm×20cm。

主要内容有全体师生合影、校园风景、院系介绍、教职员名录、各院系毕业同学名录、设备、校园生活掠影、教职员通讯录及全体同学录。附南京高等师范学校、东南大学、中央大学历届毕业生名单。

二、南大校史　95

2-18 国立中央大学工学院二二级毕业纪念刊

国立中央大学工学院二二级毕业纪念刊筹备会编,1933年。正文148页,27cm×20cm。

中央大学工学院由电机工程系、土木工程系、化学工程系、建筑工程系组成。该刊主要内容有级徽、级旗、校景相片、工学院概况、设备、教职员、级友、校园生活等。

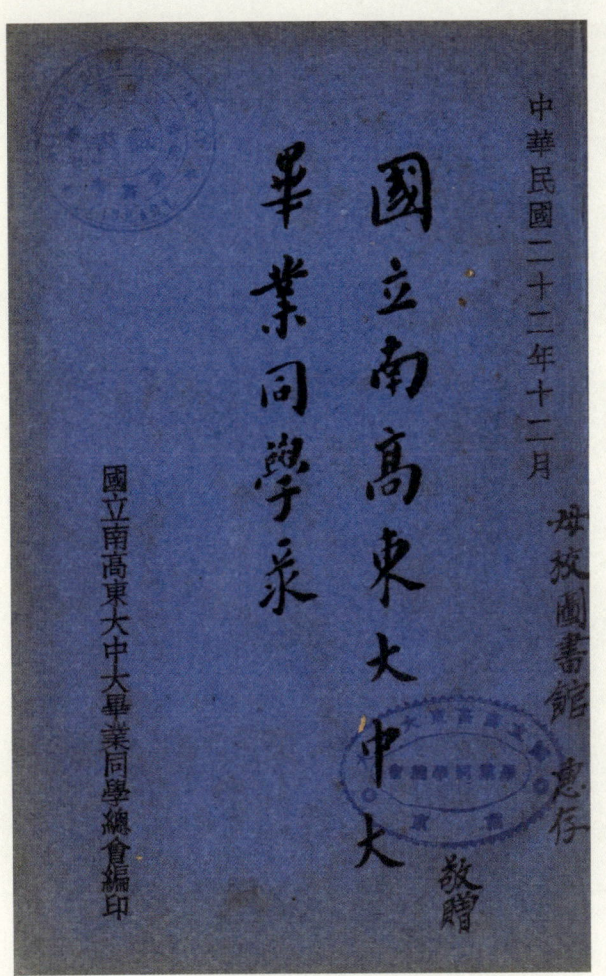
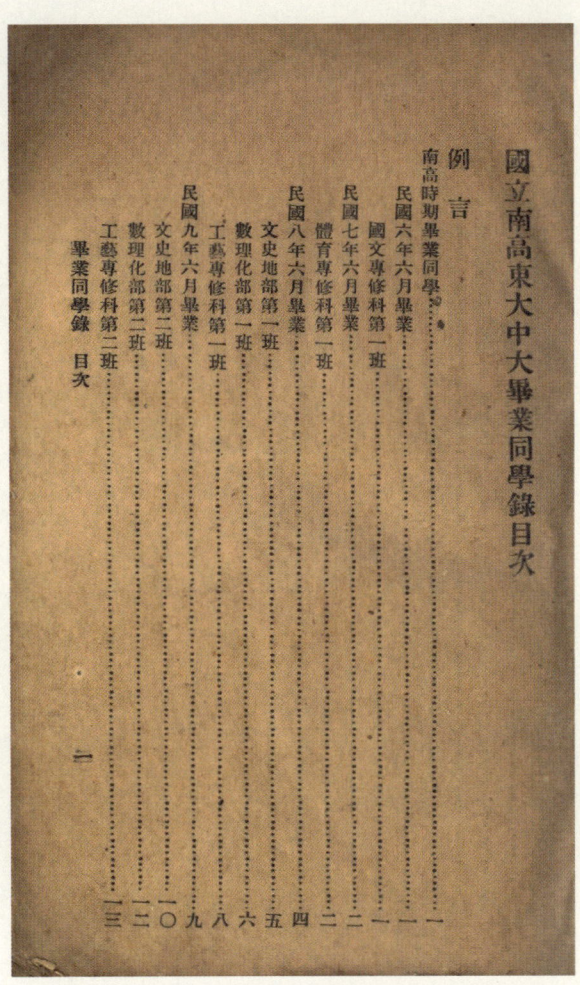

2-19　国立南高东大中大毕业同学录

国立南高东大中大毕业同学总会编印，1933年12月。正文252页，18.8cm×13cm。

按历年毕业同学及其所习科系之先后排序：一、南京高等师范学校时期(1917—1926)；二、东南大学时期(1923—1927)；三、中央大学时期(1928—1933)。至1933年，毕业人数共计3430人。

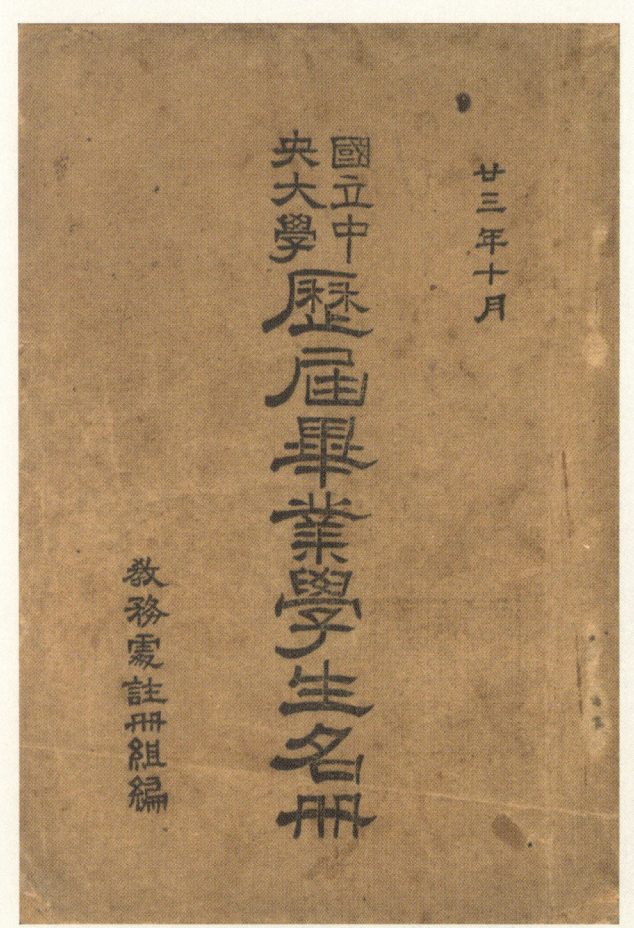
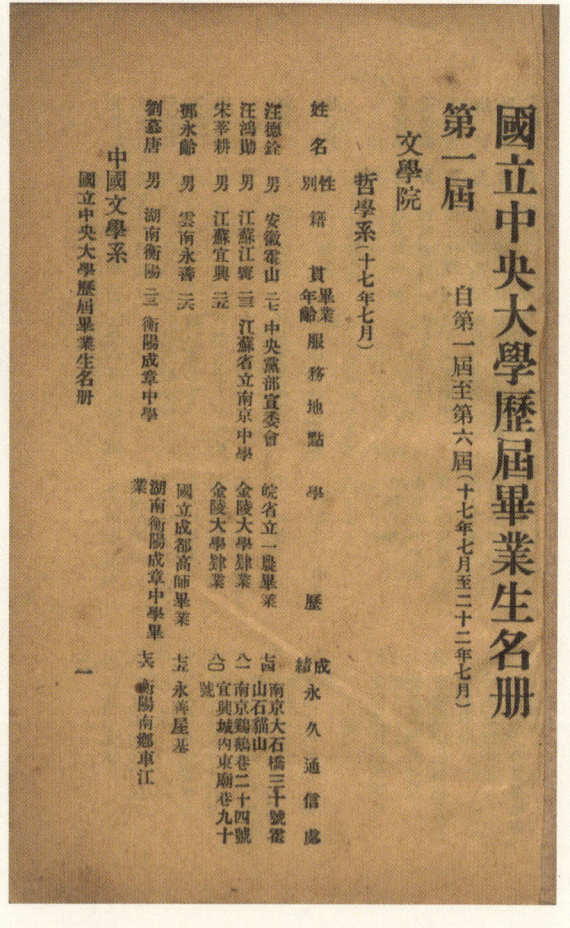

2-20 国立中央大学历届毕业学生名册

教务处注册组编,1934年10月。正文146页,18.5cm×12.8cm。

收录第1至6届(1928年7月—1933年7月)中央大学各科系毕业生信息,包括年级、姓名、性别、籍贯、毕业年龄、服务地点、学历、成绩、永久通信处等。

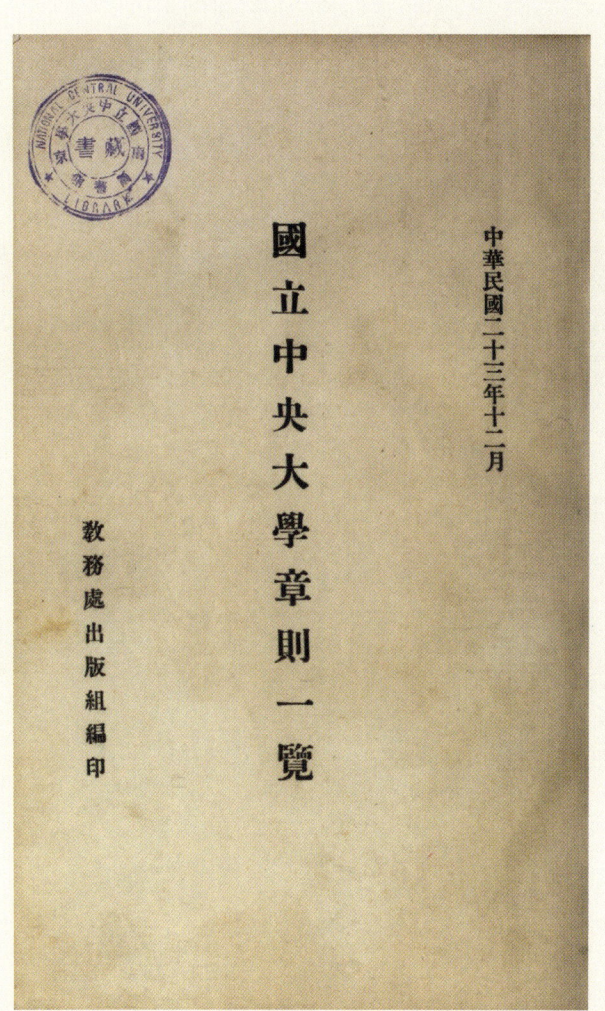
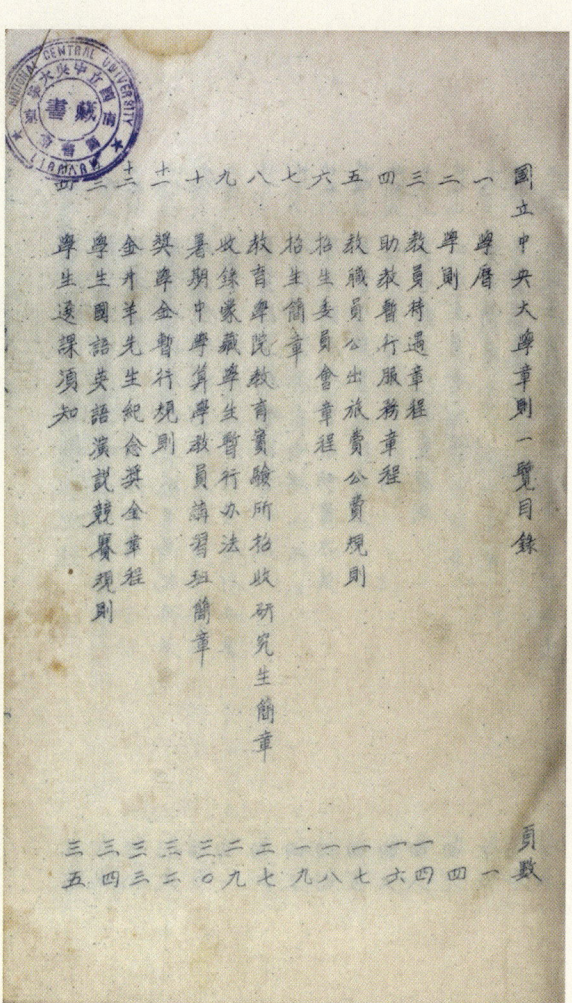

2-21 国立中央大学章则一览

教务处出版组编印,1934年12月。正文109页,25.2cm×16.3cm。
主要内容有学历、学则、教职员工待遇、招生简章、选课须知、奖学金暂行规则、图书馆普通规则、宿舍暂行规定、普通体育规程等。

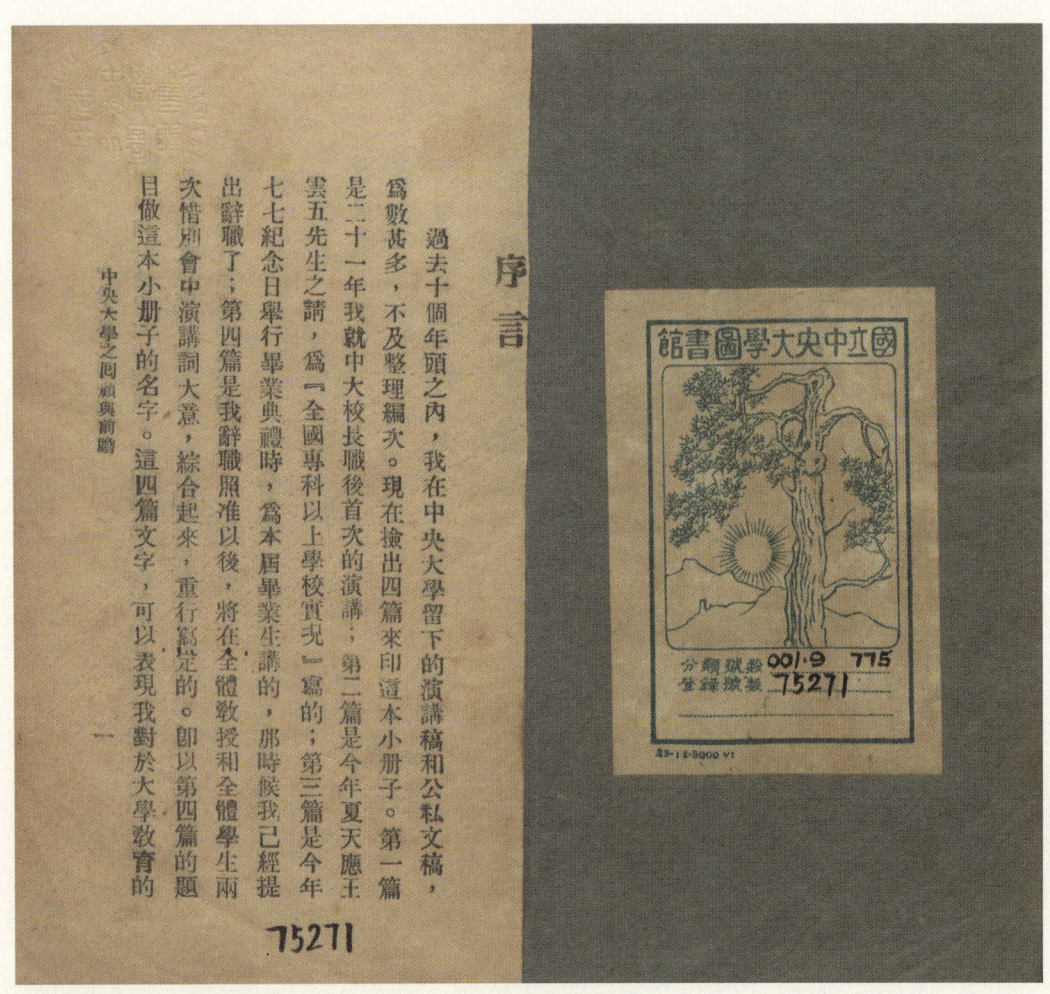

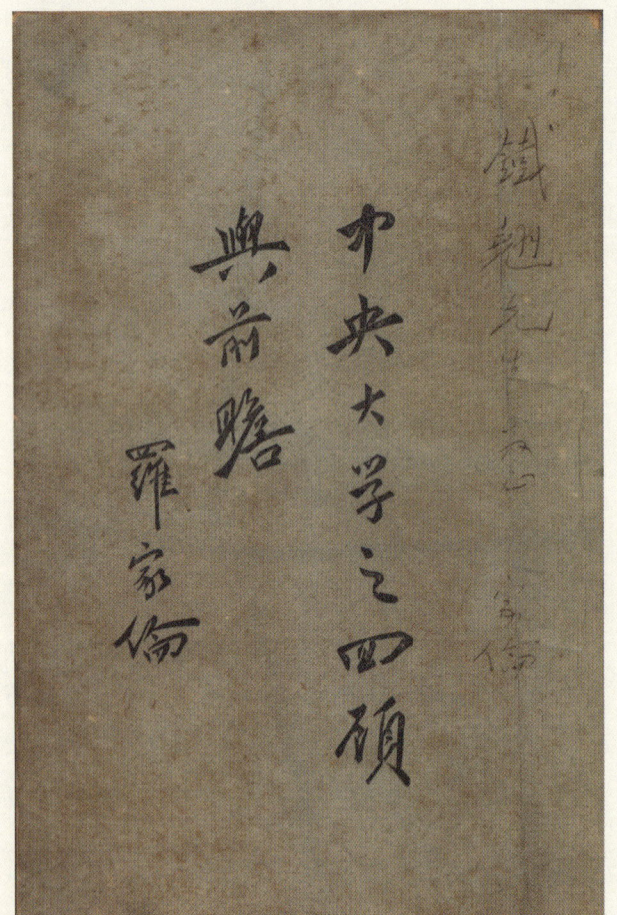

2-22 中央大学之回顾与前瞻

罗家伦著。正文106页,19cm×13cm。

罗家伦(1897—1969),字志希,笔名毅,浙江绍兴人。教育家、思想家。北京大学文科毕业,1920年后赴欧美留学。1926年任教于东南大学,1932年任中央大学校长。1950年到台湾后,曾任国民党党史编纂委员会主任委员、"国史馆"馆长等职。

该书收录作者任中央大学校长期间(1932—1941)的四篇演讲稿:《中央大学之使命》《炸弹下长大的中央大学》《七七与中大精神》《中央大学之回顾与前瞻》。在《中央大学之使命》一文中提出"诚、朴、雄、伟"四字学风,后成为南京大学校训的一部分。

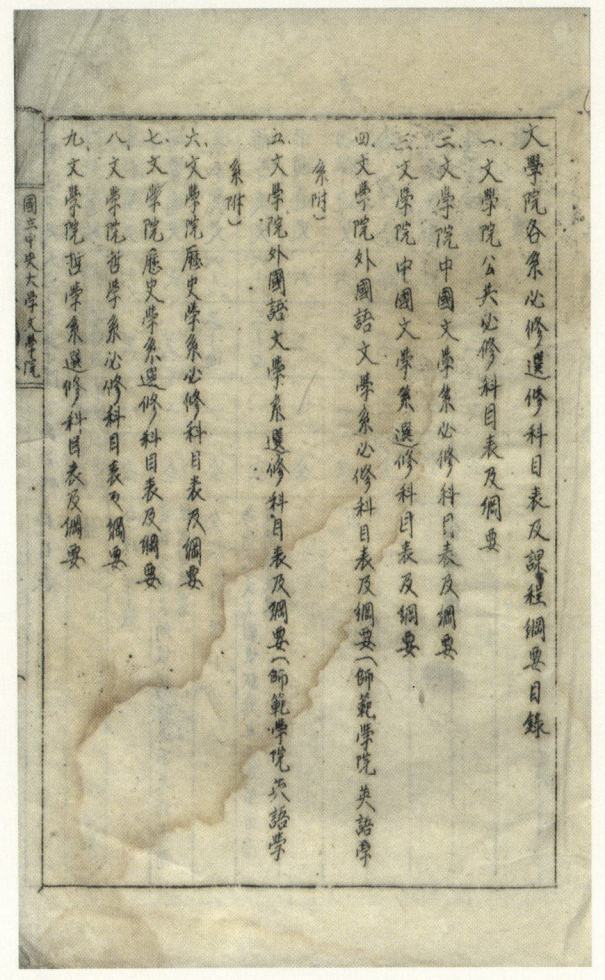
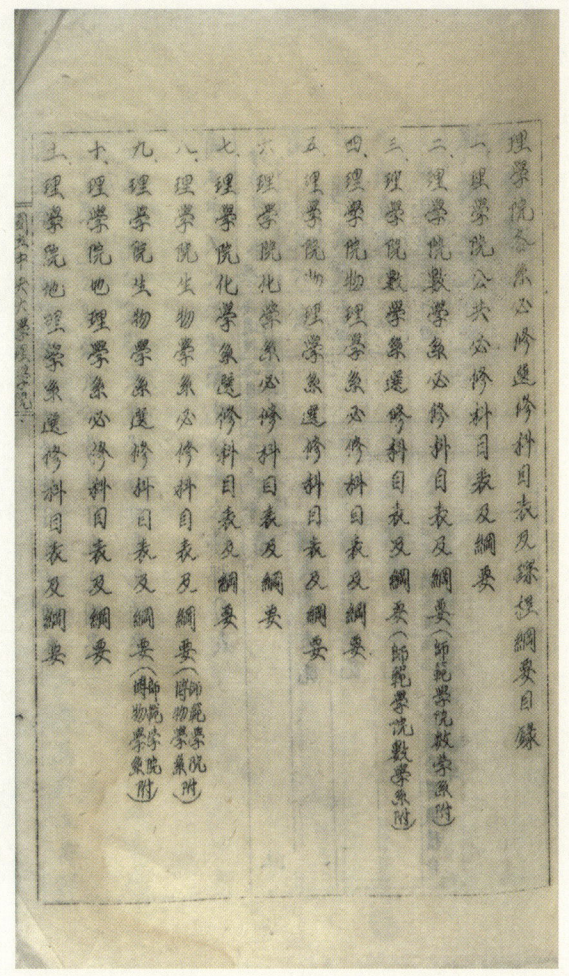
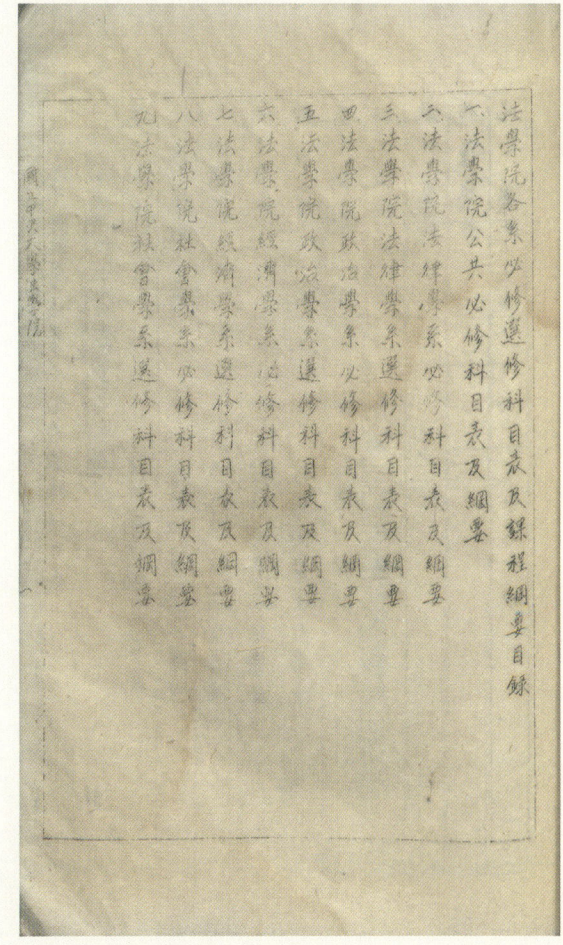

2-23 国立中央大学三十年度各学院各系必修选修科目表及课程纲要目录

正文406页,25.5cm×18cm。

汇编1941年度中央大学全校公共必修课、各学院(文学院、理学院、法学院、师范学院)必修选修科目表及课程纲要。

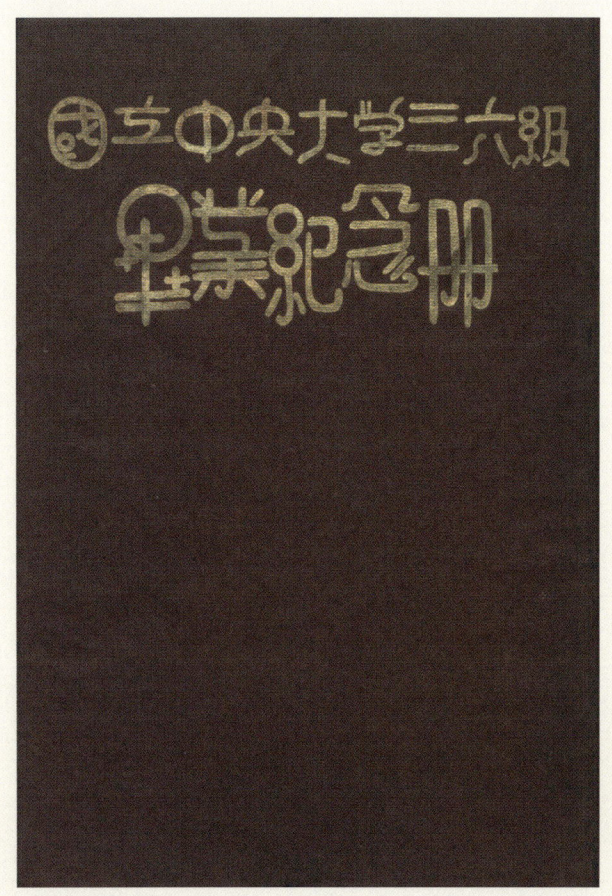

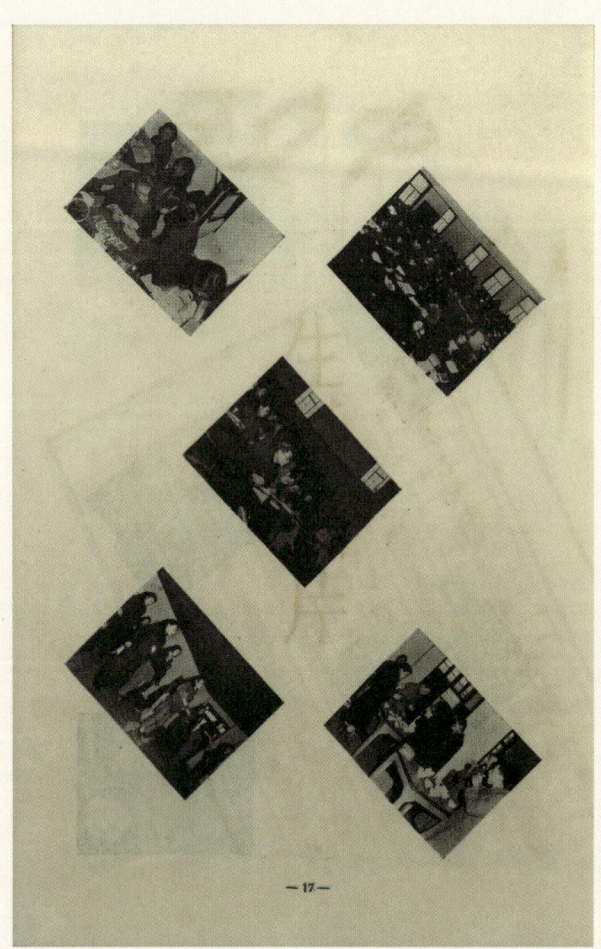

2-24 国立中央大学三六级毕业纪念册

国立中央大学三六级毕业同学会干事会编,南京,1948年8月。正文228页,26.3cm×18.4cm。

主要内容有系友心声、系友相册、通讯录等。

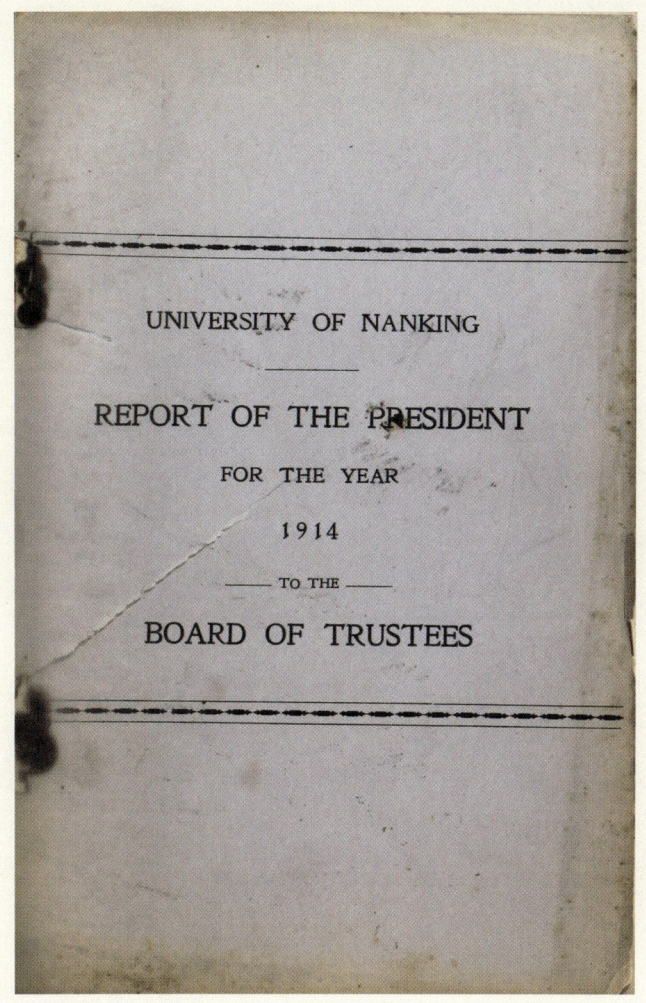
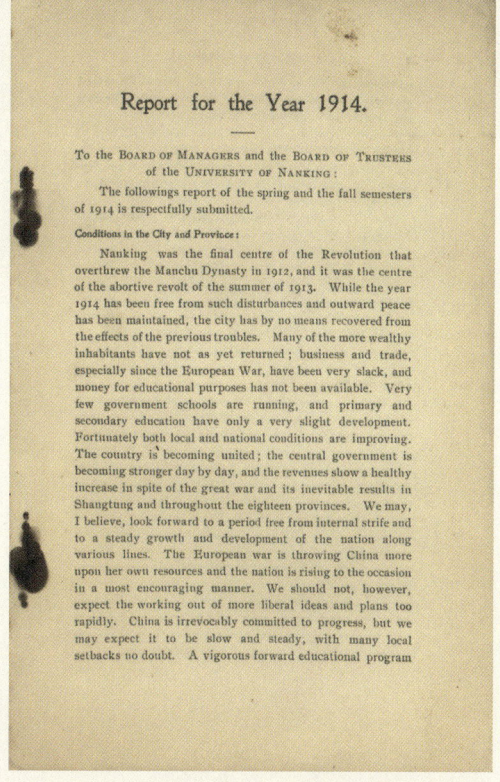
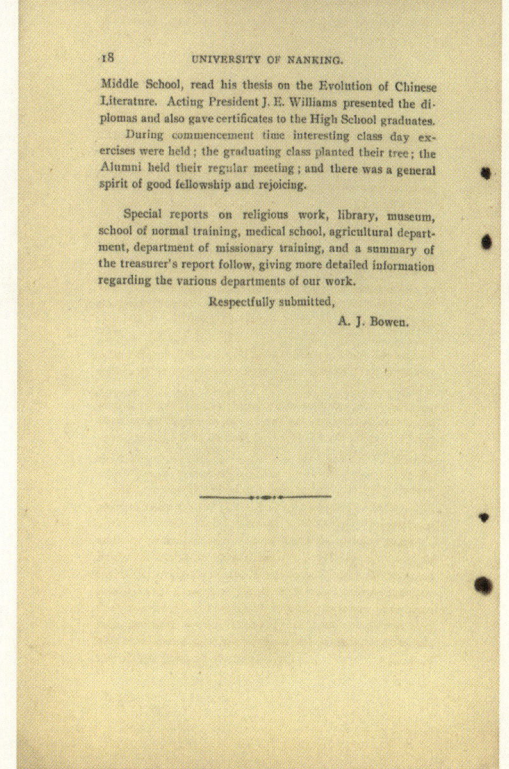

2-25 *Report of the President for the Year 1914: To the Board of Trustees*

上海：美华书院，1915年。正文53页（全英文），21.6cm×14.1cm。

主要内容为校长包文（A. J. Bowen）、副校长文怀恩（J. E. Williams）、图书馆馆长克乃文（Harry Clemons）、农林科科长裴义理（Joseph Bailie）、华言科科长钦嘉乐（C. S. Keen）等介绍学校各项事业开展情况的报告。附1914年度财务表。

2-26 金陵大学毕业典礼秩序单

毕业礼秩序单
1915年。正文5页,20cm×12.6cm。

金陵大学毕业程序单
1924年。正文10页,21.3cm×13.8cm。

私立金陵大学第二十届毕业典礼秩序单
1930年。正文5页,13.3cm×19.8cm。

私立金陵大学第二十二届毕业典礼秩序单
1932年。正文3页,17.6cm×24.6cm。

私立金陵大学第五十二届毕业典礼秩序单
1947年。正文2页,17.9cm×26.2cm。

主要内容有毕业典礼时间、地点、流程、毕业生名录表等。

2-27　*The Students' Handbook of the University of Nanking Y. M. C. A.*

　　金陵大学基督教青年会学生手册。主要内容有校历、校长致新生词、报道流程、校史概况、校舍建筑及南京古迹景点介绍等。
　　本馆藏1920—1925年版、1927—1930年版、1935—1936年版。

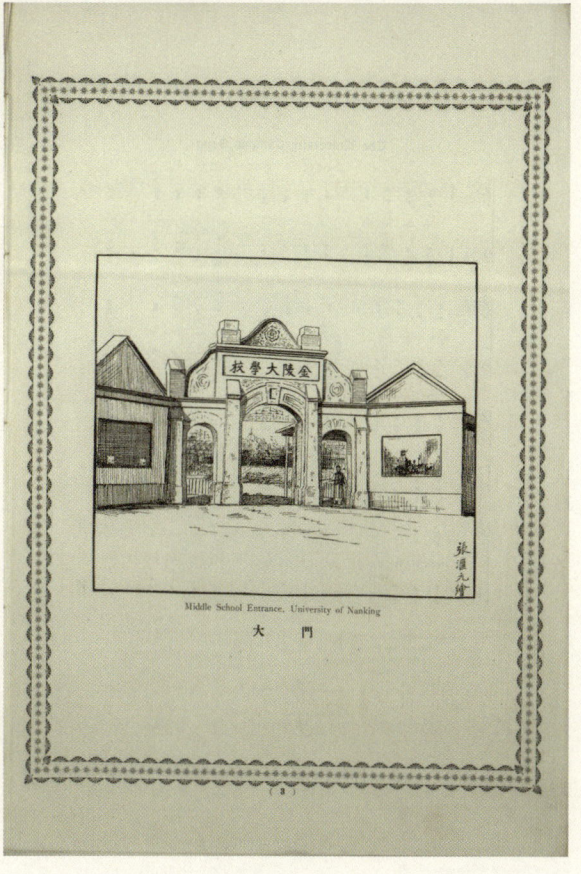

2-28　金陵大学校同学录　*Alumni Record*

正文135页,39cm×27cm。

主要内容有福开森传略,教职工名录,历届毕业生及在校生名录,同学会简章以及社团文娱活动,校舍、文农林等各科、医院、两等模范学校、幼稚园等情况介绍。

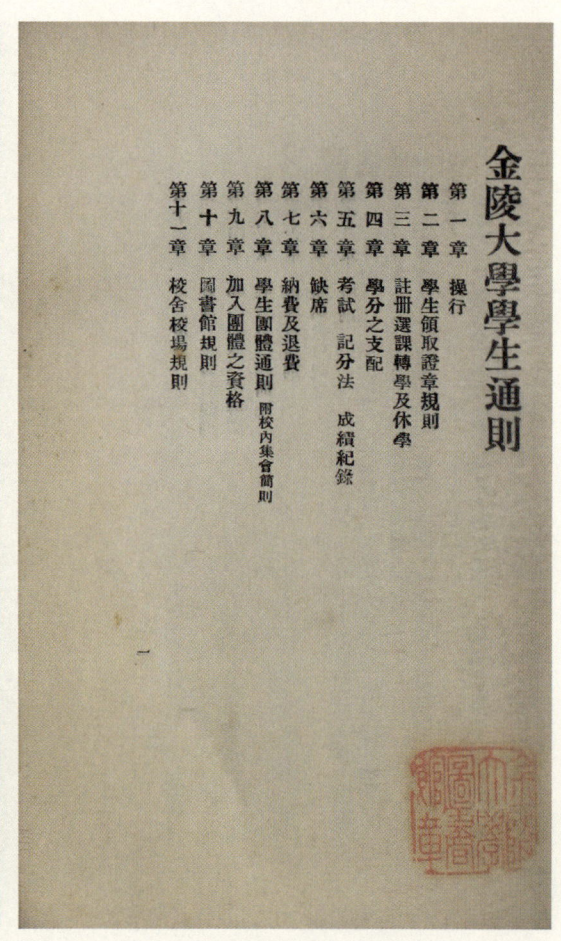

2-29 私立金陵大学学生通则(民国二十一年至二十二年)

正文50页,17.6cm×12.8cm。
共十八章,主要内容有学生注册选课转学及休学,纳费及退费,学生团体通则,图书馆、校舍、校场、宿舍、校医室规则等。

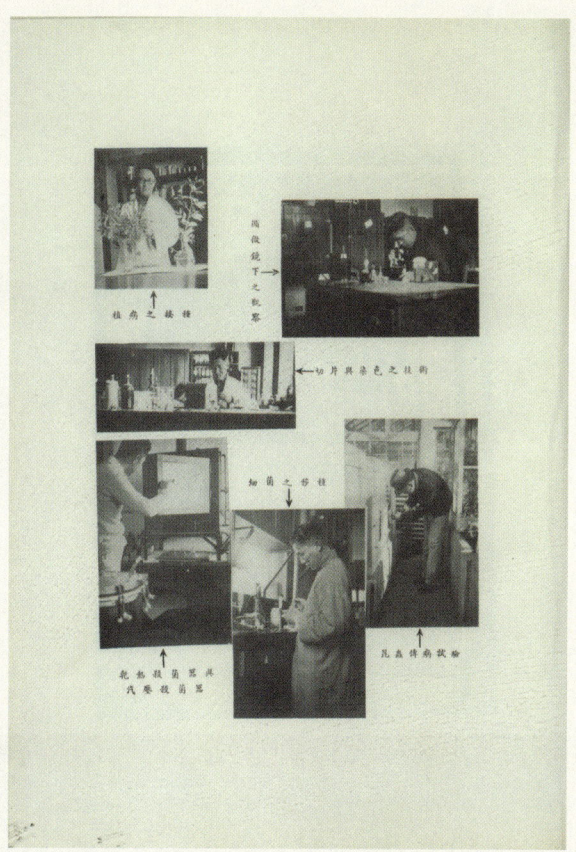

2-30 金陵年刊

一九三五年金陵年刊委员会。正文299页，27.1cm×20cm。

主要内容有题字、校史及学校概况、校歌、校景、年刊成员、级史与级歌、教职员与毕业生名录、学生团体组织及文娱活动等。

2-31 金陵大学一九三七级毕业纪念册

正文73页,13.5cm×22cm。

主要内容有校歌、校史概略、校景一瞥、教职工名录及题词祝语、1937级介绍(级史、毕业照、理事会介绍、毕业生名录)、校园生活、文理农学院及图书馆概况,后附级友通讯录。

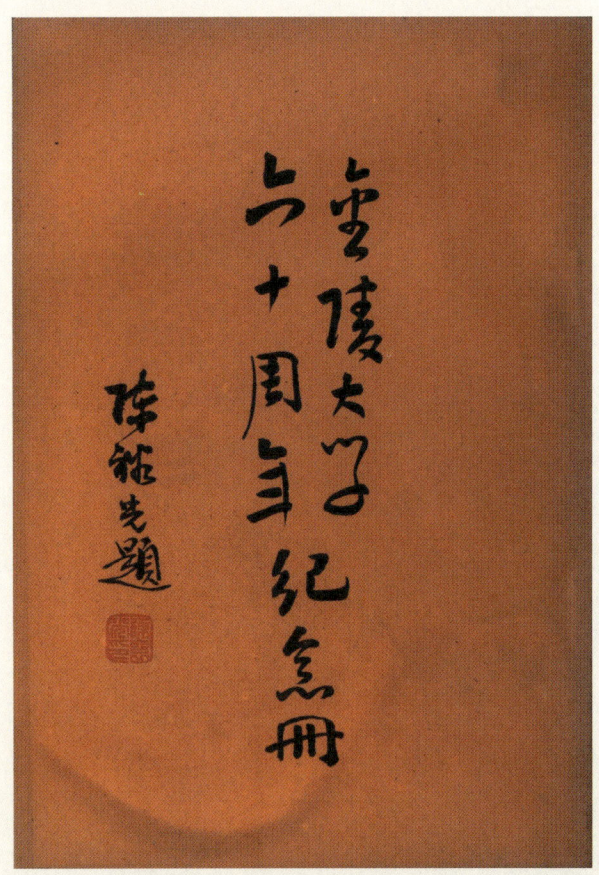
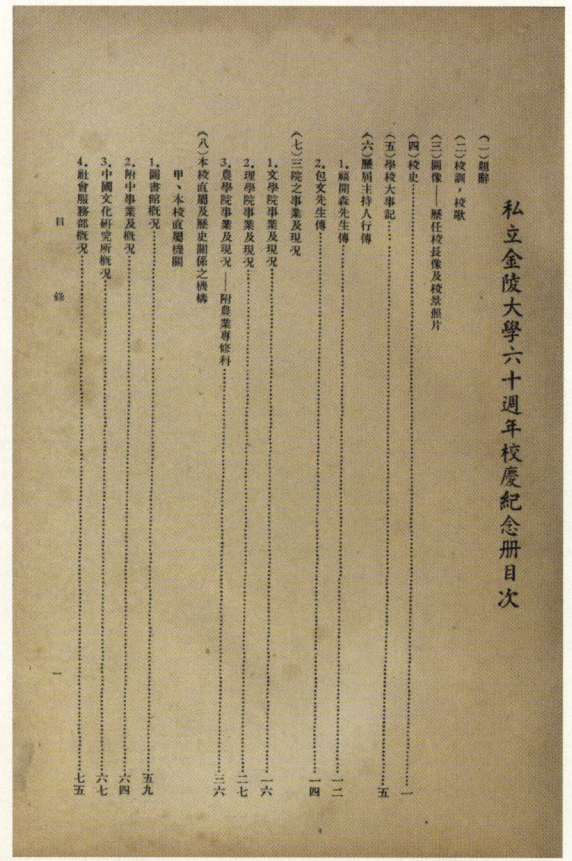

2-32　金陵大学六十周年纪念册

正文90页，26cm×18.5cm。
　　金陵大学六十周年校庆纪念特刊。主要内容有校史概况，历届校长简介，文理农三院的事业和现况，直属机关如图书馆、中国文化研究所等概况。

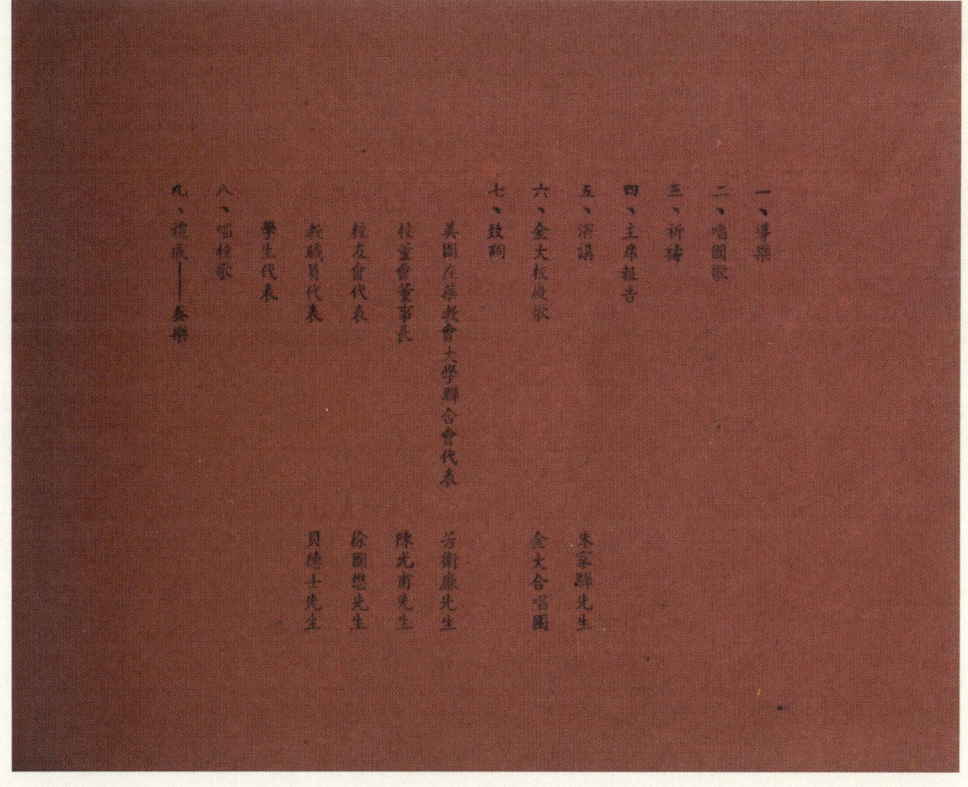

2-33 私立金陵大学六十周年纪念典礼秩序单

南京,1948年。正文2页,13.9cm×17.9cm。
内容有典礼流程、时间地点、校歌词谱等。

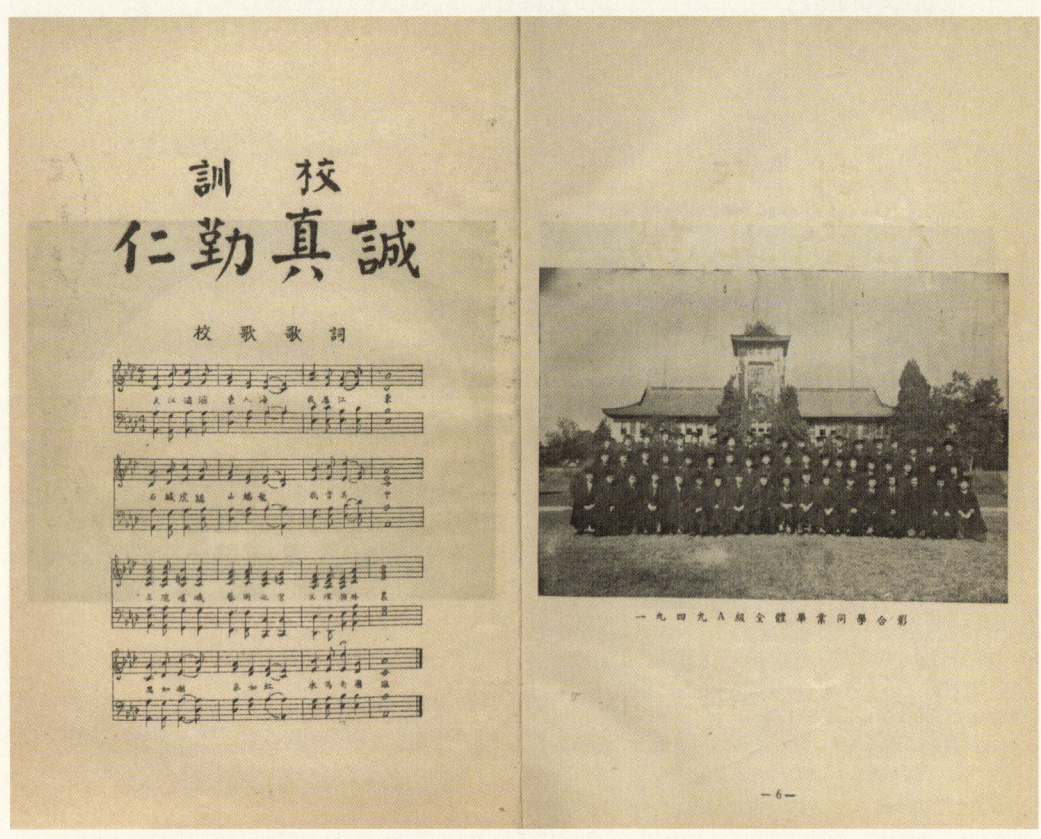

2-34 一九四九年春季毕业纪念刊

一九四九A级级刊编辑委员会。正文67页,26.1cm×17.9cm。

主要内容有校歌、毕业生合照、行政人员及文理农学院毕业生名录、校景、学校生活、已故级友李国斌纪念专页、级友小传、级友趣闻等。

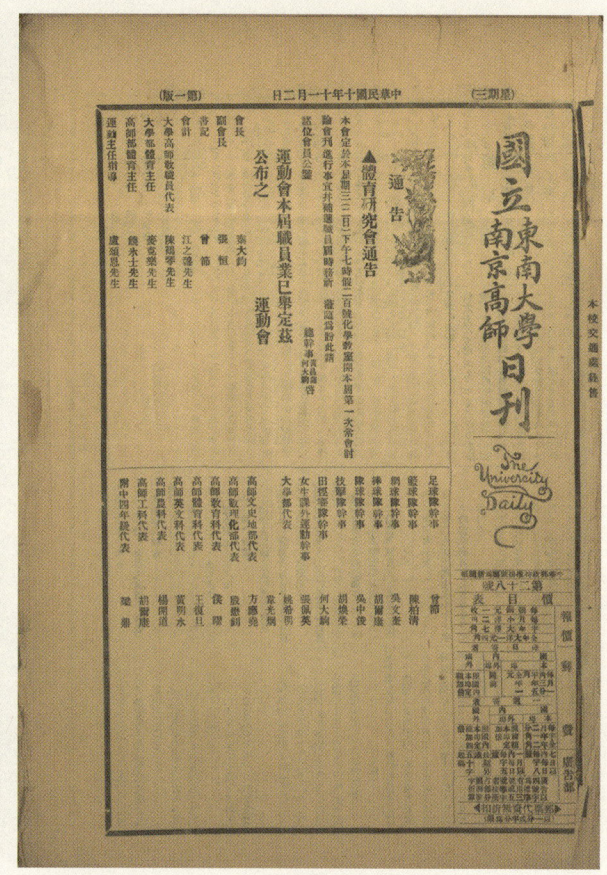

2-35 南京高等师范日刊

1918年9月创刊。日刊,每周一至周六出版,全年除寒暑假外约出版8个月,40cm×27cm。

刊载学校教务情况,设有通告、启事、新闻、演讲、论著、报告等栏目。

1921年更名为《国立东南大学南京高师日刊》,另起期号。

本馆藏第36—58期、233—239期、241期、314—315期、317—334期、371—376期、383—389期、396—399期、401—413期、421—435期、437—452期、465—470期、472—484期、486—492期、新27—49期、新56—73期、新75—76期。(1918年10月—1921年12月)

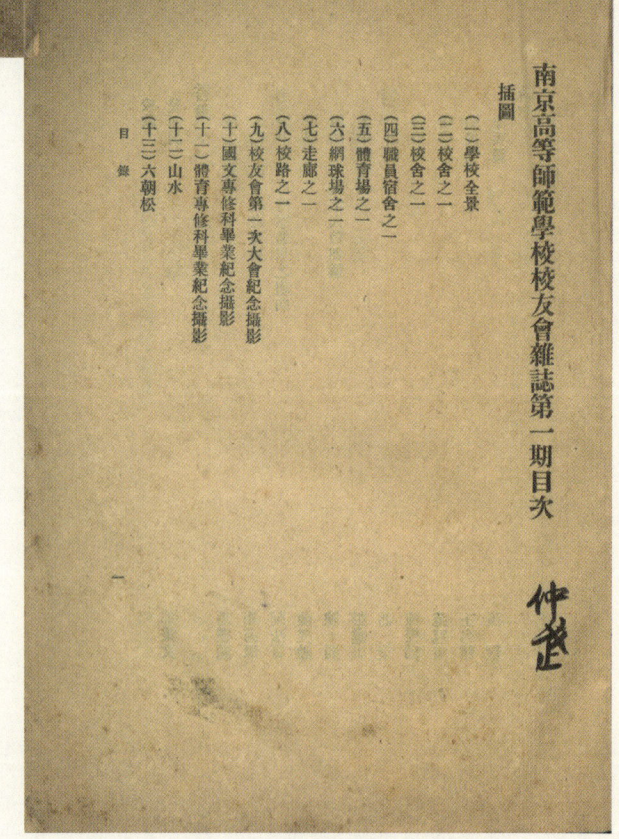

2-36 南京高等师范学校校友会杂志

南京高等师范学校校友会编辑部杂志科，1918年9月。25.5cm×18.8cm。
设有插图、言论、演讲、哲学、教育、文学、科学、理化、实业、艺术、体育、传记、文苑、记述、杂俎、通讯、调查、会务等栏目。
本馆藏创刊号。

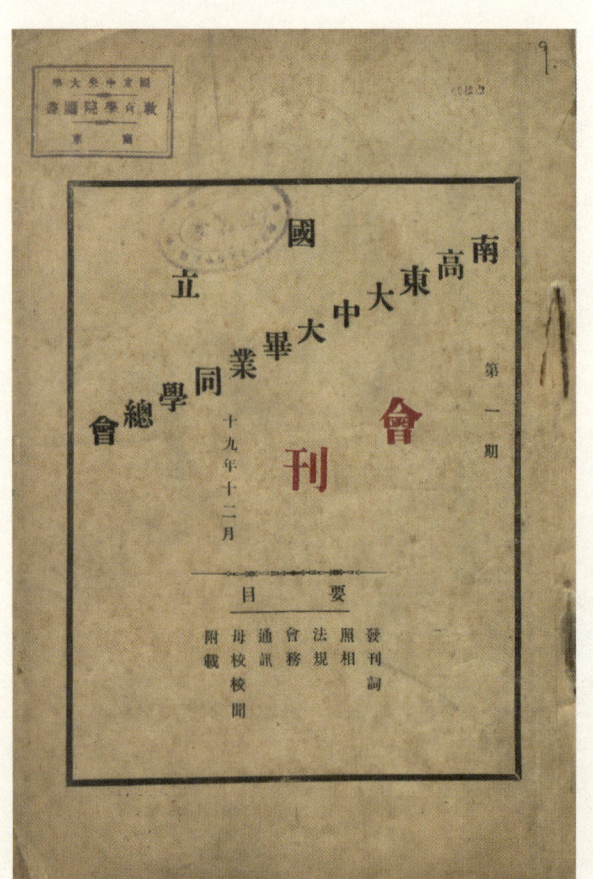

2-37 国立南高东大中大毕业同学总会会刊

国立南高东大中大毕业同学总会(简称中大同学会),1930年12月创刊。半年刊,26.2cm×18.2cm。
主要内容有会务、各地分会情形、会员状况、通信、母校要闻等。
本馆藏创刊号。

南高東大中大畢業同學會總會成立大會

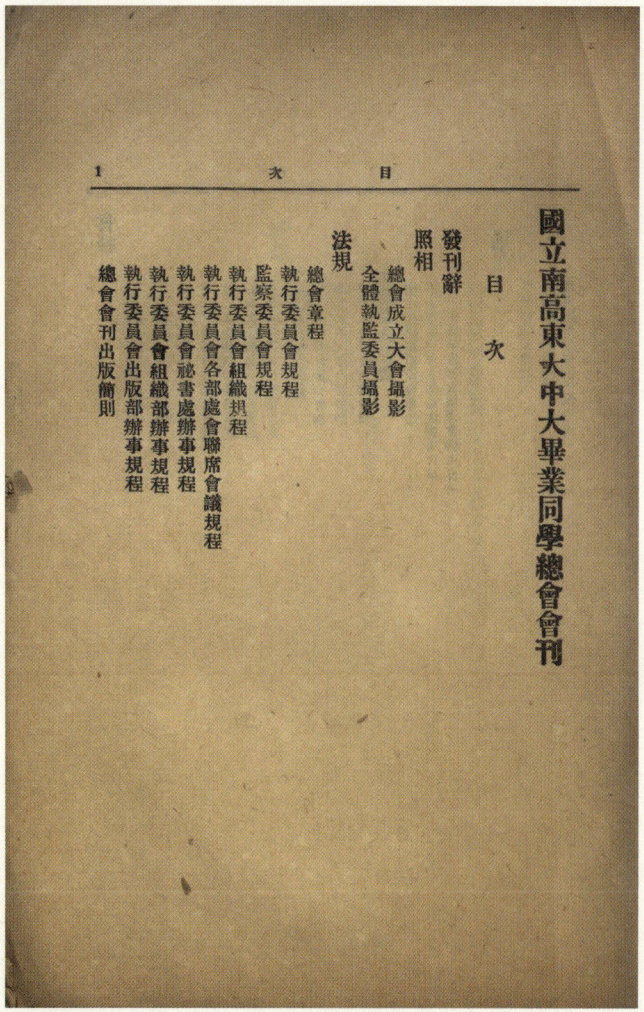

國立南高東大中大畢業同學總會會刊

目次

發刊辭
照相
　總會成立大會攝影
　全體執監委員攝影
法規
　總會章程
　執行委員會規程
　監察委員會規程
　執行委員會組織規程
　執行委員會各部處會聯席會議規程
　執行委員會祕書處辦事規程
　執行委員會組織部辦事規程
　執行委員會出版部辦事規程
　總會會刊出版簡則

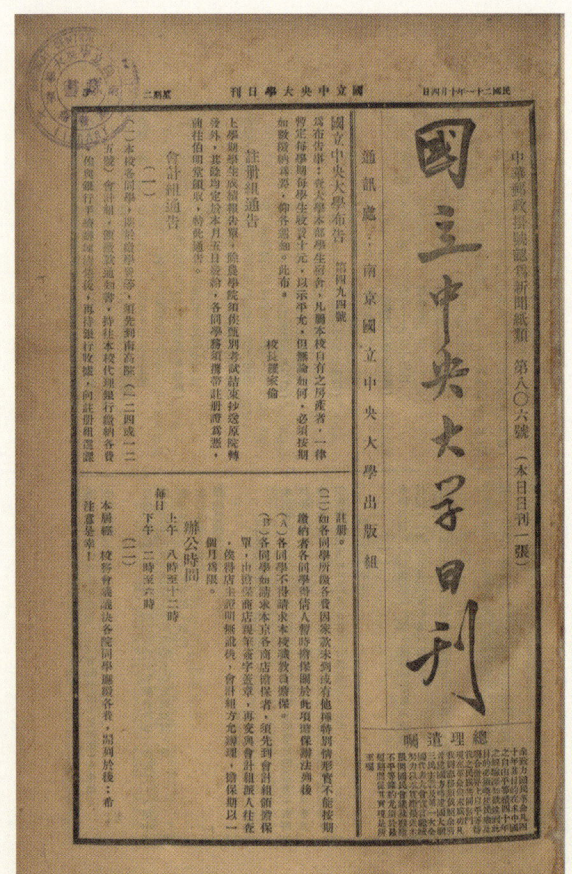

2-38　国立中央大学日刊

南京：国立中央大学出版组。日刊，26cm×18.5cm。
主要栏目有布告、通告、校闻、学程、演讲等。
本馆藏第806—1953号。(1932—1937，部分缺)

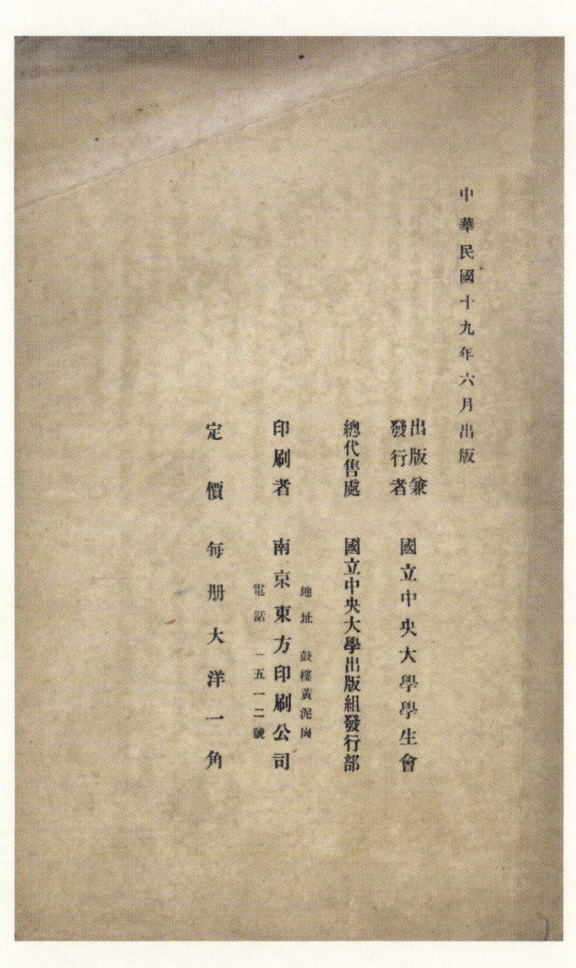

2-39 国立中央大学学生会刊

国立中央大学学生会，1930年6月创刊。26.3cm×19cm。

中央大学学生会于1929年11月成立，此为第一种校学生会刊物。

本馆藏创刊号。

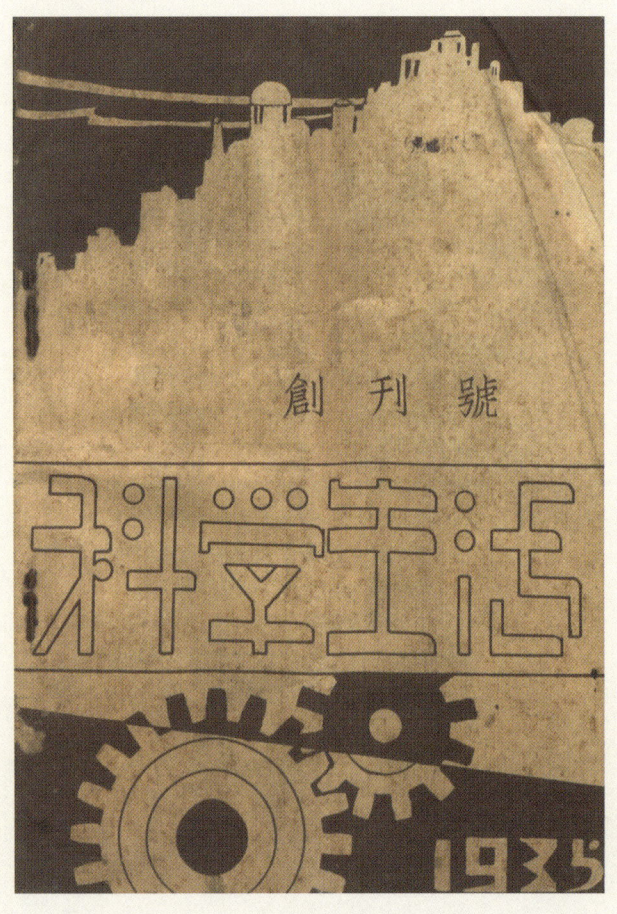
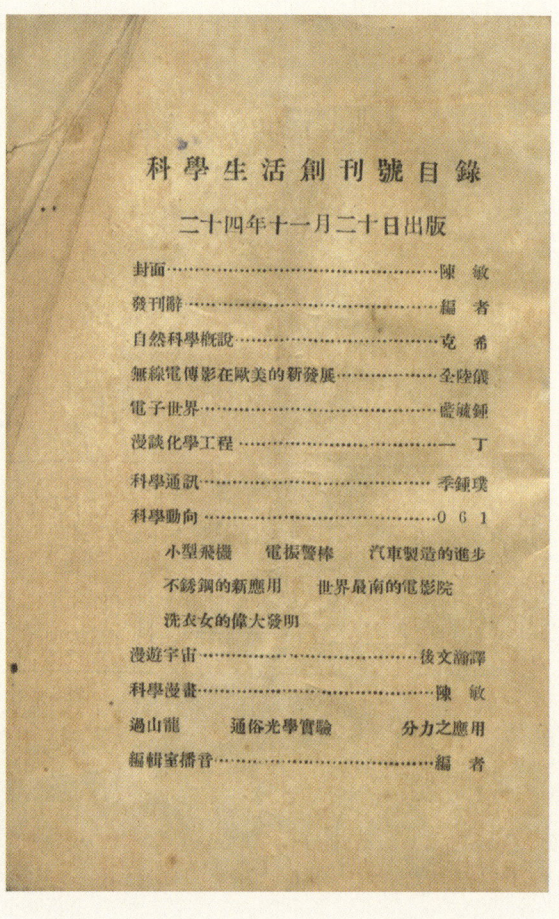
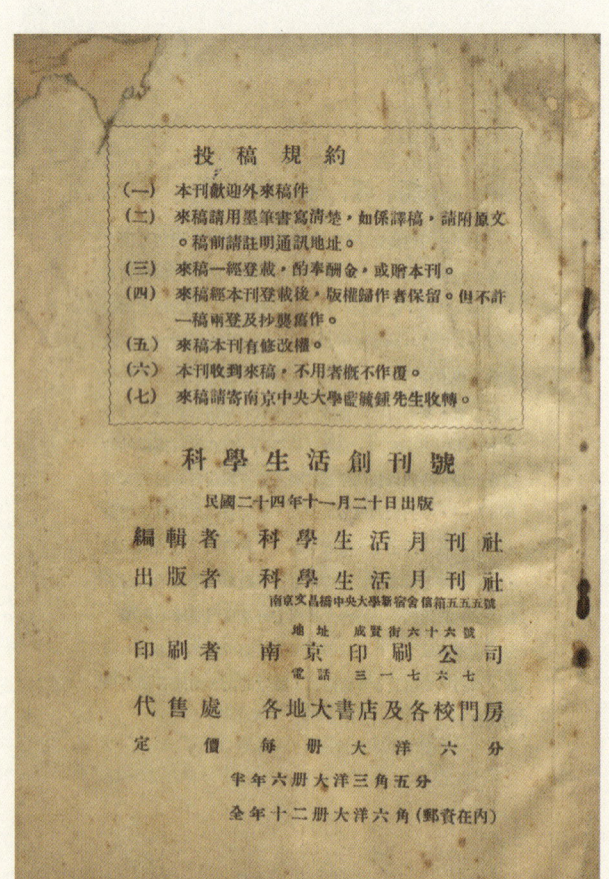

2-40　科学生活

南京：科学生活月刊社，1935年11月创刊。月刊，18.7cm×13cm。

中央大学学生自办刊物，以普及自然科学知识为办刊宗旨。

本馆藏创刊号。

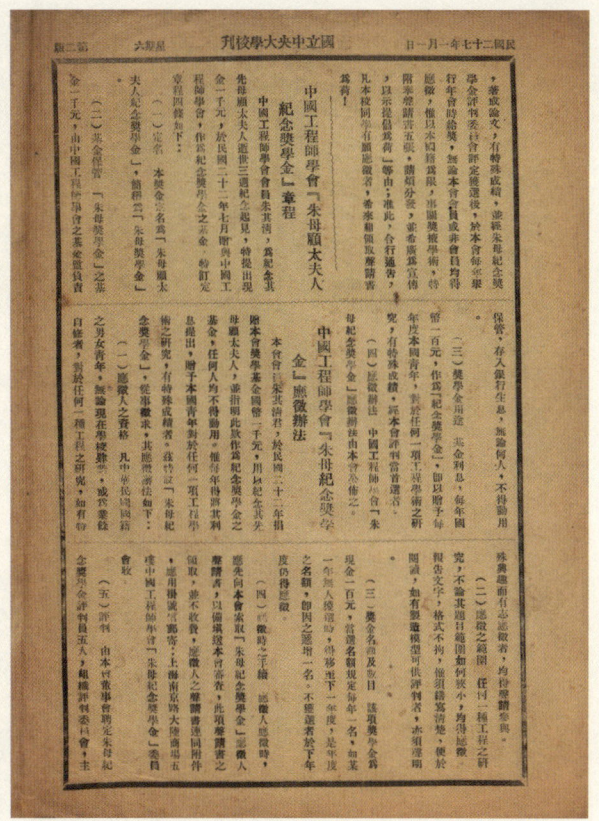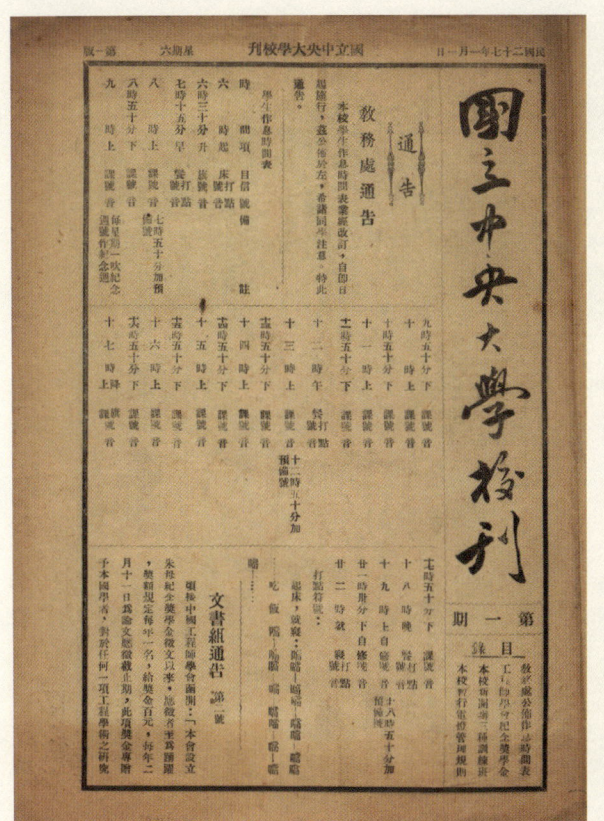

2-41　国立中央大学校刊（复刊）

1938年1月1日复刊。不定期刊。

主要内容有政府法令、学校通告与规程等。

1944年1月起改为半月刊，卷期另起，出至1945年第2卷第3期停刊。1947年4月迁回南京出版，恢复周刊，卷期另起，1948年12月终刊。

本馆馆藏1938年1月至1939年4月第1—18期，1944年1月至1945年6月第1卷1—24期及第2卷1、3期，1947年4月至1948年12月第1—63期，缺第62期。

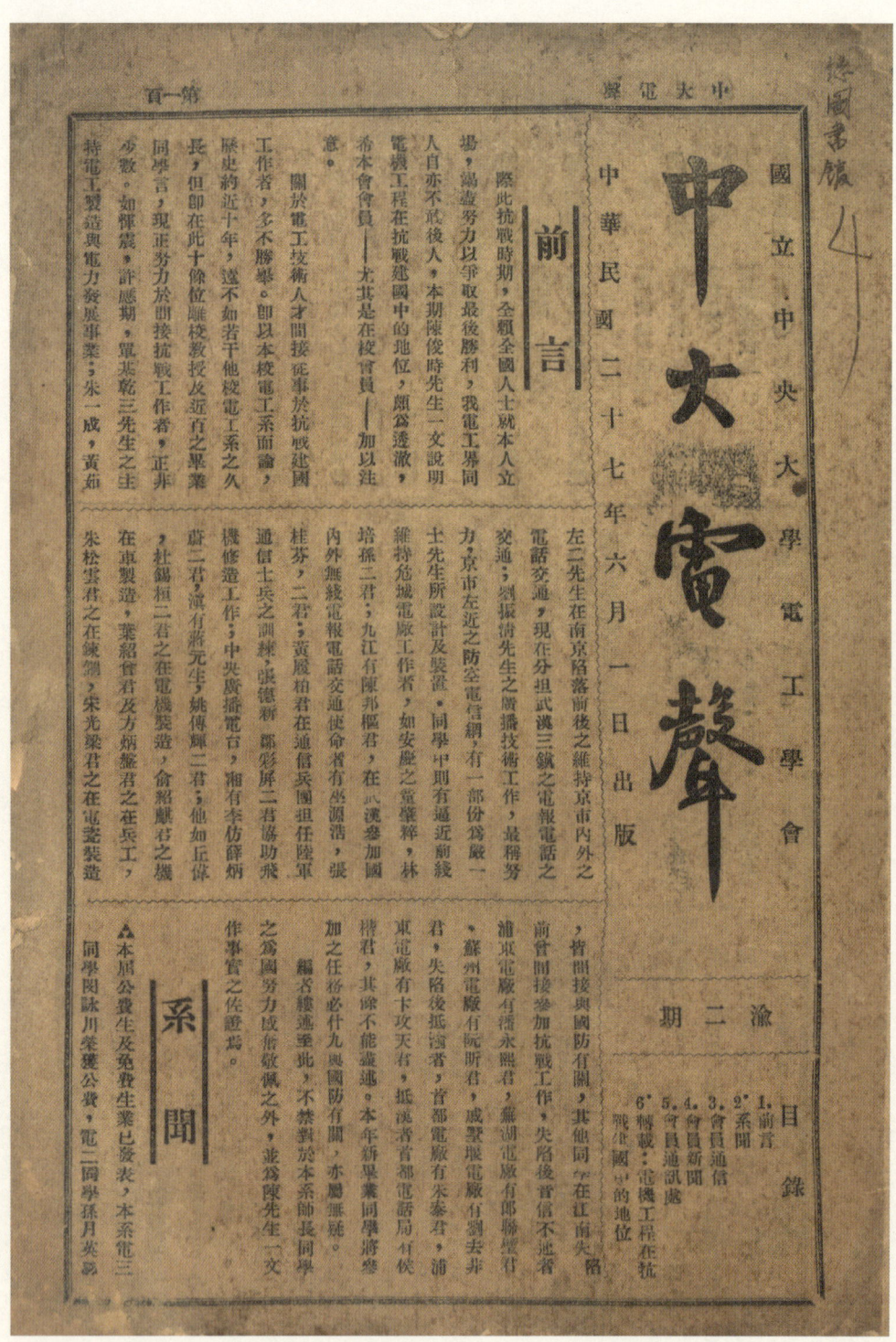

2-42 中大电声

国立中央大学电工学会。26.2cm×18.5cm。
主要内容有系闻、会员通信、会员新闻、会员通讯处等。
本馆藏渝2期。(1938)

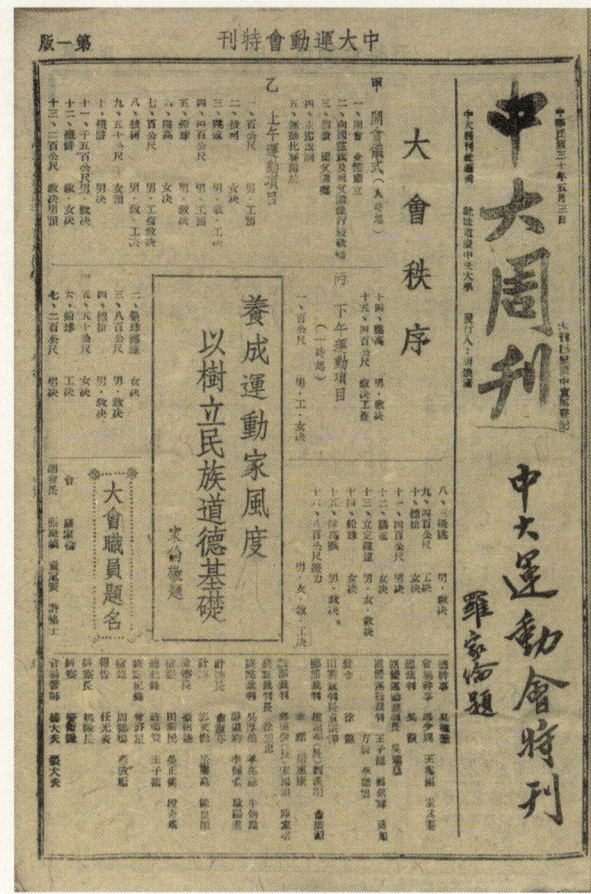

2-43 中大周刊

中大周刊社编,重庆,1941年4月13日创刊。周刊,26cm×19cm。

中央大学西迁后,校址散于沙坪坝、柏溪、成都、贵阳四处。为方便师生校友间"传布消息、沟通感情、发扬学术精神、促进彼此联络"创办此刊。

本馆藏第1—24期。(1941—1942)

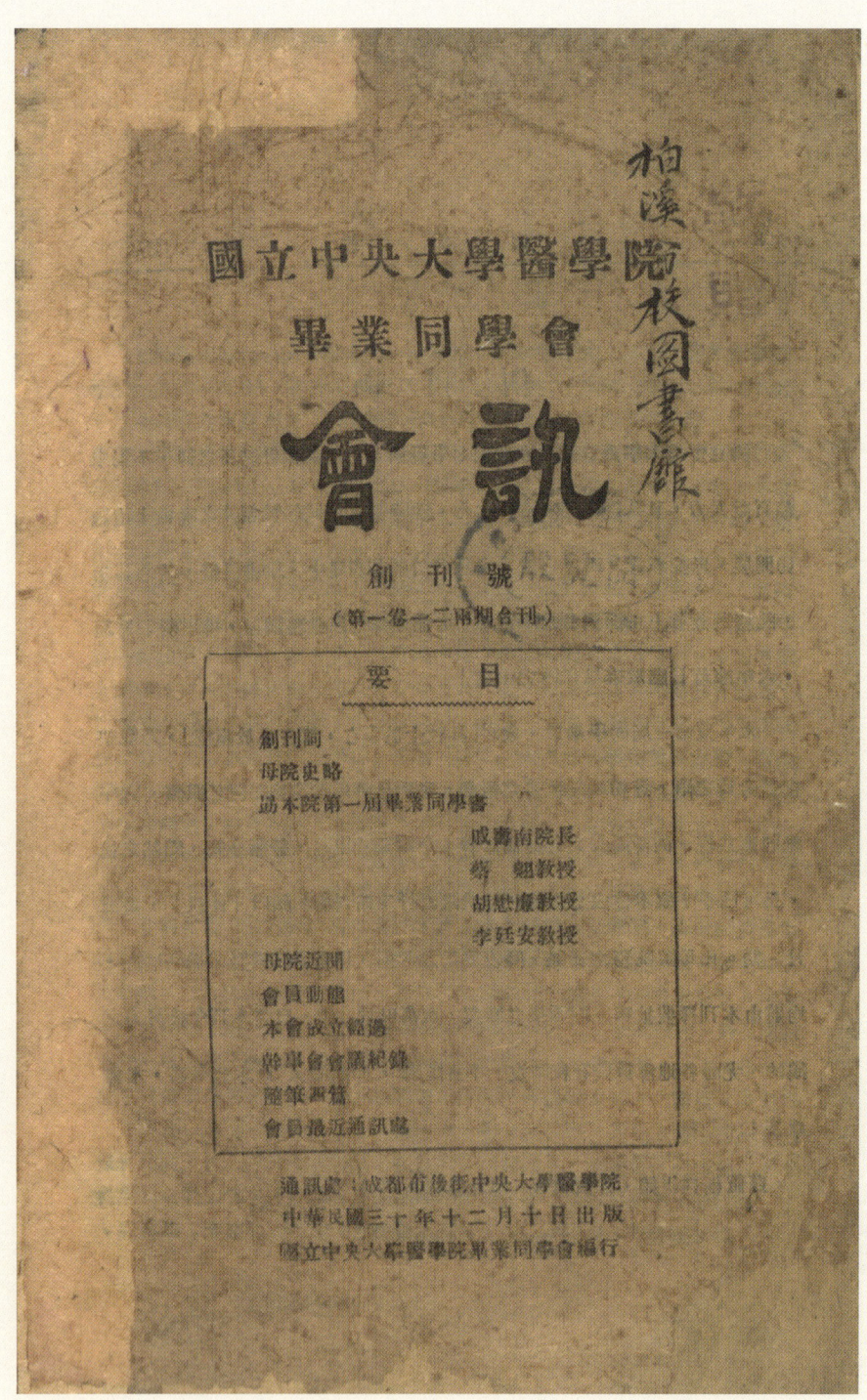

2-44　国立中央大学医学院毕业同学会会讯

国立中央大学医学院毕业同学会编，1941年12月10日创刊。23cm×15cm。
主要内容有"母院院务之发展，师友生活之素描，以及问难释疑，切磋磨琢"。
本馆藏创刊号。

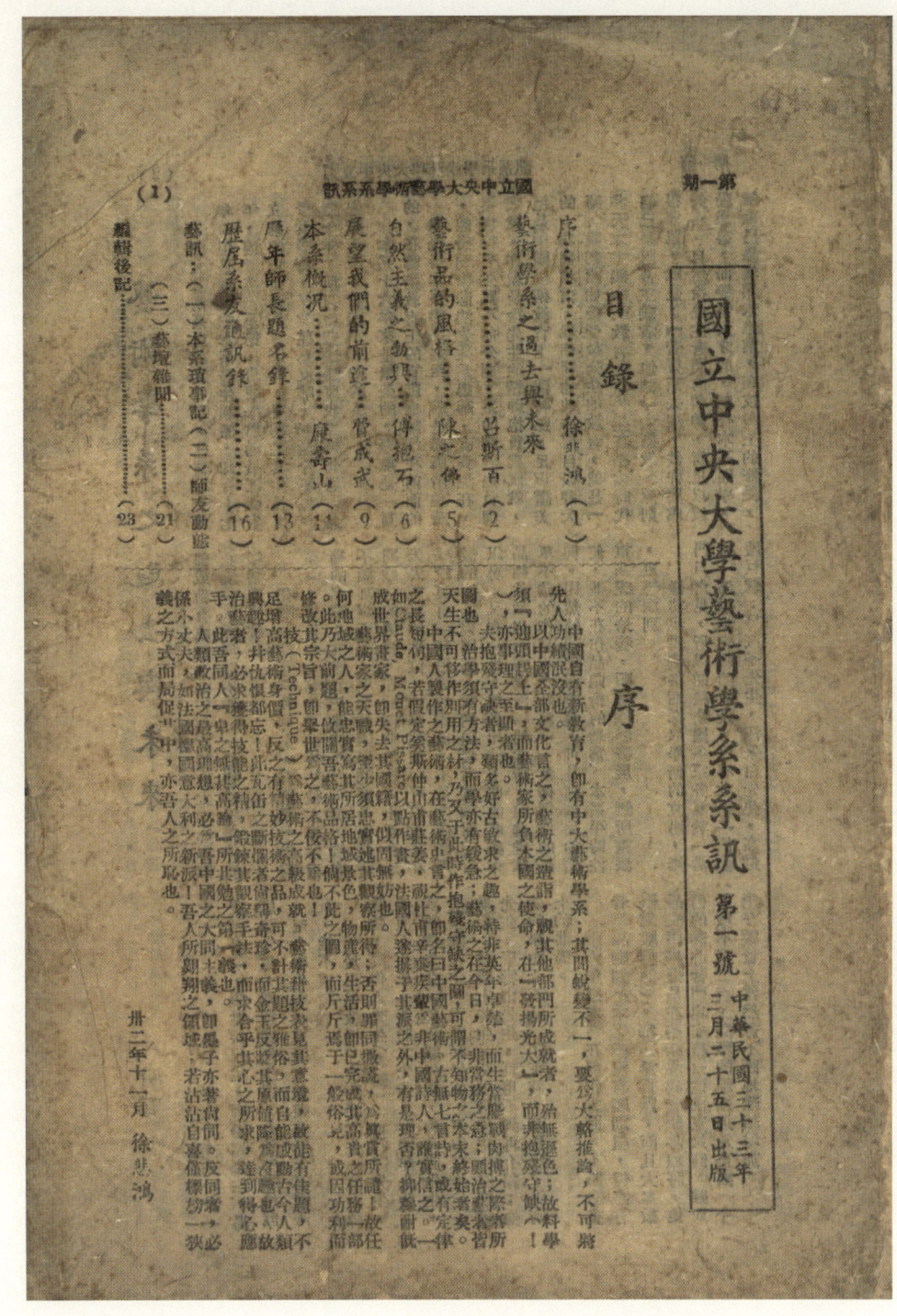

2-45 国立中央大学艺术学系系讯

1944年3月25日创刊。25.5cm×18cm。
主要内容有历年师长题名录、现任教职员录、历届系友通讯录等。
本馆藏创刊号。

2-46 中央大学森林系系友会会刊

中央大学森林系系友会,1944年创刊。26cm×18.5cm。
主要内容有发刊词、任教系友剪影、毕业系友动态、系中同学近况等。
本馆藏创刊号。

2-47 金陵光
Nanking University Magazine

金陵大学校,1909年12月创刊,不定期出版。

综合性校刊。初为英文版,自第4卷第1期(1913年2月)起改为中英文合刊(篇幅各半)。设有论著、实业、心理、时评、文苑、传记、专件、杂俎、校闻等栏目。发行至1930年5月第17卷2期停刊。

本馆藏第1卷1—8期,第2卷1—6期,第3—5卷1—8期,第6卷1—12期,第7卷1—5期,第8卷1—4期,第9卷1、3—5期,第10卷1、4期,第11卷1—2期,第12卷1—4期,第13—14卷1—2期,第15卷1—4期,第16—17卷1期。(1909—1930)

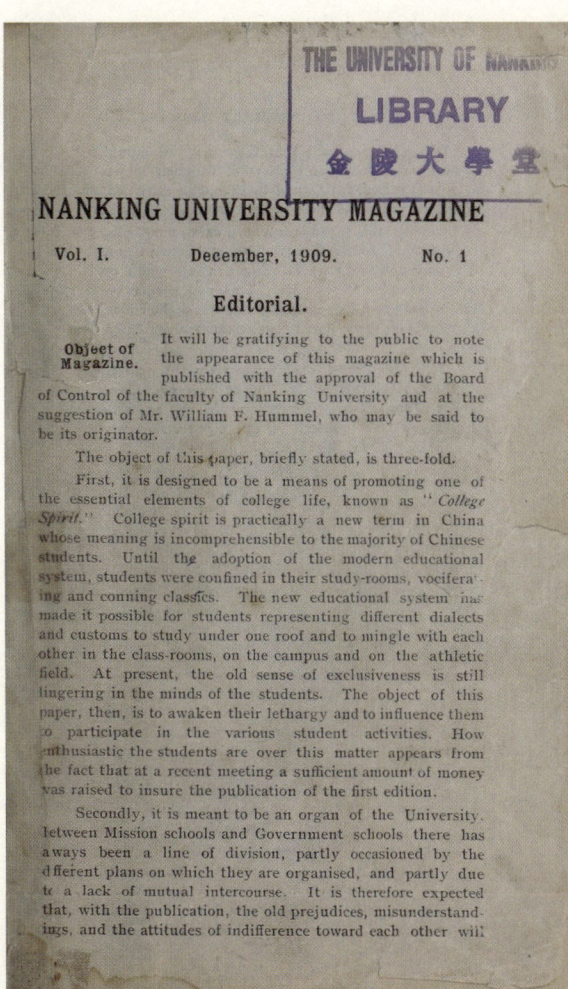

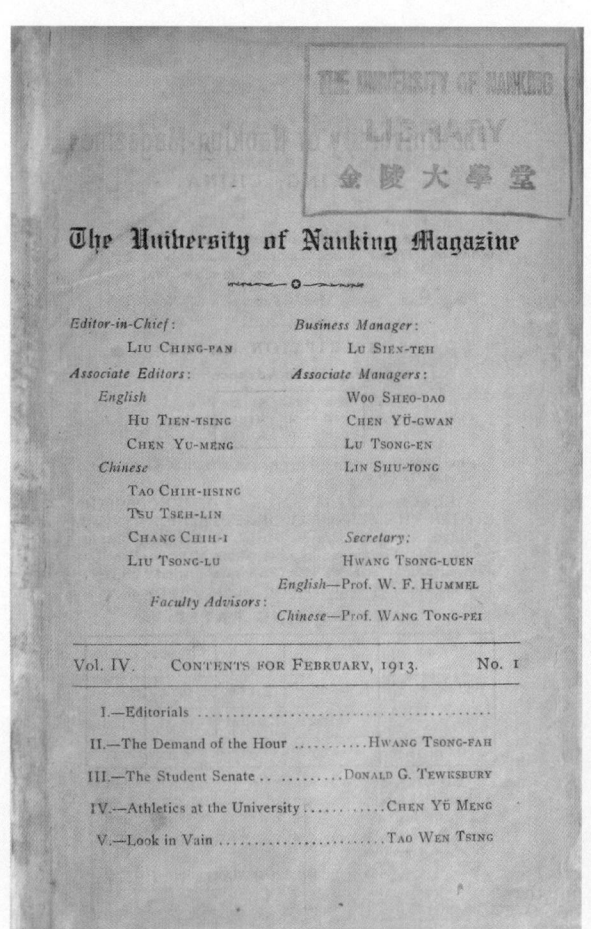
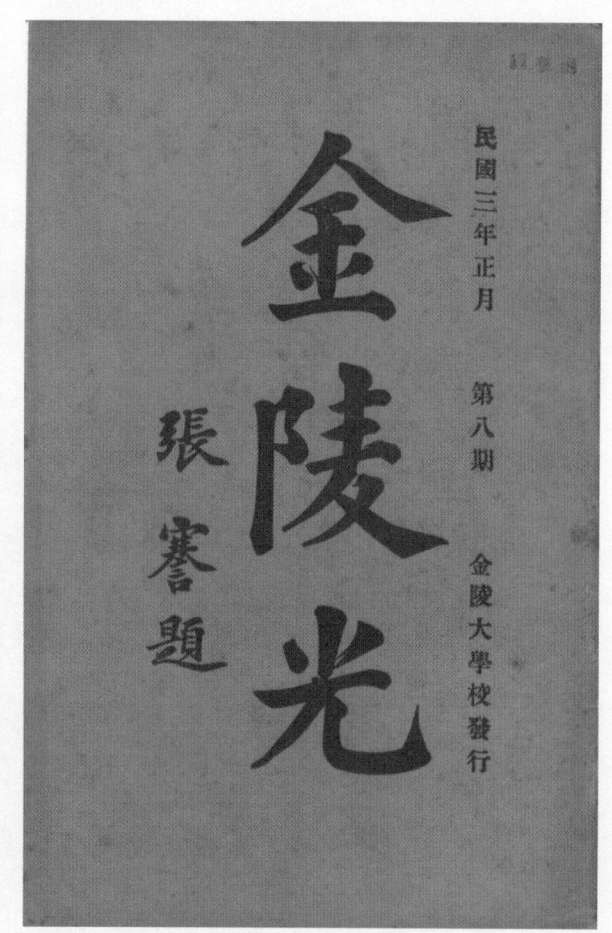
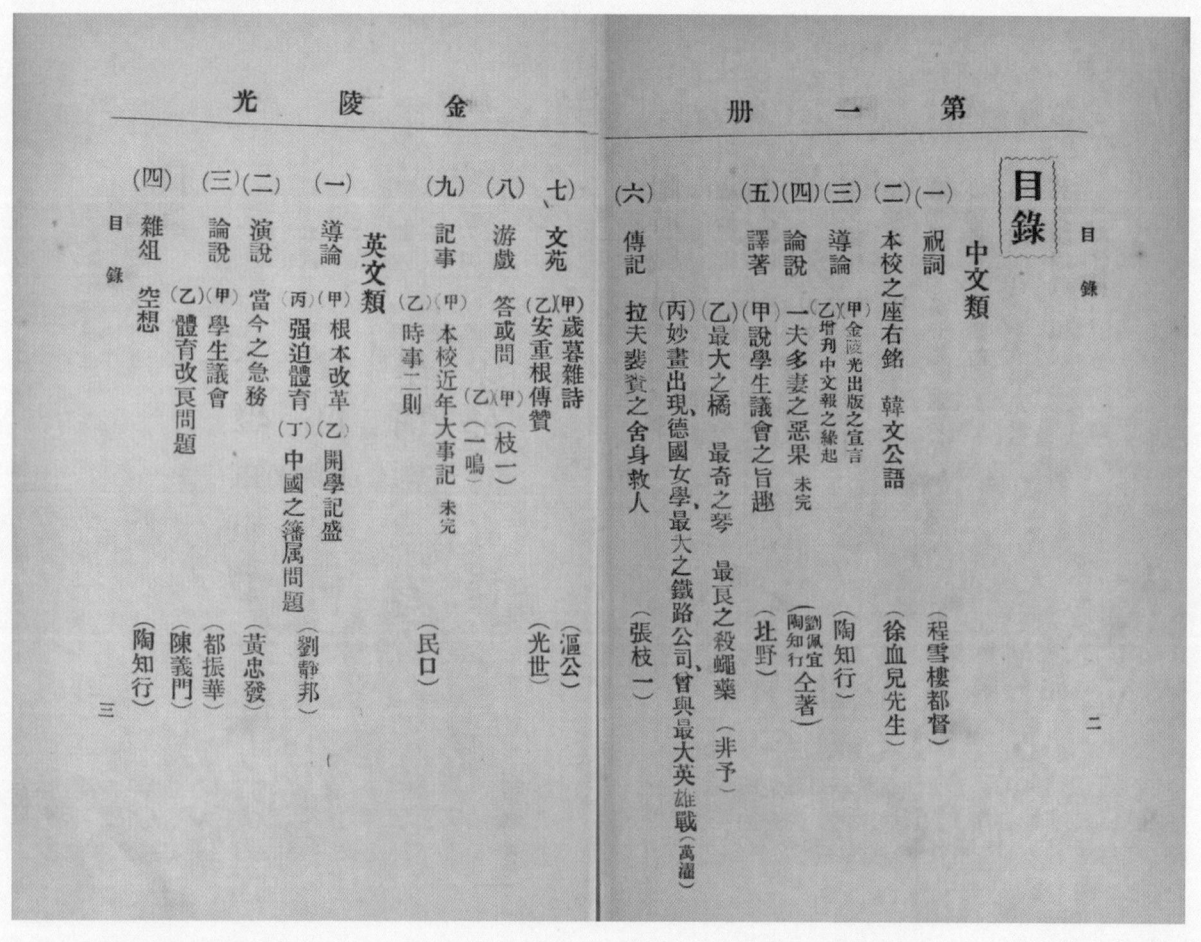

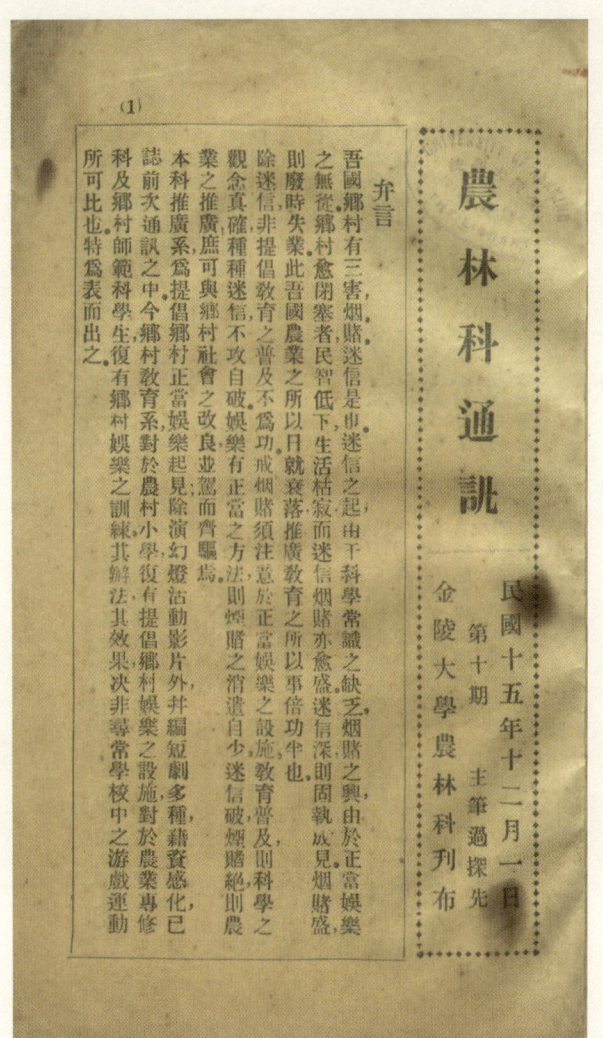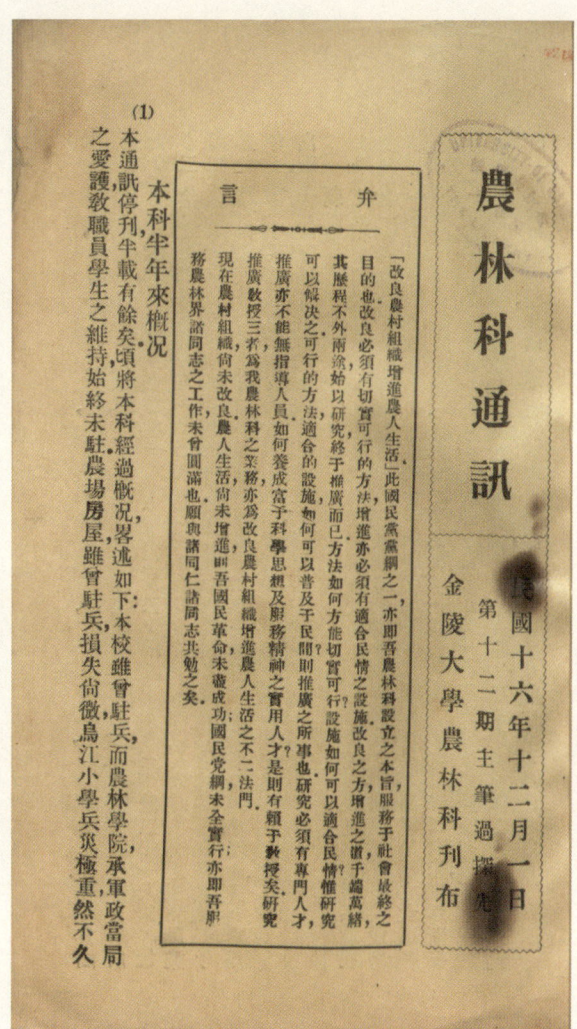

2-48　农林科通讯

过探先主笔，南京：金陵大学农林科，1925年10月创刊。22.7cm×14.8cm。

过探先（1886—1929），字宪先，江苏无锡人。农学家、农业教育家。曾任东南大学农科教授、农艺系主任、农科副主任、农业推广部主任，金陵大学教授、农林科主任等职。

主要内容有农林科事业概况与教职员研究心得、农业知识推广等。1928年12月停刊。

本馆藏第10期（1926年12月）、第12期（1927年12月）。

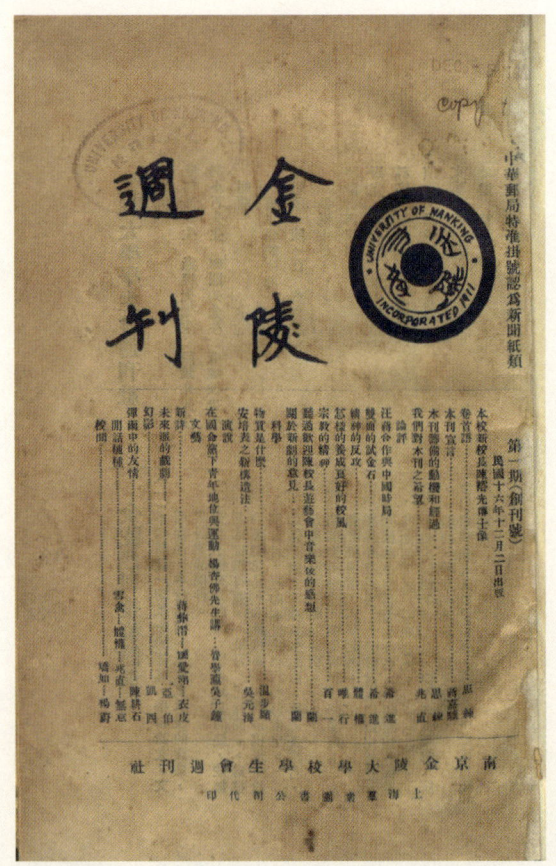 

2-49 金陵大学学生会刊物

金陵周刊

金陵大学校学生会周刊社,南京,1927年12月创刊。
设有论评、科学、演说、文艺、闲话、校闻等栏目。1928年12月停刊。
本馆藏第1—3、6—9、11、18—20、23—26期。(1927—1928)

金陵月刊

金陵大学学生会,南京,1928年12月创刊。22cm×16cm。
学生会刊物。主要内容有时政评论、哲学思想、文学作品等。
本馆藏第1卷1—2期、第2卷1—2期。(1928—1929)

二、南大校史   133

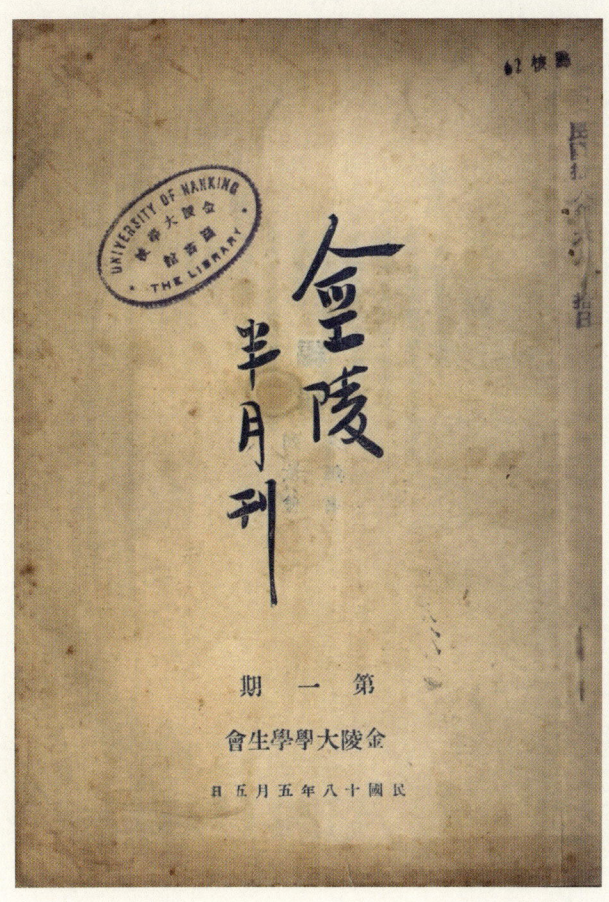
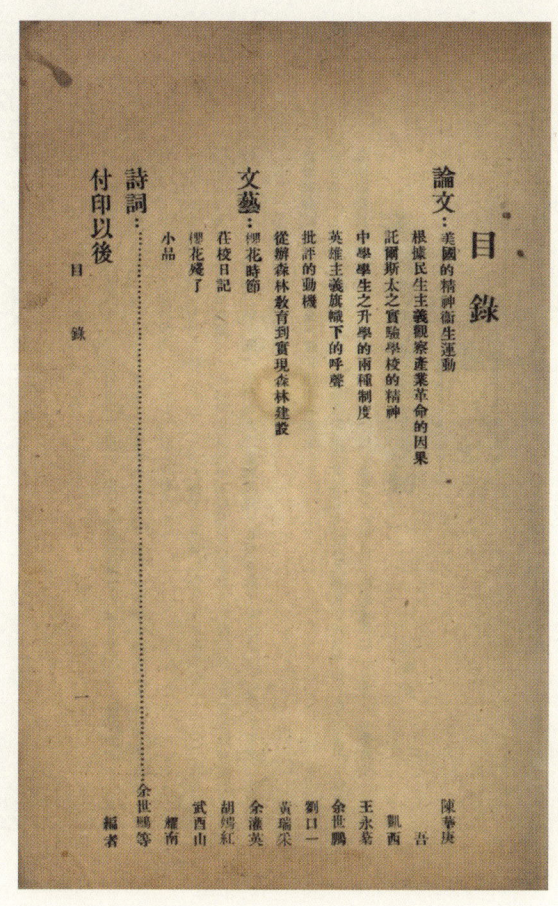
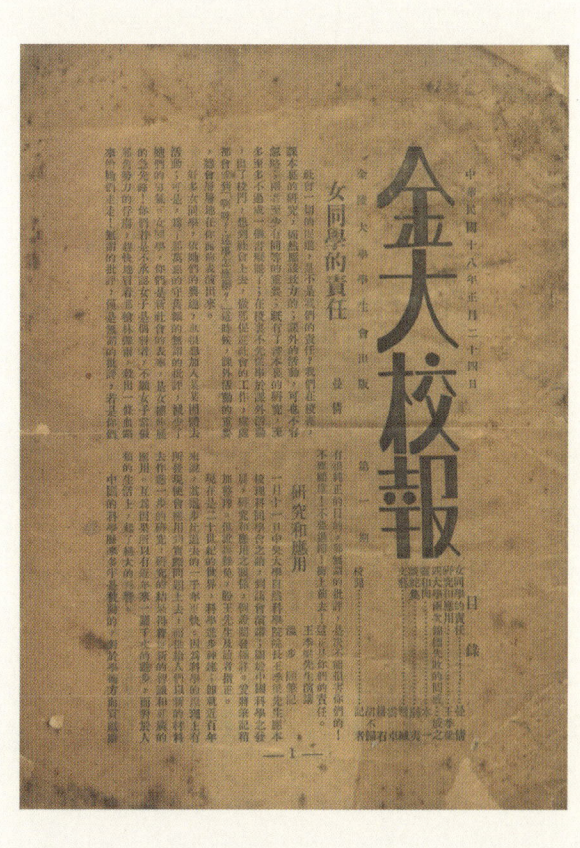

金陵半月刊
金陵大学学生会，1929年5月创刊。20.5cm×14.6cm。
设有论文、文艺、诗词栏目。
本馆藏第1—2期。(1929)

金大校报
金陵大学学生会，1929年1月创刊。25.6cm×18.6cm。
主要内容有校闻、文艺、学校演讲、学生文章及校历等。
本馆藏创刊号。

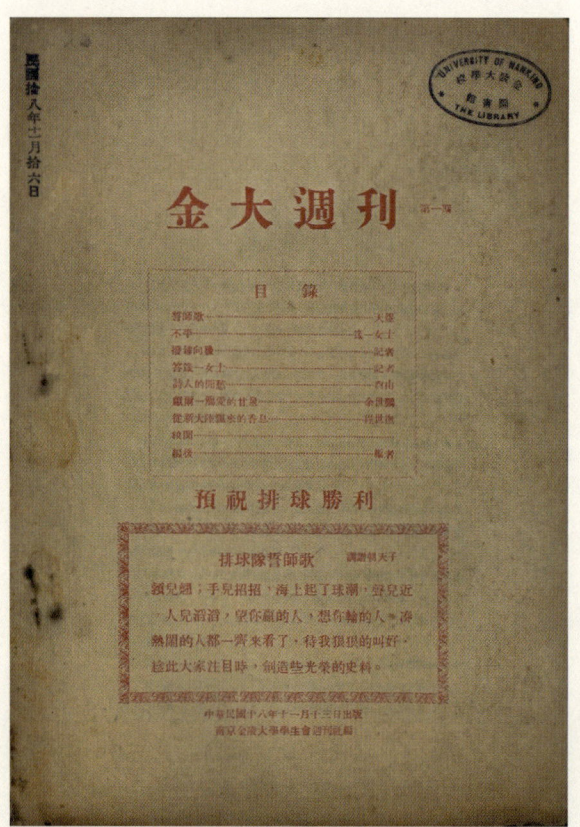 

金大周刊

金陵大学学生会金大周刊社,南京,1929年11月13日创刊。27.4cm×19.5cm。
《金陵周刊》续刊,主要内容有学校事务、社团报告和本校学生文艺作品等。共出6期。
本馆馆藏全。(1929—1930)

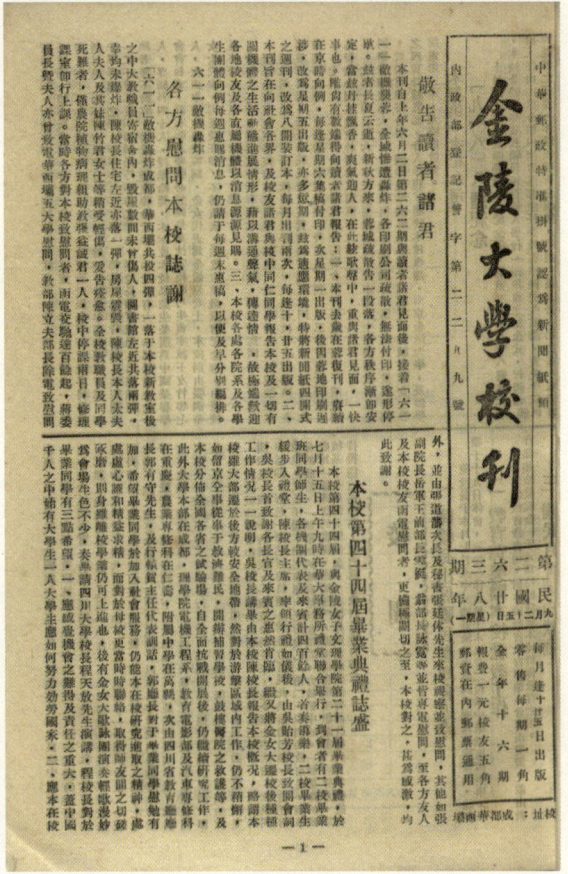

2-50 金陵大学校刊

金陵大学校刊编辑部,南京,1930年10月10日创刊。周刊,37.5cm×26.8cm。

刊载校务会议内容及学校行政事务、各界名人学者的演讲消息,公布各项公文、简章,发表本校师生撰写的学术论文,介绍学生会举行的各种活动,发布校友联谊会及各地校友分会简讯,报道国内外时事。

1937年11月15日停刊,1938年11月7日在成都复刊,1939年9月第263期起改为半月刊,24.3cm×17.5cm。1946年12月5日迁回南京出版,1949年3月终刊。

本馆馆藏全。(1930—1949)

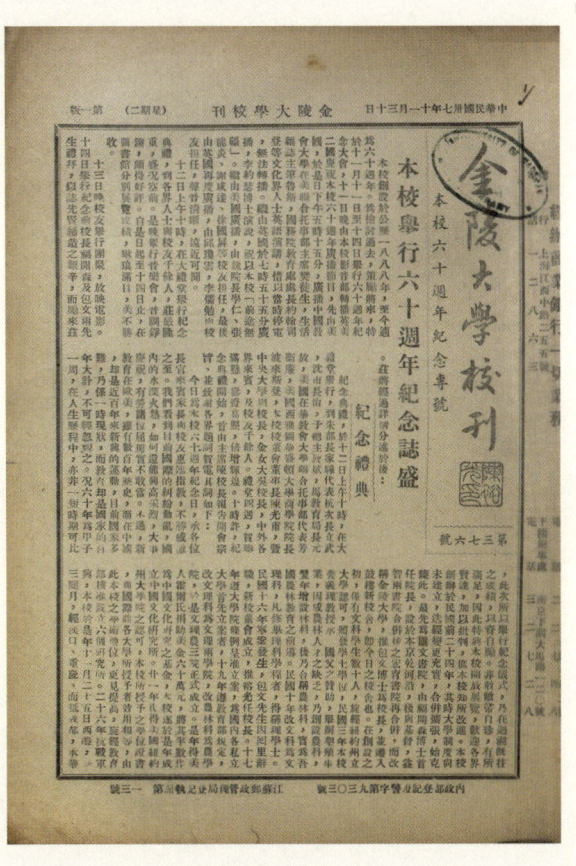

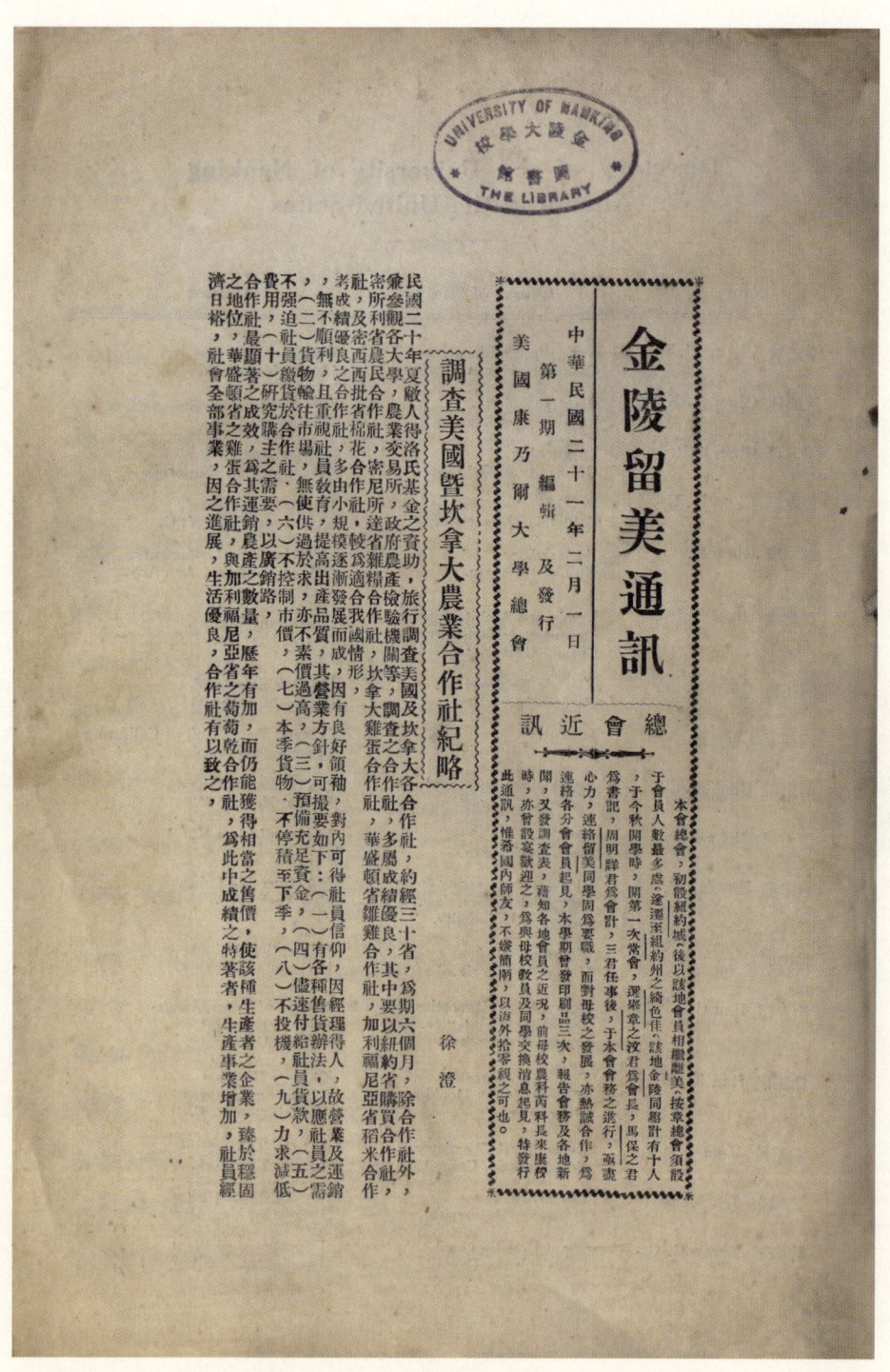

2-51 金陵留美通讯

纽约:美国康乃尔大学总会,1932年2月1日创刊。不定期刊,27cm×18cm。

该刊由金陵大学留美同学会创办,刊载金陵留美同学消息。

本馆藏创刊号。

2-52 金大学生

金陵大学学生自治会编,1933年11月10日创刊。半月刊,25.5cm×18.6cm。

本刊为金大学生"记录研究的园地,交换心得的场所"。

本馆藏第1—3期。(1933)

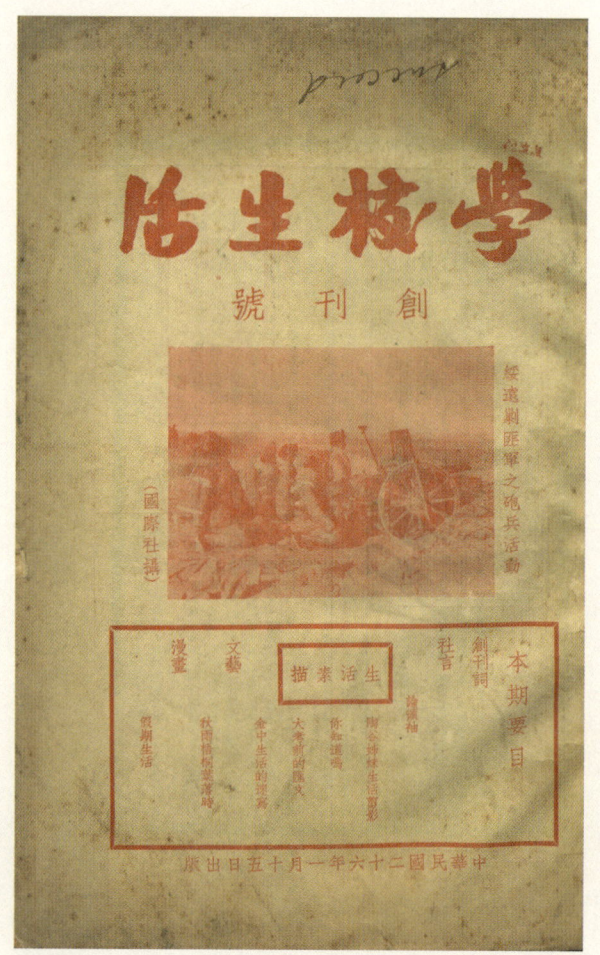
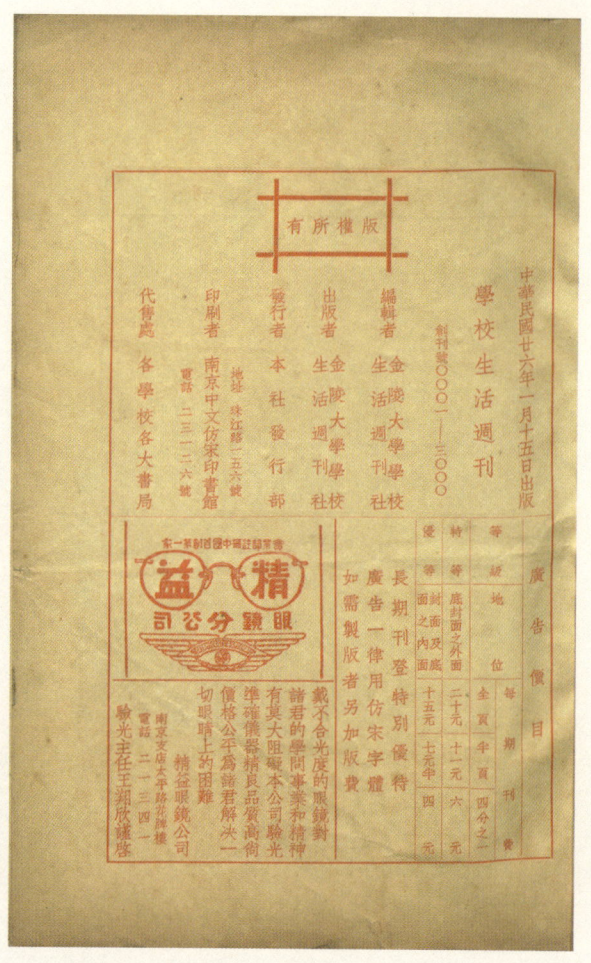

2-53　学校生活

南京：金陵大学学校生活周刊社，1937年1月15日创刊。26.2cm×18.6cm。

主要内容有国内外新闻、校务消息、诗歌、散文等。

本馆藏第1—3、8、17期。(1937年1—6月)

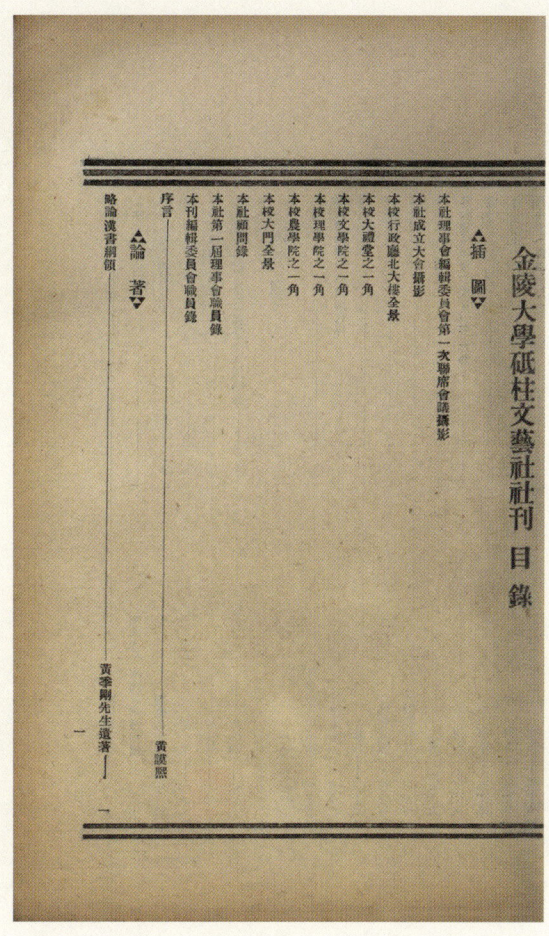
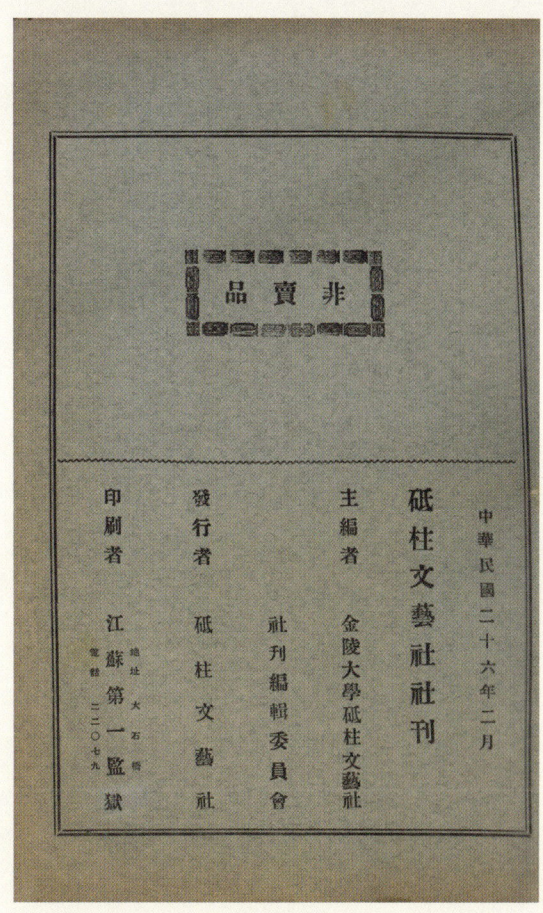

2-54　金陵大学砥柱文艺社社刊

　　金陵大学砥柱文艺社社刊编辑委员会编，南京：砥柱文艺社，1937年2月创刊。季刊，26.2cm×18.5cm。
　　设有插图、论著、诗词、小说、戏剧、随笔等栏目。
　　本馆藏创刊号。

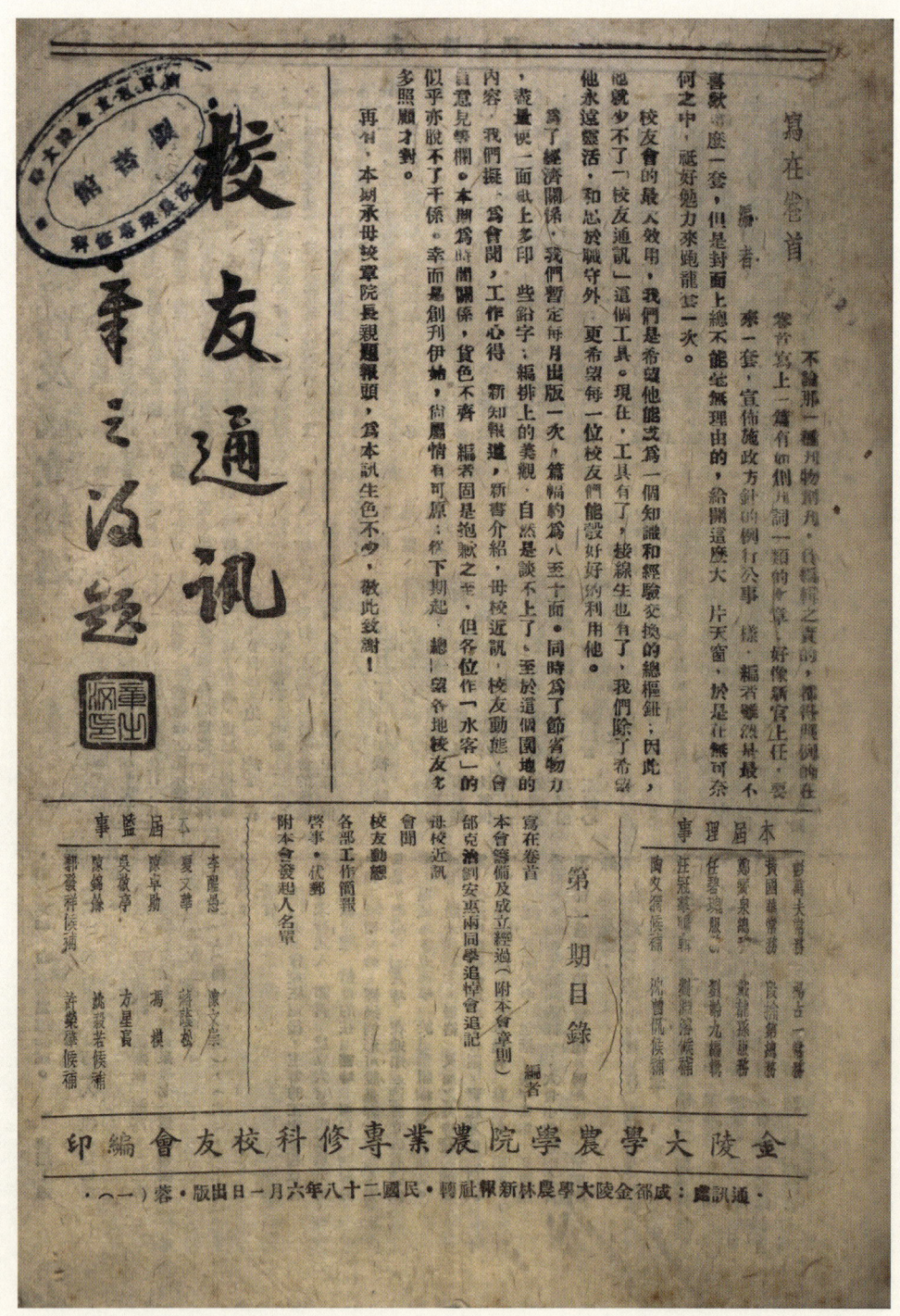

2-55 校友通讯

金陵大学农学院农业专修科校友会编,成都,1939年6月1日创刊。24cm×17.6cm。
主要内容有会闻、母校近讯、校友动态、工作简报等。
本馆藏第1卷1—3期,第2卷1—3期,第5卷第1期,第7卷第1期,第8卷第1期。(1939—1947)

三、南大学术

本部分选取南京高等师范学校、东南大学、第四中山大学、江苏大学、中央大学研究成果72种,金陵大学研究成果48种。

文学方面如柳诒徵著《中国文化史》,罗根泽编著《中国文学批评史》,史学方面如王绳祖著《欧洲近代史》,陈恭禄著《中国近代史》,农学方面如卜凯著《中国土地利用》,金陵大学农学院编《中华民国二十年水灾区域之经济调查》,理学方面如张其昀著《本国地理》,胡先骕、陈焕镛编《中国植物图谱》等,均在当时有很大影响。由于福开森与金陵大学的渊源,福开森相关文献为南京大学图书馆特色馆藏。此次收录《校注项氏历代名瓷图谱》。

手稿作为文字作品的原始记录,是一本书不同版本的祖本。此次收录的汪东的《梦秋词》、胡小石的《中国文学批评史》等,皆出自当时的名家学者之手,具有较高的学术价值和文献价值。

此外,还有《金陵学报》《学衡》《斯文》等一些重要刊物,馆藏较全,且多有创刊号。

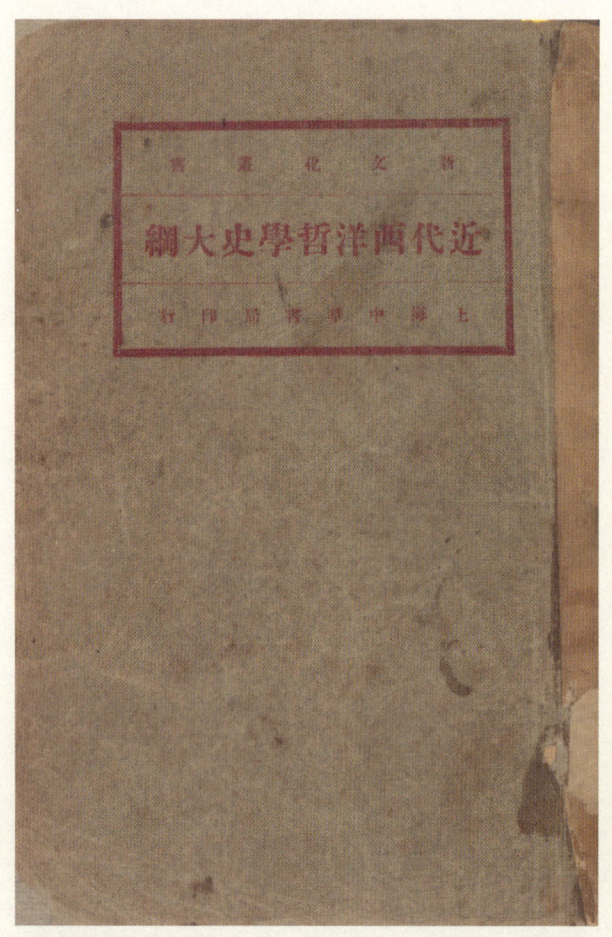
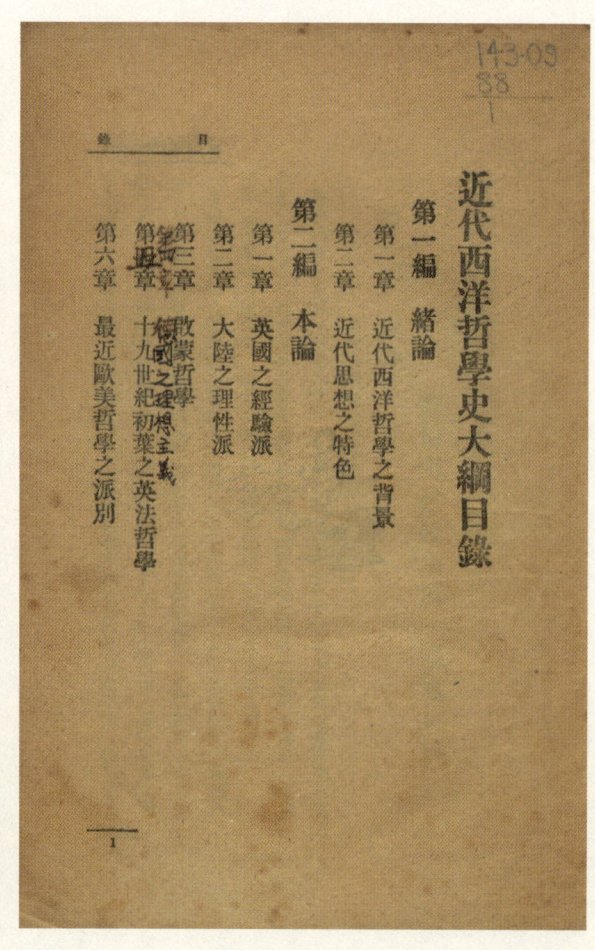
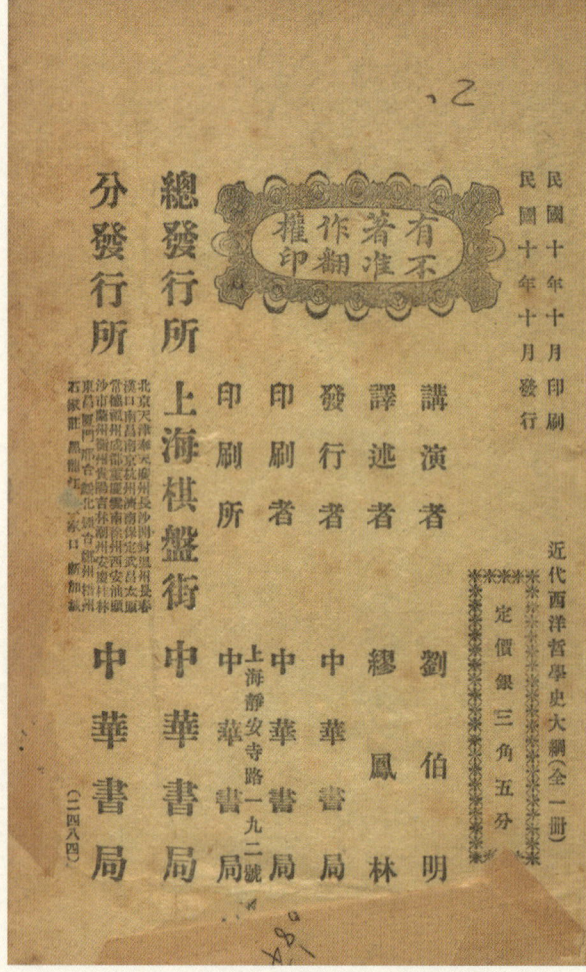

3-1 近代西洋哲学史大纲　[新文化丛书]

刘伯明讲演，缪凤林译述，上海：中华书局，1921年10月。正文138页，18.7cm×13cm。

刘伯明（1885—1923），名经庶，字伯明，江苏南京人。南京汇文书院毕业，后赴日游学，参加同盟会，辛亥革命后留学美国西北大学，获哲学博士学位后回国。曾任金陵大学国文部主任，南京高等师范学校训育主任、史地部主任，东南大学文理科主任、哲学教授、代理校长等职。为《学衡》创办人之一。

缪凤林（1899—1959），字赞虞，浙江富阳人。史学家、教育家。南京高等师范学校史学部毕业。曾任中央大学教授，中央大学师范学院史地系主任、文学院史学系主任。中华人民共和国成立后，任南京大学历史系教授。

该书为1920年刘伯明在南京高等师范学校暑期学校的讲演，由缪凤林记录整理。全书共分两编八章，系统地论述了近代西方哲学思想的发展。第一编《绪论》概述近代西洋启蒙哲学的历史背景和思想特点，第二编《本论》依次评述英国经验派、大陆理性派、启蒙哲学、德国理想主义等哲学流派的观点及其影响。

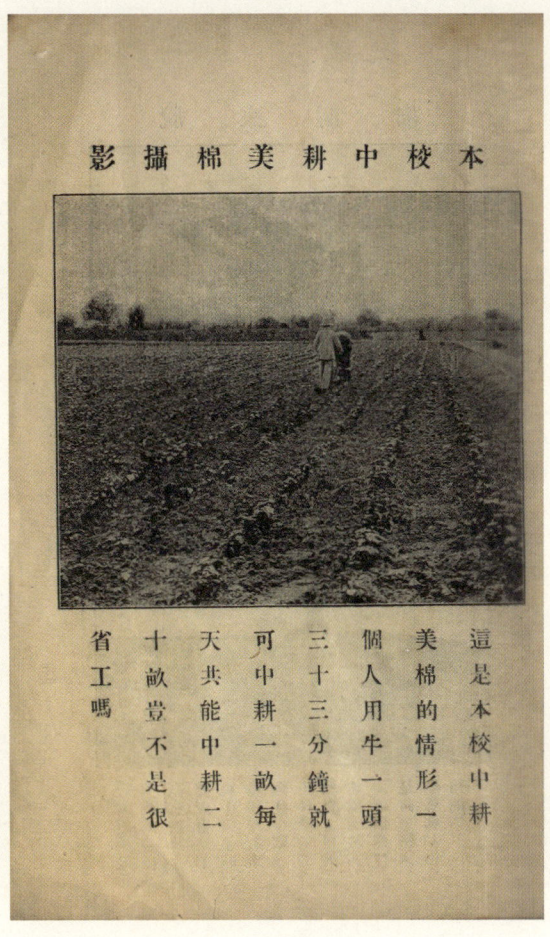

3-2 美棉栽培浅说

孙恩麐著,南京:南京高等师范学校农科,1921年2月。正文30页,19cm×13.2cm。

孙恩麐(1893—1961),字玉书,江苏高邮人。棉花学家、农业教育家。留学美国,获路易斯安娜大学农学硕士学位。回国后,历任江苏第一农校校长、东南大学及中央大学教授等职。中华人民共和国成立后,曾任农业部工业原料司司长、农业生产总局副局长、华北农业科学研究所所长等职。

本书旨在普及、推广美棉栽培方法,主要内容有栽培选地、种植制度、整地、施肥、下种、间苗和中耕、收花、留种、防止病虫害等。

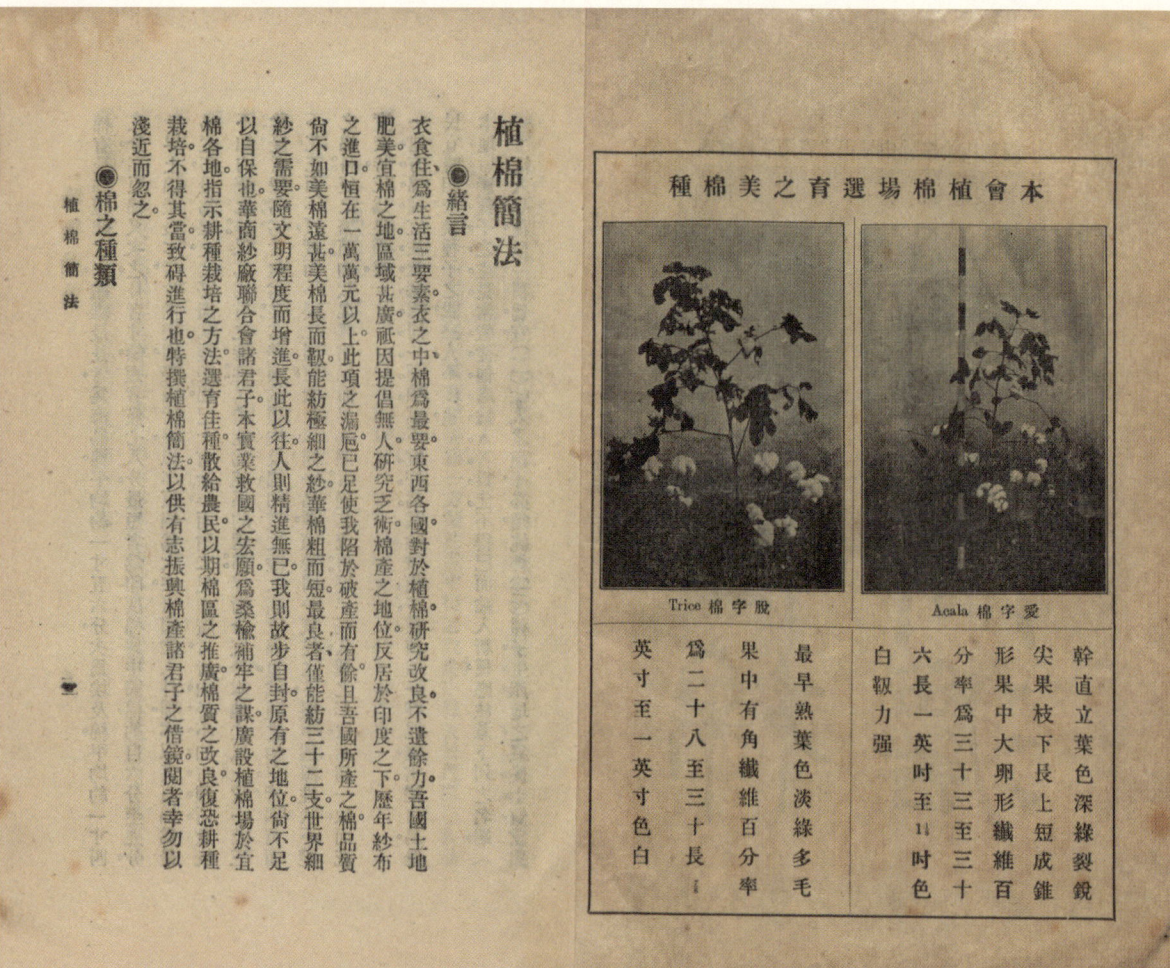

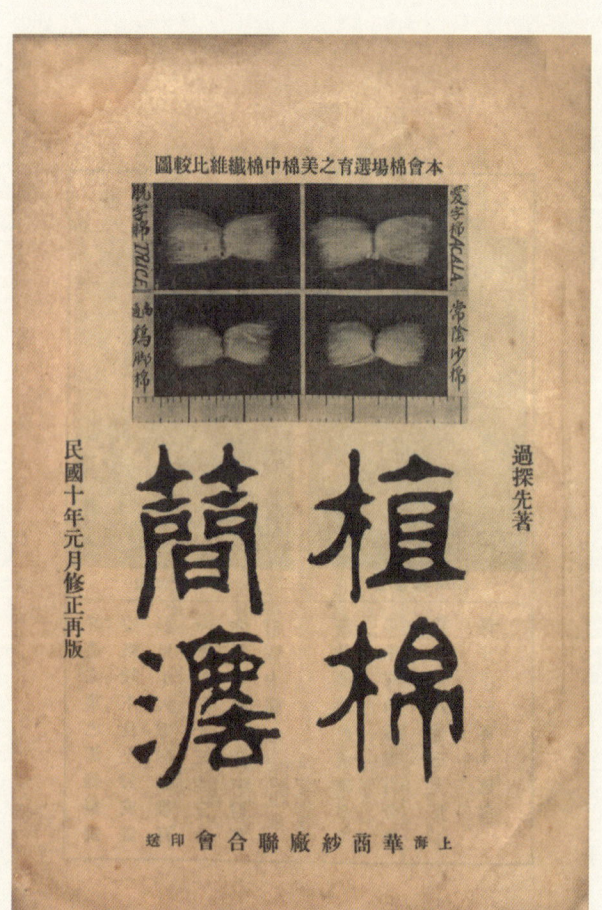

3-3 植棉简法

过探先著,上海:华商纱厂联合会,1921年1月。正文12页,22.2cm×15.5cm。

过探先,见2-48。

全书共十一部分:绪言、棉之种类、宜棉区域及地土、整地、肥料、播种、中耕及间拔、摘头、病虫、收获、选种。

改良雞脚棉淺説

王善佺編

（一）雞脚棉的來歷同現在種植的地方

鼎鼎大名的雞脚棉　原來是印度出產的　印度的雞脚棉有黃花白花同紅花三種　自古馳名的印度印花布　就是雞脚棉花用手工織出來的　現在江蘇南通州海門縣一帶地方鄉下人的棉花地　大概都有雞脚棉混雜生長　但是除了通海以外的地方　種這種棉的極少　不過各處農業學堂和農事試驗場　因為慕雞脚棉的名氣　稍些種點子看看的　確是很多　聽說是因為南通州的張狀元在十年以前　從印度採集許多棉種　到南通農校裡去試驗　內中就有雞脚棉　那時候的雞脚棉　已經比鄉下人的棉種絨頭長些　出產多些　所以從此就出名了

（二）雞脚棉的種類同形象

我們中國的雞脚棉　有黃花和白花兩種　兩種之中　照着稈子顏色　花瓣顏色同花心的顏色　可分出六種　六種就是　（一）青稈黃花黃心　（二）青稈黃

改良雞脚棉　一

改良鷄脚棉

國立東南大學農科

棉作改良推廣委員會

淺説第十四册

十五年五月印

公學印刷所代印

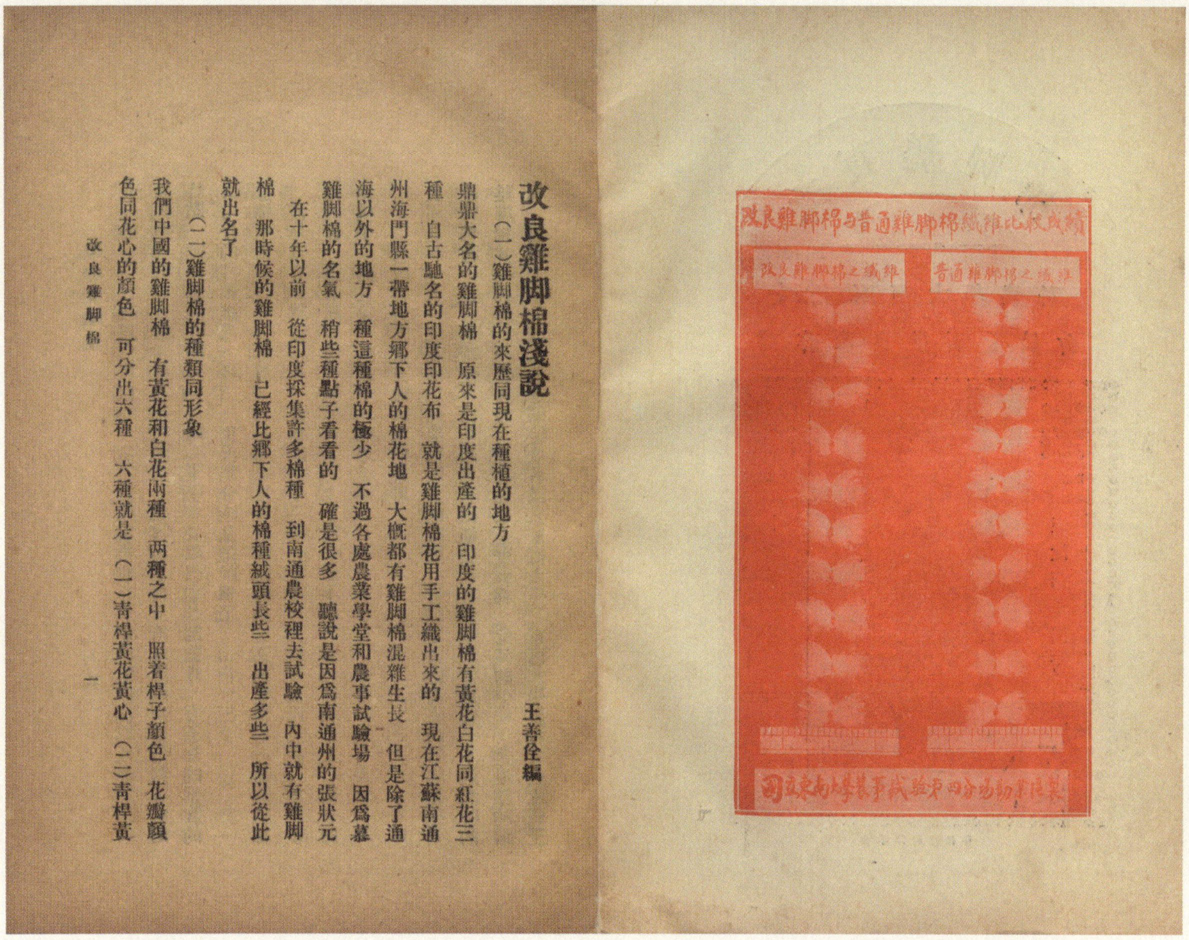

3-4　改良鸡脚棉浅说

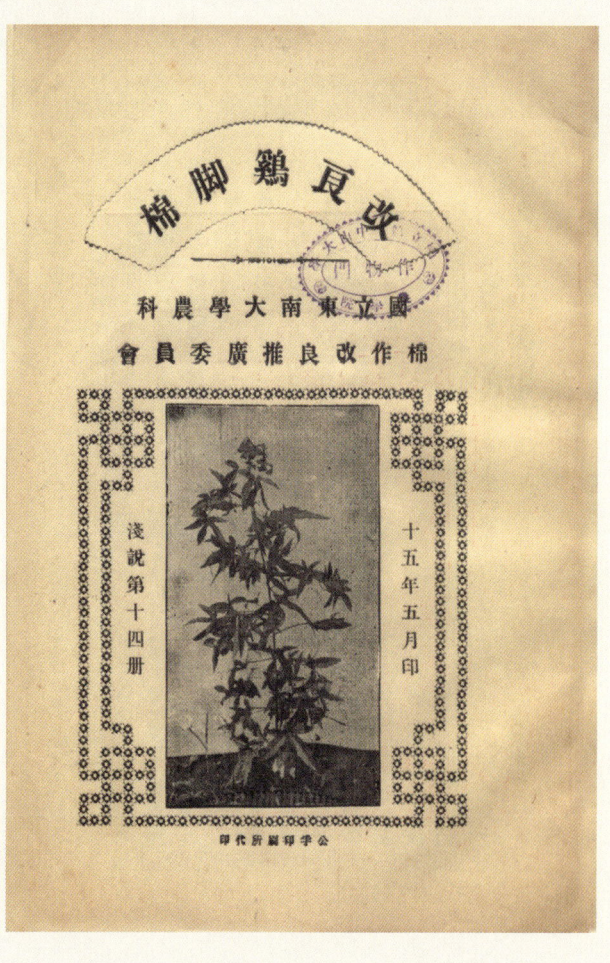

王善佺编，南京：国立东南大学农科棉作改良推广委员会，1926年5月。正文16页，22.2cm×15.2cm。

王善佺（1895—1988），号尧臣，四川石柱人。农学家。美国乔治亚大学农学硕士毕业。历任东南大学农科作物学教授兼农艺系主任及稻麦改良主任技师、中央大学农学院副教授兼院长。中华人民共和国成立后，曾任四川省农业改进所所长、四川省农业厅副厅长等职。

本书旨在推广鸡脚棉，指出其优缺点、种植特点等。

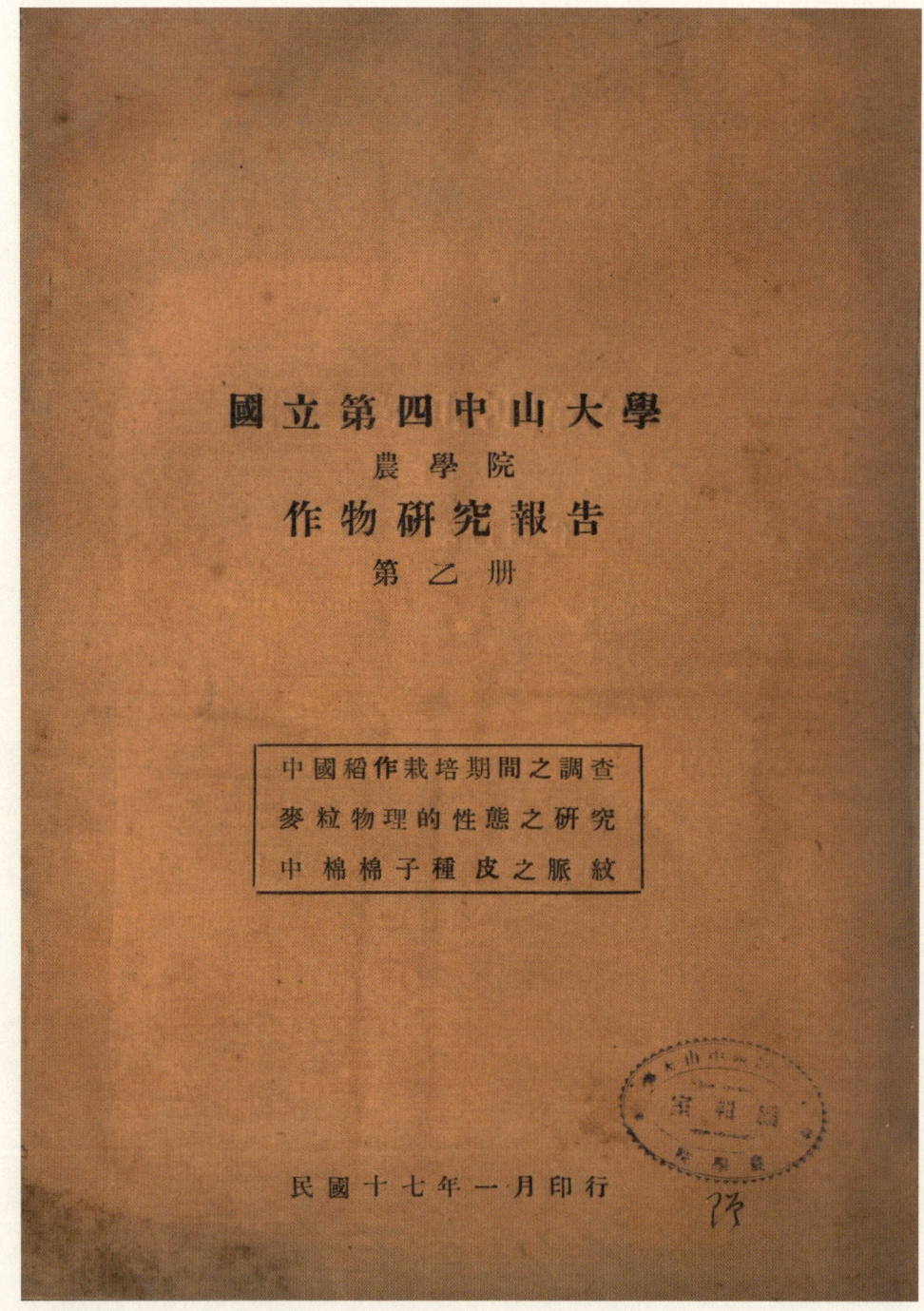

3-5 国立第四中山大学农学院作物研究报告（第乙册）

南京：第四中山大学农学院，1928年1月。正文40页，24.7cm×17.5cm。

内容包括周拾禄《中国水稻栽培期间之调查》，莫定森、周凤鸣《南京赤壳及武进无芒麦粒物理性态研究报告》，冯肇传《中棉棉子种皮之脉纹》三篇文章。

3-6 风景树之修枝要诀　　[江苏大学农学院丛刊之一]

李寅恭著,南京:江苏大学农学院,1928年3月。正文共6页,23cm×15.3cm。

李寅恭(1884—1958),字馧宸,亦作协丞,安徽合肥人。林学家。历任第四中山大学森林组讲师、中央大学森林科教授兼系主任。中华人民共和国成立后,任南京大学农学院森林系教授。

该书主要内容有风景树修枝方法、修枝用器、涂伤面材料等。

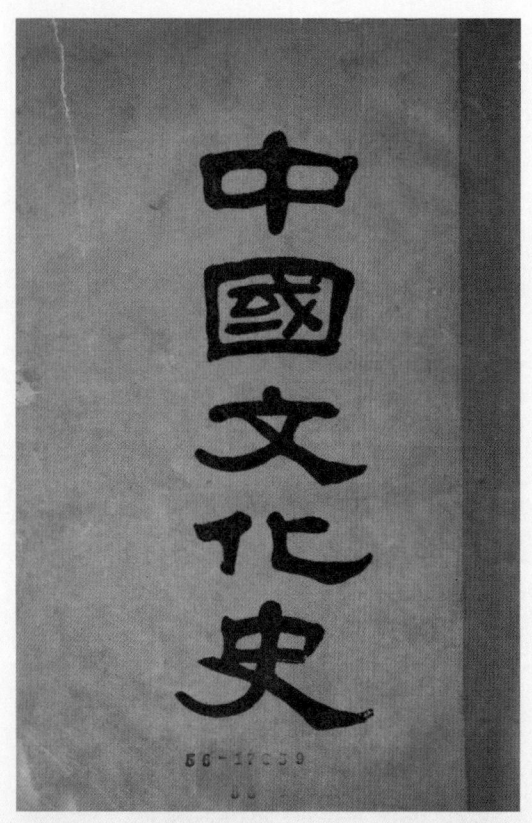

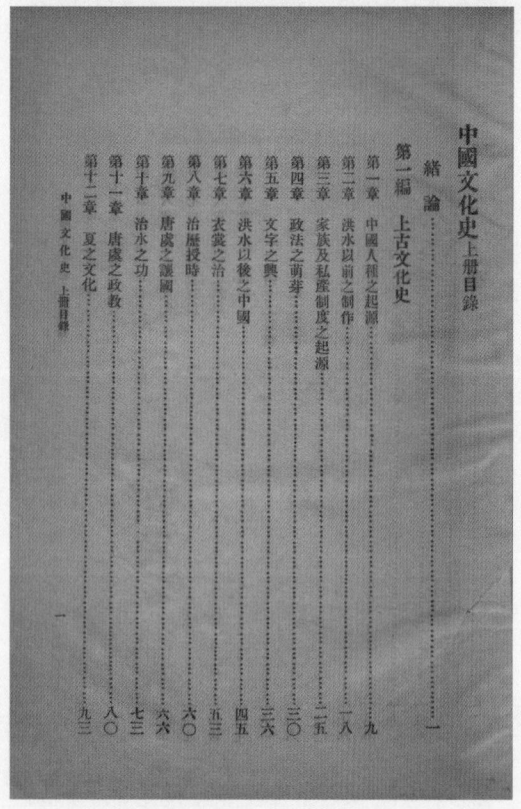
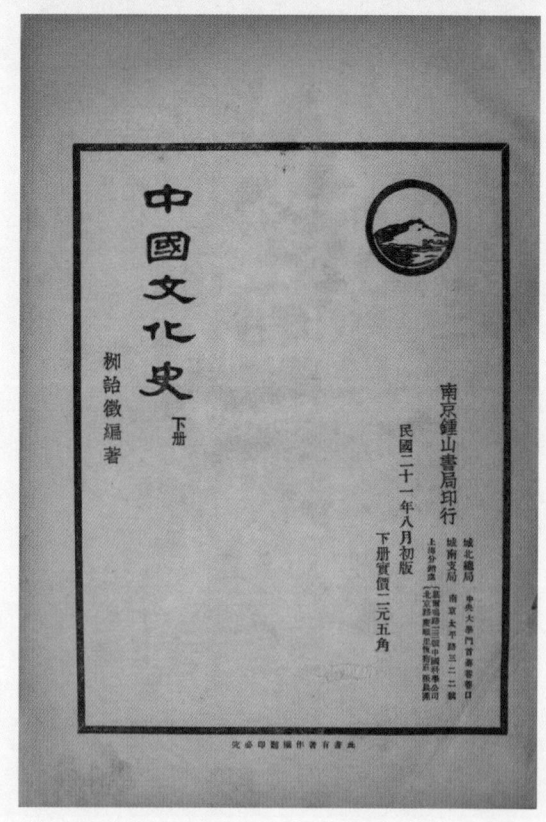

3-7 中国文化史（上、下册）

柳诒徵编著，南京：钟山书局，1932年8月初版。正文1072页（上册528页，下册544页），26cm×19cm。

柳诒徵（1880—1956），字翼谋，号知非，晚号劬堂，又号龙蟠迂叟，江苏镇江人。历史学家、古典文学家、图书馆学家、书法家。三江师范学堂毕业。历任南京高等师范学校、东南大学、中央大学教授及研究员，中央大学国学图书馆馆长等职。中华人民共和国成立后，任上海市文物管理委员会委员。

本书共三编：第一编上古文化史，自邃古至两汉；第二编中古文化史，自东汉至明季；第三编近世文化史，自明季迄今日。

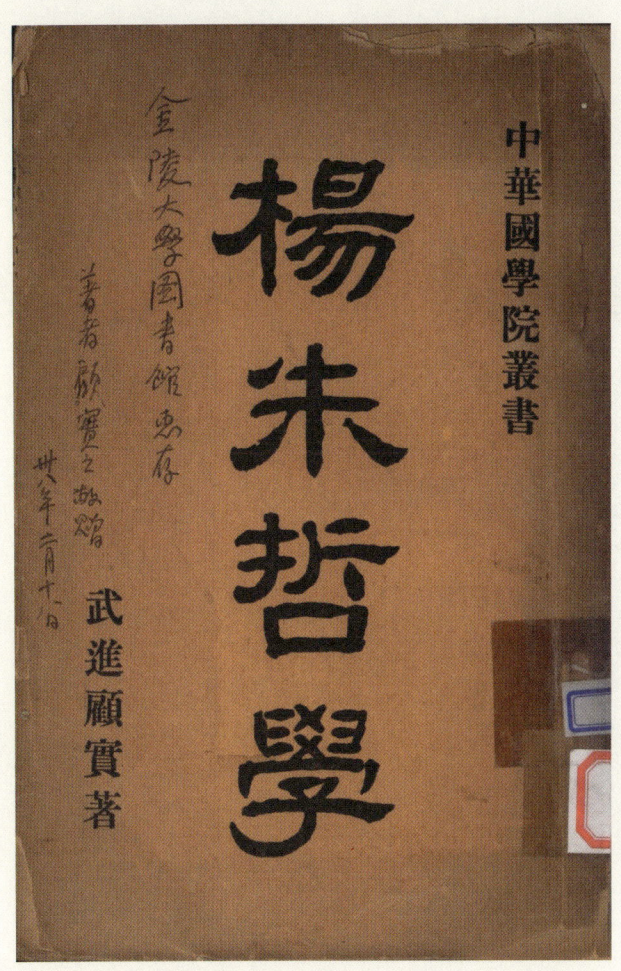
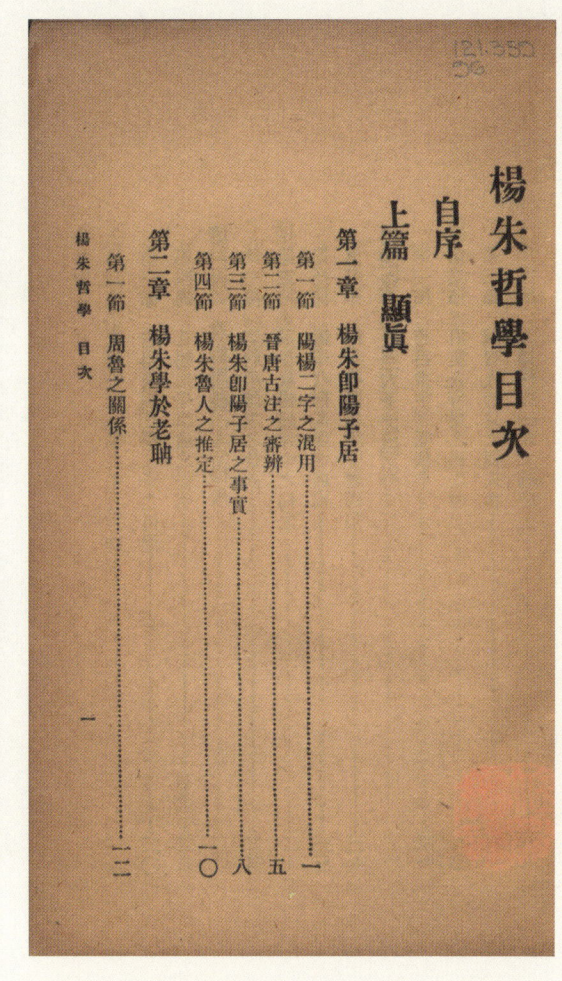
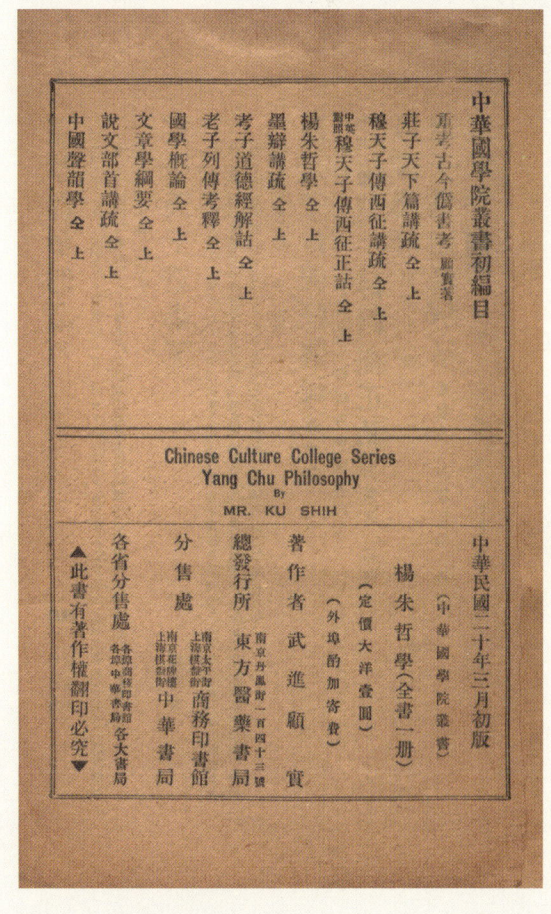

3-8 杨朱哲学 ［中华国学院丛书］

顾实著，南京：东方医药书局，1931年初版。正文171页，22cm×14.5cm。

顾实（约1877—1956），字惕生，江苏武进（今常州）人。古文字学家、朱子学家。历任南京高等师范学校、东南大学、中央大学文学院教授。中华人民共和国成立后，曾任江苏文史馆馆员。

全书分上、中、下三篇：显真、明取、辟伪。

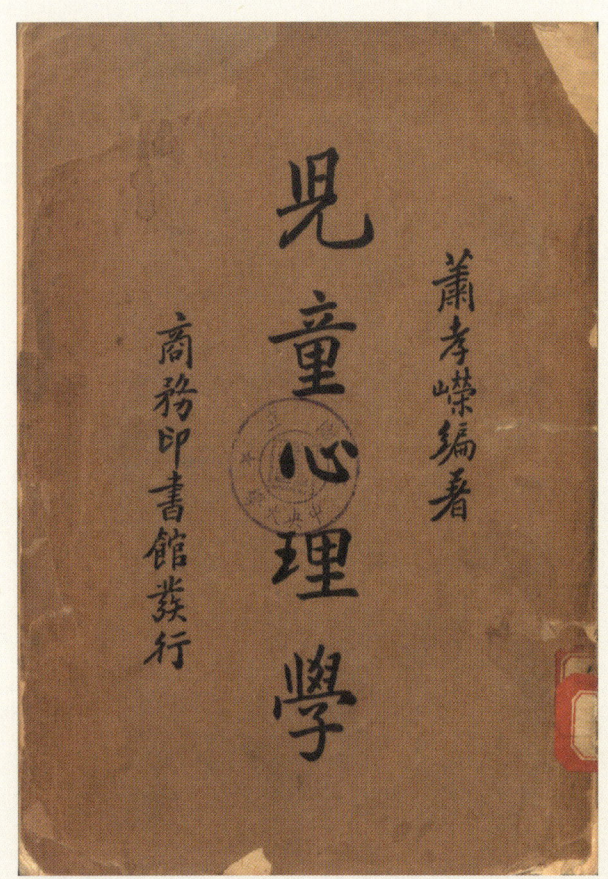
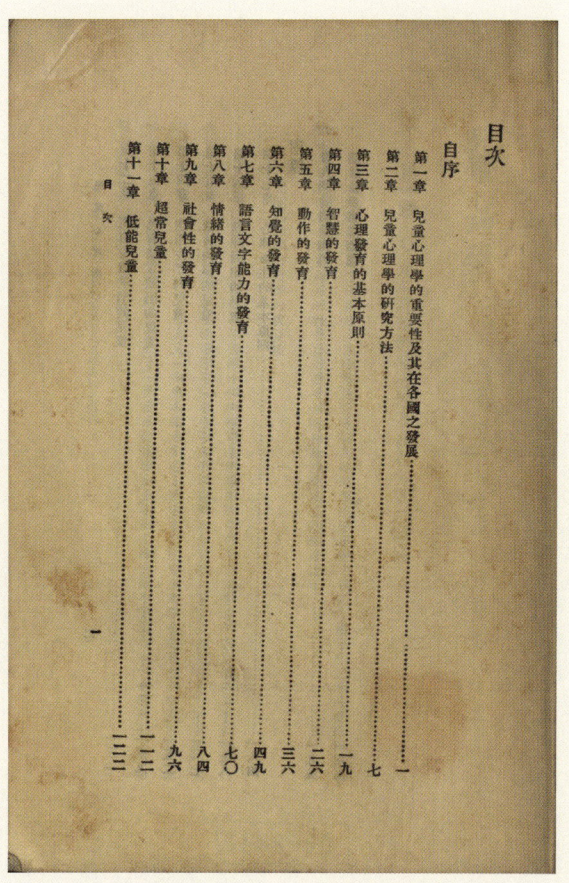

3-9 儿童心理学

萧孝嵘编著,上海:商务印书馆,1936年5月初版。正文236页,21cm×15cm。

萧孝嵘(1897—1963),湖南衡阳人。心理学家。留学美国,获加利福尼亚大学哲学博士学位。首位将德国格式塔心理学介绍到中国的心理学家。历任中央大学心理学教授、心理学系主任、心理研究所所长,复旦大学心理学教授、教育系主任。中华人民共和国成立后,曾任华东师范大学心理学教授。

该书主要内容有儿童心理学的重要性及其在各国之发展、儿童心理学的研究方法、心理发育的基本原则等十七章,全面系统地将西方儿童心理学理论引入中国。

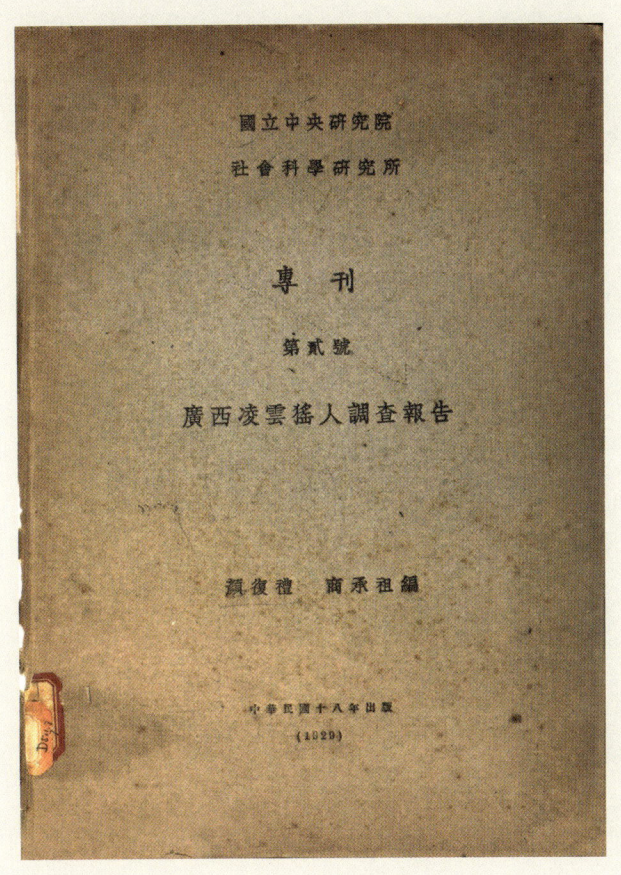
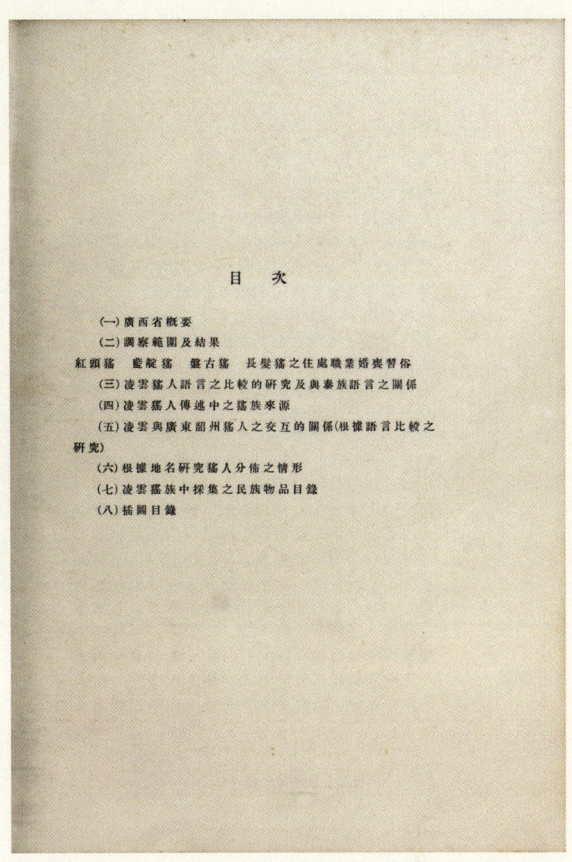

3-10 广西凌云猺人调查报告　　[国立中央研究院社会科学研究所专刊第二号]

[德]颜复礼、商承祖编,北京:国立中央研究院社会科学研究所,1929年。正文40页(包括照片76幅,草图4幅),27cm×19cm。

颜复礼(Fritz Jäger, 1886—1957),德国人。汉学家。曾任国立中央研究院研究员、德国汉堡大学汉学系教授。

商承祖(1899—1975),字章孙,广东番禺人。德语语言文学家。历任国立编译馆编纂、中央大学教授,中华人民共和国成立后,曾任南京大学外文系教授、系主任等职。

该书主要内容有:一、广西省概要;二、调查范围及结果;三、凌云猺人语言之比较的研究及与泰族语言之关系;四、凌云猺人传述中之猺族来源;五、凌云与广东韶州猺人之交互的关系;六、根据地名研究猺人分布之情形;七、凌云猺族中采集之民族物品目录;八、插图目录。

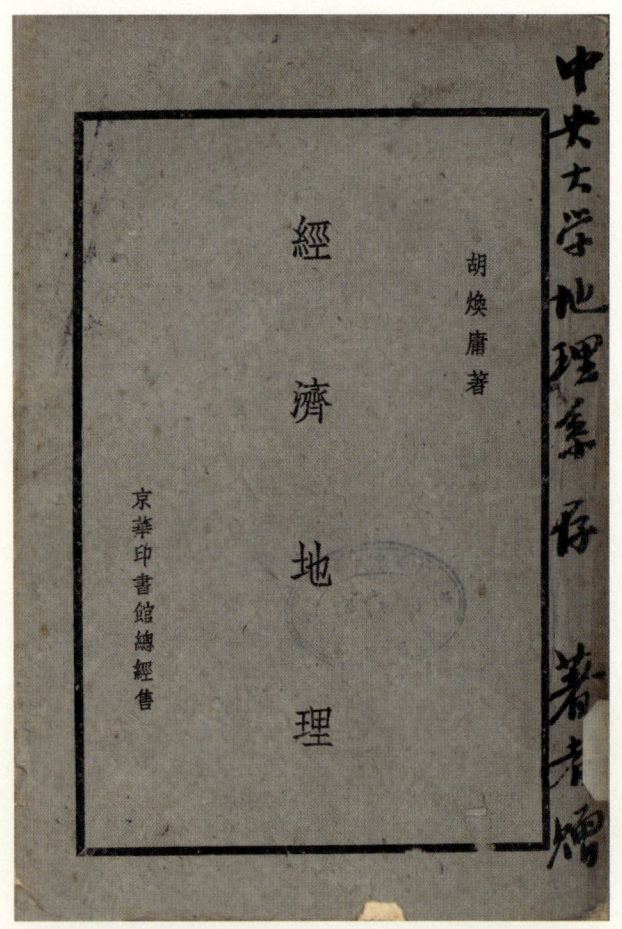
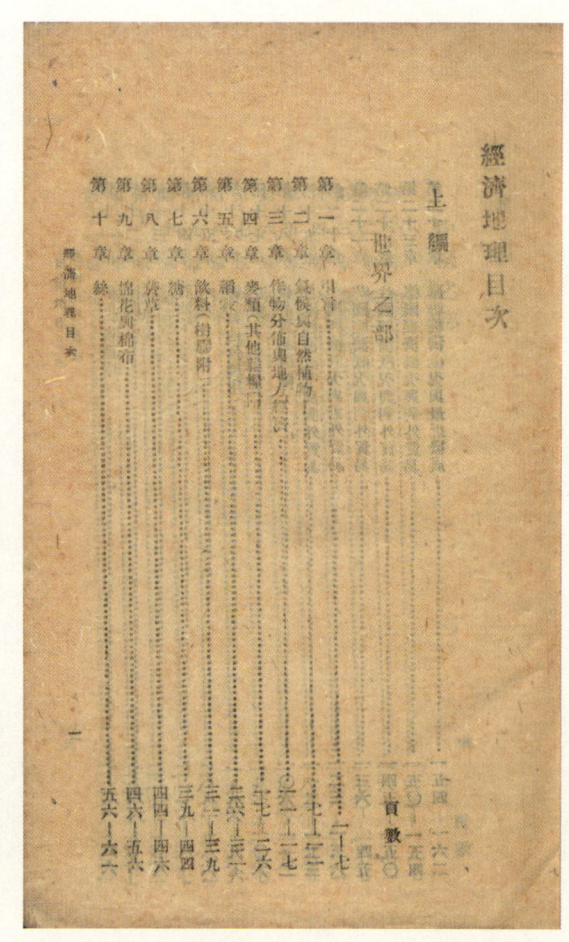
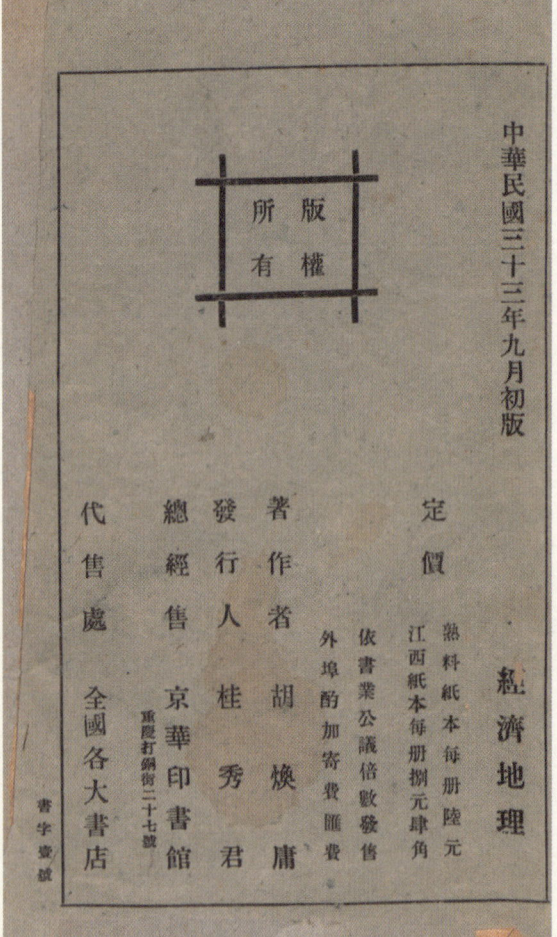

3-11 经济地理

胡焕庸著，重庆：京华印书馆，1944年9月初版。正文300页，19.2cm×13cm。

胡焕庸（1901—1998），字肖堂，江苏宜兴人。地理学家。先后就读于南京高等师范学校、东南大学。曾任中央大学地理系教授兼主任、中央大学研究院地理研究部主任兼教务长。中华人民共和国成立后，历任治淮委员会技术委员，华东师范大学地理系教授、人口所所长等职。

全书分上、下编。上编"世界之部"，共三十四章；下编"中国之部"，共二十四章。

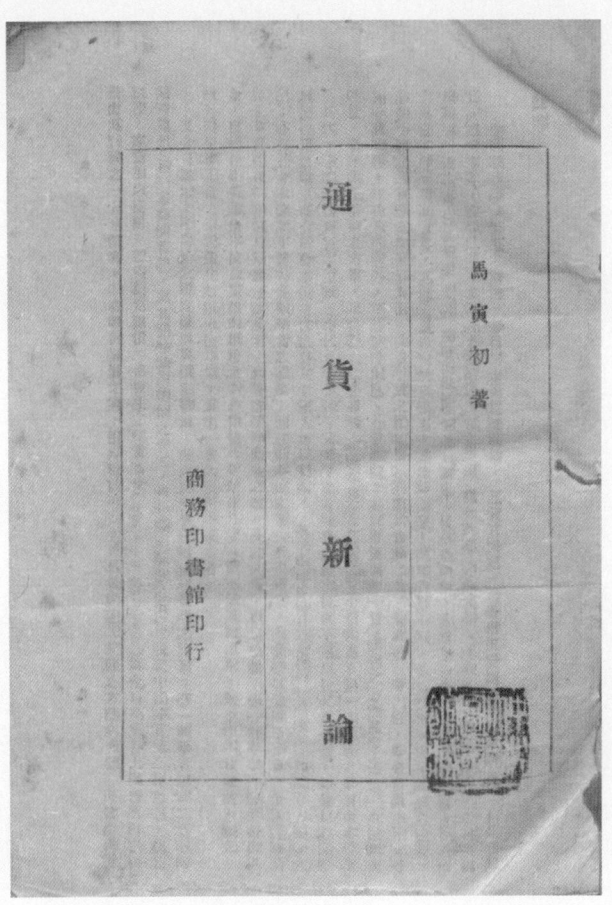
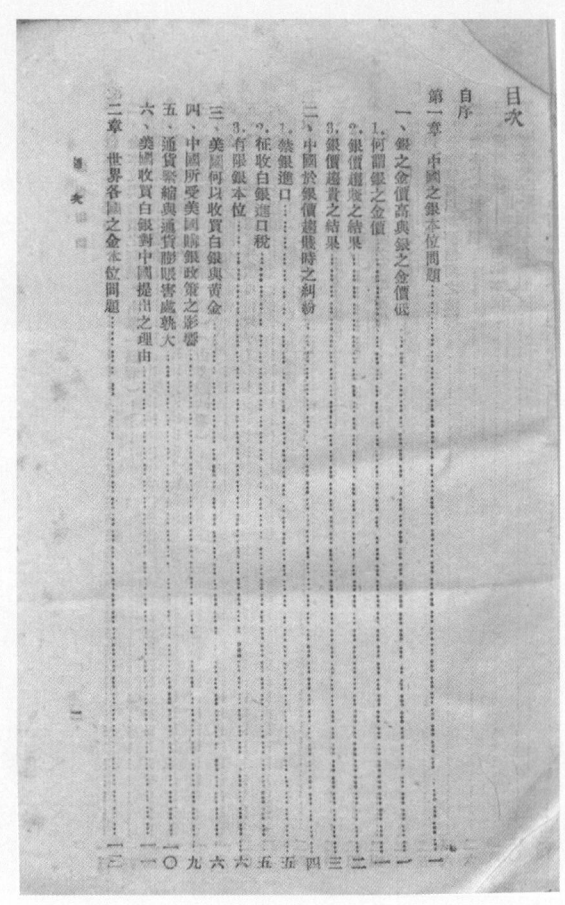

3-12 通货新论

马寅初著,重庆:商务印书馆,1944年6月初版。正文232页,20cm×15cm。

马寅初(1882—1982),浙江嵊县人。经济学家。留学美国,获哥伦比亚大学博士学位。曾任金陵大学教授、中央大学教授兼经济系主任。中华人民共和国成立后,历任中央人民政府委员,华东军政委员会副主席,浙江大学、北京大学校长等职。

全书共二十四章。将第一次世界大战之后的各种货币新学说与战后各国调整通货的方法、步骤进行整理归纳,作为中国制定货币政策的参考。

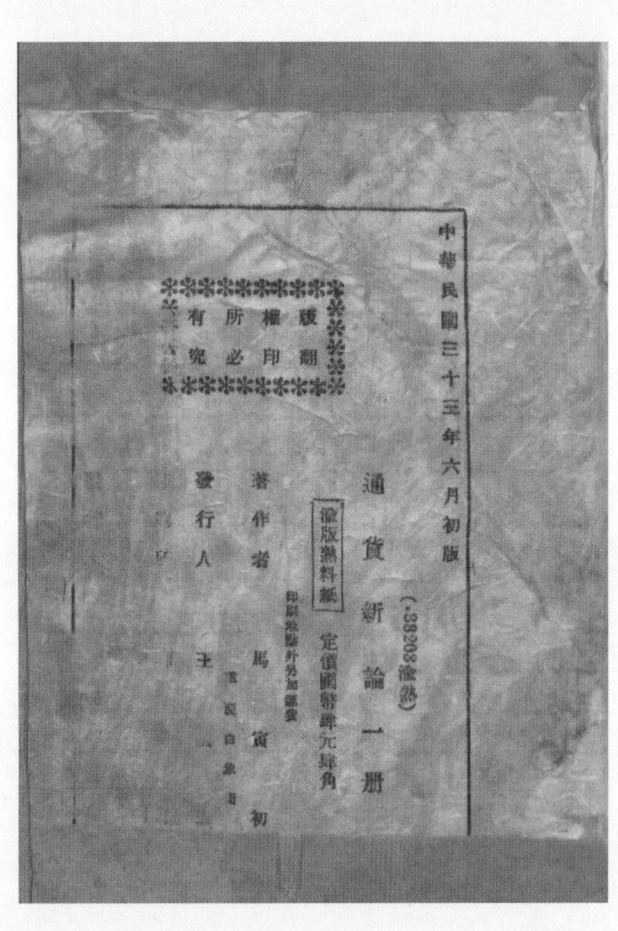

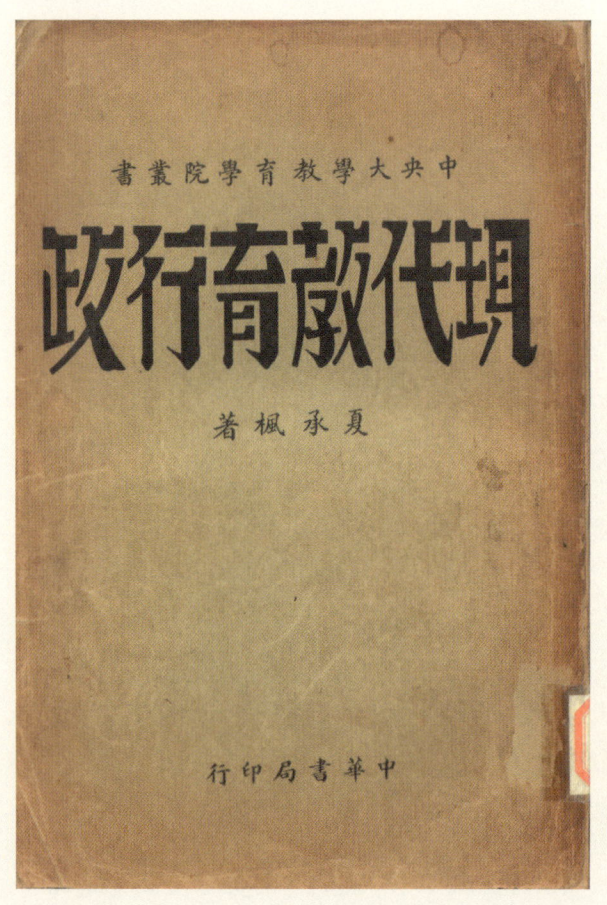
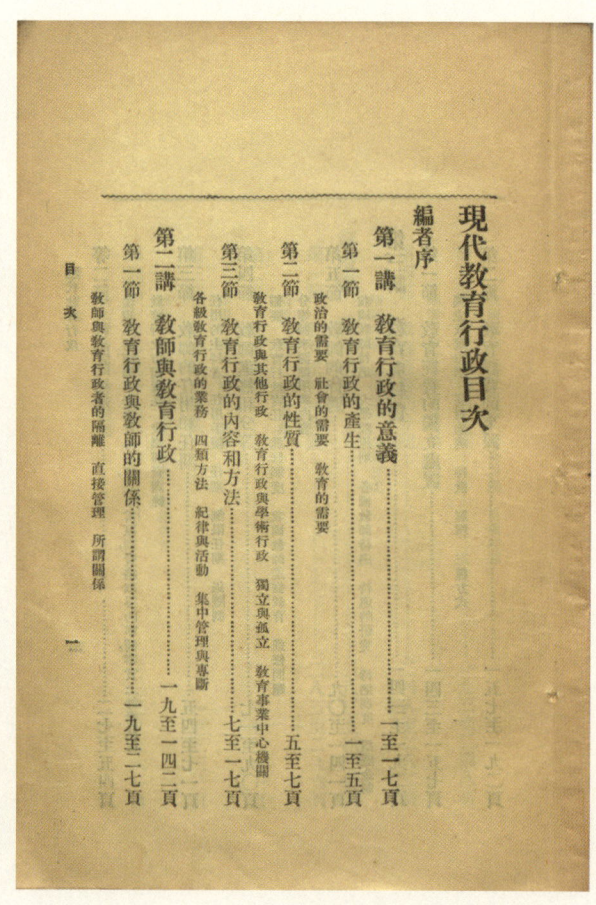
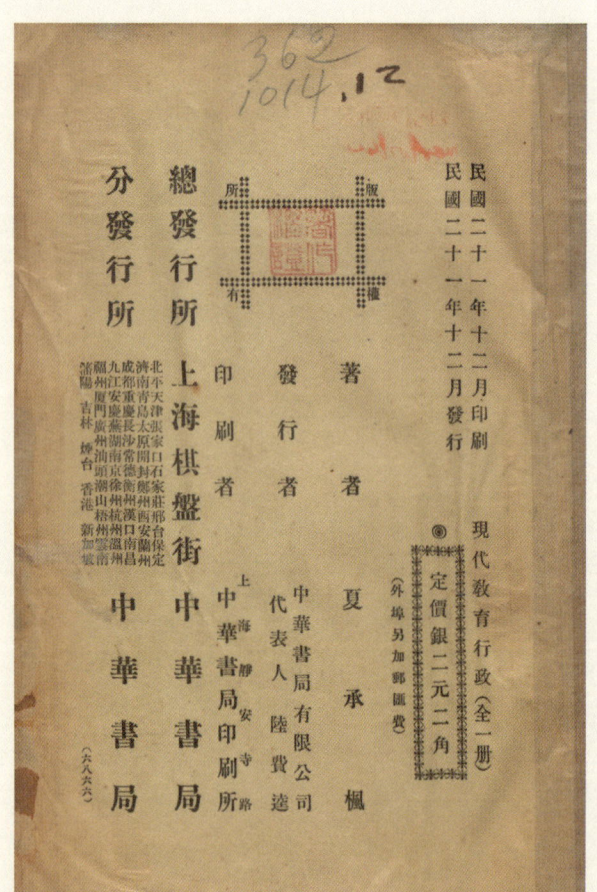

3-13 现代教育行政 [中央大学教育学院丛书]

夏承枫著，上海：中华书局，1932年12月。正文438页，22cm×15cm。

夏承枫(1898—1935)，教育家。先后就读于南京高等师范学校、东南大学教育科。曾任中央大学教育学院教授、中央大学区教育行政院科长等职。

全书共分五部分：一、教育行政的意义；二、教师与教育行政；三、教育与经费；四、教育制度；五、教育行政组织。

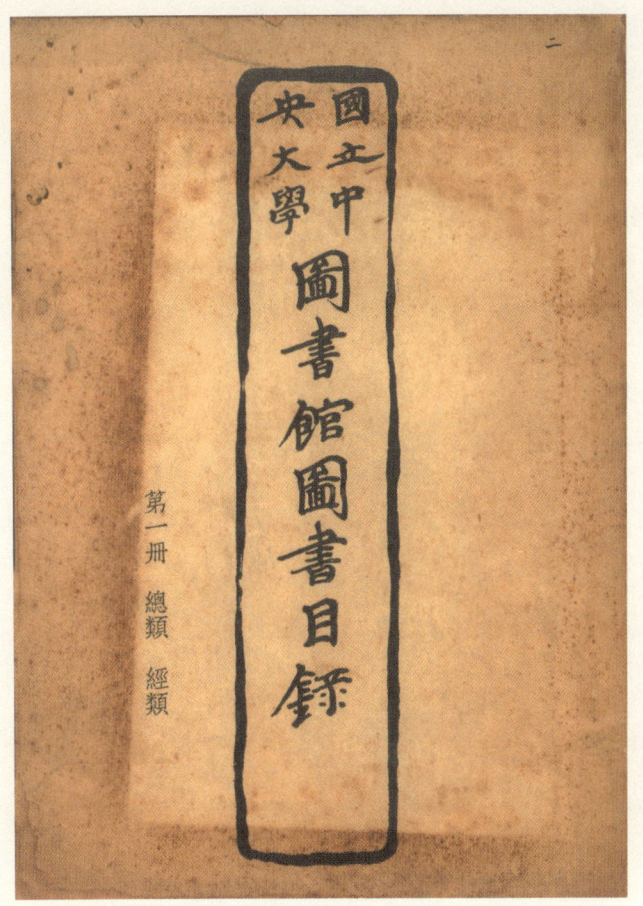
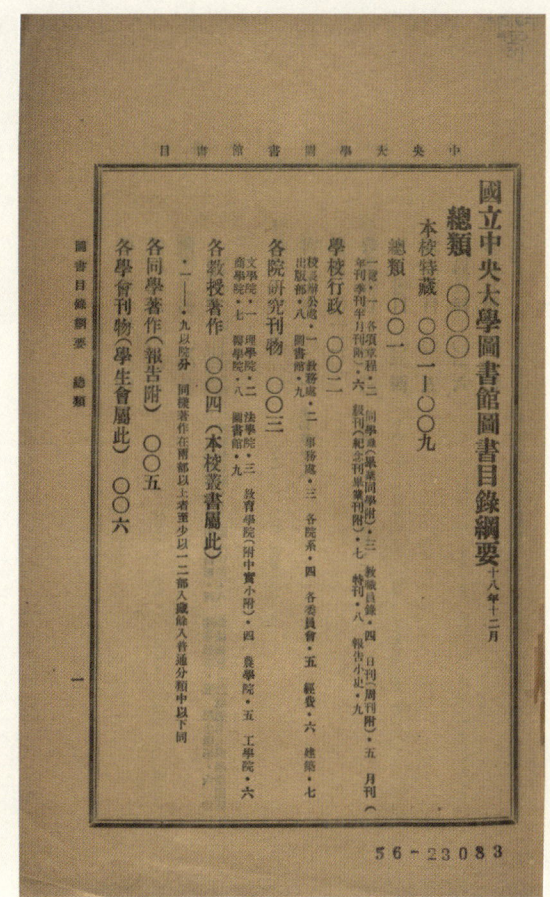

3-14　国立中央大学图书馆图书目录

南京：中央大学图书馆，1929年。正文1152页，25.5cm×18.2cm。

共分四册。第一册：总类、经类；第二册：史地类、哲学类；第三册：文学类；第四册：社会科学类、自然科学类、应用科学类、艺术类、革命文库。本编所著录书籍，以中央大学图书馆1928年底所藏中文书籍为限。

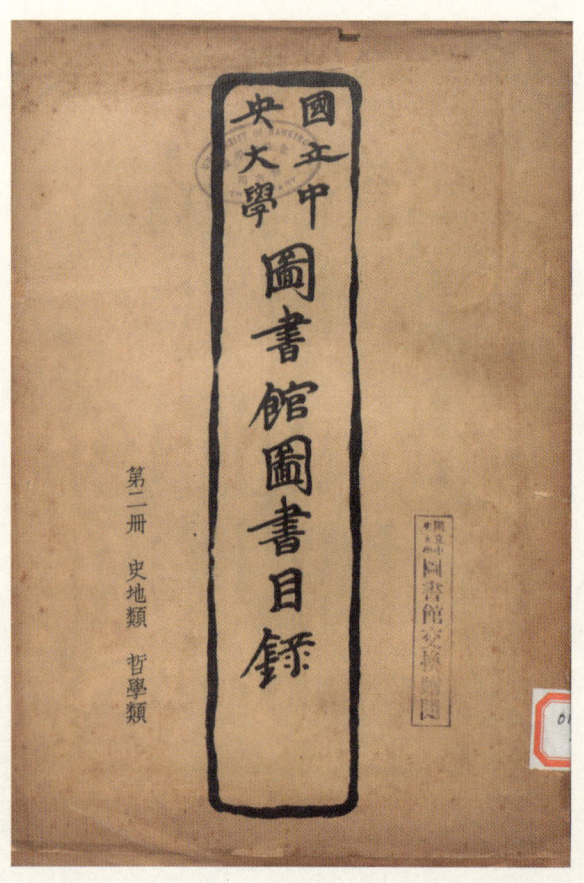

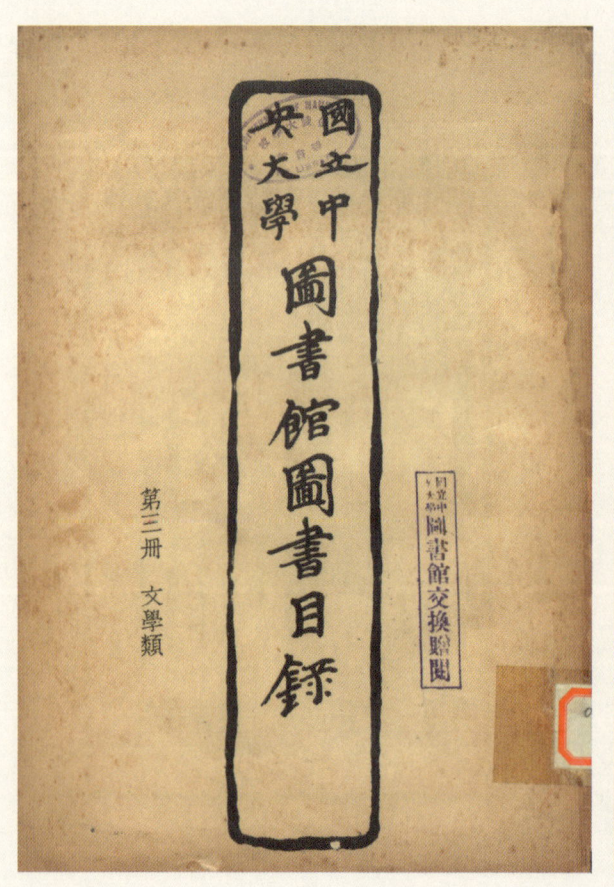

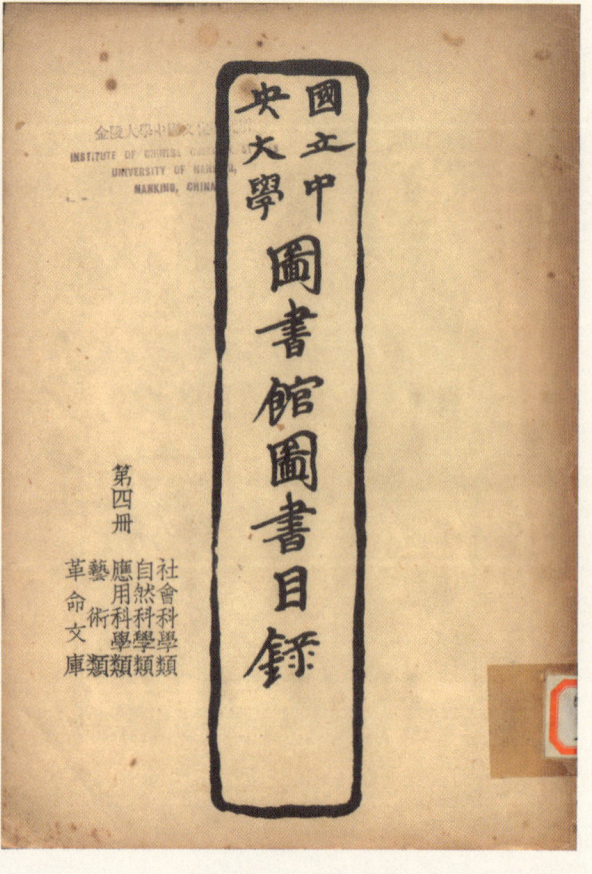

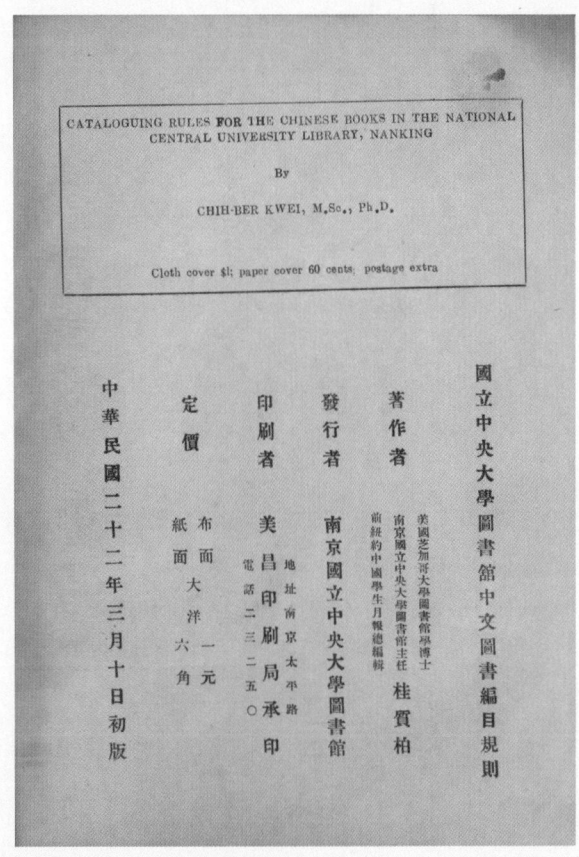

3-15 国立中央大学图书馆中文图书编目规则

桂质柏著，南京：国立中央大学图书馆，1933年3月初版。正文33页，26cm×19cm。

桂质柏，见2-16。

该书为其在中央大学图书馆馆长任内所著。"以中央大学图书馆收藏宏富，为方便读者检索，编著此目录。"

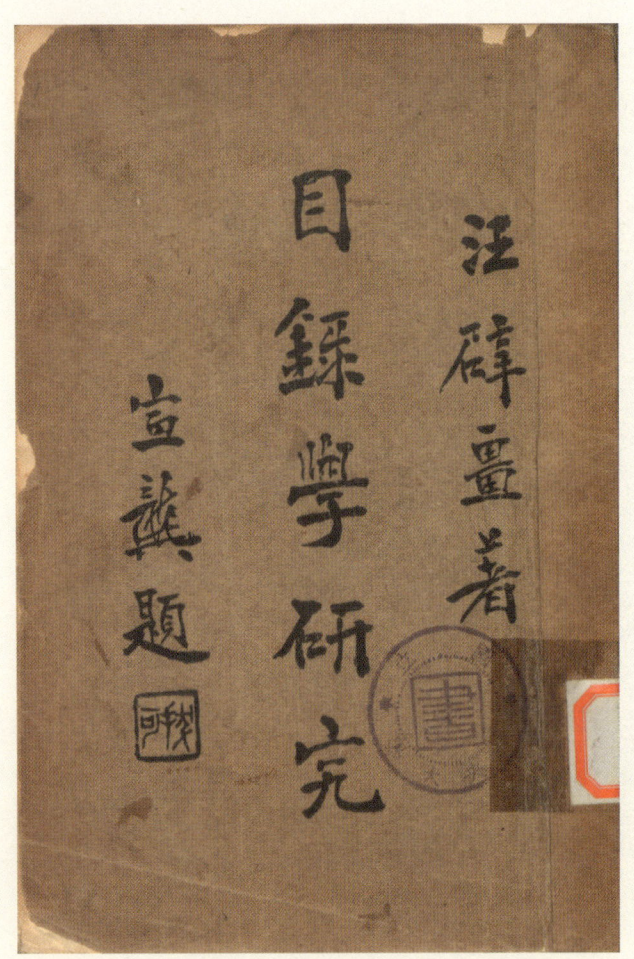
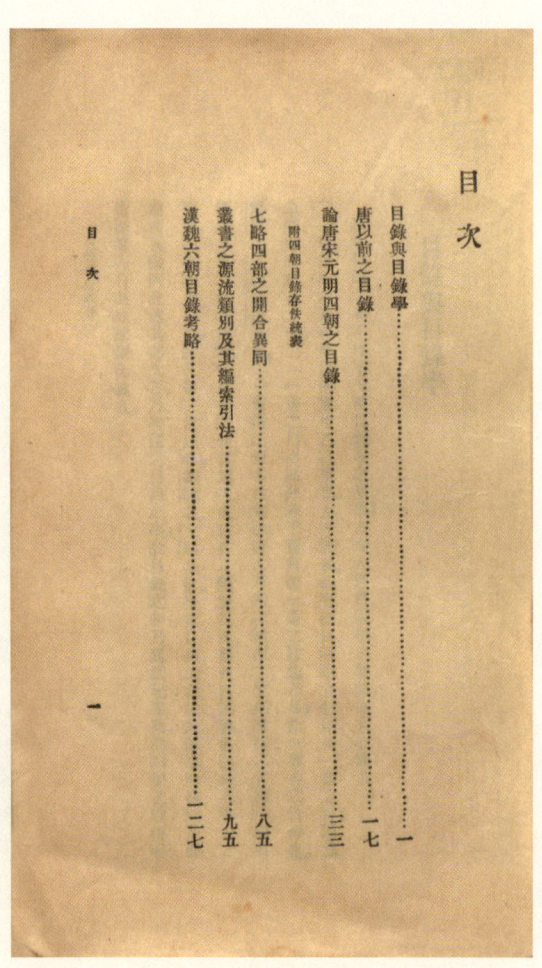
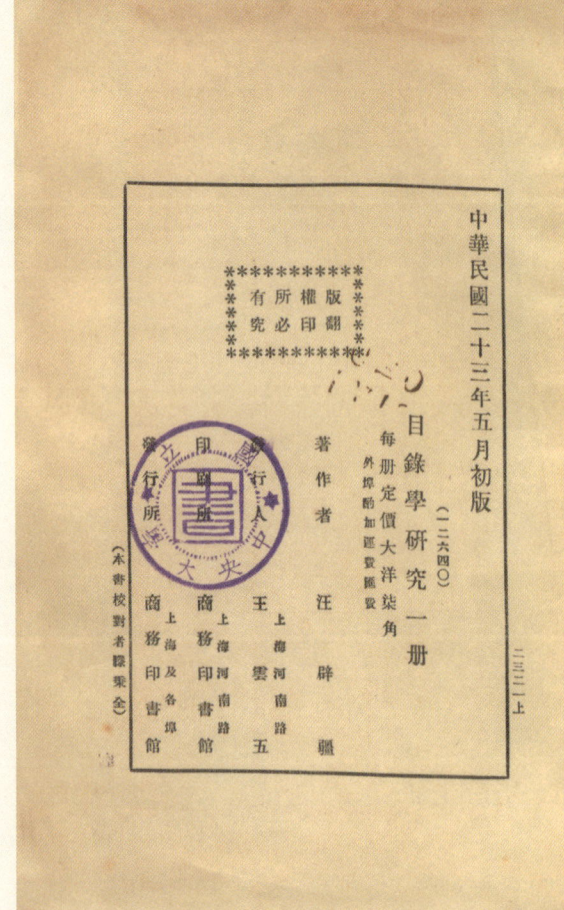

3-16 目录学研究

汪辟疆著，上海：商务印书馆，1934年5月初版。正文187页，19cm×12.8cm。

汪辟疆（1887—1966），原名汪国垣，字辟疆，号方湖，江西彭泽人。文史学家、目录学家、诗人。历任第四中山大学、中央大学、金陵大学教授。中华人民共和国成立后，任南京大学教授。

本书包括《目录与目录学》《唐以前之目录》《论唐宋元明四朝之目录》《七略四部之开合异同》《丛书之源流类别及其编索引法》《汉魏六朝目录考略》六篇文章，皆为汪辟疆历年在中央大学授课时的讲义。

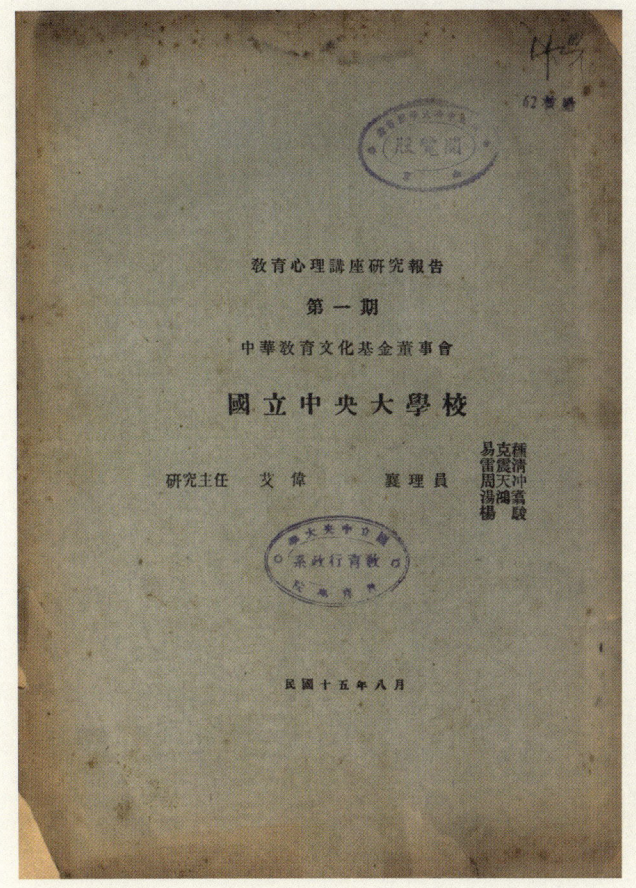
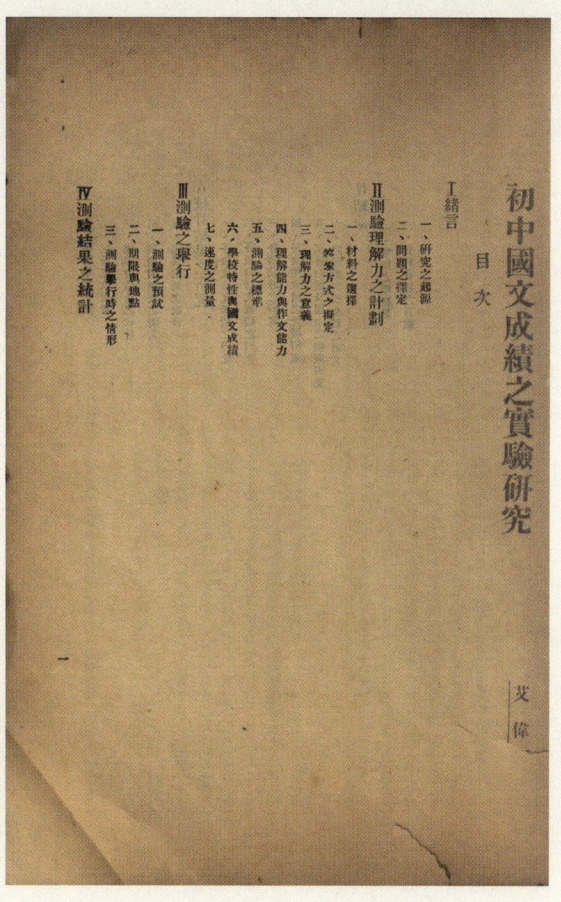

3-17　初中国文成绩之实验研究　　[教育心理讲座研究报告·第一期]

艾伟著，1926年8月。正文48页，26.5cm×19cm。

艾伟（1890—1955），原名华泳，字险舟，湖北江陵（今荆州）人。心理学家。曾留学美国，获美国华盛顿大学哲学博士学位。回国后，历任东南大学心理学教授、中央大学教育系主任、教育学院院长、师范学院院长等职。期间创办中央大学教育研究所，任所长并招收研究生。后赴台湾。

该书主要内容有：一、绪言；二、测验理解力之计划；三、测验之举行；四、测验结果之统计；五、统计结果之研究；六、结论。

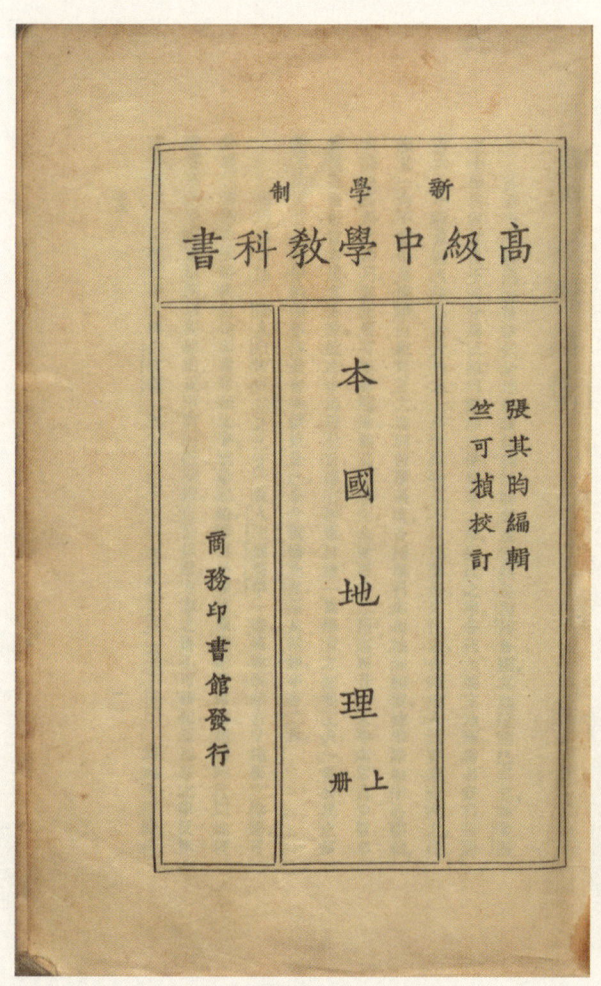
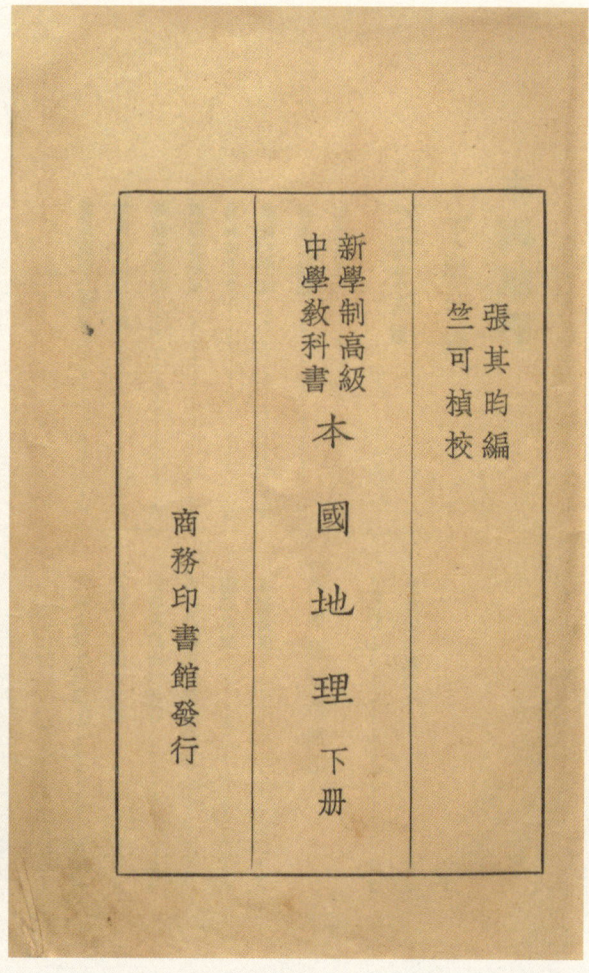

3-18 本国地理（上、下册）

张其昀编，竺可桢校，上海：商务印书馆。正文758页（上册268页，下册490页），19cm×12.8cm。

张其昀（1901—1985），字晓峰，浙江鄞县人。南京高等师范学校史地部毕业。历任上海商务印书馆编辑，中央大学、浙江大学教授。后赴台湾，曾任国民党"宣传部"部长、"教育部"部长等职。

竺可桢（1890—1974），又名绍荣，字藕舫，浙江上虞人。气象学家、地理学家、教育家。历任南京高等师范学校教授、东南大学教授兼地学系主任、中央大学地理学系主任、中央研究院气象研究所研究员兼所长、浙江大学校长等。中华人民共和国成立后，曾任中国科学院副院长，第一、二、三届全国人大常委会委员，中华全国科学技术协会副主席等职。

该书主要内容有黄河三角洲、大湖区域、大江三角洲等二十三章。上册含地图和照片99幅，下册含地图和照片71幅。为当时全国中学通用教材，共发行十余版。

(1) 大江三峽之風景

(採自萬國新圖誌第二卷 Countries of the World. 1925 年倫敦出版)

(1) 青島

(採自攝收青島紀念寫眞)

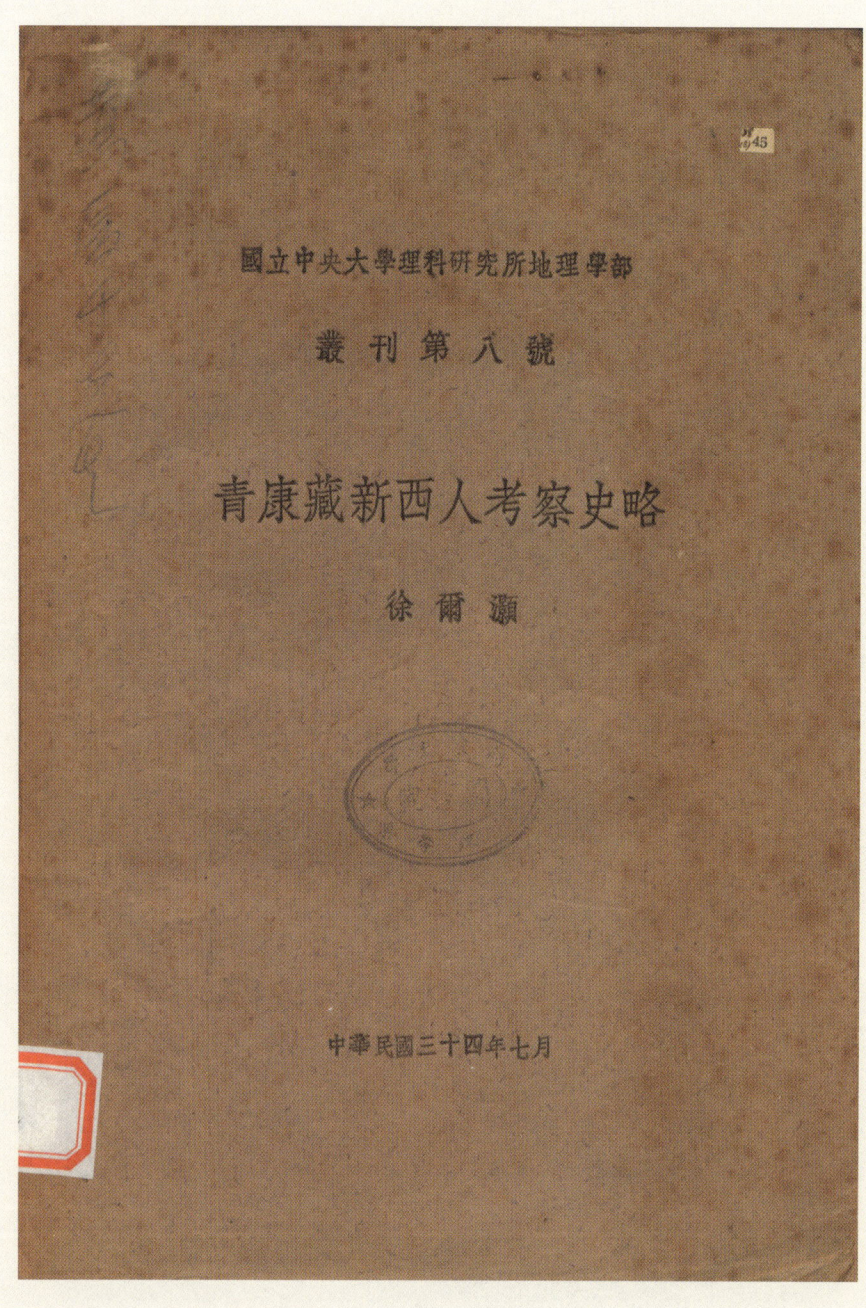

3-19 青康藏新西人考察史略　　[国立中央大学理科研究所地理学部丛刊·第八号]

徐尔灏著,1945年7月。正文40页,26cm×18cm。

徐尔灏(1918—1970),江苏江阴人。气象学家。中央大学地理系毕业,后留学英国伦敦大学。曾任中央大学副教授。中华人民共和国成立后,任南京大学教授、气象系主任,中国气象学会副理事长,国家科委气象组副组长等职。

本书梳理了1864—1935年间外国人对我国西部边疆的探险考察,主要内容有:一、总论;二、路线测量之部;三、探查测量之部;四、文献要目;附《青康藏新西人考察路线及测量区域图》。

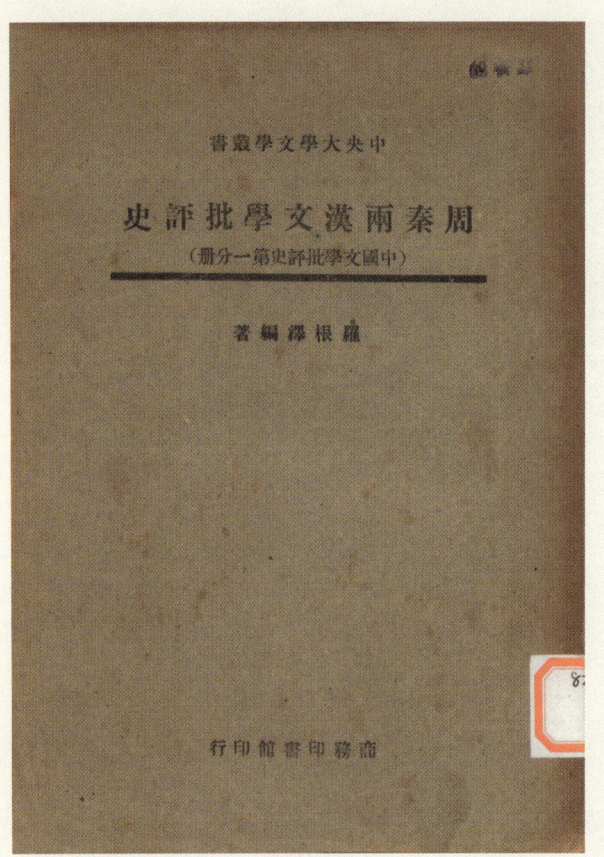
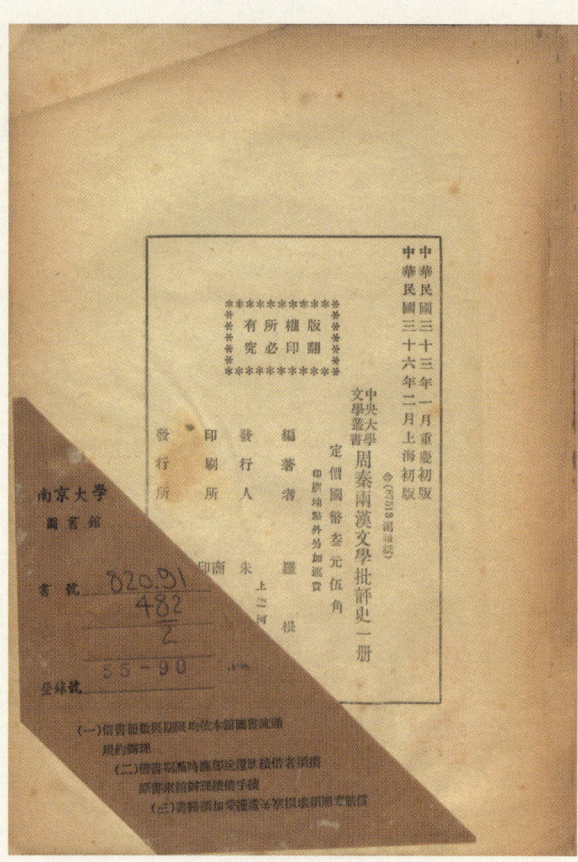

3-20 中国文学批评史(全四册) [中央大学文学丛书]

罗根泽编著,商务印书馆。20.2cm×14.8cm。
罗根泽(1900—1960),字雨亭,河北深县人。古典文学研究专家。中央大学文学院教授。中华人民共和国成立后,任南京大学中文系教授兼中国文学史教研室主任。

周秦两汉文学批评史(第一分册)
上海:商务印书馆,1947年2月。正文140页。
主要内容包括周秦文学批评史和两汉文学批评史。

魏晋六朝文学批评史(第二分册)
重庆:商务印书馆,1943年8月初版。正文142页。
主要内容包括文学概念、文笔之辨、文体类、音律说等十一章。

隋唐文学批评史(第三分册)
重庆:商务印书馆,1943年11月初版。正文150页。
主要内容包括诗的对偶及作法、诗与社会及政治、元稹白居易的社会诗论等七章。

晚唐五代文学批评史(第四分册)
重庆:商务印书馆,1945年7月初版。正文67页。
主要内容包括文学论、诗格、诗句图、诗品及本事诗。

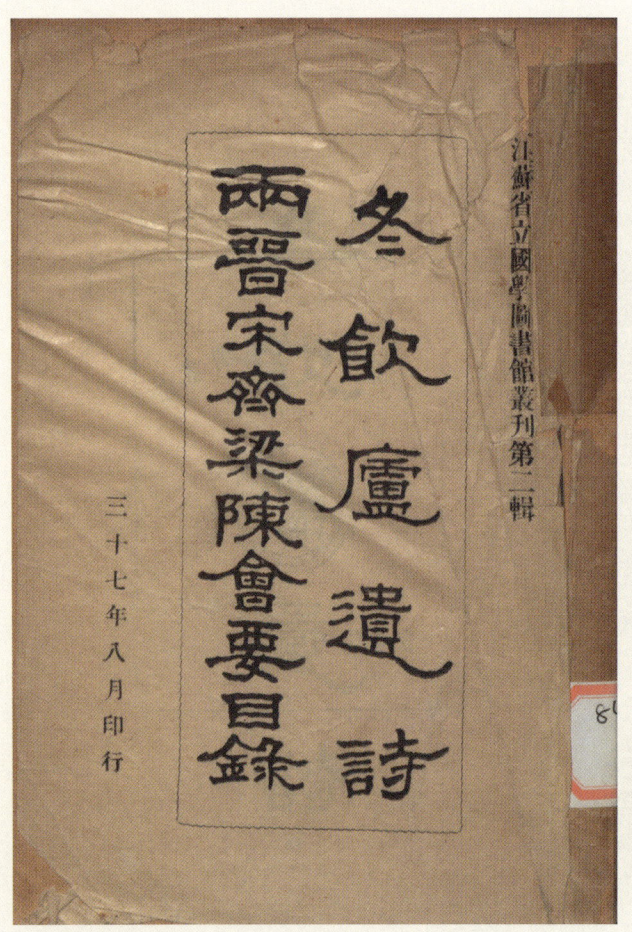
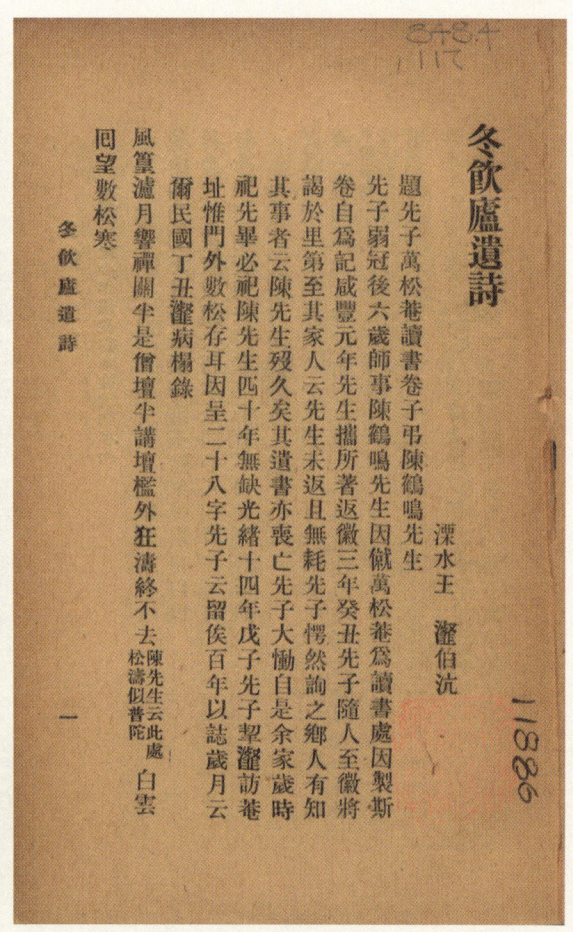

3-21 冬饮庐遗诗 两晋宋齐梁陈会要目录
[江苏省立国学图书馆丛刊·第二辑]

王瀣、朱铭盘著，南京：江苏省立国学图书馆，1948年8月初版。正文60页，18cm×12.5cm。

王瀣（1871—1944），字伯沆，晚号冬饮，别署沆一、伯涵、无想居士等，江苏南京人。历任两江师范学堂教习、南京高等师范学校教授兼国文系主任，金陵女子大学、东南大学、中央大学等校教授。抗战爆发后，拒任伪职。

朱铭盘（1852—1893），字俶间，又字日新，号曼君，江苏泰兴人。光绪八年（1882）举人。清末史学家、书法家、诗人。

此书为《冬饮庐遗诗》和《两晋宋齐梁陈会要目录》合集，两者皆为遗著。《冬饮庐遗诗》收录王伯沆生前所写旧体诗100余首。《两晋宋齐梁陈会要目录》包括《两晋会要》八十卷、《宋会要》五十卷、《齐会要》四十卷、《梁会要》四十卷、《陈会要》三十卷。

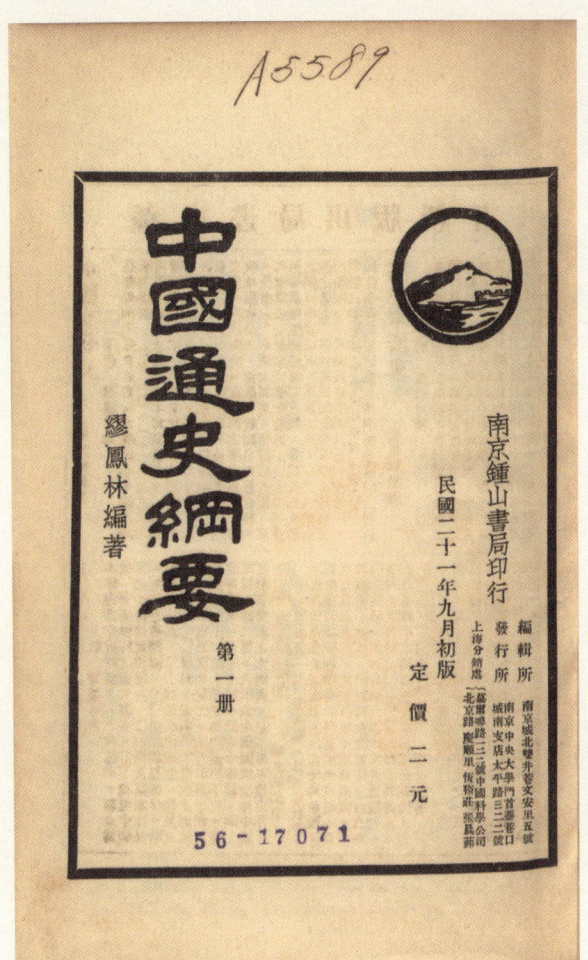
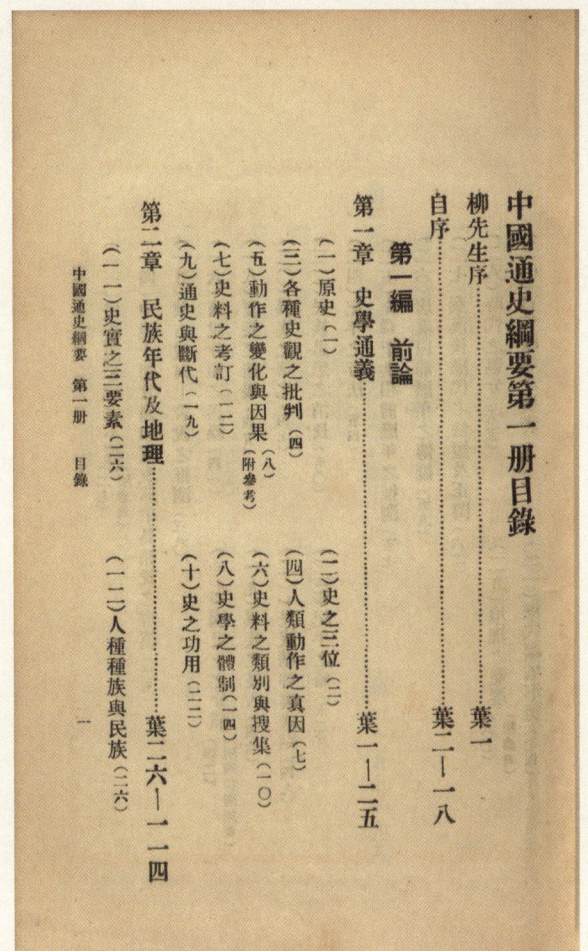

3-22 中国通史纲要(全三册)

缪凤林编著,南京:钟山书局,1932年9月(第一册),1933年2月(第二册),1935年8月(第三册)。正文共1128页(第一册418页,第二册400页,第三册310页),22.5cm×15.3cm。

缪凤林,见3-1。

全书共三册,分为八章:一、史学通义;二、民族年代及地理;三、传疑时代;四、封建时代;五、列国时代;六、统一时代;七、混乱时代与南北对峙时代;八、统一时代与割据时代。

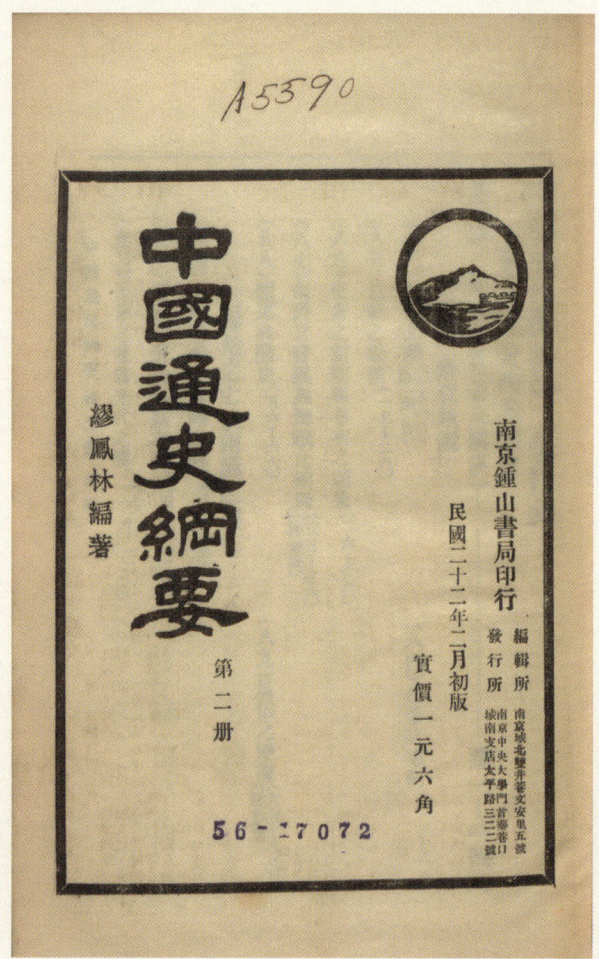

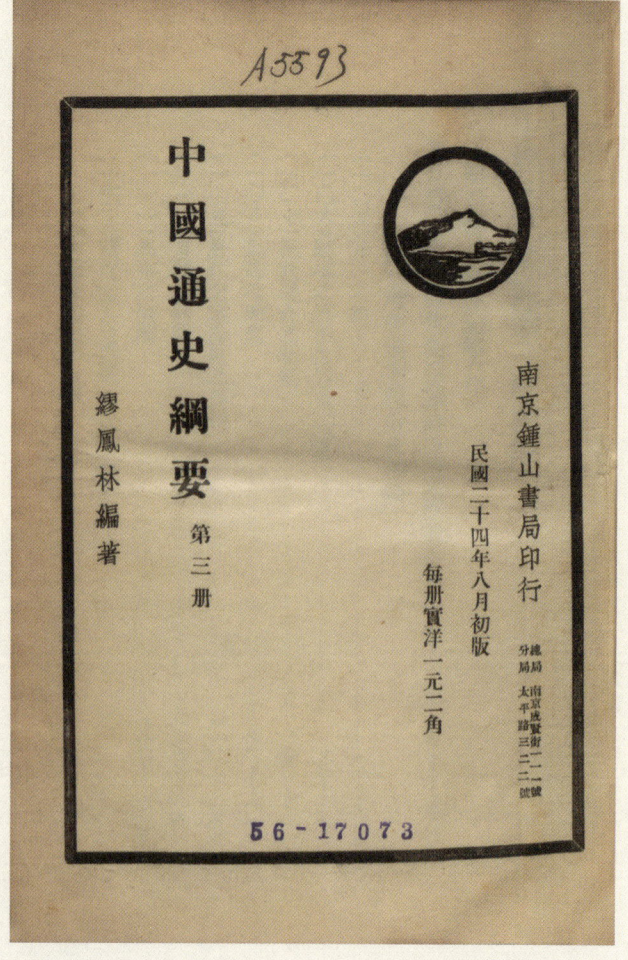

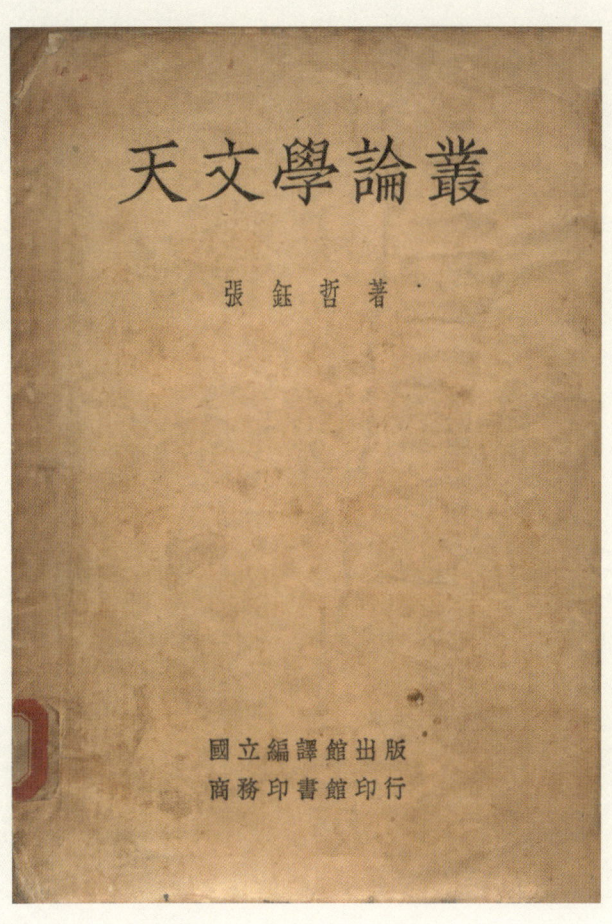

3-23 天文学论丛

张钰哲著,南京:国立编译馆,1933年初版。正文282页,21.3cm×15.1cm。

张钰哲(1902—1986),福建闽侯人。天文学家。曾任中央大学物理系教授、中央研究院天文研究所所长。中华人民共和国成立后,历任中国科学院紫金天文台台长、中国科学院数理化学部委员和中国天文学会理事长等职。

全书共分美洲天文台参观述忆、天文与人生、万古之奔波、天文台之设备、近代天文学之趋势、仰观俯察说岁时等十七章。

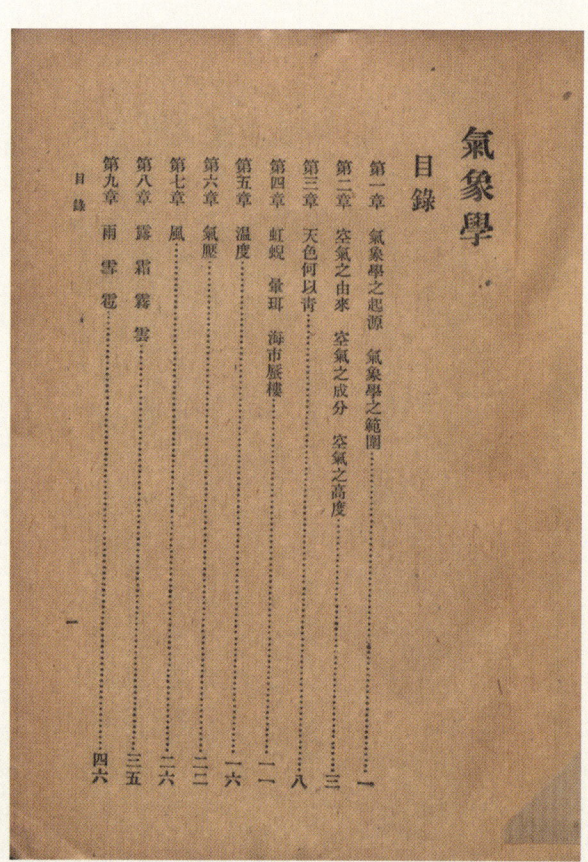
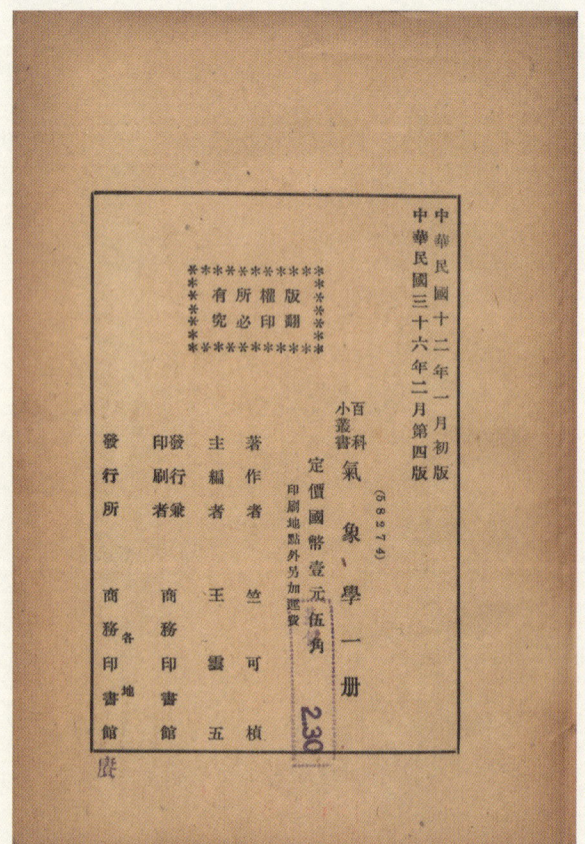

3-24 气象学　[百科小丛书]

竺可桢著,商务印书馆,1947年2月。正文62页,17.9cm×12.7cm。

竺可桢,见3-18。

全书共分气象学之起源、气象学之范围、空气之由来、空气之成分、空气之高度,天色何以青等十章。

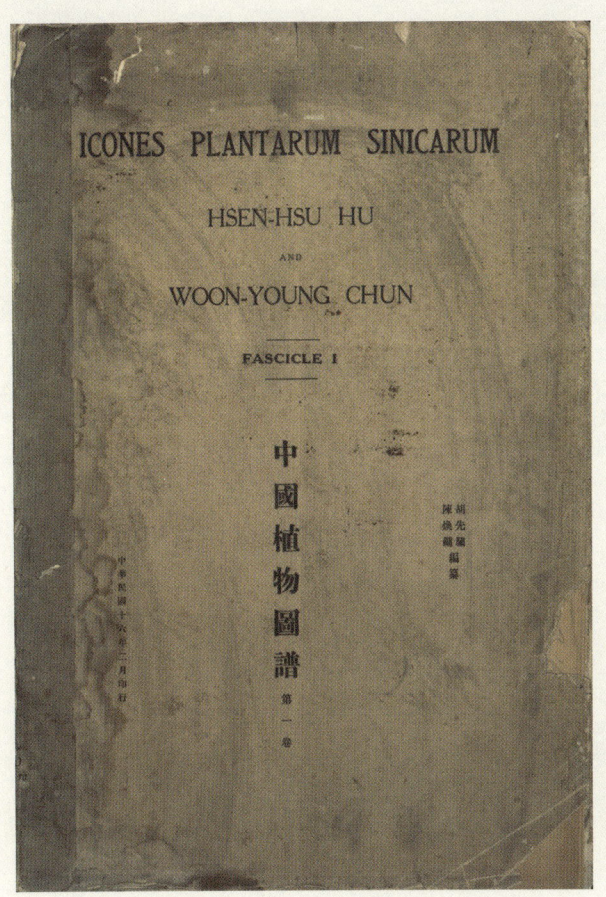

3-25　中国植物图谱(第一、二卷)

中国植物图谱(第一卷)　*Icones Plantarum Sinicarum*(Fascicle I)
胡先骕、陈焕镛编纂,1927年2月。正文150页,46cm×31cm。

中国植物图谱(第二卷)　*Icones Plantarum Sinicarum*(Fascicle II)
胡先骕、陈焕镛编纂,上海:商务印书馆,1929年9月初版。正文250页,46cm×31.5cm。

　　胡先骕(1894—1968),字步曾,江西新建人。植物学家、教育家。历任南京高等师范学校农业专修科教授、东南大学农科教授兼生物学系主任、中正大学校长等职。中华人民共和国成立后,任中国科学院植物研究所研究员。
　　陈焕镛(1890—1971),字文农,广东新会人。植物学家。留学美国,获哈佛大学科学硕士学位。回国后,历任金陵大学农学院林学系教授、东南大学森林系教授。中华人民共和国成立后,任中国科学院华南植物研究所所长、中国科学院学部委员等职。
　　两卷图谱共收录100种植物,含图文注释,是我国第一部现代植物图谱。共出版五卷。
　　本馆藏第一、二卷。(1927—1929)

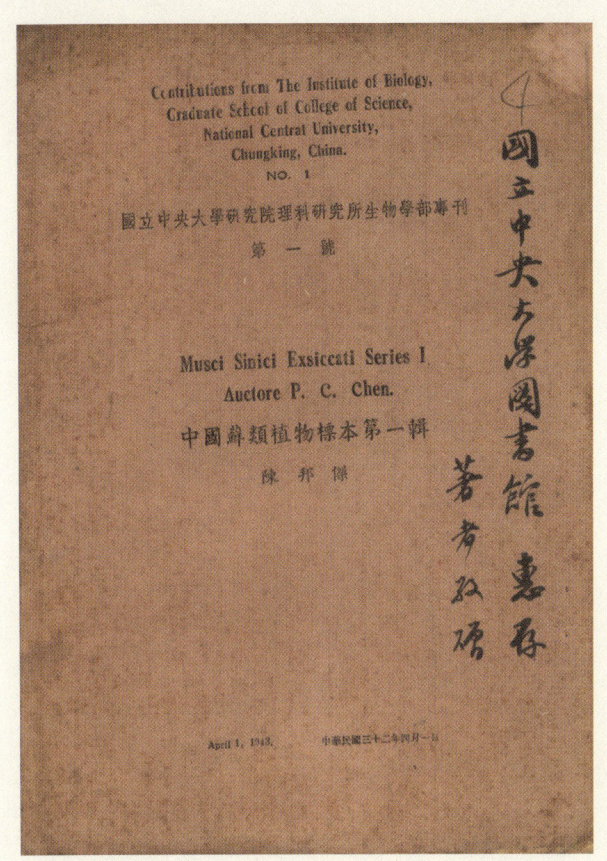
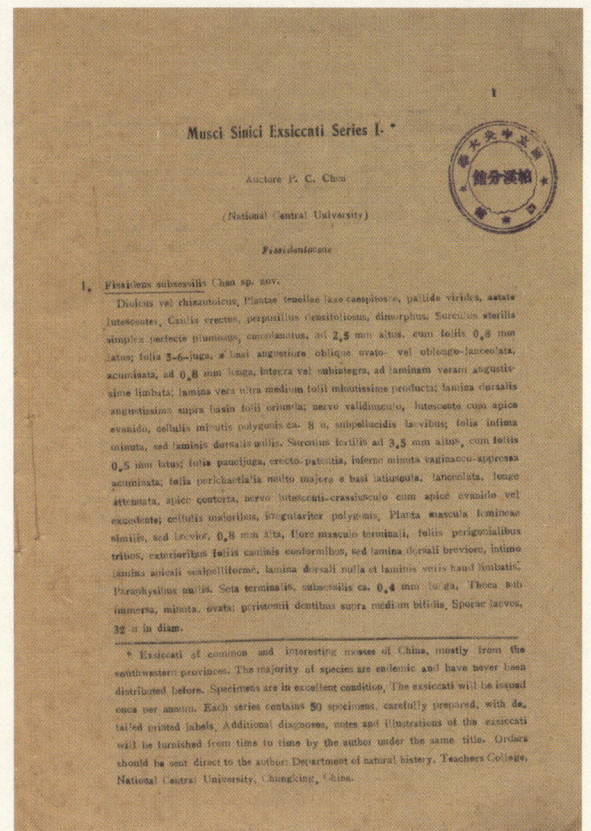

3-26 中国藓类植物标本（第一辑） *Musci Sinici Exsiccati*（Series Ⅰ）

[国立中央大学研究院理科研究所生物学部专刊·第一号]

陈邦杰著，1943年4月。正文共12页，25.8cm×18.5cm。

陈邦杰（1907—1970），字逸尘，江苏镇江人。植物学家。中央大学生物系毕业。曾任中央大学师范学院博物系教授。中华人民共和国成立后，历任南京大学理学院生物系主任、南京师范学院生物科教授兼科主任、中国科学院植物研究所兼任研究员等职。

该书收录中国藓类植物50种，其中新种8个。

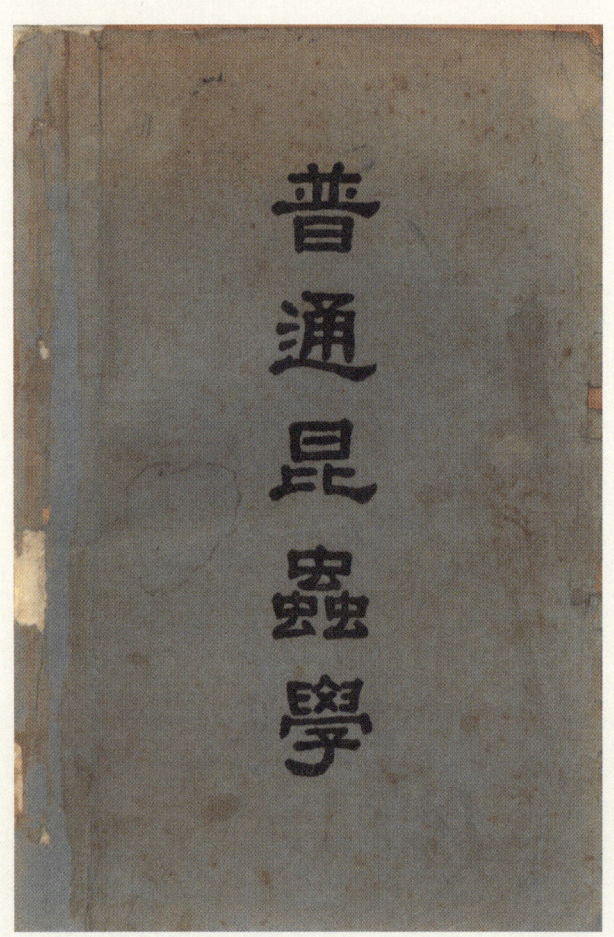

3-27 普通昆虫学

邹钟琳著,上海:中华书局,1948年8月。正文424页,21.5cm×14.7cm。

邹钟琳(1897—1983),字孟干,江苏无锡人。生物学家。就读于南京高等师范学校、东南大学。后留学美国,获明尼苏达大学硕士学位。回国后,曾任南京高等师范学校助教、中央大学农学院院长。中华人民共和国成立后,历任南京农业大学教授、农牧渔业部学术委员等职。

全书共十章:一、昆虫在动物界内之地位及昆虫学之意义与范围;二、昆虫之外部形态及其功用;三、昆虫之内部器官及其生理;四、昆虫卵成虫之发育与变态及生活循环;五、昆虫之分类;六、昆虫之适应;七、昆虫之行为;八、昆虫之生态——有机环境;九、昆虫之生态——无机环境;十、害虫之防除。

普通昆蟲學

目　次

頁數

序言

第一章　昆蟲在動物界內之地位及昆蟲學之意
　　　　義與範圍………………………………1—11
　　第一節　昆蟲在動物界內之地位………………1
　　第二節　昆蟲學之意義與範圍…………………7
　　第三節　昆蟲與人類之關係……………………8
第二章　昆蟲之外部形態及其功用………………12—70
　　第一節　昆蟲體軀之區分………………………12
　　第二節　頭及頭之副器…………………………13
　　　一、頭
　　　二、頭之副器　1.觸角　2.口器
　　第三節　胸及胸之副器…………………………27
　　　一、胸
　　　二、胸之副器　1.翅及翅脈等　2.脚　3.內胸板
　　第四節　腹及腹之副器…………………………51
　　　一、腹
　　　二、腹之附屬器　1.尾鬚　2.肛門　3.生殖器
　　第五節　昆蟲之皮膚與附屬體…………………58

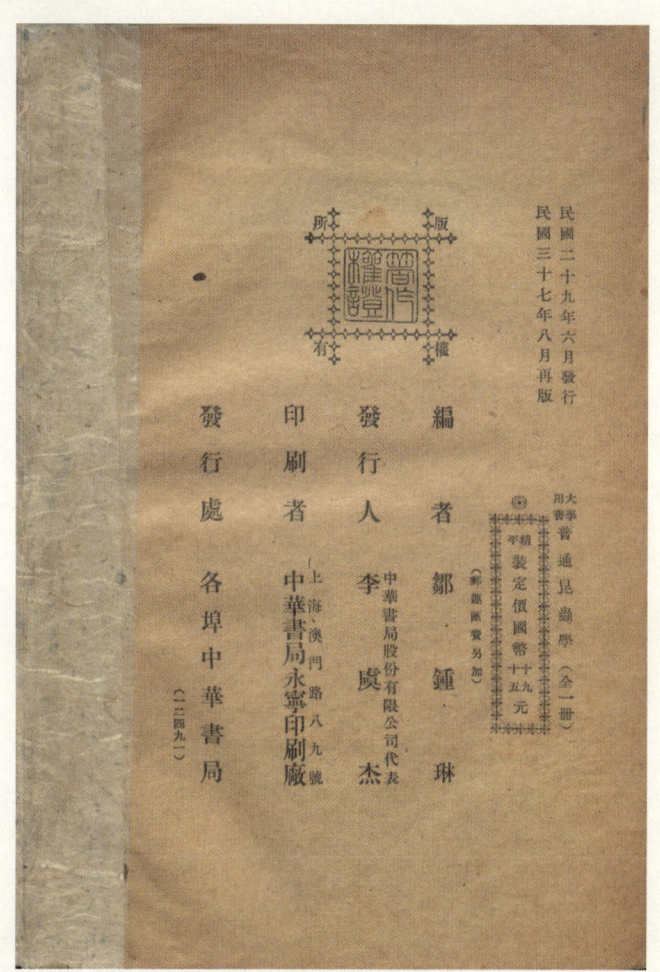

民國二十九年六月發行
民國三十七年八月再版

大學普通昆蟲學（全一冊）
精裝定價國幣十九元
平裝

編　　者　鄒　鍾　琳
發行人　李　虞　杰
　　　　　中華書局股份有限公司代表
印刷者　中華書局永寧印刷廠
　　　　　（上海澳門路八九號）
發行處　各埠中華書局
　　　　　（二四九一）

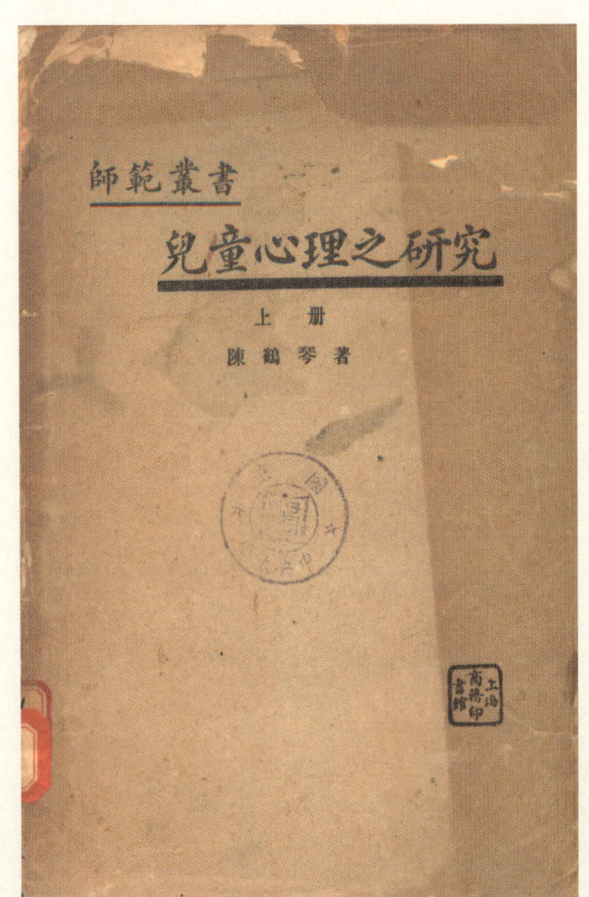
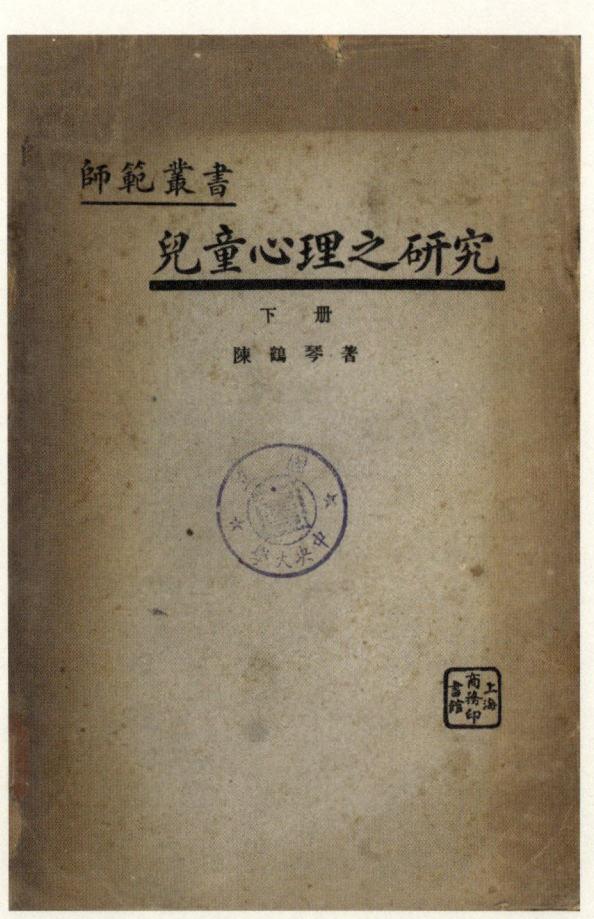

3-28 儿童心理之研究(上、下册)　　[师范丛书]

陈鹤琴著,上海:商务印书馆,1933年11月。正文共757页(上册339页,下册418页),23cm×15.4cm。

陈鹤琴(1892—1982),浙江上虞人。儿童心理学家、幼儿教育家。清华学堂毕业,后留学美国,获哥伦比亚大学师范学院教育学硕士学位。回国后,曾任南京高等师范学校教育科教授、东南大学教育系教授兼教务主任、中央大学师范学院院长。中华人民共和国成立后,历任南京师范学院院长、全国政协委员、江苏省政协副主席等职。

上册十章,讲述儿童生长过程的心理变化;下册十四章,介绍儿童教育方法。该书是我国第一部儿童心理学专著。

兒童心理之研究

目　　次

卷　　上

第一章　照相中看一個兒童的發展 …… 1
第二章　幼稚期之意義 …… 44
第三章　一個兒童發展的程序 …… 54
第四章　一個兒童發展的程序(續) …… 95
第五章　兒童身體之發展 …… 151
第六章　一個兒童動作的發展 …… 190
第七章　模倣 …… 223
第八章　暗示感受性 …… 250
第九章　遊戲 …… 268
第十章　玩具 …… 322

卷　　下

第十一章　好奇心 …… 1
第十二章　懼怕 …… 27
第十三章　哭與動作的抑制 …… 63

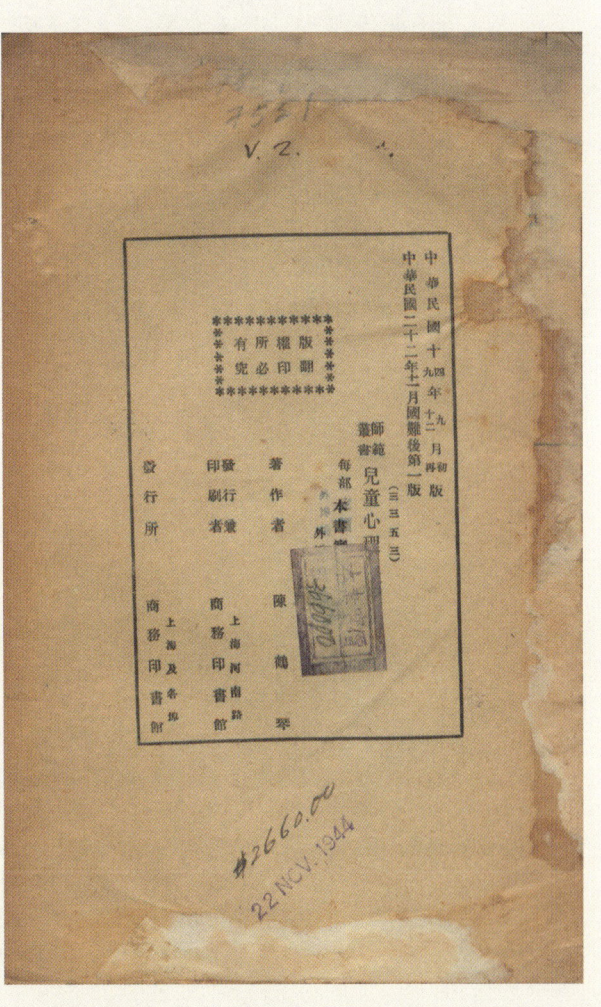

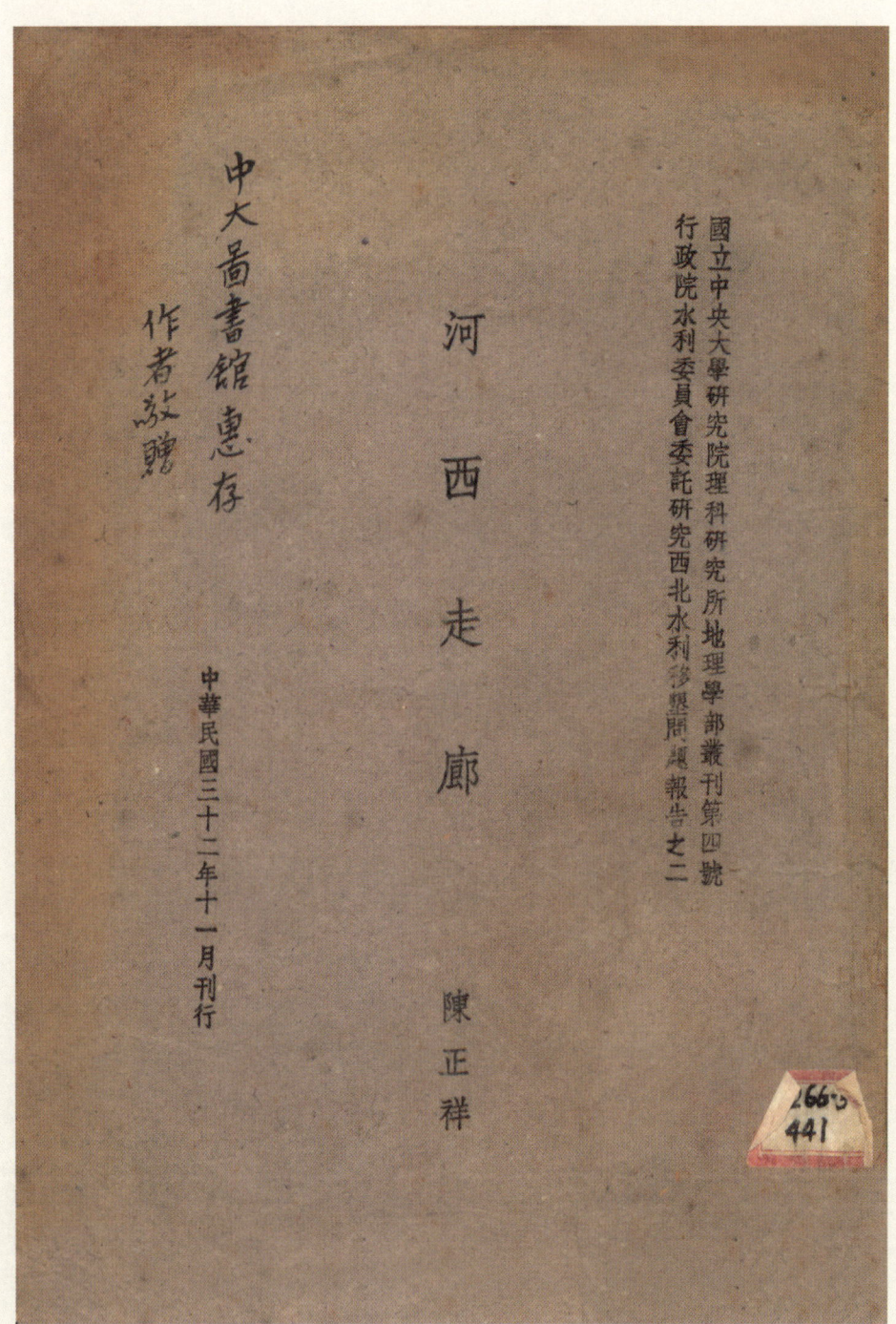

3-29 河西走廊 [国立中央大学研究院理科研究所地理学部丛刊·第四号]
[行政院水利委员会委托研究西北水利移垦问题报告之二]

陈正祥著,重庆:国立中央大学地理系,1943年11月。正文24页,25.9cm×18.4cm。

陈正祥(1922—2003),浙江海宁人。地理学家。中央大学地理系毕业,后赴英、澳等国留学。曾任台湾大学教授、香港中文大学地理学讲座教授兼地理研究中心主任、东京大学特级教授等职。

该书主要内容为河西走廊地形、水流、气候、土壤与植物、灌溉事业与土地利用、沃野与都市、交通等。

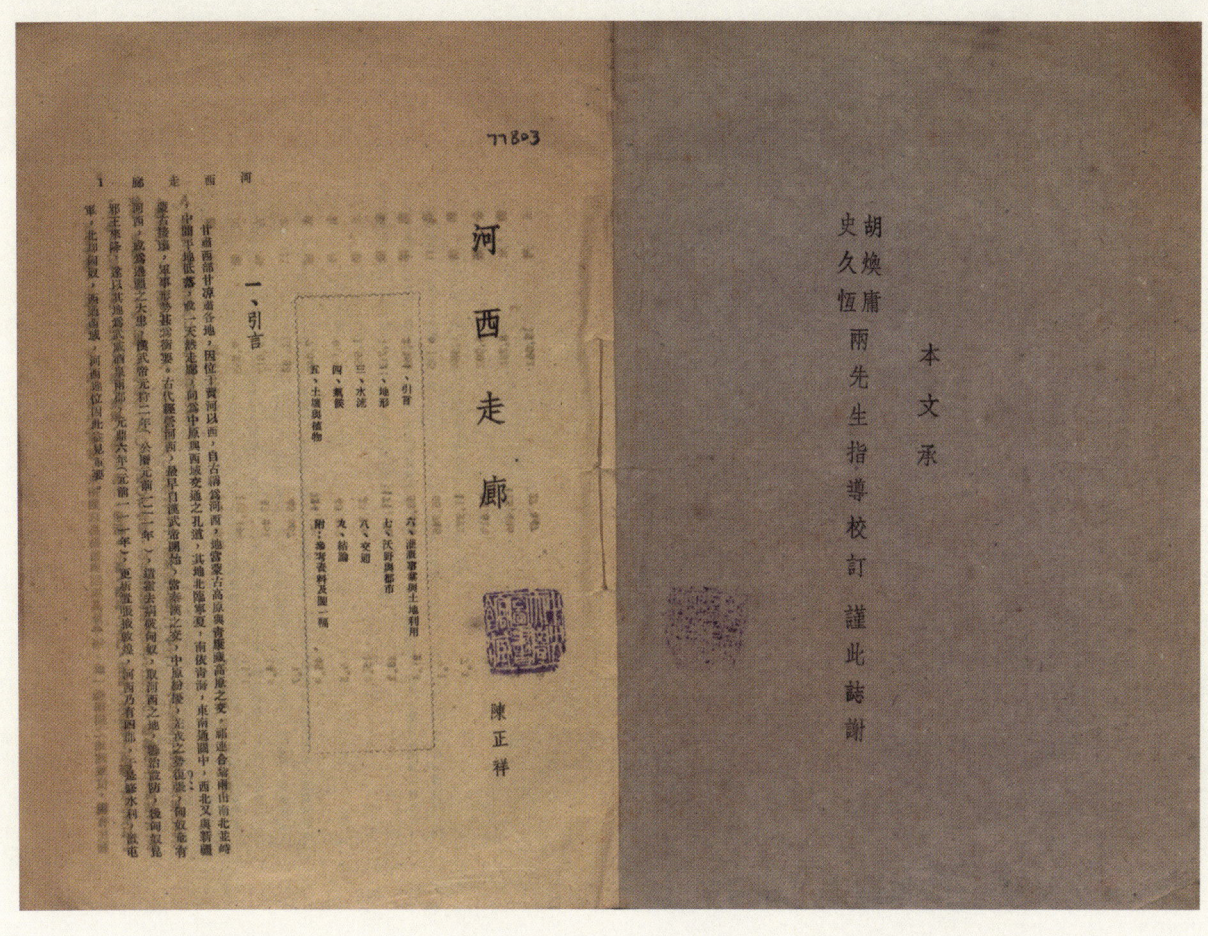

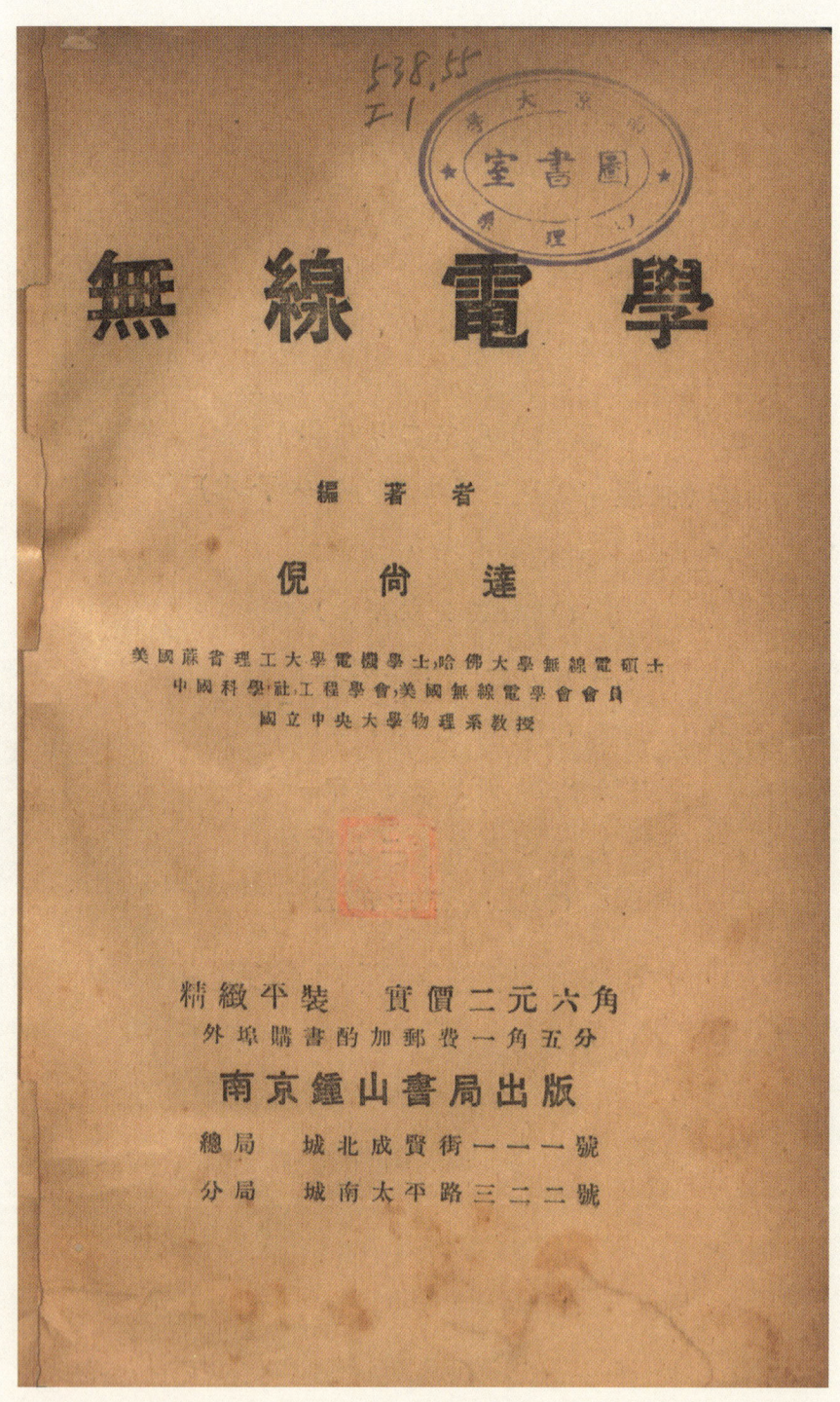

3-30 无线电学

倪尚达编著,南京:钟山书局,1935年12月。正文320页,21.2cm×14.4cm。

倪尚达(1898—1988),江苏上海(今上海浦东)人。物理学家。南京高等师范学校理化科毕业。曾留学美国,获麻省理工学院学士学位,后入哈佛大学物理系,专攻无线电学,并获硕士学位。回国后,曾任中央大学物理系教授兼主任、金陵大学物理系教授。中华人民共和国成立后,任南京工学院物理系和电机系教授。

全书分为概论、直流电路、交流电路、无线电路、无线电波、天线、真空管通论等十四章。该书是我国最早的无线电学专著。

無線電學

目　錄

第一章　概論

節數		頁數	節數		頁數
1.	引言	1	6.	無線電之接收	4
2.	有線電報與無線電報之比較	1	7.	無線電話	5
3.	無線電內容	2	8.	短波與長波無線電台之比較	6
4.	無線電波及其產生	2	9.	定向傳達及超短波	7
5.	無線電之輻射	3	10.	結論	8

第二章　直流電路

節數		頁數	節數		頁數
9.	電流與水流	10	23.	電容器之串聯與並聯	27
10.	電量之計算	11	24.	磁鐵	29
11.	歐姆氏定律	12	25.	電磁	30
12.	電壓之發生與保持	13	26.	磁力線之計算	31
13.	電路	14	27.	磁電與林慈定律	32
14.	IR 之電位降	16	28.	感應電壓之計算	33
15.	惠斯登橋	17	29.	自感量	34
16.	啓爾可夫氏定律	18	30.	自感量之計算	34
17.	串聯耗阻	20	31.	自感量之比喻	35
18.	並聯耗阻	21	32.	互感量	35
19.	電工率之計算	23	33.	自感量之串聯或並聯	38
20.	電子	25		習題六十一問	39
21.	電容器	26			

第三章　交流電路

節數		頁數	節數		頁數
34.	單弦運動	47	35.	單弦運動之公式	48

民國十八年二月初版

（初版發行二千本頃約一千本）

民國十九年六月再版

（再版發行三千本）

民國廿一年十二月三版

（三版發行三千册）

民國廿三年六月三版補印一千册

民國廿四年十二月四版

（四版發行三千册）

本書有著作權翻印必究

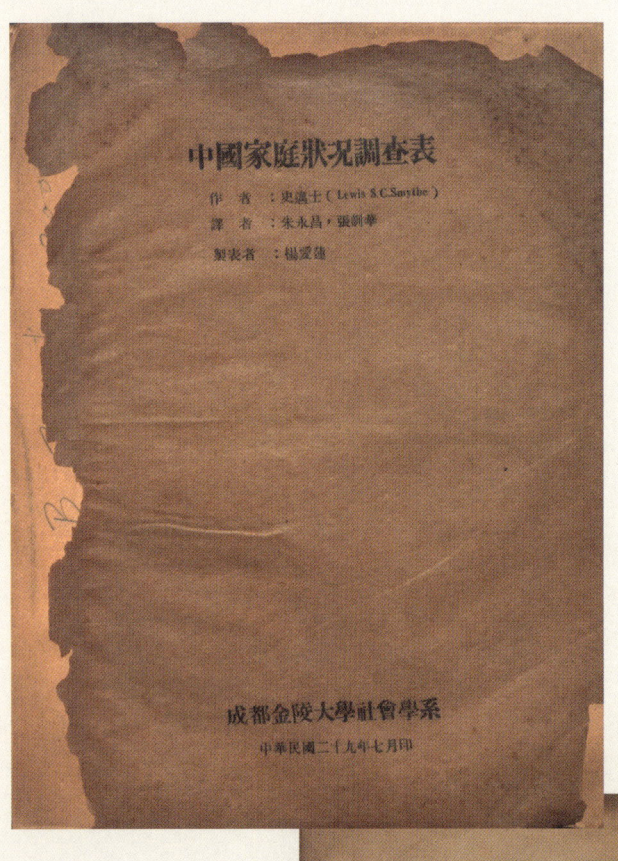
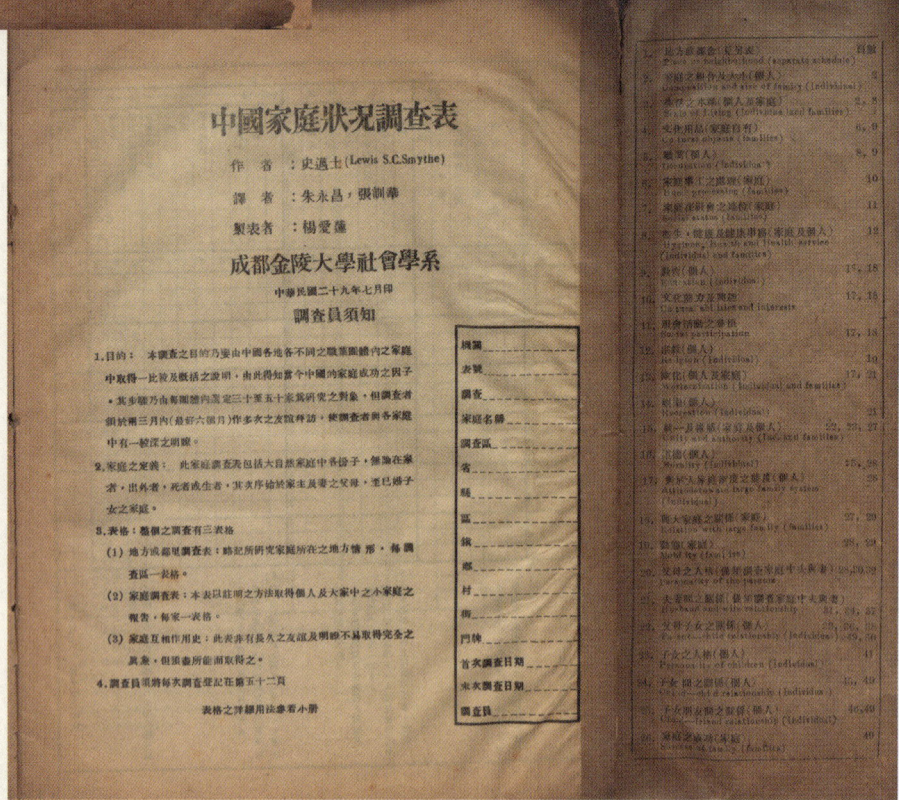

3-31 中国家庭状况调查表

[美]史迈士著,朱永昌、张训华译,杨爱莲制表,成都:金陵大学社会学系,1940年7月。正文51页,27.8cm×21.5cm。

史迈士(Lewis S. C. Smythe,1901—1978),美国基督教传教士。曾任金陵大学社会学系教授兼系主任。1937年金陵大学西迁后,史迈士留守南京,救济难民。1938年赴成都金陵大学。抗战胜利后,史迈士作为重要证人出席了东京审判。1951年返美,任莱克星顿神学院社会学教授。

本书旨在调查中国各地不同职业团体内的家庭状况。整个调查过程需要填写三张表格:一、地方或邻里调查表;二、家庭调查表;三、家庭互相作用史。

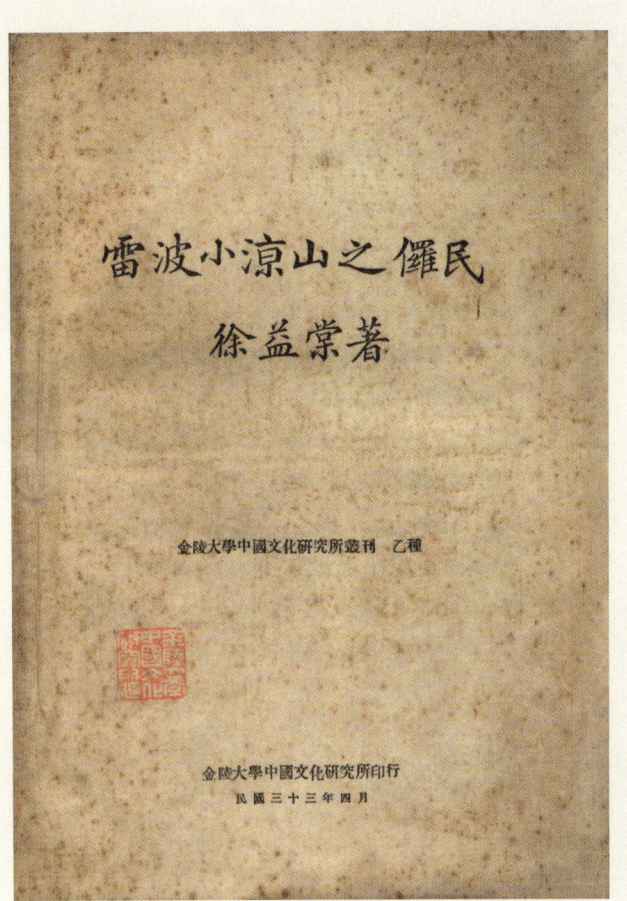
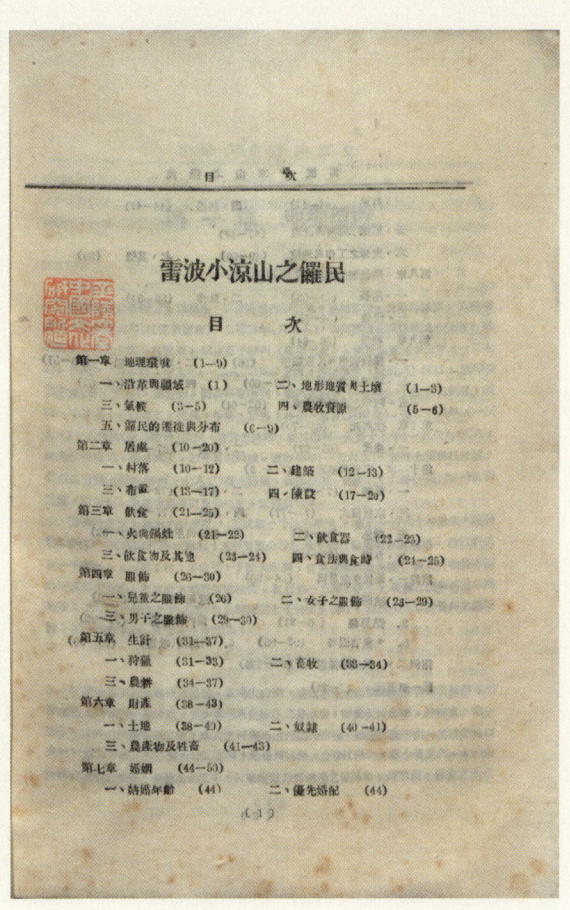

3-32 雷波小凉山之倮民

[金陵大学中国文化研究所丛刊·乙种]

徐益棠著,成都:私立金陵大学中国文化研究所,1944年4月。正文104页(附图22页),26cm×19cm。

徐益棠(1896—1952),浙江崇德人。民族学家。东南大学教育系毕业。后留学法国,获巴黎大学民族学博士学位。曾任金陵大学中国文化研究所专任研究员兼教授。中华人民共和国成立后,曾任南京大学历史系教授。

民族学专著。全书分为地理环境、居处、饮食、服饰、生计等十一章。

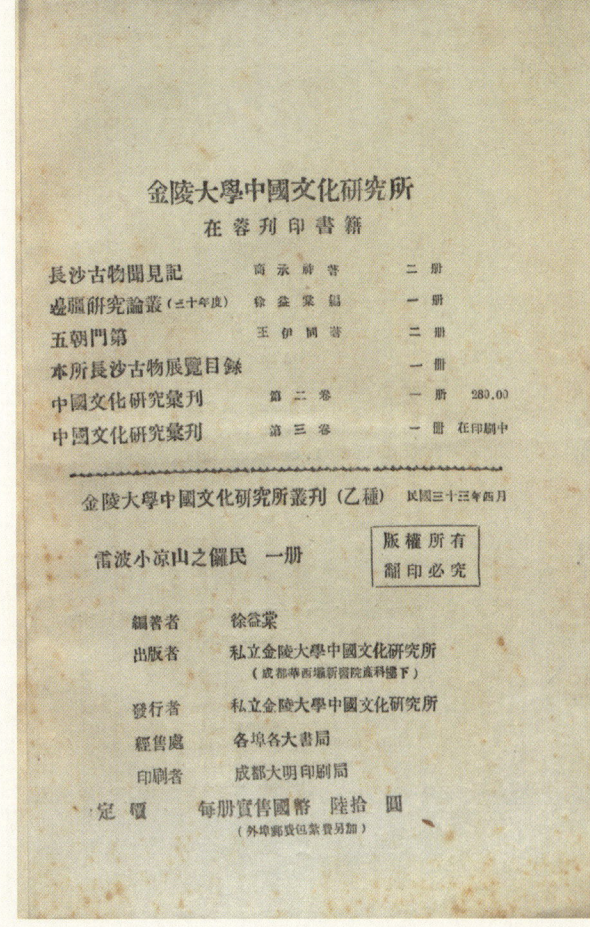

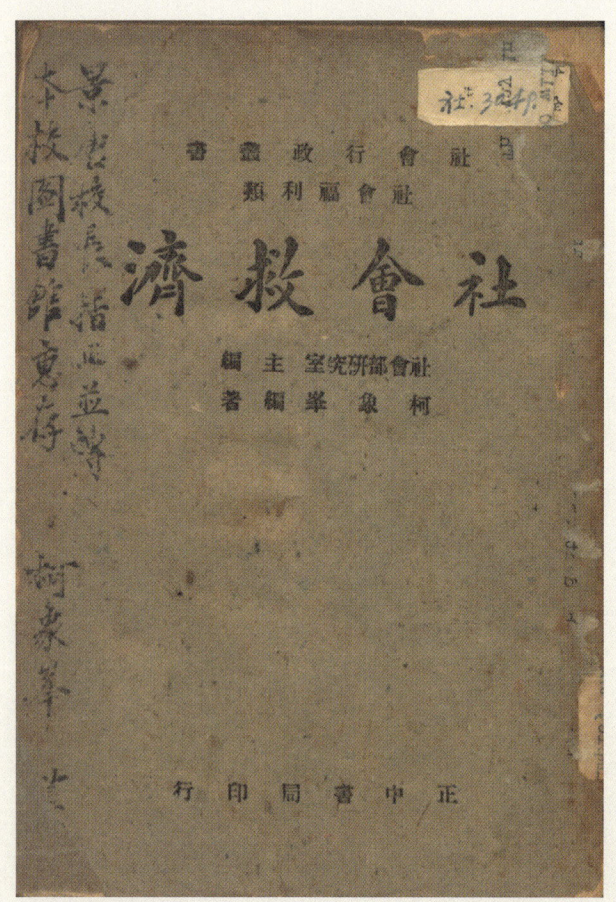

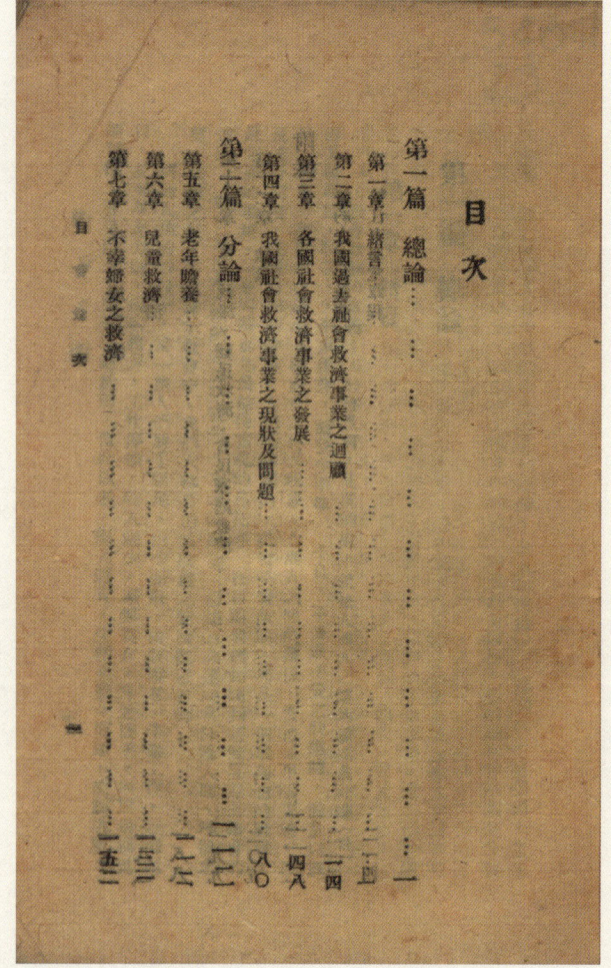

3-33 社会救济　[社会行政丛书·社会福利类]

社会部研究室主编，柯象峰编著，重庆：正中书局，1944年10月初版。正文220页，18.4cm×13cm。

柯象峰（1900—1983），又名柯森，安徽池州人。社会学家。金陵大学毕业。后留学法国，获里昂大学研究院博士学位，又赴英、美研究人口学。回国后，创办金陵大学社会学系。曾任金陵大学社会学系主任兼校教务长。中华人民共和国成立后，曾任南京大学外语系、经济系教授等职。

该书为中国第一部系统研究社会救济的专著。分上、下两篇，上篇着重考察中国传统社会救济事业及各国的救济事业，下篇分门别类地对社会救济展开论述。

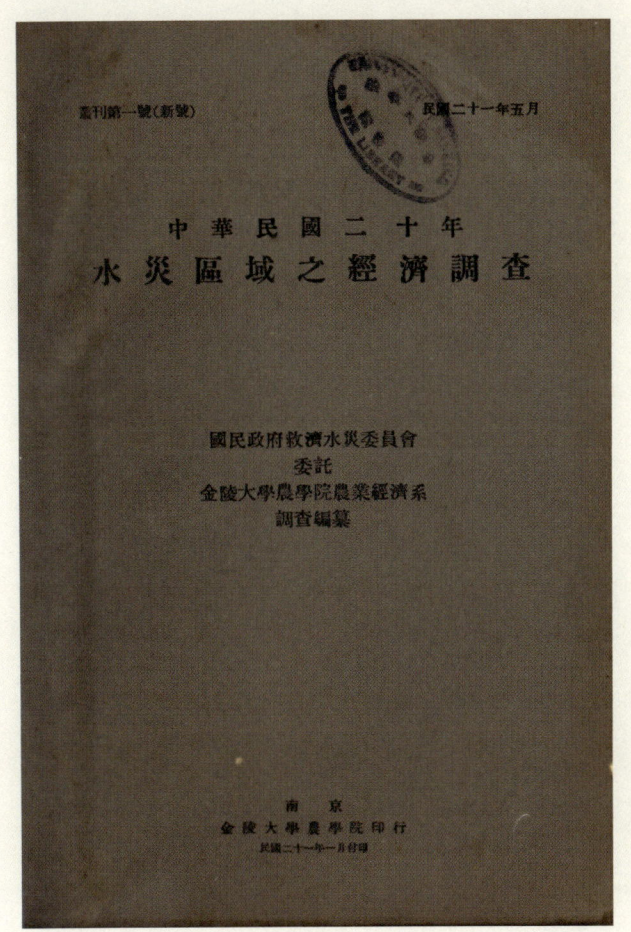
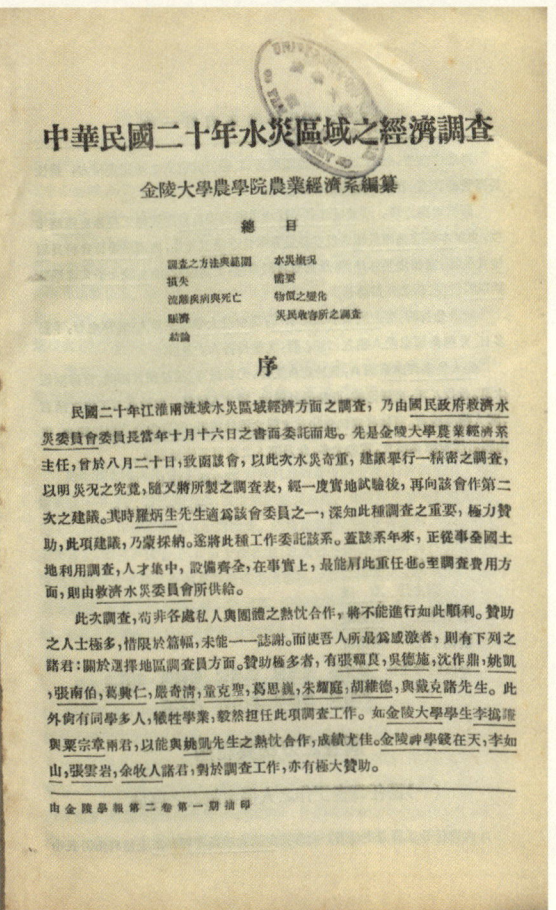

3-34　中华民国二十年水灾区域之经济调查　　[金陵大学农学院丛刊·第一号(新号)]

金陵大学农学院农业经济系编纂，南京：金陵大学农学院，1932年1月。正文60页，23cm×15.5cm。

主要内容有水灾概况、水灾造成的损失、需要、流离疾病与死亡、物价之变化、赈济、灾民收容所等。

本书另有英文版：*The 1931 Flood in China* (Nanking: The University of Nanking College of Agriculture and Forestry, 1932.1)。

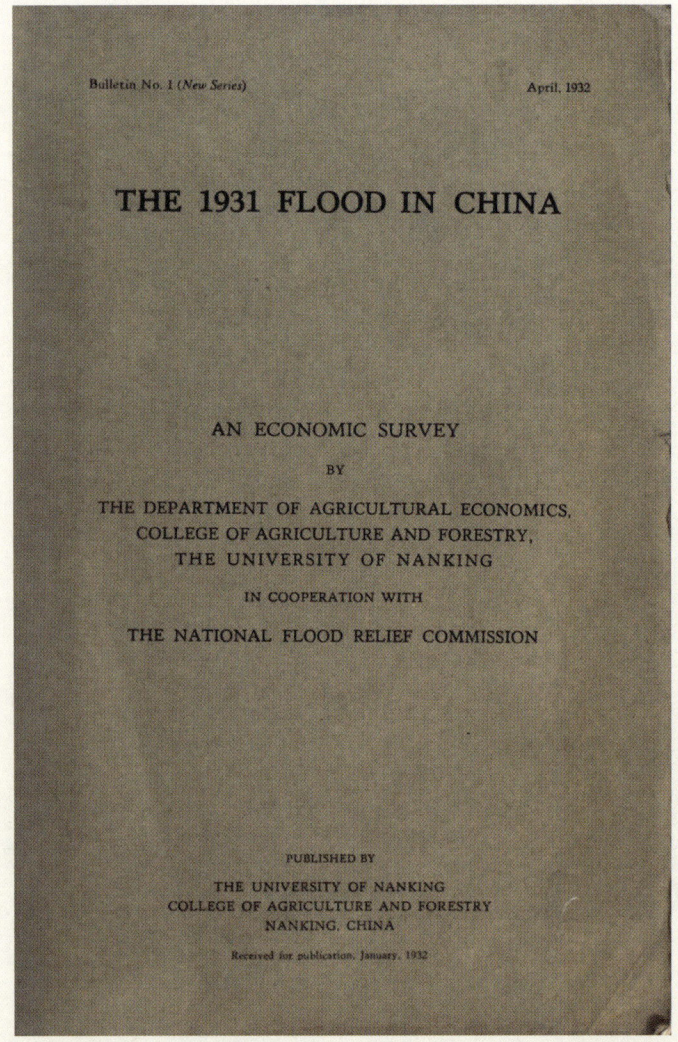

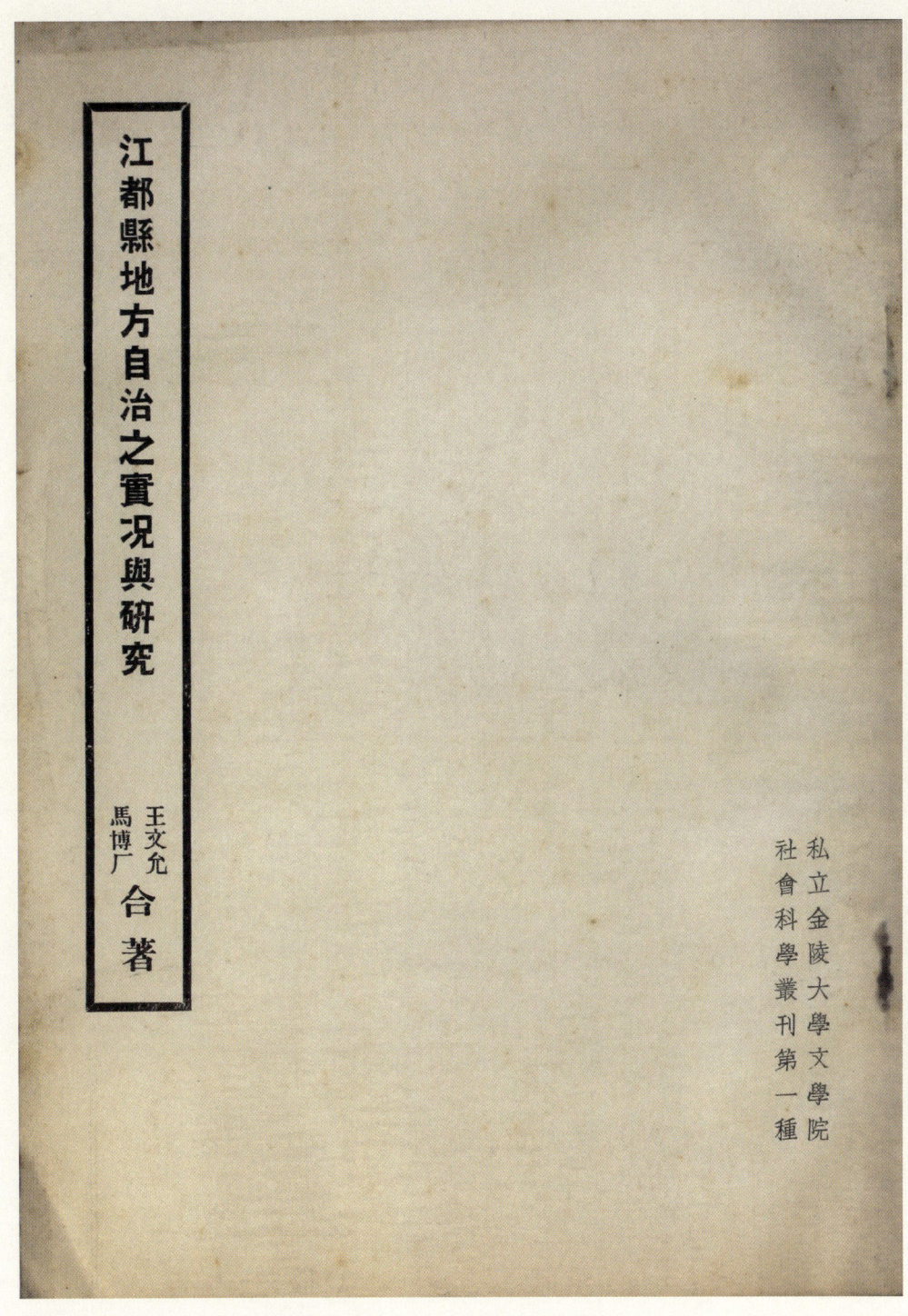

3-35　江都县地方自治之实况与研究　　[私立金陵大学文学院社会科学丛刊·第一种]

　　王文允、马博厂合著。正文28页，附录10页，26cm×19cm。
　　马博厂（1899—1966），原名文焕，亦名博庵，江苏仪征人。历史学家、社会学家、教育家。金陵大学历史系毕业，历任金陵大学教授、历史系主任兼政治系主任、校务委员会常务委员会委员等职。
　　县政研究著作。主要内容有：一、自治推行的史略；二、自治区域之划分；三、江都县各级自治机关之概况；四、江都自治经费的剖视；五、江都筹办自治的成绩。

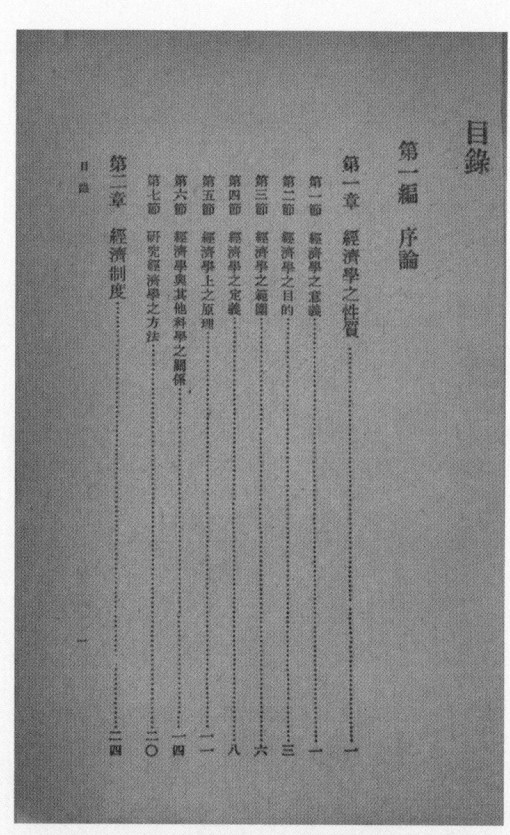

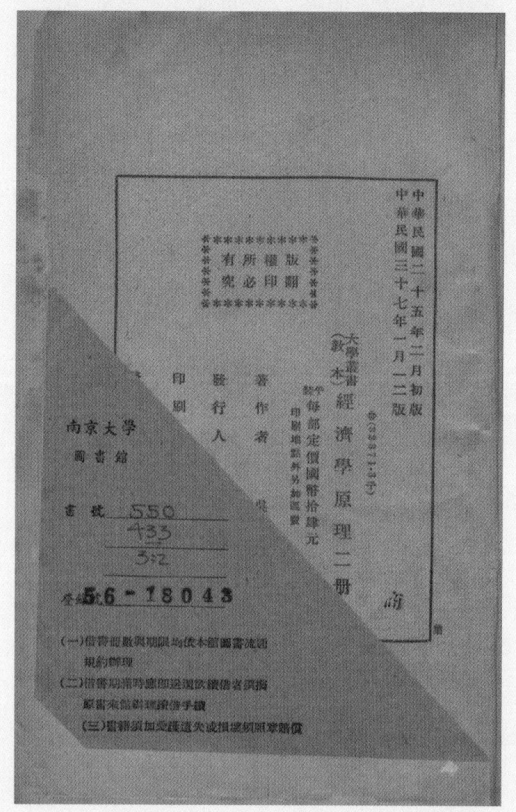

3-36 经济学原理（上、下册） [大学丛书]

吴世瑞著，上海：商务印书馆，1948年1月。正文577页（上、下册，附索引25页），20.5cm×14.5cm。

吴世瑞（1897—?），字蔚人，安徽当涂人。经济学家、会计学家。金陵大学毕业，后留学美国，获伊利诺州西北大学商学硕士学位。回国后，历任金陵大学文学院经济学系教授、系主任，中央大学经济系教授，国民政府教育部会计长，外交部会计长等职。后赴台湾。

主要内容有：一、序论；二、消费论；三、生产论；四、价值论；五、分配论。

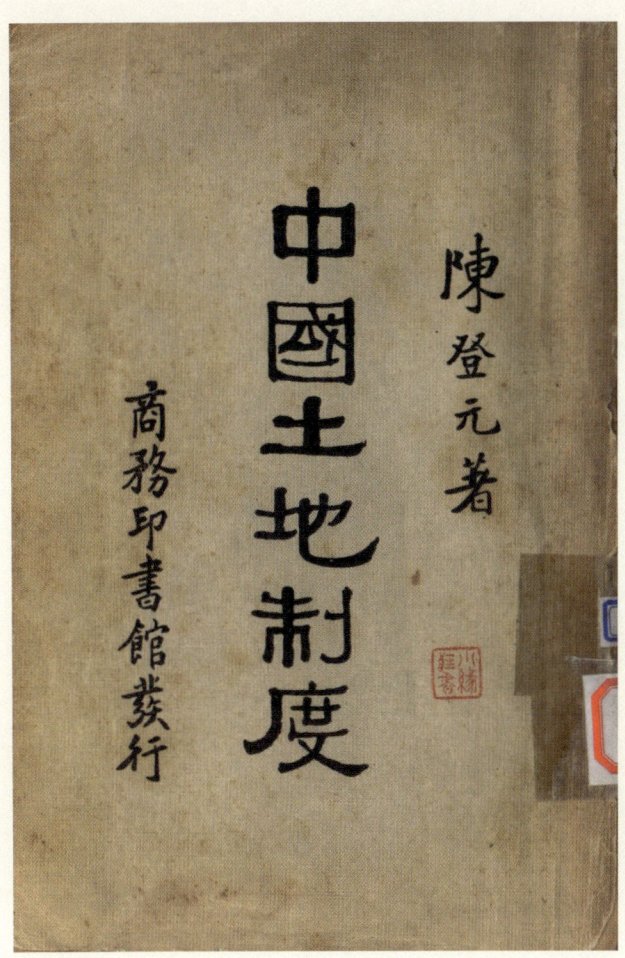
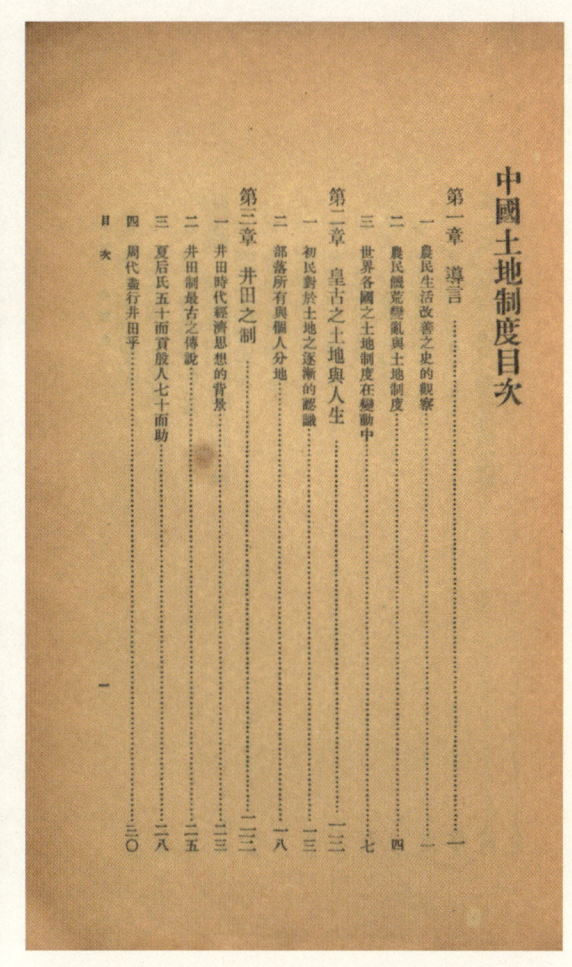
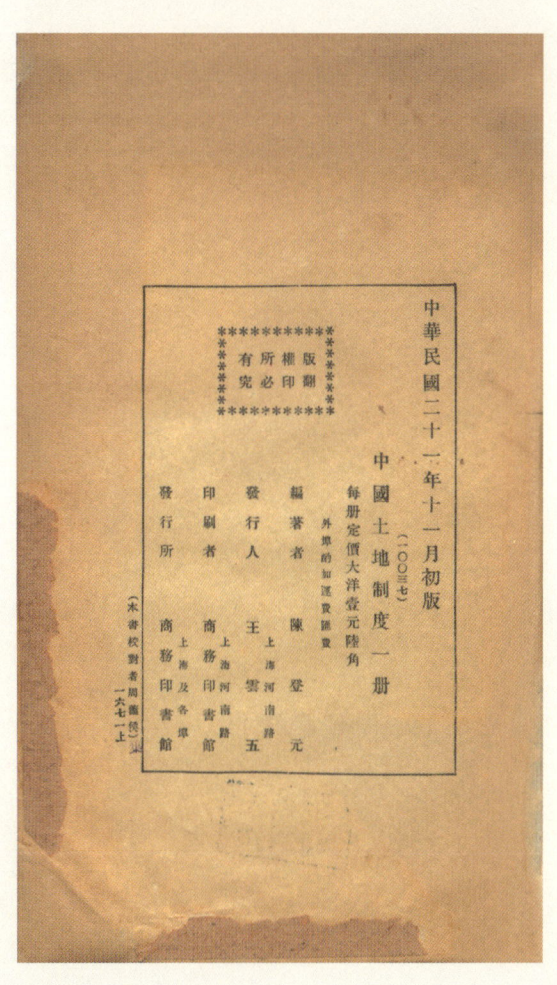

3-37 中国土地制度

陈登元著,上海:商务印书馆,1932年11月初版。正文443页,22.9cm×15.2cm。

陈登元(1900—1975),即陈登原,字伯瀛,浙江余姚人。历史学家。东南大学历史系毕业,曾任金陵大学教授及中国文化研究所研究员。中华人民共和国成立后,任西北大学历史系教授。

全书共十九章,系统地介绍了中国历代土地制度的演变。

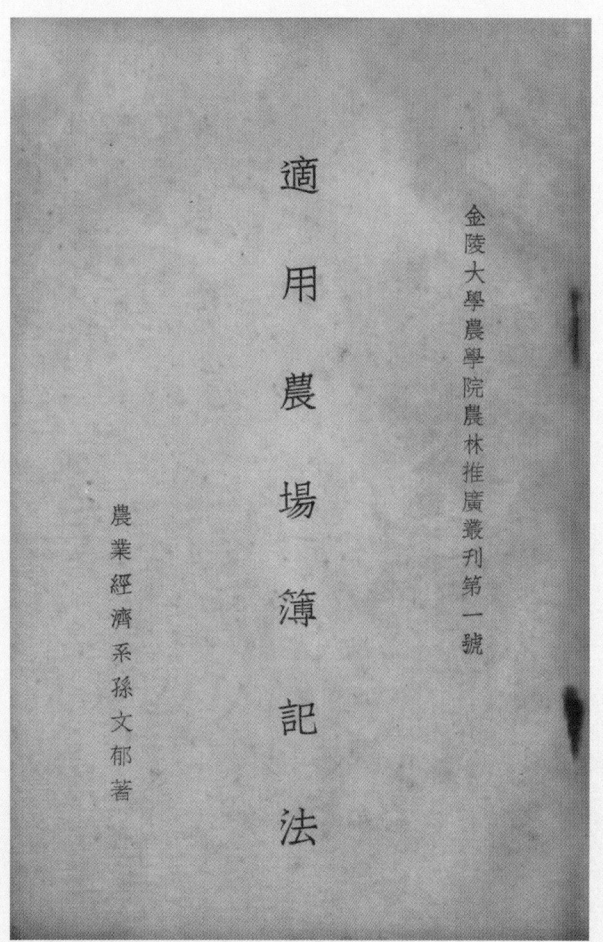
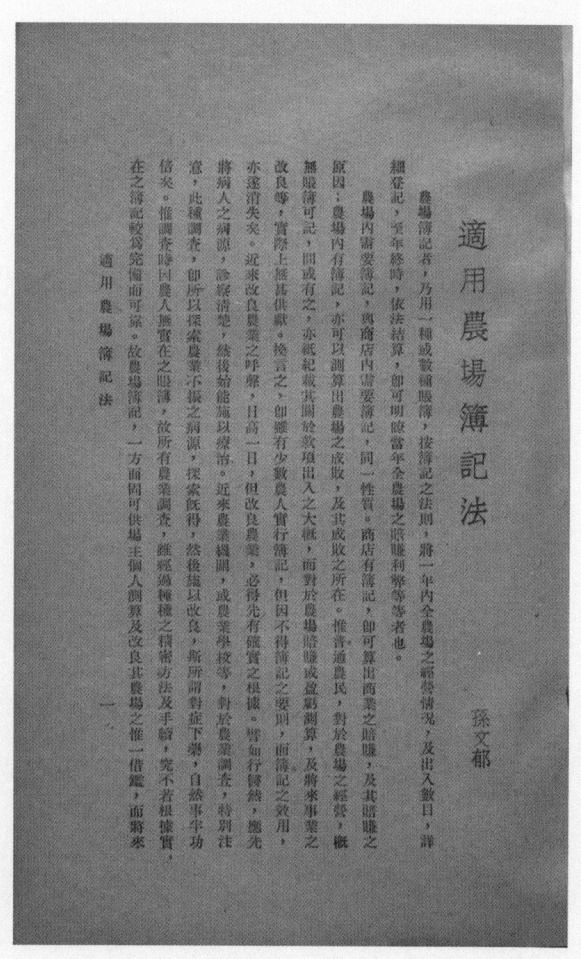
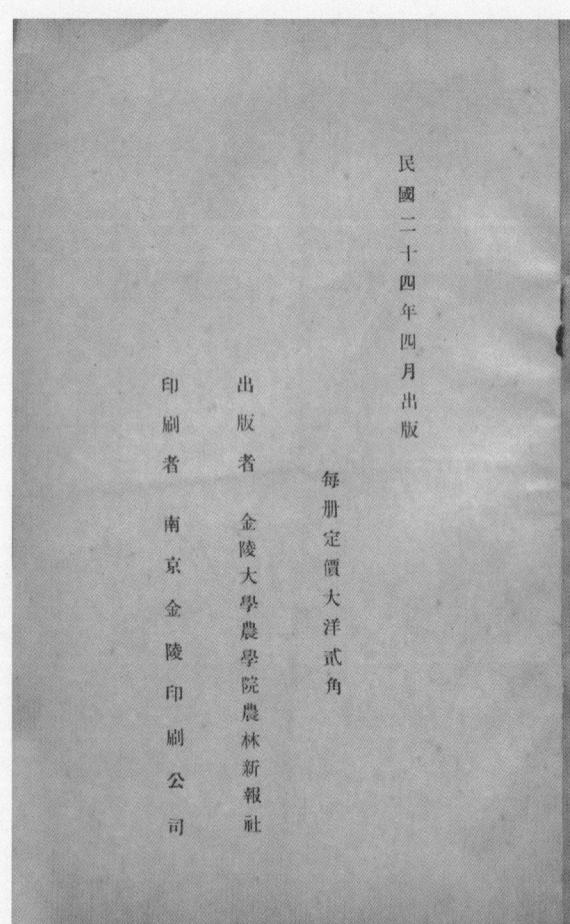

3-38　适用农场簿记法
[金陵大学农学院农林推广丛刊·第一号]

孙文郁著，南京：金陵大学农学院农林新报社，1935年4月。正文26页，22.7cm×15cm。

孙文郁（1899—1981），山西宁武人。农学家。金陵大学农科毕业。后留学美国，获斯坦福大学硕士学位。回国后，曾任金陵大学农业经济系主任、农学院代理院长。中华人民共和国成立后，先后任中央农业部计划司副司长、北京农业机械化学院副院长等职。

本篇在1926年刊印的《适用农场簿记法》基础上，重新修订付印。内容包括三种账簿：资产统计簿、工作簿、分类收支簿。

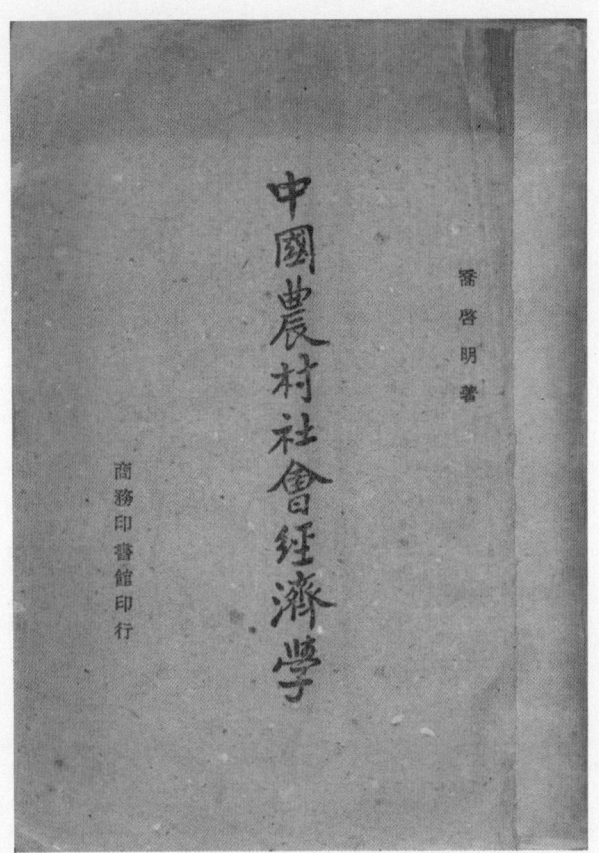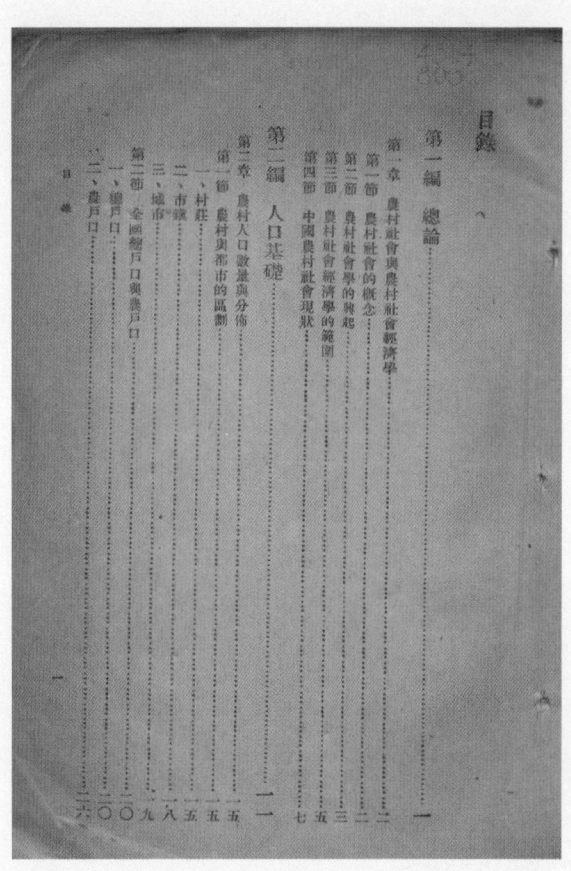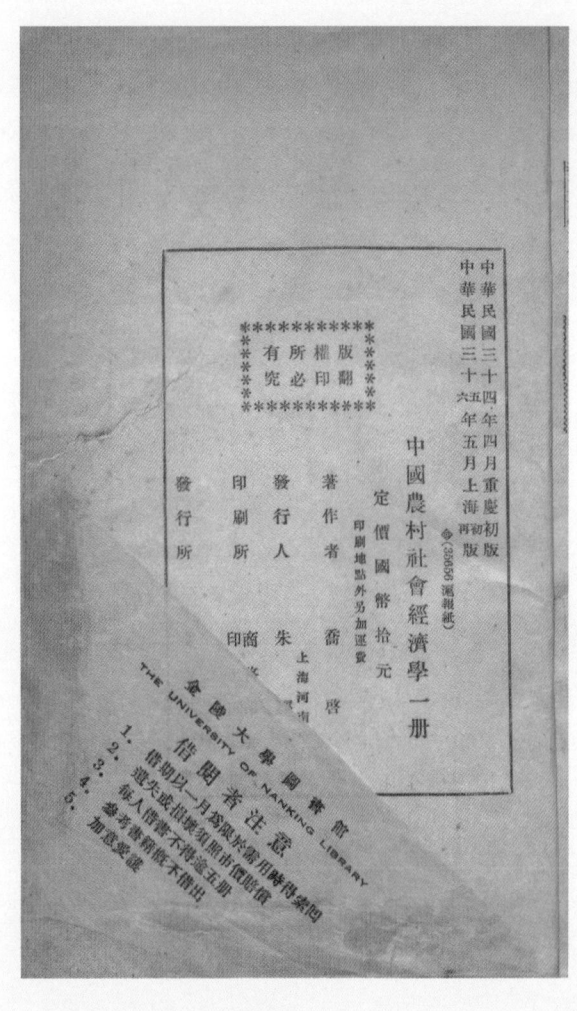

3-39 中国农村社会经济学

乔启明著,上海:商务印书馆,1947年5月。正文458页,20.4cm×14.8cm。

乔启明(1897—1970),字映东,山西猗氏(今临猗)人。社会学家、农村经济学家。金陵大学农业经济系毕业。后留学美国,获康奈尔大学硕士学位。回国后,曾任金陵大学农业经济系教授及系主任。中华人民共和国成立后,历任中国人民银行总行农业金融管理局副局长、山西省农学院副院长、全国政协委员等职。

全书围绕土地与人口问题展开论述,共六编:总论、人口基础、经济基础、文化基础、农民生活、农村组织。

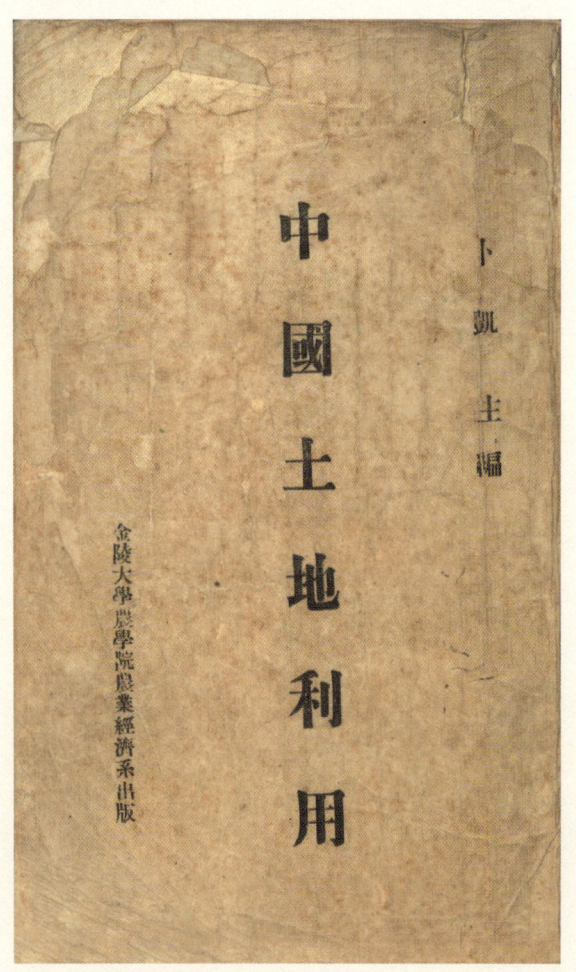
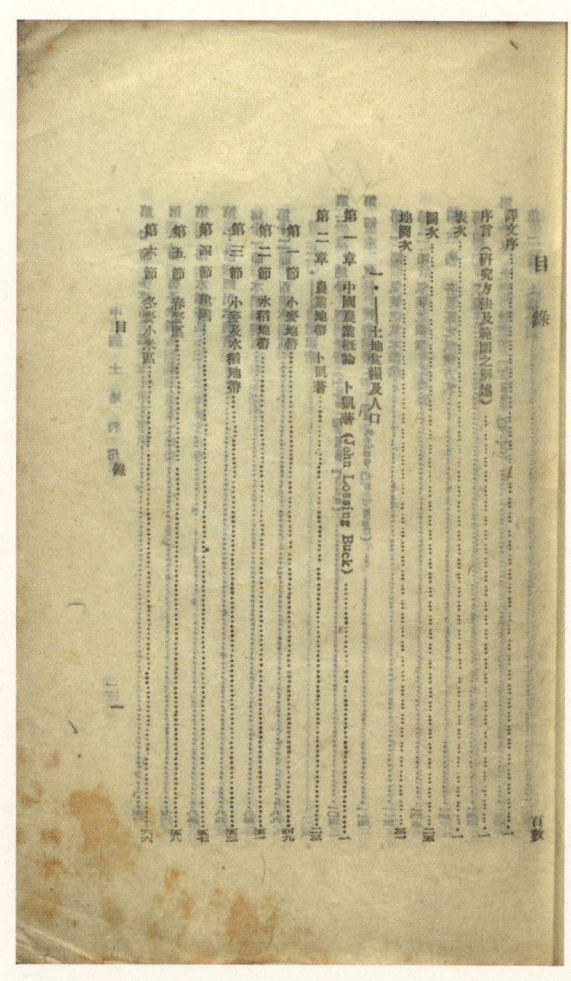
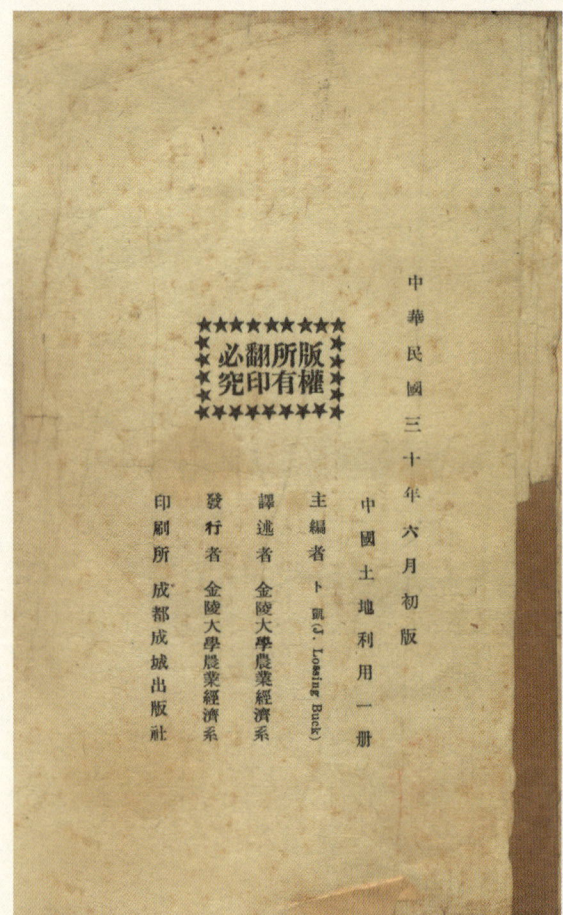

3-40　中国土地利用

［美］卜凯主编，金陵大学农业经济系译述，成都：金陵大学农学院农业经济系，1941年6月初版。正文680页，24.6cm×16.8cm。

卜凯（John Lossing Buck，1890—1975），美国人。农业经济学家、社会学家。创办我国现代首个农业经济系——金陵大学农业经济系，并任农业经济系主任兼农学院院长。后返美，曾任职于联合国粮农组织。

卜凯率先在我国开展农村经济调查。全书基于对中国22个省、168个地区和16786个田场及38256户农家的调查，论述中国土地利用现状、改善途径及具体方法。

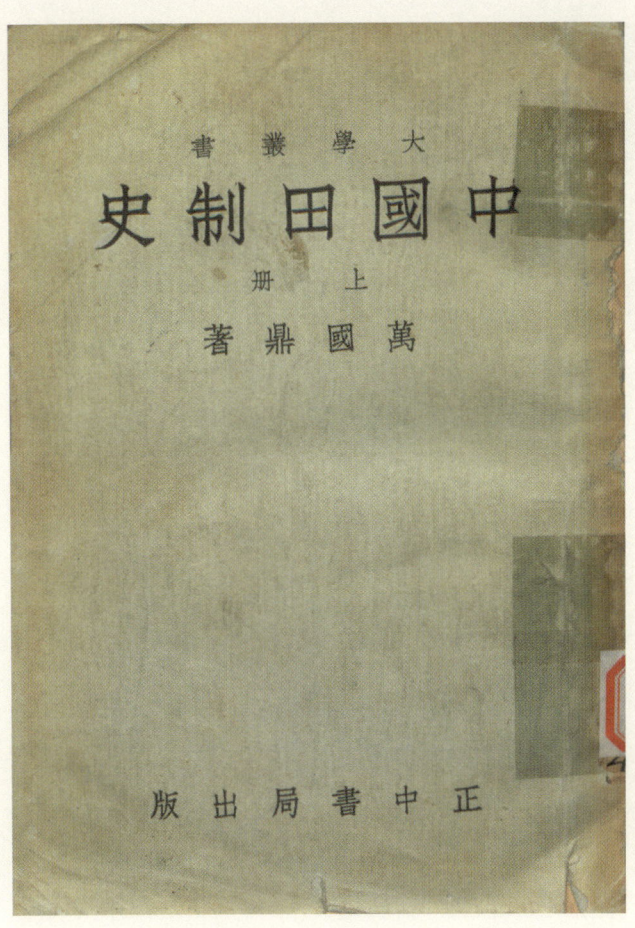
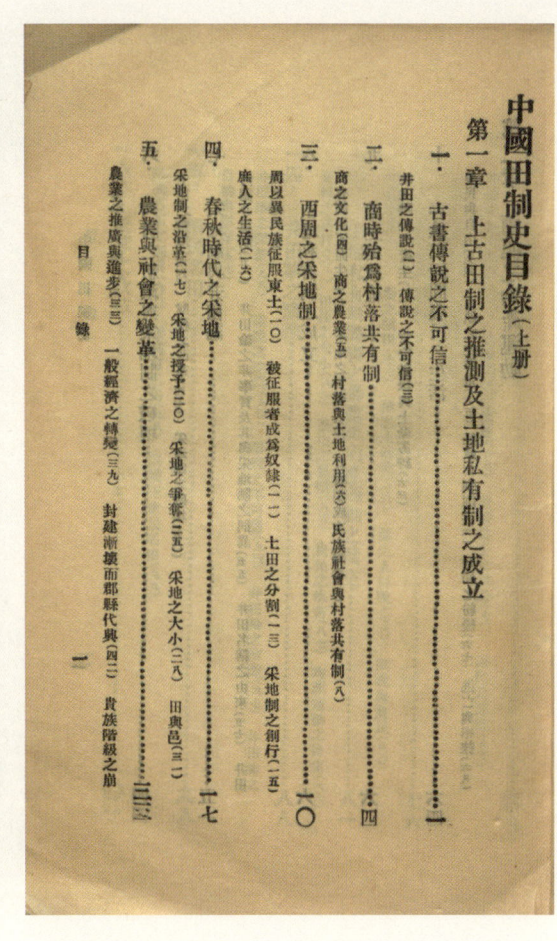

3-41 中国田制史(上册)　　[大学丛书]

万国鼎著,南京:正中书局,1934年12月初版。正文394页,21.3cm×14.9cm。

万国鼎(1897—1963),号孟周,江苏武进人。农史学家。金陵大学农科毕业。曾任金陵大学农学院教授、农业历史研究组主任。中华人民共和国成立后,先后任河南农学院、南京农学院教授等职。

全书共四章:一、上古田制之推测及土地私有制之成立;二、两汉之均产运动;三、北朝隋唐之均田制度;四、均田制度破坏后之唐宋元。该书系统阐述了中国土地制度的演变及土地资源利用与管理。

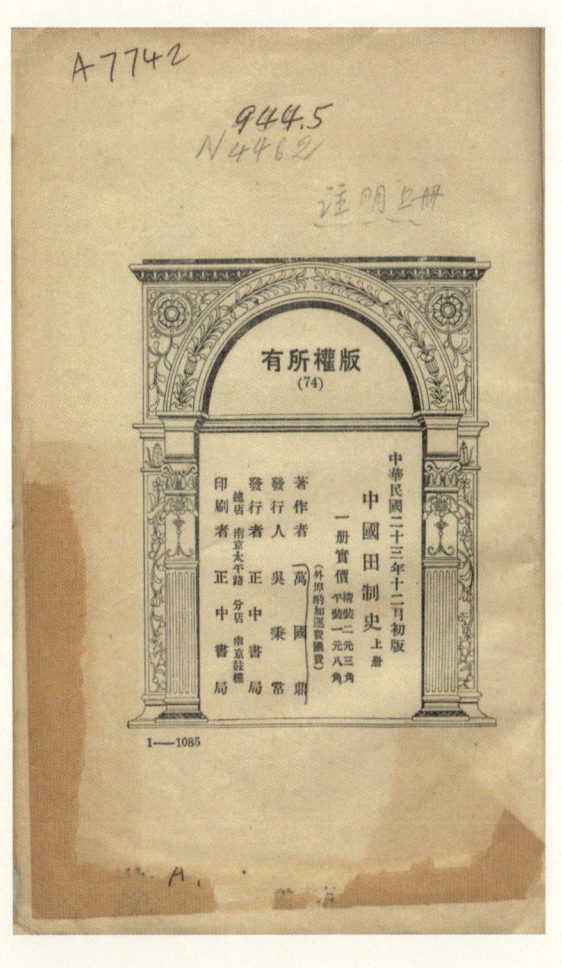

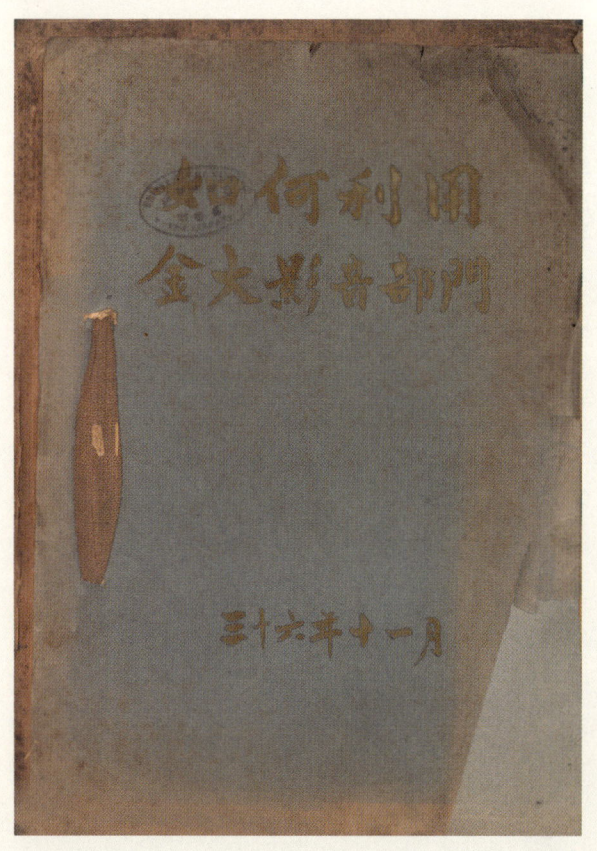

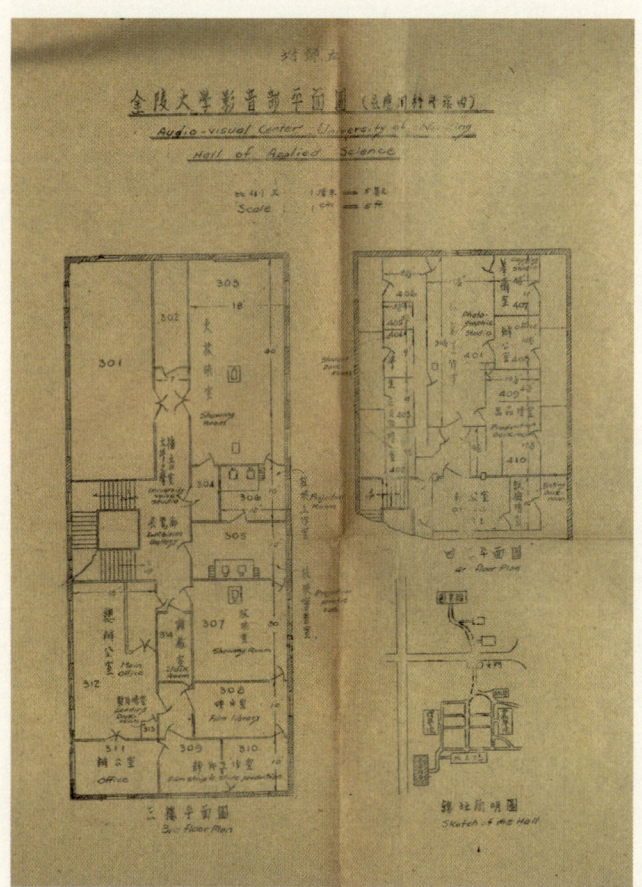

3-42 如何利用金大影音部门

金陵大学影音部影音专修科编,1947年11月。正文30页,附录75页,27.3cm×19.6cm。

孙明经(1911—1992),山东掖县人,出生于江苏南京。电影教育家、电影摄影学家。金陵大学物理系毕业。历任金陵大学理学院教育电影部副主任兼摄制组组长、副教授、教授、影音部主任。中华人民共和国成立后,曾任北京电影学院教授、中国电影电视技术学会理事、文化部科技委员会委员等职。

该书主要内容有孙明经撰《如何利用电影教学》《金陵大学影音事业概述》,附录有《金大影音部译制柯达教学影片目录》《摄制16毫米动片及静映卷片目录》《理学院影音课程表》《影音专修科毕业生就业一览》《影音部平面图》等。

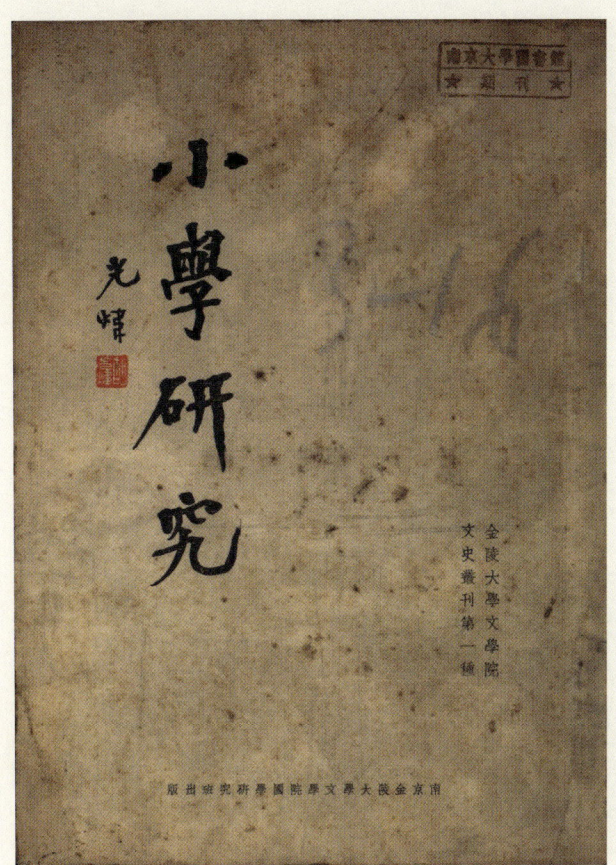
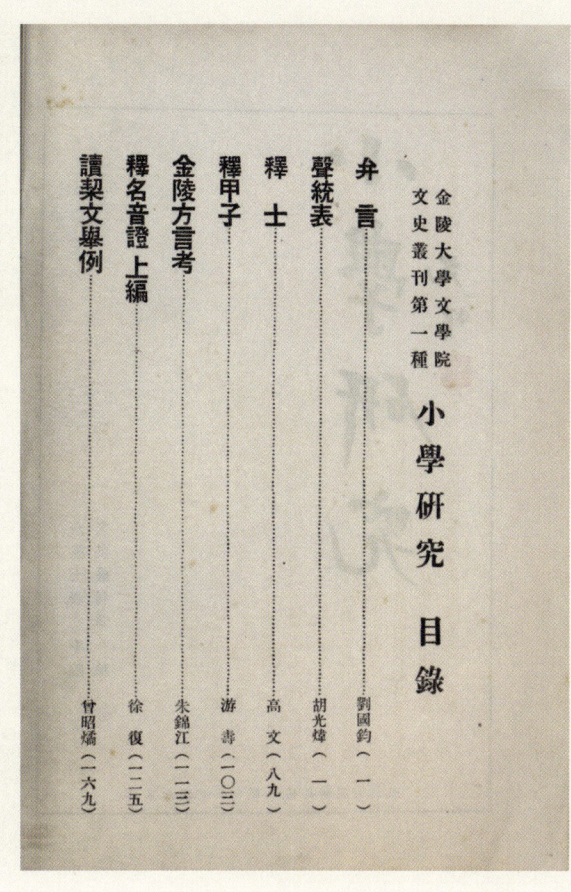
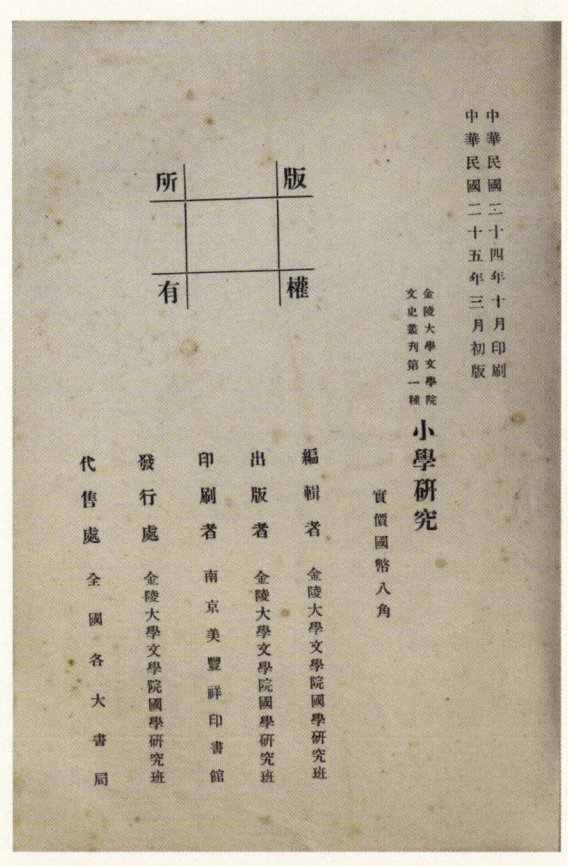

3-43 小学研究

[金陵大学文学院文史丛刊·第一种]

南京：金陵大学文学院国学研究班，1936年3月初版。正文172页，26.3cm×19cm。

该书收录有《声统表》《释士》等语言文字学论文六篇。

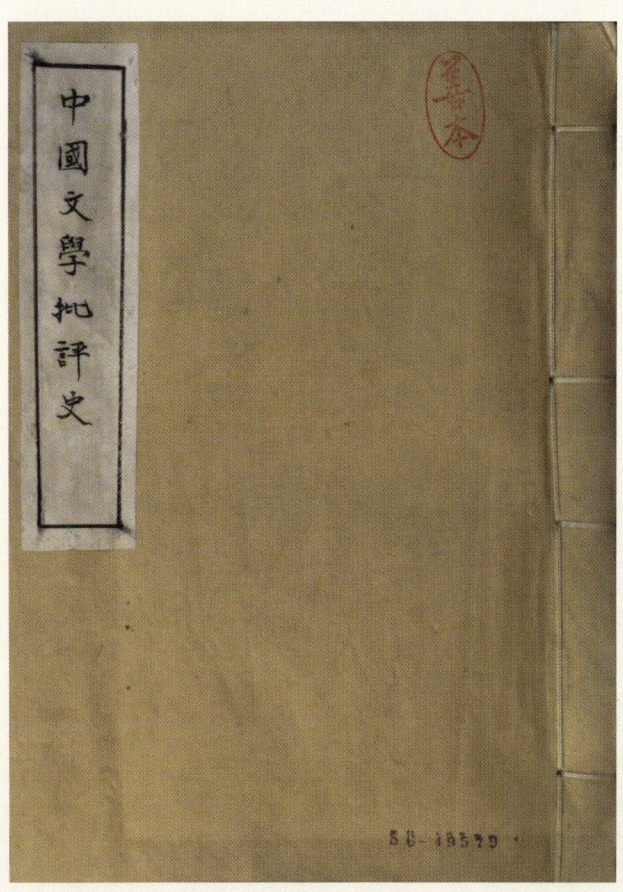
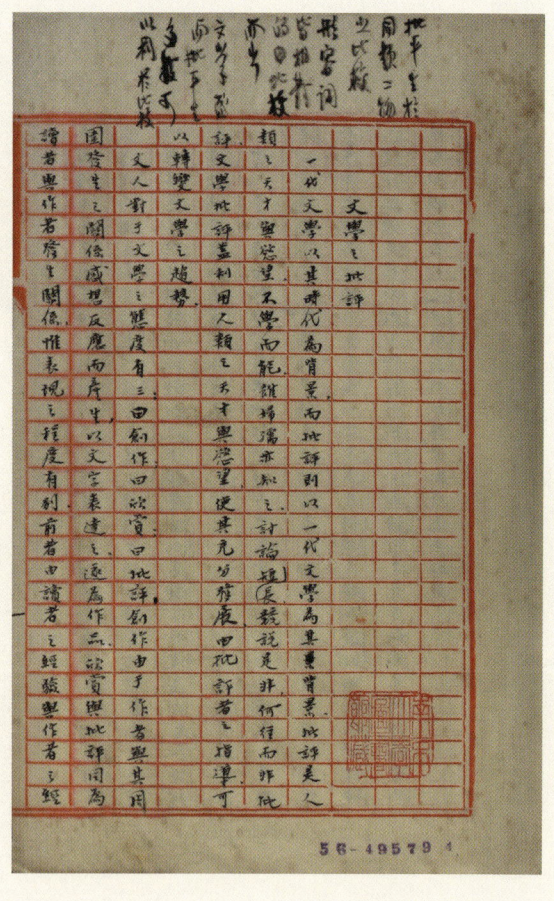

3-44　中国文学批评史

胡小石著,线装稿本,未刊稿。正文89页,28.2cm×20.4cm。

胡小石(1888—1962),名光炜,字小石,号倩尹,又号夏庐,晚年别号子夏、沙公。原籍浙江嘉兴,生长于南京。文史学家、古文字学家、书法家、诗人。两江师范学堂毕业。曾任金陵大学及中央大学中文系教授、系主任、文学院院长。中华人民共和国成立后,任南京大学中文系主任、南京大学图书馆馆长等职。

该书主要内容有文学之批评、批评之使命及批评之分期,附古今文论要目。

书稿正文非胡小石手书,但内有多处眉批、夹批,为胡小石手迹。

文学之成就，在于家贱之人，范此说终之殁，遂兴论之文盖堂主之宾有谓

（一）先说

司马迁传家业少年即有远作之志

日文王拘而演周易，仲尼厄作春秋，屈原放逐方赋离骚左丘失明厥

有国语……诗三百篇之作圣贤发愤之所作也。屈原之作离骚盖自怨生也（史记屈原传）

日说：后若为衔室违所，遣鹊离骚盖且伤情多已（史记报任少卿书）

王圣宝本秦列贵公子缘建氣派鸟目伤情多已

八以咸祖迁汉盛院手摩之子

其持变而商搾其优方艦事逋此

主文学而专理之精经今比数论

第一期 周（达人论文以诗为中心）

周人论文以诗为其主的，不及其本寅视诗之功用颇多未料定推中迷殷

可信者曰孔子论诗使以诗三百篇及主孔子亦真敦重礼义

孔子论诗使以教育为其主观不及其本寅视诗之功用颇多

吉甫作诵穆如清风……以展其心……以评论

诗以评志代

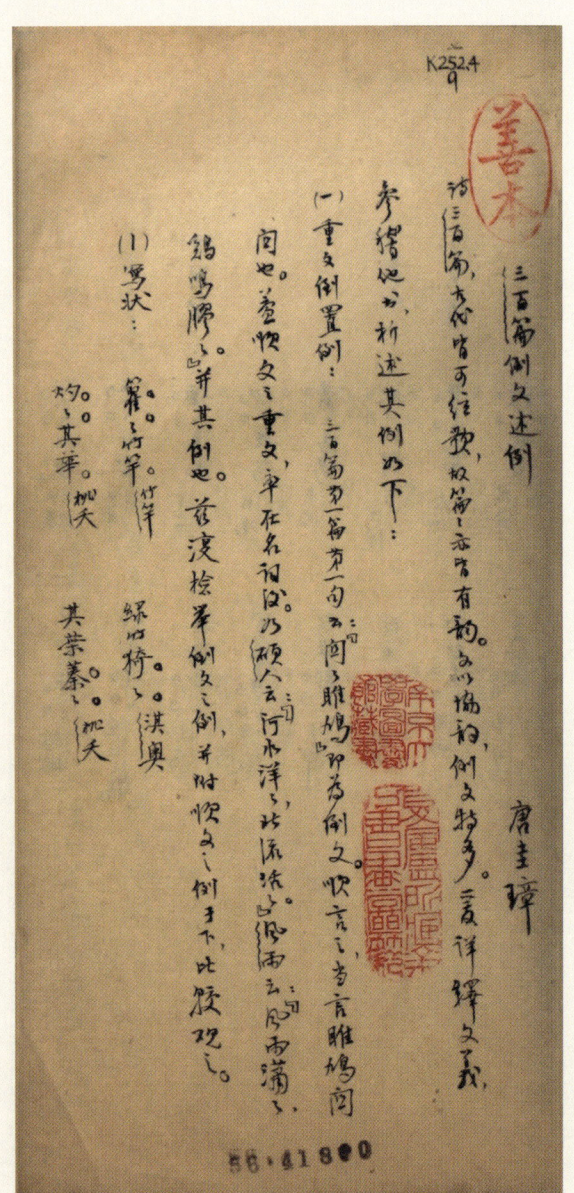
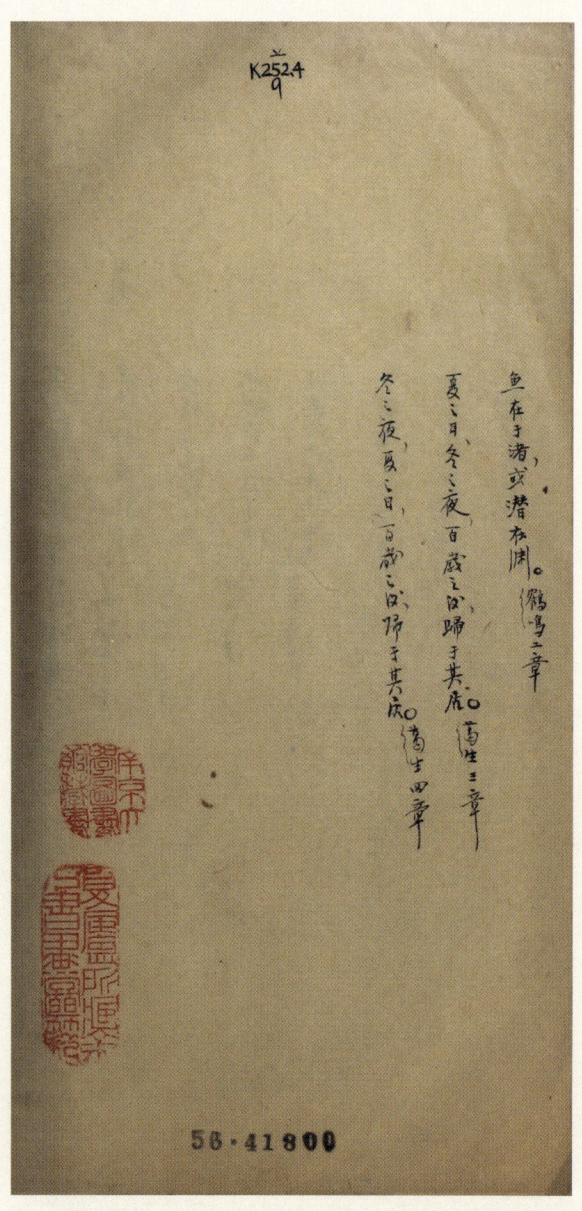

3-45 《三百篇》倒文述例

唐圭璋著，线装稿本，未刊稿。正文14页，27.6cm×15cm。

唐圭璋(1901—1990)，字季特，江苏南京人。词学家、文史学家、词人。中央大学中文系毕业。曾任中央大学、金陵大学中文系教授。中华人民共和国成立后，历任南京大学、东北师范大学、南京师范大学中文系教授等职。

本文主要研究《诗经》中为求协韵或句法变化而出现的文字倒置现象。

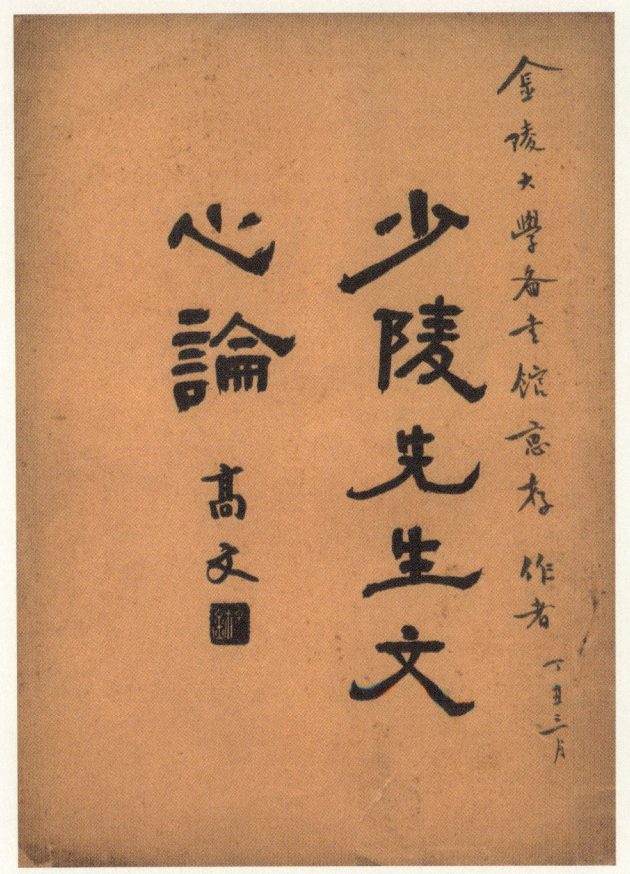
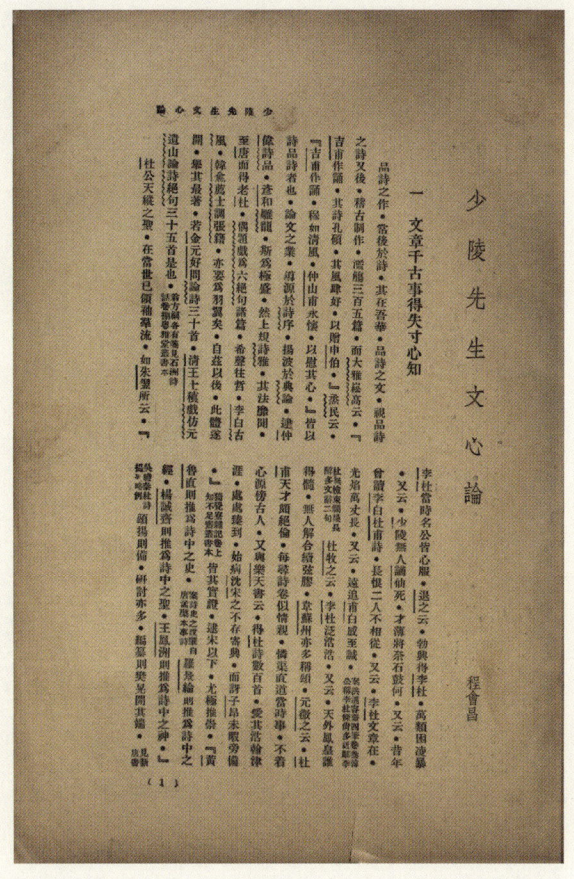

3-46 少陵先生文心论

程千帆著。正文14页，26cm×19.1cm。

程千帆（1913—2000），原名逢会，更名会昌，字伯昊，别号闲堂，湖南宁乡人。文史学家、教育家。金陵大学中文系毕业，曾任金陵大学中文系副教授。中华人民共和国成立后，先后任武汉大学教授、中文系主任，南京大学教授。

程千帆的第一篇文学论文，也是他的大学毕业论文，探讨了杜甫的诗歌创作思想。

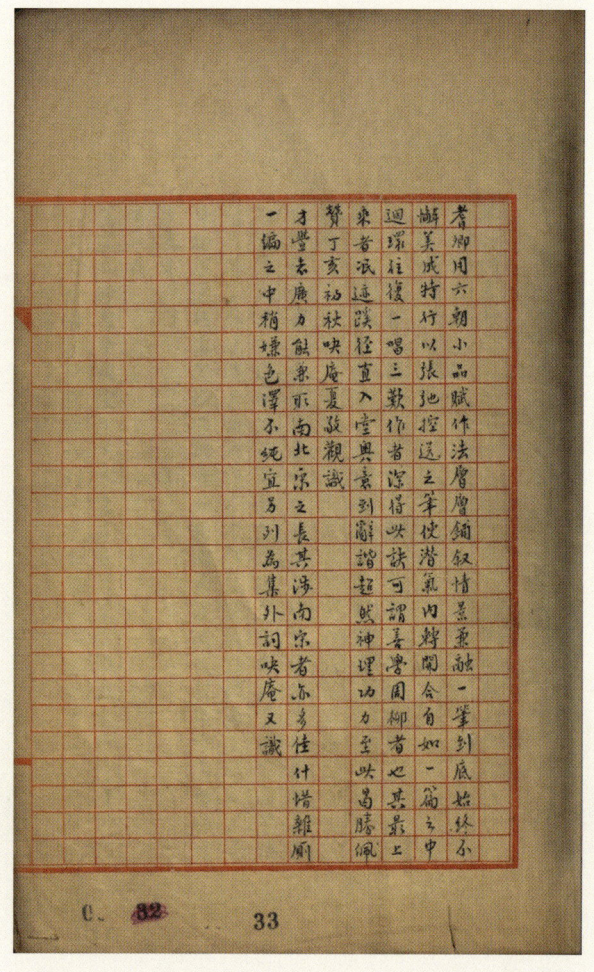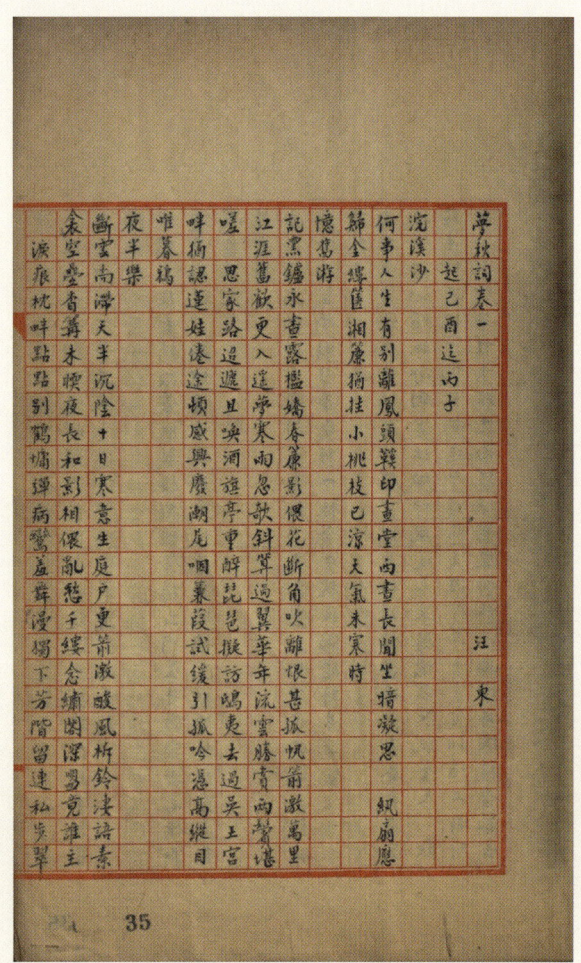

3-47 梦秋词

汪东著,线装稿本。正文101页,28.4cm×19.5cm。

汪东(1890—1963),原名东宝,字旭初,号寄庵,别号寄生、梦秋,江苏苏州人。诗人、文学家、教育家。同盟会会员,曾参加辛亥革命。历任中央大学教授、中文系主任、文学院院长,复旦大学教授。中华人民共和国成立后,先后任古物保管委员会副主任委员、苏州市政协副主席、江苏省政协常委、民革江苏省委员会副主任委员等职。

词集分五卷,收录词三百余阕。

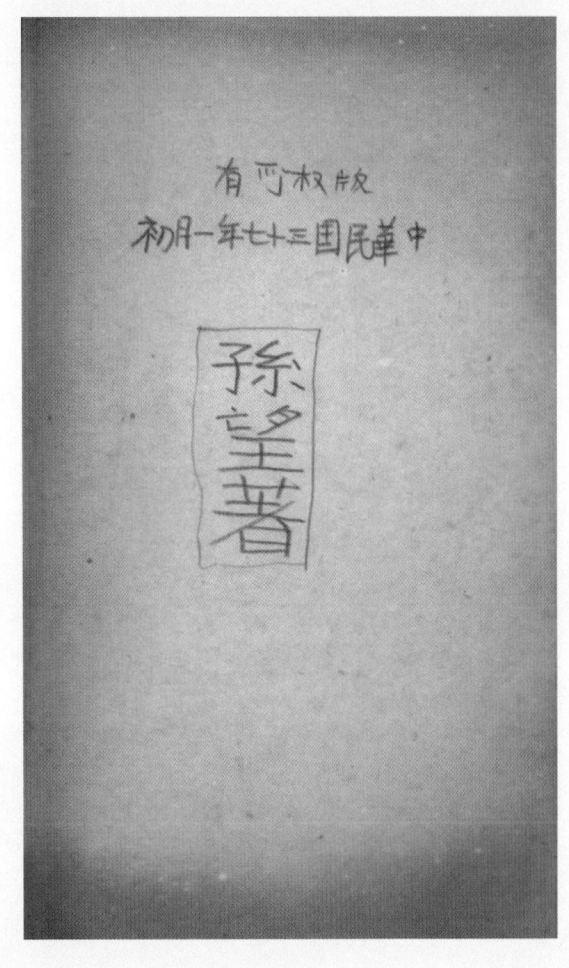

3-48 读王度古镜记

孙望著，1948年1月。正文18页，20.6cm×14cm。

孙望（1912—1990），原名孙自强，字止畺，江苏张家港人。金陵大学中文系毕业，后任教于金陵大学。中华人民共和国成立后，历任金陵大学副教授、教授、中文系主任，南京师范学院教授兼中文系主任。曾任江苏省政协常委、民盟江苏省常委、江苏省政协副主席等职。

本书内容分三部分：一、古镜记大意；二、王度考；三、余论。

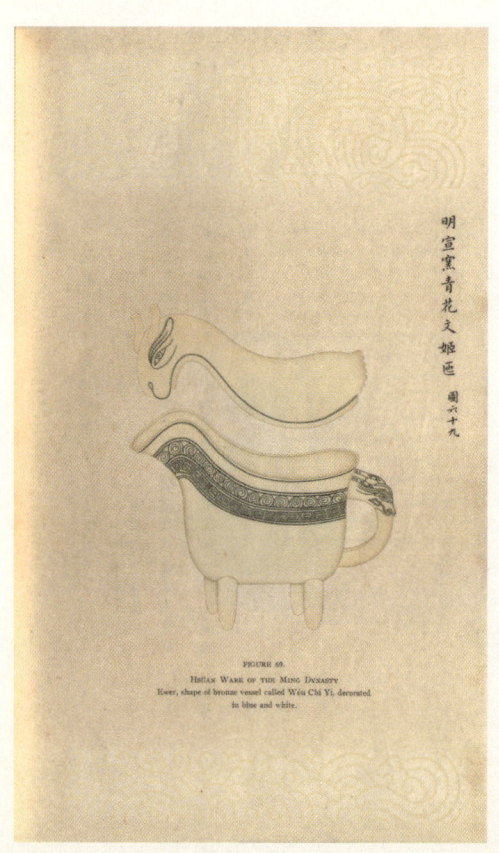

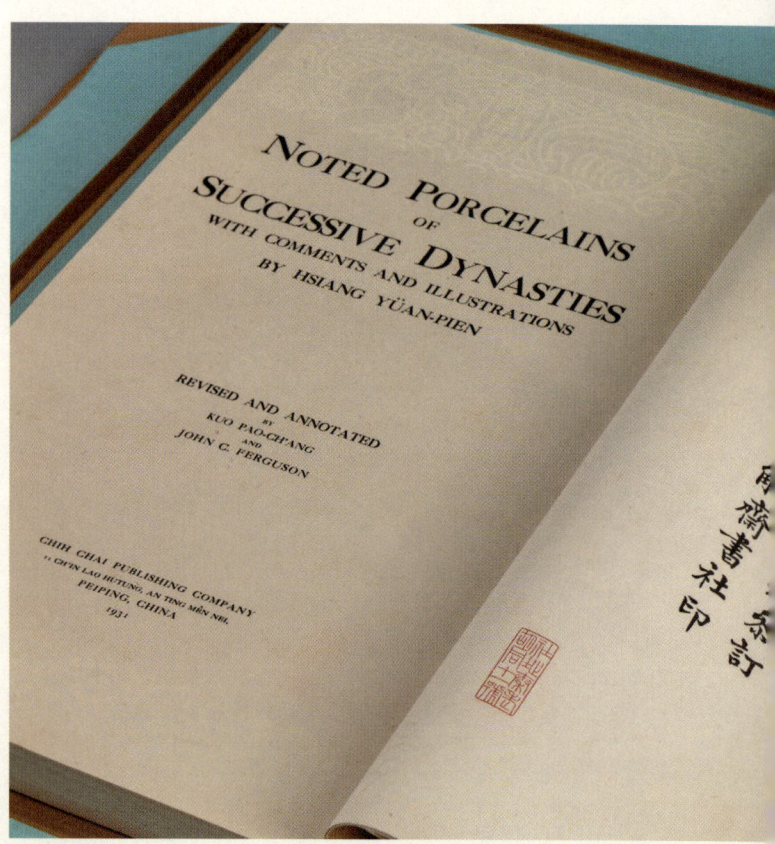

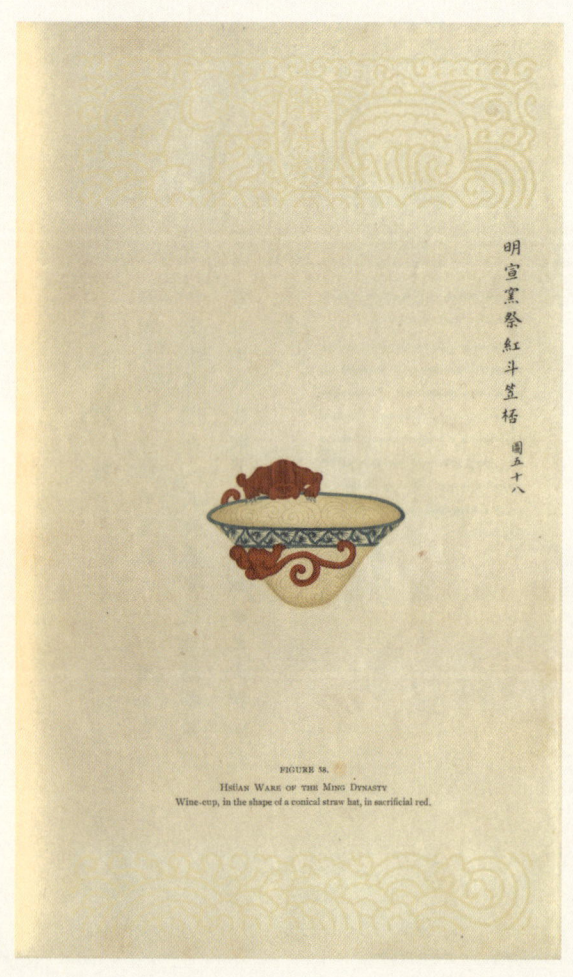

3-49 校注项氏历代名瓷图谱

郭葆昌校注，[美]福开森参订，北京：北平觯斋书社，1931年。开本高39.7厘米，宽27.5厘米，厚2.4厘米。该本前页有傅增湘1935年跋，钤"双鉴楼""增湘""藏园"印。

福开森（John Calvin Ferguson，1866—1945），字茂生，号观斋，斋名德茂堂。加拿大人，1892年取得美国国籍。传教士、教育家、社会活动家、汉学家。1887—1945年在中国生活。创办金陵大学的前身汇文书院。曾任国民政府顾问、古物陈列所与故宫博物院鉴定审查委员。1943年返美。晚年将所藏文物捐赠给金陵大学，成为今南京大学的重要收藏。

该书主要内容为83件瓷器的彩图与中英文笺释。

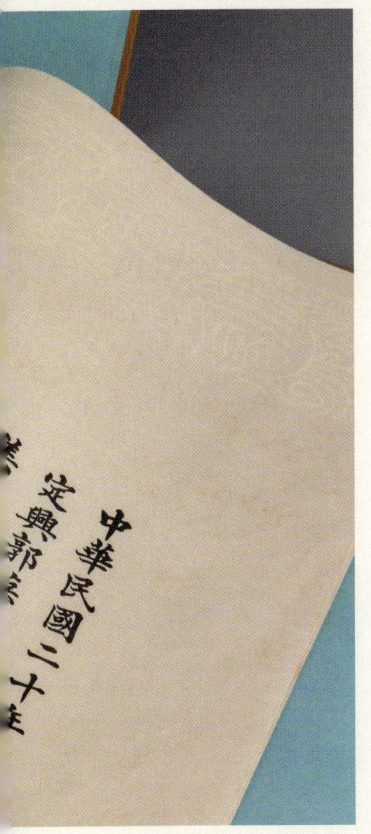

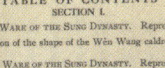

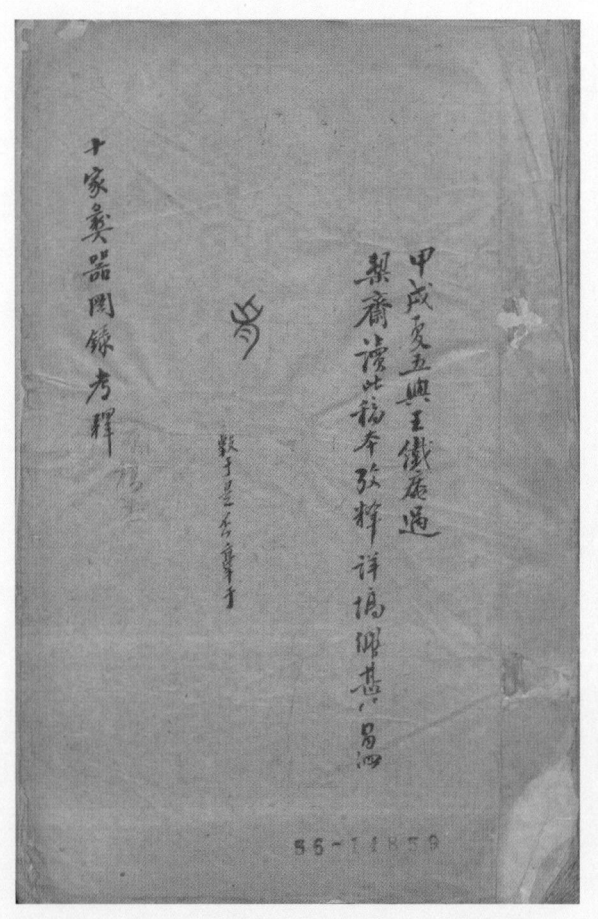
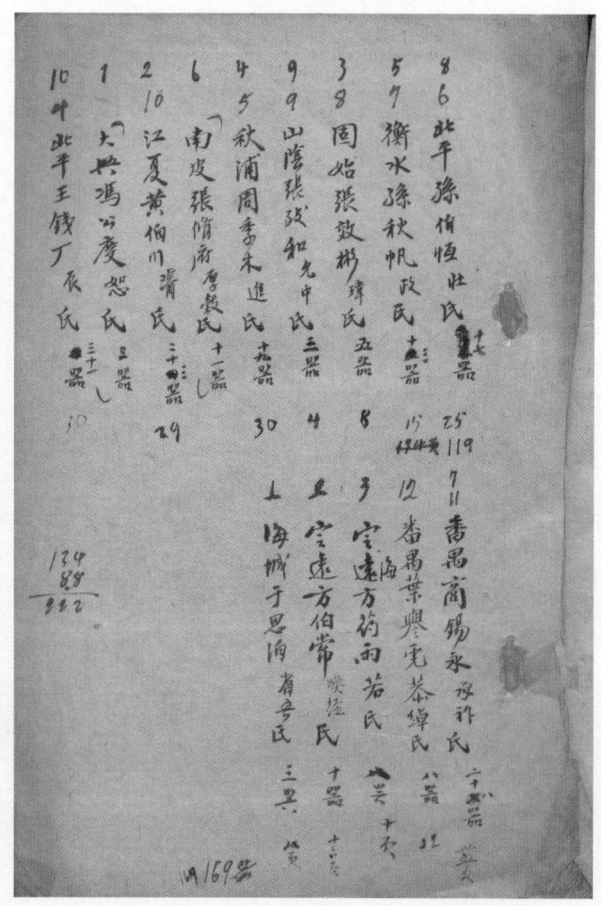
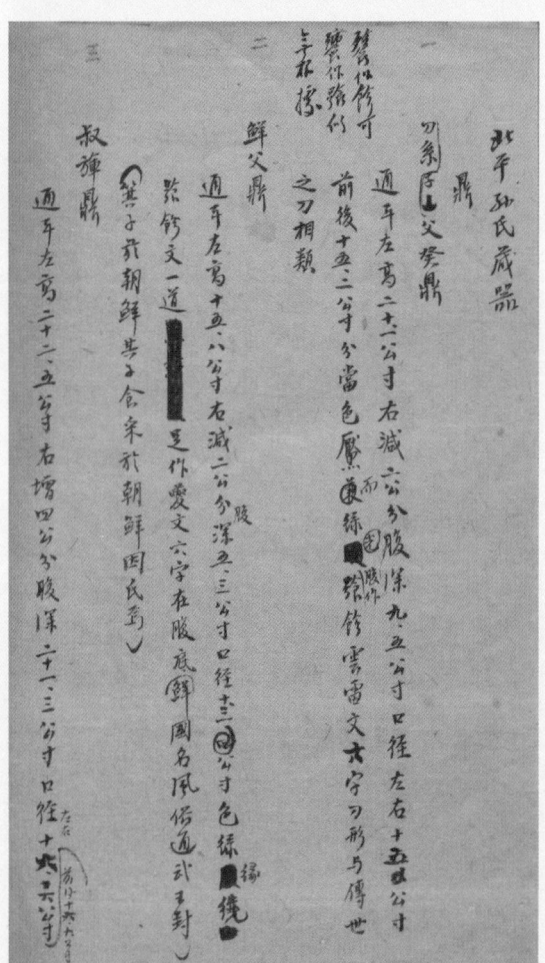

3-50 十家彝器图录考释

商承祚著，稿本，一册。无框。开本高21.8厘米，宽14.2厘米。半页12行，行字数不等。

商承祚(1902—1991)，字锡永，号驽刚、蠖公、契斋，广东番禺人。古文字学家、金石篆刻家、书法家。先后任教于东南大学、北京师范大学、北京大学、金陵大学等校。中华人民共和国成立后，历任中山大学教授、全国人大代表、全国政协委员、民盟中央委员、广东省语文学会会长等职。

该书对孙壮、孙政等十余家所藏彝器进行了专门考释。

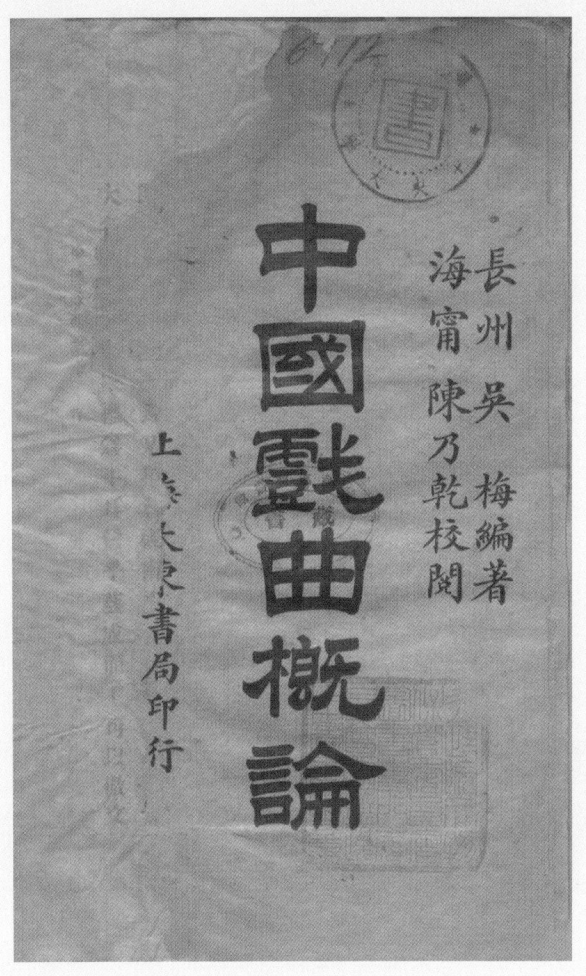
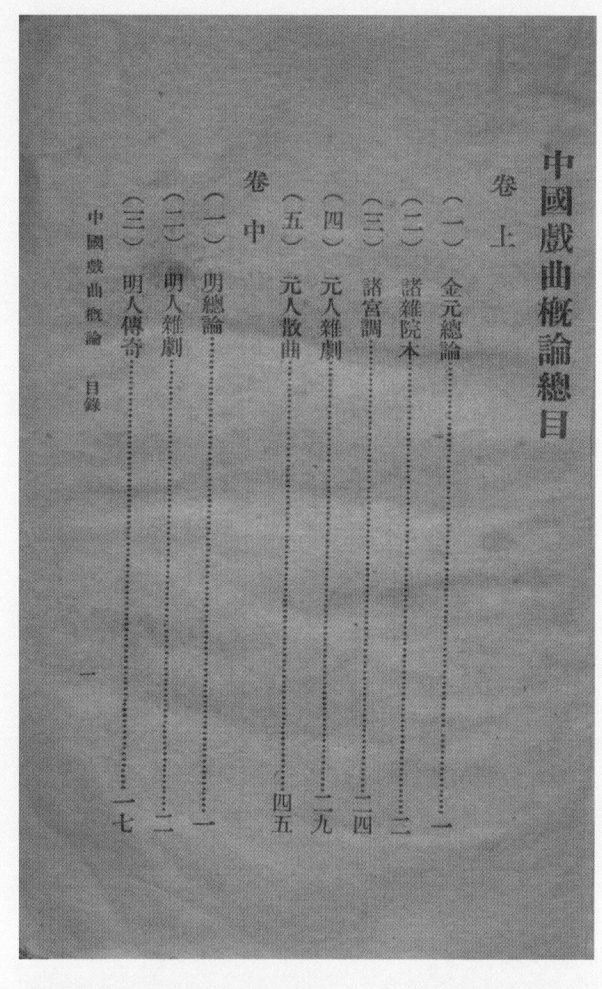
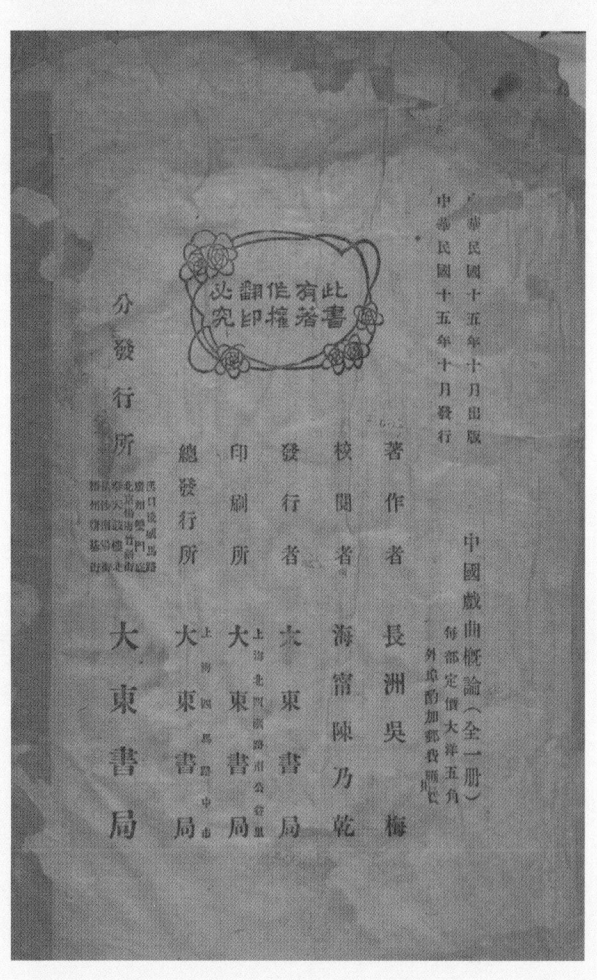

3-51 中国戏曲概论

吴梅编著，上海：大东书局，1926年10月。正文142页（卷上52页，卷中49页，卷下41页），22cm×15cm。

吴梅（1884—1939），字瞿安，号霜厓，江苏苏州人。现代戏曲理论家、教育家、诗词曲作家、南社成员。历任东南大学、金陵大学、中央大学教授。

全书分为金元、明、清三卷。

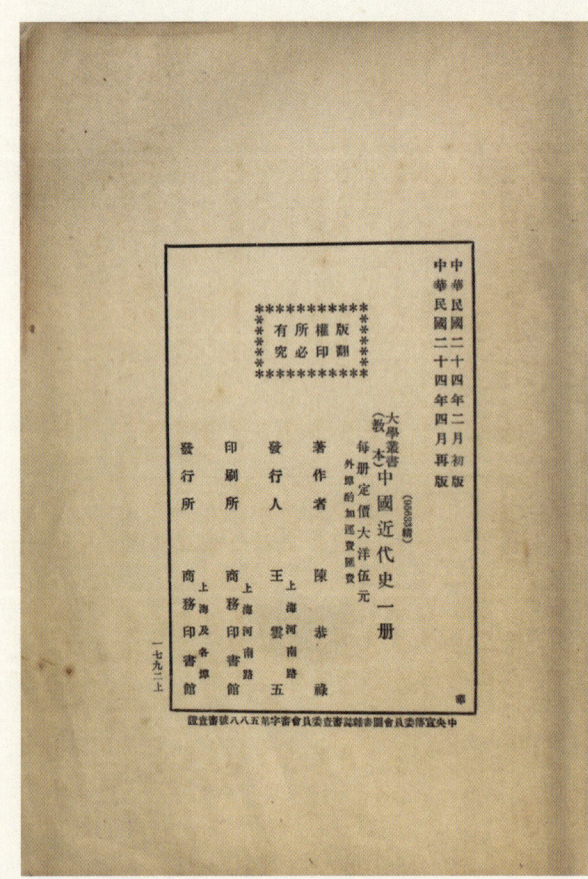

3-52 中国近代史 [大学丛书]

陈恭禄著,上海:商务印书馆,1935年4月。正文860页,22.5cm×15cm。

陈恭禄(1900—1966),江苏丹徒人。历史学家。金陵大学历史系毕业,曾任金陵大学历史系教授。中华人民共和国成立后,任南京大学历史系教授。

全书分上卷九篇,下卷十篇,论述了从鸦片战争到1930年代初的中国历史。

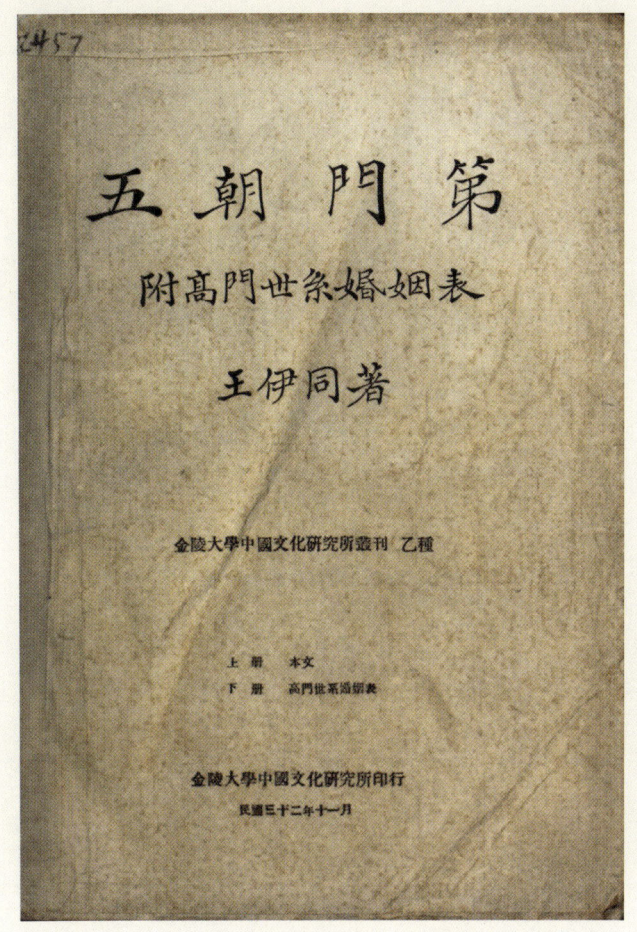
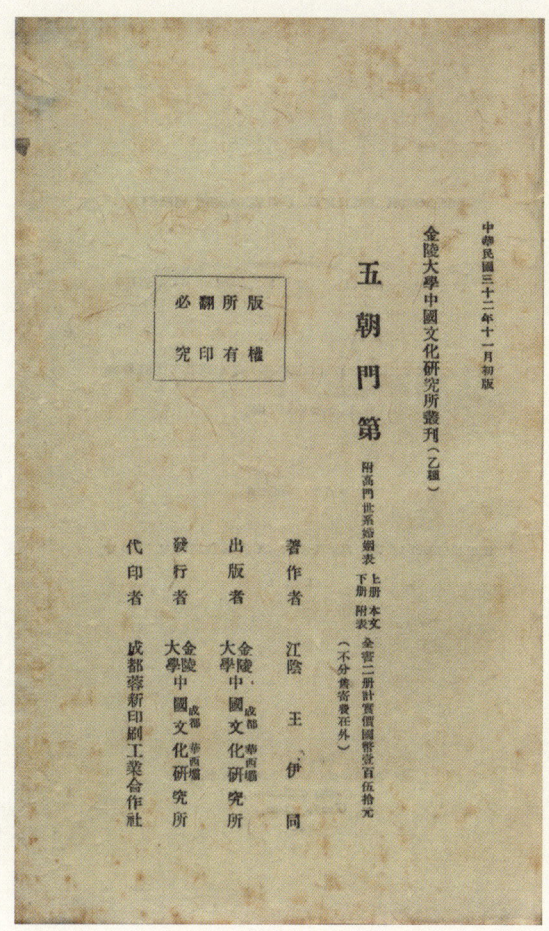

3-53　五朝门第附高门世系婚姻表（上、下册）　　[金陵大学中国文化研究所丛刊·乙种]

王伊同著，成都：金陵大学中国文化研究所，1943年11月初版。全两册（上册正文156页，下册含图表13张），26.2cm×18cm。

王伊同（1914—2016），字斯大，江苏江阴人。历史学家。曾执教于金陵大学。后留学美国，获哈佛大学哲学博士学位。先后任教于美国芝加哥大学、匹兹堡大学。

该书系统研究了晋、宋、齐、梁、陈士族高门的历史变迁及其文化风貌。

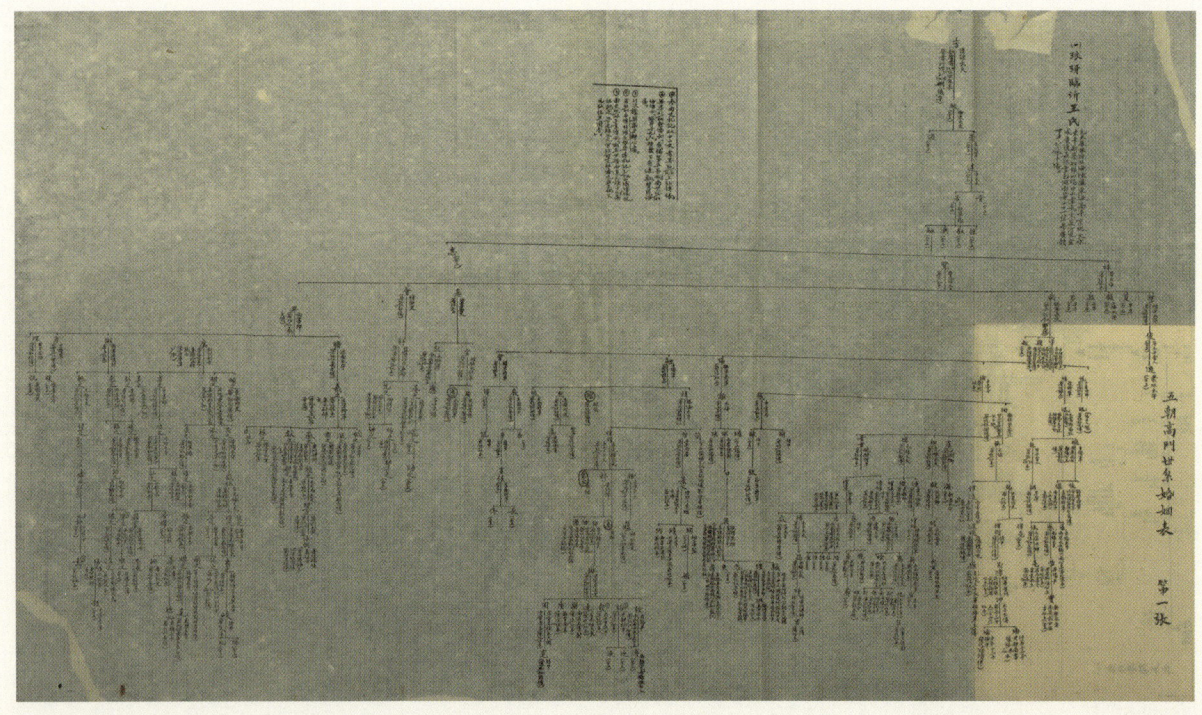

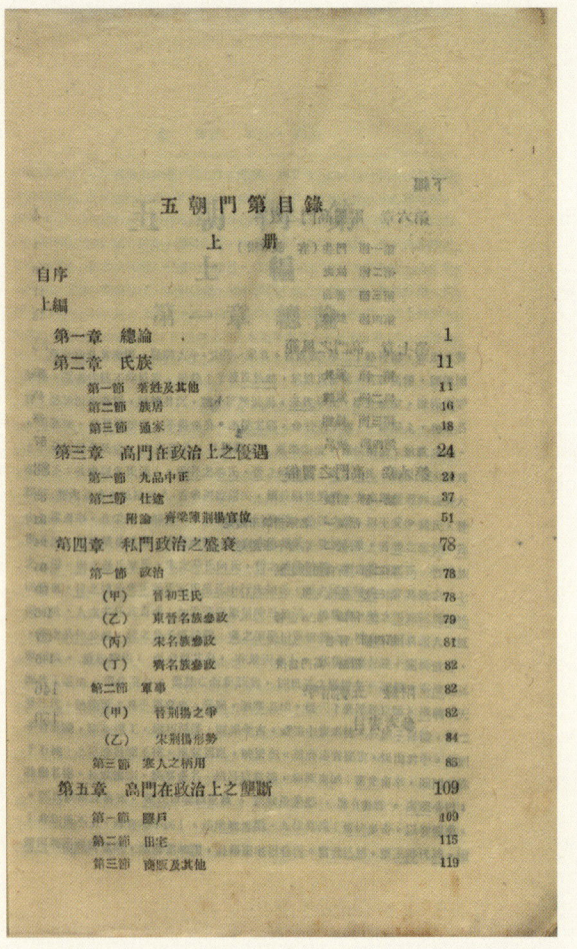

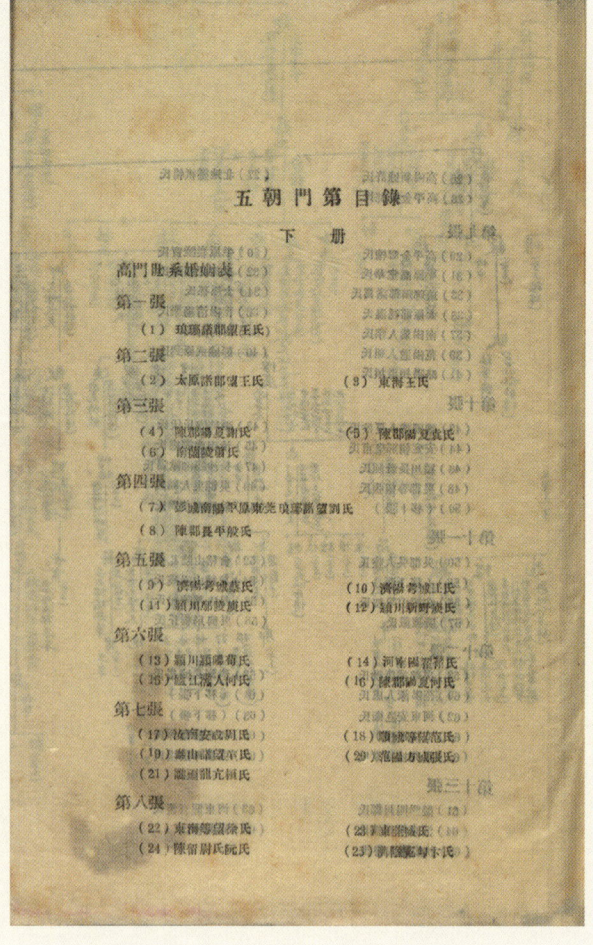

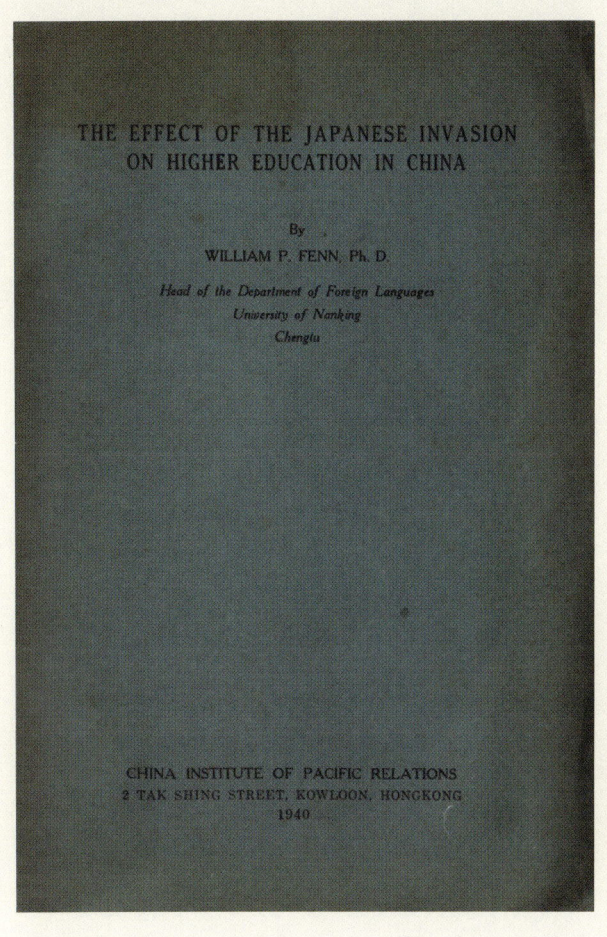

3-54　*The Effect of the Japanese Invasion on Higher Education in China*

[美]芳卫廉著,香港:中国太平洋国际学会,1940年。正文48页,22.1cm×15.1cm。

芳卫廉(William P. Fenn,1902—1993),美国人。传教士、教育家。爱荷华大学博士毕业。曾任金陵大学外文系教授及系主任,华西边疆研究学会副会长、会长,中国基督教大学校董联合会驻华代表。1947年返美,任中国基督教联合董事会(后更名为亚洲基督教高等教育联合董事会)执行秘书、总干事。

本文调查1937—1939年期间日军侵华战争对中国高等教育造成的影响。内容有各高校经济损失统计、学生入学率及专业选择、教师队伍培养、战时政府教育方针、军事培训、教会大学情况等。

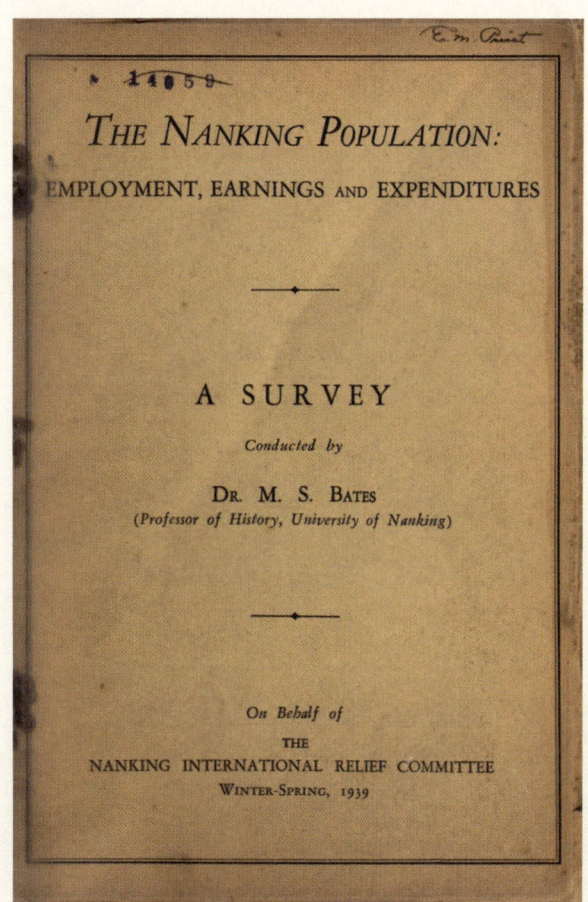

3-55　*The Nanking Population: Employment, Earnings and Expenditures*

[美]贝德士著,1939年。正文32页,23.4cm×15.7cm。

贝德士(Miner Searle Bates,1897—1978),美国人。历史学家、传教士。耶鲁大学史学博士毕业。曾任金陵大学政治历史系主任、教授,创办金陵大学历史系并任系主任,后参与创建金陵大学中国文化研究所。抗日战争全面爆发后,金陵大学西迁成都,贝德士留守南京,以副校长名义监管校产。南京大屠杀期间曾任"南京国际救济委员会"主席,竭力保护与救济难民。1946年与1947年作为证人,先后出席东京远东国际军事法庭和南京中国军事法庭对南京大屠杀案的审判。1950年返美,任教于纽约协和神学院。

此篇为贝德士代表南京国际救援委员会所做报告,调查南京居民1938年11月至1939年1月期间生活状况,揭露南京大屠杀期间日军犯下的罪行。

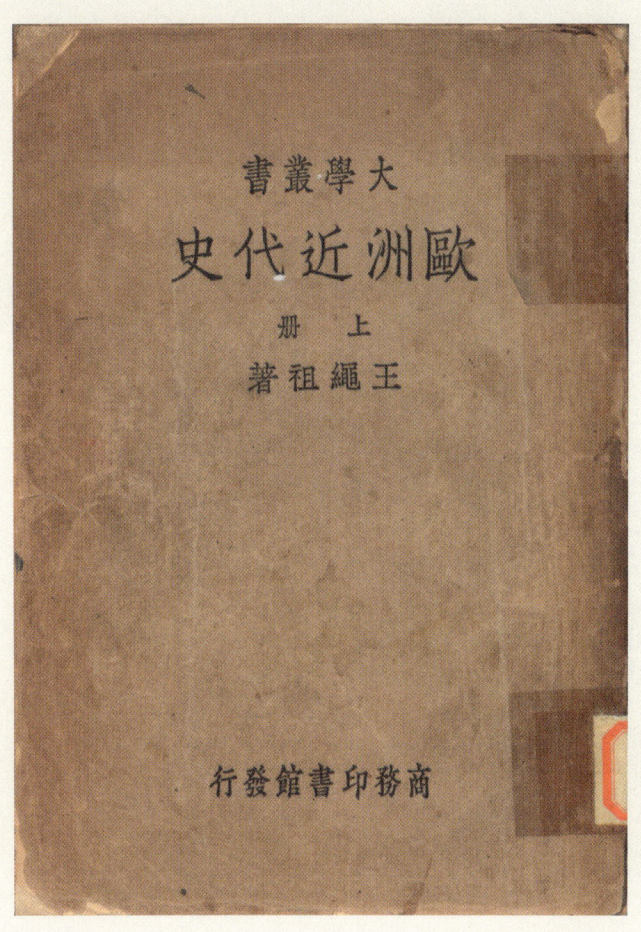
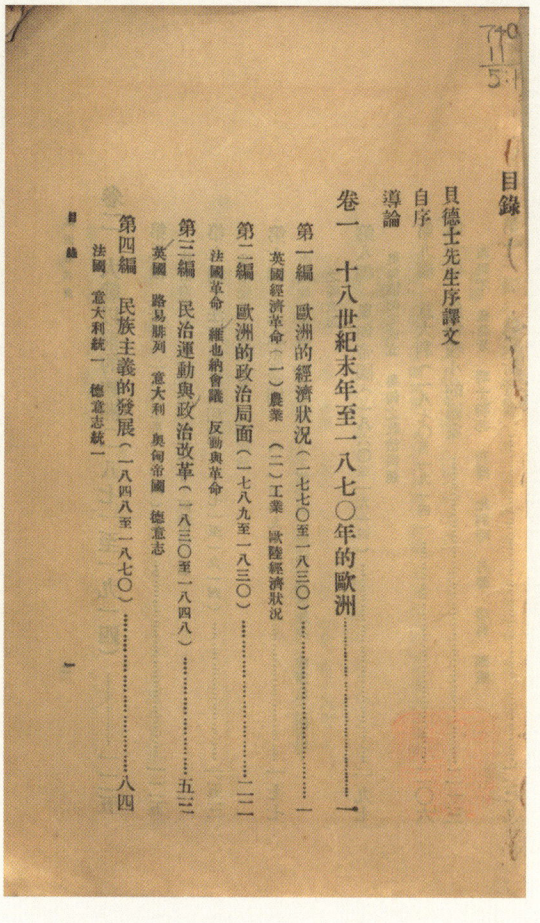

3-56　欧洲近代史（上、下册）　　[大学丛书]

王绳祖著，上海：商务印书馆，1936年9月初版。正文701页，21cm×15cm。

王绳祖（1905—1990），江苏高邮人。历史学家。金陵大学历史系毕业。后留学美国，获牛津大学文学硕士学位。曾任金陵大学历史系教授、系主任，金陵大学文学院院长。中华人民共和国成立后，历任南京大学历史系教授兼世界史教研室主任，南京大学历史系副系主任等职。

全书共六卷二十六篇，论述18世纪末到20世纪30年代欧洲政治、经济、社会变迁。

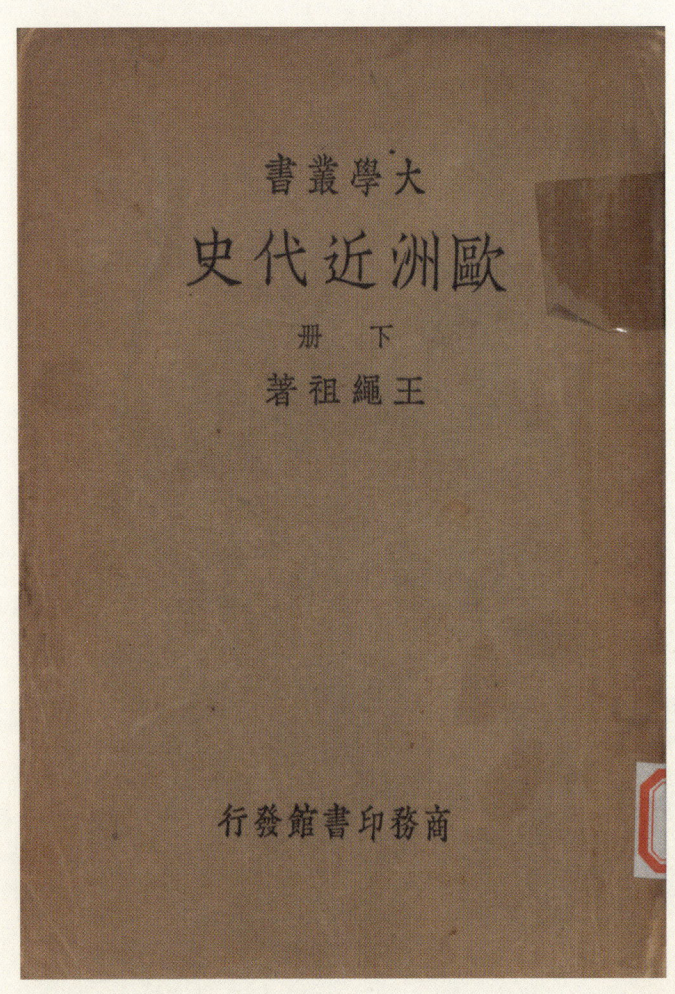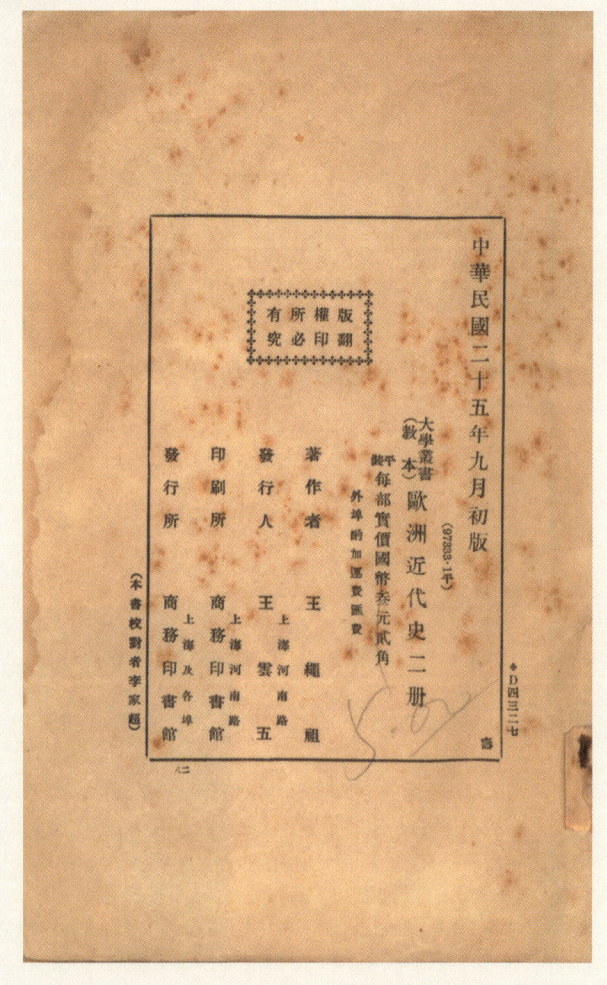

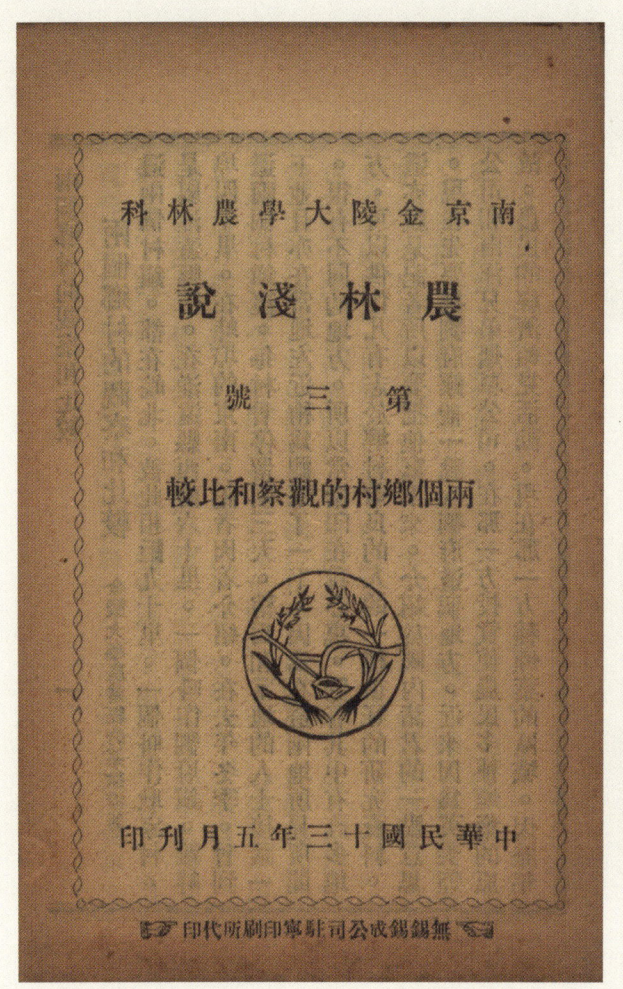

3-57 南京金陵大学农林科农林浅说（丛书）

南京：金陵大学农林科，不定期刊。16.8cm×10.7cm。

金陵大学农林科印发的普及农事知识的小册子。面向乡村农民，宣传农业科技知识。内容包括农作物栽培、病虫害防治、桑蚕养殖、乡村建设等。

本馆藏第3—4、6、11、13、15—16、18—26号。（1924—1928）

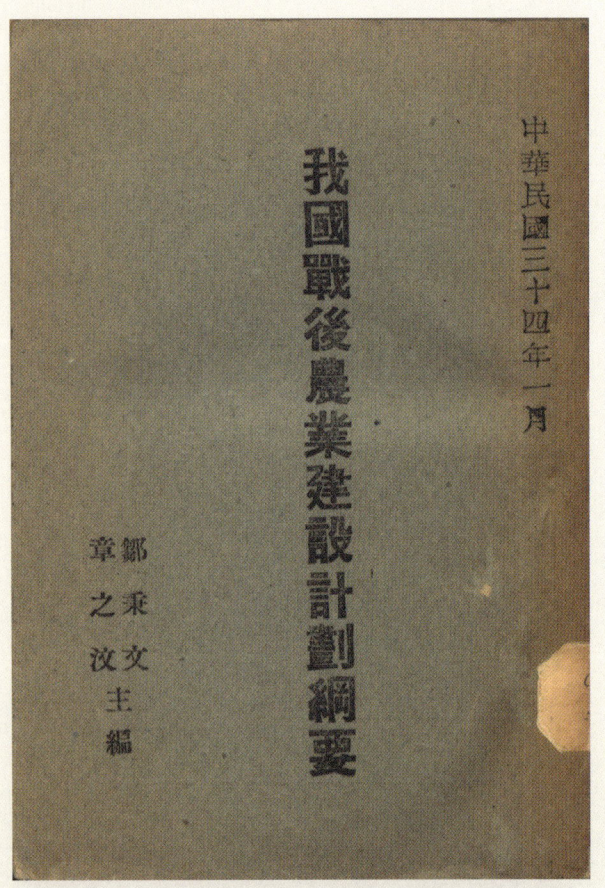
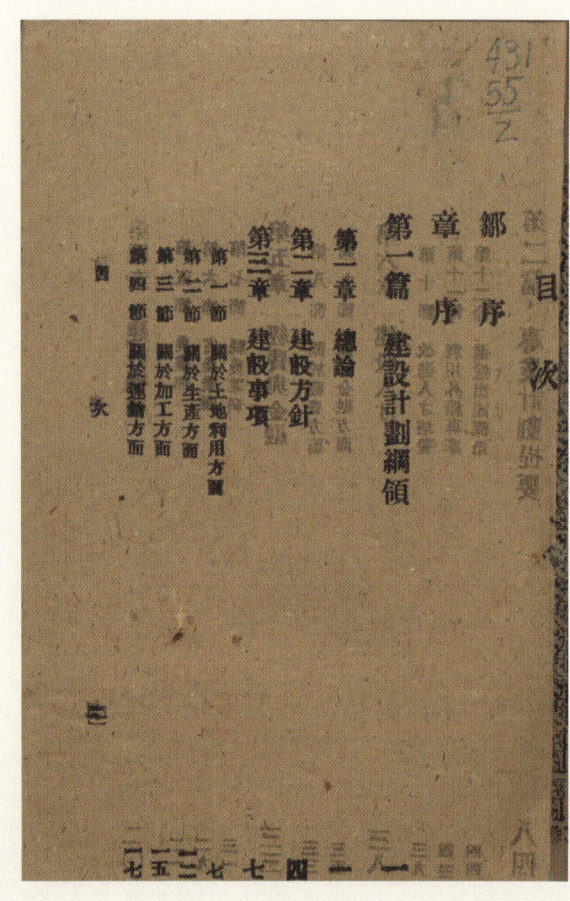
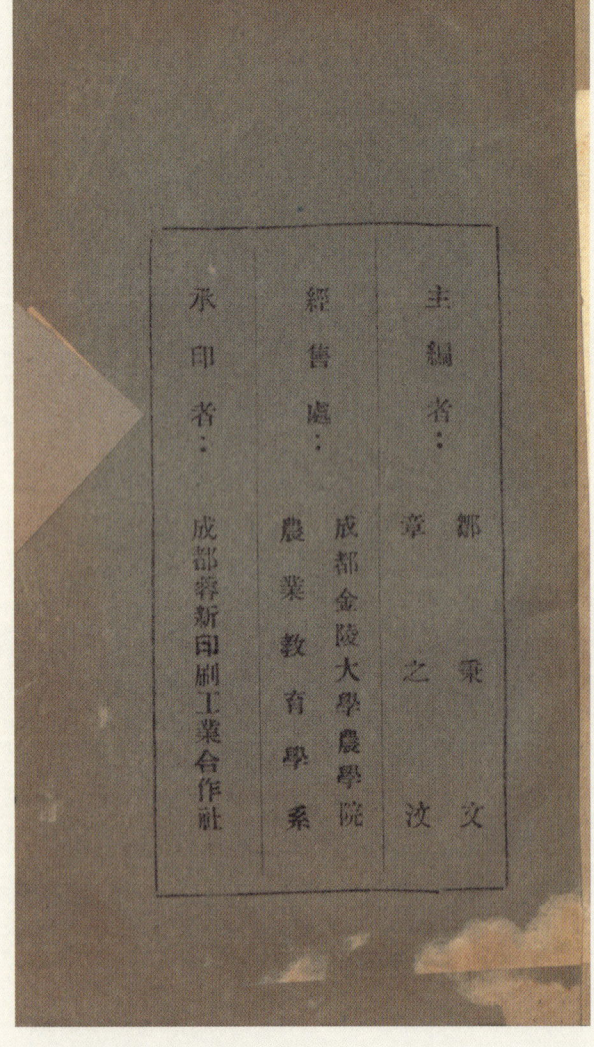

3-58 我国战后农业建设计划纲要

邹秉文、章之汶编，1945年1月。正文180页，17.6cm×12.3cm。

邹秉文（1893—1985），字应崧，江苏苏州人。农学家、农业教育家。留学美国，获康奈尔大学农学硕士学位。回国后，曾任金陵大学植物病理学教授、南京高等师范学校农业专修科主任、东南大学教授兼农科主任、中央大学农学院教授兼院长、联合国粮农组织中方执行委员等职。中华人民共和国成立后，担任农业部和高等教育部顾问、全国政协委员。

章之汶（1900—1982），字鲁泉，安徽来安人。农学家。金陵大学农学院毕业。1930年赴美留学，获康奈尔大学硕士学位。回国后，历任金陵大学农学院副教授、教授，农学院副院长、院长。后出国，任联合国粮农组织副总干事、菲律宾大学农学院教授等职。

全书共两篇。第一篇为建设计划纲领，共六章，分别为：总论、建设方针、建设事项、建设机构、经费与金融、建设人才。第二篇为专业计划提要，共八章，分别为：食粮类、衣被原料类、畜产类、水产类、木头类、园艺类、特产类、其他类。

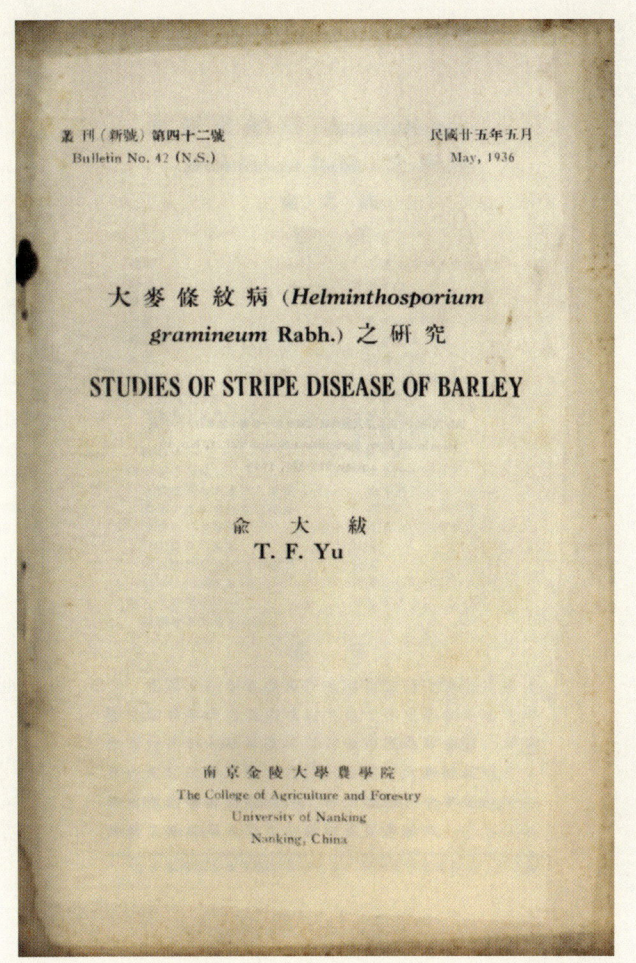
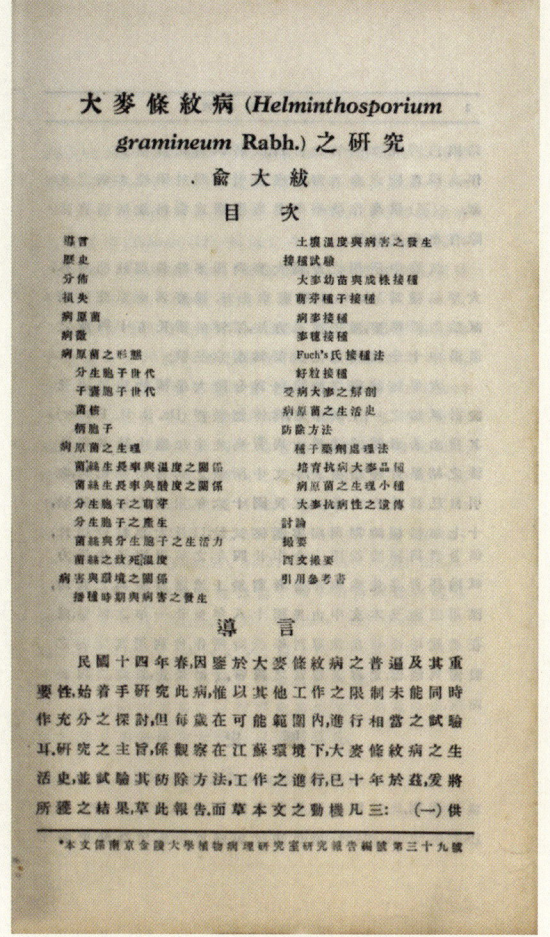

3-59 大麦条纹病(*Helminthosporium gramineum* Rabh.)之研究
Studies of Stripe Disease of Barley

俞大绂著,南京:金陵大学农学院,1936年5月。正文77页,22.9cm×15.2cm。

俞大绂(1901—1993),字叔佳,浙江绍兴人。植物病理学家、微生物学家。金陵大学农林科毕业。留学美国,获爱荷华州立大学博士学位。回国后,曾任金陵大学农学院教授,北京大学农学院院长、教授等职。中华人民共和国成立后,历任北京农业大学教授、校长,中国农学会副理事长,中国农科院学术委员会副主任等职。

本文从历史、分布、损失、形态、生理、防除方法等方面对大麦条纹病展开论述。

美國甜橙（黃巖產）

早紅（塘棲產）

3-60 柑橘　[百科小丛书]

胡昌炽著，上海：商务印书馆。正文123页，19.1cm×13cm。

胡昌炽（1899—1972），字星若，江苏苏州人。园艺学家。创办金陵大学园艺系，曾任金陵大学园艺系教授兼系主任。后赴台湾，任台湾大学教授兼园艺系主任。

全书分上、下两篇：上篇为温州、福州、潮州、漳州、新会柑橘概述，下篇为温州、黄岩、塘栖柑橘调查。

乳橘（黃巖產）

鹽橘（黃巖產）

目錄

緒言

上篇 溫州福州潮州漳州新會柑橘概述 ……… 二

關於學術方面者 ……… 三

 一 種類及品種之分佈 ……… 三

 二 種類及品種說明 ……… 六

關於栽培方面者 ……… 二二

目錄 一

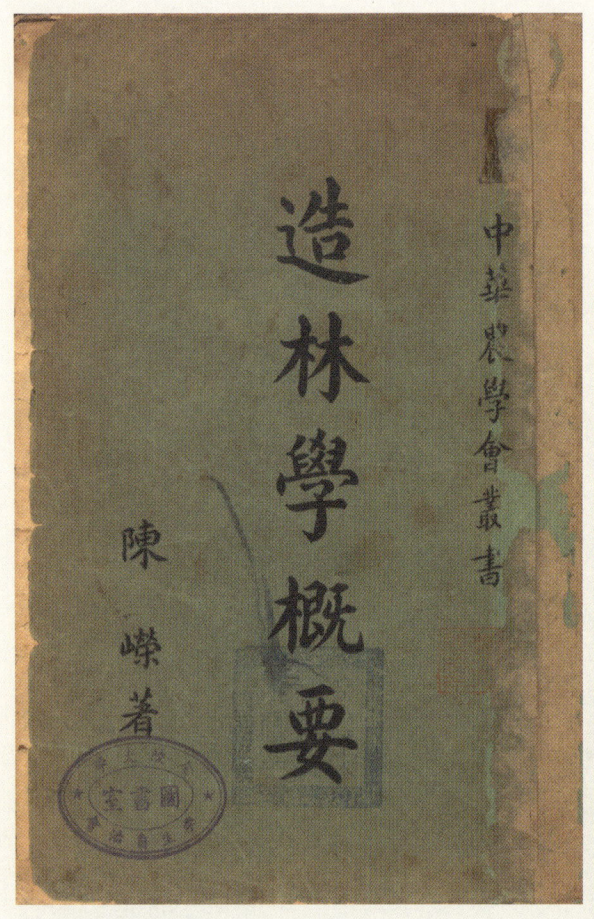
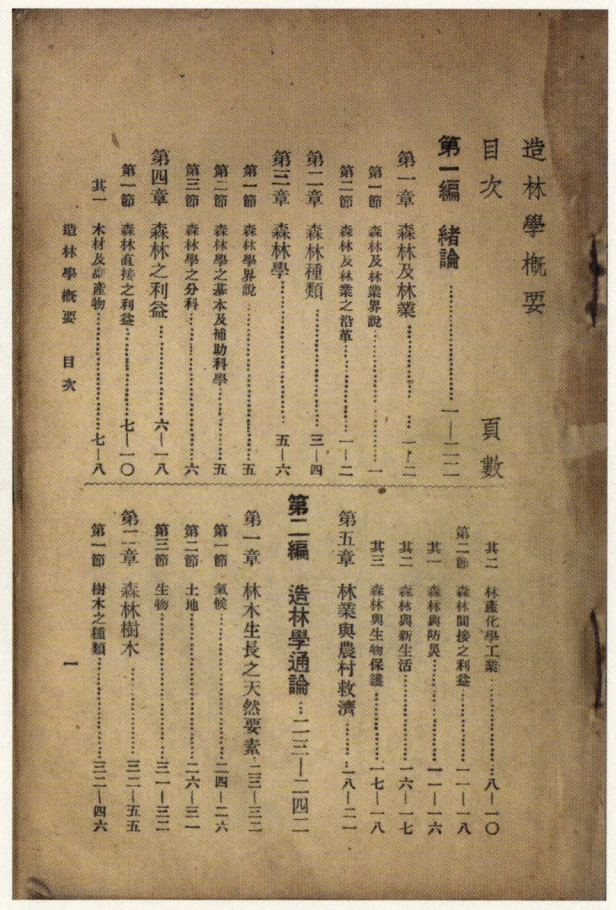

3-61 造林学概要 [中华农学会丛书]

陈嵘著,南京:中华农学会。正文392页,22.4cm×15.3cm。

陈嵘(1888—1971),字宗一,浙江安吉人。林学家。早年加入同盟会。曾留学日、美、欧多年,后获美国哈佛大学硕士学位。曾任金陵大学农学院森林系教授、系主任。中华人民共和国成立后,历任南京林学院筹备委员会主任、中国林业科学研究所所长、中国林学会副理事长等职。

全书共四编:一、绪论;二、造林学通论;三、造林学各论;四、余论。

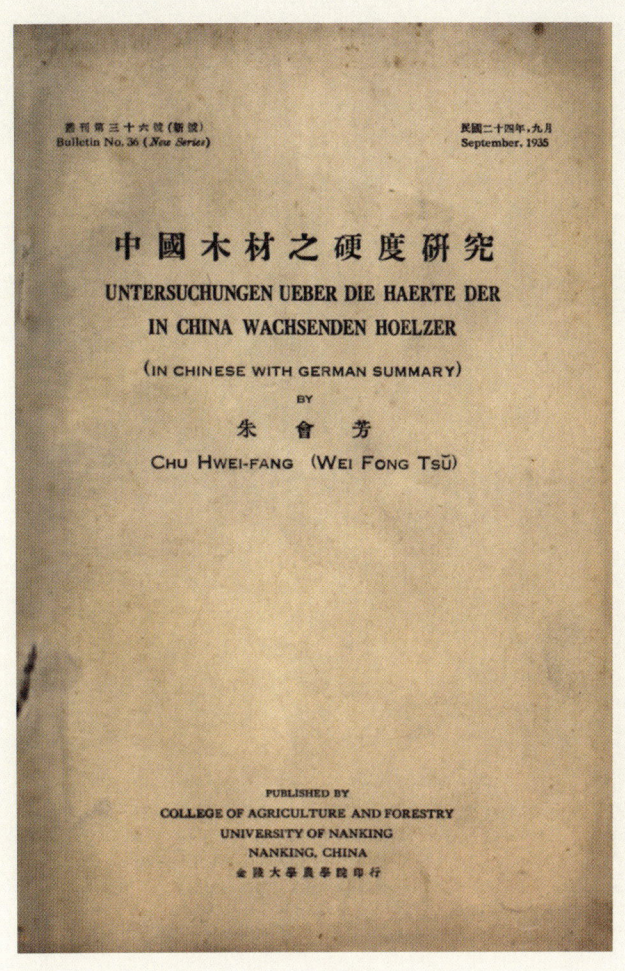

3-62 中国木材之硬度研究

朱会芳著,南京:金陵大学农学院,1935年9月。正文134页,23cm×15.3cm。

朱会芳(1902—1978),又名惠方,字艺园,江苏丹阳人。林学家。曾任金陵大学农学院教授、森林系主任,台湾大学教授。1954年赴美,任教于纽约州立大学。1956年回国,历任中国林业科学院木材工业研究所副所长、中国林学会副理事长、全国政协委员等职。

本文共五章:一、总论;二、历来测定硬度之方法;三、试验之经过;四、试验之结果;五、结论。

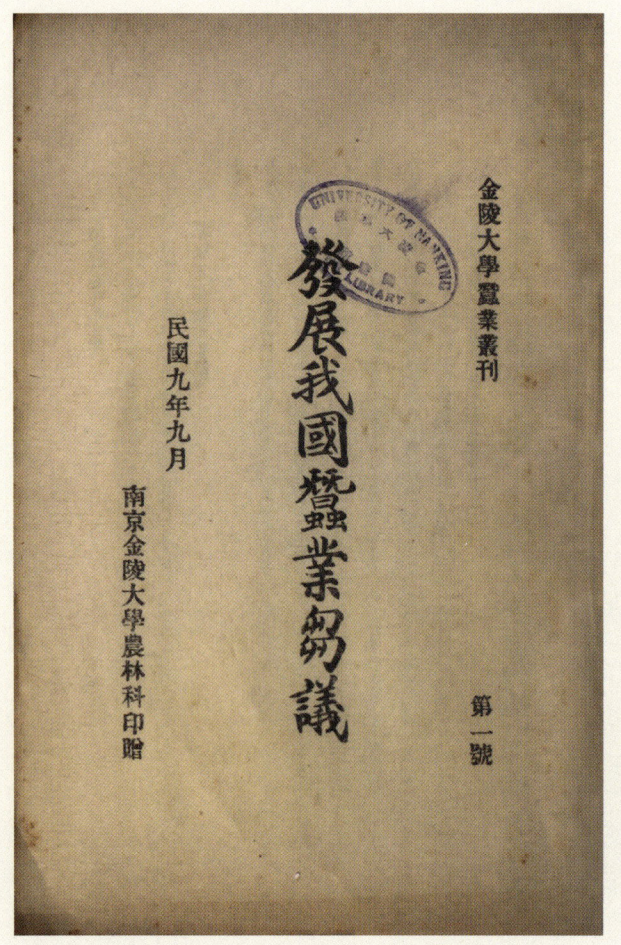
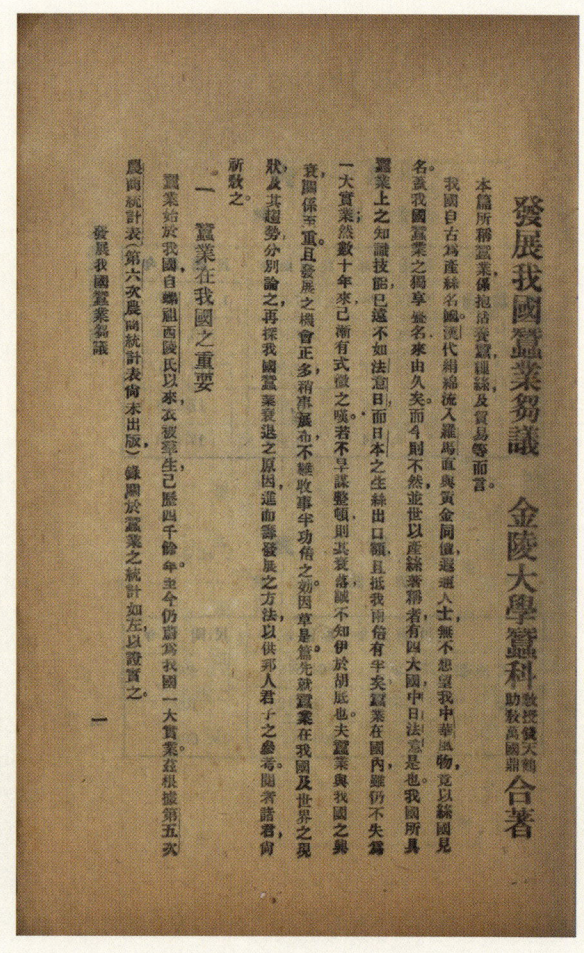

3-63　发展我国蚕业刍议　[金陵大学蚕业丛刊·第一号]

钱天鹤、万国鼎合著，南京：金陵大学农林科，1920年9月。正文26页，21.3cm×14.4cm。

钱天鹤（1893—1972），又名治澜，字安涛，浙江杭州人。农学家。留学美国，获康奈尔大学农学硕士学位。回国后，曾任金陵大学农科教授、蚕桑系主任，中央农业研究所副所长，经济部农业司司长，农业部常务次长等职。后赴台湾，任台湾中华农学会理事长。

万国鼎，见3-41。

该篇从蚕业在我国之重要、世界蚕业之概况、蚕丝销费额增加之趋势、我国发展蚕业之便利、我国蚕业之衰退、衰退之原因、发展之方法等方面探讨我国蚕业状况。

该篇最早发表于《金大农林丛刊》1920年第5期，后由金陵大学农林科编印成册。

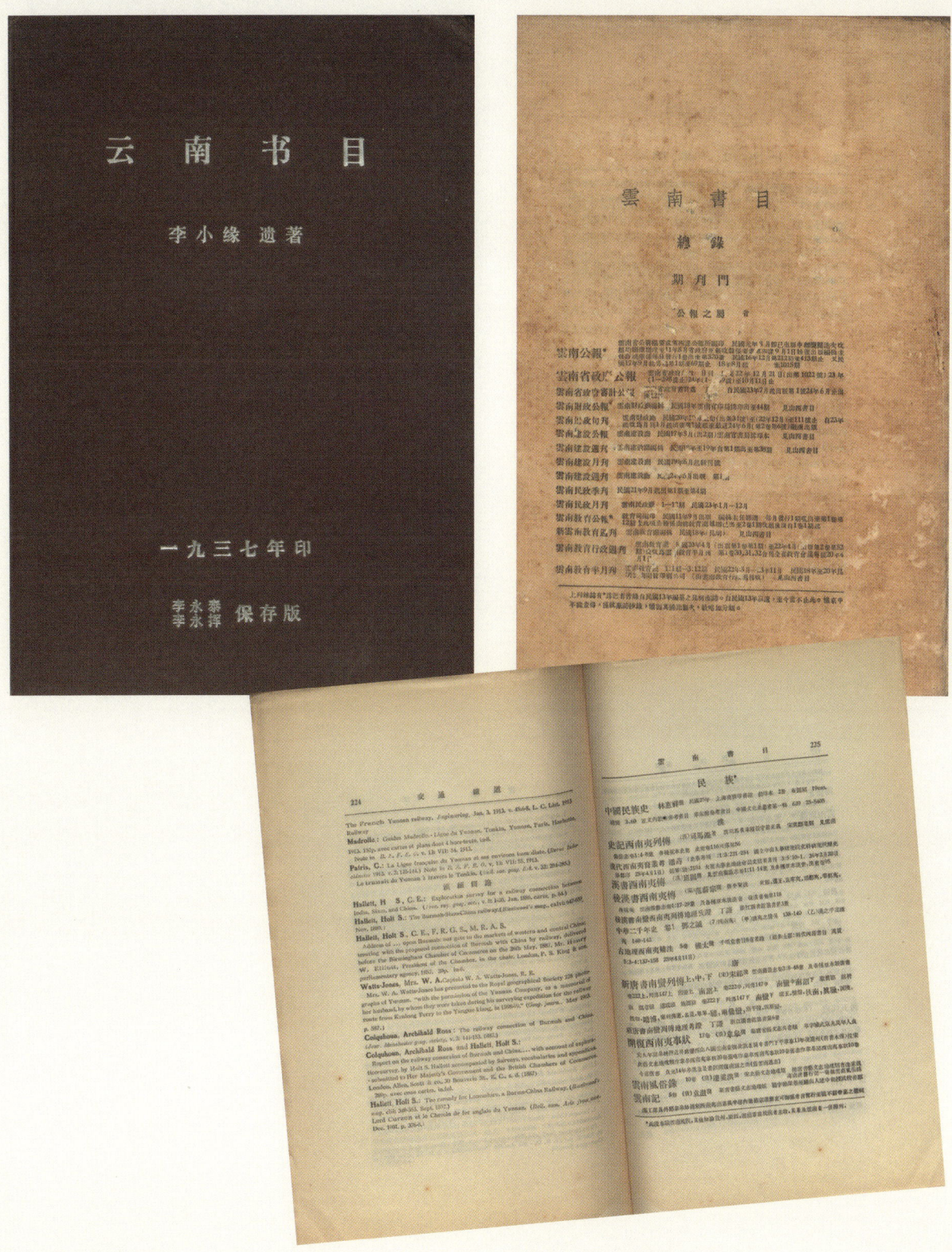

3-64 云南书目

李小缘编著。正文304页,28cm×20cm。

李小缘(1898—1959),原名李国栋,江苏南京人。图书馆学家、目录学家、历史学家。金陵大学文理科毕业后,留校任职于图书馆。后留学美国,获哥伦比亚大学教育社会学硕士学位。曾任金陵大学图书馆馆长,图书馆学系主任、教授,金陵大学中国文化研究所主任。中华人民共和国成立后,任南京大学图书馆副馆长。

该书为云南地方文献书目。收录自汉至20世纪30年代有关云南历史、地理、政治、经济、文化、民族、军事、边务等的中外文献资料。因抗战爆发,此书未能印制完成,1980年李永泰、李永挥兄弟重新加制封面。李永泰后将此保存版赠予南京大学图书馆。

李永泰、李永挥为李小缘之子。

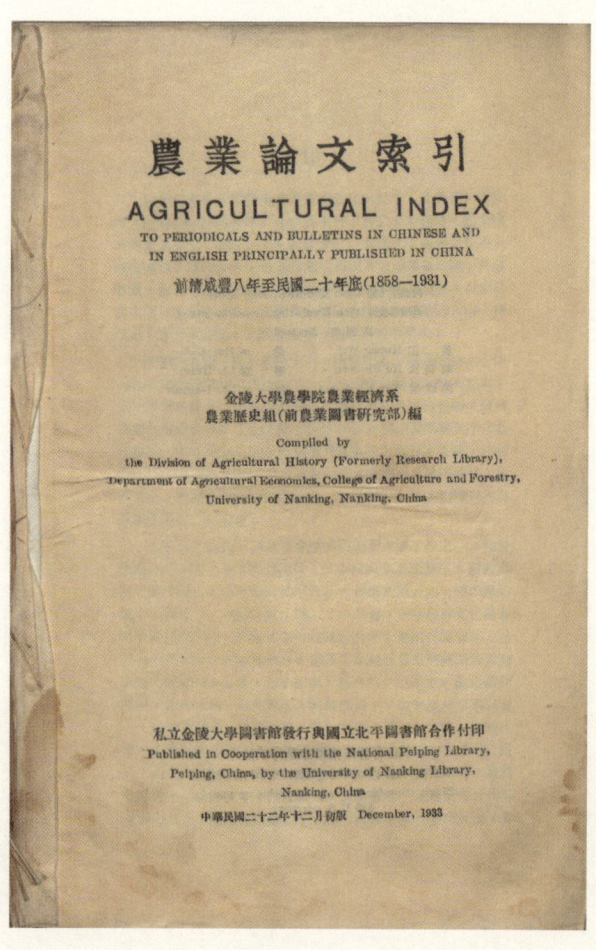

3-65 农业论文索引/农业论文索引续编

农业论文索引：前清咸丰八年至民国二十年底（1858—1931）

金陵大学农学院农业经济系农业历史组编，私立金陵大学图书馆，1933年12月初版。正文731页，23.2cm×15cm。

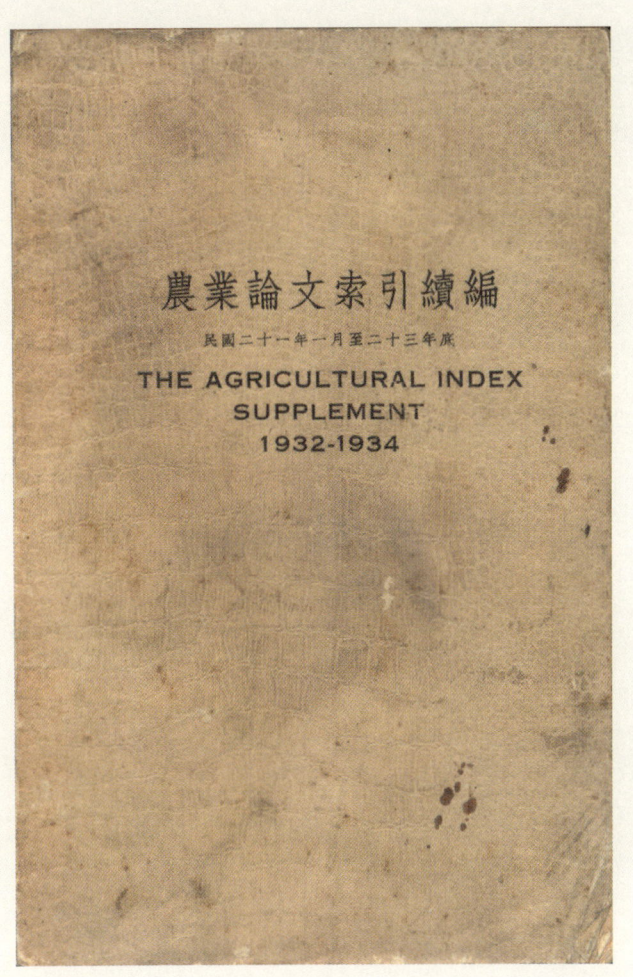
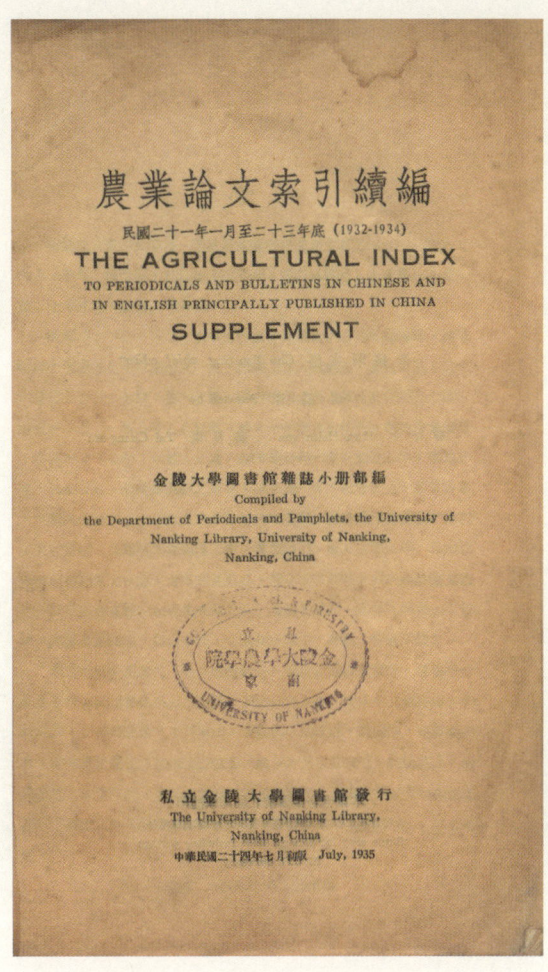

农业论文索引续编：民国二十一年一月至二十三年底（1932—1934）
金陵大学图书馆杂志小册部编，南京：私立金陵大学图书馆，1935年7月初版。正文348页，22.5cm×15cm。

《农业论文索引》收录中文期刊索引30000余条，《续编》收录中文索引13000余条，是我国最早的大型科技文献主题索引。

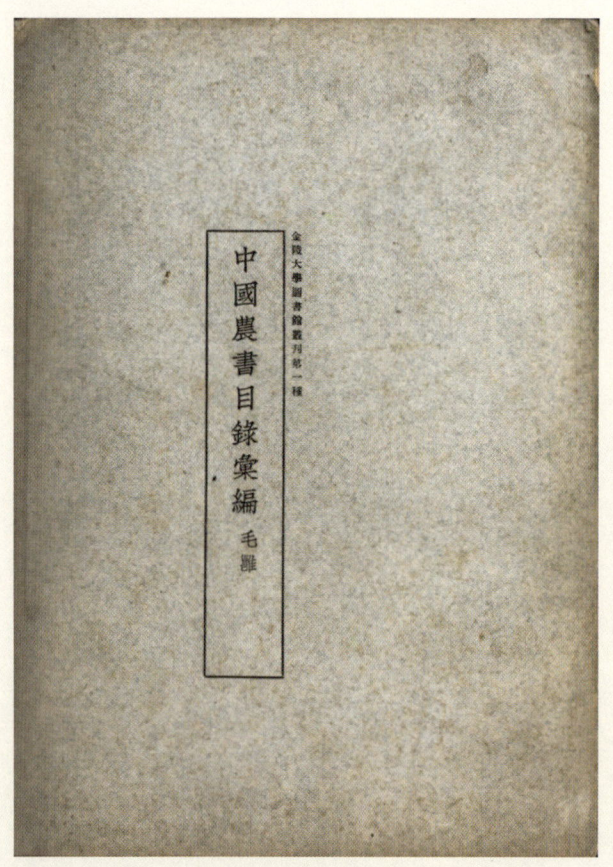 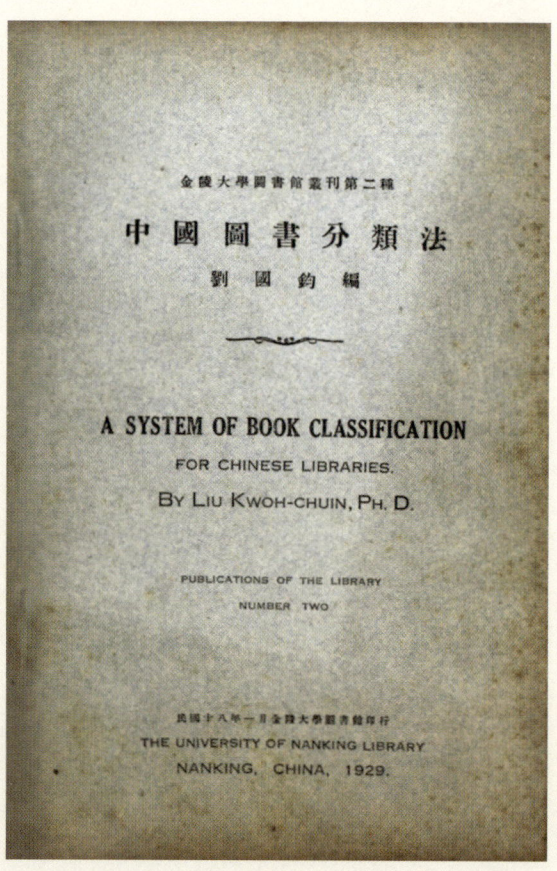

3-66 金陵大学图书馆丛刊

中国农书目录汇编　　[金陵大学图书馆丛刊·第一种]

毛雝编,南京:金陵大学图书馆,1924年6月。正文214页,22.5cm×16cm。

毛雝(1897—1989),字章荪,江苏武进人。金陵大学农林科毕业,后赴美留学,获加利福尼亚大学农学硕士。回国后,曾任金陵大学图书馆与美国国会图书馆合作部副主任、东南大学教授、中央大学农学院教授。后赴台湾,任农林复兴委员会顾问、台湾"中国农业推广学会"理事长。1971年赴美居住。

本书为我国首部对古代农书进行系统编目分类的著作,将农书分为二十八类,创立农书专科目录的框架。

中国图书分类法　　[金陵大学图书馆丛刊·第二种]

刘国钧编,南京:金陵大学图书馆,1929年1月。正文58页,22.5cm×16cm。

刘国钧(1899—1980),字衡如,江苏南京人。文史学家、图书馆学家。金陵大学哲学系毕业后留该校图书馆工作。后赴美留学,获威斯康星大学哲学博士学位。回国后,曾任金陵大学教授、文理科长、图书馆馆长、文学院院长等职。中华人民共和国成立后,任北京大学图书馆学系教授兼系主任。

该书旨在为金陵大学图书馆中文图书寻求正确分类法。刘氏中国图书分类法共分为十大类:总部、哲学部、宗教部、自然科学部、应用科学部、社会科学部、历史地部(中国)、史地部(世界)、语文部和美术部。刘氏所创中国图书分类法曾为多家图书馆采用。

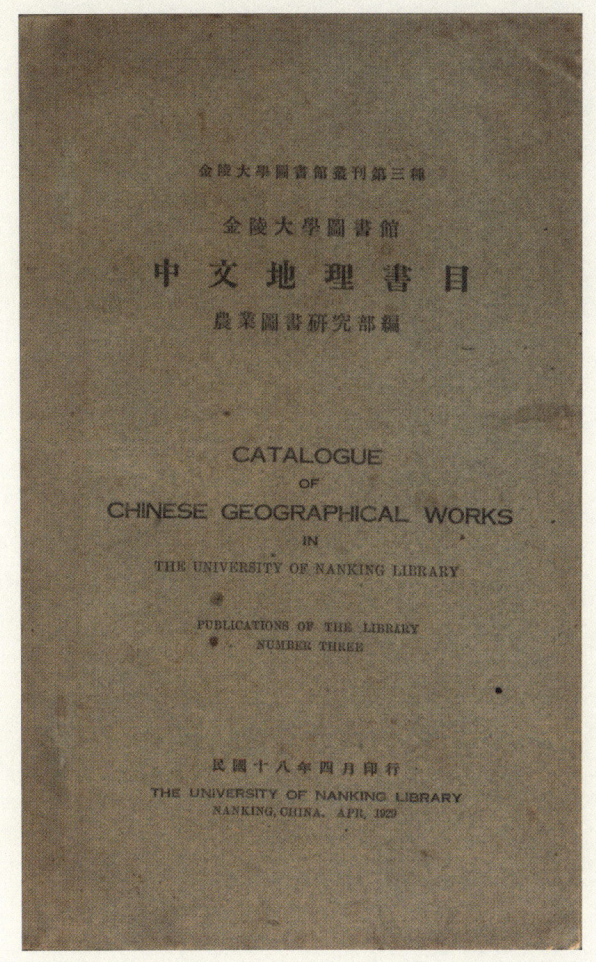
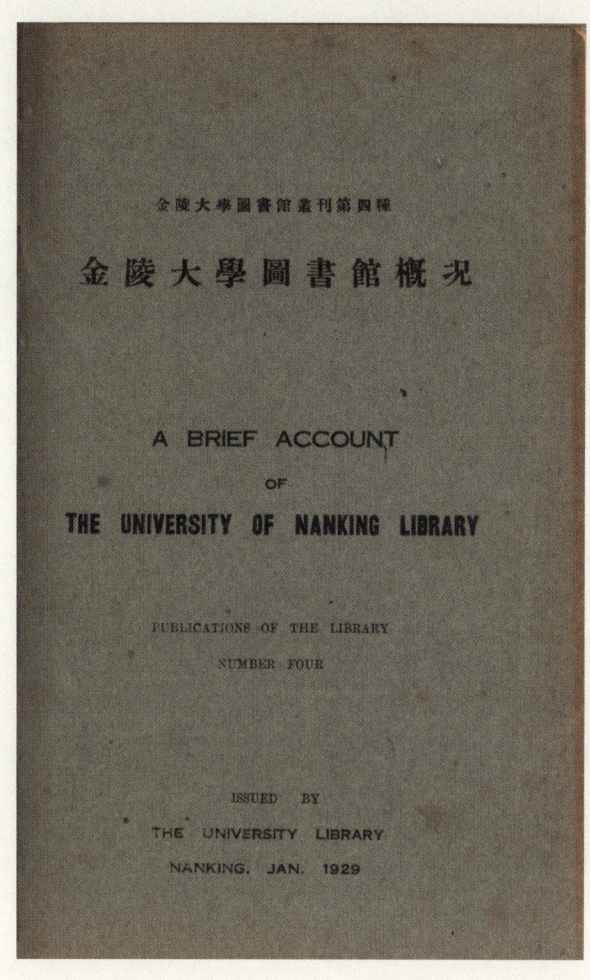

金陵大学图书馆中文地理书目　　[金陵大学图书馆丛刊·第三种]

农业图书研究部编，南京：金陵大学图书馆，1929年4月。正文114页，22.5cm×16cm。

　　该书主要内容为金陵大学图书馆收藏地理图册及方志。内容包括地理学通论、中国地理、世界地理、地图、附录分类法摘要、方志地名索引。

金陵大学图书馆概况　　[金陵大学图书馆丛刊·第四种]

李小缘编，南京：金陵大学图书馆，1929年1月。正文22页，22.5cm×16cm。

李小缘，见3-64。

　　该书介绍了金陵大学图书馆的情况，内容包括沿革及组织、建筑及设备、藏书、购书、分类、编目、修补及装订、流通、农业图书馆研究部、图书馆学系、中学分馆、本馆之特点、刊物、发展计划、本馆职员。

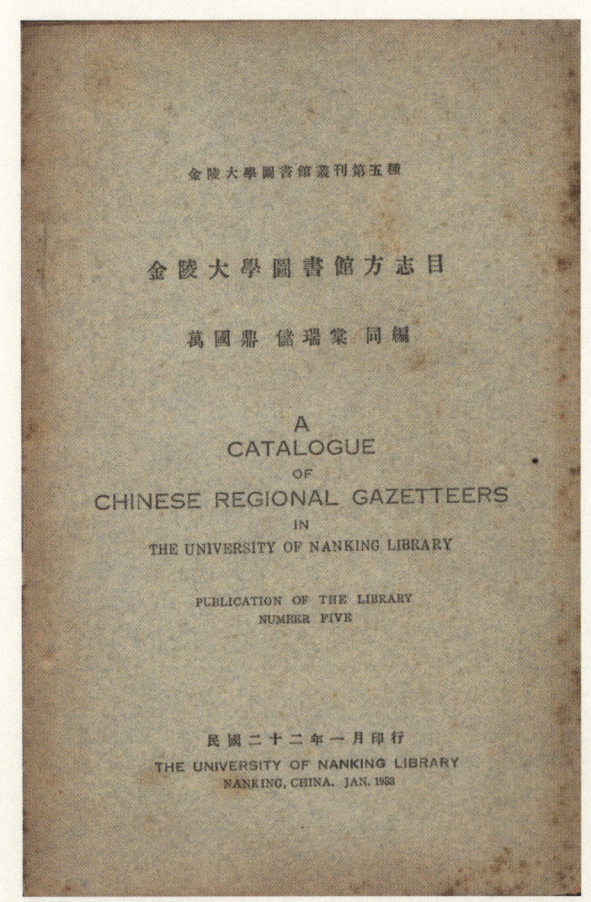 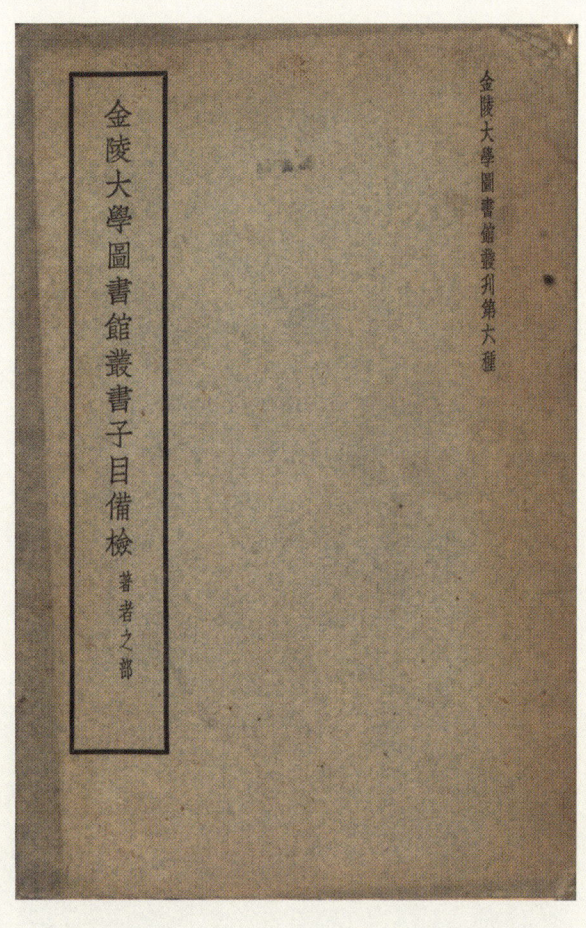

金陵大学图书馆方志目　　[金陵大学图书馆丛刊·第五种]

万国鼎、储瑞棠编，南京：金陵大学图书馆，1933年1月初版。正文118页，22.5cm×16cm。

万国鼎，见3-41。

金陵大学农林科于1923年在图书馆设立农业图书研究部，致力于农书及地理图籍收藏。馆藏计50000余册，以方志为大宗。本书所载计2104种，220516册。以省编目，附地名索引。

金陵大学图书馆丛书子目备检：著者之部　　[金陵大学图书馆丛刊·第六种]

曹祖彬编，南京：金陵大学图书馆，1935年1月。正文558页，22.6cm×15cm。

曹祖彬（1902—1980），字又彬、游宾，安徽青阳人。金陵大学文理科毕业。曾任金陵大学图书馆中文部主任兼图书馆学专业讲师。中华人民共和国成立后，供职于上海图书馆。

该书收录金陵大学图书馆所藏丛书360余种，按著者姓氏笔画检索。

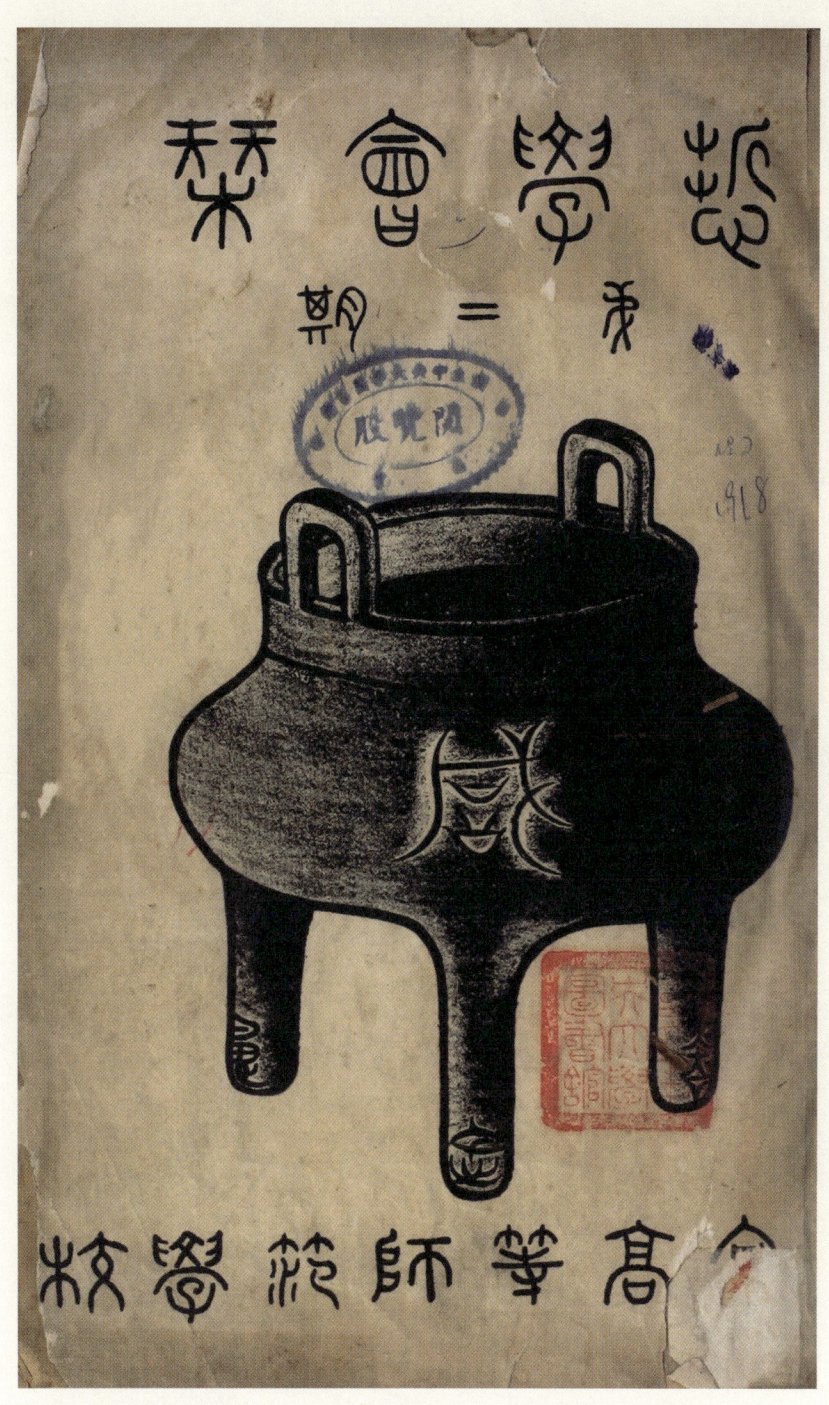

3-67　哲学会刊

南京：南京高等师范学校哲学研究会，1918年创刊。半年刊，25.3cm×18cm。
哲学刊物。办刊宗旨为介绍中外哲学思想，研究哲学领域问题，设有言论、译著、笔记、会务等栏目。共出版2期。
本馆藏第2期。(1918)

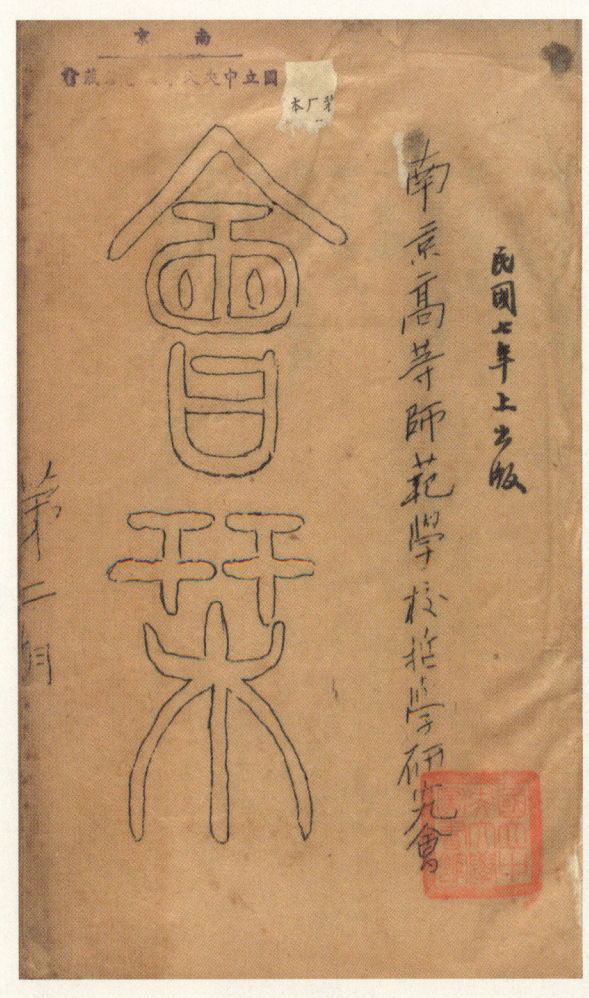

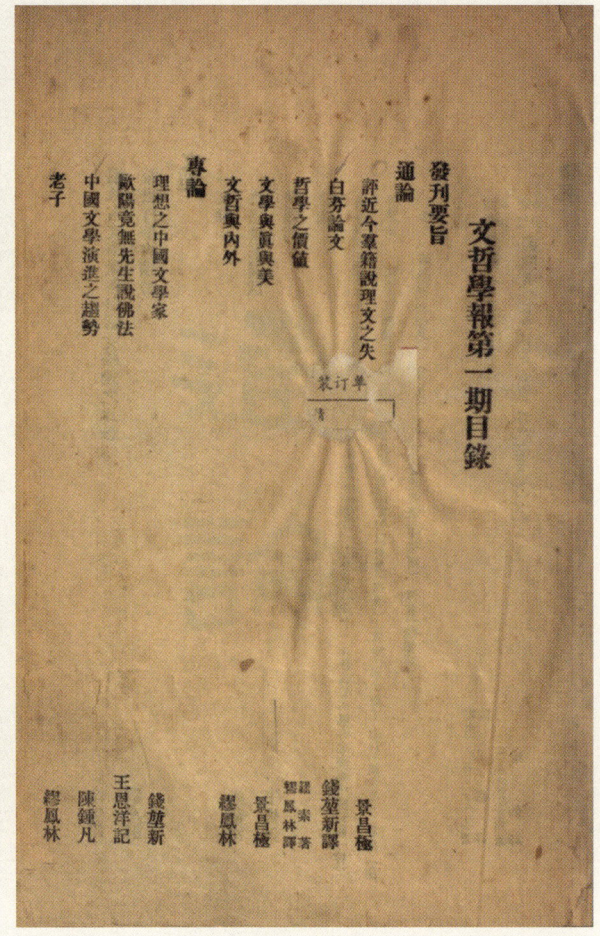
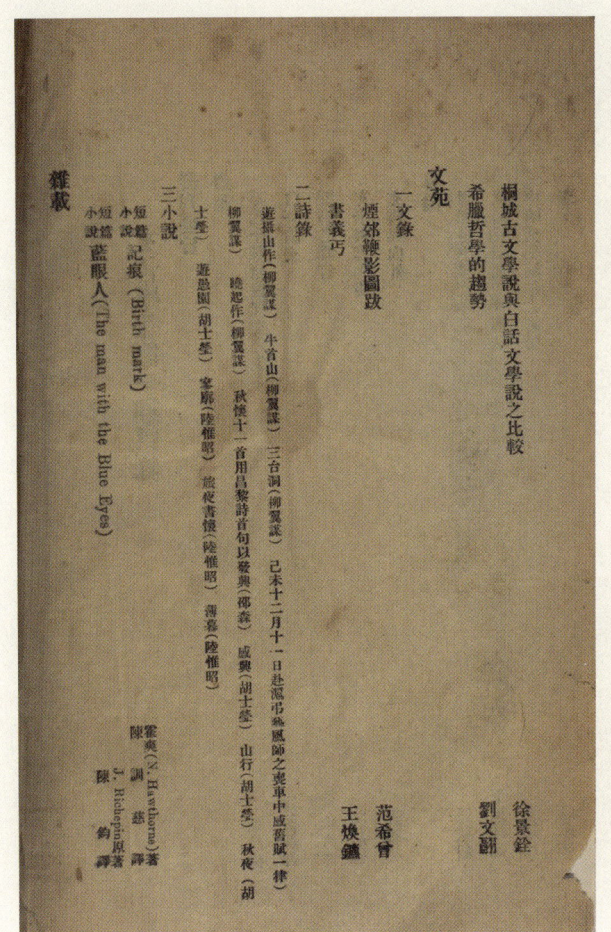

3-68 文哲学报

南京高师文学研究会、哲学研究会编辑,上海:中华书局,1922年3月创刊。半年刊,24.1cm×17cm。
学术类刊物。设有通论、专论、文苑等栏目。
1923年10月终刊,共出4期。
本馆馆藏全。(1922—1923)

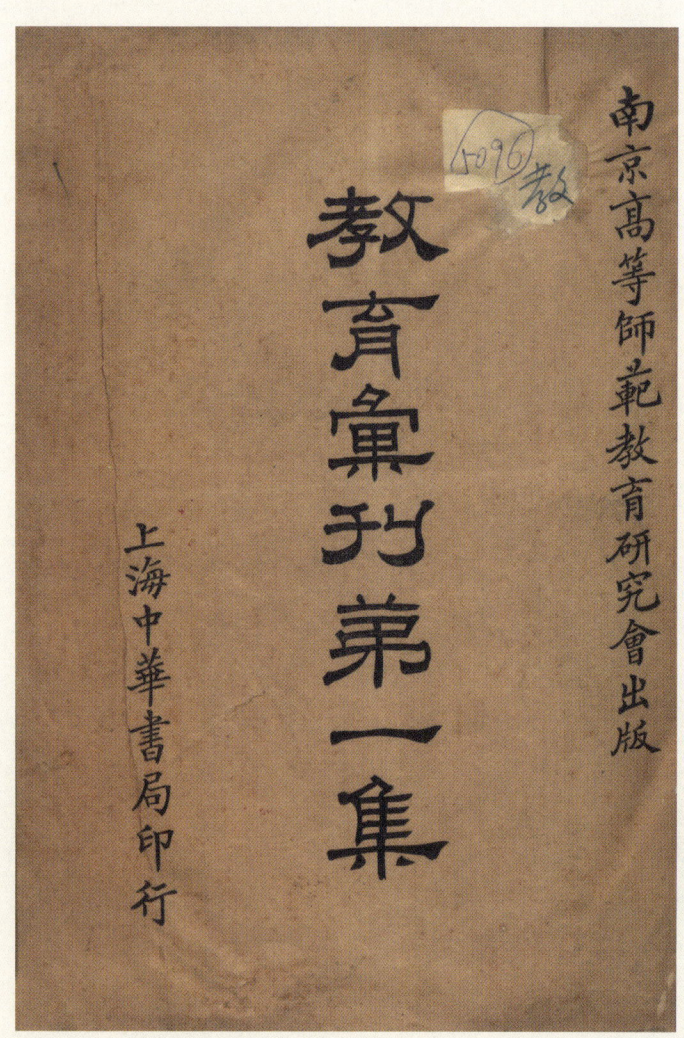
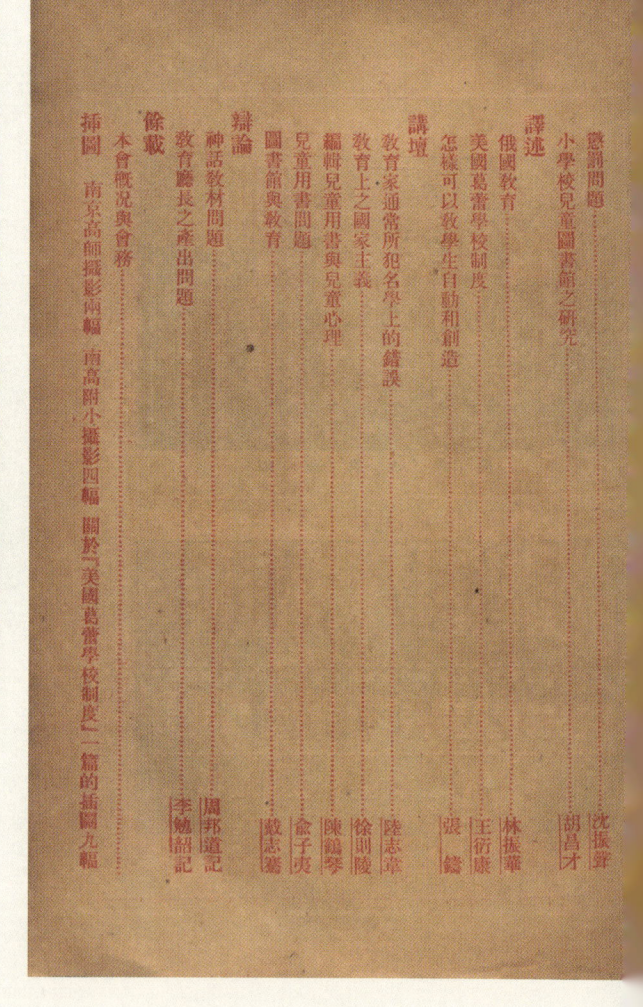

3-69 教育汇刊

南京高等师范教育研究会编,上海:中华书局,1921年3月创刊。半年刊,24.5cm×16.5cm。
南京高等师范学校教育科学生社团教育研究会会刊。主要内容有教育学学术论文和译文、教育研究会会讯。
至1923年12月共出版6期。1924年3月起改为季刊,由东南大学高等师范研究会编印,上海商务印书馆发行。
本馆藏第1—4集(1921—1922),第2卷第1—4期(1924—1926)。

教育彙刊 第一集目次

論著

- 余所抱教務行政之信條……鄭宗海
- 地方教育行政為一種專門事業……陶知行
- 編輯教科書之原則……徐則陵
- 省教育長官應用何法產出？……王克仁
- 中等學校校長應取之態度及方針……屠邦道
- 設計教學法之意義……曹芻
- 設計的教學法……俞子夷
- 小學教員的生計……陳鶴琴
- 兩性教育之研究……陸志韋
- 教育上興趣之研究……邰爽秋
- 興趣與兒童教育……林昭音
- 教學上之類化作用……麗廷光
- 民國九年之教育……顧克彬
- 　　　　　　　　　　李勉韶

研究

- 本能的社會化
- 兒童之好問心與教育

最近 上海全埠地圖

縱三十寸 橫五十二寸
采印一大幅 定價五角

上海一埠日新月異凡初至者往往苦於道路之紛歧名稱之變易本局有鑒於此特據工程局及公共租界法租界兩工部局最新調查地圖亦每嫌其陳舊本局有鑒於此特據工程局及公共租界法租界兩工部局最新調查之圖製成如改名之路新築之路增長之路以及訂補其他若交通實業遊場會所學校等無不確實調查應有盡有凡旅行上海及寓居上海者均可恃為南針之助五彩精印懸掛廳堂書室頗覺美觀

中華書局發行

(中 28)

民國十年三月發行
民國十年七月再版

教育彙刊（第一集）
實價銀四角
（加郵費五分）

編輯者　南京高等師範教育研究會

發行者　中華書局

印刷者　中華書局　上海靜安寺路一九二號

印刷所　中華書局

不准翻印

總發行所　上海棋盤街　中華書局

分發行所　各省　中華書局

(中 277)

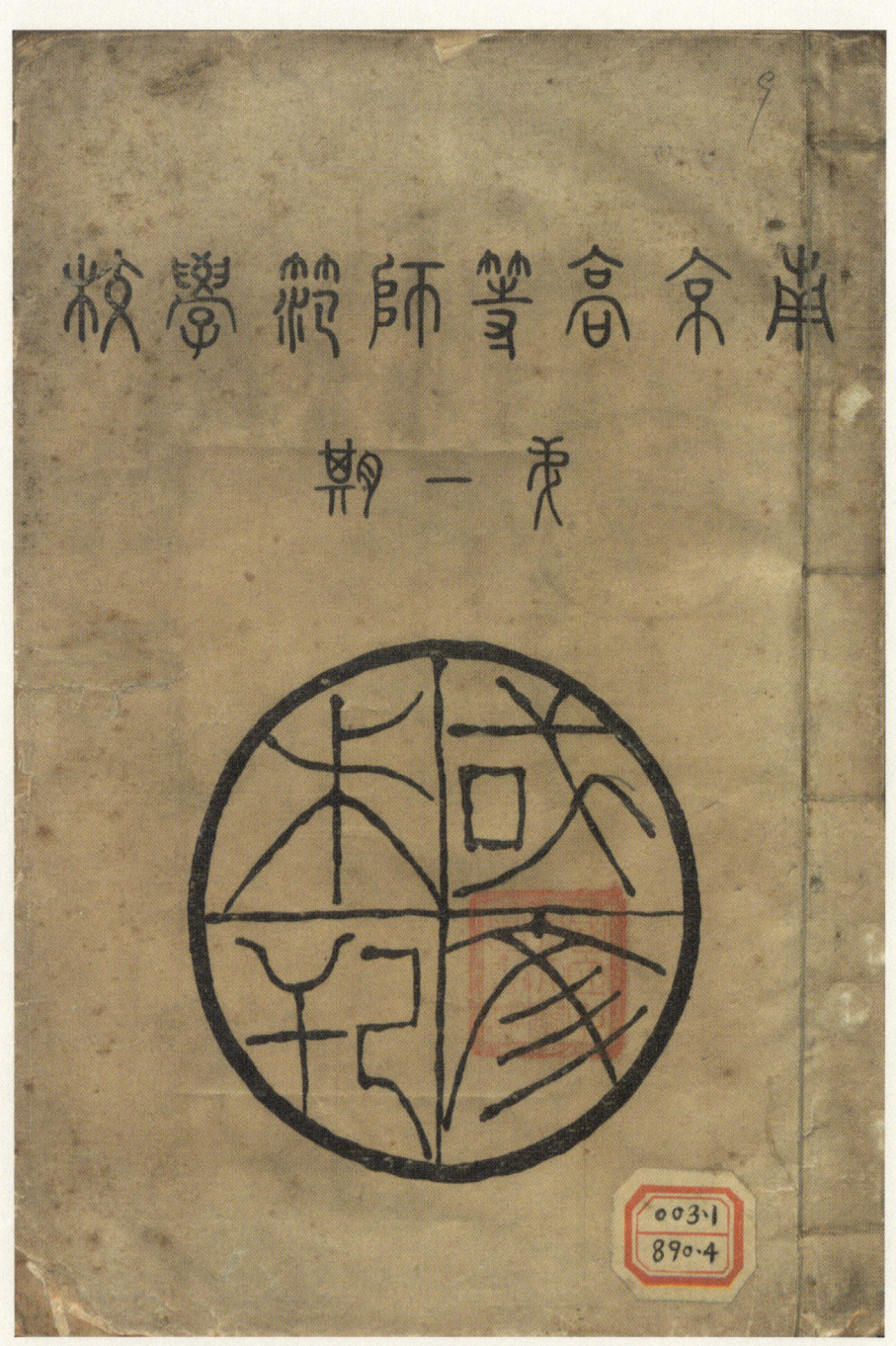

3-70　南京高等师范学校国文会刊

南京：南京高等师范学校国文研究会，1917年创刊。26cm×18cm。
设有论著、小学、文艺、研究笔记等栏目。
本馆藏创刊号。

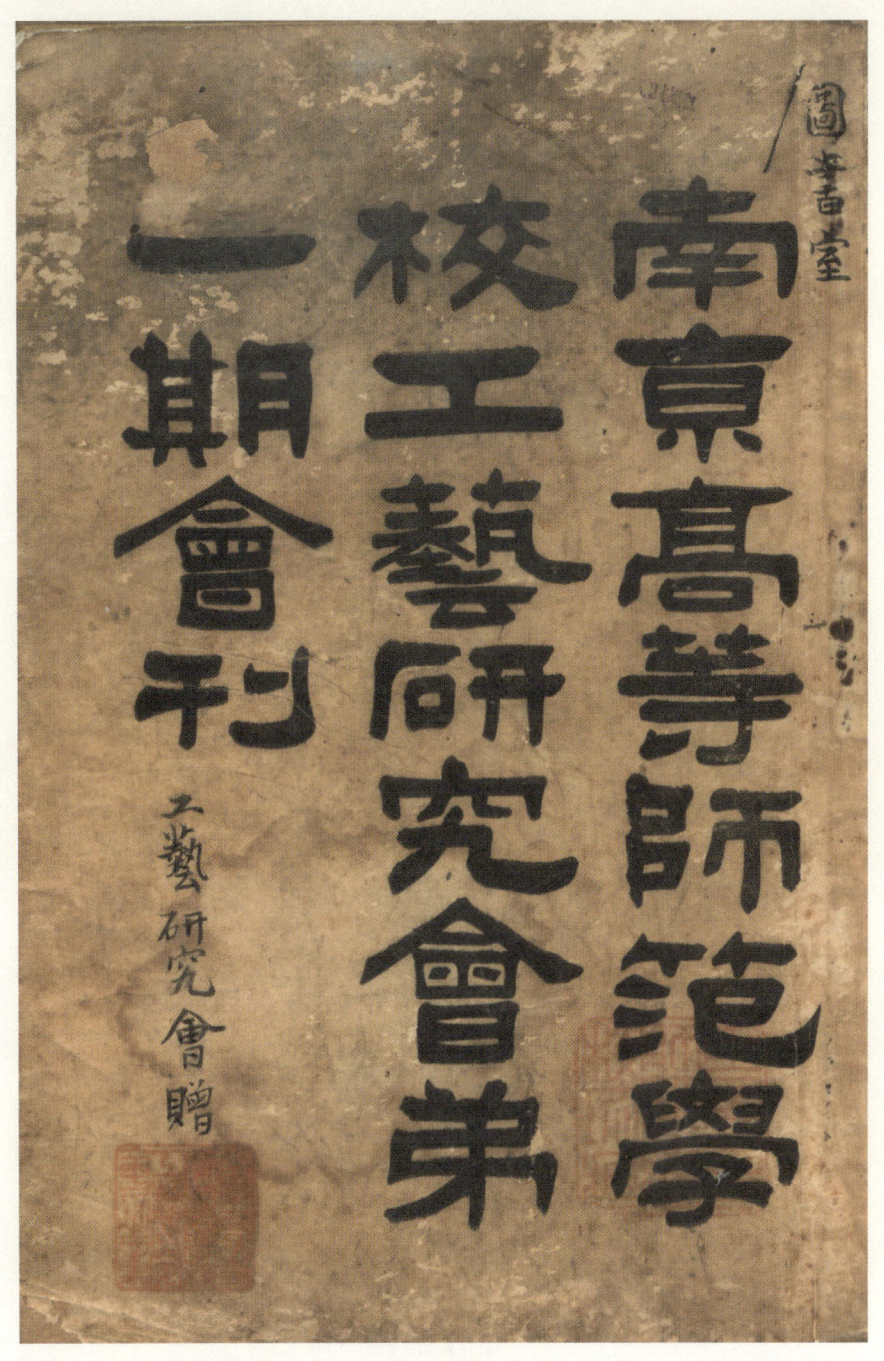

3-71 南京高等师范学校工艺研究会第一期会刊

南京:南京高等师范学校工艺研究会,1918年7月创刊。23.1cm×15.5cm。
南京高等师范学校于1916年设工艺专修科,开中国高等师范学校设立工科之先河。该刊设有论说、演讲、学艺等栏目。
本馆藏创刊号。

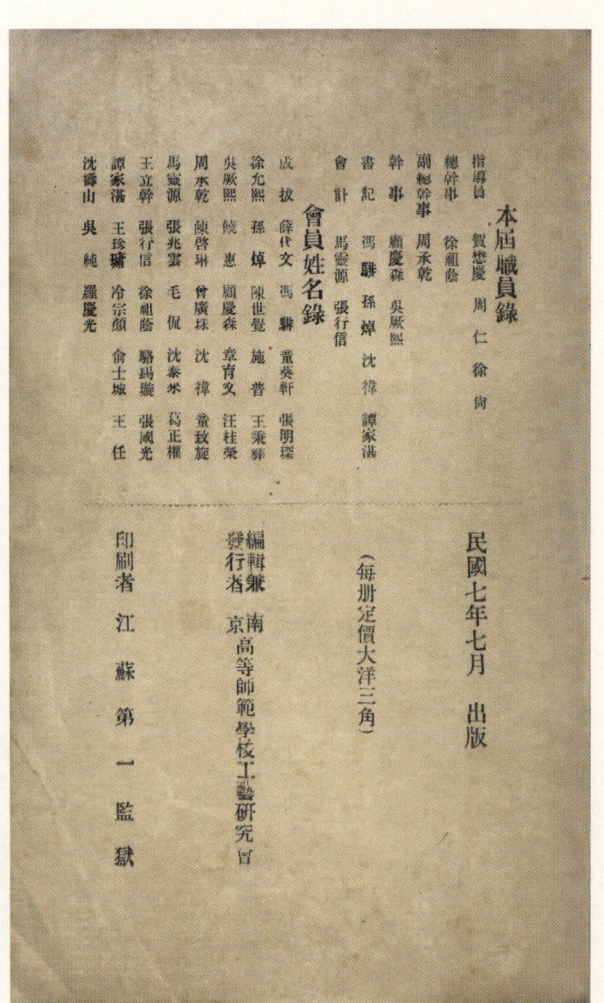

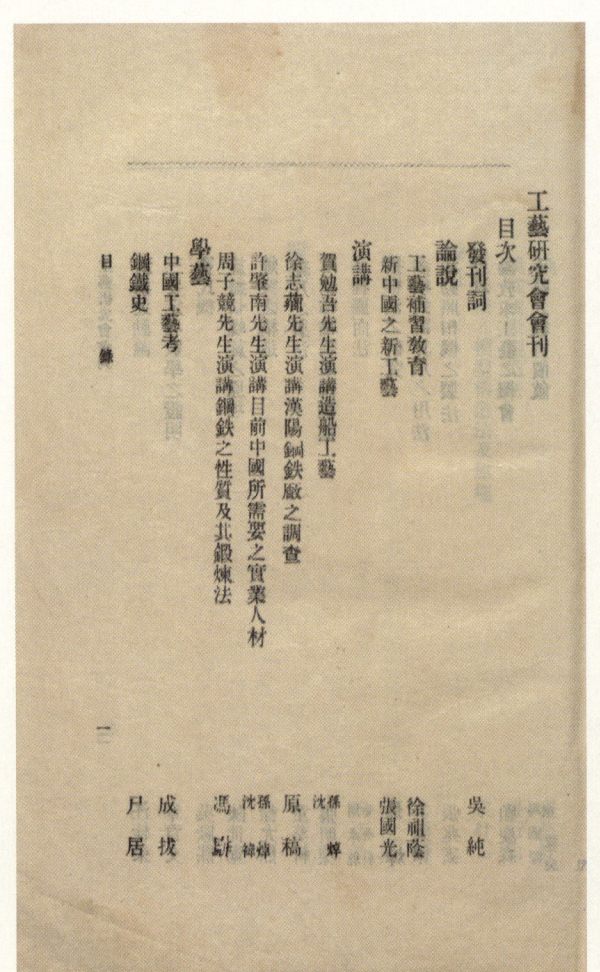

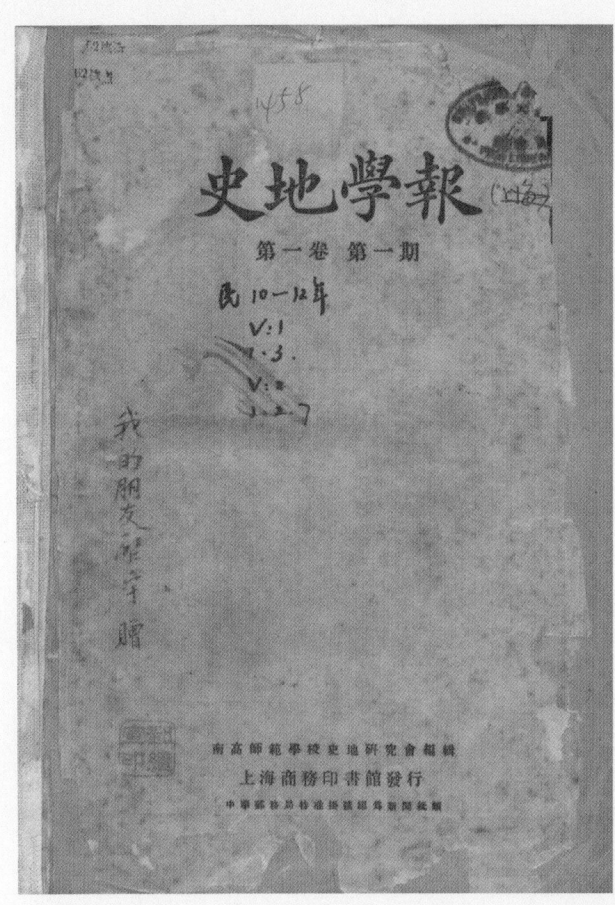
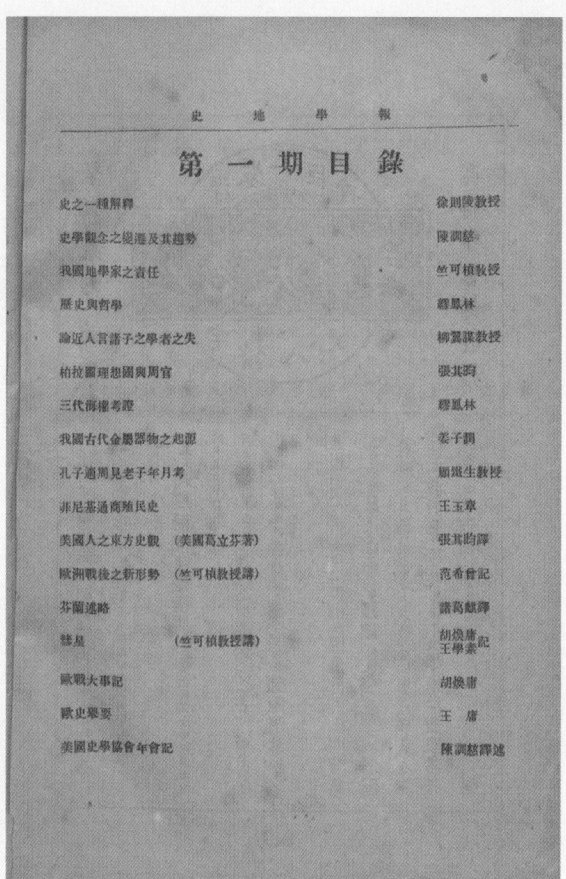

3-72 史地学报

南京高等师范学校史地研究会编辑，上海：商务印书馆，1921年11月创刊。季刊，24cm×17cm。

南京高等师范学校（东南大学）史地研究会会刊，是以发表历史、地理类文章为主的综合性学术刊物。先后设有评论、通论、史地教学、研究、世界新闻、史地界消息、会务等栏目。

第3卷第1期起由东南大学史地研究会编辑。1922年11月第2卷第1期起改为月刊，年出8册。

本馆藏第1卷1—4期，第2卷1、7期，第3卷1—2、4、8期，第4卷1期。（1921—1926）

東南大學農科教職員及旅寧眷屬攝影

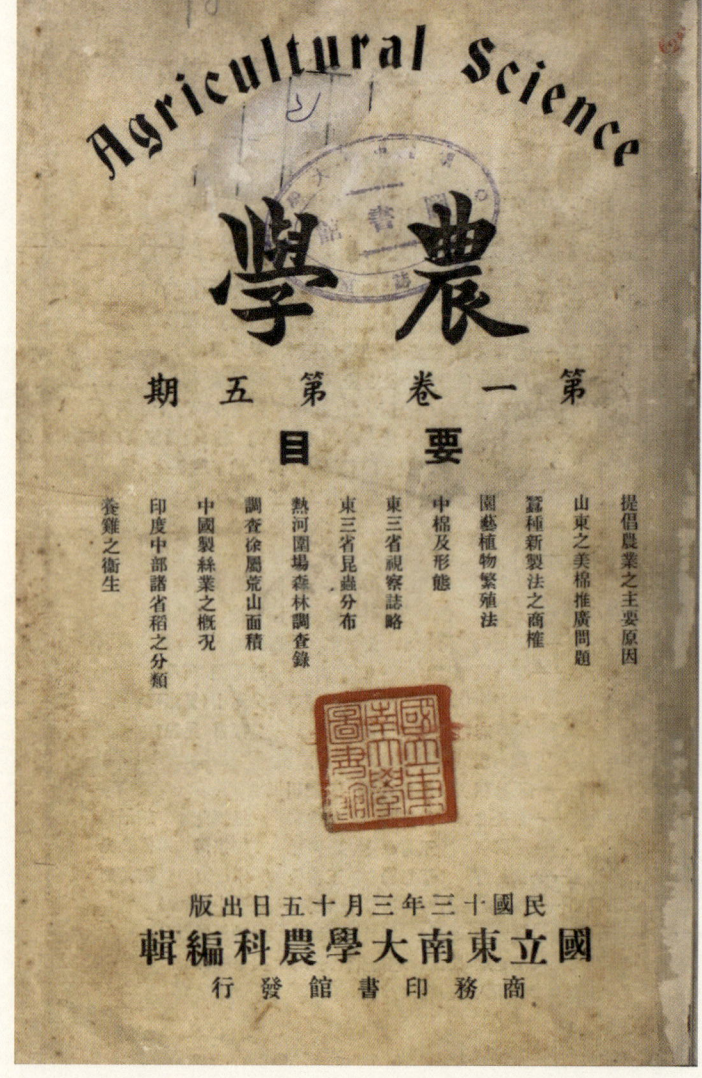

3-73 农学

国立东南大学农科编辑，上海：商务印书馆，1923年3月创刊。月刊，20.5cm×15cm。

办刊宗旨为"改进农业建设"，主要栏目有论著、研究、专件、调查、译述、常识、杂录、新闻等。

自1927年10月起更名为《农学杂志》。

本馆藏第1卷5—6期，第2卷3、6—8期，第3卷1—2、6期。(1924—1926)

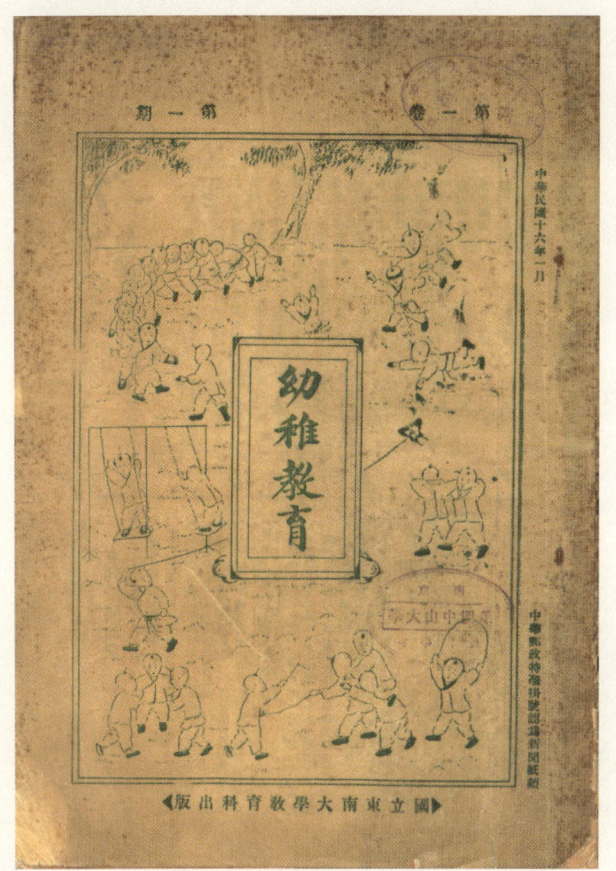 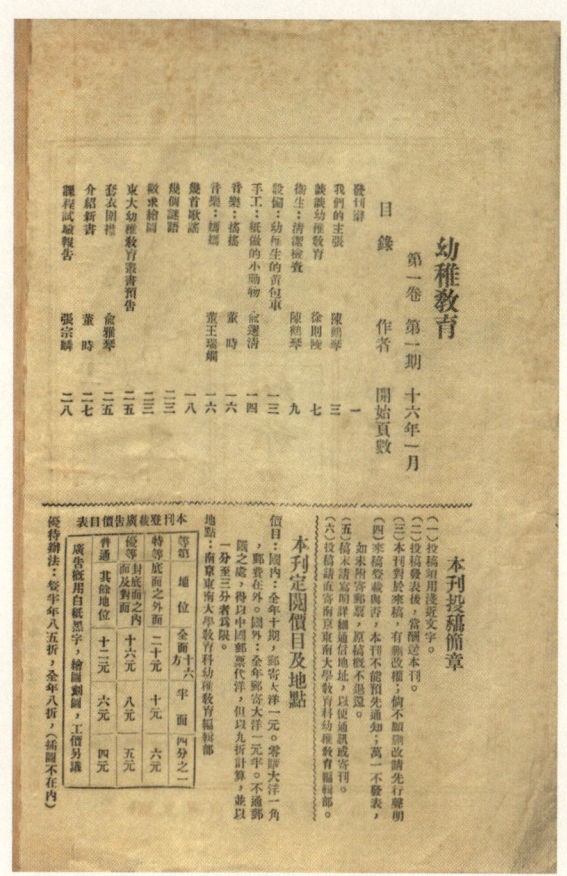

3-74 幼稚教育

陈鹤琴主编,南京:国立东南大学教育科,1927年1月创刊。24.5cm×17.5cm。

办刊宗旨为"供给具体教材,讨论切实教法"。主要内容有幼稚园课程设置、童谣、谜语、新书介绍、课程实验报告等。

1926年,陈鹤琴与陶行知、张宗麟一同发起成立幼稚教育研究社,翌年创办本刊,为我国最早的幼稚教育研究刊物。

本馆藏创刊号。

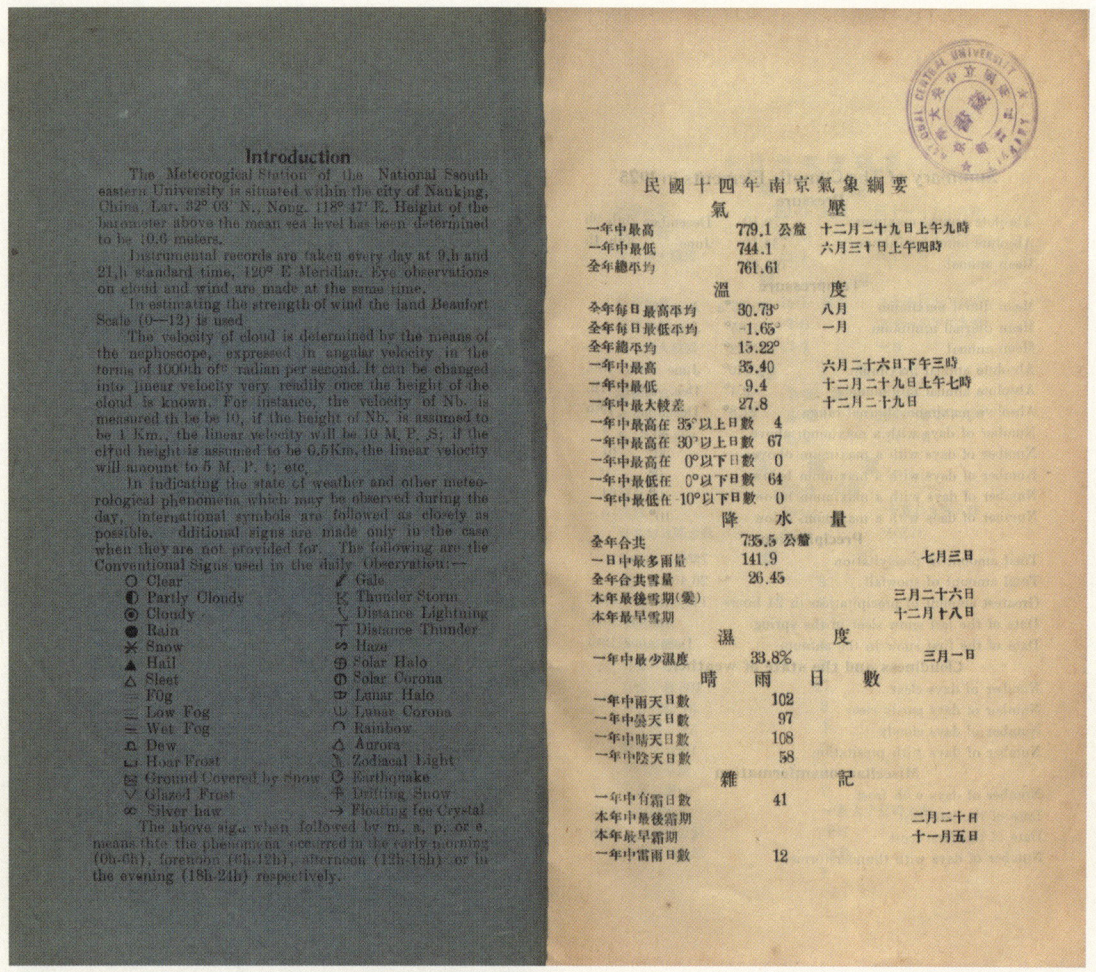

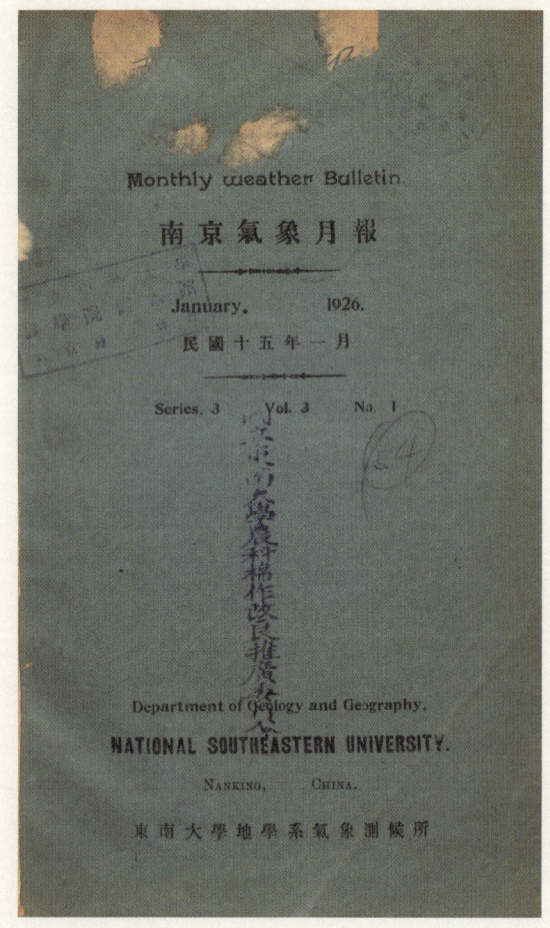

3-75 南京气象月报

南京：东南大学地学系气象测候所，1924年1月创刊。月刊，26.6cm×18.8cm。

1920年东南大学创建了我国第一个地学系，随后成立气象测候所，于1924年逐月发布南京气候报告。

主要内容有南京地区气压、气温、降水量等，标志我国自建和创办气象事业的起点。

1928年该刊由中央大学地学系气象测候所主办，1929年1月第6卷第1期更名为《气象月报》，出版1期后停刊。

本馆藏第3卷1—12期（1926），第6卷1期（1929）。

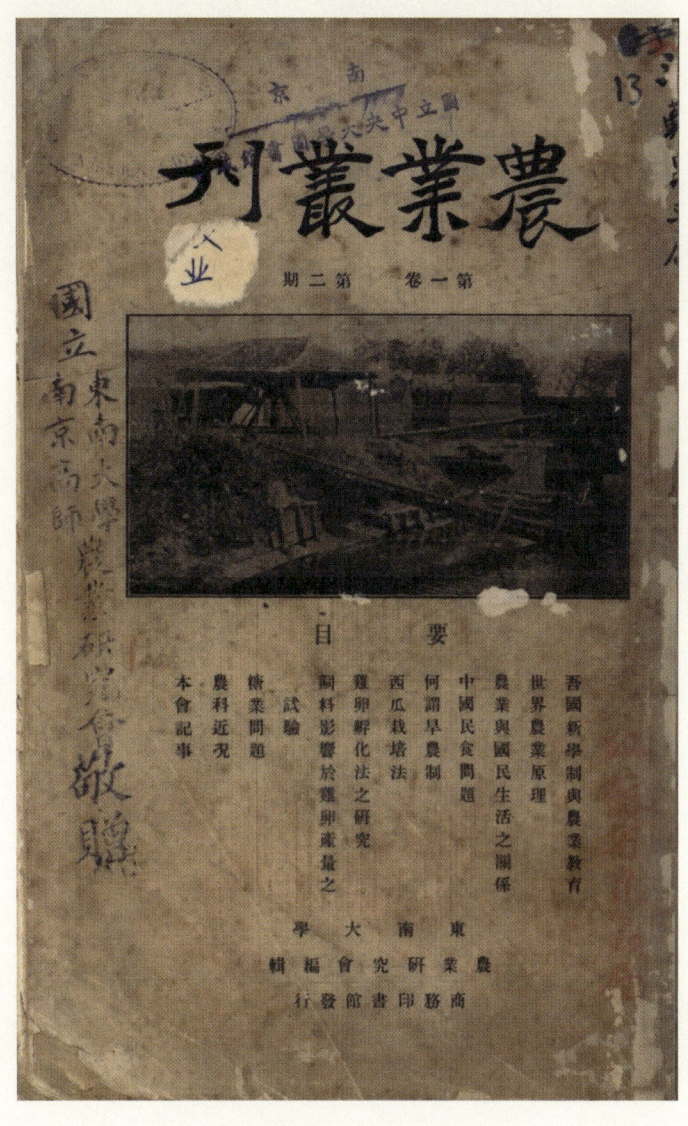

3-76 农业丛刊

东南大学农业研究会编,上海:商务印书馆,1922年1月创刊。季刊,22cm×14.7cm。

办刊宗旨为"交流农业知识,改良农业技术,推进农业事业",主要栏目有插图、纪事、通讯、附录等。发行至1922年12月。

本馆藏第1卷2—3期。(1922)

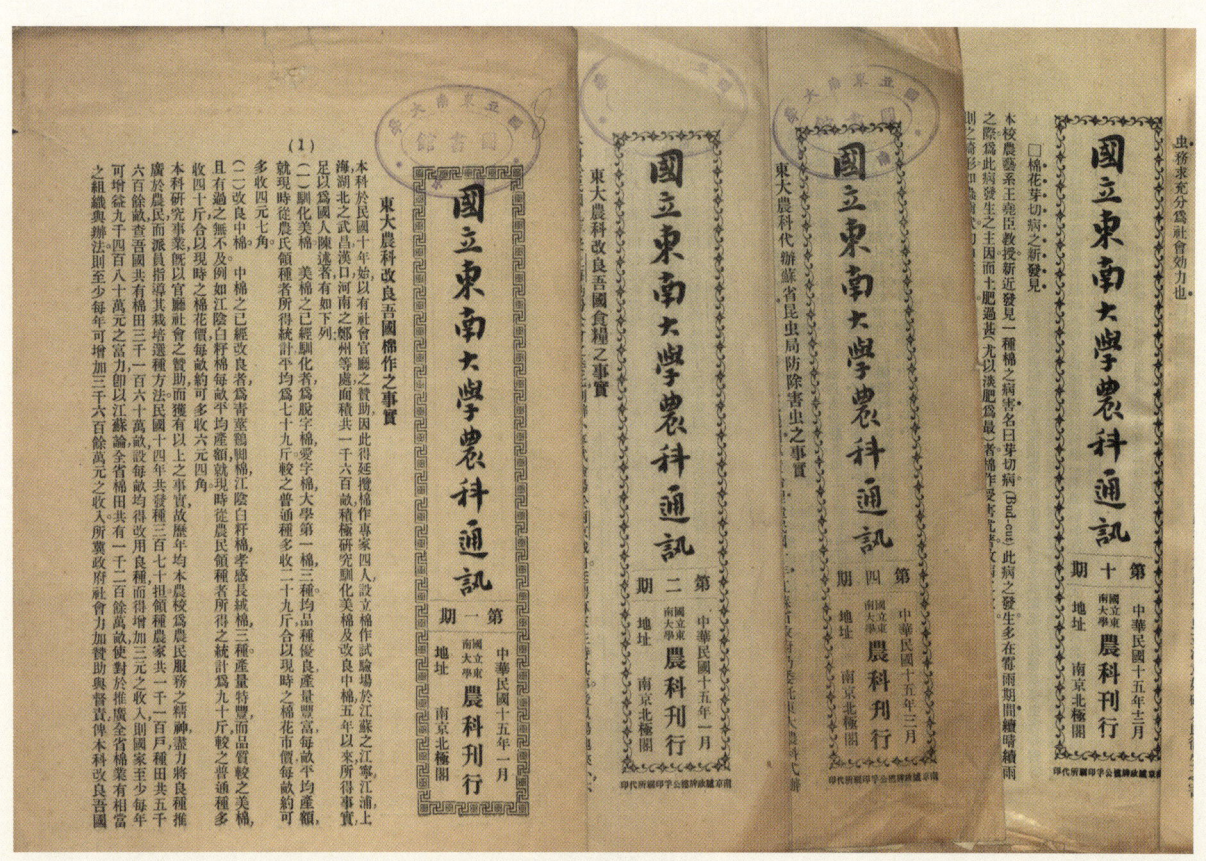

3-77 国立东南大学农科通讯

南京:国立东南大学农科,1926年1月创刊。不定期刊,27.7cm×19.7cm。
主要内容为报道该校农科的农业推广、学术研究、对外交流以及农业著作推介等。
本馆藏第1—4、10期。(1926)

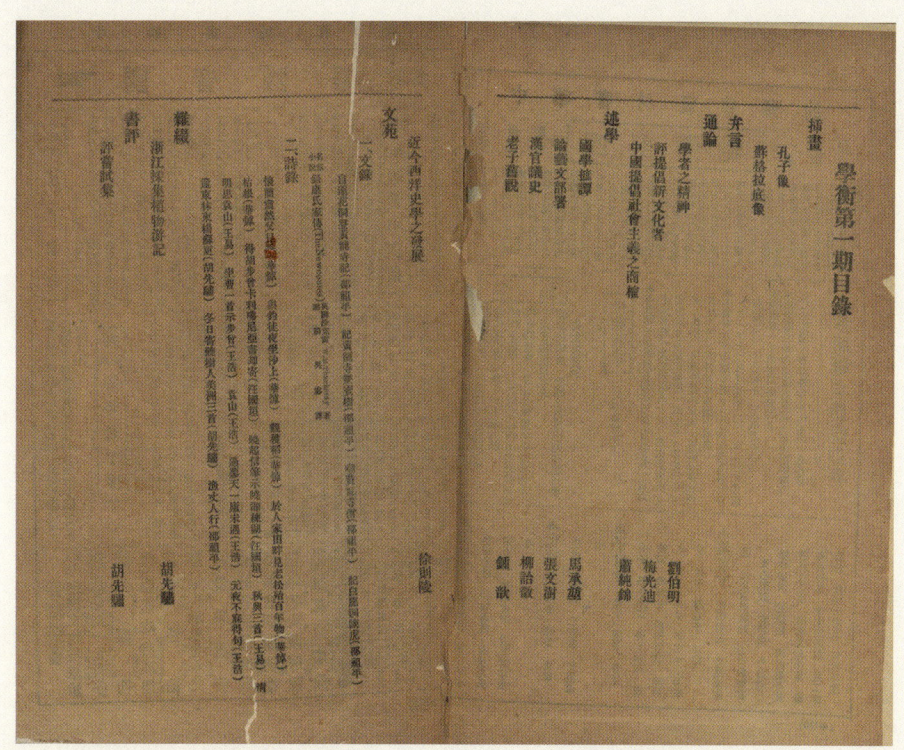
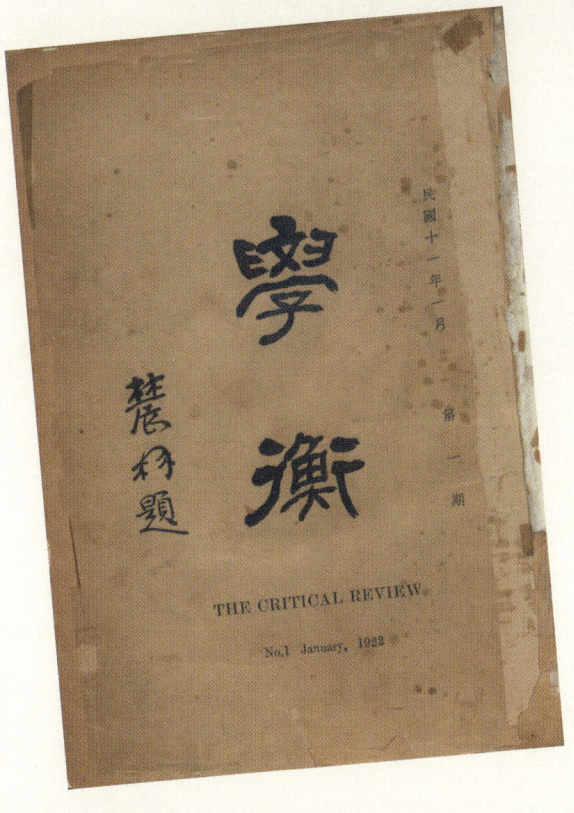
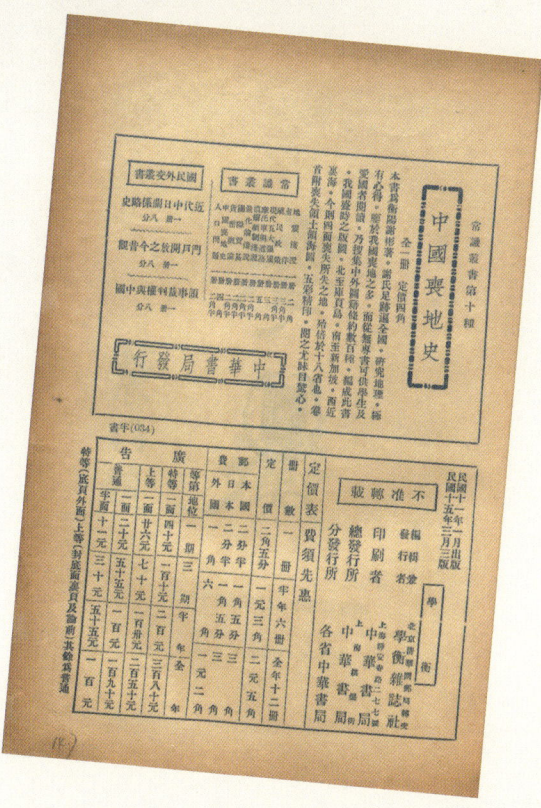

3-78 学衡

学衡杂志社编,1922年1月创刊。月刊,25cm×18.3cm。

综合性学术刊物。主要创办者为当时东南大学学者梅光迪、吴宓、胡先骕、刘伯明、柳诒徵等,总编辑吴宓。

办刊宗旨为"论究学术,阐求真理,昌明国粹,融化新知,以中正之眼光,行批评之职事。无偏无党,不激不随"。设有通论、述学、文苑、杂缀、书评等栏目。学衡派亦因该刊而得名。

1926年底停刊,出刊60期。1928年复刊,改为双月刊,至1929年11月,出刊12期。1930年停刊一年,后又零星出刊了7期,1933年7月终刊。共出刊79期。

本馆馆藏全。(1922—1933)

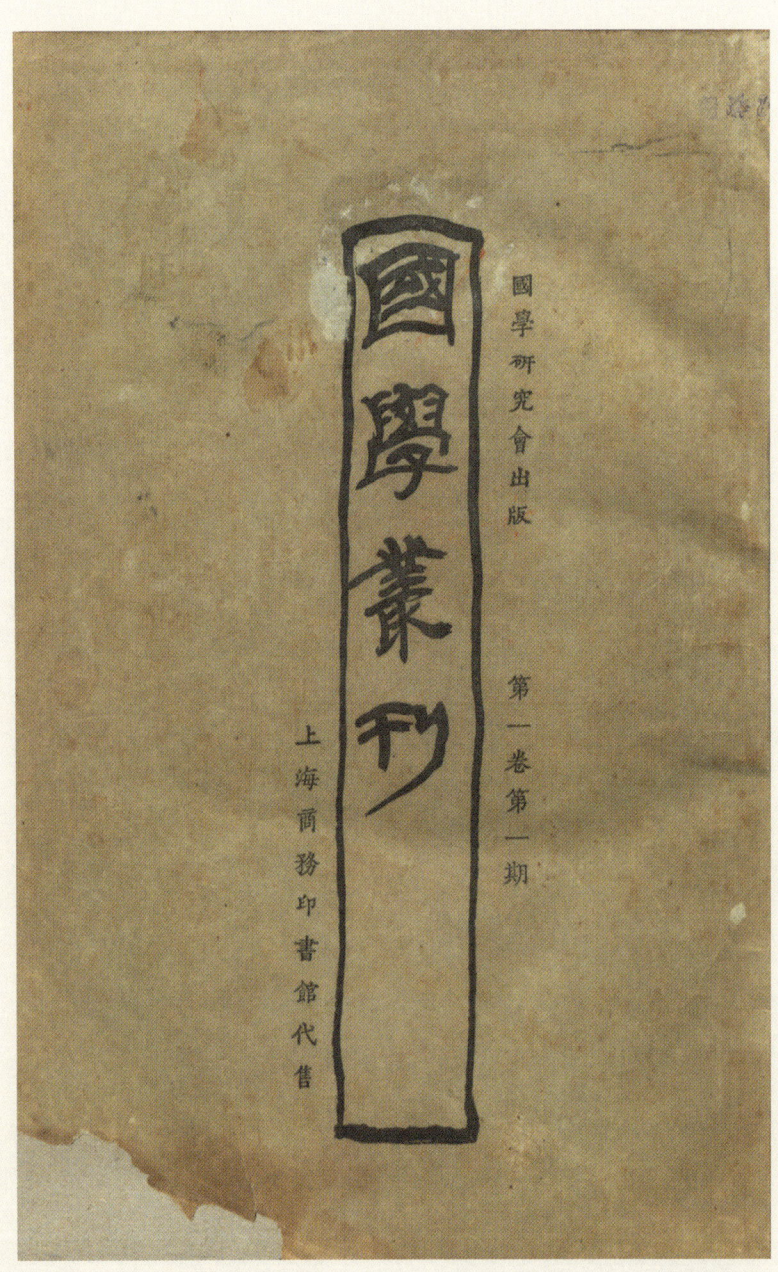

3-79　国学丛刊

东南大学国学研究会,1923年3月创刊。季刊,24.2cm×16.5cm。

国学研究刊物。该刊以"整理国学,增进文化"为宗旨,设有插图、通论、专著、诗录、杂俎、通讯等栏目。自第3卷起,改为不定期,约年出1期。1926年8月停刊。

本馆藏第1卷1—3期,第2卷1—2期。(1923—1924)

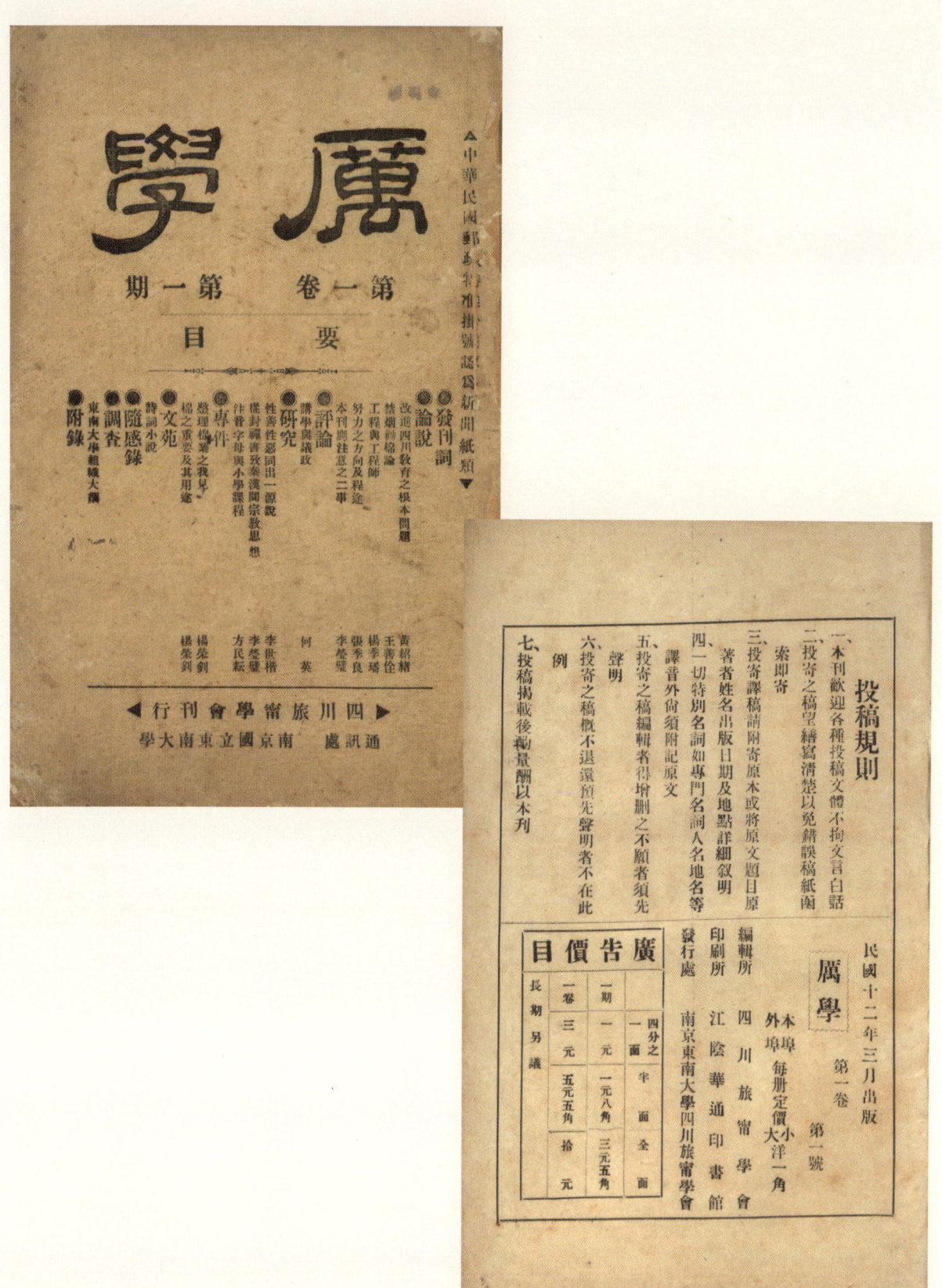

3-80 厉学

南京：国立东南大学四川旅宁学会，1923年3月创刊。22.8cm×15.2cm。

该刊主要"研究一切学术与四川之社会现象，评论学术之得失，介绍国内外有价值之新学术，讨论四川之政教风化及实业"。

本馆藏创刊号。

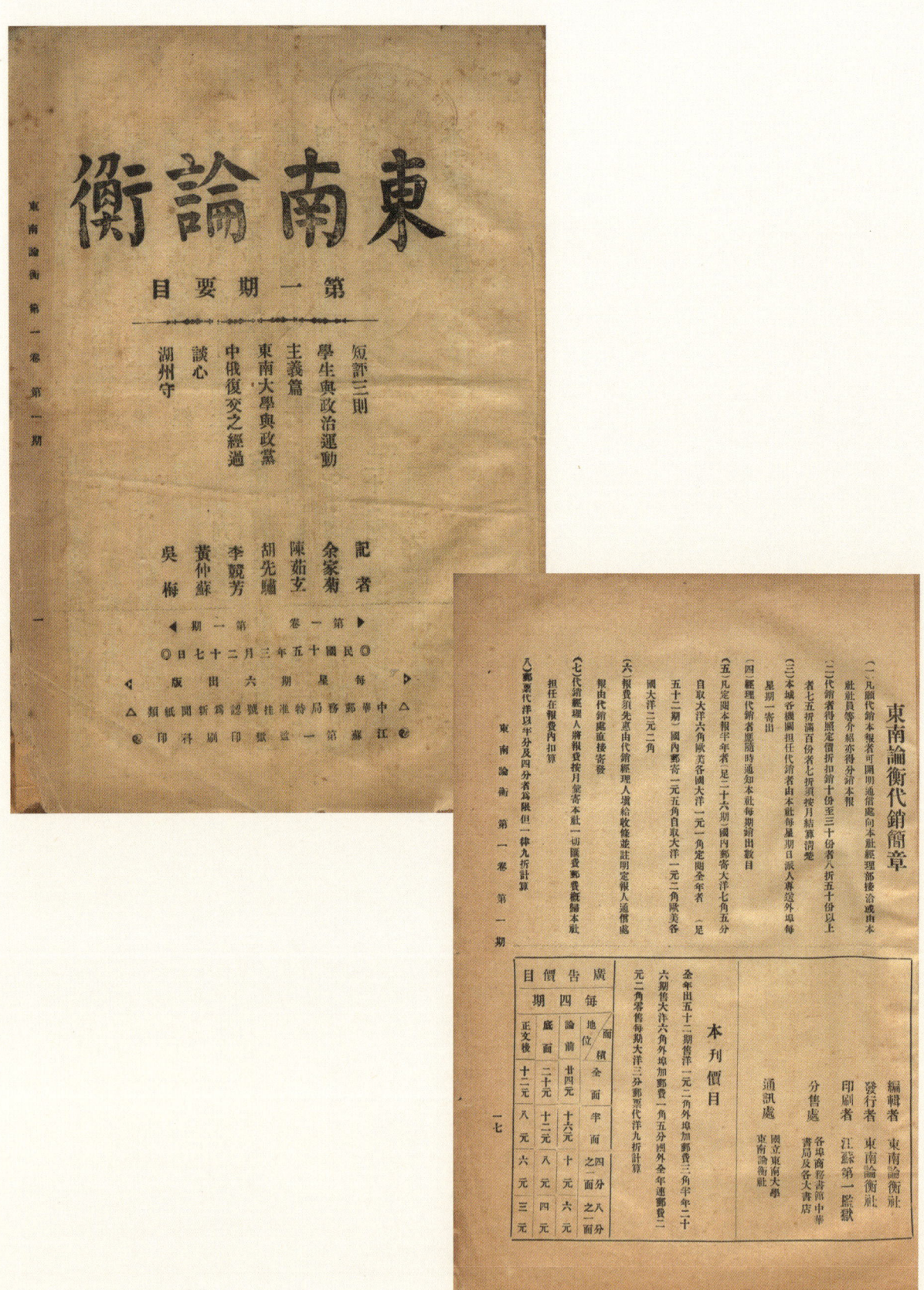

3-81 东南论衡

南京:东南大学东南论衡社,1926年3月27日创刊。周刊,26cm×19cm。
综合评论刊物。主要栏目有短评、通讯、文苑等。
本馆藏第1—30期。(1926—1927)

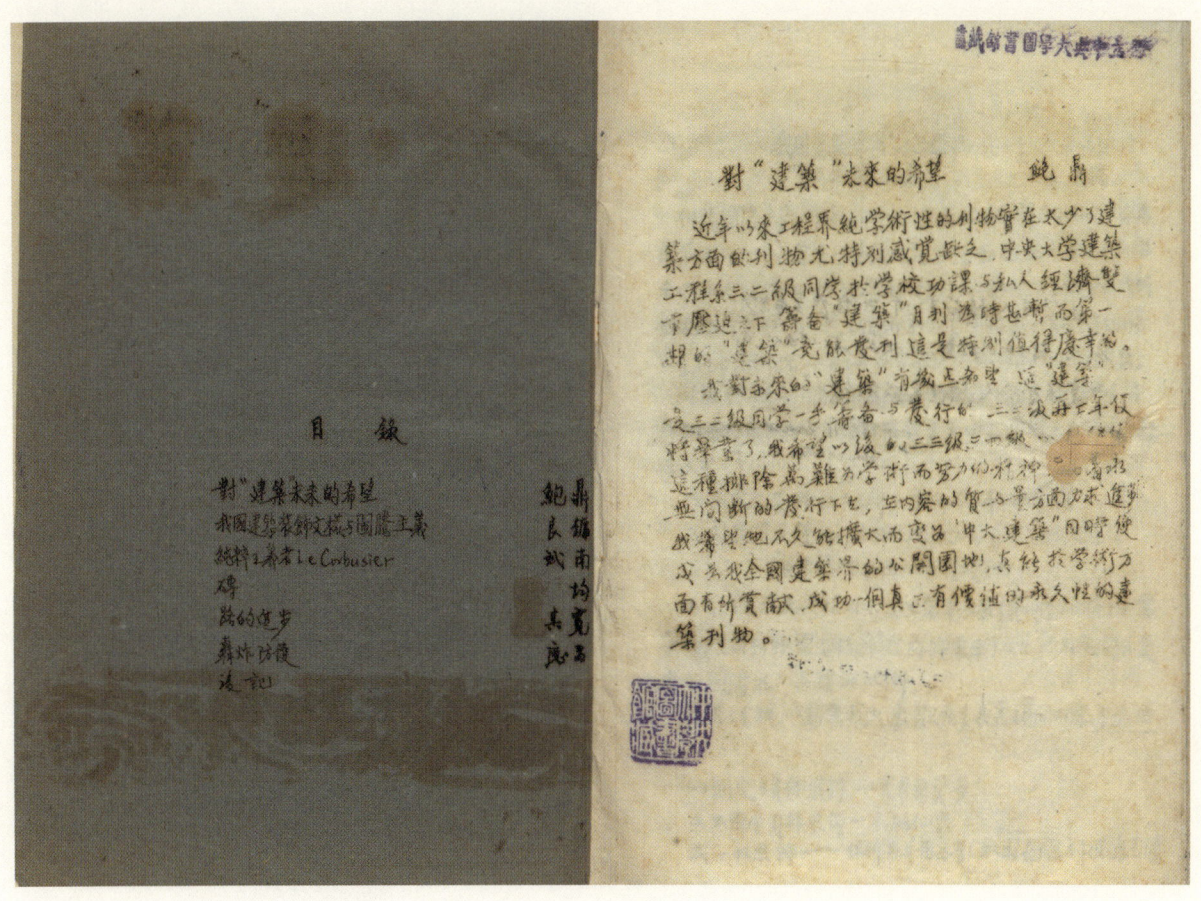

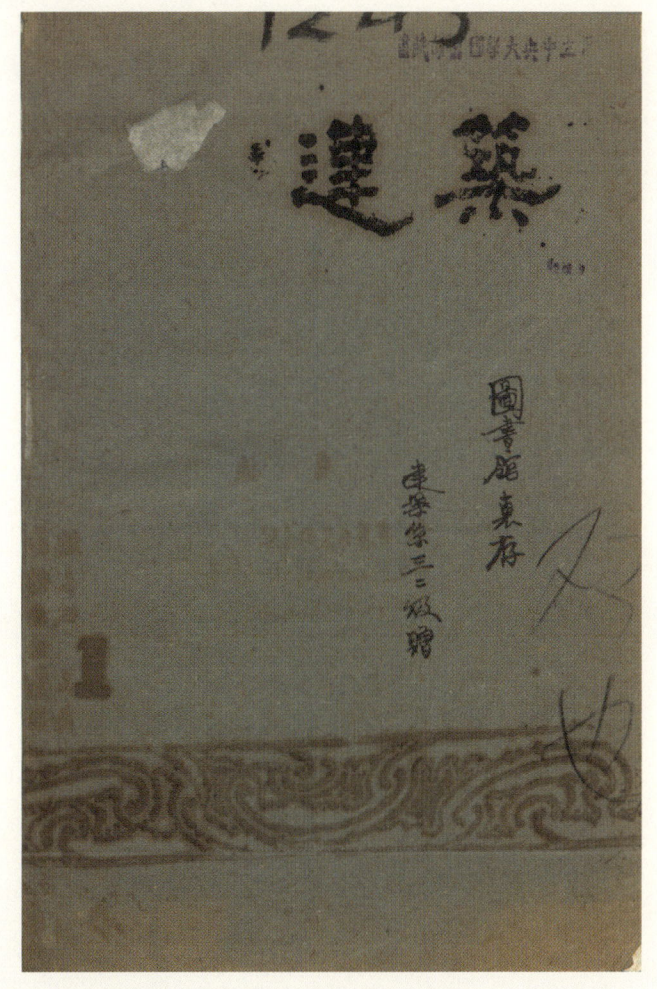

3-82 建筑

重庆：中央大学建筑工程系三二级，1943年创刊。月刊。

建筑学刊物。主要收录本系师生的论文。
1944年3月停刊，共出版6期。
本馆馆藏全。（1943—1944）

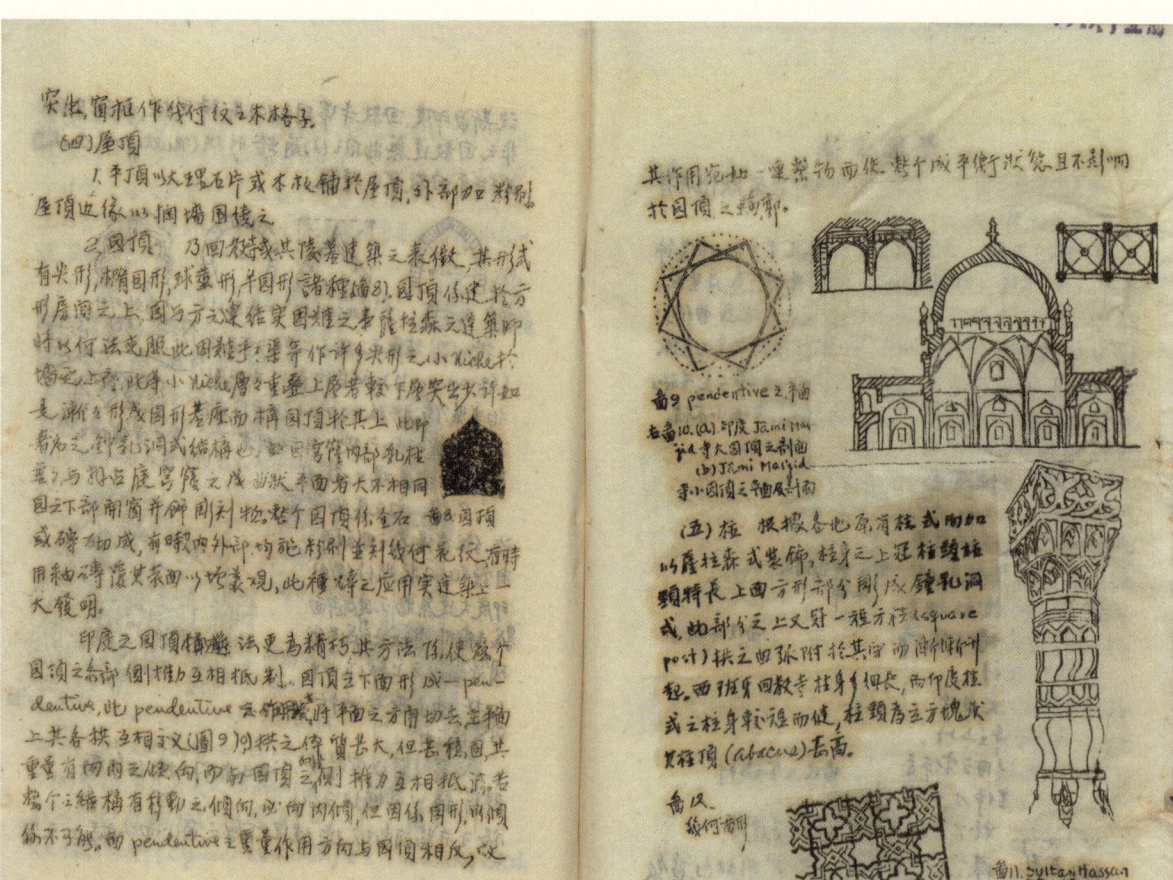

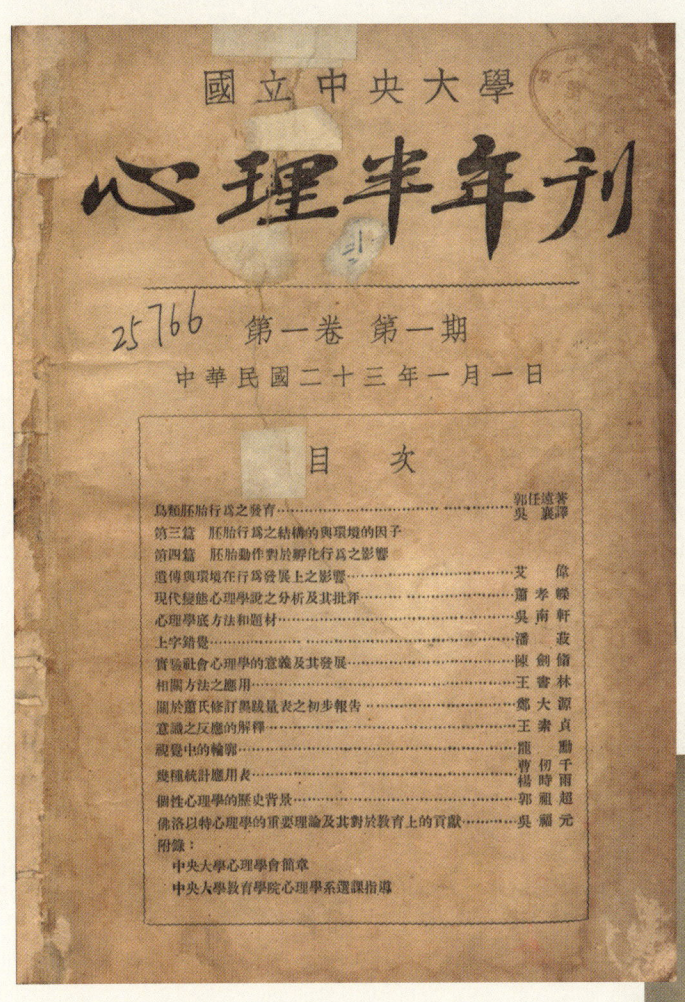

3-83　国立中央大学心理半年刊

国立中央大学心理学系编，南京，1934年1月创刊。半年刊，26cm×18.5cm。
心理学学术刊物。刊载心理学系师生的学术论文。
1937年1月出版第4卷第1期后停刊，共出版7期。
本馆馆藏全。（1934—1937）

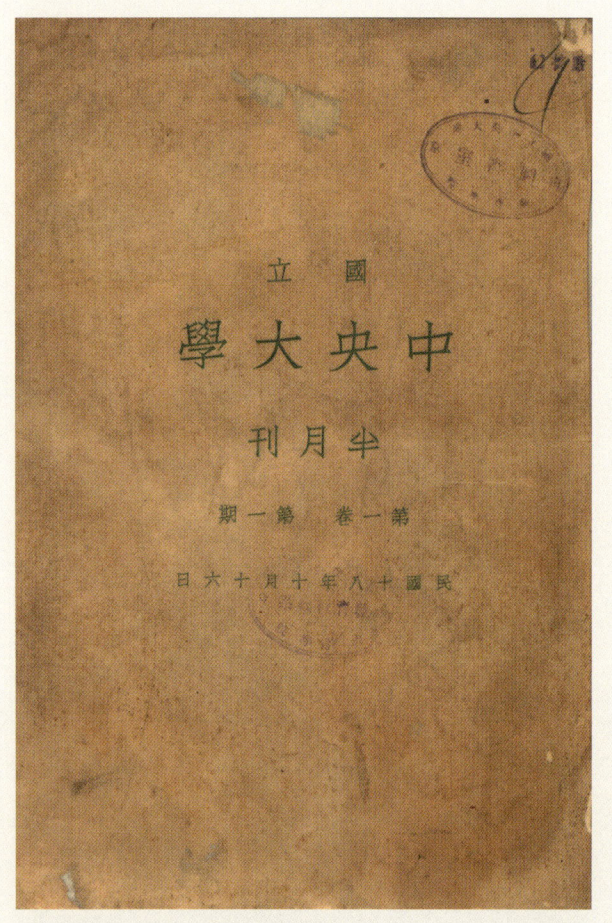
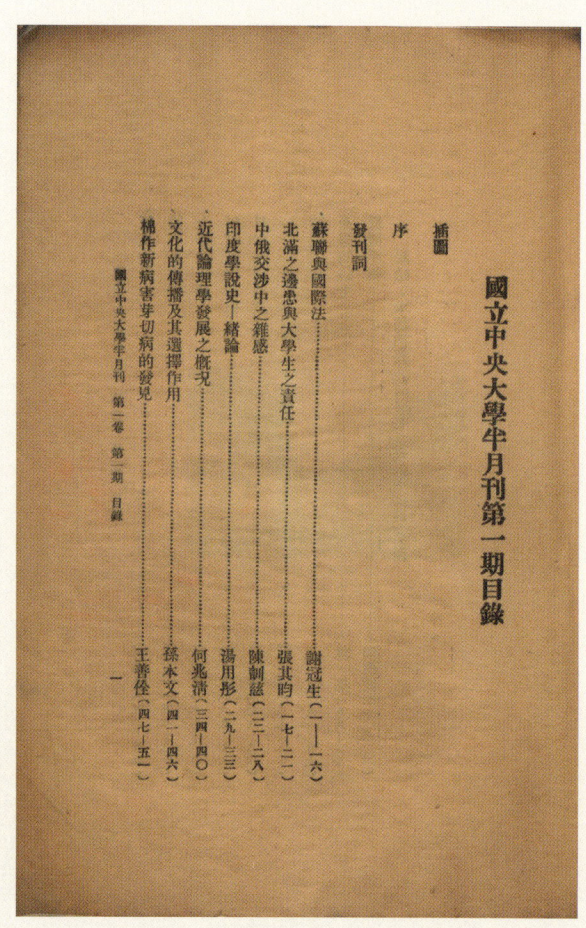
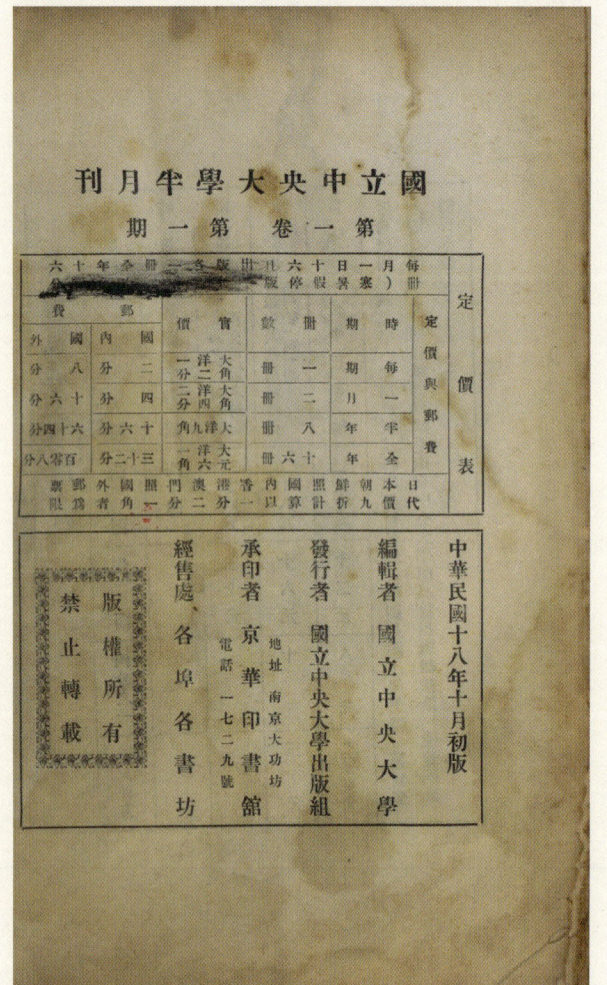

3-84 国立中央大学半月刊

国立中央大学编,南京:国立中央大学出版组,1929年10月创刊。半月刊,26cm×19cm。

办刊宗旨为"介绍世界学术,发展本校师生研究之结果,传播本校进行之状况",设有论著、研究、译述、调查、文艺、消息等栏目。

每年发行16期,每月1日和16日出版,寒暑假(2、7、8、9月)休刊。出至第2卷第8期后停刊。

本馆馆藏全。(1929—1931)

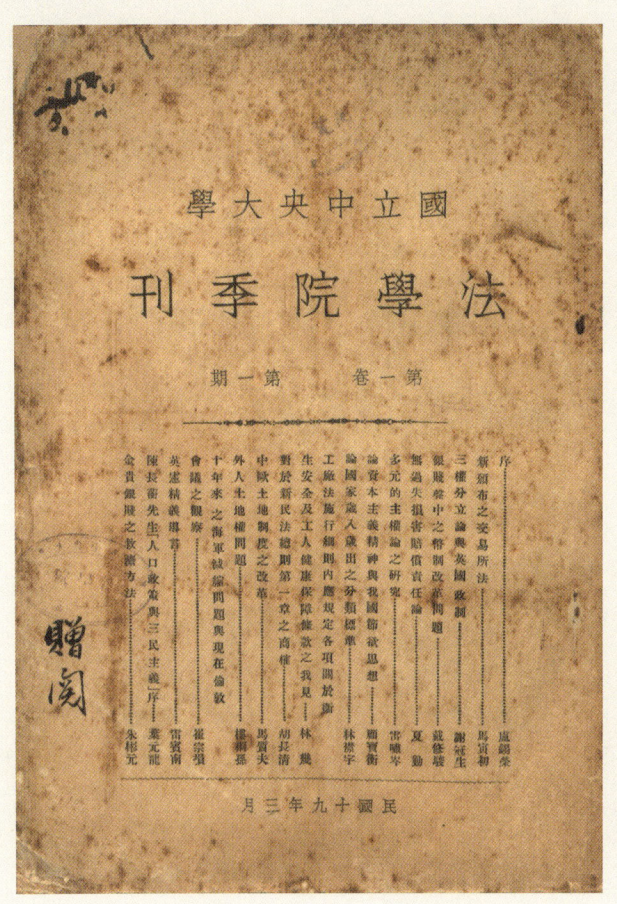
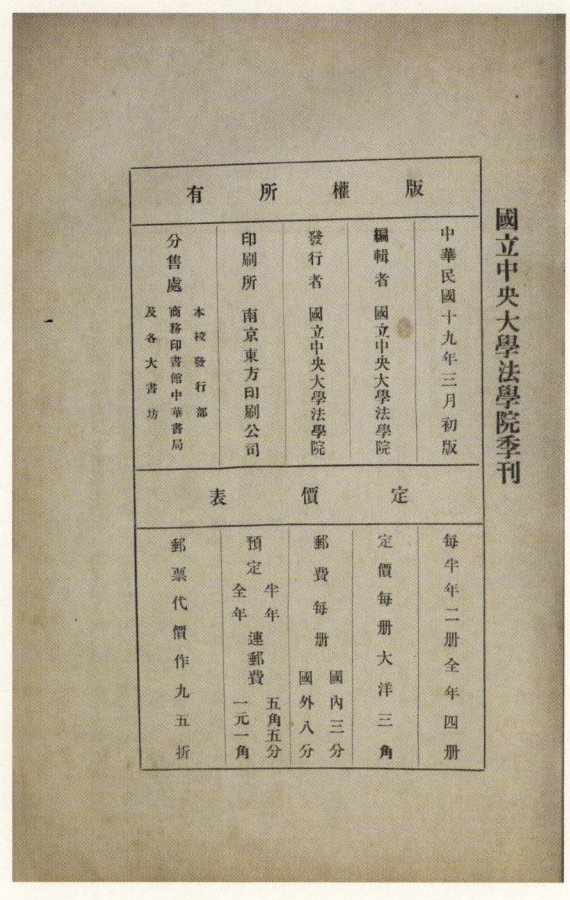

3-85　国立中央大学法学院季刊

南京：国立中央大学法学院，1930年3月创刊。季刊，25.5cm×18.5cm。
办刊宗旨为"以世界的眼光，科学的方法，共同研究现代政治各种重要问题，证之以西欧之学理以观其通，参之以中土之情势以达其用，并积极研究所得"。
本馆藏第1卷1—4期，第2卷第1期。（1930—1931）

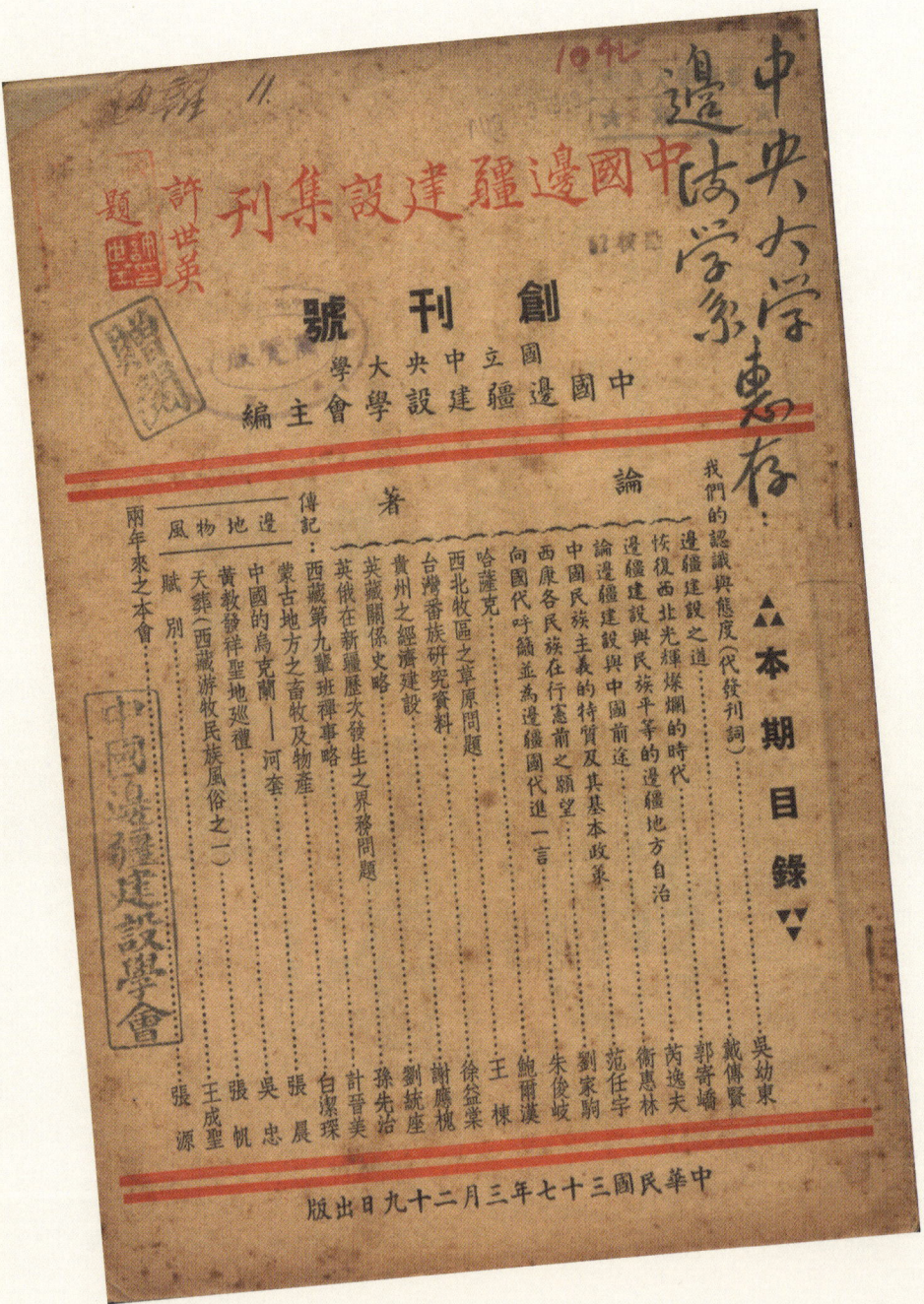

3-86 中国边疆建设集刊

国立中央大学中国边疆建设学会主编,1948年3月29日创刊。26cm×18cm。
边疆问题学术研究刊物。设有论著、传记、边地风物等栏目。
本馆藏创刊号。

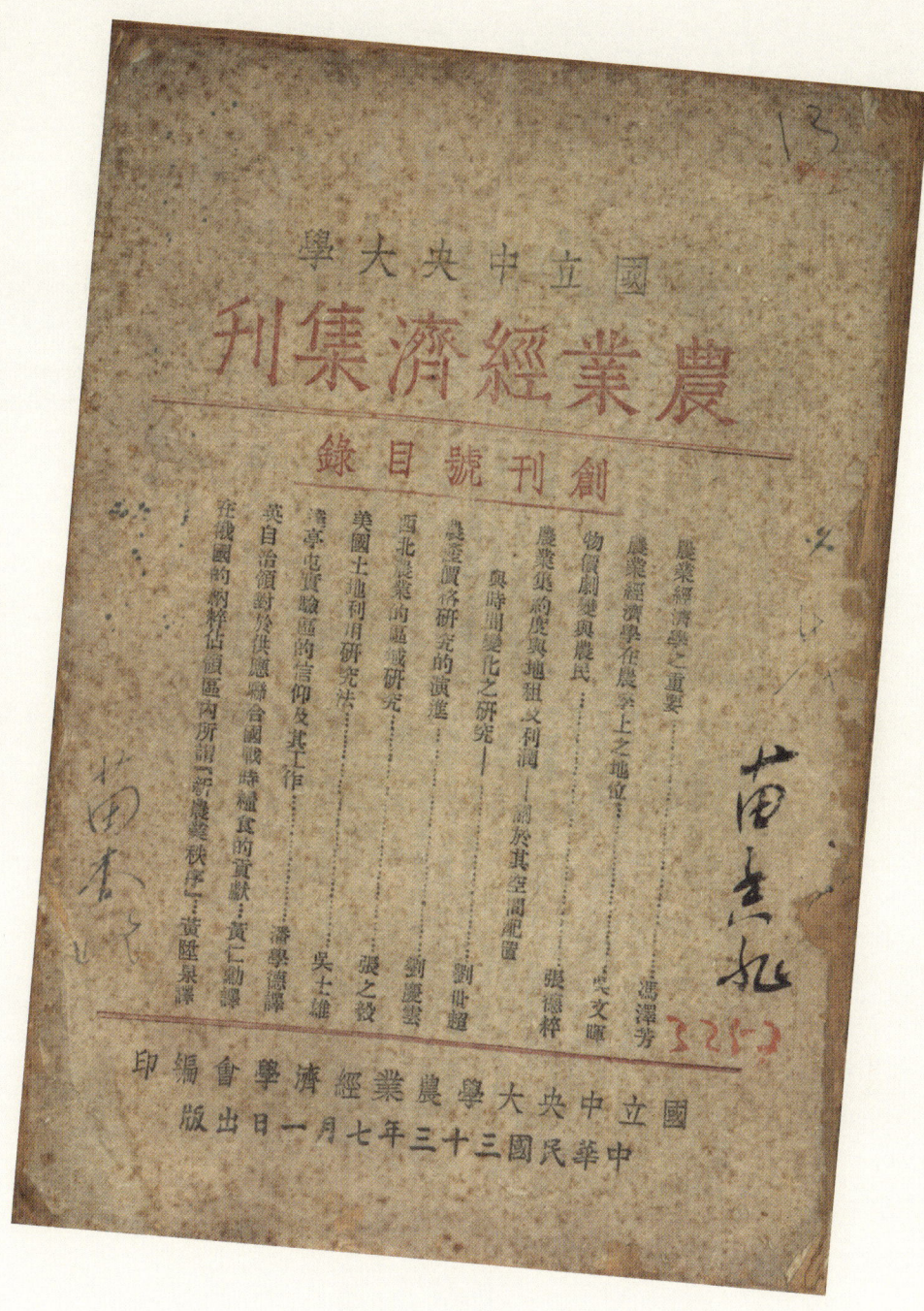

3-87　国立中央大学农业经济集刊

国立中央大学农业经济学会，1944年7月1日创刊。不定期刊，26.2cm×18.5cm。

农业科学刊物。主要内容有农业经济研究、农业管理分析、国外农场先进经验解析、我国经济农业规划。

1946年迁南京出版，出版至1948年11月第4期。

本馆藏第1、2、4期。（1944—1948）

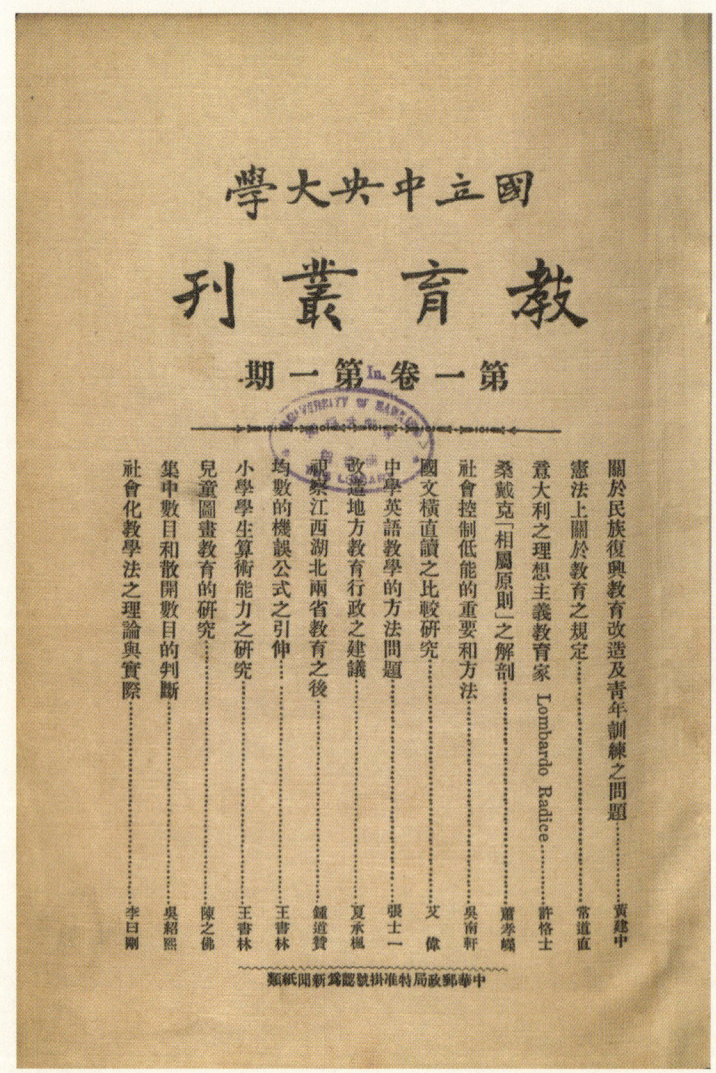

3-88 国立中央大学教育丛刊

国立中央大学教育学院编,南京:国立中央大学出版组,1933年11月创刊。半年刊,26cm×18.5cm。

教育类学术刊物。主要内容有心理教育、艺术教育、体育教育、卫生教育等。

第4卷(1939)起迁重庆出版。

本馆藏第1卷1—2期至第4卷1—2期。(1933—1939)

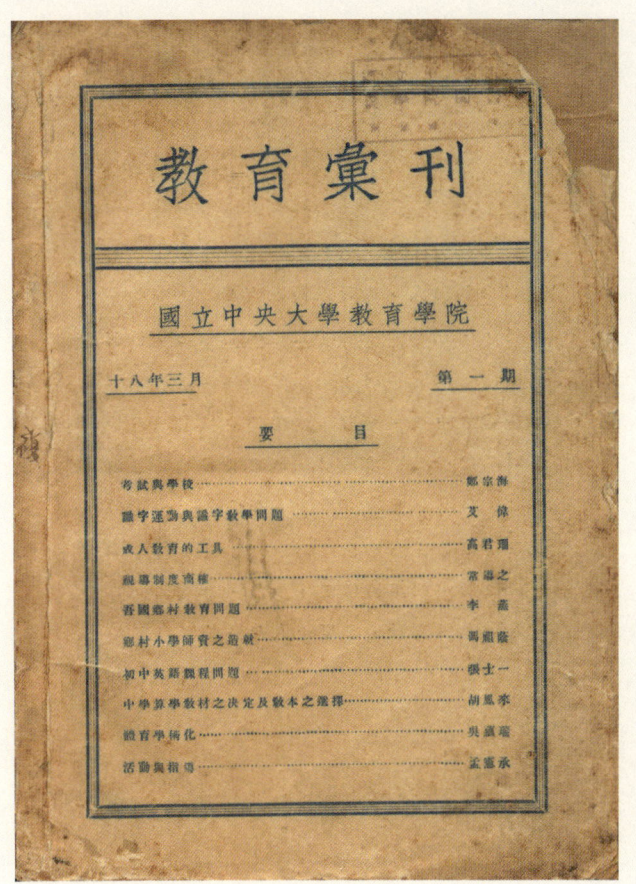
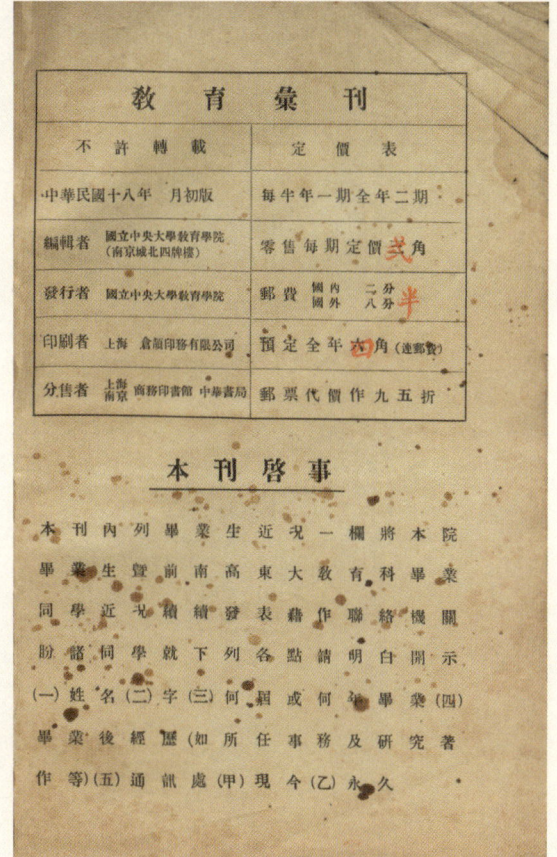

3-89 教育汇刊

南京：国立中央大学教育学院，1929年3月创刊。半年刊，26cm×18.5cm。
教育学类学术刊物。本馆藏《教育汇刊》第1期。(1929年3月)
1930年3月更名为《教育季刊》。本馆藏第1卷1—4期。(1930—1931)

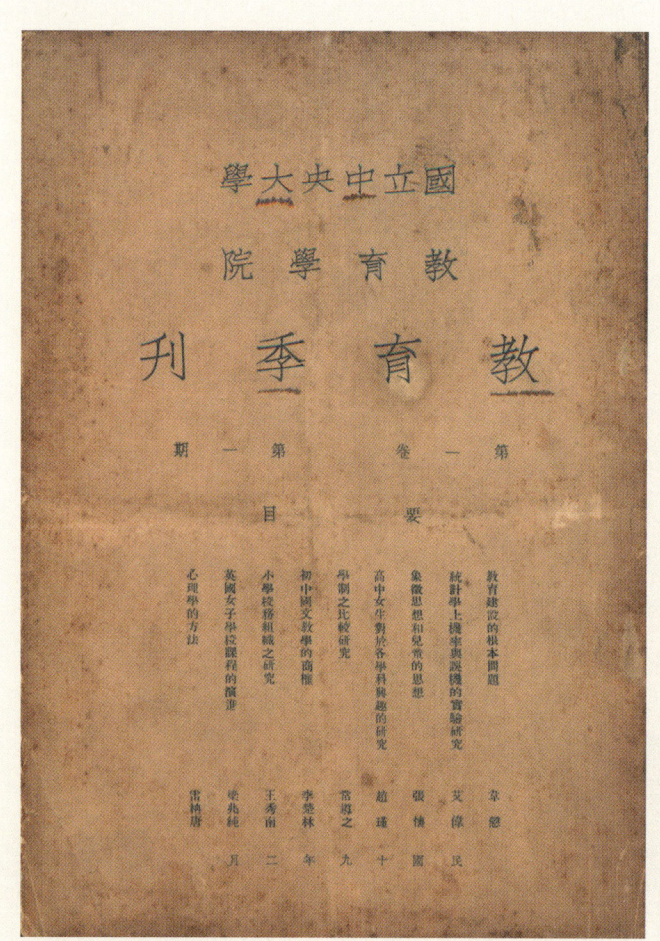
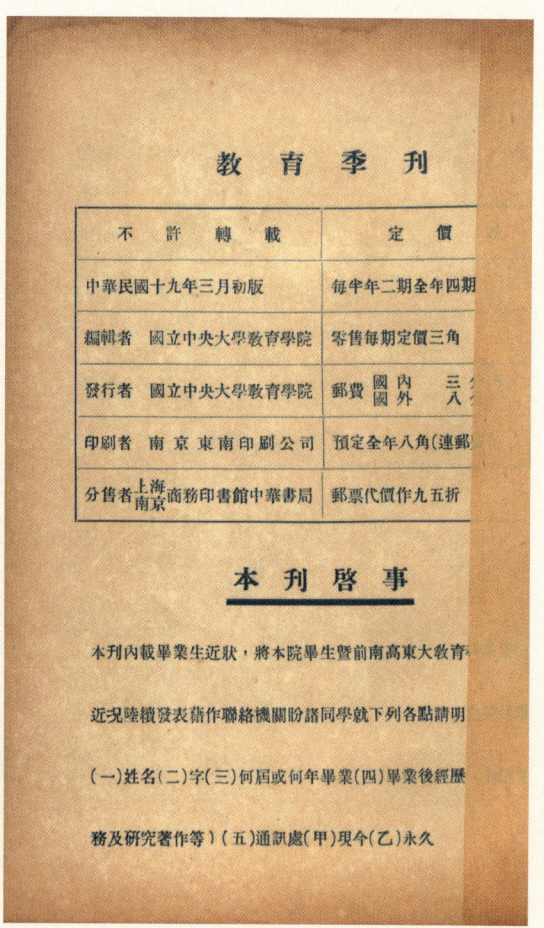

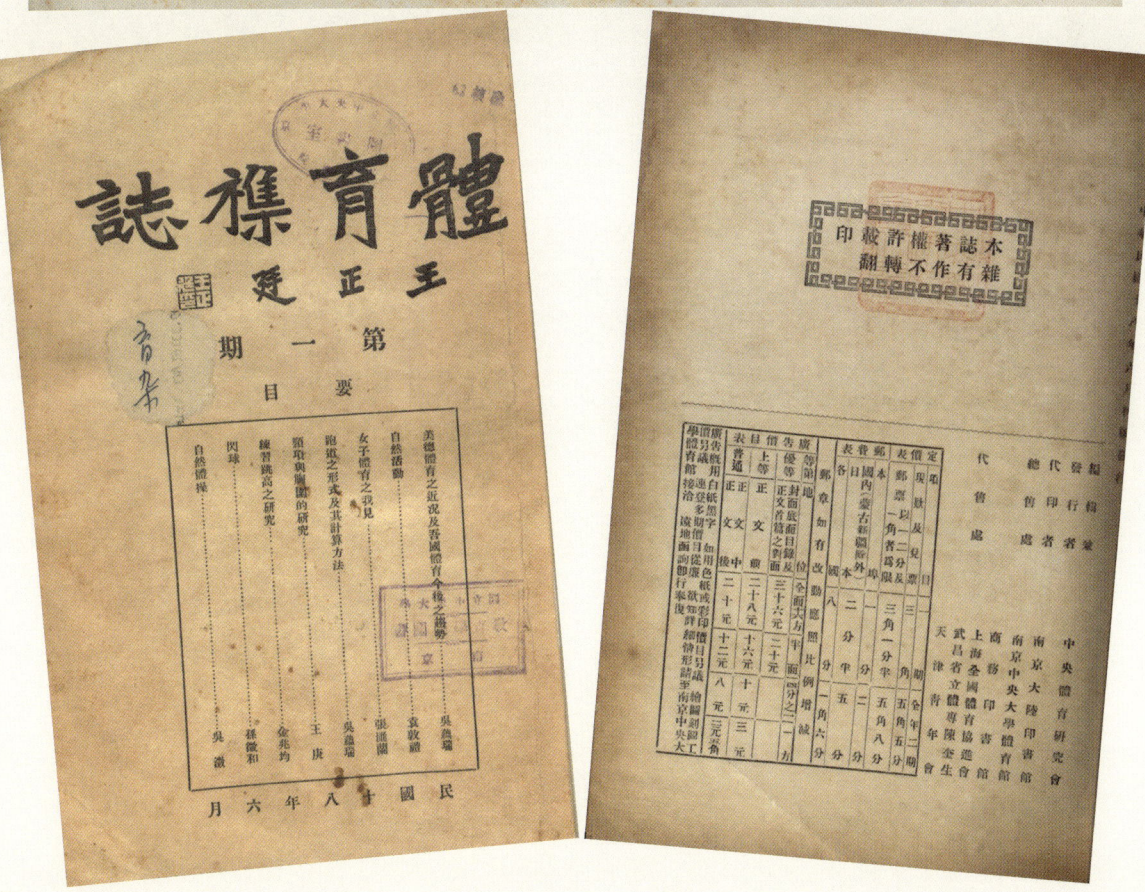

3-90 体育杂志

南京:中央体育研究会,1929年6月创刊。半年刊,24.5cm×17.5cm。

体育类学术刊物。主要内容有体育教学与训练的研究论文和译著、中央大学体育科人事及教学情况的报道。第3期由中央大学体育科编辑发行。

本馆藏第1—3期。(1929—1931)

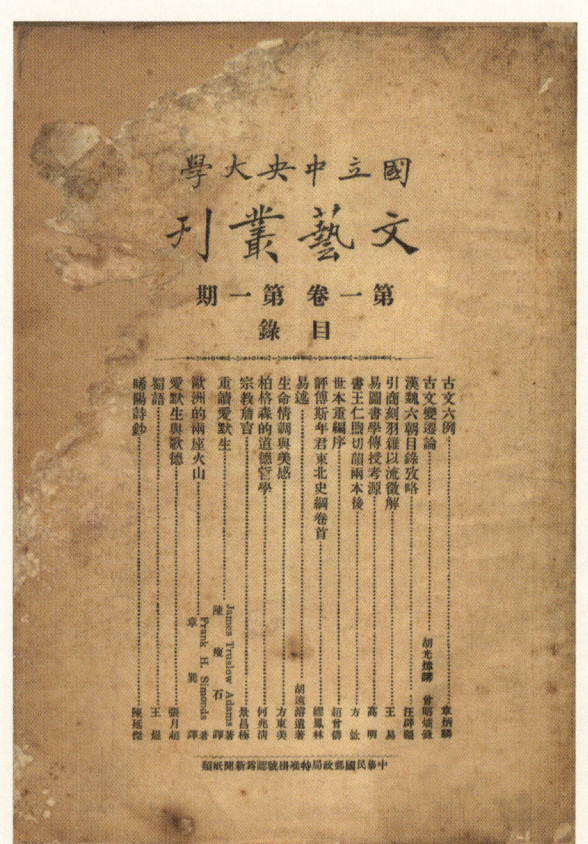
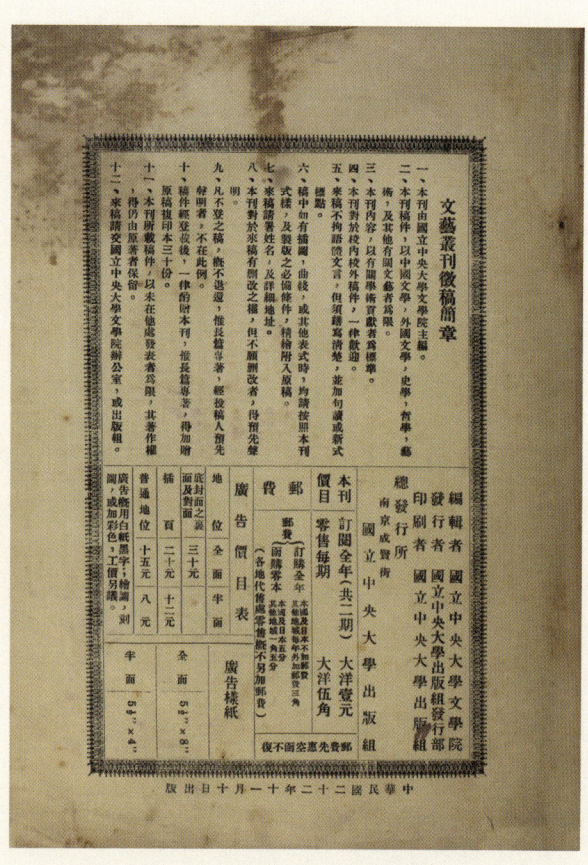

3-91 国立中央大学文艺丛刊

国立中央大学文学院编,南京:国立中央大学出版组,1933年11月10日创刊。半年刊,26.5cm×19cm。
学术研究刊物。设有国画、文录、诗录等栏目。
本馆藏第1卷1—2期,第2卷1—2期。(1933—1936)

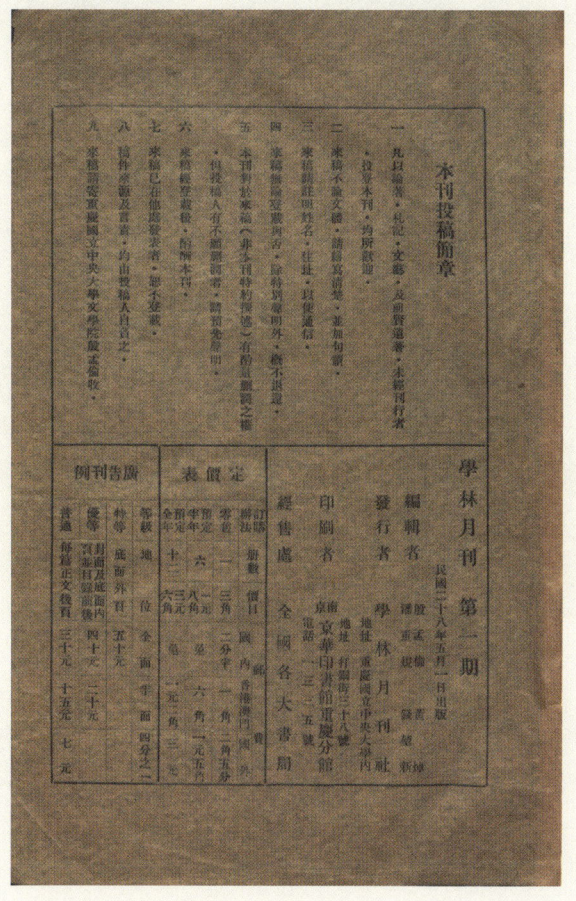

3-92 学林月刊

殷孟伦、黄焯、潘重规、钱堃新主编,重庆:国立中央大学学林月刊社,1939年5月1日创刊。月刊,25.1cm×17.2cm。
主要内容有"论著、札记、文艺及前贤遗著之未经刊行者诸类"。
本馆藏第1、2期。(1939)

3-93 现实版画

现实版画社编,重庆:国立中央大学,1940年12月1日创刊。月刊,26.6cm×20.2cm。
现实版画社为中央大学艺术系学生社团。此刊主要刊载以抗日救亡为主题的木刻作品。
共出版5期,1941年4月停刊。
本馆藏第1、2期。(1940—1941)

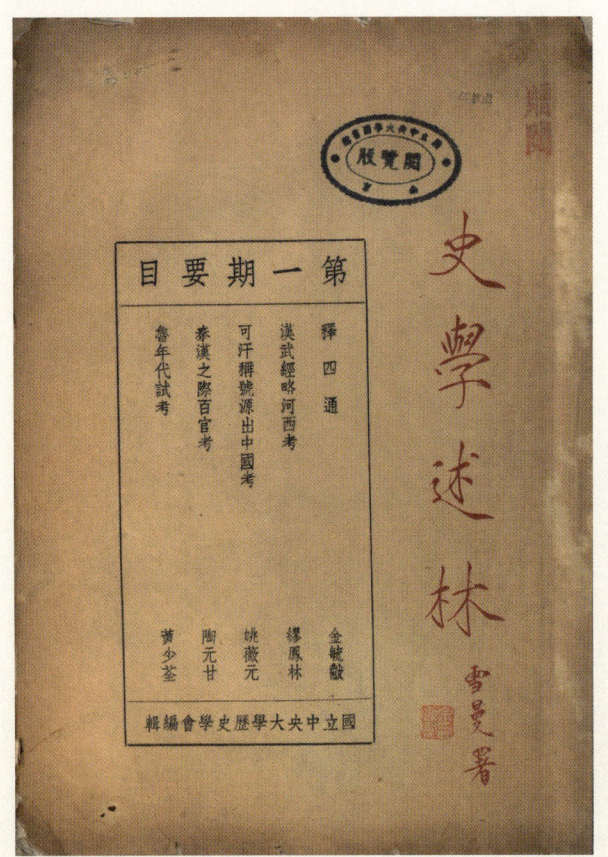
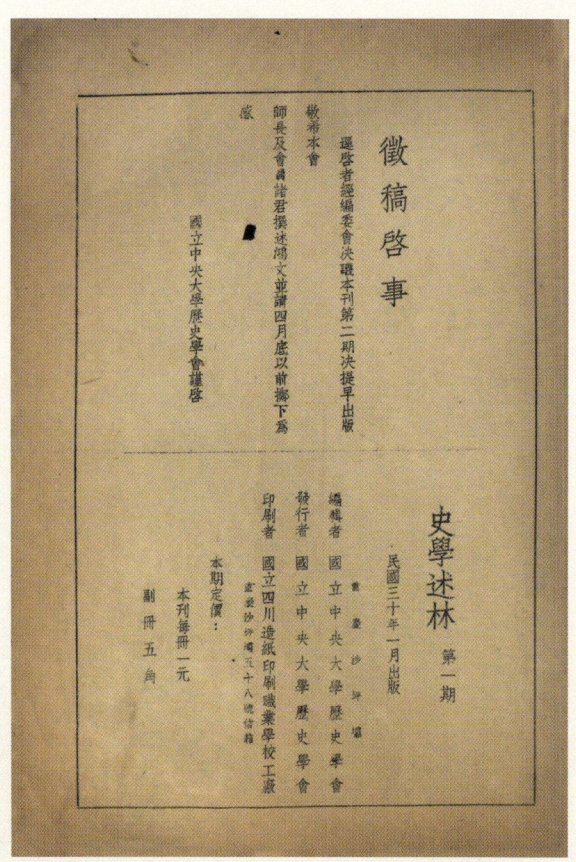

3-94 史学述林

重庆:国立中央大学历史学会,1941年1月创刊。26cm×18.5cm。

史学类学术刊物。创刊号为中央大学历史学会第二届年会纪念刊,主要内容有该会会员的史学论文、学会会务纪要及学会简章。仅出此1期。

本馆藏创刊号。

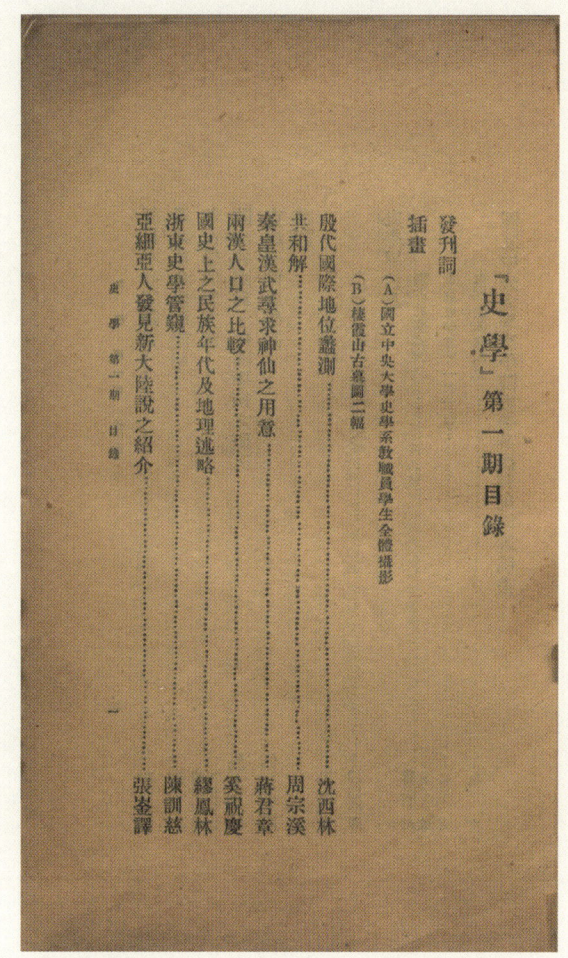
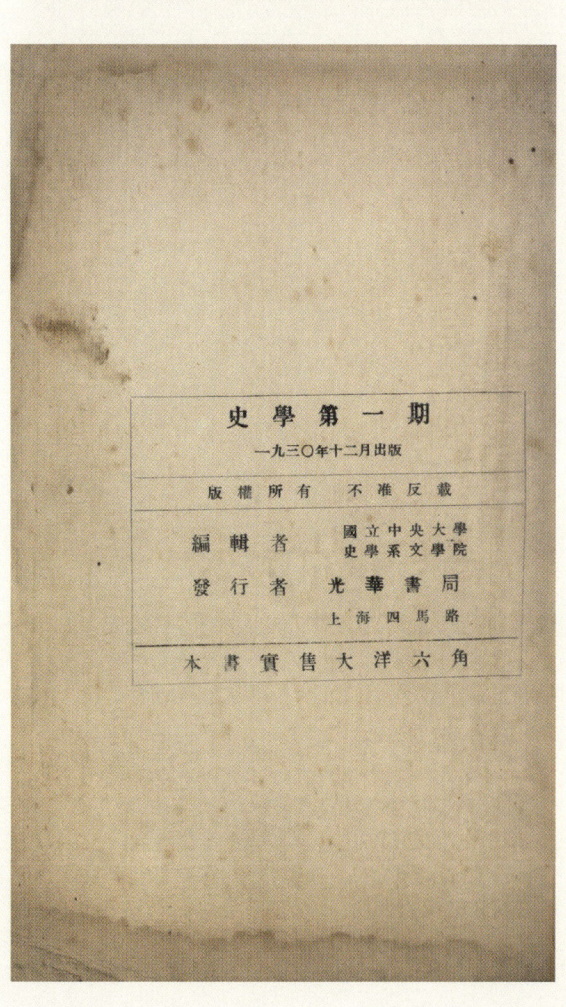

3-95 史学

国立中央大学文学院史学系,上海:光华书局,1930年12月创刊。不定期刊,22.2cm×15cm。

史学类学术刊物。主要内容有中外史学研究论文、史学书籍评价、史学论文提要、史学理论研究、史学界消息、考古现场照片及文字介绍等。

本馆藏第1—2期。(1930—1933)

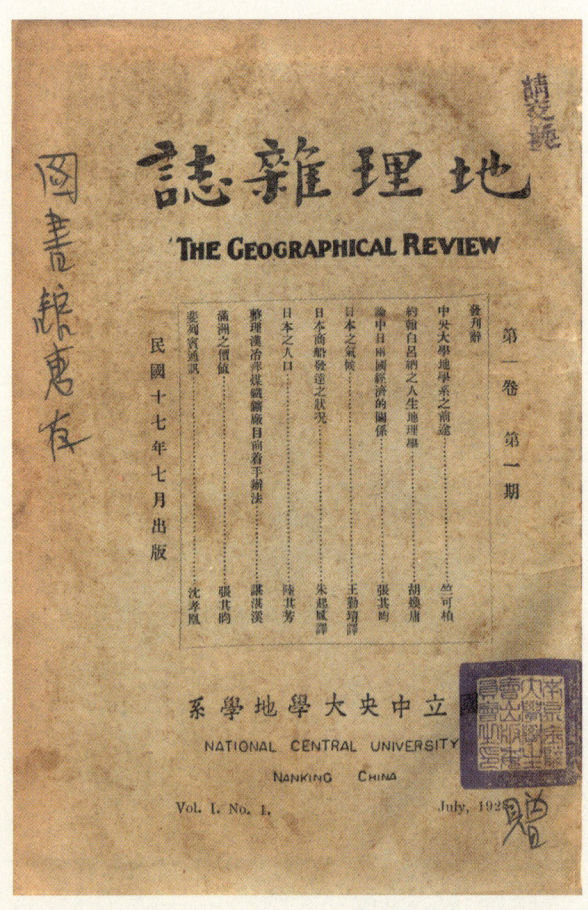
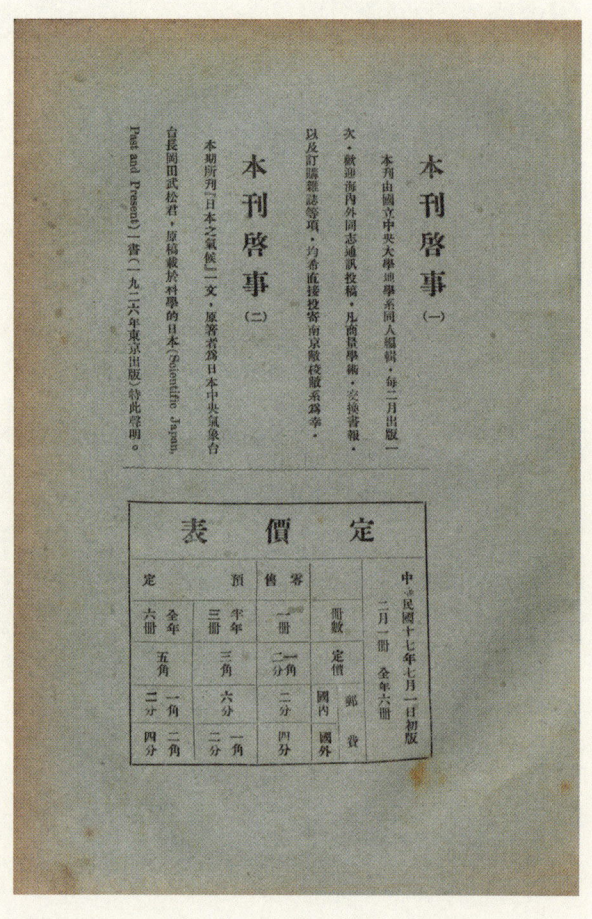

3-96 地理杂志

国立中央大学地学系,1928年7月1日创刊。双月刊,24.6cm×18.4cm。

本刊主要刊载中央大学地理系消息及当时地理学研究的最新进展,"以促进中学地理教育为其旨趣"。

自1932年第5卷3期起改由中国方志学会编辑发行,改名为《方志月刊》。自1936年第9卷1期起改名为《方志》,双月刊。1936年7月终刊。

本馆馆藏全。(1928—1936)

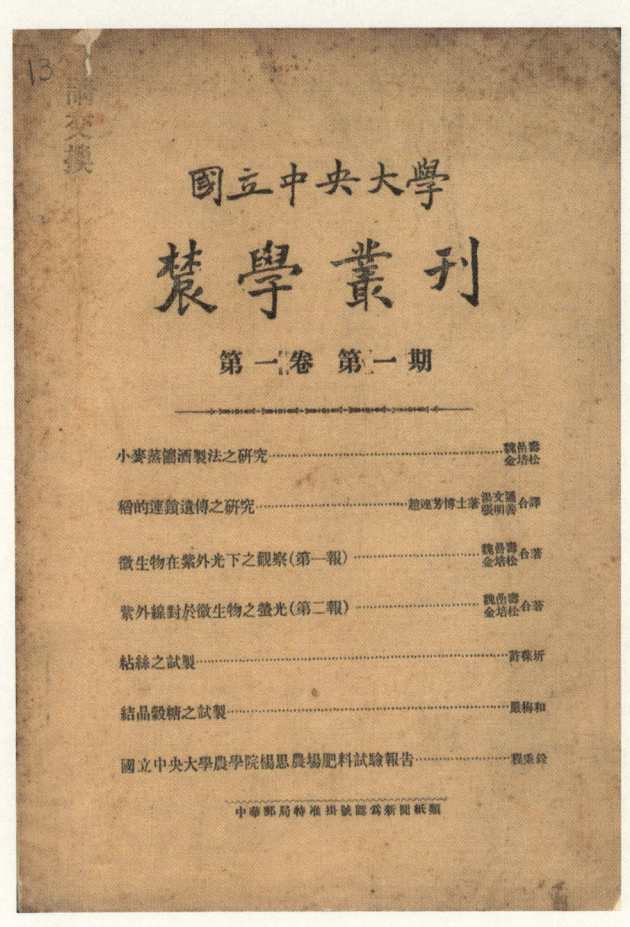
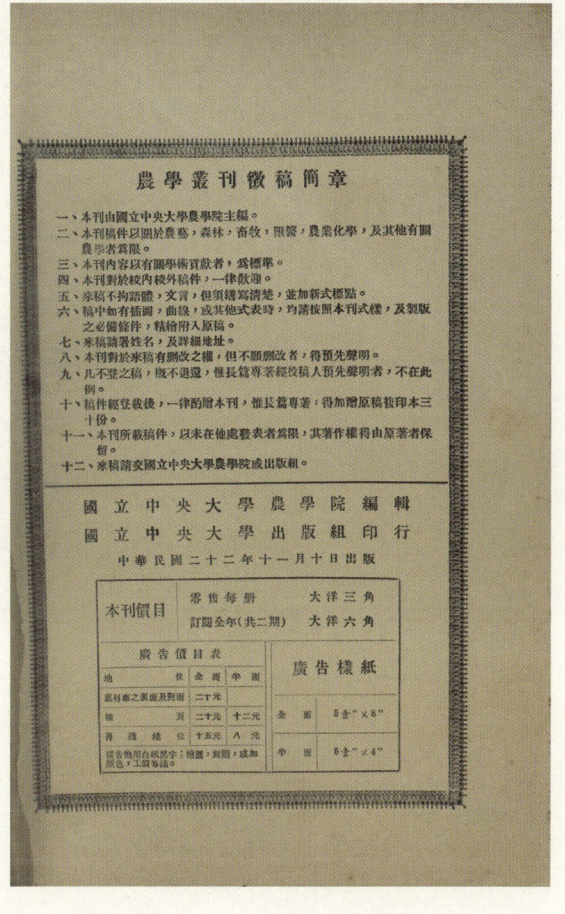

3-97　国立中央大学农学丛刊

国立中央大学农学院编，南京：国立中央大学出版组，1933年11月10日创刊。半年刊，26.5cm×19.1cm。
农业研究刊物。主要内容有农艺、森林、畜牧、兽医、农业化学等学科相关论文、译著、实验报告和研究成果。
本馆藏第1卷1—2期，第2卷1—2期，第3卷1—2期，第4卷1期。(1933—1937)

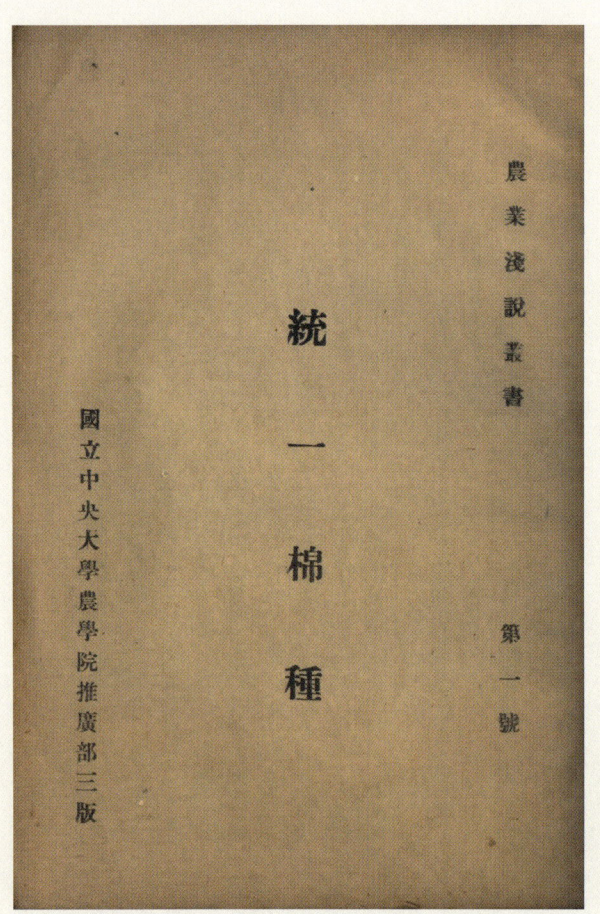
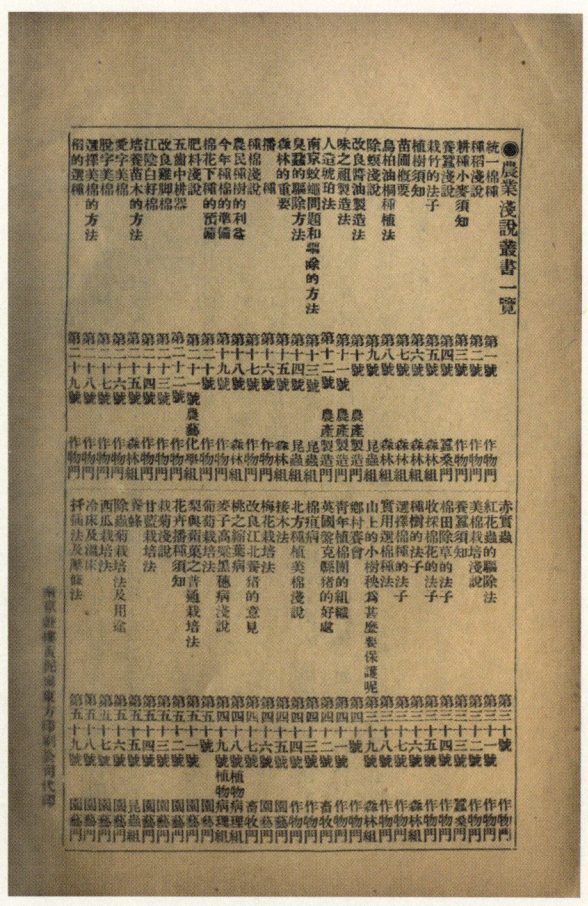

3-98 农业浅说丛书

南京：国立中央大学农学院推广部，22cm×14.3cm。

普及推广农业科学知识的系列丛书。面向乡村农民，宣传农业科技知识。主要内容有农作物的种植方法、品种改良、病虫害治理，花果的种植、扦插，养蜂、养蚕等。

本馆藏第1—17、19—32、34—60、64、66、71—73、81号。

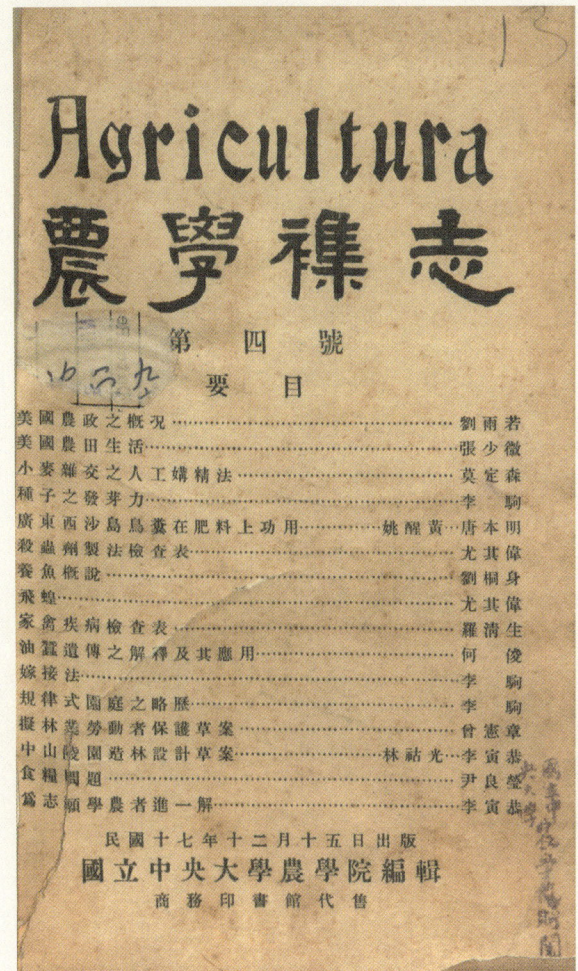
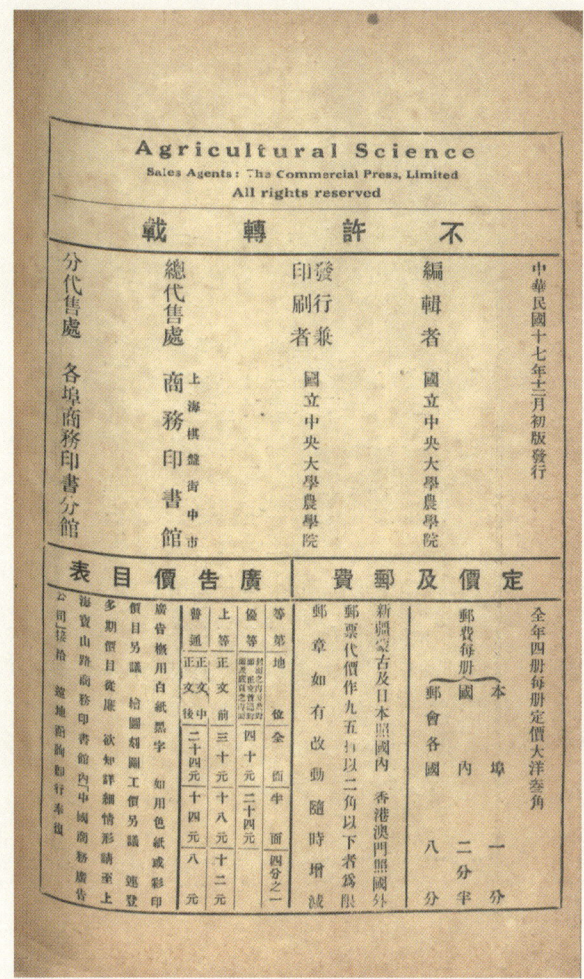

3-99 农学杂志

南京：江苏大学农学院，1928年3月创刊。20.8cm×14.3cm。

该刊以推进和发展农业科技为目的，刊载作物栽培、植物保护、农产品加工、发达国家农业教育状况、国内种植业规划改进建议等文章。

自第2号起由国立中央大学农学院编辑，1930年3月15日停刊，共发行7期。

本馆藏第4号，第5、6号合刊。(1928—1929)

3-100 畜牧兽医季刊

南京:国立中央大学农学院畜牧兽医系,1935年1月创刊。季刊,25.7cm×18.2cm。

畜牧兽医学刊物。办刊宗旨为介绍国内外畜牧兽医学知识,交流相关医学经验,以便研究并促进国内农村畜牧兽医事业的发展。主要栏目有论著、译述、调查、医案报告、新闻、杂俎、书报介绍等。1937年夏,因抗战全面爆发停刊。1939年6月在成都复刊。

本馆藏第1卷1—4期,第2卷1—4期,第3卷1—2期。(1935—1937)

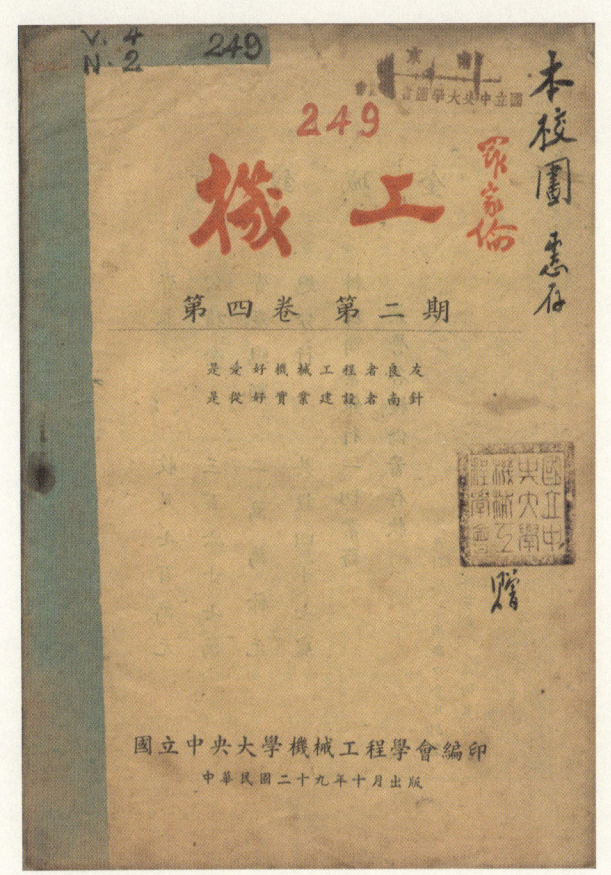 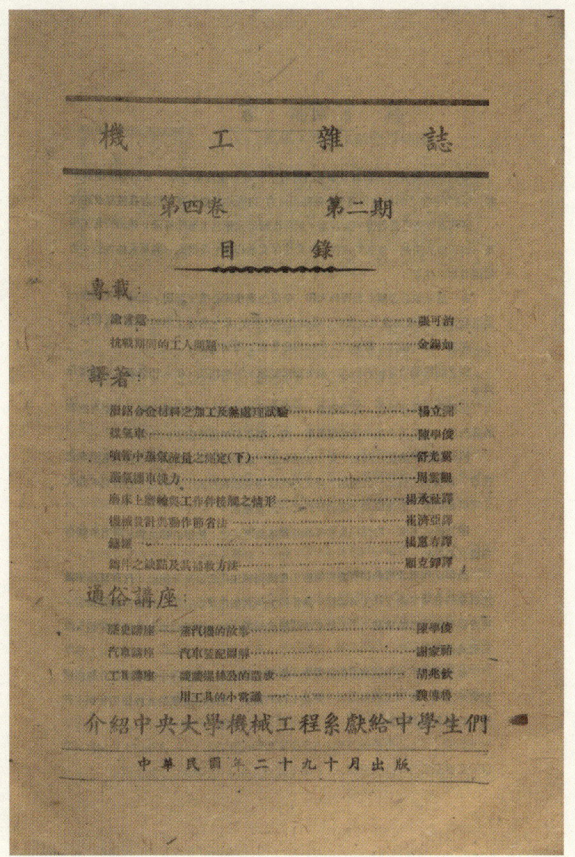

3-101 机工

国立中央大学机械工程学会，26cm×18.5cm。

办刊宗旨为"提高大众的机械智识，与增进系统的机械研究"。设有专载、译著、通俗讲座、杂俎、会讯等专栏。

本馆藏第4卷2期(1940年10月)、第5卷1期(1941年6月)。

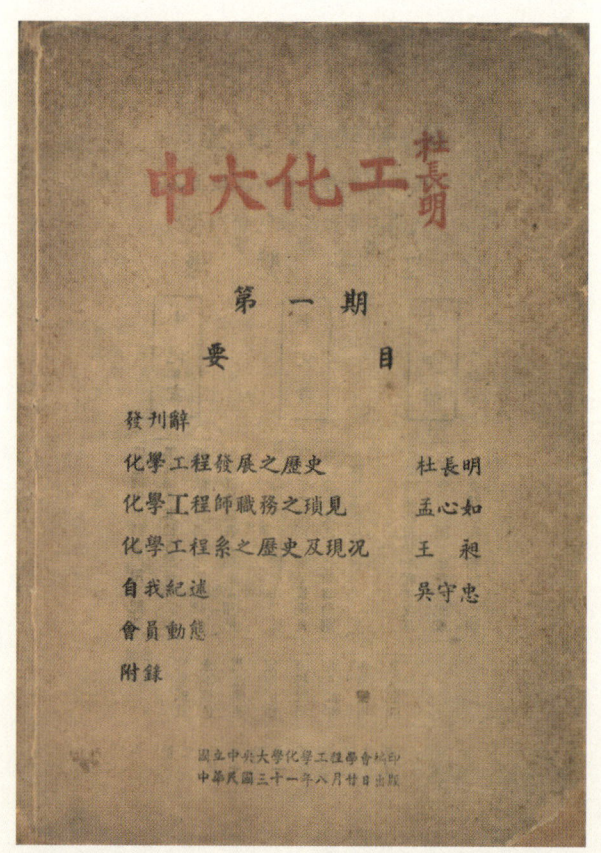
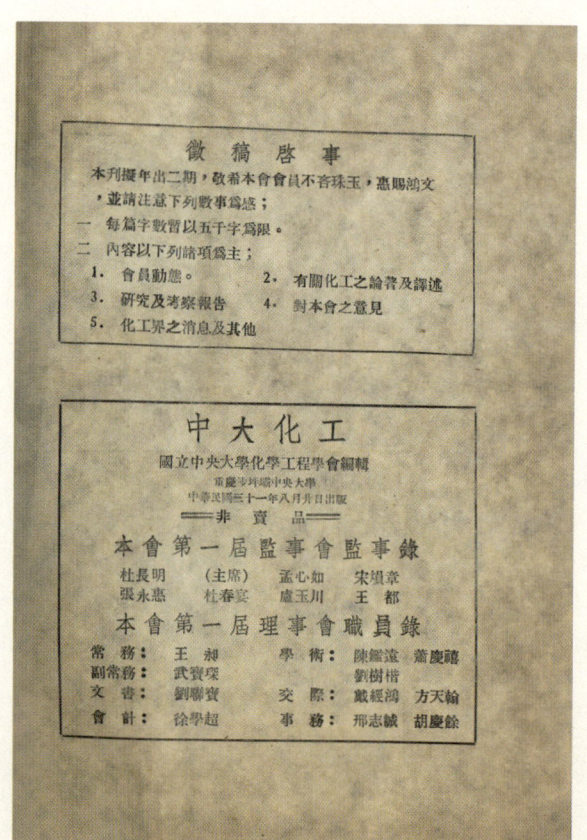

3-102 中大化工

重庆：国立中央大学化学工程学会，1942年8月20日创刊。半年刊，26cm×18.8cm。

化工类刊物。主要内容有论著、译述、研究、考察报告、化工界消息、中央大学化学工程学会会讯、会员动态等。附录化工系历年在校及毕业同学人数表。

本馆藏创刊号。

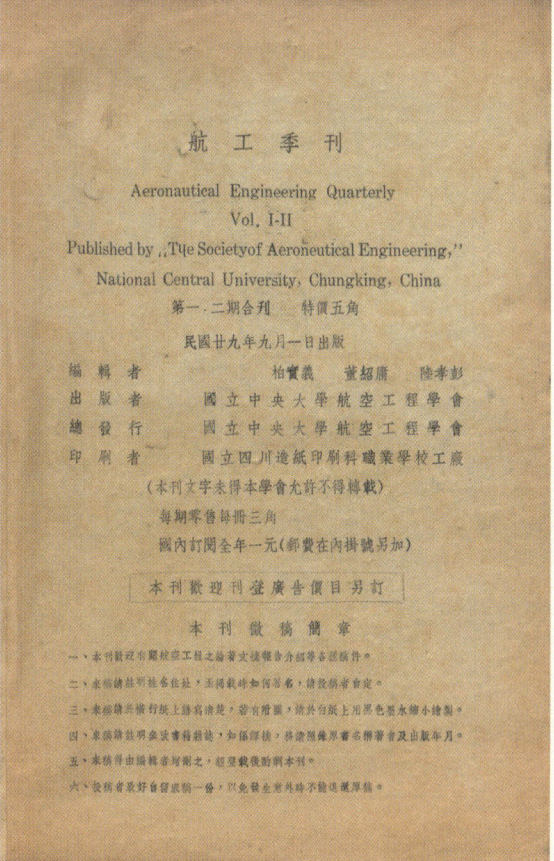

3-103 航工季刊

柏实义、董绍庸、陆孝彭编,重庆:国立中央大学航空工程学会,1940年9月1日创刊。季刊,27cm×18.5cm。

航空工程学术刊物。主要内容为航空工程学的论著、文摘、翻译、报告、介绍等。

本馆藏第1、2期合刊。(1940)

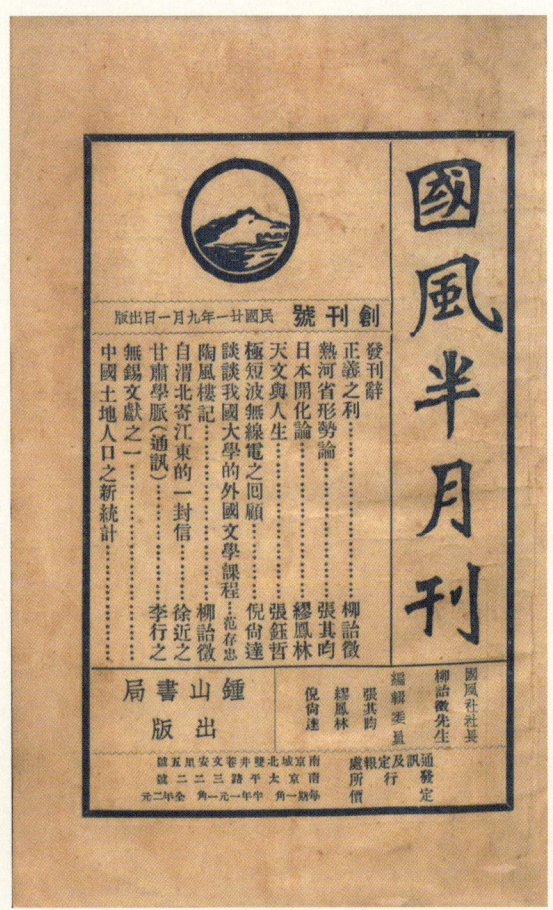
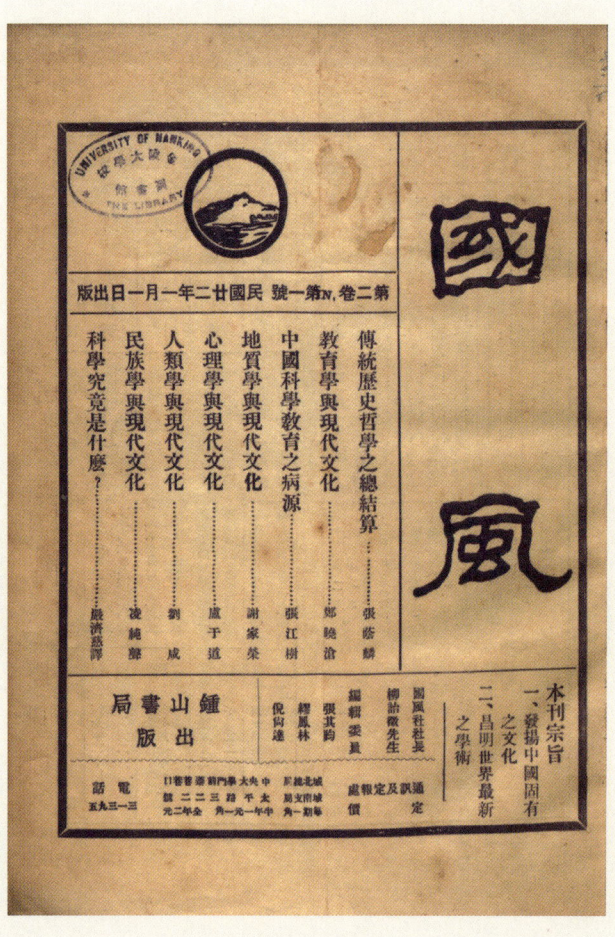

3-104 国风

中央大学国风社编,南京:钟山书局。1932年9月1日创刊。半月刊,21.5cm×15cm(第1卷),25cm×18.5cm(第2卷起)。

综合性学术刊物。办刊宗旨为:"一、发扬中国固有之文化;二、昌明世界最新之学术"。主要创办者为中央大学国风社社长柳诒徵,张其昀、缪凤林等为编辑。1935年8月第7卷起改为月刊。

本馆藏第1卷1—10期,第2—5卷1—12期,第6卷1—10期,第7卷1—5期,第8卷1—12期。(1932—1935)

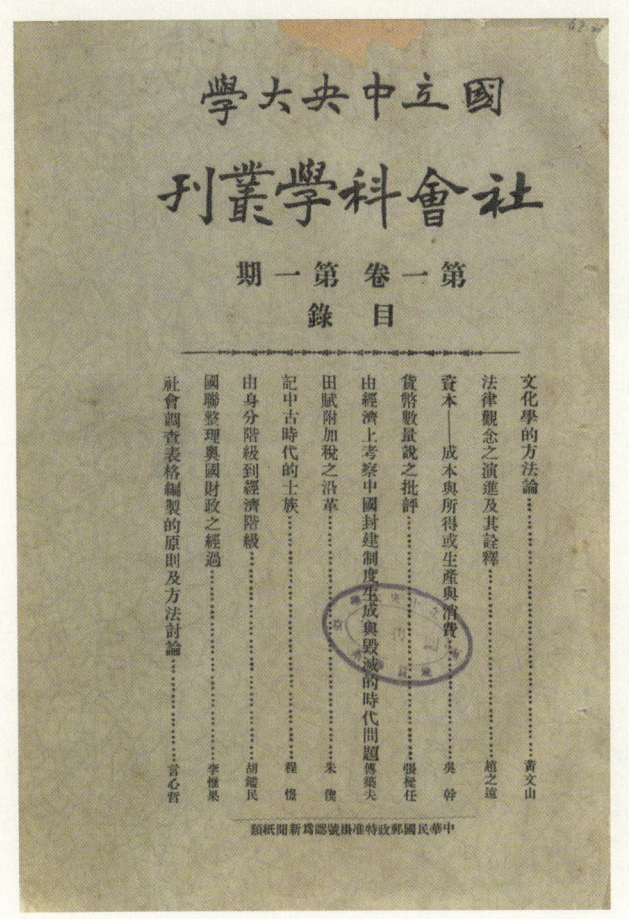
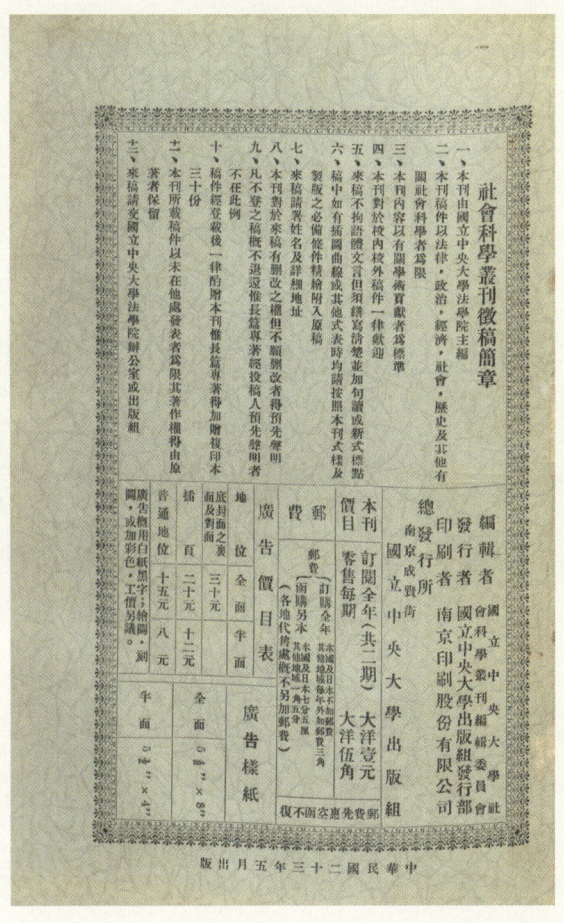

3-105　国立中央大学社会科学丛刊

国立中央大学社会科学丛刊编辑委员会编，南京：国立中央大学出版组发行部，1934年5月创刊。半年刊，26cm×18.5cm。

综合性社会科学学术期刊。刊载法律、政治、经济、社会、历史等学科的学术性论文。

本馆藏第1卷1—2期，第2卷1—2期。（1934—1936）

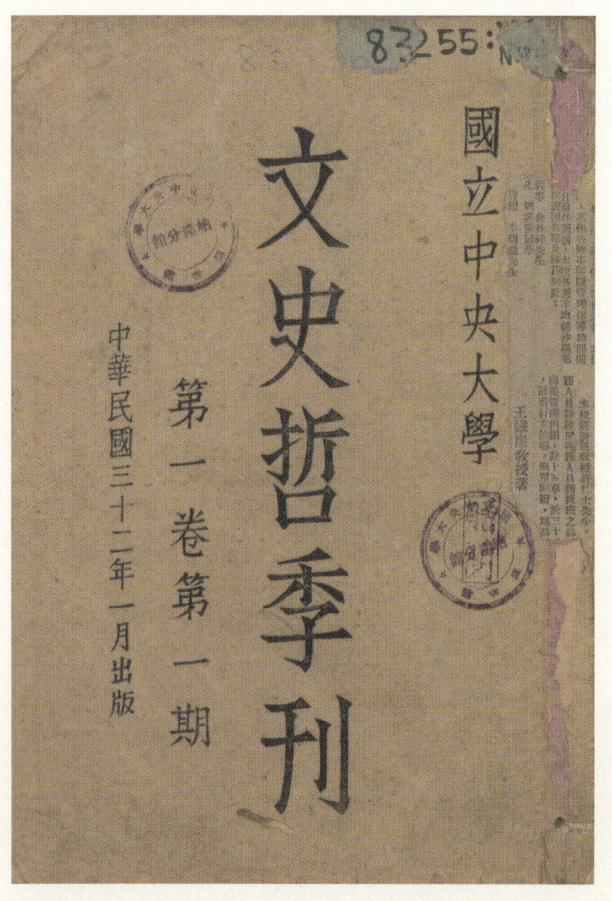
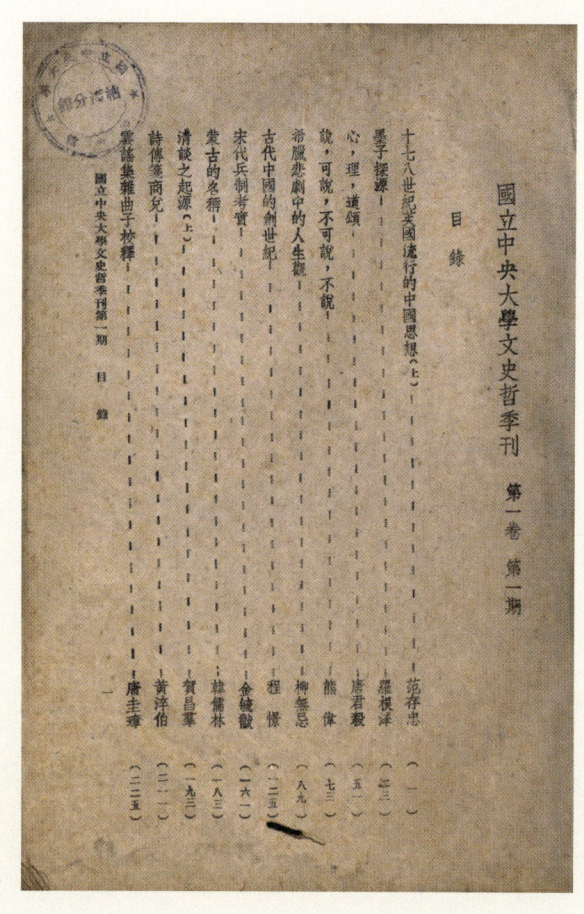
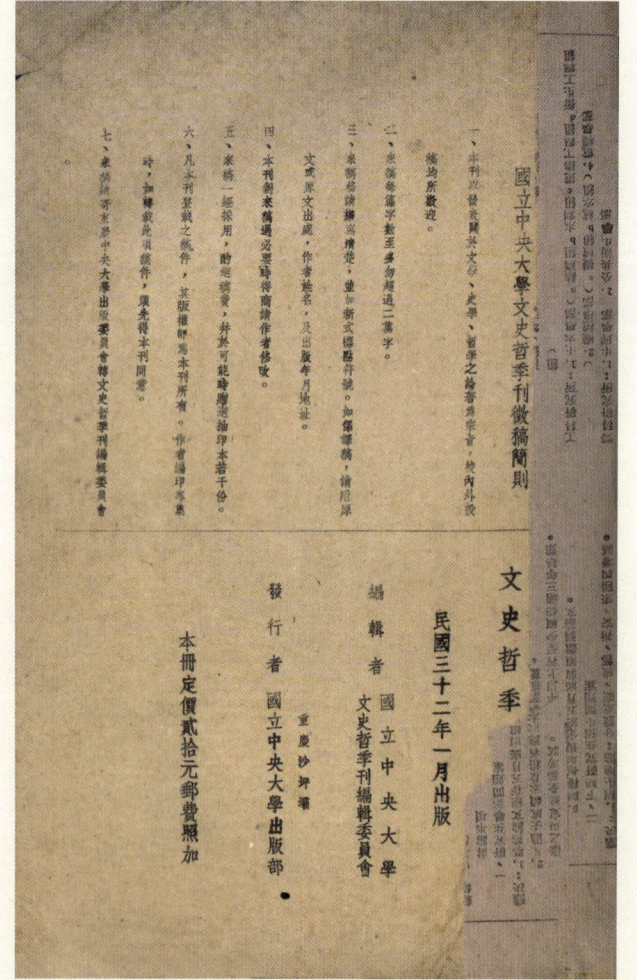

3-106　国立中央大学文史哲季刊

国立中央大学文史哲季刊编辑委员会，重庆：国立中央大学出版部，1943年1月创刊。季刊（实为半年刊），26cm×18.6cm。

文史哲类学术刊物。刊载文学、史学、哲学方面的研究论文。

1944年第2卷起改由商务印书馆发行，1945年第3卷起迁南京出版。

本馆藏第1卷1—2期，第2卷1—2期，第3卷1期。（1943—1945）

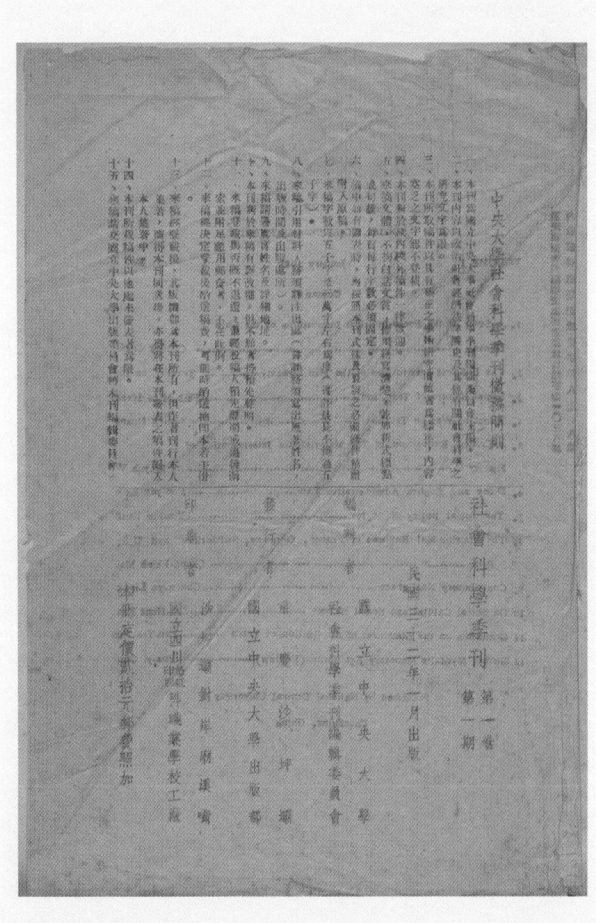

3-107　国立中央大学社会科学季刊

　　国立中央大学社会科学季刊编辑委员会编，重庆：国立中央大学出版部，1943年创刊。季刊，25.9cm×18.3cm。
　　学术刊物。以刊登法学、经济、历史、政治等学科论文为主。
　　本馆藏第1卷1—2期，第2卷1期。(1943—1944)

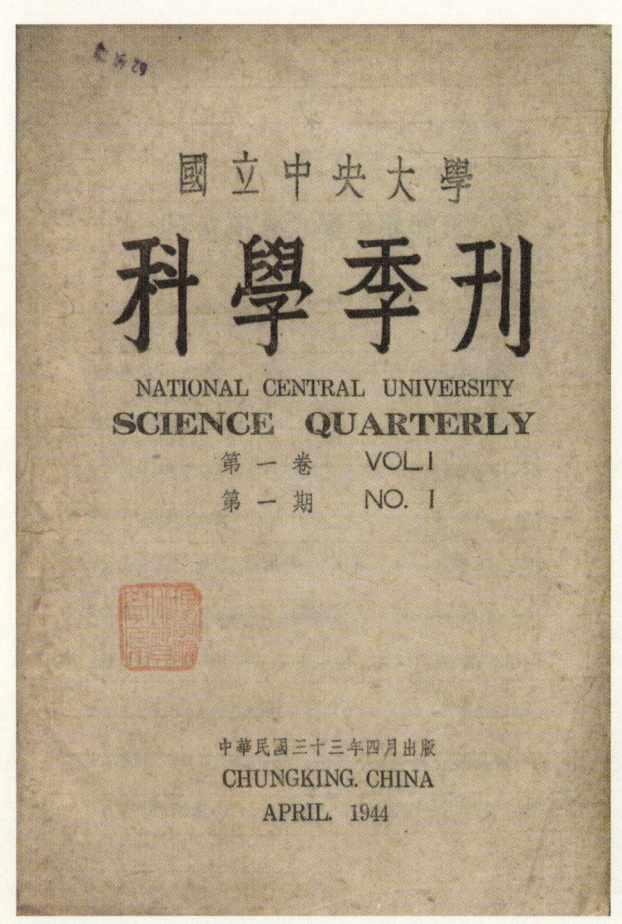
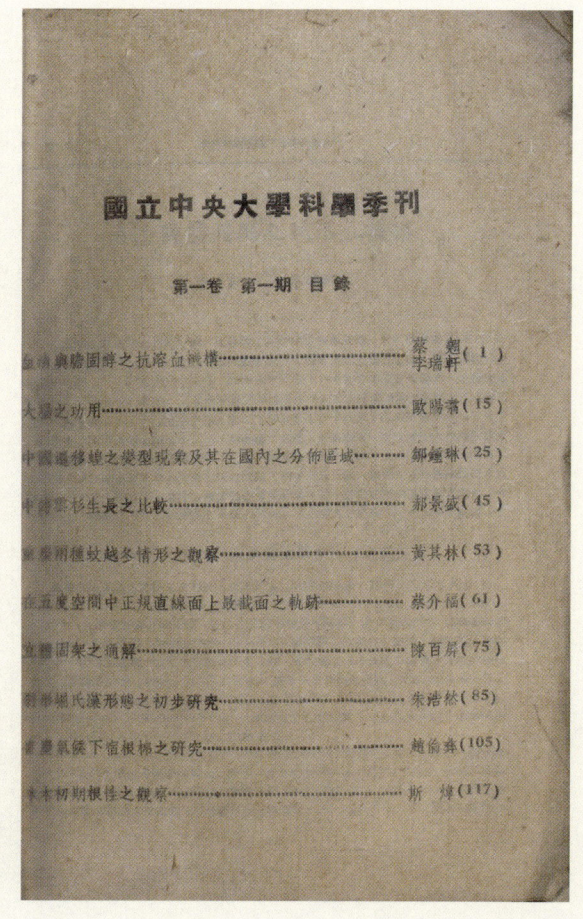
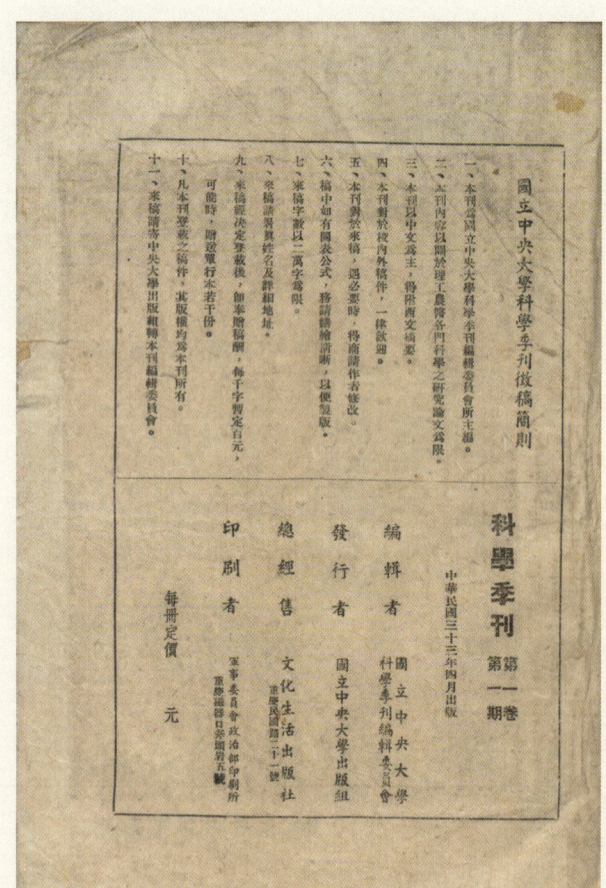

3-108 国立中央大学科学季刊

国立中央大学科学季刊编辑委员会编,重庆:国立中央大学出版组,1944年4月创刊。季刊,26cm×18cm。

综合性自然科学学术期刊。刊登理、工、农、医等学科的论文。

本馆藏创刊号。

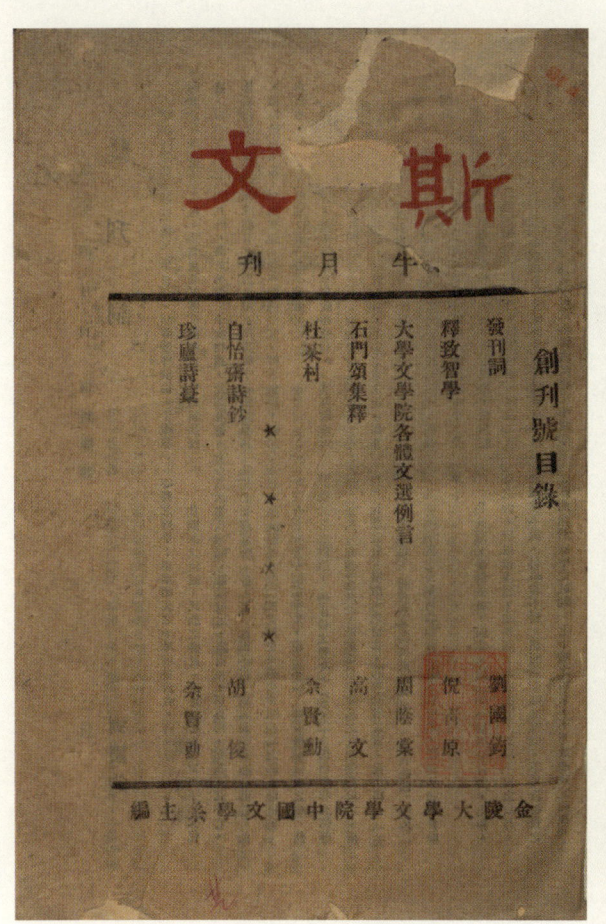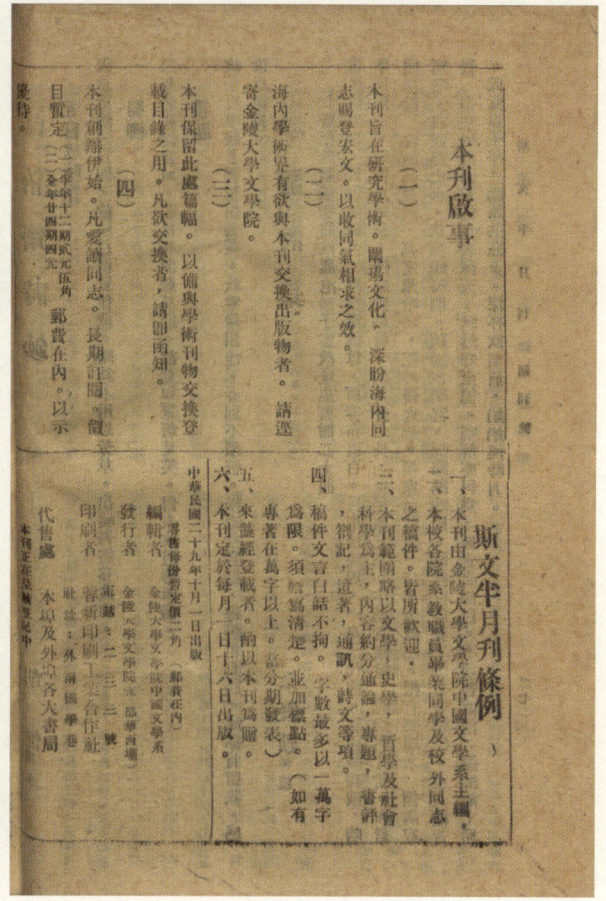

3-109 斯文

金陵大学文学院中国文学系主编,成都:金陵大学文学院,1940年10月1日创刊。半月刊,25.3cm×18cm。

办刊宗旨为"研究学术,阐扬文化",以文学、史学、哲学及社会科学为主,内容有通论、专题、书评、遗著、通讯、诗文等。1943年7月停刊。

本馆馆藏全。(1940—1943)

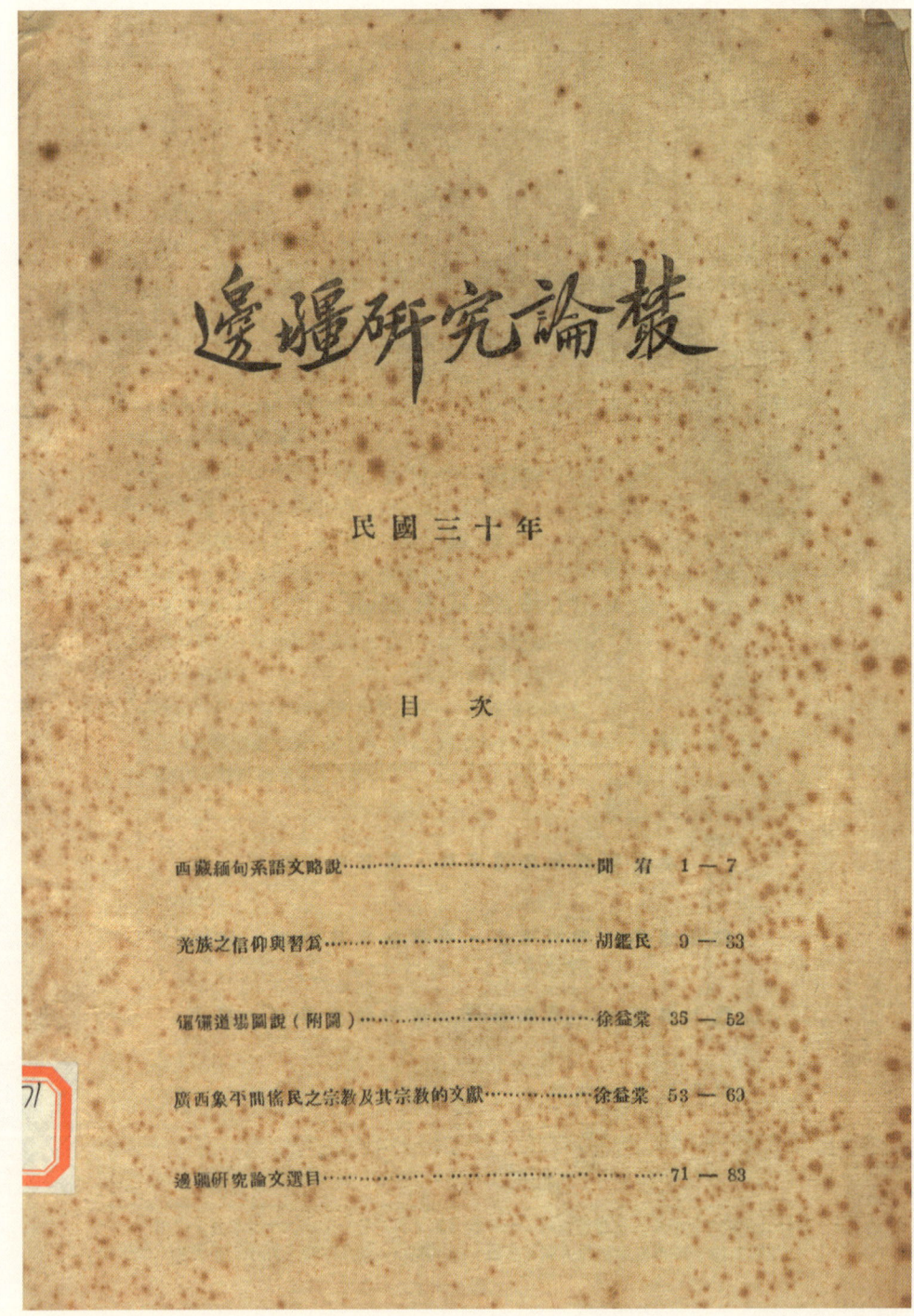

3-110 边疆研究论丛

成都：金陵大学中国文化研究所，1941年创刊。不定期刊，26cm×18.4cm。
边疆问题研究刊物。刊登金陵大学师生关于边疆少数民族问题的论文。第3期迁南京出版。
本馆藏第1—3期。(1941—1945)

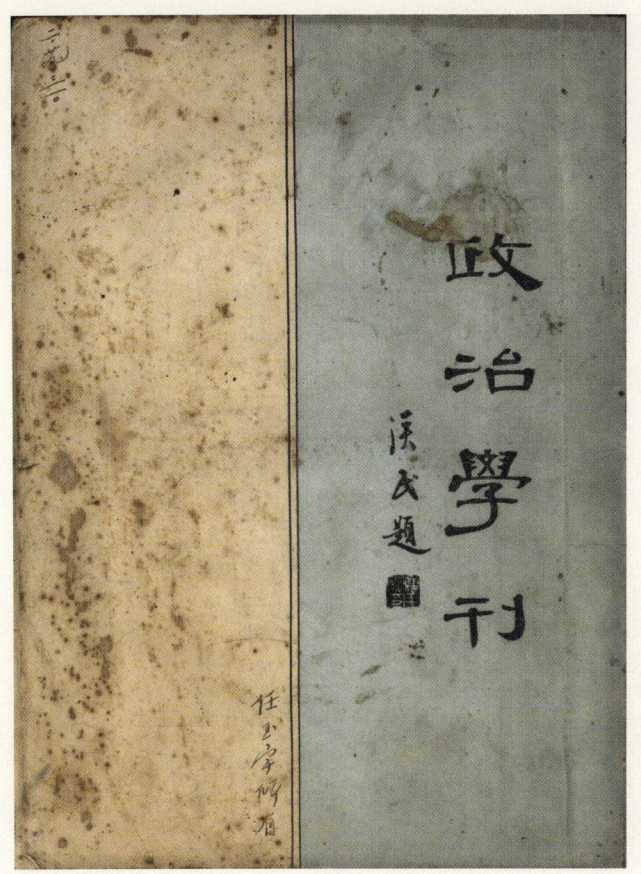
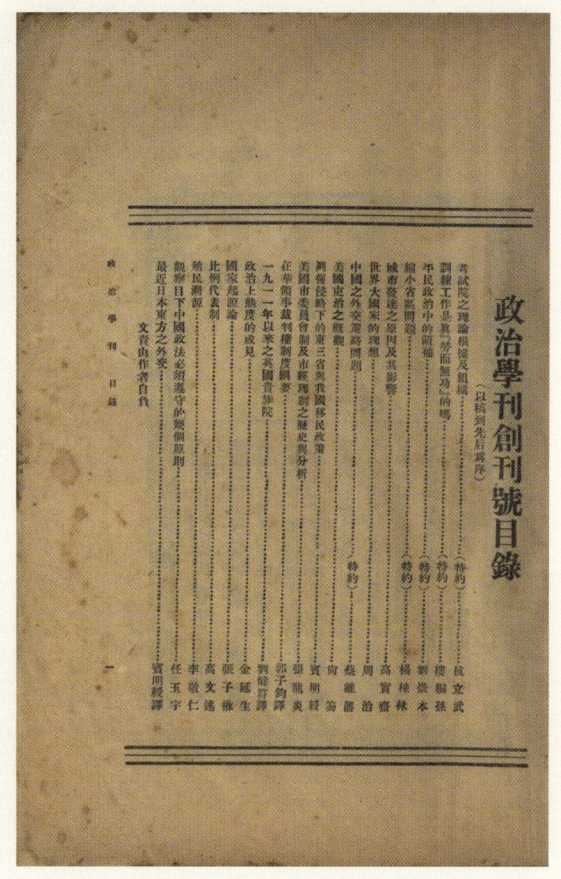
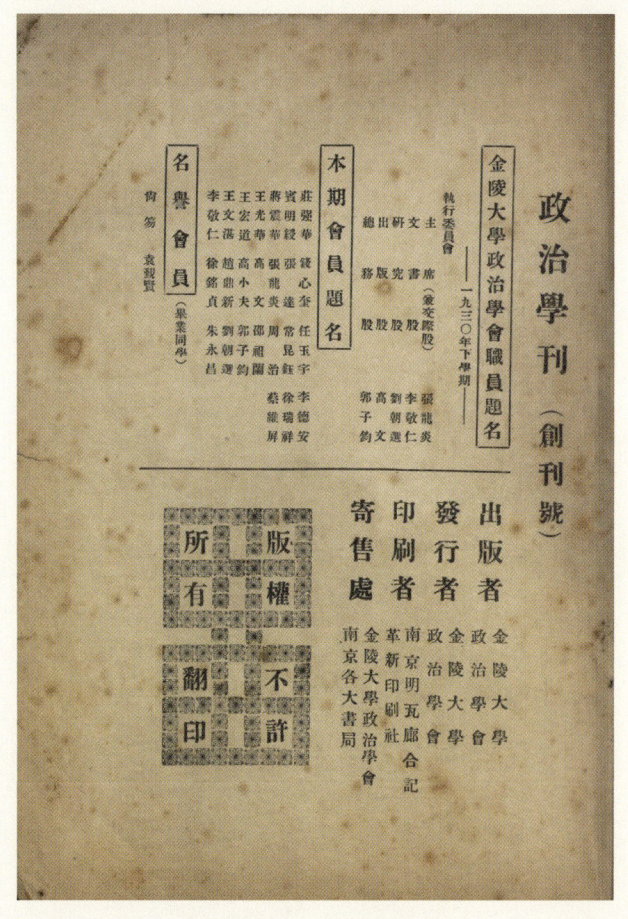

3-111 政治学刊

南京：金陵大学政治学会，1930年创刊。半年刊，26.1cm×18.8cm。

政治学学术刊物。内容有外交策略、政治制度、政法、移民政策研究等。

本馆藏创刊号。

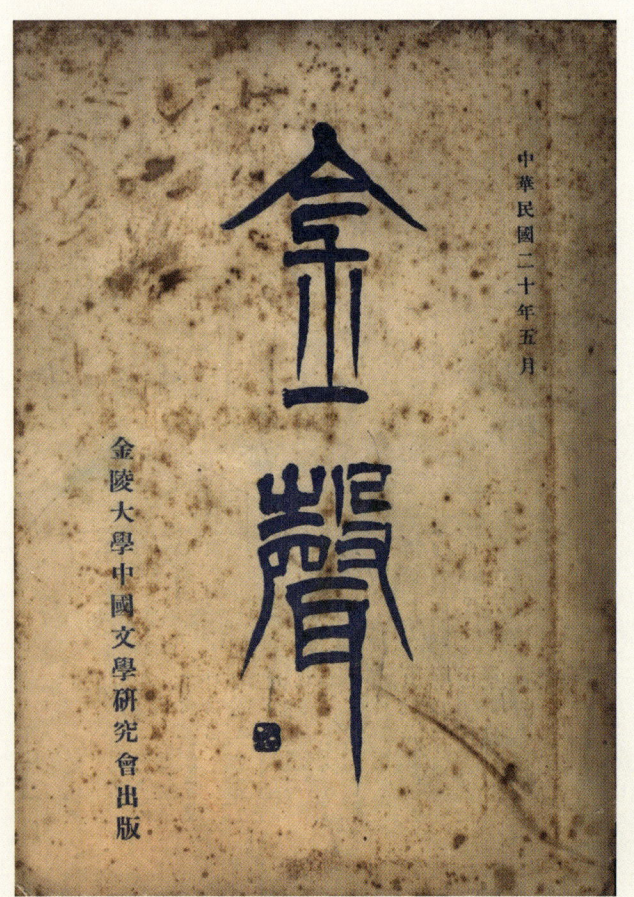
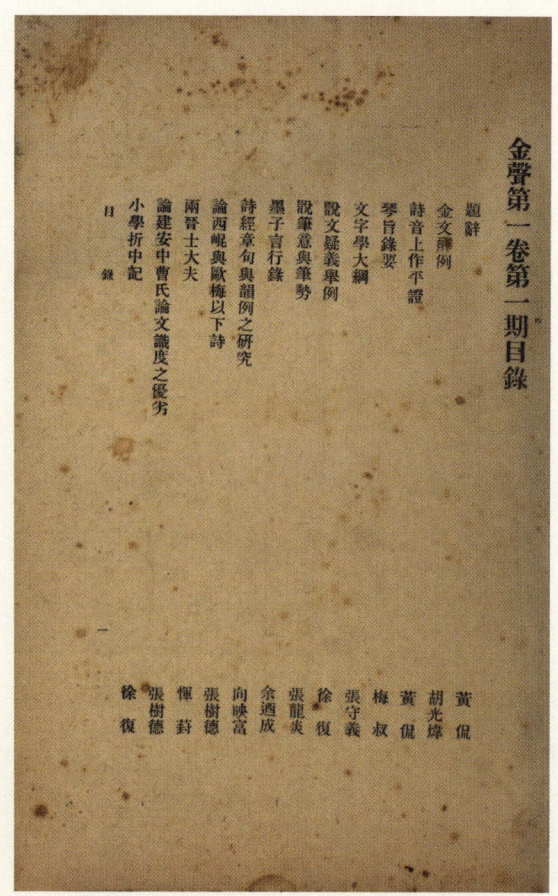

3-112 金声

南京：金陵大学中国文学研究会，1931年5月创刊。25.9cm×18.3cm。
国学研究刊物。主要刊载诗文音律、文字学等方面的研究论文。
本馆藏创刊号。

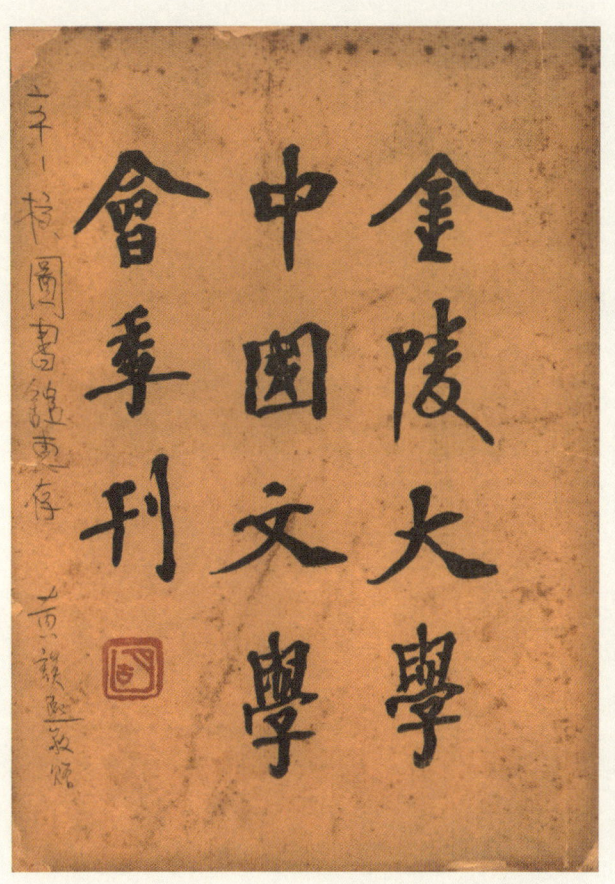
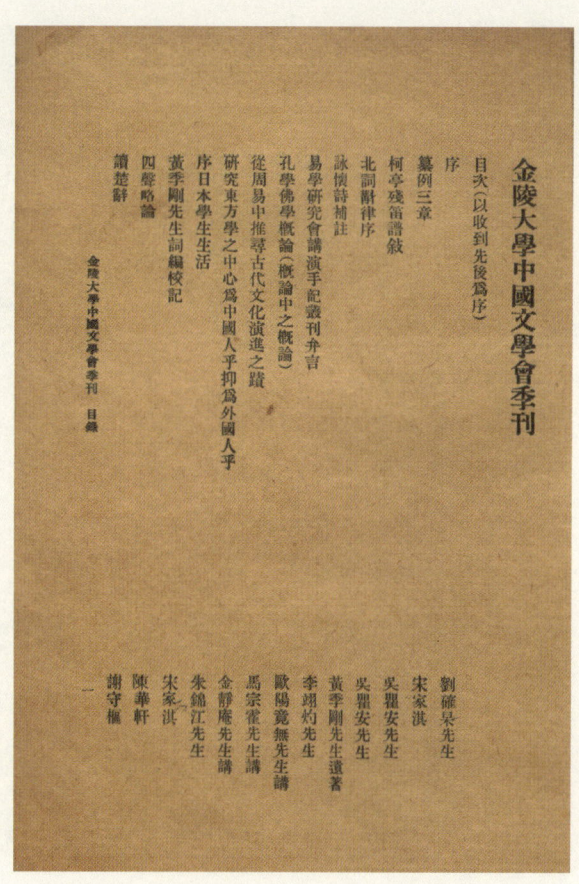
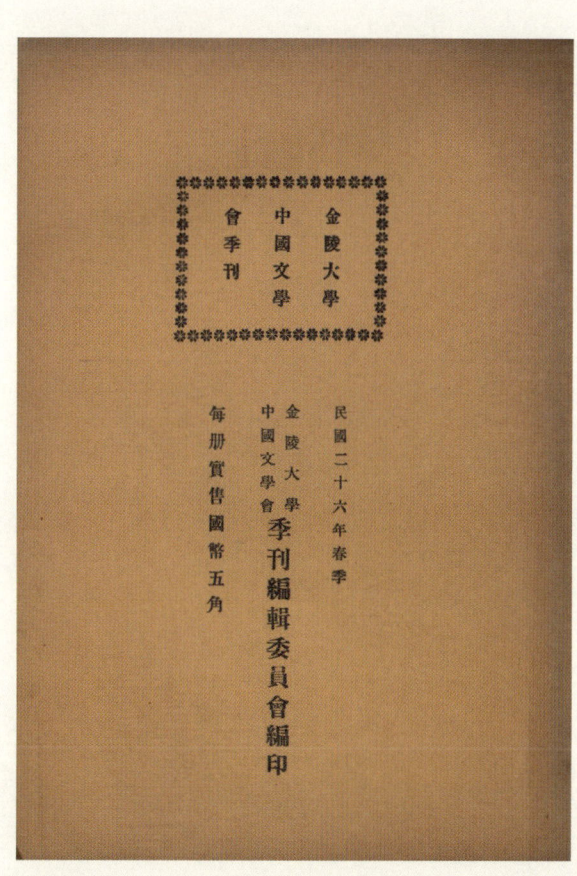

3-113 金陵大学中国文学会季刊

南京：金陵大学中国文学会季刊编辑委员会，1937年创刊。25.7cm×18.2cm。

文学类刊物。收录金陵大学文学院师生诗词文论。本馆藏创刊号。

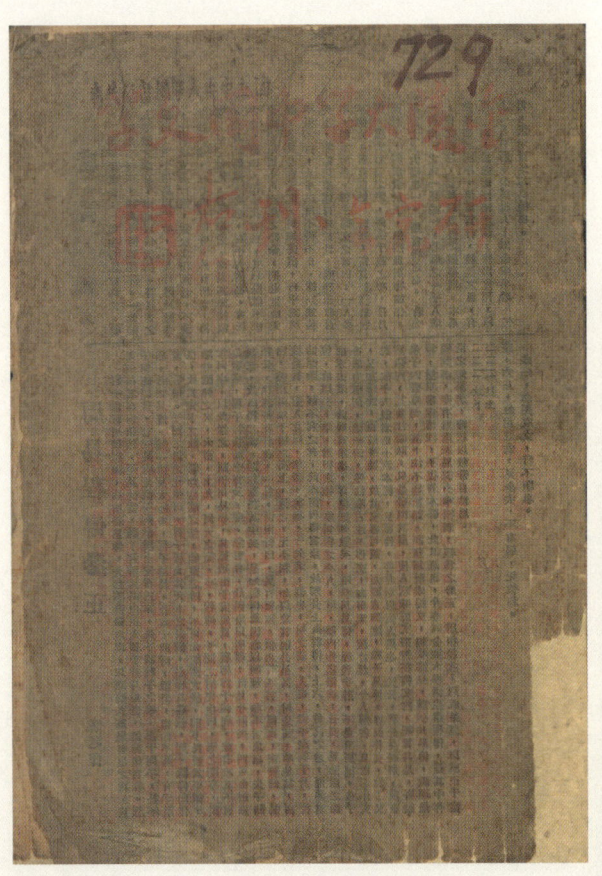
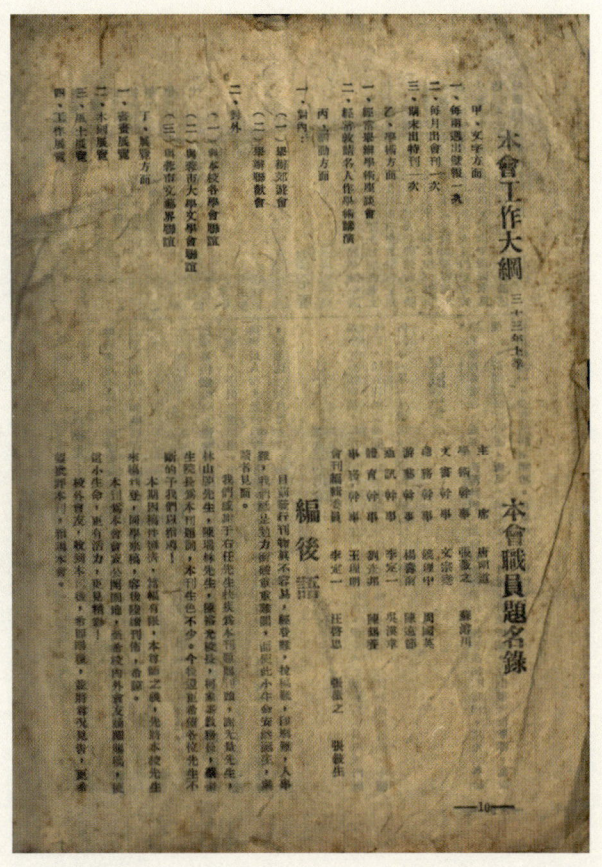

3-114 金陵大学中国文学研究会会刊

成都：金陵大学中国文学研究会，1944年4月1日创刊。24.8cm×17.7cm。

文学研究刊物。见存仅1期。内容有周易程传参正、与人论治周礼书、书胡翔冬教授等。

本馆藏创刊号。

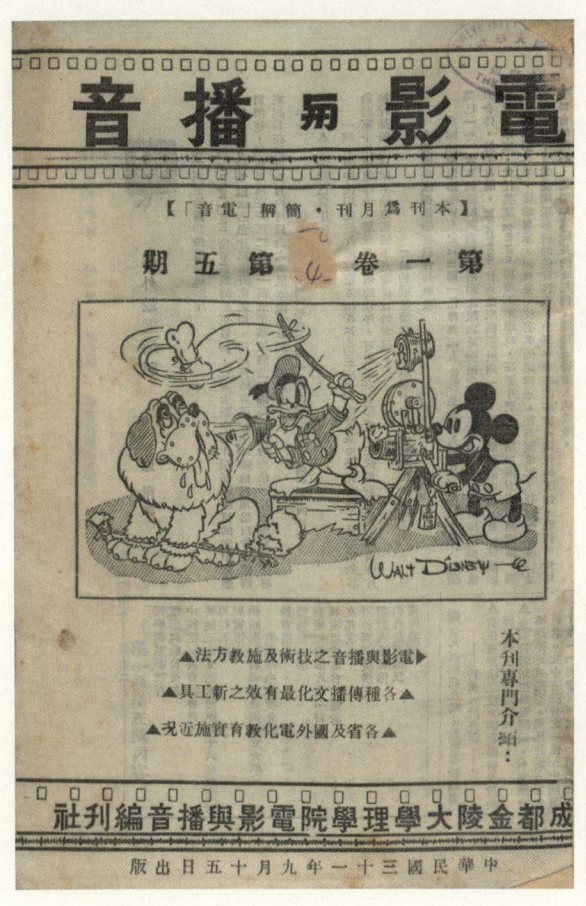
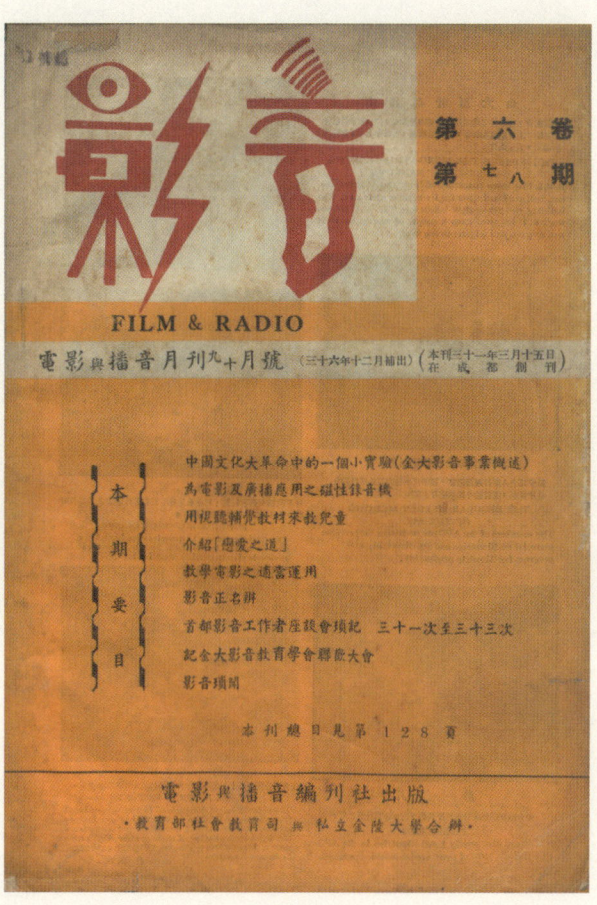

3-115　电影与播音

成都：金陵大学理学院电影与播音编刊社，1942年3月15日创刊。月刊。

电化教育刊物。该刊介绍"电影与播音技术及施教方法，各种传播文化最有效之新工具，各省及国外电化教育实施情况"，是我国电影事业发展过程中最早的高校学术刊物。

1943年起每年出刊10期，1月与7月休刊，在成都出版至第5卷第5期（1946年6月号）。自第5卷第6、7期合刊（1946年8、9月号）起出版地为南京，并改为与教育部社教司合办，自第6卷第1、2期合刊（1947年2、3月号）更名《影音》，1948年9月出至第7卷第5期后停刊。

本馆藏第1卷5—8期，第2—4卷1—10期，第5卷1—2期、4—5期合刊、6—10期，第6卷1—8期，第7卷2、3、5期。（1942—1948）

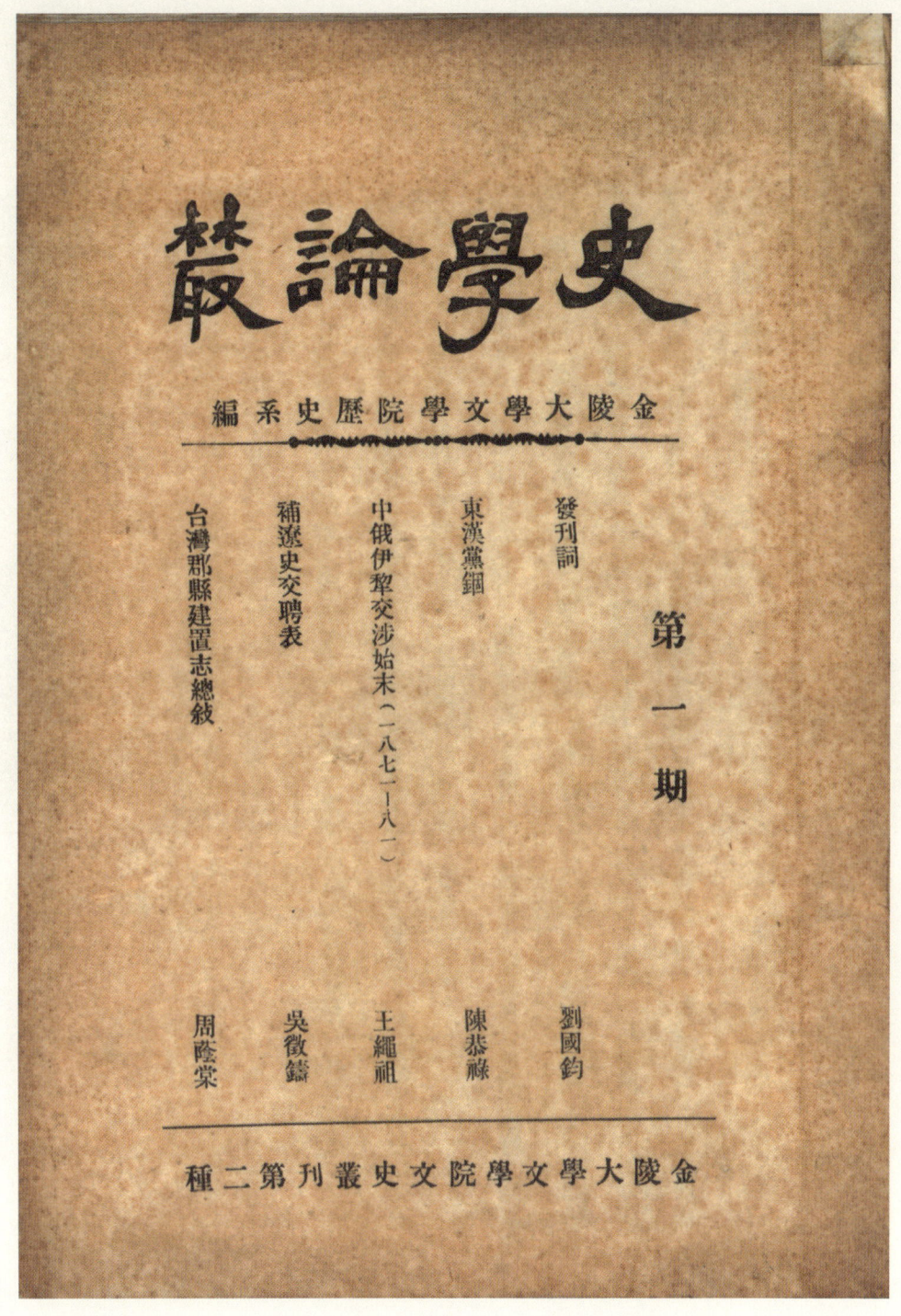

3-116　史学论丛　　[金陵大学文学院文史丛刊·第二种]

金陵大学文学院历史系，1941年创刊。正文110页，24.6cm×17.1cm。仅出1期。
学术性刊物。刊载金陵大学文学院历史系师生撰写的史学论文。

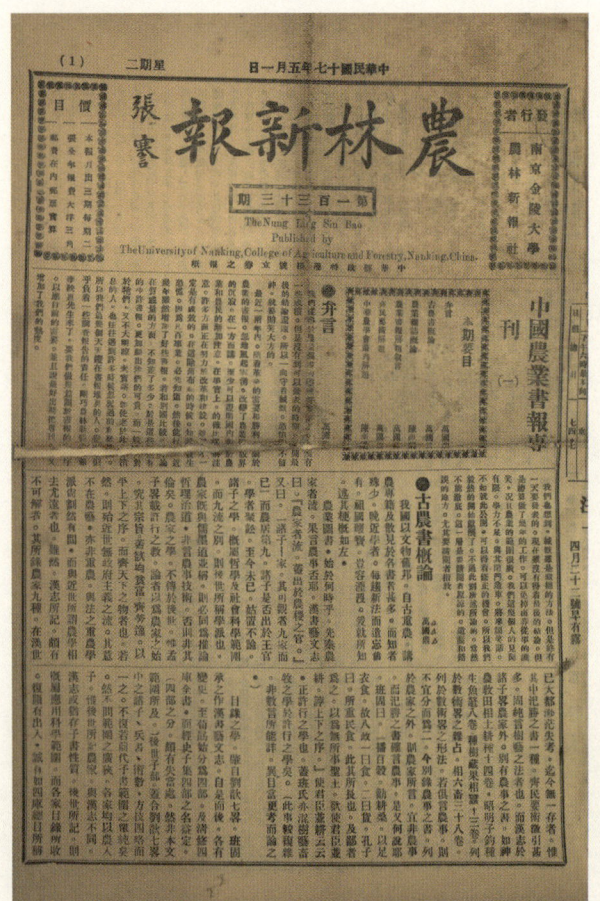 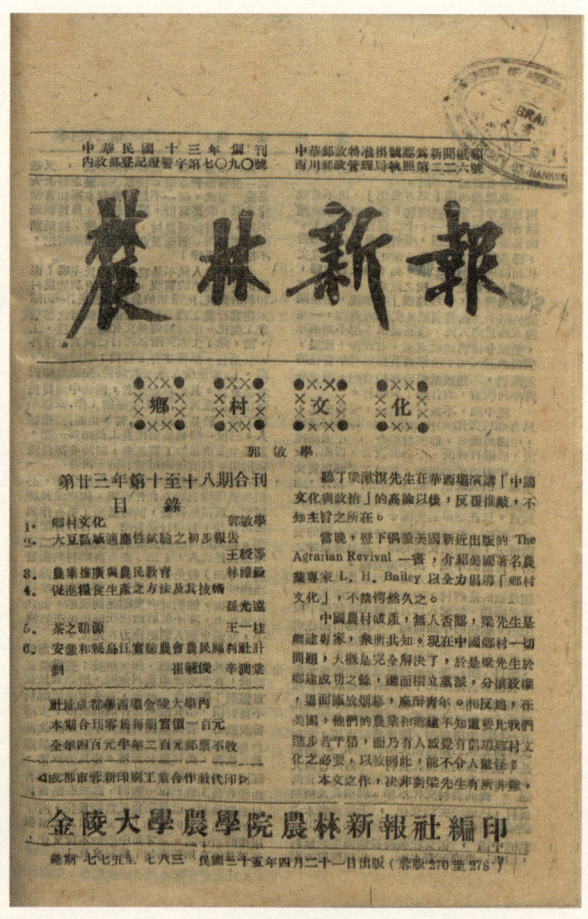

3-117 农林新报

南京:金陵大学农林新报社,1924年1月1日创刊。半月刊,24cm×18cm。

办刊宗旨为"宣传农林知识,介绍科学方法,倡导农村改进,传播农林消息"。主要栏目有农林消息、分类索引、院闻、新农村、浅说、问题研究、耕余、农林问答等。

民国时期发行时间最长、期数最多的农林刊物。自49期改为旬刊,后迁成都出版,1946年4月(783期)终刊。

本馆馆藏第133—135、215—217、221—225期(1928—1930),第301—783期(1933—1946)。

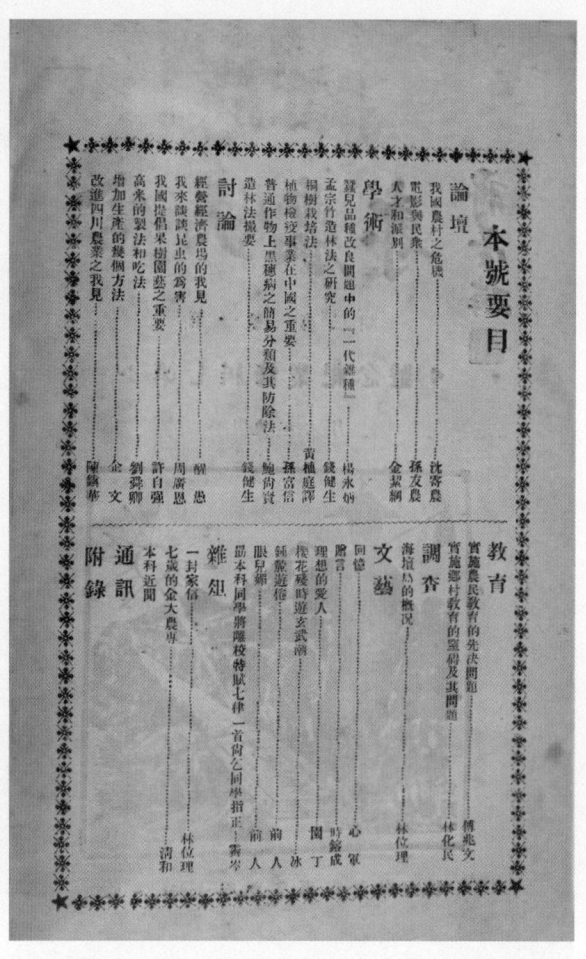
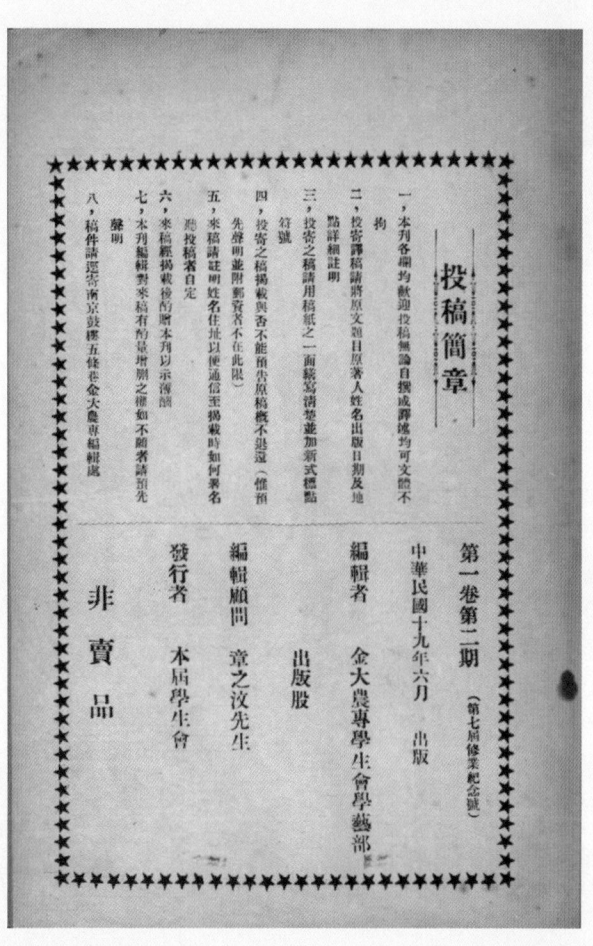

3-118 金大农专

金大农专学生会学艺部出版股编,南京:金陵大学农业专修科。24.5cm×18cm。

农业类教育期刊。栏目有论说、学术、农艺、园艺、调查、教育、计划等。内容涉及选种、棉花栽培、蚕业、果树园艺、茶树、竹类造林、病虫害防治等。

1935—1936年改为《金大农专月刊》,1936—1937年改为《金大农专季刊》。1936年10月改由金陵大学农学院学生自治会出版委员会编辑出版。

本馆藏1930年第1卷2期,1934—1936年第2—4卷各1—2期,1936年秋季号,1937年冬季号。

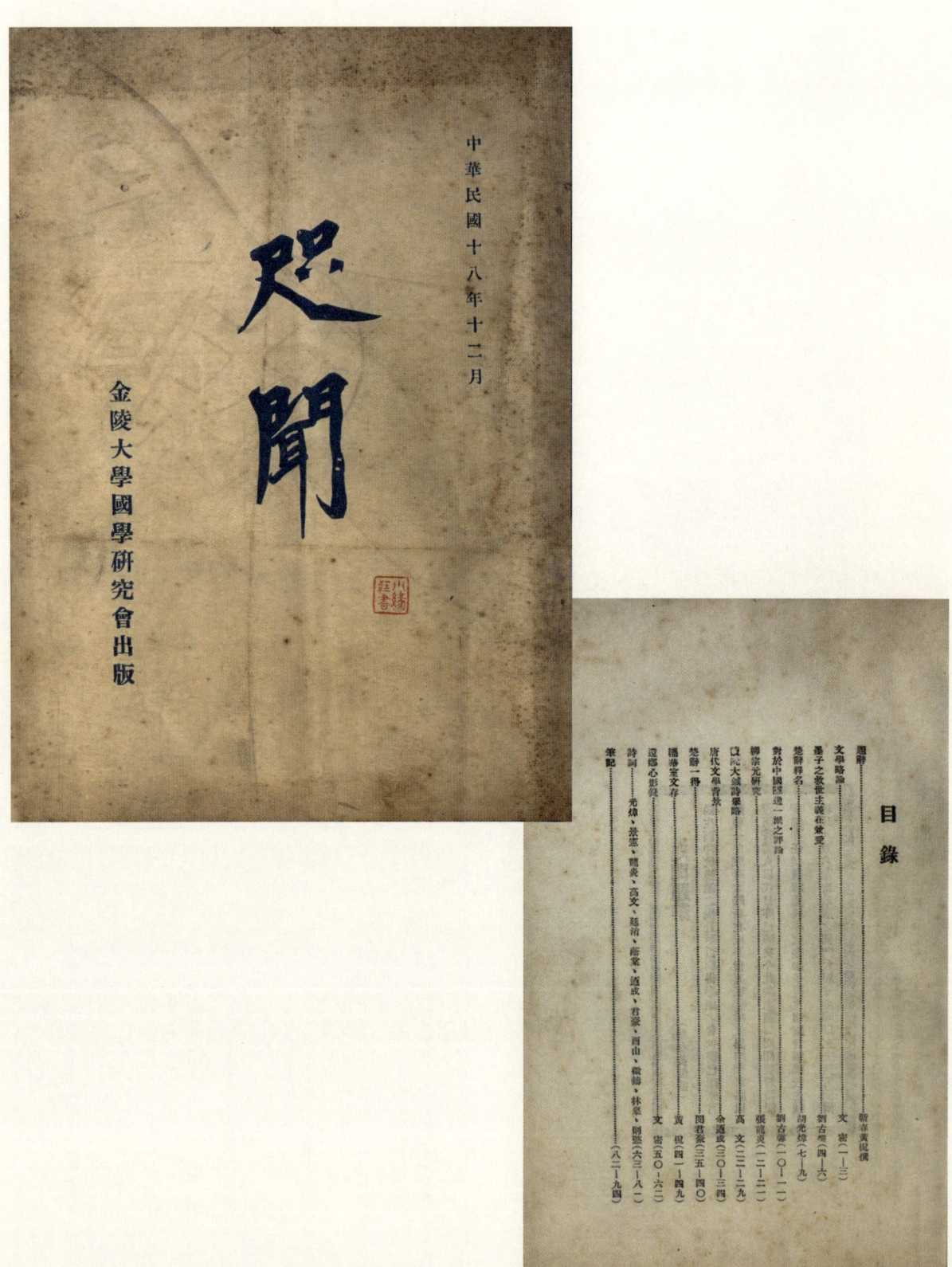

3-119 咫闻

南京：金陵大学国学研究会，1929年12月。正文94页，26cm×19cm。
金陵大学文学院出版物。刊登金陵大学国学研究会会员有关国学研究的文章和旧体诗作。

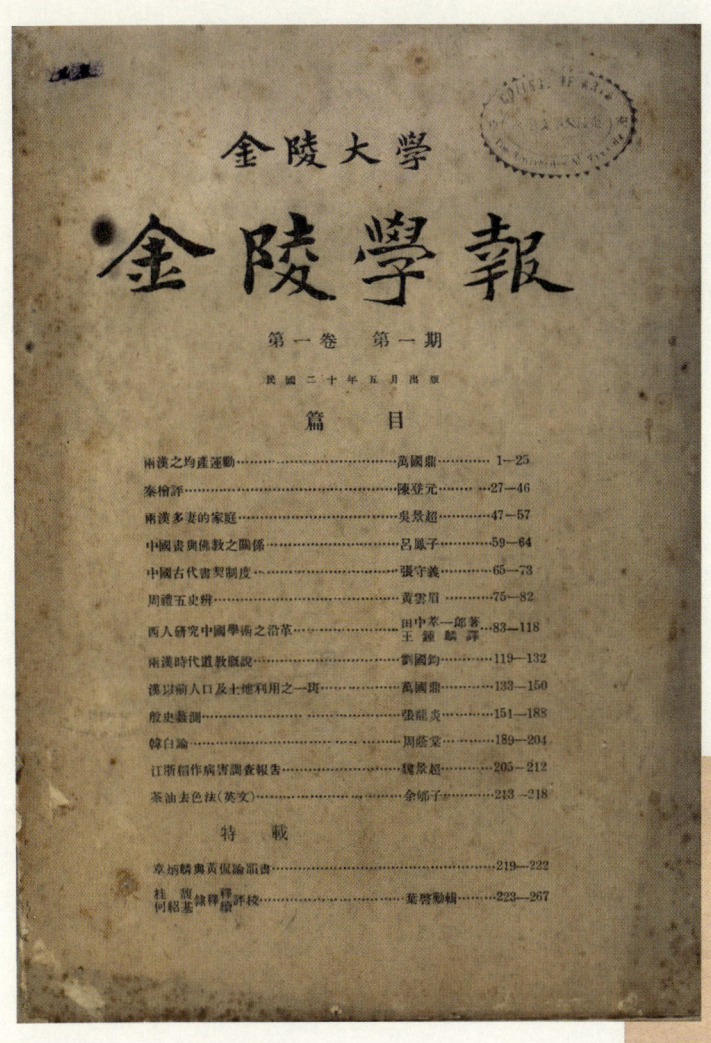

3-120　金陵学报

　　私立金陵大学金陵学报编辑委员会编,南京:私立金陵大学出版委员会,1931年5月创刊。半年刊,27cm×19cm。
　　学术期刊。金陵大学中国文化研究所承办,与《金陵光》为前后相继的金陵大学学报。设有论著、研究、时评、译丛、纪略、评论、调查等栏目。早期以文史哲论文为主,1933年第3卷起改为上半年出"农业科学专号"和"理科专号",下半年则为"文史哲专号"。第1卷至第7卷1期在南京印行,第7卷2期至第10卷在上海印行,第11卷在成都印行。发行至1941年10月第11卷3期。
　　本馆馆藏全。

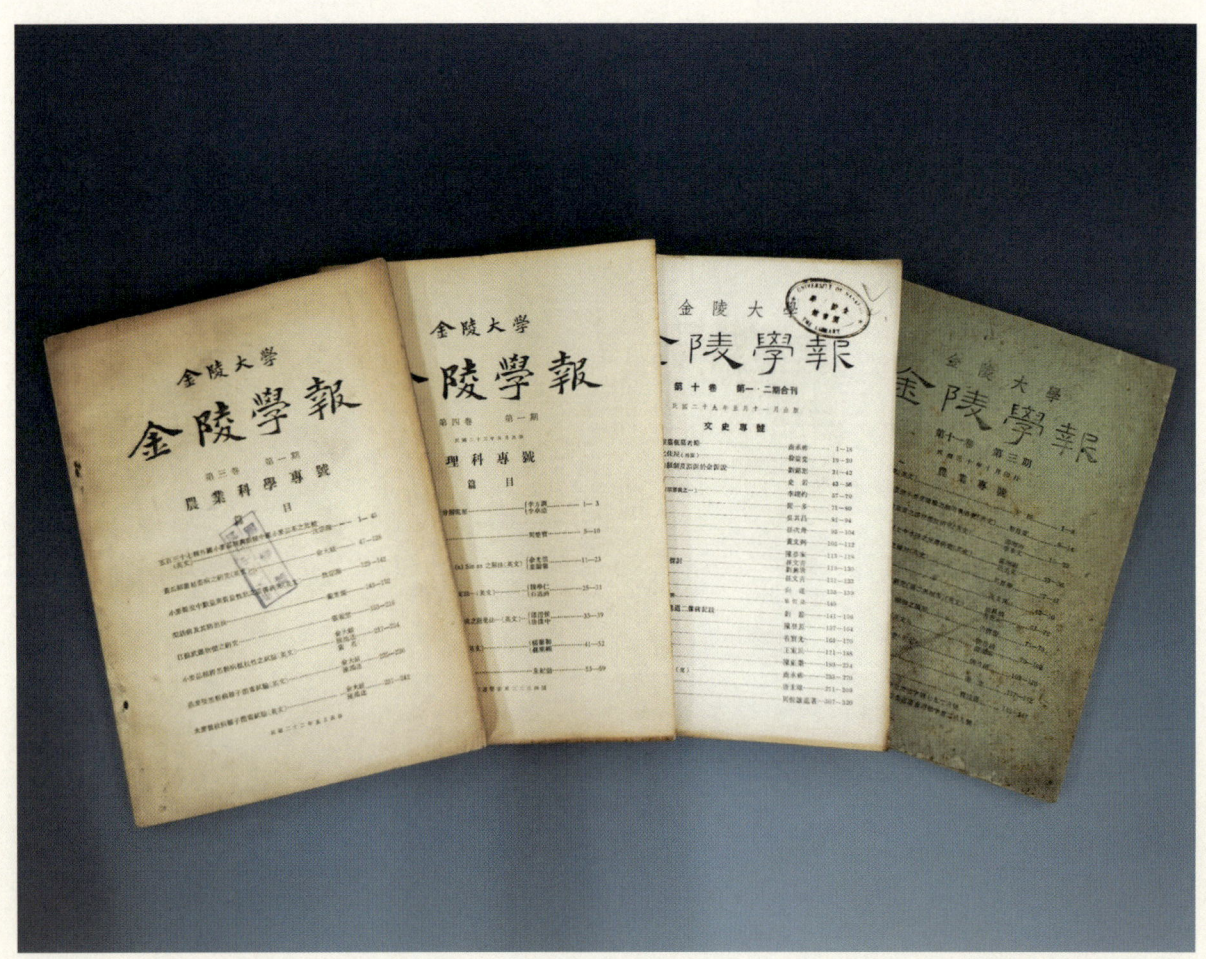

四、稀见期刊

本部分选取稀见期刊 29 种。民众教育类如番禺县立市桥民众教育馆编《市桥民众》、无锡县立新渎桥农民教育馆编《无锡农民》;特殊教育类如杭州启智聋哑青年社编《聋哑青年》、中央大学第一位盲人大学生罗福鑫所办《成都启明月刊》;农业类如四川农业特种股份有限公司资料组编《川农行情汇报》、山西省农会新农周刊编辑处编《新农周刊》;文学文艺类如四川草原社编《草原旬刊》、浙江蜀华学会办《蜀华》;学生自办刊物如中山大学女生励进会编《国立中山大学女生励进会半月刊》、江苏省立苏州高中学生自治会编《学术汇刊》等。

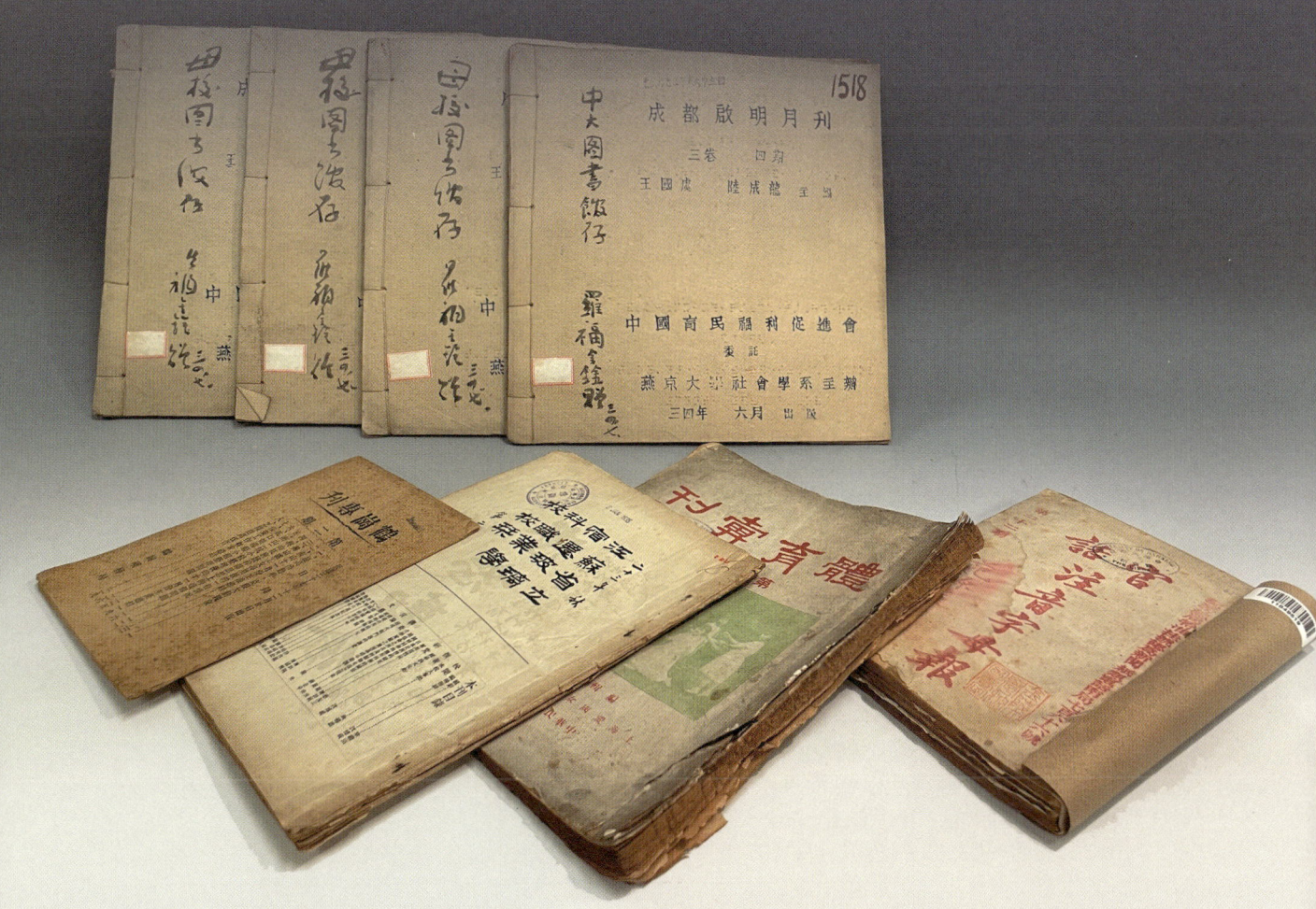

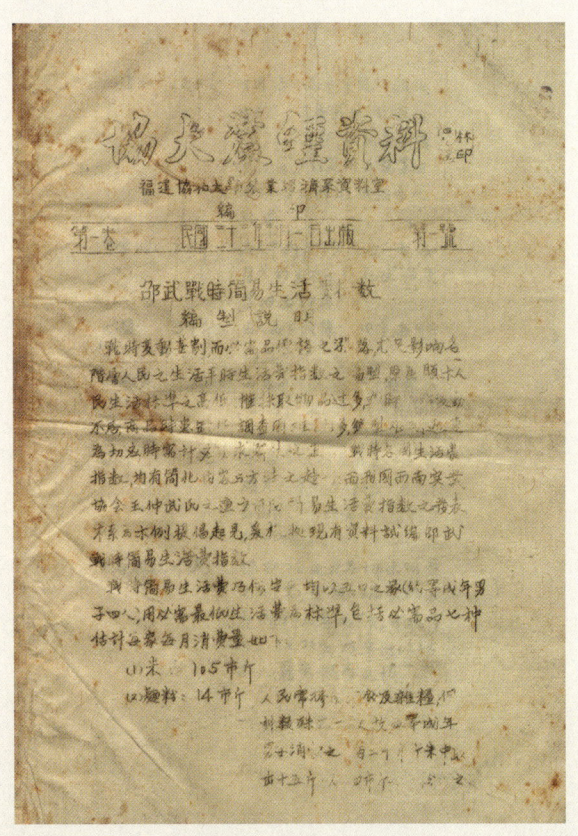 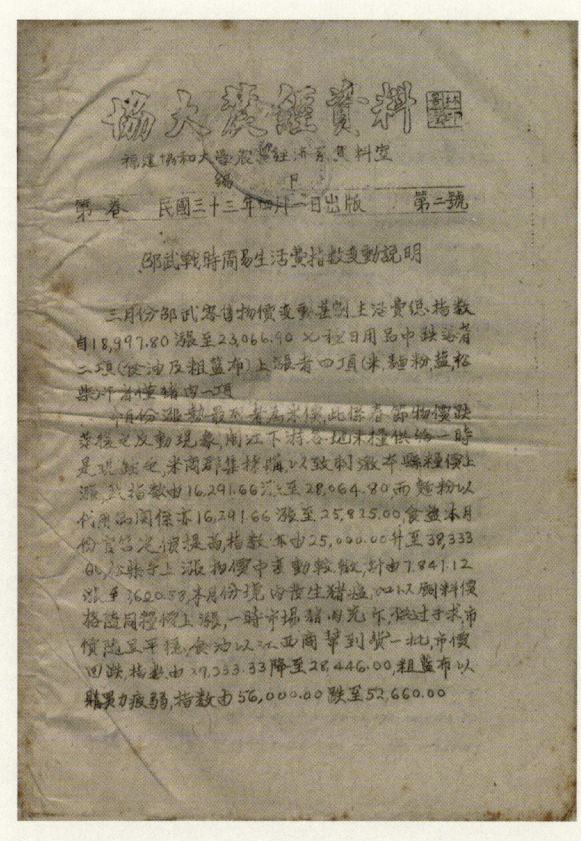

4-1 协大农经资料

福建协和大学农业经济系资料室编印,1944年3月1日创刊。26.5cm×20cm。

地方经济资料。创刊号内容为邵武战时简易生活费指数表及编制说明。第1卷第2号为邵武战时简易生活费指数变动说明、邵武每家每月最低生活费表、民国三十三年一至三月邵武零售物价表等。

本馆藏第1卷第1、2号。(1944年3—4月)

4-2 晋江合作

福建晋江县合作事业指导委员会编印。周刊，27cm×20cm。
主要内容有合作社组织、经营、资金来源，合作农场建设，战时经济与合作社等。
本馆藏第91—94、99—135期。（1936年8月—1937年6月）

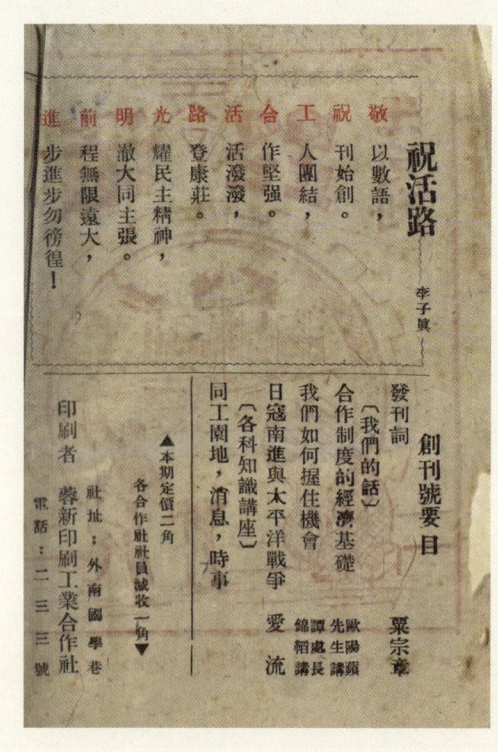

4-3 工合活路

成都：中国工合协会成都事务所，1941年3月15日创刊。半月刊，17cm×12cm。

工合运动宣传刊物。该刊阐明"活路就是生活的路"，"四川话'活路'就是工作"，创刊宗旨为报告生活的苦乐或经验，增进合作认识并工作技术，联络各社工作并报告消息。

本馆藏第1—3期、4—5期合刊、6—7期合刊、8—9期合刊。（1941年3—10月）

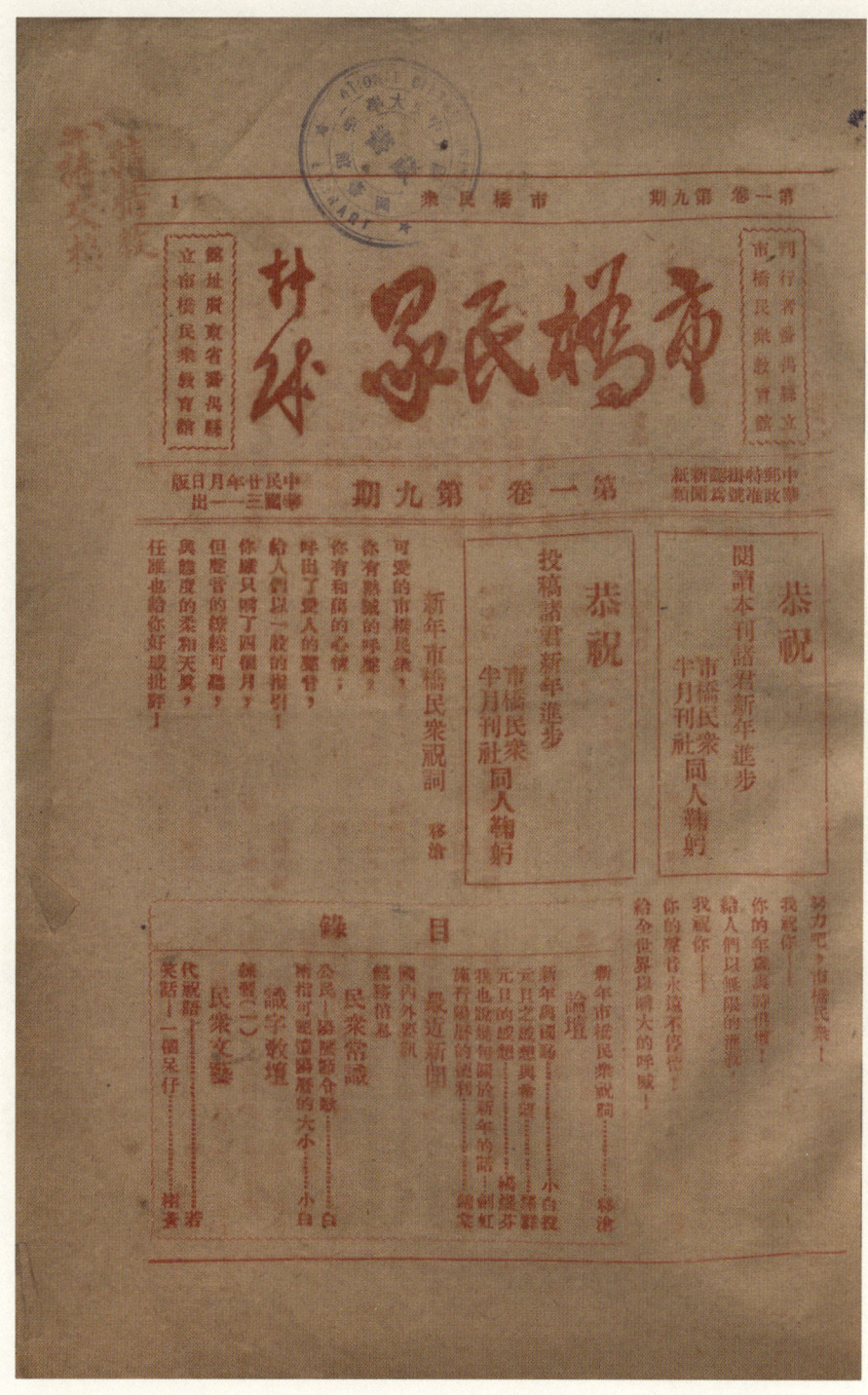

4-4 市桥民众

广州：番禺县立市桥民众教育馆，1933年9月创刊。半月刊，每期8页，25.6cm×18.5cm（第1卷第6期），25.6cm×19.5cm（第1卷第7—14期）。

本刊报道最新国内外新闻，介绍农事常识，刊载有关民众生活、民众文化、民众文艺等方面的文章。设有论坛、最近新闻、民众常识、识字教坛、民众文艺等栏目。

本馆藏第1卷6—14期。（1933—1934）

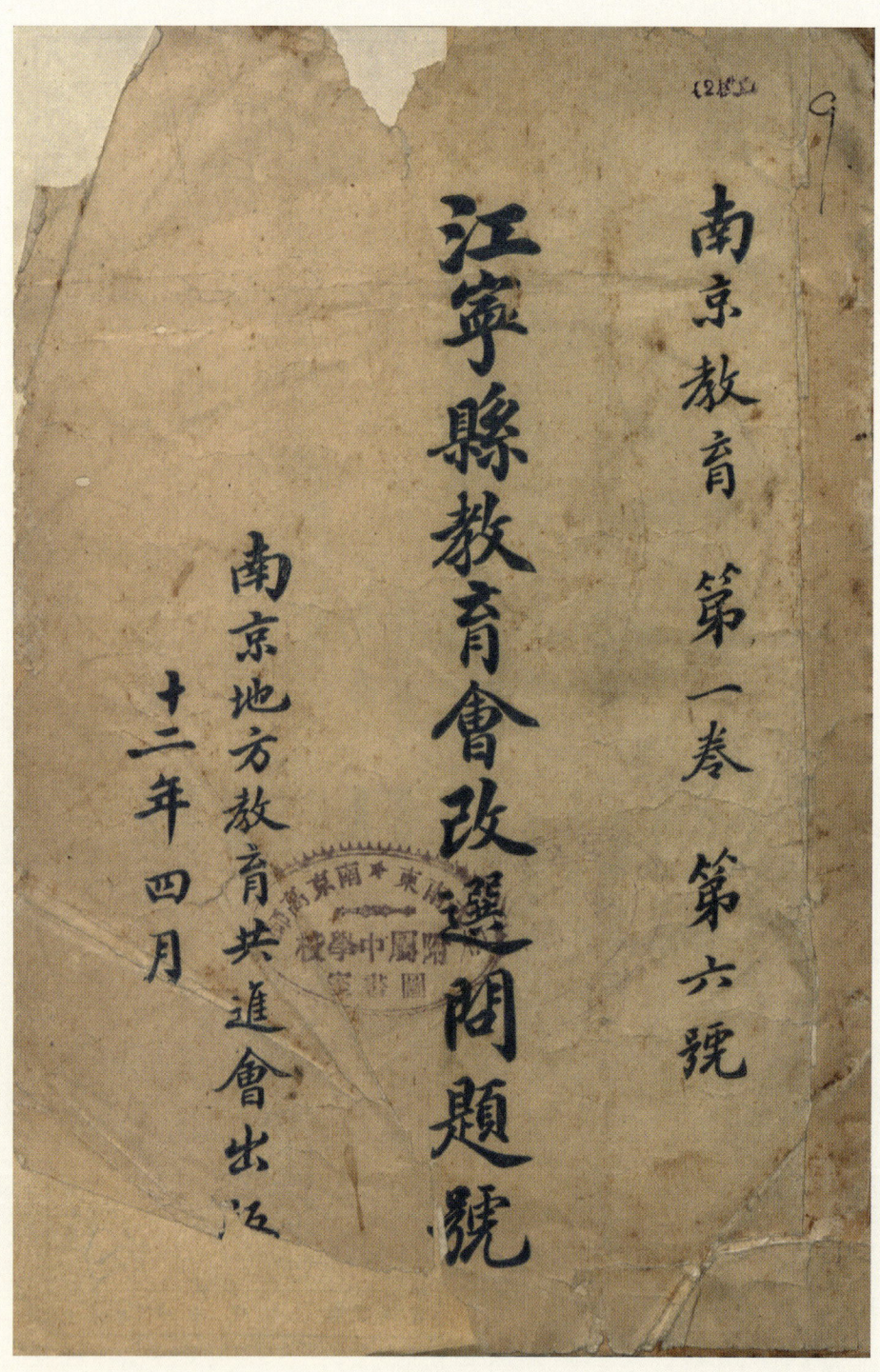

4-5 南京教育

南京：南京地方教育共进会。22.8cm×15.9cm。
设有舆论、写真、通讯等栏目。
本馆藏第1卷第6号：江宁县教育会改选问题号。（1923年4月）

4-6 垂虹半月刊

垂虹半月刊编辑社,苏州:苏州中学乡村师范部垂虹村,1923年创刊。半月刊,26.3cm×18.7cm。

该刊主要刊载教育类文章。

本馆藏一周纪念特刊号。(1928年12月)

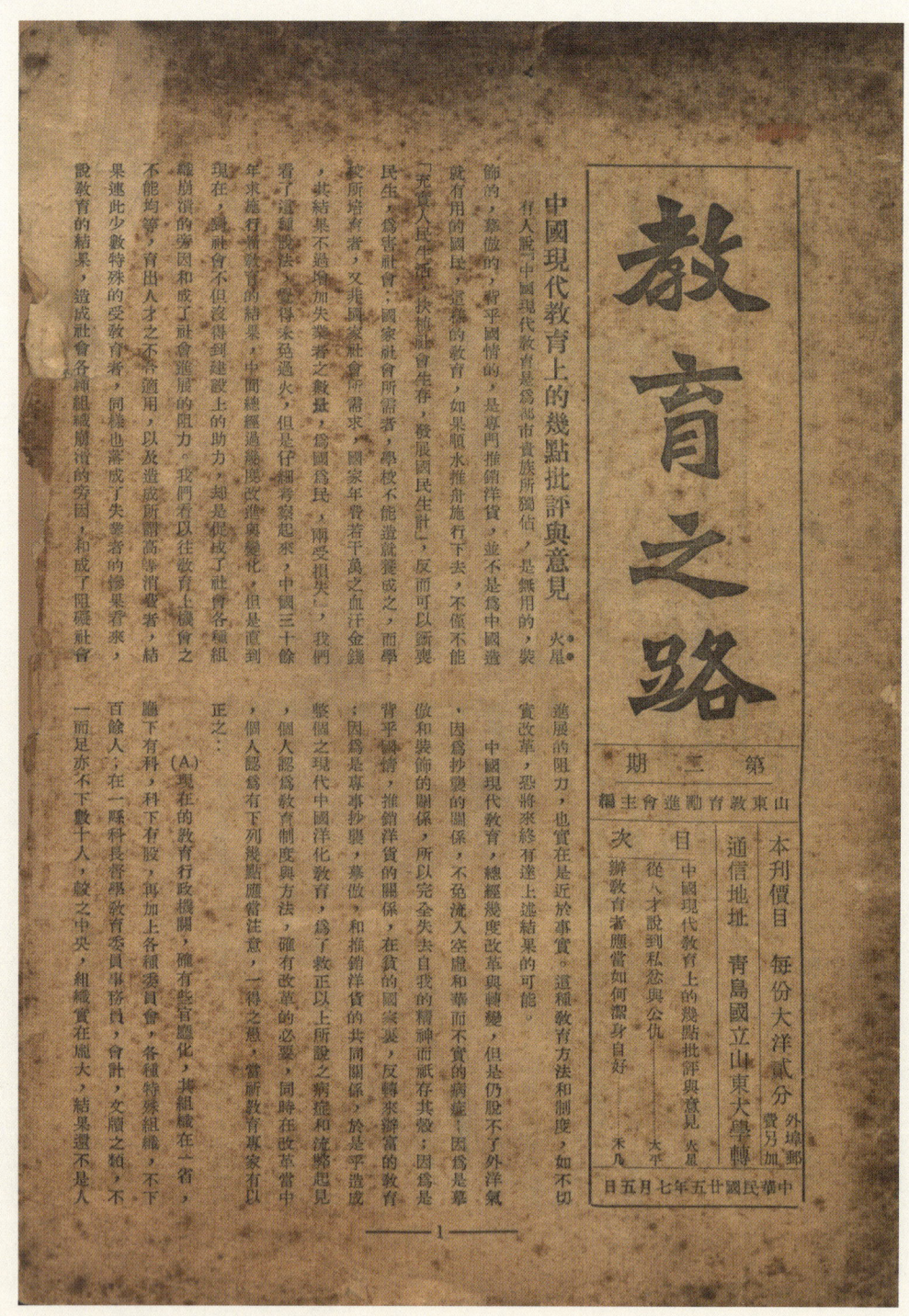

4-7　教育之路

山东教育励进会，1936年创刊。26.7cm×19.2cm。
主要内容有教育教学理论探讨、学生与教师队伍建设等。
本馆藏第2期。(1936年7月)

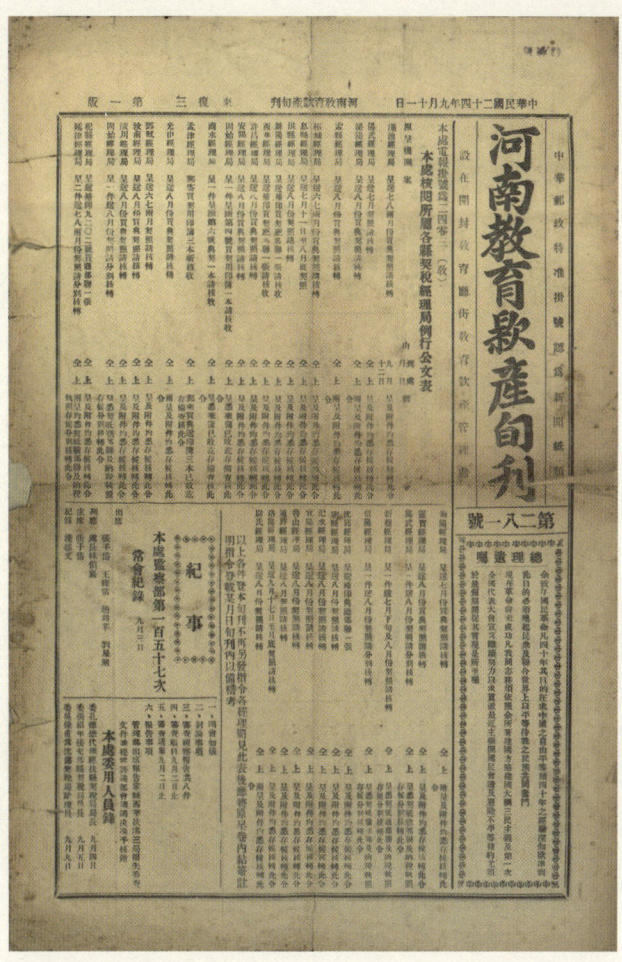

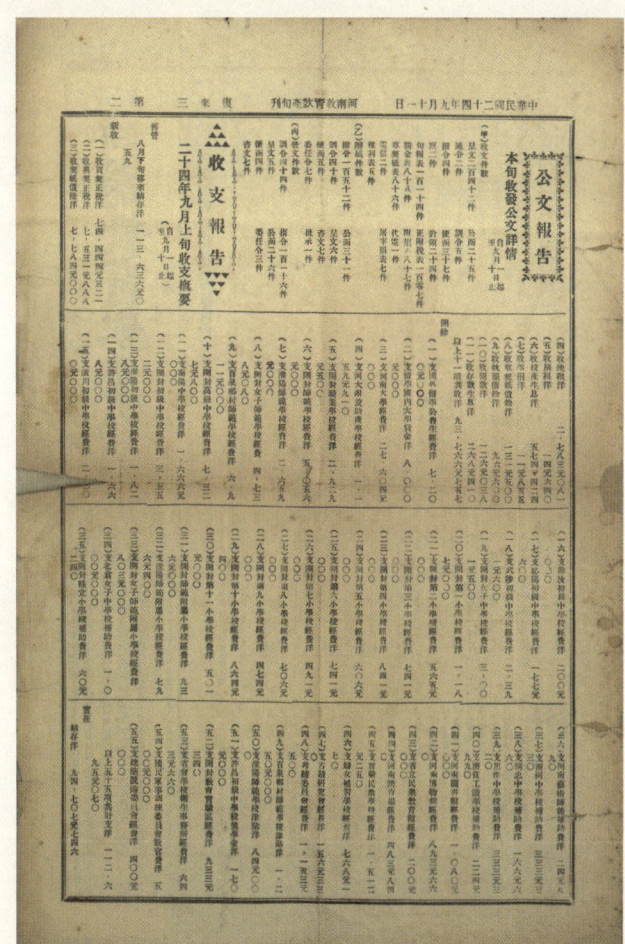

4-8 河南教育款产旬刊

开封：河南教育款产管理处，1928年创刊。旬刊，40cm×27cm。

教育经费问题专刊。

本馆藏第281号。(1935年9月11日)

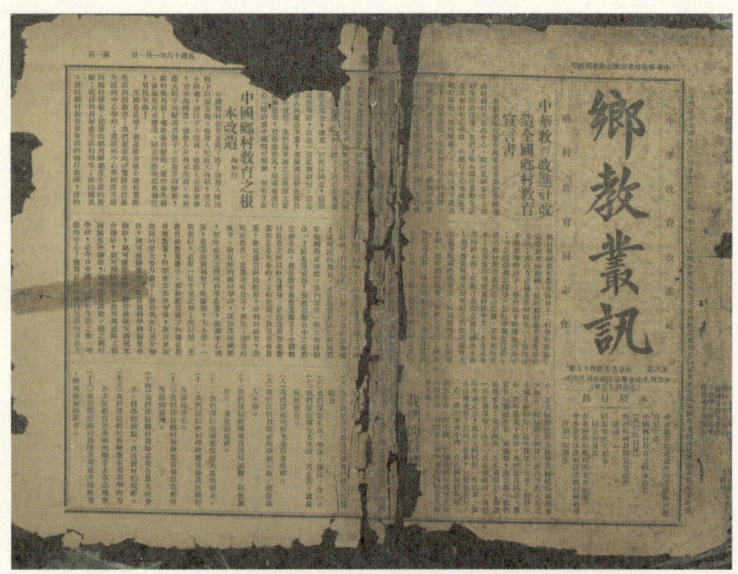

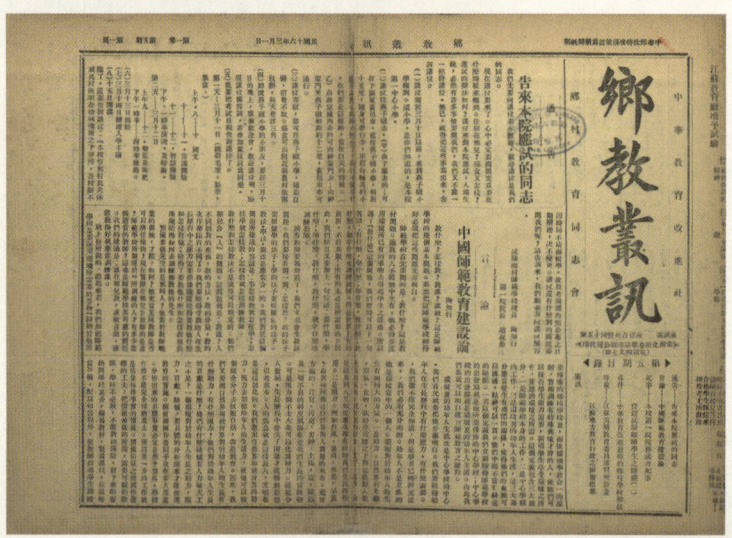

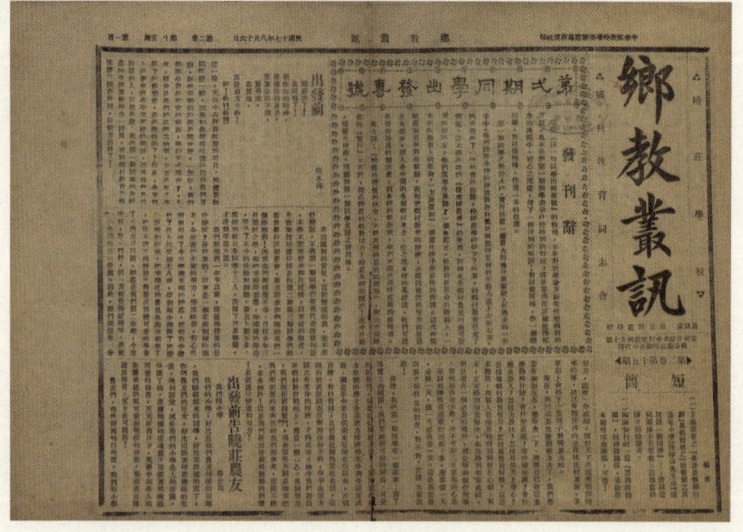

4-9 乡教丛讯

南京：中华教育改进社乡村教育同志会，1927年1月1日创刊。半月刊，27cm×39.5cm。后改由中华教育改进社总干事陶行知创办的实验乡村师范学校（第2卷第15期改为晓庄学校）和乡村教育同志会出版发行。

该刊以宣传乡村教育为主要内容，设有言论、记事、专件、特载、通讯等栏目。

本馆藏第1卷1—5、14—17、21期，第2卷7—8、10、12、14—16、18—24期，第3卷2—3、5—19期。（1927—1929）

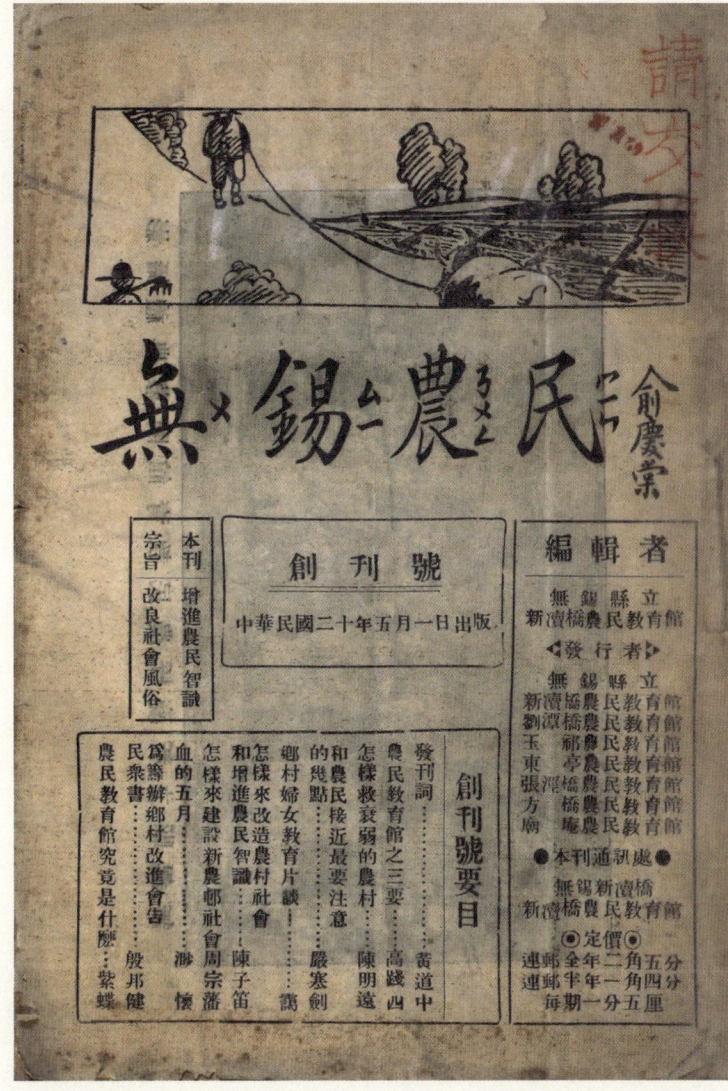

4-10 无锡农民

无锡县立新渎桥农民教育馆编,1931年5月1日创刊。月刊,19.5cm×13cm。

农民教育类刊物。办刊宗旨为"增进农民智识,改良社会风俗",设有谈话、常识、插画、文艺、新闻、通信等栏目。

本馆藏第1卷1、2期。(1931年5—6月)

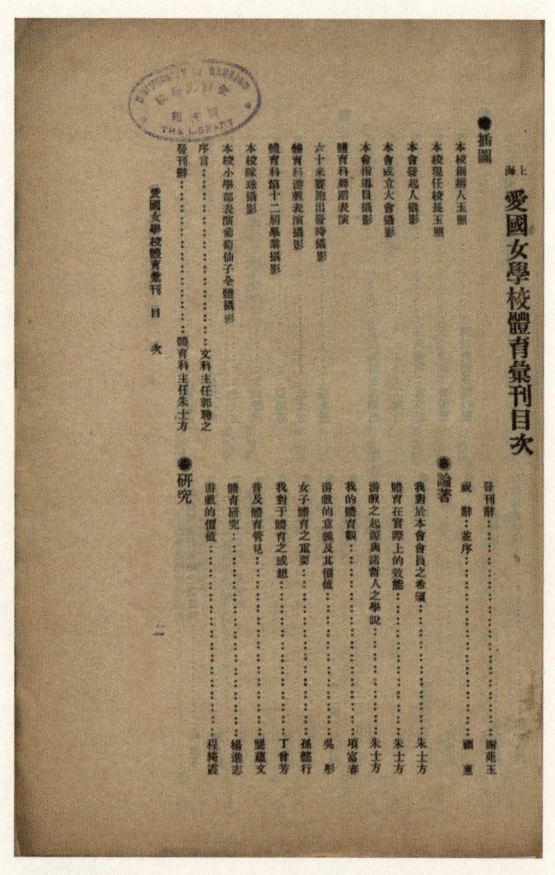

4-11 体育汇刊

上海：上海爱国女学校体育研究会，1925年6月创刊，仅出版1期。25.8cm×19cm。
体育类刊物。主要内容有体育研究论著、学校体育状况调查、名人演讲、生理卫生、文学作品等。
本馆藏创刊号。

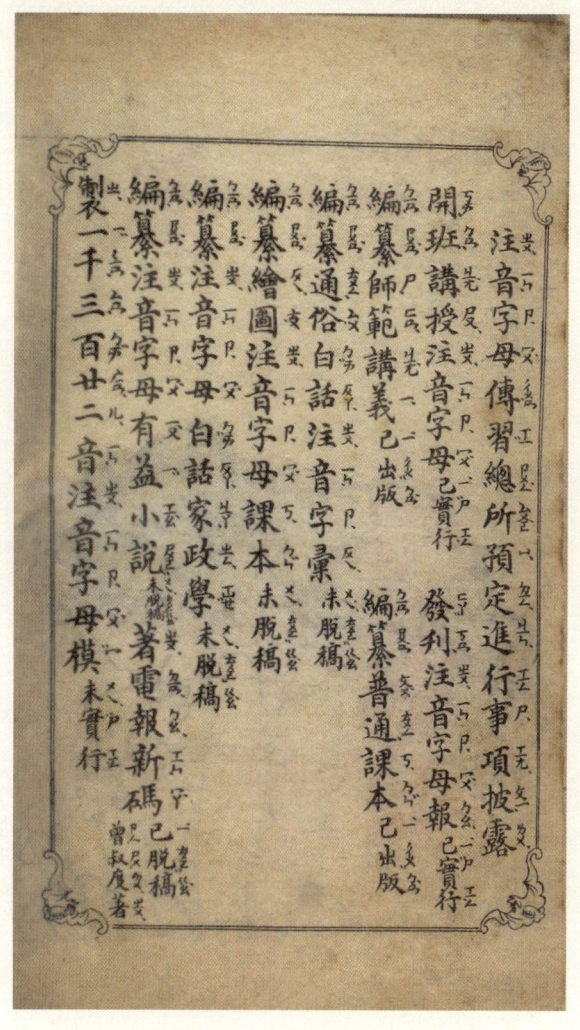

4-12 官话注音字母报

北京:注音书报社,1916年创刊。半月刊,20cm×13.5cm。

注音字母推广刊物。用加注音字母的形式,发表普及知识的各类文章。主要栏目有注音字母、论说、中外故事、家庭谈话、实业浅说、小说等。

1921年刊名变更为《国语注音字母报》。

本馆藏第22—25、27期。(1917)

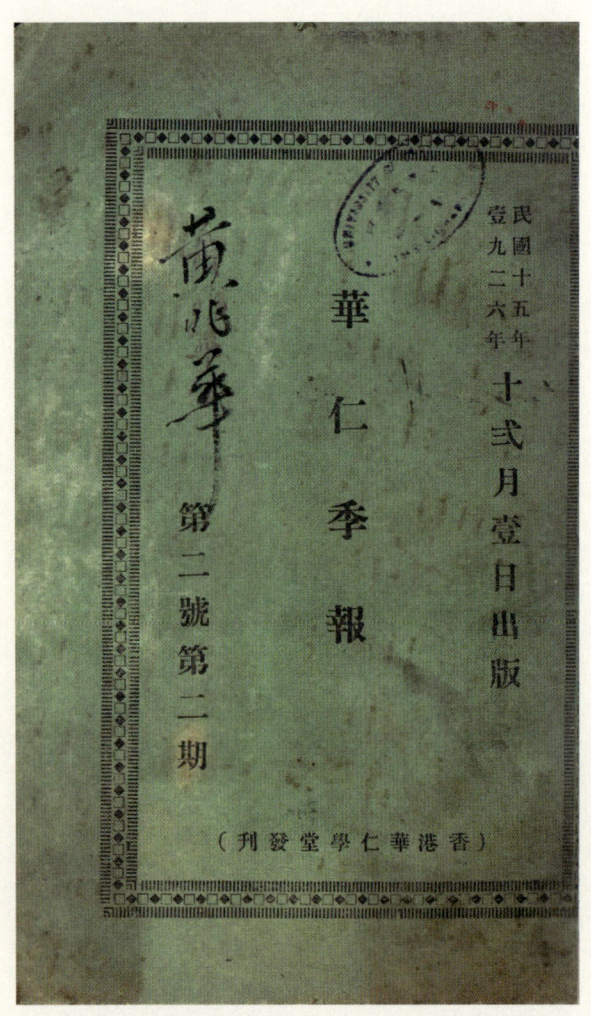
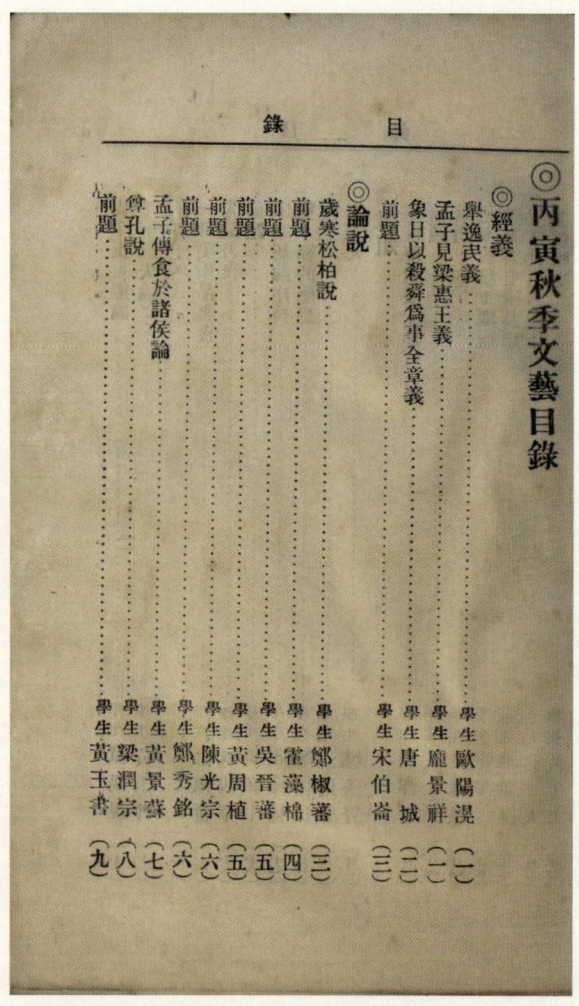

4-13 华仁季报 The Diamond

香港华仁学堂,中英文双语。季刊,23cm×15.5cm。
中文部分主要栏目有经义、论说、白话文、杂俎、诗词等,英文部分有现代中国新文学运动、校园生活及社团活动等。
本馆藏第2号第2期。(1926年12月)

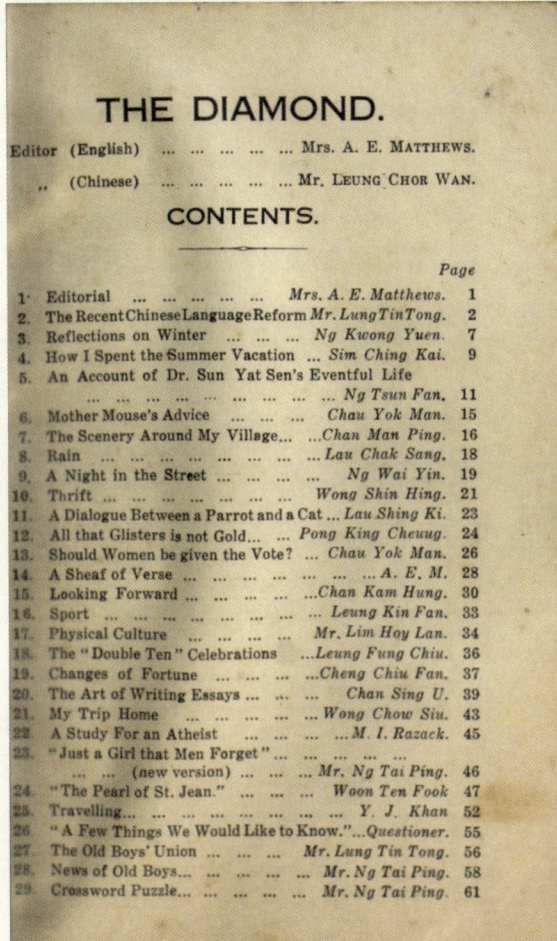
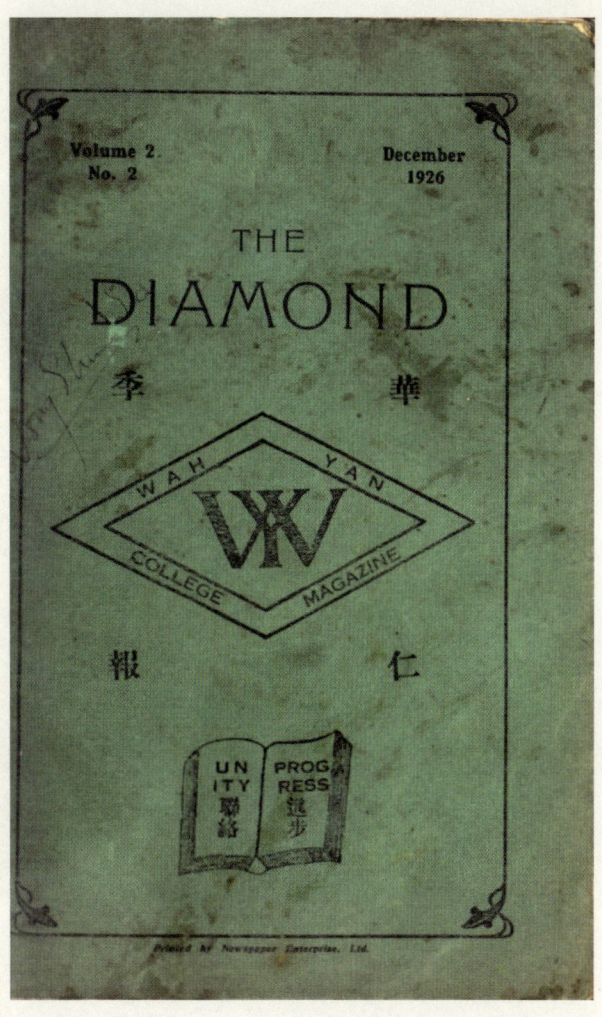

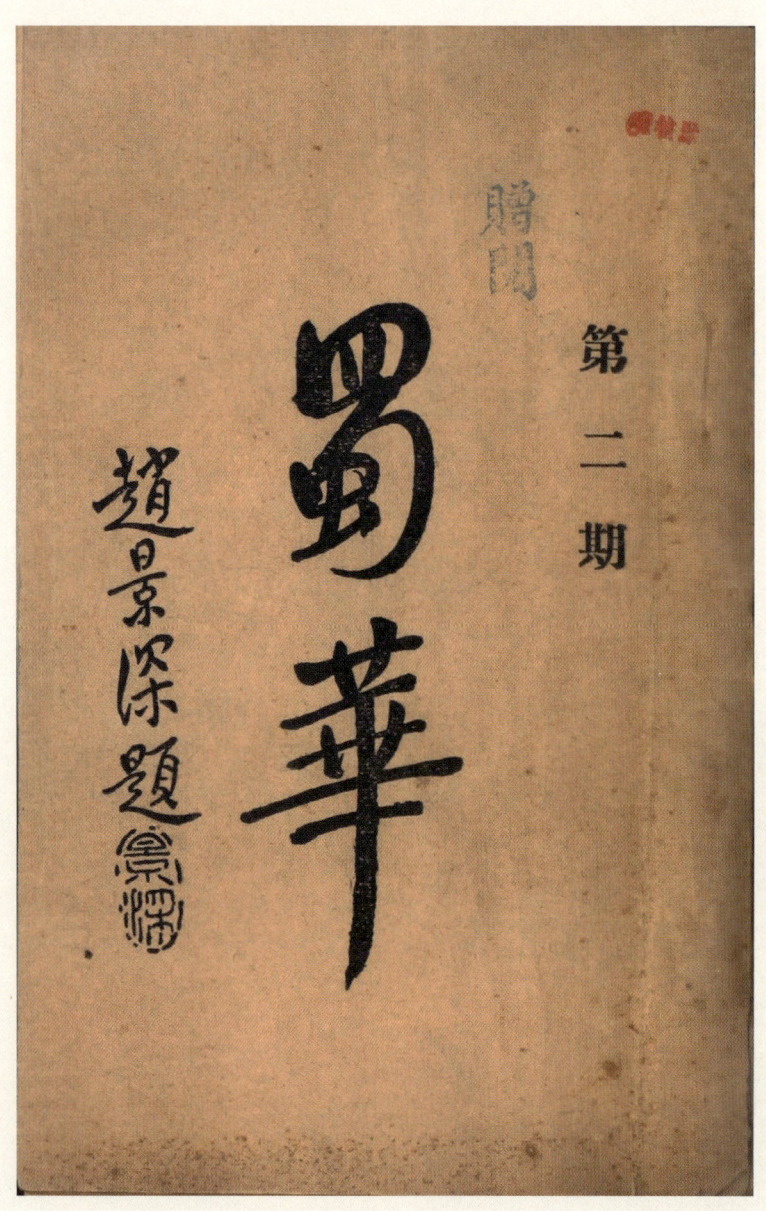
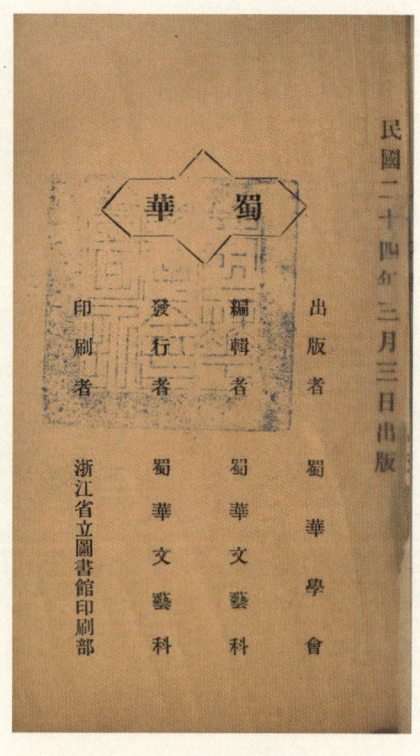

4-14 蜀华

蜀华文艺科编,浙江:蜀华学会,1934年1月创刊。不定期刊,17.7cm×11.5cm。
文学类刊物。设有文苑、杂俎、诗坛等专栏。
本馆藏第2期。(1935年3月)

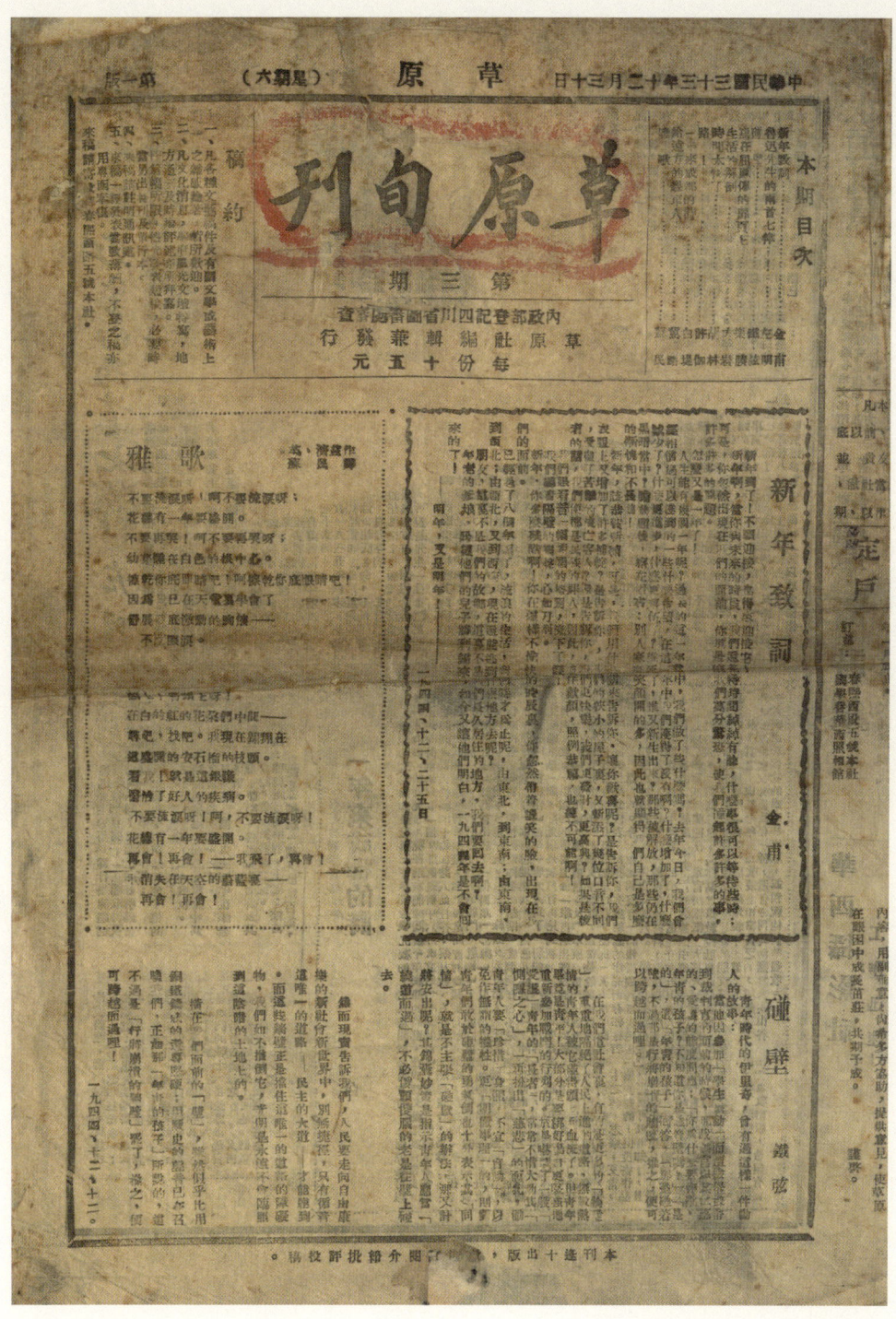

4-15 草原旬刊

成都：草原社，1944年创刊。旬刊，逢十出版，36.2cm×25.2cm。

草原社由成都金陵、华西、燕京、川大、齐鲁五大学学生组成。该刊主要内容为有关文学或艺术上的杂感论著、文化消息等。同年终刊，共出3期。

本馆藏第3期。（1944年12月）

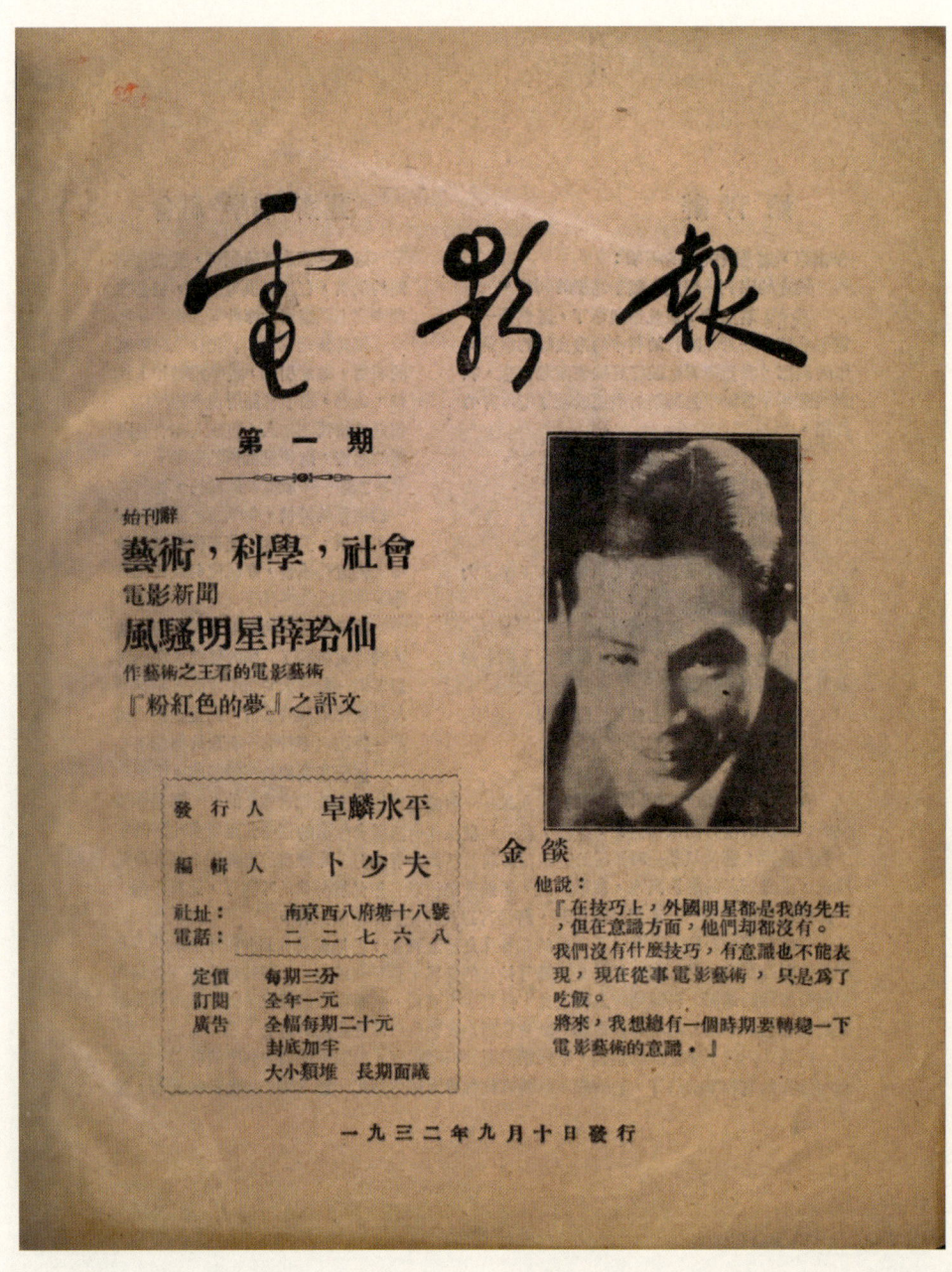

4-16　电影报

卜少夫编,南京,1932年9月10日创刊。周刊,24.1cm×18.8cm(第1期),26cm×19.2cm(第4、5期合刊)。
主要内容有电影艺术理论、电影新闻报道、影评等。
本馆藏第1期,第4、5期合刊。(1932年9月)

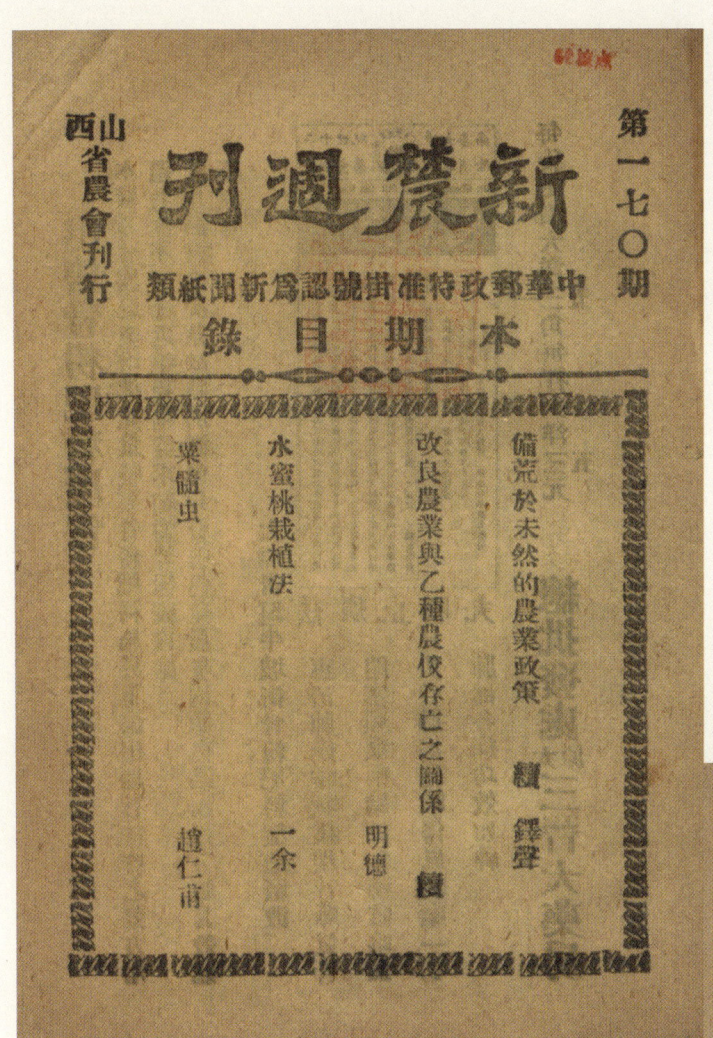
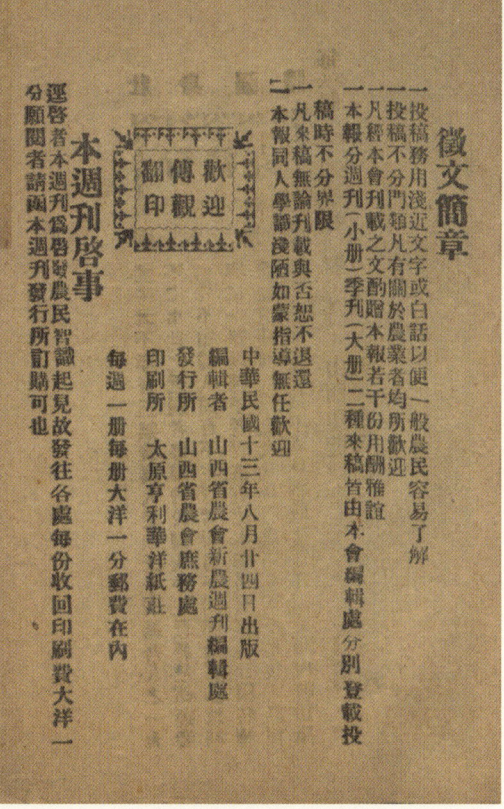

4-17 新农周刊

山西省农会新农周刊编辑处编,太原:山西省农会庶务处,1920年创刊。周刊,18.3cm×13cm。
农业类期刊。主要内容有农村、农业相关问题研究,农业知识科普。
本馆藏第170—173期。(1924)

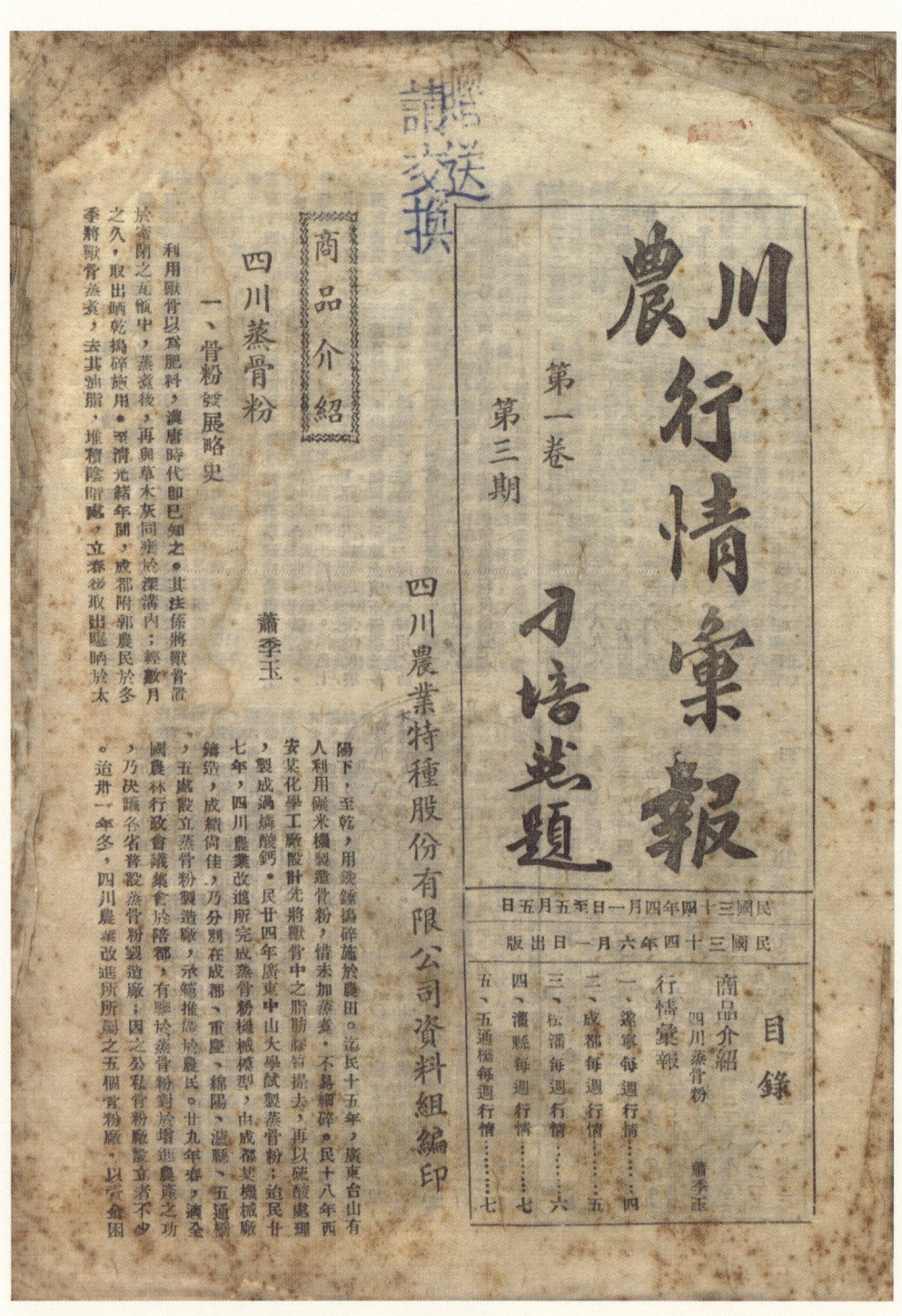

4-18 川农行情汇报

四川农业特种股份有限公司资料组编印,1945年创刊。月刊,25.6cm×18.3cm。
四川农业特种股份有限公司为专营农产运销的机构。该刊主要内容有四川松潘、新都、遂宁等五地的农产及药材行情。
本馆藏第1卷第3期。(1945年6月)

4-19 西大园艺

国立广西大学园艺学会主编,桂林,1947年11月创刊。27cm×19cm。
园艺专业类刊物,设有特载、论著、研究、调查、译著等栏目。
本馆藏创刊号。

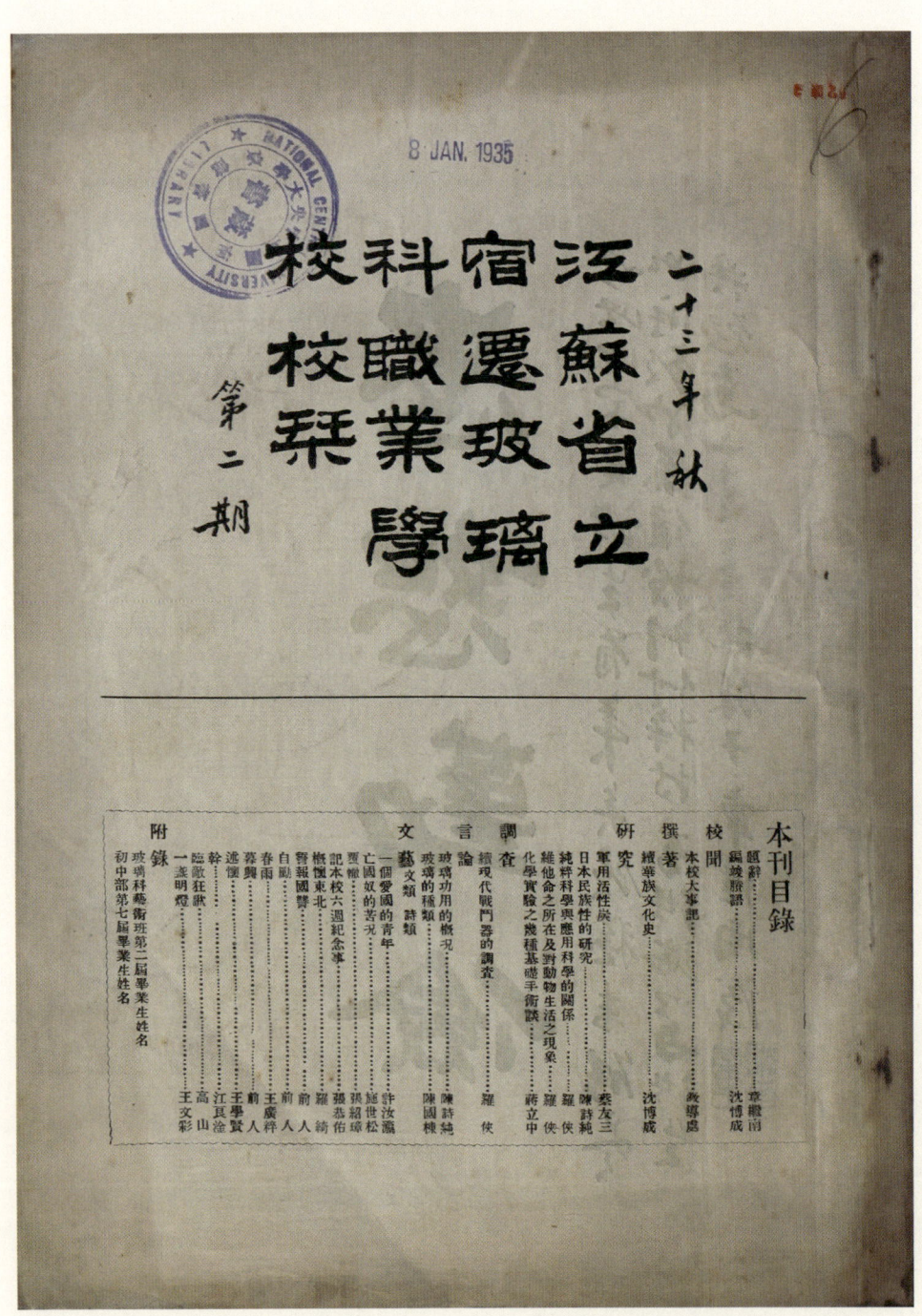

4-20 江苏省立宿迁玻璃科职业学校校刊

江苏省立宿迁玻璃科职业学校校刊编辑部编,宿迁:江苏省立宿迁玻璃科职业学校,1934年创刊。季刊,25.5cm×18.5cm。

主要内容有校闻、毕业名录、撰著介绍、科学研究、调查报告、文艺诗作等。

本馆藏第2期。(1934)

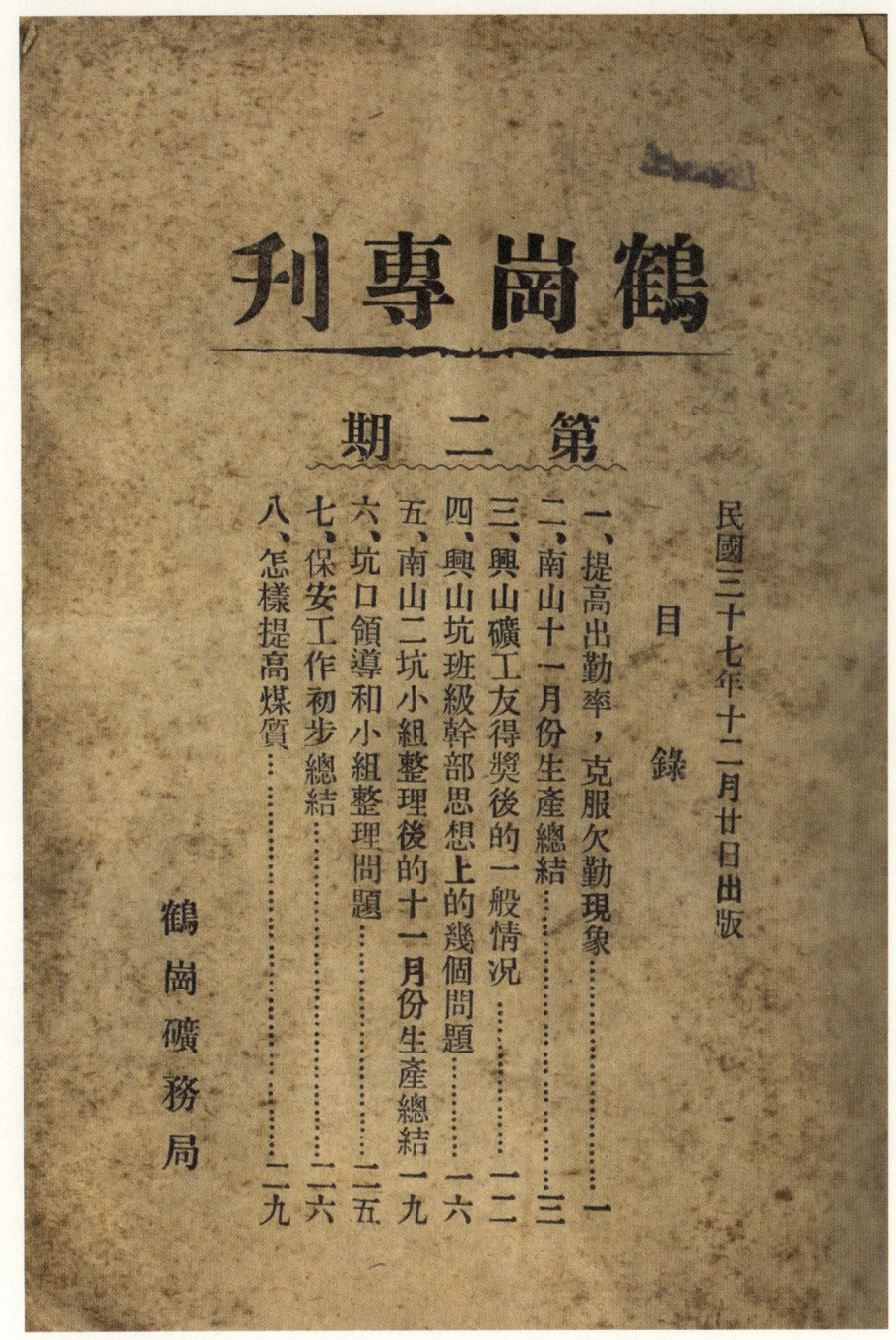

4-21 鹤岗专刊

鹤岗矿务局。19cm×13cm。

抗战胜利后,在中国共产党领导下,1945年12月1日鹤岗矿务局成立。该刊主要内容有全矿区生产经营状况报道和煤炭开采技术探讨。

本馆藏第2期。(1948年12月)

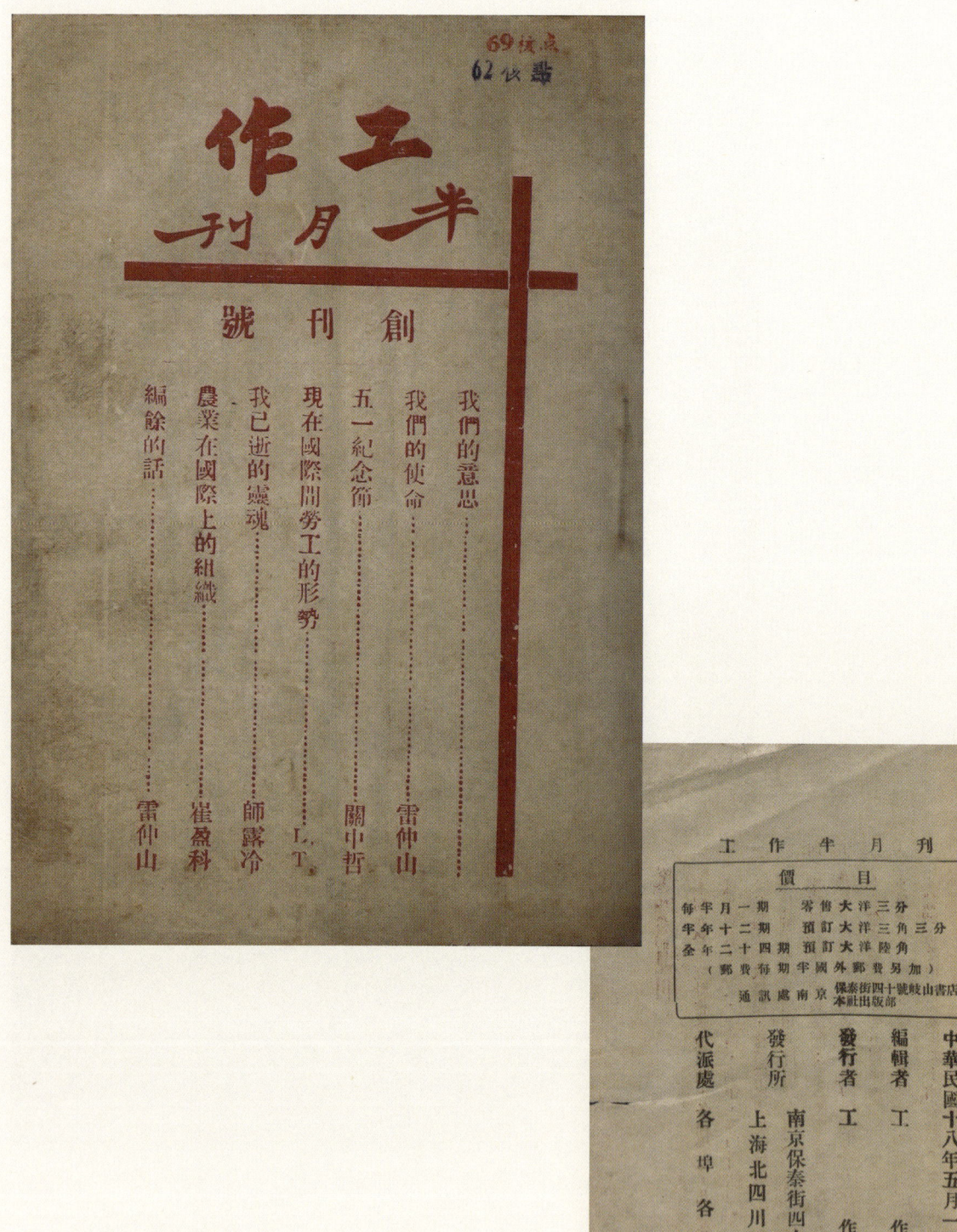

4-22　工作半月刊

南京：工作社，1929年5月1日创刊。半月刊，18.5cm×13cm。
办刊宗旨为"研究社会各种问题，各种学术"。
本馆藏创刊号。

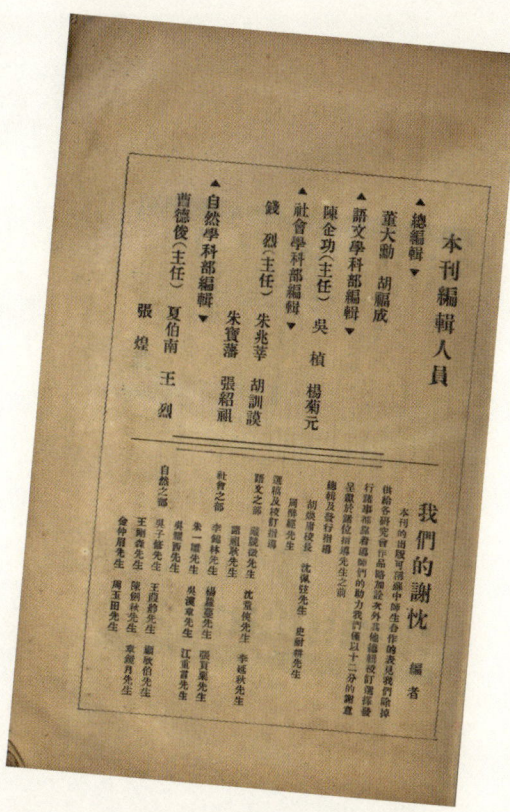
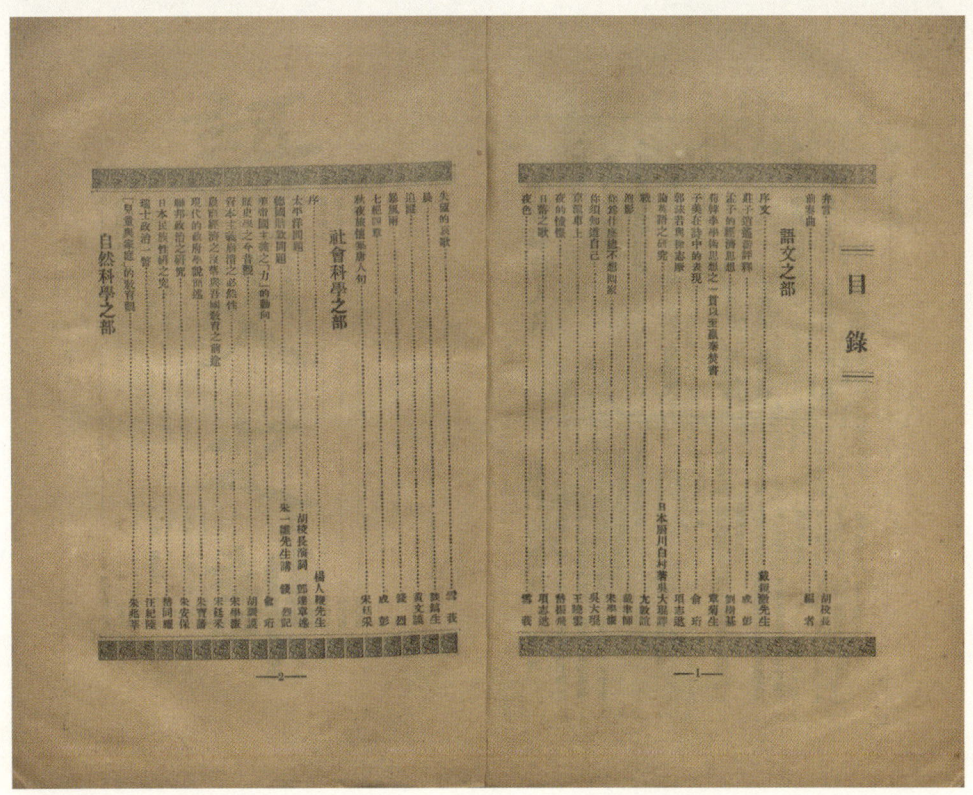

4-23 学术汇刊

董大勋、胡福成总编,苏州:苏高中学生自治会,1933年创刊。26.3cm×18.5cm。

学生刊物。办刊宗旨为"文共赏,疑同析","切磋琢磨,互相研求"。主要内容有校内师生学术研讨文章、译著、教师演讲稿等。

本馆藏第2期。(1933年2月)

4-24 国立中山大学女生励进会半月刊

国立中山大学女生励进会编,1933年5月20日创刊。半月刊,18cm×13cm。
学生进步社团刊物。主要内容有妇女运动介绍、随笔、散文、诗歌等。
本馆藏第1—2期。(1933年5—6月)

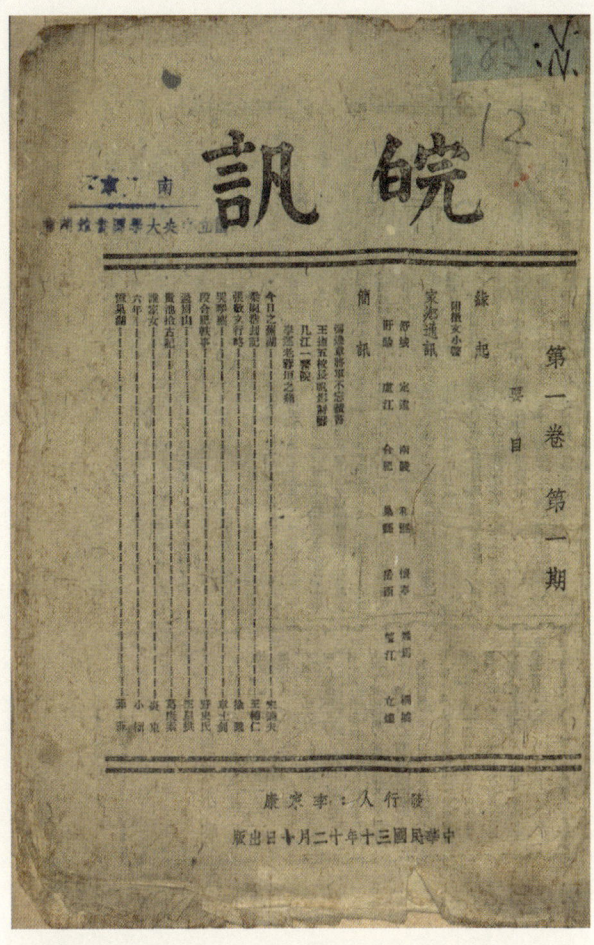

4-25 皖讯

李家康主编,重庆:皖讯月刊社,1941年12月创刊。月刊,25.7cm×18cm。

办刊宗旨为向抗战期间流亡在外的皖籍同乡报告家乡通讯、在外乡人动态,设有乡人传记、生活素描等栏目。

本馆藏创刊号。

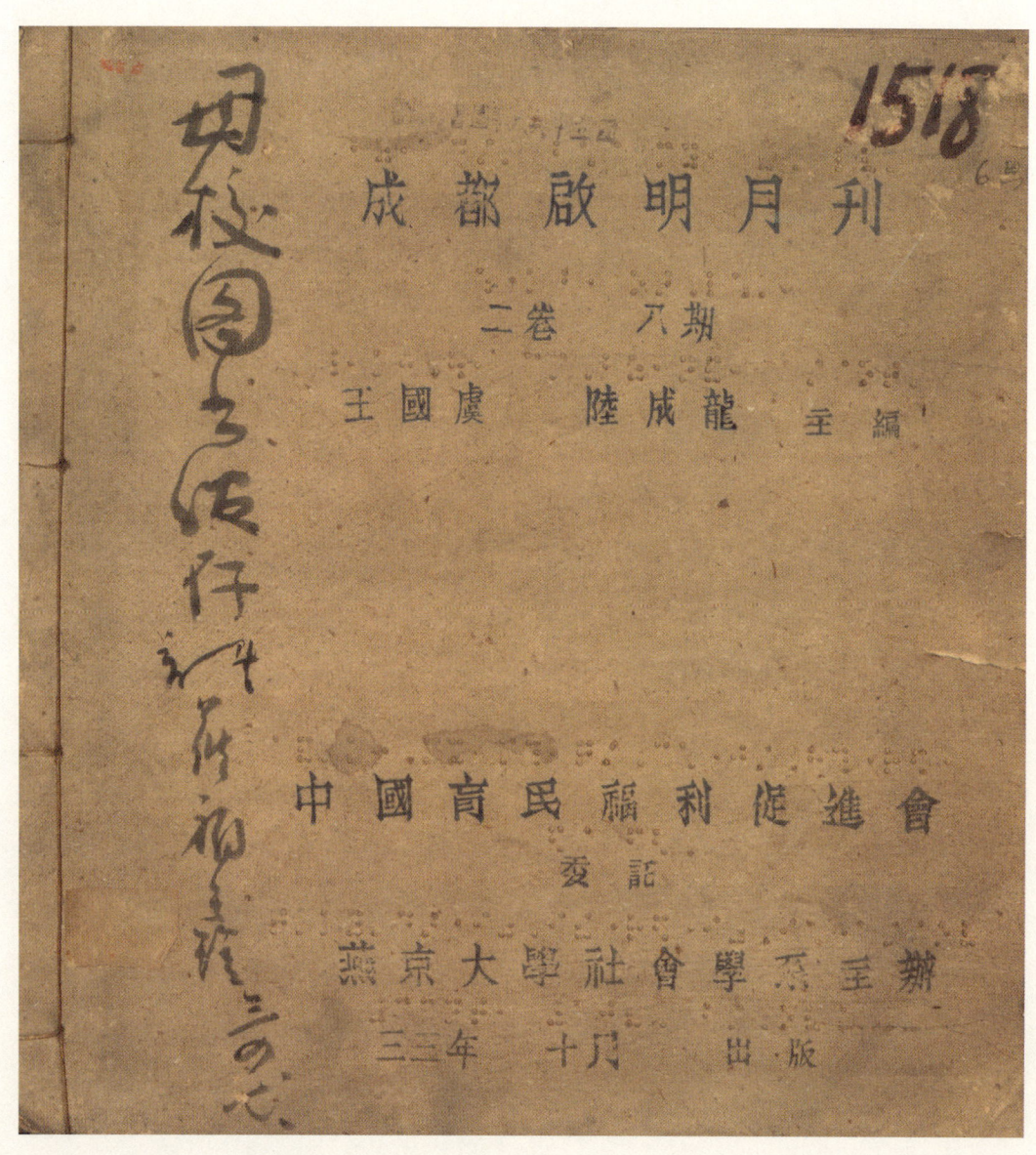

4-26 成都启明月刊(盲文)

王国虞、陆成龙主编,成都:中国盲民福利促进会委托燕京大学社会学系主办。月刊,25.5cm×26cm。
封面有"母校图书馆存 盲生罗福鑫 三四.七."字样。
罗福鑫为南京市立盲哑学校学生,后保送入中央大学师范学院教育系就读,为中央大学第一个盲人大学生。
本馆藏第2卷8—12期,第3卷1—4期。(1944年10月—1945年6月)

啟 明 月 刊
九期
陸成龍
福利促進會
學系主辦
出版

1518
成都啟明月刊
三卷　四期
王國康　陸成龍　主編
中國盲民福利促進會

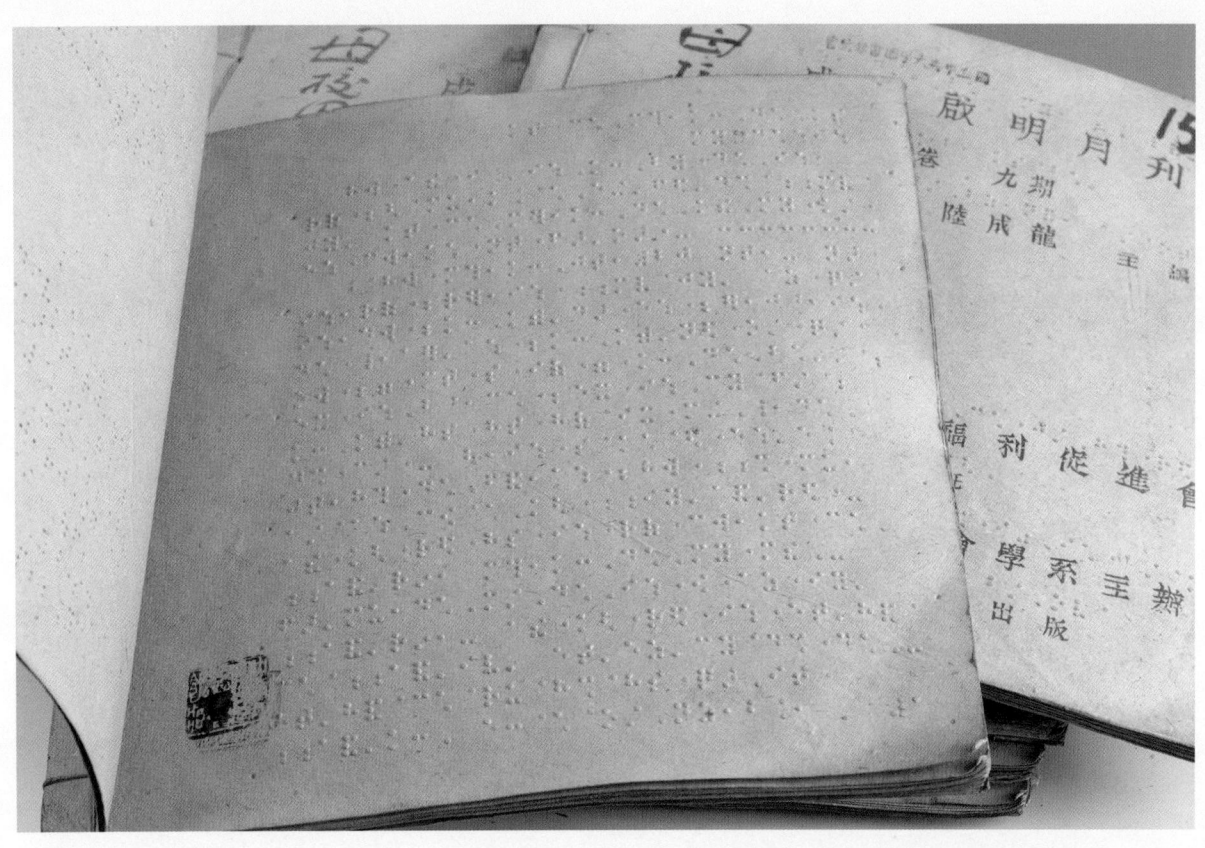

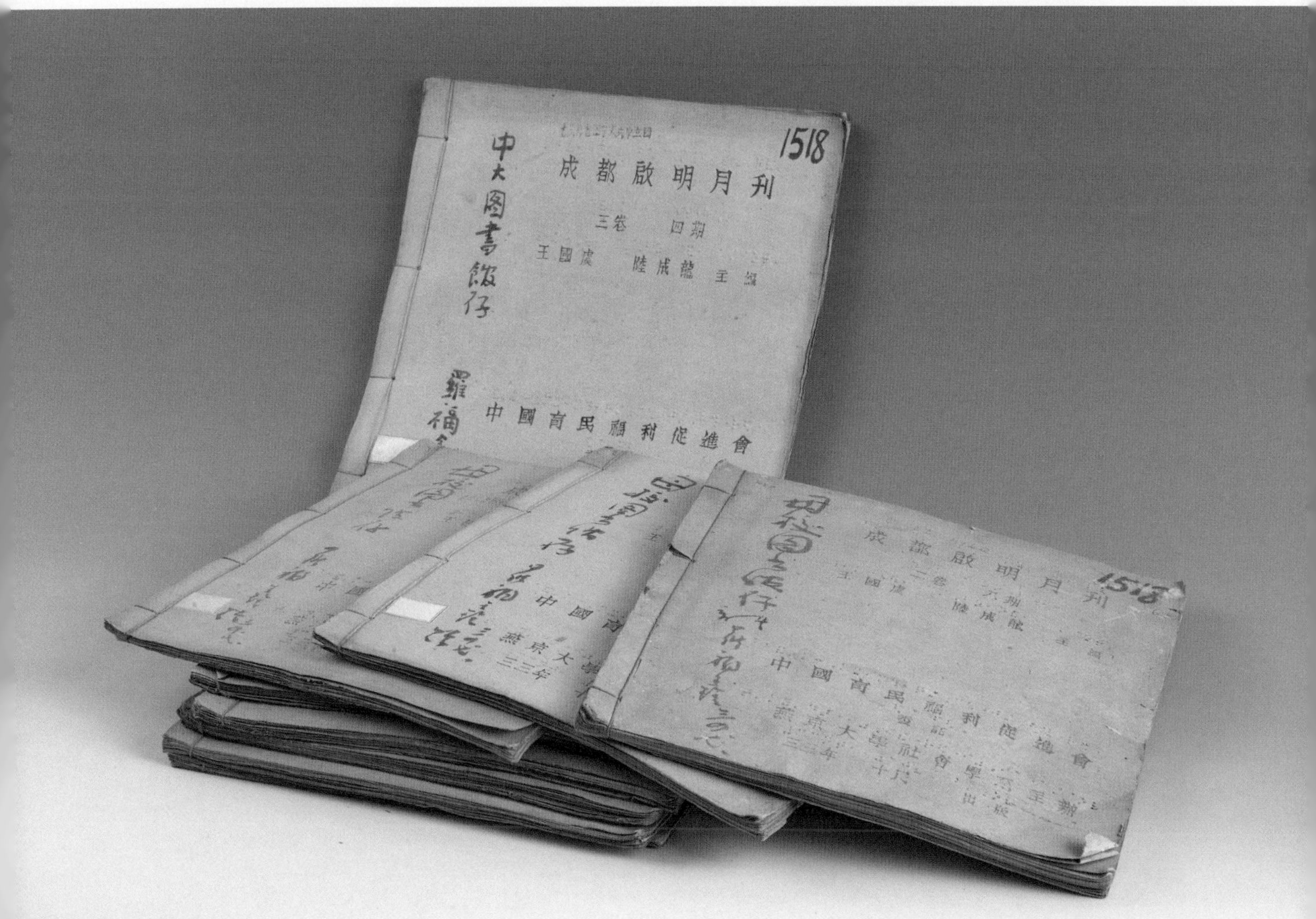

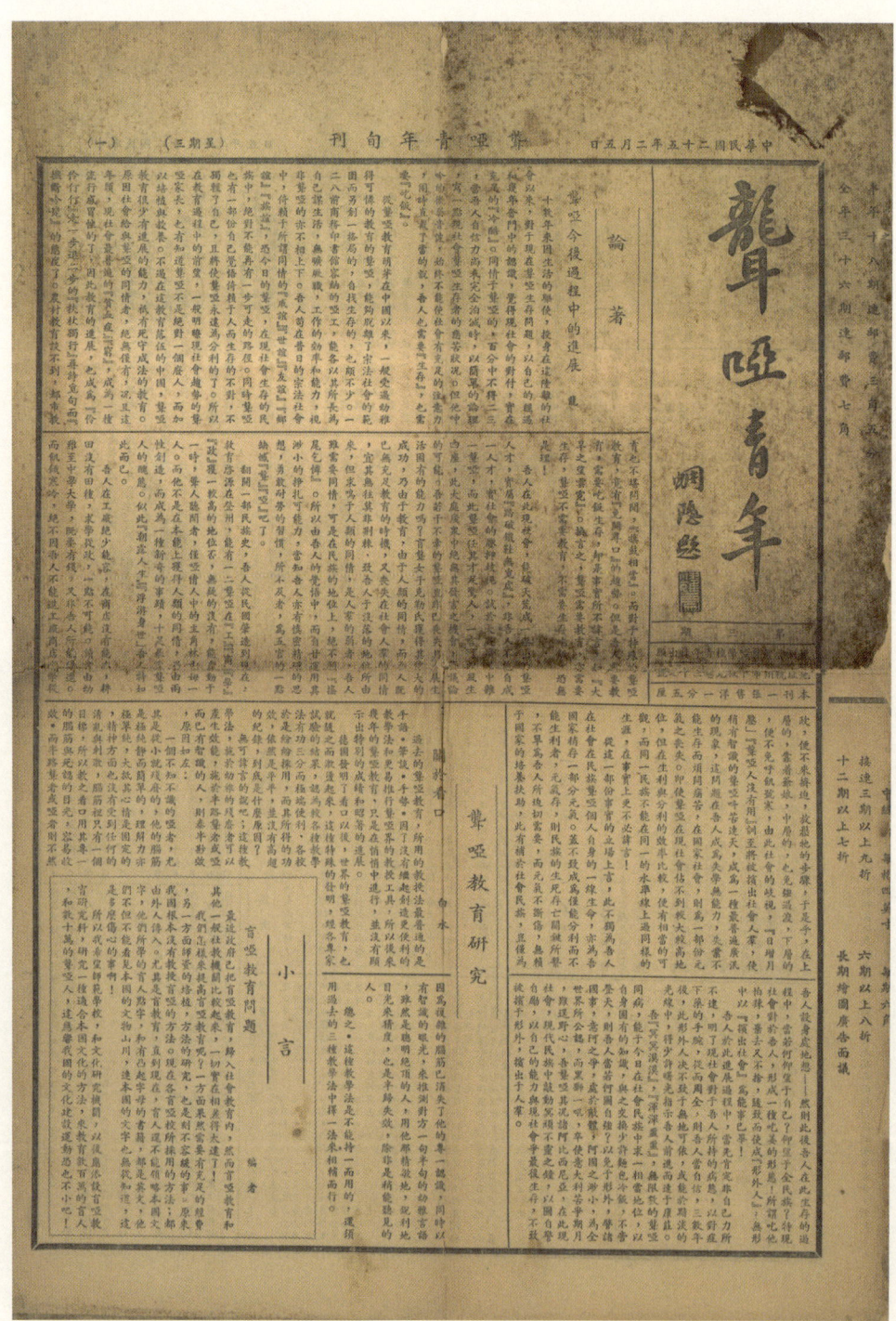

4-27 聋哑青年

杭州：启智聋哑青年社，1936年创刊。旬刊，54.6cm×39cm。
我国聋哑人创办的第一份刊物。设有聋哑界消息、聋哑教育、聋哑人生活小记等栏目。
本馆藏第3—5期。(1936年2月)

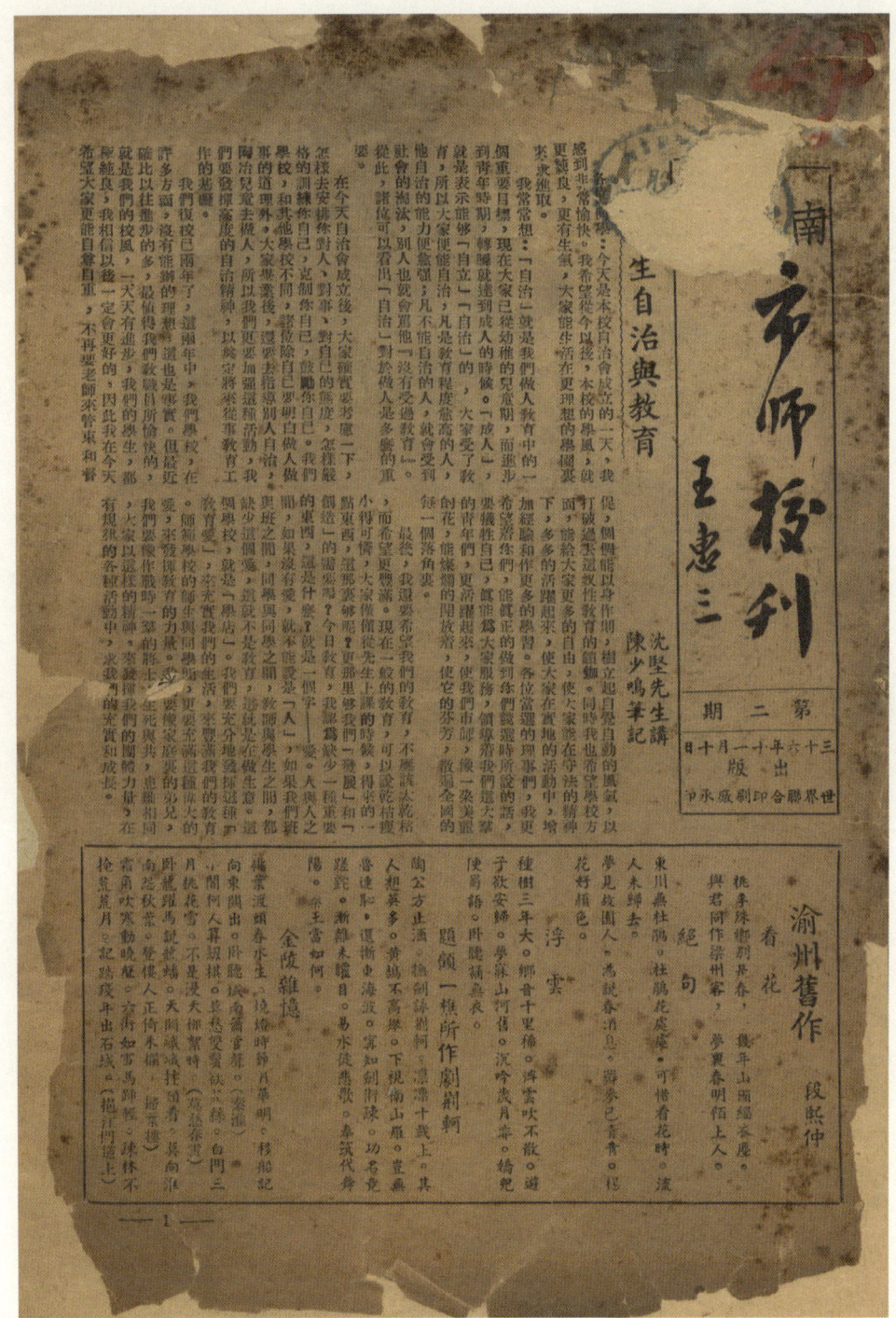

4-28 南京市师校刊

南京：南京市立师范学校，1947年创刊。27cm×19cm。
主要内容有校闻、校友通讯、校友通信等。
本馆藏第2期。(1947年11月)

4-29　社教新闻

国立社教学院学生自治会新闻组编。27.5cm×14.5cm。
进步学生自办报纸。主要内容有本校新闻、国内大事、文艺副刊等。
本馆藏第5期(1949)。

书名索引

B

本国地理(上、下册) / 张其昀编,竺可桢校 ………………………………………… 3-18
毕业礼秩序单 …………………………………………………………………………… 2-26
边疆研究论丛(期刊) / 金陵大学中国文化研究所 …………………………………… 3-110

C

草原旬刊(期刊) / 草原社 ……………………………………………………………… 4-15
成都启明月刊(盲文)(期刊) / 王国虞、陆成龙主编 ………………………………… 4-26
初中国文成绩之实验研究 / 艾伟著 …………………………………………………… 3-17
川农行情汇报(期刊) / 四川农业特种股份有限公司资料组编 ……………………… 4-18
垂虹半月刊(期刊) / 垂虹半月刊编辑社 ……………………………………………… 4-6
从战争到和平:一九四五年的世界政治 / 乔木著 …………………………………… 1-28

D

大麦条纹病(Helminthosporium gramineum Rabh.)之研究(Studies of Stripe Disease of Barley) /
　俞大绂著 ……………………………………………………………………………… 3-59
大众生活(期刊) / 韬奋编 ……………………………………………………………… 1-43
大众文艺(期刊) / 郁达夫等主编 ……………………………………………………… 1-37
地理杂志(期刊) / 国立中央大学地学系 ……………………………………………… 3-96
电影报(期刊) / 卜少夫编 ……………………………………………………………… 4-16
电影与播音(期刊) / 金陵大学理学院电影与播音编刊社 …………………………… 3-115
东南大学南京高师暑校日刊(期刊) …………………………………………………… 2-2
东南论衡(期刊) / 东南大学东南论衡社 ……………………………………………… 3-81
冬饮庐遗诗 两晋宋齐梁陈会要目录 / 王瀣、朱铭盘著 …………………………… 3-21
读王度古镜记 / 孙望著 ………………………………………………………………… 3-48

E

儿童心理学 / 萧孝嵘编著 ……………………………………………………………… 3-9
儿童心理之研究(上、下册) / 陈鹤琴著 ……………………………………………… 3-28

F

发展我国蚕业刍议 / 钱天鹤、万国鼎合著 …………………………………………… 3-63
反杜林论 / [德]弗里德里希·恩格斯著,吴理屏译 ………………………………… 1-5
反日特刊(期刊) / 金陵大学金陵周刊社 ……………………………………………… 1-36
方志(期刊) / 中国方志学会 …………………………………………………………… 3-96
方志月刊(期刊) / 中国方志学会 ……………………………………………………… 3-96
丰收 / 叶紫著 …………………………………………………………………………… 1-15

风景树之修枝要诀 ／ 李寅恭著	3-6

G

改良鸡脚棉浅说 ／ 王善佺编	3-4
柑橘 ／ 胡昌炽著	3-60
工合活路（期刊）／ 中国工合协会成都事务所	4-3
工作半月刊（期刊）／ 工作社	4-22
共产党宣言 ／［德］卡尔·马克思、［德］弗里德里希·恩格斯著，成仿吾、徐冰译	1-1
官话注音字母报（期刊）／ 注音书报社	4-12
广西凌云猺人调查报告 ／［德］颜复礼、商承祖编	3-10
广州三月二十九革命史 ／ 革命纪念会编	1-11
国风（期刊）／ 中央大学国风社编	3-104
国家与革命 ／［苏］列宁著，莫师古译	1-7
国立第四中山大学农学院作物研究报告（第乙册）／ 第四中山大学农学院	3-5
国立东南大学分设上海商科大学第一届毕业纪念册	2-9
国立东南大学概况	2-7
国立东南大学南京高师日刊（期刊）	2-35
国立东南大学南京高师暑期学校概况	2-2
国立东南大学农科概况	2-10
国立东南大学农科六年间概况	2-6
国立东南大学农科通讯（期刊）／ 国立东南大学农科	3-77
国立东南大学文理科一览	2-8
国立东南大学一览	2-5
国立东南大学组织大纲草案	2-4
国立南高东大中大毕业同学录 ／ 国立南高东大中大毕业同学总会编	2-19
国立南高东大中大毕业同学总会会刊（期刊）／ 国立南高东大中大毕业同学总会	2-37
国立南京高等师范学校数理化部概况	2-1
国立中山大学女生励进会半月刊（期刊）／ 国立中山大学女生励进会编	4-24
国立中央大学半月刊（期刊）／ 国立中央大学编	3-84
国立中央大学第一届毕业纪念册	2-12
国立中央大学法学院季刊（期刊）／ 国立中央大学法学院	3-85
国立中央大学概况 ／ 张乃燕编	2-13
国立中央大学工学院二二级毕业纪念刊 ／ 国立中央大学工学院二二级毕业纪念刊筹备会编	2-18
国立中央大学教育丛刊（期刊）／ 国立中央大学教育学院编	3-88
国立中央大学科学季刊（期刊）／ 国立中央大学科学季刊编辑委员会编	3-108
国立中央大学历届毕业学生名册 ／ 教务处注册组编	2-20
国立中央大学农学丛刊（期刊）／ 国立中央大学农学院编	3-97
国立中央大学农业经济集刊（期刊）／ 国立中央大学农业经济学会	3-87
国立中央大学日刊（期刊）／ 国立中央大学出版组	2-38
国立中央大学三六级毕业纪念册 ／ 国立中央大学三六级毕业同学会干事会编	2-24
国立中央大学三十年度各学院各系必修选修科目表及课程纲要目录	2-23
国立中央大学社会科学丛刊（期刊）／ 国立中央大学社会科学丛刊编辑委员会编	3-105
国立中央大学社会科学季刊（期刊）／ 国立中央大学社会科学季刊编辑委员会编	3-107

国立中央大学图书馆概况 / 桂质柏编 …… 2-16
国立中央大学图书馆图书目录 …… 3-14
国立中央大学图书馆中文图书编目规则 / 桂质柏著 …… 3-15
国立中央大学文史哲季刊(期刊) / 国立中央大学文史哲季刊编辑委员会 …… 3-106
国立中央大学文艺丛刊(期刊) / 国立中央大学文学院编 …… 3-91
国立中央大学校刊(复刊)(期刊) …… 2-41
国立中央大学心理半年刊(期刊) / 国立中央大学心理学系编 …… 3-83
国立中央大学学生会刊(期刊) / 国立中央大学学生会 …… 2-39
国立中央大学沿革史 / 秘书处编纂组编 …… 2-14
国立中央大学一览 / 秘书处编纂组编 …… 2-15
国立中央大学医学院毕业同学会会讯(期刊) / 国立中央大学医学院毕业同学会编 …… 2-44
国立中央大学艺术学系系讯(期刊) …… 2-45
国立中央大学章则一览 / 教务处出版组编 …… 2-21
国难特刊(期刊) / 金陵大学抗日救国会 …… 1-41
国学丛刊(期刊) / 东南大学国学研究会 …… 3-79
国语注音字母报(期刊) / 注音书报社 …… 4-12

H

韩声(期刊) / 韩国独立党○○支部编 …… 1-42
航工季刊(期刊) / 柏实义、董绍庸、陆孝彭编 …… 3-103
河南教育款产旬刊(期刊) / 河南教育款产管理处 …… 4-8
河西走廊 / 陈正祥著 …… 3-29
鹤岗专刊(期刊) / 鹤岗矿务局 …… 4-21
虹 / 茅盾著 …… 1-14
华萃丛书(期刊) / 文萃社 …… 1-52
华仁季报(*The Diamond*)(期刊) / 香港华仁学堂 …… 4-13
环行东北 / 刘白羽著 …… 1-29

J

机工(期刊) / 国立中央大学机械工程学会 …… 3-101
建筑(期刊) / 中央大学建筑工程系三二级 …… 3-82
江都县地方自治之实况与研究 / 王文允、马博厂合著 …… 3-35
江苏大学农学院作物门十六年度总报告书 …… 2-11
江苏省立宿迁玻璃科职业学校校刊(期刊) / 江苏省立宿迁玻璃科职业学校校刊编辑部编 …… 4-20
校注项氏历代名瓷图谱 / 郭葆昌校注,[美]福开森参订 …… 3-49
教育汇刊(期刊) / 南京高等师范教育研究会编 …… 3-69
教育汇刊(期刊) / 国立中央大学教育学院 …… 3-89
教育季刊(期刊) / 国立中央大学教育学院 …… 3-89
教育之路(期刊) / 山东教育励进会 …… 4-7
解放(期刊) / 解放社编 …… 1-44
金大农专(期刊) / 金大农专学生会学艺部出版股编 …… 3-118
金大农专季刊(期刊) / 金陵大学农学院学生自治会出版委员会编 …… 3-118
金大农专月刊(期刊) / 金大农专学生会学艺部出版股编 …… 3-118

金大校报（期刊）／金陵大学学生会	2-49
金大学生（期刊）／金陵大学学生自治会编	2-52
金大周刊（期刊）／金陵大学学生会金大周刊社	2-49
金陵半月刊（期刊）／金陵大学学生会	2-49
金陵大学毕业程序单	2-26
金陵大学毕业典礼秩序单	2-26
金陵大学砥柱文艺社社刊（期刊）／金陵大学砥柱文艺社社刊编辑委员会编	2-54
金陵大学六十周年纪念册	2-32
金陵大学图书馆丛刊	3-66
金陵大学图书馆丛书子目备检：著者之部／曹祖彬编	3-66
金陵大学图书馆方志目／万国鼎、储瑞棠编	3-66
金陵大学图书馆概况／李小缘编	3-66
金陵大学图书馆中文地理书目／农业图书研究部编	3-66
金陵大学校刊（期刊）／金陵大学校刊编辑部	2-50
金陵大学校同学录（Alumni Record）	2-28
金陵大学学生会刊物	2-49
金陵大学一九三七级毕业纪念册	2-31
金陵大学中国文学会季刊（期刊）／金陵大学中国文学会季刊编辑委员会	3-113
金陵大学中国文学研究会会刊（期刊）／金陵大学中国文学研究会	3-114
金陵光（Nanking University Magazine）（期刊）／金陵大学校	2-47
金陵留美通讯（期刊）／美国康乃尔大学总会	2-51
金陵年刊／一九三五年金陵年刊委员会	2-30
金陵学报（期刊）／私立金陵大学金陵学报编辑委员会编	3-120
金陵月刊（期刊）／金陵大学学生会	2-49
金陵周刊（期刊）／金陵大学校学生会周刊社	2-49
金声（期刊）／金陵大学中国文学研究会	3-112
近代西洋哲学史大纲／刘伯明讲演，缪凤林译述	3-1
晋察冀边区印象记／立波著	1-21
晋江合作（期刊）／福建晋江县合作事业指导委员会编	4-2
经济地理／胡焕庸著	3-11
经济学原理（上、下册）／吴世瑞著	3-36

K

抗日军队中的政治工作／罗瑞卿著	1-25
抗战半月刊（期刊）／战时出版社	1-45
抗战到底／朱德著	1-17
抗战建国论／侯外庐著	1-22
抗战文艺（期刊）／中华全国文艺界抗敌协会抗战文艺编辑委员会编	1-49
抗战与觉悟／郭沫若著	1-16
科学生活（期刊）／科学生活月刊社	2-40

L

雷波小凉山之倮民／徐益棠著	3-32

厉学（期刊）／国立东南大学四川旅宁学会 …… 3-80
两个策略／［苏］列宁著 …… 1-6
列宁文选（第一卷）／［苏］列宁著 …… 1-8
聋哑青年（期刊）／启智聋哑青年社 …… 4-27
鲁迅全集／鲁迅著，鲁迅先生纪念委员会编纂 …… 1-20
论持久战／毛泽东著 …… 1-9

M

马恩通讯选集／柯柏年、艾思奇等译 …… 1-4
马格斯资本论入门／［德］米里·伊·马尔西著，李汉俊译 …… 1-3
美棉栽培浅说／孙恩麐著 …… 3-2
梦秋词／汪东著 …… 3-47
目录学研究／汪辟疆著 …… 3-16

N

南高八周年毕业同学一览 …… 2-3
南国月刊（期刊）／田汉主编 …… 1-39
南京高等师范日刊（期刊） …… 2-35
南京高等师范学校工艺研究会第一期会刊（期刊）／南京高等师范学校工艺研究会 …… 3-71
南京高等师范学校国文会刊（期刊）／南京高等师范学校国文研究会 …… 3-70
南京高等师范学校校友会杂志（期刊）／南京高等师范学校校友会编辑部杂志科 …… 2-36
南京教育（期刊）／南京地方教育共进会 …… 4-5
南京金陵大学农林科农家浅说（丛书）／金陵大学农林科 …… 3-57
南京气象月报（期刊）／东南大学地学系气象测候所 …… 3-75
南京市师校刊（期刊）／南京市立师范学校 …… 4-28
农林科通讯（期刊）／过探先主笔 …… 2-48
农林新报（期刊）／金陵大学农林新报社 …… 3-117
农学（期刊）／国立东南大学农科编辑 …… 3-73
农学杂志（期刊）／国立东南大学农科编辑 …… 3-73
农学杂志（期刊）／江苏大学农学院 …… 3-99
农业丛刊（期刊）／东南大学农业研究会编 …… 3-76
农业论文索引：前清咸丰八年至民国二十年底（1858—1931）／
　　金陵大学农学院农业经济系农业历史组编 …… 3-65
农业论文索引续编：民国二十一年一月至二十三年底（1932-1934）／
　　金陵大学图书馆杂志小册部编 …… 3-65
农业浅说丛书／国立中央大学农学院推广部 …… 3-98

O

欧洲近代史（上、下册）／王绳祖著 …… 3-56

P

普通昆虫学／邹钟琳著 …… 3-27

Q

七人之狱 / 沙千里著	1-18
气象学 / 竺可桢著	3-24
气象月报(期刊) / 中央大学地学系气象测候所	3-75
青康藏新西人考察史略 / 徐尔灏著	3-19
青年杂志(期刊) / 陈独秀主编	1-32
群众(期刊) / 潘梓年编	1-46

R

Report of the President for the Year 1914: To the Board of Trustees	2-25
如何利用金大影音部门 / 金陵大学影音部影音专修科编	3-42

S

《三百篇》倒文述例 / 唐圭璋著	3-45
少陵先生文心论 / 程千帆著	3-46
少年世界(期刊) / 少年中国学会南京分会编	1-35
少年中国(期刊) / 少年中国学会总会	1-34
社会救济 / 社会部研究室主编,柯象峰编著	3-33
社教新闻(期刊) / 国立社教学院学生自治会新闻组编	4-29
十家彝器图录考释 / 商承祚著	3-50
史地学报(期刊) / 南京高等师范学校史地研究会编辑	3-72
史学(期刊) / 国立中央大学文学院史学系	3-95
史学论丛(期刊) / 金陵大学文学院历史系	3-116
史学述林(期刊) / 国立中央大学历史学会	3-94
市桥民众(期刊) / 番禺县立市桥民众教育馆	4-4
适用农场簿记法 / 孙文郁著	3-38
蜀华(期刊) / 蜀华文艺科编	4-14
私立金陵大学第二十二届毕业典礼秩序单	2-26
私立金陵大学第二十届毕业典礼秩序单	2-26
私立金陵大学第五十二届毕业典礼秩序单	2-26
私立金陵大学六十周年纪念典礼秩序单	2-33
私立金陵大学学生通则(民国二十一年至二十二年)	2-29
斯文(期刊) / 金陵大学文学院中国文学系主编	3-109
隋唐文学批评史(中国文学批评史·第三分册) / 罗根泽编著	3-20

T

The 1931 Flood in China / The University of Nanking College of Agriculture and Forestry	3-34
The Effect of the Japanese Invasion on Higher Education in China / [美]芳卫廉著	3-54
The Nanking Population: Employment, Earnings and Expenditures / [美]贝德士著	3-55
The Students' Handbook of the University of Nanking Y.M.C.A.	2-27
唐大呼声(期刊) / 国立交通大学唐山工程学院学生自治会宣传部	1-48
韬奋时事论文集 / 韬奋著	1-23
体育汇刊(期刊) / 上海爱国女学校体育研究会	4-11

体育杂志(期刊)／中央体育研究会	3-90
天文学论丛／张钰哲著	3-23
通货新论／马寅初著	3-12
拓荒者(期刊)／拓荒者月刊社	1-40

W

晚唐五代文学批评史(中国文学批评史·第四分册)／罗根泽编著	3-20
皖讯(期刊)／李家康主编	4-25
魏晋六朝文学批评史(中国文学批评史·第二分册)／罗根泽编著	3-20
文萃(期刊)／文萃社	1-52
文萃出版社丛书(期刊)／文萃社	1-52
文萃丛刊(期刊)／文萃社	1-52
文学战线(期刊)／文学战线杂志社编	1-53
文艺生活(期刊)／司马文森主编	1-51
文哲学报(期刊)／南京高师文学研究会、哲学研究会编辑	3-68
我国战后农业建设计划纲要／邹秉文、章之汶编	3-58
无锡农民(期刊)／无锡县立新渎桥农民教育馆编	4-10
无线电学／倪尚达编著	3-30
五朝门第附高门世系婚姻表(上、下册)／王伊同著	3-53
五卅事件／国际问题研究会编	1-12

X

西大园艺(期刊)／国立广西大学园艺学会主编	4-19
现代教育行政／夏承枫著	3-13
现代社会学／李达著	1-13
现实版画(期刊)／现实版画社编	3-93
乡村与抗战(期刊)／江西省乡村抗战宣传巡回工作团编	1-47
乡教丛讯(期刊)／中华教育改进社乡村教育同志会	4-9
小学研究／金陵大学文学院国学研究班	3-43
校友通讯(期刊)／金陵大学农学院农业专修科校友会编	2-55
协大农经资料(期刊)／福建协和大学农业经济系资料室编	4-1
新潮(期刊)／北京大学新潮社编	1-33
新华日报社论(第一—三集)／新华日报馆编辑	1-19
新民主主义论／毛泽东著	1-10
新农周刊(期刊)／山西省农会新农周刊编辑处编	4-17
新青年(期刊)／陈独秀、钱玄同、李大钊等	1-32
畜牧兽医季刊(期刊)／国立中央大学农学院畜牧兽医系	3-100
学衡(期刊)／学衡杂志社编	3-78
学林月刊(期刊)／殷孟伦、黄焯、潘重规、钱堃新主编	3-92
学术汇刊(期刊)／董大勋、胡福成总编	4-23
学校生活(期刊)／金陵大学学校生活周刊社	2-53

Y

延安归来 ／ 黄炎培著	1-27
杨朱哲学 ／ 顾实著	3-8
一九四九年春季毕业纪念刊 ／ 一九四九 A 级级刊编辑委员会	2-34
影音（期刊）／ 金陵大学理学院电影与播音编刊社、教育部社教司合办	3-115
幼稚教育（期刊）／ 陈鹤琴主编	3-74
云南书目 ／ 李小缘编著	3-64

Z

造林学概要 ／ 陈嵘著	3-61
战地文化（期刊）／ 军事委员会政治部抗敌演剧队	1-50
朝花旬刊（期刊）／ 朝花社	1-38
朝花周刊（期刊）／ 朝花社	1-38
哲学会刊（期刊）／ 南京高等师范学校哲学研究会	3-67
哲学选辑 ／ 艾思奇编	1-26
政治学刊（期刊）／ 金陵大学政治学会	3-111
植棉简法 ／ 过探先著	3-3
咫闻（期刊）／ 金陵大学国学研究会	3-119
中大电声（期刊）／ 国立中央大学电工学会	2-42
中大化工（期刊）／ 国立中央大学化学工程学会	3-102
中大周刊（期刊）／ 中大周刊社	2-43
中国边疆建设集刊（期刊）／ 国立中央大学中国边疆建设学会主编	3-86
中国家庭状况调查表 ／ ［美］史迈士著，朱永昌、张训华译	3-31
中国近代史 ／ 陈恭禄著	3-52
中国民族解放运动史（第一卷）／ 华岗编著	1-30
中国木材之硬度研究 ／ 朱会芳著	3-62
中国农村社会经济学 ／ 乔启明著	3-39
中国农书目录汇编 ／ 毛雝编	3-66
中国人民爱国自卫战争华东战场第一年画刊 ／ 大众日报社、华东新华社编印	1-31
中国田制史（上册）／ 万国鼎著	3-41
中国通史纲要（全三册）／ 缪凤林编著	3-22
中国图书分类法 ／ 刘国钧编	3-66
中国土地利用 ／ ［美］卜凯主编，金陵大学农业经济系译述	3-40
中国土地制度 ／ 陈登元著	3-37
中国文化史（上、下册）／ 柳诒徵编著	3-7
中国文学批评史（全四册）／ 罗根泽编著	3-20
中国文学批评史 ／ 胡小石著	3-44
中国戏曲概论 ／ 吴梅编著	3-51
中国藓类植物标本（第一辑）[Musci Sinici Exsiccati (Series I)] ／ 陈邦杰著	3-26
中国植物图谱（第二卷）[Icones Plantarum Sinicarum (Fascile II)] ／ 胡先骕、陈焕镛编纂	3-25
中国植物图谱（第一卷）[Icones Plantarum Sinicarum (Fascile I)] ／ 胡先骕、陈焕镛编纂	3-25
中华民国二十年水灾区域之经济调查 ／ 金陵大学农学院农业经济系编纂	3-34
中日关系及其现状 ／ 许德珩著	1-24

中央大学二二级毕业纪念刊 ……………………………………………………………… 2-17
中央大学森林系系友会会刊（期刊）／中央大学森林系系友会 ……………………………… 2-46
中央大学之回顾与前瞻／罗家伦著 ……………………………………………………………… 2-22
周秦两汉文学批评史（中国文学批评史·第一分册）／罗根泽编著 ………………………… 3-20
资本论／[德]卡尔·马克思著，[德]弗里德里希·恩格斯编，郭大力、王亚南译 …………… 1-2

人名机构索引

A

艾思奇（李生萱）	1-4,1-26
艾伟（华泳）	3-17

B

柏实义	3-103
北京大学新潮社	1-33
北平觯斋书社	3-49
贝德士（Miner Searle Bates）	3-55
卜凯（John Lossing Buck）	3-40
卜少夫	4-16

C

曹祖彬	3-66
草原社	4-15
辰光书店	1-26
陈邦杰	3-26
陈登元（陈登原）	3-37
陈独秀	1-32
陈恭禄	3-52
陈鹤琴	3-28,3-74
陈焕镛	3-25
陈嵘	3-61
陈叔谅（陈训慈）	1-12
陈正祥	3-29
成仿吾（成昌愬，成灏）	1-1
程千帆（程逢会，程会昌）	3-46
储瑞棠	3-66
垂虹半月刊编辑社	4-6

D

大东书局	3-51
大连日报社	1-28
大时代出版社	1-16
大众日报社	1-31
大众生活社	1-43
砥柱文艺社	2-54
第四中山大学农学院	3-5
东方医药书局	3-8
东南大学地学系气象测候所	3-75
东南大学东南论衡社	3-81
东南大学高等师范研究会	3-69
东南大学国学研究会	3-79
（国立）东南大学教育科	3-74
（国立）东南大学农科	3-73,3-77
（国立）东南大学农科棉作改良推广委员会	3-4
东南大学农业研究会	3-76
东南大学史地研究会	3-72
（国立）东南大学四川旅宁学会	3-80
董大勋	4-23
董绍庸	3-103
读书生活出版社	1-2,1-21

E

恩格斯	1-1,1-2,1-5

F

芳卫廉（William P. Fenn）	3-54
福建晋江县合作事业指导委员会	4-2
福建协和大学农业经济系资料室	4-1
福开森（John Calvin Ferguson）	3-49
傅斯年	1-33
傅增湘	3-49

G

高一涵	1-32
革命纪念会	1-11
工作社	4-22
顾实	3-8
光华书局	3-95
桂质柏	2-16,3-15
过探先	2-48,3-3
郭葆昌	3-49

郭大力	1-2	教育部社教司	3-115
郭沫若(郭开贞)	1-16	解放社	1-44
国际问题研究会	1-12	金大农专学生会学艺部出版股	3-118
国立北京大学出版部	1-33	(私立)金陵大学出版委员会	3-120
国立编译馆	3-23	金陵大学砥柱文艺社社刊编辑委员会	2-54
国立广西大学园艺学会	4-19	金陵大学国学研究会	3-119
国立交通大学唐山工程学院学生自治会宣传部	1-48	(私立)金陵大学金陵学报编辑委员会	3-120
国立社教学院学生自治会新闻组	4-29	金陵大学金陵周刊社	1-36
国立中山大学女生励进会	4-24	金陵大学抗日救国会	1-41
国立中央研究院社会科学研究所	3-10	金陵大学理学院电影与播音编刊社	3-115
国讯书店	1-27	金陵大学农林科	2-48,3-57,3-63
		金陵大学农学院	3-34,3-59,3-62

H

韩国独立党〇〇支部	1-42	金陵大学(农学院)农林新报社	3-38,3-117
河南教育款产管理处	4-8	金陵大学(农学院)农业经济系	3-34,3-40
鹤岗矿务局	4-21	金陵大学农学院农业经济系农业历史组	3-65
侯外庐(侯兆凤,侯玉枢)	1-22	金陵大学农学院农业专修科校友会	2-55
胡昌炽	3-60	金陵大学农学院学生自治会出版委员会	3-118
胡福成	4-23	金陵大学农业专修科	3-118
胡焕庸	3-11	金陵大学社会学系	3-31
胡乔木(乔木,胡鼎新)	1-28	(私立)金陵大学图书馆	3-65,3-66
胡适	1-32	金陵大学图书馆杂志小册部	3-65
胡先骕	3-25	金陵大学文学院	3-109
胡小石(胡光炜)	3-44	金陵大学文学院国学研究班	3-43
胡允恭(胡萍舟)	1-30	金陵大学文学院历史系	3-116
华东新华社	1-31	金陵大学文学院中国文学系	3-109
华商纱厂联合会	3-3	金陵大学校	2-47
华岗(华延年,华少峰)	1-30	金陵大学校刊编辑部	2-50
黄炎培	1-27	金陵大学校学生会周刊社	2-49
黄焯	3-92	金陵大学学生会	2-49
		金陵大学学生会金大周刊社	2-49

J

鸡鸣书店	1-30	金陵大学学生自治会	2-52
江苏大学农学院	3-6,3-99	金陵大学学校生活周刊社	2-53
江苏省立国学图书馆	3-21	金陵大学影音部影音专修科	3-42
江苏省立宿迁玻璃科职业学校	4-20	金陵大学政治学会	3-111
江苏省立宿迁玻璃科职业学校校刊编辑部	4-20	(私立)金陵大学中国文化研究所	3-32,3-53,3-110,3-120
江西省乡村抗战宣传巡回工作团	1-47		
蒋光慈	1-40		
(中央大学)教务处出版组	2-21		
(中央大学)教务处注册组	2-20		

金陵大学中国文学会季刊编辑委员会
　　………………………………… 3-113
金陵大学中国文学研究会 …… 3-112,3-114
京华印书馆 ………………………… 3-11
救亡出版社 ………………………… 1-17
军事委员会政治部抗敌演剧队 ……… 1-50

K

开明书店 …………………………… 1-14
柯柏年 ……………………………… 1-4
柯象峰(柯森) ……………………… 3-33
科学生活月刊社 …………………… 2-40
昆仑书店 …………………………… 1-13

L

黎澍 ………………………………… 1-52
李达 ………………………………… 1-13
李大钊 ……………………………… 1-32
李汉俊(李书诗,李人杰) …………… 1-3
李家康 ……………………………… 4-25
李小缘(李国栋) ………………… 3-64,3-66
李寅恭 ……………………………… 3-6
李永挥 ……………………………… 3-64
李永泰 ……………………………… 3-64
列宁 ………………………… 1-6,1-7,1-8
刘白羽 ……………………………… 1-29
刘伯明(刘经庶) …………………… 3-1
刘国钧 ……………………………… 3-66
柳诒徵 …………………………… 3-7,3-104
鲁迅(周樟寿,周树人) ……………… 1-20
鲁迅全集出版社 …………………… 1-20
鲁迅先生纪念委员会 ……………… 1-20
陆成龙 ……………………………… 4-26
陆平之 ……………………………… 1-51
陆孝彭 ……………………………… 3-103
罗福鑫 ……………………………… 4-26
罗根泽 ……………………………… 3-20
罗家伦 …………………………… 1-33,2-22
罗瑞卿 ……………………………… 1-25

M

马博厂(马文焕,马博庵) …………… 3-35
马尔西 ……………………………… 1-3
马加 ………………………………… 1-53
马克思 …………………………… 1-1,1-2
马寅初 ……………………………… 3-12
毛雕 ………………………………… 3-66
毛泽东 …………………………… 1-9,1-10
茅盾(沈德鸿) ……………………… 1-14
美国康乃尔大学总会 ……………… 2-51
美华书院 …………………………… 2-25
孟秋江 ……………………………… 1-52
(中央大学)秘书处编纂组 …… 2-14,2-15
民智书局 …………………………… 1-11
民众报社 …………………………… 1-10
缪凤林 …………………… 3-1,3-22,3-104
莫师古 ……………………………… 1-7

N

(国立)南高东大中大毕业同学总会
(中大同学会) ………………… 2-19,2-37
南京地方教育共进会 ……………… 4-5
南京高等师范教育研究会 ………… 3-69
南京高等师范学校工艺研究会 …… 3-71
南京高等师范学校国文研究会 …… 3-70
南京高等师范学校农科 …………… 3-2
南京高等师范学校史地研究会 …… 3-72
南京高等师范学校校友会编辑部杂志科
　　………………………………… 2-36
南京高等师范学校哲学研究会 …… 3-67
南京高师文学研究会 ……………… 3-68
南京高师哲学研究会 ……………… 3-68
南京市立师范学校 ………………… 4-28
倪尚达 ……………………………… 3-30
(金陵大学)农业图书研究部 ……… 3-66
奴隶社 ……………………………… 1-15

P

番禺县立市桥民众教育馆 ………… 4-4
潘重规 ……………………………… 3-92
潘梓年 ……………………………… 1-46

Q

启智聋哑青年社 …………………… 4-27
钱堃新 ……………………………… 3-92
钱天鹤(钱治澜) …………………… 3-63

钱杏邨	1-40
钱玄同	1-32
乔启明	3-39
群益书社	1-32
群众周刊社	1-46

S

沙千里(沙重远,沙仲渊)	1-18
山东教育励进会	4-7
山西省农会庶务处	4-17
山西省农会新农周刊编辑处	4-17
商承祖	3-10
商承祚	3-50
商务印书馆	3-9,3-12,3-16,3-18,3-20,3-24,3-25,3-28,3-36,3-37,3-39,3-52,3-56,3-60,3-69,3-72,3-73,3-76,3-106
上海爱国女学校体育研究会	4-11
少年中国学会南京分会	1-35
少年中国学会总会	1-34
社会部研究室	3-33
沈尹默	1-32
生活书店	1-5,1-18,1-22
实验乡村师范学校	4-9
史迈士(Lewis S. C. Smythe)	3-31
蜀华文艺科	4-14
蜀华学会	4-14
司马文森	1-51
四川农业特种股份有限公司资料组	4-18
苏高中学生自治会	4-23
苏州中学乡村师范部垂虹村	4-6
孙恩麐	3-2
孙明经	3-42
孙望(孙自强)	3-48
孙文郁	3-38

T

唐圭璋	3-45
陶晶孙	1-37
陶行知	4-9
田汉	1-39
拓荒者月刊社	1-40

W

外国文书籍出版局	1-8
皖讯月刊社	4-25
万国鼎	3-41,3-63,3-66
汪东(汪东宝)	3-47
汪辟疆(汪国垣)	3-16
王国虞	4-26
王善佺	3-4
王绳祖	3-56
王文允	3-35
王濬	3-21
王亚南(王直淮,王际主)	1-2
王伊同	3-53
王毓骅	1-2
文萃社	1-52
文献出版社	1-51
文学战线杂志社	1-53
无锡县立新渎桥农民教育馆	4-10
吴理屏(吴亮平,吴亮萍,吴良平)	1-5
吴梅	3-51
吴宓	3-78
吴世瑞	3-36

X

夏承枫	3-13
夏莱蒂	1-37
现代书局	1-37,1-39
现实版画社	3-93
(中华教育改进社)乡村教育同志会	4-9
香港华仁学堂	4-13
萧孝嵘	3-9
晓庄学校	4-9
新华日报馆	1-9,1-19
新华日报社	1-29
新华书店	1-44
徐冰(邢西萍)	1-1
徐尔灏	3-19
徐益棠	3-32
许德珩	1-24
学衡杂志社	3-78

Y

燕京大学社会学系	4-26

颜复礼（Fritz Jäger）	3-10
杨爱莲	3-31
叶紫（余昭明，余鹤林）	1-15
一九三五年金陵年刊委员会	2-30
一九四九A级级刊编辑委员会	2-34
殷孟伦	3-92
幼稚教育研究社	3-74
俞大绂	3-59
郁达夫	1-37
远藤无水	1-3

Z

战时出版社	1-45
张乃燕	2-13
张其昀	3-18,3-104
张训华	3-31
张钰哲	3-23
章之汶	3-58
朝花社（朝华社）	1-38
正中书局	3-33,3-41
智源书局	1-51
中大周刊社	2-43
中国出版社	1-1
中国方志学会	3-96
中国工合协会成都事务所	4-3
中国盲民福利促进会	4-26
中国太平洋国际学会	3-54
中国文化社	1-25
中华农学会	3-61
中华全国文艺界抗敌协会出版部	1-49
中华全国文艺界抗敌协会抗战文艺编辑委员会	1-49
中华书局	3-1,3-13,3-27,3-68,3-69
中流书店	1-23
中山文化教育馆	1-24
（国立）中央大学	3-84,3-93
（国立）中央大学出版部	3-106,3-107
（国立）中央大学出版组	2-38,3-84,3-88,3-91,3-97,3-108
（国立）中央大学出版组发行部	3-105
（国立）中央大学地理系	3-29
（国立）中央大学地学系	3-96
中央大学地学系气象测候所	3-75
（国立）中央大学电工学会	2-42
（国立）中央大学法学院	3-85
（国立）中央大学工学院二二级毕业纪念刊筹备会	2-18
中央大学国风社	3-104
（国立）中央大学航空工程学会	3-103
（国立）中央大学化学工程学会	3-102
（国立）中央大学机械工程学会	3-101
中央大学建筑工程系三二级	3-82
（国立）中央大学教育学院	3-88,3-89
（国立）中央大学科学季刊编辑委员会	3-108
（国立）中央大学历史学会	3-94
（国立）中央大学农学院	3-97,3-99
（国立）中央大学农学院推广部	3-98
（国立）中央大学农学院畜牧兽医系	3-100
（国立）中央大学农业经济学会	3-87
（国立）中央大学三六级毕业同学会干事会	2-24
中央大学森林系系友会	2-46
（国立）中央大学社会科学丛刊编辑委员会	3-105
（国立）中央大学社会科学季刊编辑委员会	3-107
中央大学体育科	3-90
（国立）中央大学图书馆	2-16,3-14,3-15
（国立）中央大学文史哲季刊编辑委员会	3-106
（国立）中央大学文学院	3-91
（国立）中央大学文学院史学系	3-95
（国立）中央大学心理学系	3-83
（国立）中央大学学林月刊社	3-92
（国立）中央大学学生会	2-39
（国立）中央大学医学院毕业同学会	2-44
（国立）中央大学中国边疆建设学会	3-86
中央体育研究会	3-90
钟山书局	3-7,3-22,3-30,3-104
周立波（立波,周绍仪）	1-21,1-53
朱德	1-17
朱会芳（朱惠方）	3-62
朱铭盘	3-21
朱永昌	3-31

竺可桢(竺绍荣) …………………… 3-18,3-24
注音书报社 …………………………… 4-12
邹秉文 ………………………………… 3-58
邹鲁(邹澄生) ……………………………… 1-11
邹韬奋(韬奋,邹恩润) ………… 1-23,1-43
邹钟琳 ……………………………………… 3-27

图书在版编目(CIP)数据

南京大学民国文献珍本图录 / 南京大学图书馆编
. —— 南京：南京大学出版社，2022.5
ISBN 978-7-305-25428-4

Ⅰ.①南… Ⅱ.①南… Ⅲ.①院校图书馆－文献－图书馆目录－南京－民国 Ⅳ.①Z822.6

中国版本图书馆CIP数据核字（2022）第032528号

出版发行	南京大学出版社
社　　址	南京市汉口路22号　　邮编　210093
出版人	金鑫荣
书　　名	南京大学民国文献珍本图录
编　者	南京大学图书馆
主　编	程章灿　史梅
责任编辑	李亭　石旻
责任校对	刘丹
装帧设计	赵秦
照　　排	南京紫藤制版印务中心
印　　刷	南京爱德印刷有限公司
开　　本	880×1360　1/16　印张 22
版　　次	2022年5月第1版　2022年5月第1次印刷
ISBN	978-7-305-25428-4
定　　价	520.00元
网　　址	http://www.NjupCo.com
官方微博	http://e.weibo.com/njupco
官方微信	njupress
销售咨询热线	025-83594756

* 版权所有，侵权必究
* 凡购买南大版图书，如有印装质量问题，请与所购图书销售部门联系调换